KB061017

살아 있는 한국 신화

살아 있는 한국 신화

신동흔

한겨레출판

살아있는 한국의 신화, 과거에서 미래로

《살아있는 우리 신화》 초판본이 나온 지 어느새 십 년이 되었다. 엊그제 일 같은데 세월이 참 빠르기도 하다. 하지만 그 세월 무상하다고 탓할 일은 아니리라. 그 시간 속에 또 다른 신화가 만들어지고 있었는지도 모르는 일이므로.

사람들이 우리 신화를 향하여 조금씩 다가오는 모습을 본다. 이름조차 낯설었던 자청비나 강림도령, 오늘이, 할락궁이 같은 신들이 사람들 입에 자주 오르내리고 이런저런 창작물의 주인공이 되기도 한다. 2004년에 《살아있는 우리 신화》 초판본을 내면서, 우리가 마음을 다해서 부르면 신들이 훌쩍 돌아오리라 했었는데 허튼 말은 아니었나 보다. 그 귀환의 몸짓에 나의 책이 작은 몫이라도 했다면 정말로 행복한 일일 것이다.

《살아있는 우리 신화》는 분에 넘치는 관심과 사랑을 받았다. 더없이 고마운 한편으로 부담스럽기도 한 일이었다. 시간이 흐르면서 돌아보니 부족하고 아쉬운 부분들이 무척 많았다. 들어가야 할 이야기가 빠지

기도 했고, 자료 원전을 제대로 드러내지 못했으며, 사이사이에 해석이
겉돈 부분들이 있다. 소중한 우리 신화를 소홀하게 다룬 것이 아닌가 하
는 마음에 늘 찜찜함이 남았다. 어떻게든 보완 작업을 해서 제대로 된
민간 신화 입문서로 탈바꿈시키고 싶었다. 그러던 중 본격적인 수정 작
업에 나선 것이 2, 3년 전이다. 막상 작업에 나서고 보니 만만한 일이 아
니었다. 부분적으로 손보는 것으로는 많이 부족하여 전체 틀을 새로 잡
는 쪽을 택했는데, 그리하자니 일이 무척 컸다. 새로운 책을 쓰는 것 이
상으로 품이 들었다.

　우리 민간 신화 원전들을 전체적으로 새로 살피면서 정리 대상 자료
를 재선정했다. 이야기 개수를 늘리는 한편, 가급적 원전에 충실한 형태
로 내용을 정리함으로써 신뢰성을 높이고자 했다. 신화에 대한 해석도
전반적으로 격상될 수 있도록 노력했다. 주관적이거나 장황한 해석을
절제하는 가운데 각각의 신화가 제기하는 핵심 화두들에 대한 유효한
접근 통로를 여는 데 주안점을 두었다. 다만 신화가 본래 정신적 교감의
이야기인 만큼 이해나 표현에 있어 감성적 측면을 굳이 배제하지는 않
았다.

　초판에서 빠졌던 이야기들을 많이 추가했다. 허궁애기본풀이와 도랑
선비 청정각시, 죽음의 말, 삼두구미본풀이, 세민황제본풀이, 서귀본향
당본풀이, 백두폭포, 영감풀이, 지장풀이 등은 완전히 새롭게 들어간 신
화들이다. 문전본풀이, 장자풀이 등은 기존에 수록된 신화의 이형(異形)
에 해당하는데, 차별성을 중시하여 정리 대상으로 추가했다. 초판에 포
함되었던 20여 편의 신화들도 원전 선정에서 해석에 이르기까지 꽤 많

은 변화가 있었다. 전체적으로 이 책은 초판과 완연히 다른 새로운 책이라고 보아도 좋을 것이다. 초판을 읽었던 독자들이 다시 이 책을 찾아 읽고 새로운 느낌을 받을 수 있다면 참 좋겠다.

힘든 작업이었지만, 신화를 살피고 풀어내는 일은 역시나 행복하고 충만한 과업이었다. 우리 신화와 대화하는 과정에서는 새삼 깊은 즐거움과 함께 소중한 깨우침들을 얻을 수 있었다. 스스로를 돌아보는 가운데 존재의 가치를 확인할 수 있는 귀한 시간이었다. 거듭 느끼는 것이지만 신화란 온전한 삶의 이야기이다!

'살아있는 우리 신화'라는 초판의 제목을 그대로 가져가고자 했었다. 스스로 붙인 제목이며 여전히 애착이 가는 제목이다. 하지만 책의 내용이 많이 달라진 만큼 새 제목을 붙여보자는 제안에 마음이 약해졌다. 작게나마 표제에 변화를 주는 쪽을 택했다. 초판의 '우리 신화'라는 주관적 표현 대신 '한국 신화'라는 정식 표현을 내걸었다. 이 책에 실린 여러 민간 신화들이 말 그대로 한국의 살아있는 신화들이라는 사실을 그렇게 강조하고자 했다. 이 신화들이 과거에서 미래로 이어지는 가운데 한국을 넘어서 세계 속에 길이 살아있기를 바랄 따름이다.

책의 표제를 바꾸고 전체적인 구성과 서술에 변화를 주었지만, 우리 신화에 대한 기본 관점이 달라지지는 않았음을 밝혀둔다. 예나 지금이나 나는 우리 신화가 삶에 대한 근원적인 철학을 담지한 원형적인 신화라고 믿고 있다. 우리 신화의 신성은 선택받은 이들의 고귀한 삶이 아니라 버림받은 사람들의 한스런 삶에서 우러나온다. 그 갸륵한 이야기들은 신성이 멀리 있지 않고 여기 우리 안에 깃들어 있음을 거듭 확인

시켜준다. 그 신성의 빛이 자연스레 우러날 수 있는 통로를 여는 것, 그
것이 내가 한국의 민간 신화를 풀어냄에 있어 언제든 핵심 과제로 삼는
사항이다.

신화와 함께하는 충만한 여정을 가능케 한 모든 인연에 감사한다. 스
승님과 선후배 동학들, 제자와 가족들에게 감사의 마음을 전한다. 개정
작업을 권유하고 독려한 한겨레출판의 여러분에게도 감사드린다. 특별
히 이 책은 그간 우리 민간 신화에 큰 관심과 사랑을 보내준 고마운 독
자들에게 바치고 싶다. 우리 함께 나아가는 이 길에 신성의 빛이 활짝
피어나기를 기대한다.

처음 개정 작업에 들어갈 때부터, 이 책에서 내가 얻게 될 수익을 세
상과 나누어야 하리라는 생각을 했다. 내가 세상으로부터 얻은 것이 더
많기 때문이다. 편견의 그늘 속에서 삶을 열어가기 위해 분투하는 이 땅
의 '당금애기'들에게 이 책이 작은 힘이라도 될 수 있으면 좋겠다. 나눔
의 뜻을 기꺼이 지지해준 소중한 우리 가족에게 사랑과 감사의 마음을
전한다.

2014년 3월, 양평 풀무골에서
신동흔

우리 신화를 찾아서

1

이 이름들을 들어본 적이 있는가.

천지왕, 대별왕, 소별왕, 당금애기, 강림도령, 바리, 원강아미, 한락궁이, 황우양씨, 막막부인, 백주또, 소천국, 궤네깃또, 백조애기, 각시손님, 자청비, 문도령, 감은장애기, 안심국, 사마동이, 오늘이, 매일이, 양이목사, 궁상이, 광청아기……

이들이 누군가 하면 우리 민간 신화의 주인공들이다. 수백 수천 년에 걸쳐 겨레의 삶을 지켜보고 보듬어준 정겹고도 설운 우리의 신들이다.

이 책을 펼쳐든 독자들 가운데 그리스 신화의 제우스나 헤라클레스, 아프로디테를 모르는 이는 한 명도 없을 것이다. 모르긴 해도 크로노스와 레아부터 아이네이아스와 오디세우스에 이르기까지 그 신과 영웅의 계보를 자랑스러이 꿰고 있는 이들이 적지 않을 터이다. 그 휘황한 신화적 세계에 감탄하면서, 그리고 거기 못지않아 보이는 이집트 신화나 중국 신화 등을 곁눈질하면서 혹시 저도 모르게 탄식을 내뱉지는 않았는지. 남들은 저렇듯 신화도 많은데 우리는 왜 그렇지 못하냐고. 반만년 역사를 자랑하면서 어찌 그 흔한 창세 신화 하나 갖지 못한 거냐고.

정말 우리한테는 창세 신화 하나 없는 것일까? 아니, 그렇지 않다. 놀랍고 벅찬 사연의 신화가 있다. 가없는 혼돈 속에서 갈라져 나온 하늘과 땅, 하늘의 정기를 받고 땅의 이슬을 머금어 탄생한 인간, 사람의 아들로 태어나 우주의 주재자로 우뚝 선 대별왕과 소별왕……. 어디 창세 신화뿐일까. 헤아리기 힘든 주옥같은 신화들이 있다. 신비롭고 경이로운 상상과 가슴 저린 사연으로 가득 찬 우리의 신화들. 이름 하여 민간 신화, 또는 무속 신화다. 언제인지 모를 머나먼 시간부터 우리 속에 강물처럼 흘러 내려온. 이 땅의 설운 민중들이 적을 글자도 없어 입에서 입으로 전하며 가슴마다에 신성하게 새겨온.

어떤 사연들이 있는가. 자신을 버린 세상을 구원하러 서천서역 무간 지옥 속을 하염없이 흘러가는 바리. 작은 가슴에 우주를 품어 안는 들판의 딸 오늘이. 사랑을 찾아 어디라도, 불구덩이라도 가는 자청비. 땀 내음만으로 남편을 가려내는 지조의 막막부인. 거친 바다든 광활한 대륙이든 겨자씨만 한 거침도 없는 영웅 궤네깃또. 목이 잘린 채로 눈 부릅뜨고 불의를 향한 항변을 토해내는 양이목사……. 그간 혹시라도 우리 신화에 대하여 가졌을지 모르는 아쉬움이나 실망은 이들 민간 신화의 생동하는 사연과 만나면서, 마음을 한바탕 흔들어놓는 주인공들과 만나면서 어느덧 놀라움과 뿌듯함으로 바뀌게 될 것이다. 우리에게 이런 신화가 있었단 말인가!

신화란 무엇인가. 사람들이 경외감 속에 소중히 간직하고 가꾸어온 신성한 이야기가 신화다. 신화의 주인공들은, 그리고 그들이 엮어내는 서사는 사람들이 지향하는 본원적 가치를 상징적으로 표상한다. 사람들은 자신의 이상과 욕망의 상상적 분신인 신화적 주인공들을 통하여 존재의 본질을 투시하는 한편, 삶을 두르고 있는 장벽을 넘어서기 위한 분투를 거듭해왔다. 세월의 가시밭길을 헤쳐 현재에 이른 우리의 민간 신화는 그러한 몸짓의 신성한 소산이다. 누군가 하면 소외되고 못 가진 이들의. 하지만 삶의 주역이기를 포기하지 않은 이들의. 나는 민간 신화에 담긴 그 몸짓이 우리 민족정신의 참되고도 본원적인 표상이라고 믿고 있다.

우리 민간 신화의 질감은 서구 신화와 다르며, 중국이나 일본의 신화와도 다르다. 우리 신화의 주인공들은 꽤나 소박하고 서민적이다. 그리스 로마 신화에서와 같은 화려함을 찾아보기 힘들며, 중국 신화 같은 데서 흔히 보이는 기괴하고 험상스러운 모습과 만나기 어렵다. 휘황하고 위세로운 면이 없지 않지만 화려함보다는 소박함이, 기괴함보다는 자연스러움이, 공포감보다는 친근감이 두드러지게 다가온다. 소박하고 순수한 처녀로서의 당금애기와 바리, 오늘이, 자청비 들의 모습이 그럴 뿐 아니라 도전자 내지 영웅으로서의 수명장자와 강림도령, 금상, 양이목사 들이 또한 그러하다. 한마디로, 그들은 무척이나 인간적이다.

우리 민간 신화의 주인공들이 인간적인 것은 본질적인 특성이 된다. 신화란 본래 인간의 삶을 투영하기 마련이라는 일반론 차원의 이야기가 아니다. 우리 신화의 대다수 주인공들은 그 자신 신(神)인 동시에 인간이다. 현재는 신이지만 원래 인간이었던 존재다. 인간으로 태어나 세상사의 고락(苦樂)을 짊어지고 헤쳐내어 마침내 신으로 좌정한, 그리하여 인간의 생사고락을 주재하게 된 그런 존재다. 인간을 뛰어넘었기에 신이 된 이들도 있지만, 인간의 한계를 절감했기에 신이 된 이들이 더 많다. 어찌 그러한가. 인간적인 삶을 산 존재라야 인간을 제대로 지켜주고 이끌어줄 수 있는 법이므로. 신성(神聖)이란 것이 어찌 저기 아득한 곳에 있는 것일까. 늙고 병든 이의 굽은 등에서, 궂은 말구유 안에서 피어나는 그것이 신성이다.

인간사의 생사고락 또는 희로애락 가운데 우리 신화가 남다르게 드러내는 것은 고난 또는 시련이다. 못 가지고, 버림받고, 갈라지고, 시험받고……. 바리, 오늘이, 한락궁이, 광양 땅 삼형제, 거북이와 남생이. 이 모두가 거칠고 험한 세상에 고아처럼 던져져서 거센 시련을 겪는 존재들이다. 실로 누구 하나 삶의 본래적 시련에서 자유로운 이 없거니와, 우리 민간 신화는 시련에 관한 이야기라고 해도 지나치지 않을 정도다. 하지만 그것은 시련에 관한 이야기인 동시에 시련의 극복에 관한 이야기다. 우리의 주인공들은 출구가 내다보이지 않는 어둠 속에서도 희망과 믿음을 버리지 않고 고난을 감내하며 세계와 맞부딪쳐 길을 찾아낸다. 아니, 열어젖힌다. 그리하여 마침내 자신의 존재 의미를 발견하고 실현해낸다. 시리도록 찬란하게. 그리고 그 순간 그들은 인간의 빛이 된다. 영원한.

무속은 미신이라고 하는 터무니없는 편견에 빠져, 남의 것은 알되 제

것은 모르는 무지의 벽에 갇혀, 저 소중한 우리의 신들을 망각과 방황의 늪에 던져두었던 우리들이다. 하지만 나는 안다. 저 설운 신들이 여전히 묵묵히 우리를 지켜보고 있다는 것을. 우리가 뒤돌아 부르면 언제라도 성큼 돌아오리라는 것을. 그 어디이겠는가, 그들이 있는 곳. 우리 가슴 깊은 곳 이외에.

2

우리 민간 신화의 본래 면모를 찾아 나서는 일은, 우리 신들의 참모습을 그려내는 일은, 만만하지가 않다. 근대 이전의 문헌 기록이 최소한의 것마저 남아 있지 않은 상태에서, 기댈 것은 오로지 구전 자료뿐이다. 그 구전 자료란 살갑고 생기로운 것이지만, 꽤나 자유분방한 것이기도 하다. 애초에 정본(定本)이 따로 없는 상태에서 입에서 입으로 전해진 터라, 전승 지역과 구연자에 따른 편차가 만만치 않다. 거기 더하여 근대화 과정에서 억압과 풍상이 이야기를 많이 흩트리고 퇴색시켜놓은 상태다. 근간에 무속이 많이 변질되며 본모습을 잃어온 것 또한 안타까운 현실이다.

하지만, 우리 신화의 본모습을 찾는 일은 아직 가능하다고 믿는다. 많이 퇴색되었다고는 하지만, 그것은 아직도 삶의 현장에서 연면히 전승되고 있다. 전승 과정에서 많은 변화가 일어났다고 하지만, 원형이 두루 훼손된 것은 아니다. 신화란 그 자체 신성한 것으로서 함부로 내용을 바꿀 수 없다는 의식이 원형을 지켜주는 조건이 되었다. 전해오는 여러 자료들을 서로 맞추어보고 세심하게 문맥을 살피는 작업을 통하여 그 본래의 서사와 의미를 재구해볼 수 있다. 이미 여러 연구자들이 그 작업에 나서서 성과를 거두고 있는 터다.

원형을 찾는 일 못지않게 어렵고도 중요한 일이 현재의 정체성을 확인하는 일일 터다. 과거 삶의 소산인 전통 신화가 현재의 우리에게 어떤 의미를 전해줄 수 있는가 하는 문제다. 하지만 나는 이와 관련하여 한 번도 회의를 느껴본 적이 없다. 우리 민간 신화가 지니는 민족적 정체성과 인류적 보편성을 믿기 때문이다. 우리 신화가 제기하는 인간과 삶의 문제는 오늘날 우리의 문제와 질적으로 다르지 않다. 그래서 나는 이 신화들이 마음의 고향을 잃은 채 흔들리는 현대인들로 하여금 욕망과 갈등의 회오리 속에서 한 걸음 물러서서 삶의 본질을 꿰뚫어보고 정신적 안식을 찾을 수 있게 해주리라고 기대한다.

어떻든, 지난 시절의 신화이고 잊혔던 신화다. 그 신화를 찾아내는 작업에 어떤 형태로든 '해석'이 들어가지 않을 수 없을 터이다. 이야기를 정리하고 또 설명하는 과정에 말이다. 이때 신화를 해석하는 방법론이 어떤 것이냐고 묻는다면 대답하기가 꽤나 난감하다. 표 나게 내세울 만한 번듯한 방법론을 가지고 있지 않은 터다. 다만, 신성이란 것이 인간성과 질적으로 다르지 않다는 믿음 속에, 신성으로 승화되어 있는 인간의 참모습을 보려 노력할 뿐이다. 주인공들과 정서적으로 교감하면서 그들의 기막힌 삶을 함께 나누고 그것을 또한 독자와 공유하는 것이, 그를 통해 우리 속에 숨어 있는 신성한 어떤 것을 찾아내 드러내는 것이 내가 하고 싶은 일이다. 함께 여행을 해나가는 도중, 문득 그 마음이 서로 통하게 되기를 기대할 뿐이다.

일을 혼자 하는 것이 아님을 실감한다. 이 일을 하게끔 만든, 할 수 있게끔 만든 귀한 인연들이 있다. 먼저 문학과 서사에 눈을 뜨게 해준 여러 스승님들과 동학들을 잊을 수 없다. 힘들여 신화 자료를 모으고 풀어낸 이들의 노력 없이 어찌 또 이 일을 할 수 있었을까. 늘 부지런한 제자들한테서도 거듭 배우고 힘을 얻는다. 나의 한없는 게으름과 싸워준 한겨레신문사 출판부 사람들 또한 고마운 이들이다. 귀한 그림을 실을 수 있도록 해준 여러 분들과 책을 아름답게 꾸며준 분들도 빼놓을 수 없다. 모든 이들께, 신의 보살핌이 있기를.

2004년 9월

차례

제1부 ———
신화, 그리고 신

제3부 ─────
신화와 인생

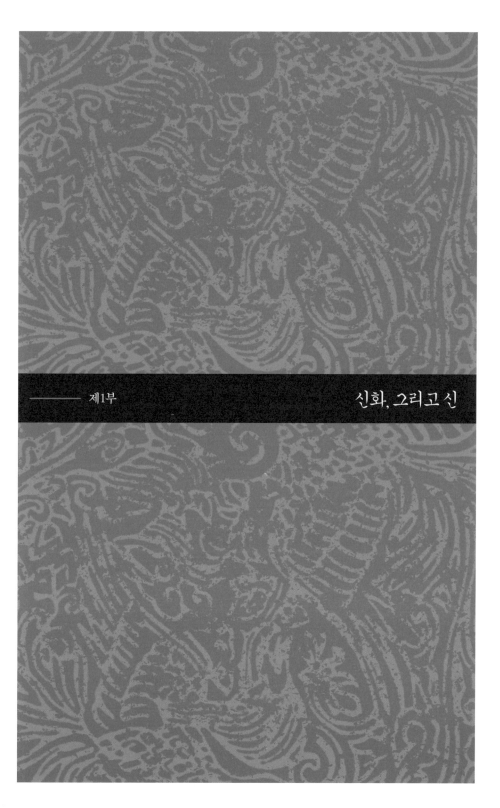

제1부　　　　　　　　　　　　　　　　　신화, 그리고 신

신화의 원형,
창조 신화의 습결

옛날 옛 시절에 / 미륵님이 한짝 손에 은쟁반 들고
한짝 손에 금쟁반 들고 / 하늘에 축사하니
하늘에서 벌기 떨어져
금쟁반에도 다섯이오 / 은쟁반에도 다섯이라
그 벌기 자라나서
금벌기는 사나이 되고 / 은벌기는 계집으로 마련하고
은벌기 금벌기 자라와서 / 부부로 마련하여
세상 사람이 낳았어라

— 함흥 김쌍돌이 구연 〈창세가〉에서

우리가 사는 이 세상은 처음에 어떻게 만들어졌을까? 그리고 인간은 어떻게 생겨나서 이 땅에 살게 되었을까? 흔히 신화를 '세상의 기원에 대한 이야기'라고 하거니와, 이는 가장 원초적이고도 전형적인 신화적 질문이 된다. 세계의 수많은 신화들이 원형적이고 상징적인 서사를 통해 이에 대한 답을 마련해왔다. 일컬어 창조 신화, 또는 창세 신화다. 신화에 대한 이야기는 여기서 시작하는 것이 제격이다.

우리에게는 어떤 창조 신화들이 있을까? 이에 대해 〈단군 신화〉 같은 건국 신화를 떠올렸다면 절반만 맞은 것이다. 〈단군 신화〉는 먼 옛날 신성한 창조의 역사를 전하고 있지만 그 대상은 고조선이라는 나라이다. 사람들이 나라를 이루어 살기 전에 세상과 인간의 탄생이 있었을 터, 거기 얽힌 역사를 전하는 이야기가 더욱 원초적인 창조 신화가 된다.

한국에서 태초의 사연을 전하는 창조 신화는 문헌이 아닌 구전으로 이어져왔다. 구전의 역사는 기록의 역사보다 훨씬 길며, 나라의 역사와도 비교가 안 될 정도로 길다. 구전의 역사는 언어가 생겨나는 순간부터 비롯되었다고 보아도 좋다. 그 구전의 핵심을 이루는 것이 바로 '이야기'이다. 사람들은 잊어서는 안 될 원형적인 경험과 사유를 서사의 형태로 언어화하여 입에서 입으로 전해왔다. 구전은 무척 가변적인 것이지만 매우 믿을 만한 것이기도 하다. 서사의 화소(話素)와 구조는 쉽사리 변하지 않는다. 그 속에는 수백 수천 년, 또는 수만 년의 역사가 깃들 수 있다.

한국의 주요 창조 신화 자료로는 함경도 지역의 〈창세가〉와 제주도의 〈초감제〉·〈천지왕본풀이〉가 첫손에 꼽힌다. 화성군 전승 무가 〈시루말〉도 창세에 얽힌 곡절을 기본 내용으로 삼는 구전 신화다. 이외에 〈당금애기(제석본풀이)〉 같은 무가의 첫머리에 창세의 서사가 담기기도 한다. 함흥에서 전승돼온 〈셍굿〉과 평양의 〈삼태자풀이〉, 강릉의 〈당고마기 노래〉 등을 그 예로 들 수 있다. 여러 창세 신화 가운데 제주도의 〈초감제〉와 〈천지왕본풀이〉는 아직도 마을에서 현장적 전승이 이루어지고 있다.

창세 신화는 〈바리데기〉나 〈당금애기〉, 〈칠성풀이〉 같은 주요 구전신화와 비교할 때 전승의 폭과 밀도가 낮은 편이다. 자료가 그리 풍부하지 않으며 서사적 긴밀성과 완결성이 약해 보이는 면이 있다. 이는 창세 신이 생사와 안녕, 풍요와 복락 같은 실제적인 삶의 문제를 관장하는 존재가 아니라는 사실과 관련이 있는 것으로 이해되고 있다. 우리의 전통적인 민간 사유는 현실 문맥을 중시하는 경향이 짙어서 실생활과 관련이 깊은 신들에 대한 제의와 서사를 발전시켜왔던 터다.

얼핏 단편적으로 보이고 산만하게 여겨지기도 하는 자료들이지만, 창세 신화의 한 구절 한 구절 속에는 우주와 인간의 원초적 모습이 켜켜이 간직되어 있다. 구비 전승에 대한 불신을 떨어내고 이야기 속으로 스며 들어가면 저 갸륵한 신화 속 원형적인 화소들이 속삭여주는 아주 오래된 비밀과 접속할 수 있게 될 것이다.

혼돈에서 세상이 열리고 하늘에서 인간이 내리다

우리 창세 신화의 첫머리를 이루는 내용은 천지의 개창(開創)에 얽힌 사연이다. 하늘과 땅이 열려서 생겨났다는 것인데, 천지의 생성이 무(無)로부터의 창조가 아니라 있던 것의 분리를 통해서 이루어졌다고 하는 점이 흥미롭다. 이야기들에 따르면 태초에 하늘과 땅은 하나로 맞붙어 있었다고 한다. 또는 뒤섞여 혼합된 상태였다고 한다. 하늘과 땅이 둘이 아니라 하나인 상태란 어떤 것일까. 그것은 하늘이라고 말할 수도 없고 땅이라고 말할 수도 없는, 하늘과 땅이 존재한다고 말할 수도 없는 원초적 혼돈(chaos)의 상황이라 할 수 있다. 위와 아래, 밝음과 어둠, 가벼움과 무거움, 맑음과 탁함이 따로 없다는 얘기니, 우주적 질서(cosmos) 이전의 상태가 된다. 하늘과 땅이 갈라짐으로써 비로소 우주는 시작되는 바, 그 갈라짐의 순간이 곧 시원적 창조의 시간으로서 의의를 지닌다고 할 수 있다.

하늘과 땅의 분리에 얽힌 사연은 자료에 따라서 다르게 전해진다. 때가 되자 하늘과 땅이 저절로 갈라져 세상만물이 생겨났다고도 하며, 거대한 신이 하늘과 땅을 갈라서 새로운 세상을 만들었다고도 한다. 이 가운데 거신(巨神)에 의한 분리라는 화소가 더 원초적이라고 하는 것이 학계의 일반적인 시각이다. '갑자년 갑자월 갑자일 갑자시'에 하늘과 땅이 문득 갈라졌다는 식의 전언은, 도교적 사유의 반영이라는 설명을 붙이지 않더라도, 그 자체 신화의 화소로서 너무 평면적이다. 그 갈라짐에 얽힌 모종의 서사가 갖추어져 있어야 제격이다.

함흥 무녀 김쌍돌이가 구연한 〈창세가〉(손진태, 《조선신가유편》, 향토문화사, 1930 수록)는 천지 분리를 통한 세상 창조의 서사를 다음과 같이 전하고 있다. 원문대로 옮긴다.

하늘과 땅이 생길 적에
미륵님이 탄생한즉,
하늘과 땅이 서로 붙어,
떨어지지 아니하소아,
하늘은 복개 꼭지처럼 도드라지고
땅은 사(四)귀에 구리기둥을 세우고.

그때는 해도 둘이요, 달도 둘이요.

달 하나 떼어서 북두칠성 남두칠성 마련하고,

해 하나 떼어서 큰 별을 마련하고,

잔별은 백성의 직성直星 별을 마련하고,

큰 별은 임금과 대신大臣 별로 마련하고.

간단히 요약하면 미륵님이라는 큰 신이 하늘과 땅을 훌쩍 가르고 우주의 질서를 마련했다는 것이다. 내용이 단순해 보이지만, 담고 있는 의미까지 간단한 것은 아니다.

이야기에 의하면 하늘과 땅은 처음에 둘이 아닌 하나였다. 그때에 미륵님이 함께 탄생했다고 하니, 신은 태초에 혼돈의 세상과 함께 탄생한 시원적 존재라고 할 수 있다. 하늘과 땅을 두 손으로 분리한 창세 신 미륵은 엄청난 거신의 면모를 지니고 있다. 헤아려보면, 대혼돈과 어우러져 움직이던 신이니 거신의 형상을 지니는 것이 당연한 일이라고 볼 수 있다. 세계 여러 창조 신화에서 창세 신이 거신으로 나타나는 것은 우연이 아닐 것이다.

이야기가 전하는 하늘과 땅의 모습이 재미있다. 땅에서 하늘을 잡아 떼는 바람에 하늘이 복개(솥뚜껑) 꼭지 같은 모양을 하게 됐다는 것도 그렇지만, 네 귀퉁이에 거대한 구리기둥을 세웠다는 내용이 흥미를 끈다. 왜 미륵은 하늘과 땅 사이에 굳이 기둥을 세운 것일까? 모름지기 그것은 하늘과 땅이 서로 붙으려고 했기 때문일 것이다. 왜 그러한가 하면 둘은 본래 한 몸이었으므로, 지금도 하늘은 땅을 향해 햇살과 비, 눈 따위를 내려 보내고 땅은 하늘을 향해 기운을 내보내며 초목들을 키워내고 있거니와, 이 또한 하늘과 땅이 서로에게 다가가는 몸짓이라고 생각해볼 수 있다. 위아래의 그러한 역동은 하늘과 땅 사이의 이 세상을 무쌍한 변화의 세계로 만든다. 매일 밤낮이 바뀌고 주기적으로 계절과 기후가 바뀌며 삶과 죽음이 끝없이 순환하는 천변만화(千變萬化)의 공간이 바로 우리가 살고 있는 이 세상이다.

〈창세가〉가 전하는 천지창조의 서사는 매우 인상적이지만, 조금 평면적인 느낌을 주는 것도 사실이다. 한 명의 거인 신이 하늘과 땅을 가르고 일월성신(日月星辰)을 만드는 일을 도맡아 했다는 점이 특히 그러하다. 거기 무언가 더 극적이고 역동적인 역사가 있어야 하는 것이 아닐지. 우리는 또 다른 거인 신 도수문장에 얽힌 제주도 창세 신화의 내용에서 그러한 면모를 찾아볼 수 있다.

　태초에 옥황 도수문장이 세상을 굽어보니 하늘과 땅이 네 귀 깊숙이 찰떡같이 붙어 있어 혼합의 상태였다. 그때 천지개벽의 역사가 이루어졌다. 도수문장이 한 손으로 하늘을 치받치고 또 한 손으로 지하를 짓누르자 하늘 머리는 건방乾方 자방子方으로 열리고 땅의 머리는 축방丑方으로 열렸다. 동쪽의 머리는 서쪽에 꼬리를 두고, 서쪽 머리는 동쪽에 꼬리를 두었다. 천지가 열리자 하늘과 땅 사이에 산이 생겨나고 물이 생겨났다. 산 밑에 물이 나고 물 밑에 산이 나서 산과 물이 갈리었다.

　하늘은 위에도 세 하늘, 발 위에도 세 하늘, 지하 아래에 세 하늘, 삼십삼천 서른세 하늘을 이루었다. 하늘은 청청 맑은 하늘이고 땅은 백사지白沙地 땅이었다. 그때 세상은 해도 없고 달도 없고 별도 없어 온통 깜 깜했다. 그때 여러 별들이 솟아나기 시작했다. 동쪽 동산에 샛별이 부풀 고, 서쪽에 백토성白土로이 부풀었다. 남방에는 노인성이 부풀고, 북쪽에 는 북두칠성이 부풀었다. 원성군 진성군 목성군 강성군 기성군 개성군 대성군 가운데에 삼태 육성과 섬이성, 직녀성, 타광성, 녹디성, 박옥성, 황토성이 생겨났다. 직녀성과 견우성이 오작교로 다리를 놓고 천상배 필을 이루자 하늘에서 청이슬이 내리고 땅에서 물이슬이 솟아나 천지 음양이 서로 통했다.

그때 누가 태어났는가 하면 동방에서 청의동자 반고씨가 솟아났다. 그 앞이마에 눈동자 둘이 부풀고 뒷이마에 눈동자 둘이 부풀었다. 옥황 도수문장이 굽어보고는 앞이마 눈동자 둘을 빼서 동쪽 하늘에 붙이자 하늘에 해 두 개가 생겨났다. 또 뒷이마의 눈동자 둘을 빼서 서쪽 하늘 에 붙이자 하늘에 달 두 개가 생겨났다. 그렇게 해가 두 개 뜨고 달이 두 개 뜨자 낮에는 볕살이 뜨겁고 밤에는 추위가 몰아닥쳤다.

그 시절에 하늘에는 천하궁이 생겨나고 땅에 지하궁이 생겨났다. 귀 신은 어두운 데 살고 산 사람은 밝은 데 살았다. 귀신은 눈동자가 넷이 라서 이승과 저승을 다 살피는데, 산 사람은 눈동자가 둘이라서 인간만 살피고 귀신을 보지 못했다. 대별왕이 붉은 기를 차지해서 저승을 다스 리고, 소별왕은 푸른 기를 차지해서 이승을 다스렸다. 세상에는 수많은 성인들이 생겨나고, 불도佛道가 펼쳐지고, 왕이 생겨나고, 보통 사람이 생겨났다.

제주도 안덕면의 남무 고창학이 구연한 〈초감제〉가 전하는 천지 분리와 일월 탄생의 사연이다(진성기, 《제주도무가본풀이사전》, 민속원, 1991 수록). 제주도 〈초감제〉에서는 하늘과 땅이 하나이던 시절을 보통 '천지 혼합'이라고 표현한다. 태초의 우주가 하늘도 땅도 아닌 혼돈 상태에 있었음을 더없이 명확하게 나타내는 표현이다. 그 혼돈의 상황에서 하늘과 땅을 가른 존재는 도수문장이었다. 한 손으로 하늘을 받치고 한 손으로 땅을 눌렀다고 하니 그 또한 거신임이 분명하다.

　이 이야기에서 옥황(玉皇)은 하늘을 뜻하는 말이다. 저 창세의 거신을 일컬어 '옥황 도수문장'이라고 하는 것은 창조의 근원이 땅보다 하늘 쪽에 있다는 인식을 반영한 것으로 생각해볼 수 있다. 하늘 중심의 사유는 민간 신화뿐 아니라 건국 신화에서도 폭넓게 발견되는 우리 신화의 보편적 특성이다. 하지만 이 신화는 땅의 역할을 경시하지 않는다. 하늘에서 청이슬이 솟아나고 땅에서 물이슬이 솟아나서 조화를 이루었다고 하는 데서 하늘과 짝을 이루는 땅의 위상을 확인할 수 있다.

　이보다 더 흥미로운 것은 땅에서 솟아난 '청의동자 반고씨'의 존재다. 자료에 따라서 그냥 청의동자라고도 하고 반고씨라고도 하는데, 이 이야기에서는 동격으로 병기되어 있다. 잘 알려져 있듯이 반고는 동아시아 신화에 널리 나타나는 창조 신이다. 추정컨대, 땅에서 솟아난 저 존재는 본래 청의동자, 곧 모종의 '푸른 생명의 존재'였던 것이 뒷날 중국 쪽 영향으로 반고라는 이름이 붙지 않았나 싶다. 반고는 거인 신이거니와 청의동자 역시 거대한 존재였음이 틀림없다. 그 눈이 해가 되고 달이 되었다는 데서 이를 잘 알 수 있다. 어떻든 우리 신화는 땅에서 솟아난 낯선 생명체로부터 해와 달이 유래했다고 말하고 있는 것인데, 참으로 흥미로운 설정이라 할 수 있다. 어두운 땅에서 밝음이 나왔다는 것이니 그야말로 역설적인 우주론이 된다. 어찌 보면 질서에 어긋나는 일로 생각되기도 하지만, 하늘과 땅이 본래 한 몸이었음을 생각할 때 땅속에 광명이 있다는 것은 그럴 만한 일이라 할 수 있다. 땅속에 무한한 생명의 기운과 크나큰 열기가 깃들어 있음은 실제의 우주적 진실이기도 하다.

갈라진 하늘과 땅이 서로 짝을 이루어 우주의 근본 바탕을 이룰 때에 다른 한편으로 이승과 저승의 질서가 생겨났다. 저승은 어둠과 붉음의 공간이자 귀신의 처소이고, 이승은 밝음과 푸름의 공간이자 산 사람의 처소다. 흥미로운 점은 저승의 귀신은 이승을 보는데 이승의 사람은 저승을 보지 못한다는 사실이다. 밝음이 있고 생명이 있는 대신 그에 반하는 제한이 있는 터이니, 이 또한 하나의 의미 있는 조화가 된다. 어쩌면 그 밝음이나 생명 때문에 그 너머의 저세상이 보이지 않는 것인지도 모르겠다. 이들 저승과 이승은 각기 대별왕과 소별왕이 맡았다고 하거니와, 이에 대한 이야기는 뒤에서 자세히 보게 될 것이다.

세상이 새롭게 생겨나고 기본 틀이 잡혔으니 이어질 이야기는 거기서 새롭게 벌어진 일들에 관한 것이 된다. 이에 대하여 함흥의 〈창세가〉는 천지 개창의 사연 바로 뒤에 옷의 근원 및 물과 불의 근본에 대한 사연을 전하고 있어서 눈길을 끈다. 그 내용은 다음과 같다.

미륵님이 옷이 없어 옷을 지어야겠는데 옷감이 없었다. 미륵님은 이

산 저 산 뻗어가는 칡 껍질을 벗겨서 익힌 다음 하늘 아래 베틀을 놓고 구름 속에 잉앗대 걸고서 들고 쨍쨍 놓고 쨍쨍 찌어내서 옷을 마련했다. 칡 장삼을 마련하니 옷 길이가 한 필이고 소매가 반 필이며 옷섶이 다섯 자, 옷깃이 세 자였다. 또 머리 고깔을 짓는데 한 자 세 치, 두 자 세 치로 모자라고 석 자 세 치를 떼어내자 비로소 턱 아래로 내려왔다.

미륵님 세월에는 생식을 했다. 불을 안 넣고 생낱알을 섬들이 말들이로 먹는데 쉽지 않은 일이었다.

"내 이리 탄생하여 물의 근본 불의 근본을 내야 하겠다."

풀메뚜기 잡아내서 형틀에 올려놓고 정강이를 때리면서,

"여봐라, 풀메뚜기야. 물의 근본 불의 근본 아느냐?"

"밤이면 이슬 받아먹고 낮이면 햇살 받아먹고 사는 짐승이 어찌 알리오. 나보다 한 번 더 먼저 본 풀개구리를 불러 물으시오."

풀개구리를 잡아다가 정강이를 때리면서,

"물의 근본 불의 근본 아느냐?"

"밤이면 이슬 받아먹고 낮이면 햇살 받아먹고 사는 짐승이 어찌 알리오. 나보다 두 번 세 번 더 먼저 본 새앙쥐를 잡아다가 물어보시오."

새앙쥐를 잡아다가 정강이를 때리면서,

"물의 근본 불의 근본 아느냐?"

"나를 무슨 공功을 세워주겠습니까?"

"너는 천하의 뒤주를 차지하라."

그러자 쥐가 하는 말이,

"금덩산 들어가서 한짝은 차돌이요 한짝은 시우쇠요 툭툭 치니 불이 났소. 소하산 들어가니 샘치 솔솔 나와서 물의 근본 되었소."

미륵님이 그렇게 물과 불의 근본을 알게 되었다.

창세 신화에서 옷의 근원과 물 · 불의 근원을 전한다는 것은 특별한
의의를 지닌다. 어떻게 하여 옷을 해 입기 시작했고 또 화식(火食)을 시
작했는가 하는 것은 문명 생활의 시원에 대한 서사가 된다. 태초의 원시
적 삶으로부터 문명이 발달해온 발자취가 화소 속에 담겨 있다고 할 수
있다.

재미있는 것은 그 상황에 대한 신화적 상상력이다. 이야기는 거인 신
미륵이 옷을 지을 적에 하늘 아래 베틀을 놓고 구름 속에 잉앗대를 걸
고 옷을 짜냈다고 말한다. 드높은 구름에 걸친 거대한 베틀이라니, 흥미
로운 상상이 아닐 수 없다. 그것은 세상에 새로운 질서 체계가 잡혀가는
거대하고도 역동적인 창조의 과정을 단면적으로 표상하는 것이라 할
수 있다. 하늘과의 긴밀한 연계 속에 '칡'으로 표상되는 지상적 존재들
의 문명적 재배치가 진행되고 있는 형국이다.

하지만 그 창조란 '거대한 것'만이 아니었다. 물과 불의 근원에 대한
정보는 지상에 깃들어 사는 미물에게서 나온 터다. 거대한 신이 풀메뚜
기와 풀개구리, 생쥐처럼 눈에 잘 보이지도 않았을 작은 동물들을 붙잡
아다가 족쳤다는 것은 생각만 해도 웃음이 나오는 일이다. 우리 선조들
의 유머 감각이다. 하지만 생각해보면 이 세상의 일을 고귀한 신보다 지
상에 속한 미물이 더 잘 알았다는 얘기가 되니 담긴 뜻이 심상치 않다.
지상 중심적 사고라 할 만한 설정이다. 여러 미물 가운데 특별히 생쥐가

물과 불의 근본을 알았다는 것은 세상 구석구석을 스며 다니는 쥐의 생태에 비추어볼 때 고개가 끄덕여지는 일이다. 생쥐가 뒤주를 차지한 것이 창조 신에게서 허락받은 권리라고 하는 데는 크나큰 우주의 일과 작은 일상사를 한데 꿰어서 이해하는 사유 방식이 담겨 있다고 할 수 있다.

한국의 창세 신화 자료는 식물이나 동물이 이 세상에 태어나 살게 된 구체적인 사연을 따로 전하지 않고 있다. 앞의 이야기에 나오는 칡이나 메뚜기, 생쥐 등에서 볼 수 있듯이, 여러 동식물들이 일찍부터 세상에 살고 있었던 것으로 말해질 따름이다. 그 내력에 대해 따로 이야기를 전하지 않는다는 것은 그들의 존재가 특별한 신화적 관심사가 되지 않고 있다는 뜻이다. 이에 대해 예외인 존재가 있으니, 그것은 바로 '인간'이다. 신화는 인간의 탄생에 대해서 특별한 사연을 전하고 있다.

한국 신화가 전하는 인간 탄생의 서사에는 서로 다른 몇 가지 사연이 있다. 때가 되자 저절로 인간이 생겨났다고도 하고, 신이 황토로 인간을 빚었다고도 하며, 하늘에서 내려온 벌레가 자라나서 인간이 되었다고도 한다. 이 중 앞의 두 가지보다 하늘에서 벌레가 내려왔다고 하는 사연을 한국 신화 고유의 원형적 화소로 보는 것이 학계의 일반적 시각이다. 그 사연은 역시 〈창세가〉에 담겨 있다.

옛날 옛 시절에
미륵님이 한짝 손에 은쟁반 들고
한짝 손에 금쟁반 들고
하늘에 축사하니,

하늘에서 벌레 떨어져

금쟁반에도 다섯이요

은쟁반에도 다섯이라.

그 벌레 자라나서

금벌레는 사나이 되고

은벌레는 계집으로 마련하고

은벌레 금벌레 자라와서

부부로 마련하여

세상 사람이 낳았어라.

    대체로 간단한 내용이지만, 그 속에는 주목할 만한 여러 의미 요소들이 담겨 있다. 먼저 인간이 특별히 선택된 존재라는 사실이 눈길을 끈다. 인간은 세상의 여타 생명체와 달리 신의 뜻에 의해, 신의 행위에 의해 세상에 태어난 존재였다. 인간의 원생명이 하늘에서 내려왔다는 것은, 그리고 그들이 금빛 은빛으로 빛났다는 것은 인간이 하늘 신의 정기를 받은 존재임을 말해준다. 인간은 태생적으로 속성이 하늘 신과 통하는 존재라는 말이다. 인간이 신의 분신에 해당하는 존재로서 그 내면에 신성이 깃들어 있다는 것은 우리 신화의 기본적인 세계관이 된다.

    이 이야기에서 인간이 처음부터 완전한 모습으로 태어난 것이 아니라 '벌레'로부터 자라났다고 하는 점이 독특하다. 인간이 신의 뜻으로 지상에 내려진 존재라는 것은 창조론적 사유에 해당하는 데 반하여 작은 벌레가 사람으로 자라났다고 하는 것은 진화론적 사유를 반영한 내용이라 할 수 있다. 우리 신화 속 인간 탄생의 서사에는 창조론적 사유와 진화론적 사유가 함께 얽혀 있는 셈이다.

중요한 것은 그 '자라남'에 얽힌 의미 맥락이다. 사람이 애초에 자그마한 원초적 생명체였다가 지금과 같은 모습으로 자라났다는 것은 처음부터 온전한 사람의 모양으로 만들어졌다는 것과 질적으로 다른 일이 된다. 그 자라남의 과정에 지상의 기운이 속속들이 깃들었을 터, 인간은 단순한 하늘 신의 투사체가 아니라 하늘의 정기와 함께 땅의 정기가 어우러져서 탄생한 존재라 할 수 있다. 하늘과 땅의 기운이 한 몸에 깃든 생명은 아마도 처음일지니, 인간은 매우 특별한 존재라 할 수 있다. 서로가 서로를 향해 움직이고 있는 하늘과 땅 사이의 역동적인 세상에 꼭 어울리는 존재가 바로 인간이다. 발로 땅을 디디고 얼굴을 하늘로 향한 채 살아가고 있는 인간은 이 세상의 오롯한 주인공이라 할 수 있다.

사람이 처음에 딱 한 쌍이 태어나지 않고 다섯 쌍의 남녀가 내려서 짝을 이루었다고 하는 설정도 독특하여 뜻을 새겨볼 만하다. 근친상간의 함정을 피하기 위한 설정이라 볼 수도 있겠으나, 그와 다른 맥락에서 적극적으로 의미를 찾아볼 여지가 있다. 이에 대한 나의 생각은 그것이 인간의 다양한 개성에 대한 신화적 설명이라는 것이다. 세상의 사람들은 외양과 성격, 재주가 제각각으로 다르거니와, 우리 신화는 애초에 열 명의 인간이 세상에 내렸다고 함으로써 그 다양성을 자연스럽게 담보하고 있다. 하늘 신이라 하더라도 그 모습과 기질이 서로 다를 터, 그 다양한 정기를 두루 담아내는 데 필요한 최소 또는 최대의 인원이 '10'이었다고 할 수 있다.

신의 분신으로서의 인간, 그는 특별한 존재다. 뒤에서 보게 되겠지만, 많은 인간들이 신이 된다. 비록 신이 되지 않더라도, 인간은 죽음과 함께 소멸되지 않는다. 육신은 스러지되 신의 정기로서 영혼은 남는다. 그 영혼의 거처가 어디인가 하면 바로 저승이다. 앞서 말했듯이, 저승은 이승과 더불어 음양의 관계를 이루는 가운데 이 세상을 구성한다. 저승이 인간 영혼의 처소라고 할 때 그것은 특히 인간과 밀접한 연관이 있는 공간이라 할 수 있다. 이승과 저승은 인간 세상의 앞과 뒤, 또는 겉과 속이라고 말해도 좋을 것이다.

인간이 세상에 태어난 뒤에 신들이 인간의 삶에 깊이 개입했던 자취는 찾아보기 어렵다. 따로 관여하지 않고 방치해두었다는 느낌이 짙다. 매일 낮과 밤이 바뀌고 사계절이 무상하게 오고가는, 태어남과 죽음이 끝없이 반복되는 변화무쌍의 위험한 세상이었기 때문일까? 아니면 신들이 자기네 세상의 질서를 구축하느라 여념이 없었기 때문일까? 어떻든 그 새로운 천변만화의 세상이 신들에게 그리 적합한 곳이 아니었음은 분명하다. 그것은 이 세상에서 태어나 자라나는 존재들에게 꼭 어울리는 곳이었다.

 천지왕과 수명장자, 대별왕과 소별왕,
태초에 싸움이 있었다

지상에 태어나 살게 된 인간에게 태초의 세상은 낙원이었을까, 아니면 그 반대였을까? 이 수수께끼에 대한 답은 이미 나와 있는 상태다. 그들이 우러르는 하늘에 해도 두 개, 달도 두 개라 하지 않았던가. 사람들이 맞닥뜨려야 하는 것은 고난이고 투쟁이었다.

처음에 이 세상은 밤도 캄캄하고 낮도 캄캄해서 동서남북을 가릴 수 없었다. 그때 남방국 일월궁에 청의동자가 솟아나니 앞이마 뒷이마에 눈이 둘씩 달려 있었다. 하늘옥황 도수문장이 내려와서 앞이마의 눈동자 둘을 취해서 동방에 축원하자 하늘에 해가 둘이 돋고, 뒷이마의 눈동자 둘을 취해서 서방에 축원하자 달이 둘 솟아났다. 해와 달이 솟아나자 세상이 밝아졌으나 햇볕에 사람이 타서 죽고 달빛에는 사람이 얼어 죽어서 살 수가 없었다.

이때 인간 세상에 수명장자가 살았는데 무도막심했다. 그는 수하에 짐승들을 거느리고 있었으니, 사나운 말과 소가 각기 아홉 마리에 개가 또 아홉 마리였다. 짐승들이 몹시 사나운지라 사람들은 수명장자에게 욕을 보아도 어찌할 수가 없었다.

하루는 수명장자가 하늘로 천지왕을 바라보며 장담을 했다.

"이 세상에 나를 잡아갈 자가 있으랴!"

그 소리를 들은 천지왕은 그를 괘씸하게 여겨서 인간 세상으로 향했다. 천지왕은 일만 군사를 거느리고 수명장자의 집 문밖에 이르러 청버드나무 가지에 앉아 조화를 부리기 시작했다. 그러자 소가 지붕에 올라가 울부짖고 가마솥이 문밖으로 나와 걸어 다녔다. 그래도 수명장자가 조금도 무서워하지 않자 천지왕은 머리에 썼던 두건_{상염, 송염}을 수명장자 머리에 씌웠다. 머리가 깨질 것처럼 아프자 수명장자가 종을 불러서 소리쳤다.

"내 머리가 너무 아프니 도끼로 깨라."

천지왕이 어이가 없어서,

"참 지독한 놈이로다."

하면서 두건을 벗겨 쓰고서 뒤돌아섰다.

천지왕이 돌아오는 길에 백주할망 집에 들어가 말을 하되,

"오늘 밤에 여기 유숙해 가겠노라."

"이런 집에 천지왕을 모실 수 없습니다."

"그는 관계없다."

천지왕이 집에 들자 노파가 밥을 할 쌀이 없어 걱정을 했다. 천지왕이 말하기를,

"수명장자 집에 가서 쌀을 달라 하면 주리니 가져다가 밥을 하라."

백주할망은 그 말대로 쌀을 얻어다가 밥을 해서 천지왕께 드리고 일만 군사를 대접했다.

천지왕이 밥을 먹고서 자는 밤중에 어디선가 옥얼레빗으로 머리를 빗는 소리가 들렸다. 이상하게 여겨서 백주할망을 불러 누구인지 묻자 할망이 말했다.

"우리 딸애기입니다."

천지왕이 불러서 본즉 월궁선녀 같은 아기씨였다. 천지왕은 그날 밤부터 아기씨와 배필을 맺어서 부부로 살게 되었다.

사흘 뒤에 천지왕이 옥황으로 올라가려 하자 아기씨가 말했다.

"천지왕께서 올라가버리시면 저는 어찌 살며, 만약에 자식이나 낳으

면 어찌합니까?"

"부인은 박이왕이 되어 인간 세상을 차지하시오. 자식을 낳거든 이름을 대별왕과 소별왕이라 짓고, 나를 만나겠다고 하거든 증표를 줄 테니 전해주시오. 정월 축일에 박씨 두 방울을 심으면 사월 축일에 줄기가 옥황으로 뻗어 오를 테니 그 줄로 해서 옥황에 보내시오."

서로 작별해서 떠난 뒤 열 달이 지났을 때 백주할멈 딸애기는 아들 형제를 낳아서 이름을 대별왕과 소별왕이라 했다. 나이 일곱이 되자 형제가 어머니한테 와서 물었다.

"우리 아버지는 어디 계신 누구십니까?"

"옥황의 천지왕이시다."

"그러면 어찌해야 찾아가 뵐 수 있습니까?"

"이 증표를 가지고 올라가라."

형제가 박씨 두 방울을 받아서 정월 축일에 씨를 심자 사월 축일에 줄기가 하늘옥황으로 뻗쳤다. 형제가 줄을 타고서 옥황에 올라가 천지왕을 찾아가자 왕이 물었다.

"너희들의 이름은 무엇이고 어머니는 누구냐?"

"우리 이름은 대별왕 소별왕이고 어머니는 박이왕입니다."

형제가 어머니한테 받은 얼레빗 한 짝과 붓 한 짝, 실 한 발을 증표로 내보이자 천지왕이 말했다.

"내 아들이 분명하다. 그래 세상의 살이가 어떠하더냐?"

"세상에 해도 둘이고 달도 둘이어서 햇빛에는 사람이 타 죽고 달빛에는 사람이 얼어 죽습니다."

그러자 천지왕은 형제에게 천 근짜리 무쇠 활과 화살 두 개를 내어주면서 말했다.

"그것으로 해도 한 개 쏘고 달도 한 개 쏘아라."

인간 세상에 내려온 형제는 해와 달을 쏘러 나섰다. 대별왕이 앞에 떠오르는 해를 놔두고 뒤에 뜨는 해를 쏘자 해가 부서져 동쪽 하늘의 수많은 별이 되었다. 이어서 소별왕이 앞에 오르는 달을 놔두고 뒤에 오는 달을 쏘자 달이 부서져 서쪽 하늘의 수많은 별이 되었다. 이때부터 세상에는 해와 달이 하나씩 떠서 세상이 밝아졌다. 동쪽에 동산새별 서쪽에 어스름별, 남방에 노인성 북방에 북두칠성, 가운데에 견우성 직녀성이 뜨고 밤중새별 사백성 타광성이 떠서 이십팔수二十八宿* 별들이 자리를 잡았다.

소별왕이 대별왕에게 말했다.

"이제 우리 형제가 이승 법을 차지하고 저승 법을 차지할 일을 마련합시다."

"그것은 그리하자."

이승 법 저승 법을 마련하려 하는데 형님도 이승을 차지하려 하고 아우도 이승을 차지하려 했다.

"그러면 수수께끼나 해서 이기는 사람이 이승을 차지하고 지는 사람이 저승을 차지하는 것이 어떻습니까?"

"그럼 그리하자. 아우야. 어떤 나무는 내내 잎이 안 지고 어떤 나무는

---

* 황도에 따라서 천구를 스물여덟로 등분한 구획의 별자리.

잎이 지느냐?"

"형님, 나무가 짧은 것은 평생 잎이 안 지고 속이 빈 나무는 잎이 집니다."

"설운 동생아, 모른 말 하지 마라. 청대 갈대는 마디마디가 비어도 잎이 안 진다."

대별왕이 다시 말했다.

"그러면 동생아, 어떤 일로 동산의 풀은 짧아지고 구렁의 풀은 길어지느냐?"

"형님아, 이삼사월 봄비가 와서 동산의 흙이 구렁으로 가므로 동산의 풀이 짧아지고 구렁의 풀은 길어집니다."

"설운 동생아, 모른 말 말아라. 그렇다면 어찌하여 사람의 머리는 길고 발등의 털은 짧으냐?"

그 말끝에 지게 되자 소별왕이 말을 하되,

"형님아, 그러면 우리 꽃을 심어서 환생하고 번성하는 사람이 이승 법을 차지하고 시드는 사람이 저승 법을 차지하면 어떻습니까?"

"그것은 그리하자."

형제가 지부왕에 가서 꽃씨를 타다가 은동이 놋동이 나무동이에 꽃씨를 심었더니 형님이 심은 꽃은 번성꽃이 되고 아우가 심은 꽃은 시드는 꽃이 되었다.

"보십시오, 형님. 잠이나 깊이 자보면 어떻습니까?"

"그것은 그리하자."

형님이 바로 잠이 들 적에 아우는 겉눈을 감고 속눈을 떴다가 형님 앞

에 있는 꽃을 자기 앞에 당겨놓고 자기 꽃은 형님 앞에 놓아두고서,

"형님아, 일어나십시오. 점심이나 드십시오."

일어나고 보니 형님 앞의 번성꽃은 아우에게 가 있고 아우 앞의 시드
는 꽃은 형님에게 와 있었다.

"설운 아우야. 정 그렇거든 네가 이승 법을 차지해서 들어서라. 네가
이승 법을 차지하면 인간 세상에 살인 역적이 많고 도둑이 많으리라. 자
기 아내 놓아두고 남의 아내를 우러를 이가 많고, 자기 남편 놓아두고
남의 남편을 우러를 이가 많으리라. 나는 가서 저승 법을 마련하마. 저
승 법은 맑고 청량한 법이 될 것이다. 만약에 네가 잘못하면 재미없을
것이다."

형님이 저승으로 떠나자 아우는 수명장자를 불러다가 호령을 했다.

"네가 사람들에게 포악무도한 짓을 많이 하니 용서할 수 없다. 앞밭
에 형틀 걸어라. 뒷밭에 작두 걸어라."

수명장자를 능지처참한 뒤에 뼈와 살을 갈아서 허풍바람에 날리니,
수명장자 살과 피가 모기 파리가 되고 빈대 각다귀가 되어 날아갔다.

소별왕은 수명장자를 패가망신시킨 뒤에 사람들의 버릇을 가르치고
선악을 구별하며 복록을 마련해서 인간 세상을 차지하였다.

제주도 창세 신화 〈천지왕본풀이〉가 전하는 사연이다.* 〈천지왕본풀
이〉는 오늘날까지 현장에서 활발히 전승되는 본풀이 신화로, 여러 자료

---

* 단, 해와 달의 탄생과 조정에 관한 내용은 〈초감제〉에 포함돼 있다. 〈초감제〉와 〈천지왕본풀이〉는 서로 내용
이 중첩되면서 연속되는 것이 특징이다.

가 보고되어 있다. 서사의 기본 줄기는 서로 통하지만 세부 사연은 자료에 따라 차이가 있다. 수명장자는 쉬멩이나 쇠멩이라고도 하며, 천지왕이 그 머리에 두건이 아닌 쇠철망을 씌웠다고도 한다. 지상의 여인은 박이왕 대신 총명아기나 총명부인이라 돼 있는 경우가 많다. 천지왕과 수명장자가 대결하고 대별왕, 소별왕이 경쟁하는 내용도 자료에 따라 조금씩 차이가 있다. 여기서는 1930년대에 보고된 박봉춘 구연본을 기본 자료로 삼아서 내용을 정리했다(赤松智城·秋葉隆,《朝鮮巫俗の硏究(上)》, 옥호서점, 1937 수록). 다만 이 자료에서 형제가 이승과 저승을 놓고 시합을 벌이는 부분은 맥락이 불투명한 면이 있어서 정주병 구연 자료(현용준,《제주도무속자료사전》, 신구문화사, 1980 수록)를 적용하여 내용을 정리하였다.

이 신화에서 태초의 싸움은 여러 단계로 거듭 이어진다. 이야기가 먼저 전하는 것은 인간과 인간 사이의 다툼이다. 막강한 힘을 지닌 수명장자가 다른 사람들 위에 지배자로 군림하면서 갈등이 일어난다. 자신의 남다른 힘을 이용해 사람들을 억압하고 생산물을 독점했던 수명장자는 세상 최초의 악당, 또는 악당의 원형이라고 일컬을 만한 인물이 된다.

흥미로운 것은 수명장자가 지닌 힘의 성격이다. 신화는 그가 사나운 소와 말, 그리고 개를 여럿 거느리고 있어 사람들이 감히 대적할 수 없었다고 말하고 있다. 소와 말, 그리고 개는 오래전부터 인간과 더불어 살아온 반려동물들이다. 하지만 그들이 처음부터 인간을 위해 봉사하는 온순한 가축이었을 리는 없다. 본래 곰이나 늑대 못지않게 사납고 무서운 야생의 짐승이었을 것이다. 수명장자가 어떤 사람인가 하면 그 야

생의 짐승을 최초로 길들인 인간이리라는 것이 나의 생각이다. 아무도
하지 못했던 그 일을 맨 처음 해냄으로써 그는 세상의 지배자로 군림할
수 있었다는 이야기다. 그 힘을 이용해서 사람들을 괴롭힌 것을 악하다
고 말할 수 있을지 모르나, 따져보면 간단한 일은 아니다. 당시는 선악
이 구별되기 이전, 힘이 최고이던 세상이었다고 볼 수 있다. 이야기에서
선악의 분별이 뒤에 소별왕에 의해 이루어졌다고 말하고 있음을 기억
할 필요가 있다.

　세상에 아무 두려울 것이 없었던 수명장자는 신에게 도전한다. 그가
도전한 신은 하늘과 땅을 통틀어 가장 존귀한 존재 천지왕이었다. 옥황
상제와 동일시되는 신이다.* 수명장자의 도전을 받자 천지왕은 즉시 응
징에 나선다. 그리하여 신과 인간 사이의 첫 대결이 펼쳐진다. 그 대결
에서 먼저 드러나는 것은 신의 놀라운 권능이다. 신의 권능은 현실적 통
념이나 질서 체계를 훌쩍 뛰어넘는 것이었으니, 짐승이 지붕에 올라가
고 솥이 걸어 다녔다는 것은 그 단적인 표상이 된다. 인간으로서 가히
감당할 바 없는 힘이다. 세상에 서려 있는 조화란 사람들의 눈에 보이는
것이 전부가 아니었던 터다.

　그 신령한 권능에 수명장자는 속수무책으로 당한다. 하지만 수명장자
도 그리 만만한 존재는 아니었다. 그는 신의 조화 앞에 두려워 지리거나
힘없이 무릎 꿇지 않는다. 살려달라고 비는 대신 종을 불러서 도끼로 자

-----

* 자료에서 '옥황상제 천지왕'이라는 표현들을 볼 수 있어 천지왕과 옥황상제가 같은 존재를 가리키는 다른 명칭
임을 알 수 있다. 하지만 어떤 자료에서는 둘이 서로 다른 인물인 듯 표현된 사례도 있어 확실하게 단정하기는 어
렵다. 더 깊은 연구가 필요한 부분이다.

기 머리를 깨버리라고 한다. 비록 포악한 존재라고는 하지만, 수명장자의 저 놀라운 배포에는 인간의 자존심과 의기(意氣)가 서려 있다는 것이 나의 생각이다. 어떻든 인간의 대표로 나선 상황인데 하늘에서 내려온 신 앞에 납작 엎드리고 말았다면 그것은 조금 싱겁고 서운한 일이 되었을 것이다.

수명장자가 도끼로 머리를 깨라고 하는 뜻밖의 상황에서 천지왕은 수명장자 머리에 씌웠던 두건을 벗겨서 돌아선다. 슬쩍 발을 빼는 것처럼 보이기도 하거니와, 의미 맥락이 조금 불투명하다. 천지왕은 왜 그냥 돌아선 것일까? 수명장자의 기세에 눌렸기 때문? 그만하면 징벌이 됐다고 생각했기 때문? 아니면 존귀한 신으로서 인간의 피를 볼 수 없었기 때문? 무엇이 답이라고 꼭 짚어서 말할 수 없겠지만, 내가 여기서 주목하는 것은 신과 인간 사이의 질서에 대한 신화적 사유 방식이다. 인간 세상의 일에 대해 신이 지나치게 개입하는 것을 제한하는 사고가 거기 담겨 있음을 본다. 인간이 하는 일이 마음에 들지 않는다고 신이 달려와서 그를 쳐 죽인다든가 하는 것은 한국 신화의 사고방식이 아니다. 인간 세상의 일은 인간에게. 그것이 내가 보는 우리 신화의 기본적인 세계관이다. 수명장자를 다스리고 세상을 평정할 영웅은 이 땅에서 태어나야 한다.

그 영웅은 하늘 신 천지왕과 지상의 여인 박이왕(또는 총명부인)의 결혼을 통해서 태어난다. 아마도 처음이었을 신과 인간의 그 결혼은, 또는 하늘과 땅의 결합은 마치 그들이 본래 하나였던 듯 자연스럽다. 그러면서도 무척 낭만적이다. 옥빗으로 머리를 빗는 소리에 반해서 이루어진 인연이라니 얼마나 시적인가! 하지만 그 인연은 사흘 이상 이어질 수 없는 한정성을 지닌 것이기도 했다. 일컬어, 하늘과 땅 사이의 거리. 어떻든 그 결합에 의하여 이 땅에는 쌍둥이 형제가 태어난다. 별과도 같은 존재 대별왕과 소별왕이다. 그들은 피를 나눈 동지이면서 숙명의 경쟁자이기도 했다. 무쇠 활로 해를 쏘고 달을 쏘아서 세상을 조정한 동지이며, 이승과 저승의 주재자 자리를 놓고 맞선 경쟁자이다.

우리 창세 신화에서 해와 달의 조정은 대다수 자료에 나타나는 핵심적인 화소인데, 자료에 따라서 내용에 차이가 있다. 앞서 보았듯이, 함흥의 〈창세가〉는 미륵이 나서서 두 개씩이었던 해와 달을 하나씩 없앴다고 한다. 창조 신의 주도적 역할이 강조된 모습이다. 평양의 〈삼태자풀이〉는 해와 달이 둘이었다는 내용 대신 미륵이 석가에게 세상을 넘기면서 해와 달을 소매에 감추는 바람에 석가가 그것을 찾느라고 고생했다는 사연을 전하고 있다. 화성의 〈시루말〉에서는 천하궁 당칠성과 지하궁 매화부인의 쌍둥이 아들 선문이 후문이가 무지개로 다리를 놓고 흰구름을 타고서 천하궁에 올라 당칠성을 만난 뒤 철궁으로 해와 달을 하나씩 쏘아 제석궁과 명모궁으로 보냈다고 말하고 있다. 선문이와 후문이의 서사는 제주도 창세 신화에서 대별왕과 소별왕이 해와 달을 쏘는 서사와 거의 정확하게 일치한다.

우리 신화의 일월 조정 서사는 무척 인상적이다. 특히 해와 달을 조정하는 방법이 그러하다. 해와 달은 신령한 존재이니 무릎 꿇고서 정성껏 빌기라도 해야 할 듯한데, 거꾸로 그를 향해 천 근 화살을 날린다. 화살은 어김없이 정통으로 꽂히고 해와 달은 속절없이 박살 나서 별로 흩어진다. 이러한 설정에는 치열한 도전 정신과 함께 개척적인 사고방식이 담겨 있다고 할 수 있다. 잃어버린 지상낙원에 대한 회귀를 갈망하는 것과 근본적으로 다른 사고다. 사람들이 적극적인 분투를 통해 디스토피아에 가까운 열악한 환경을 헤쳐내고 삶의 길을 열어냈다고 하는 것이 우리 창세 신화에 담긴 역사 인식이다.

해와 달을 조정하는 데 성공한 대별왕과 소별왕은 이제 경쟁에 나선다. 이승과 저승의 주재자 자리를 놓고 벌이는 대경쟁이었다. 둘 가운데 누가 이승을 맡고 저승을 맡는가에 따라 세계의 질서가 완연히 달라지는 상황이었다. 어쩌면 이 경쟁이야말로 태초의 여러 싸움 가운데서도 인간의 명운을 길이 결정하게 되는 가장 중요한 싸움이었다고 할 수 있다.

그 시합은 두 가지로 진행된다. 수수께끼 시합과 꽃 피우기 시합. 세상의 운명을 걸고서 벌이는 대결로 어울리지 않는다고 생각될지 모르지만, 상징을 헤아려보면 그렇지 않다. 수수께끼 시합이란 곧 지혜의 대결에 해당한다. 세상의 질서를 바로 세우기 위해서는 큰 지혜가 필요하다는 사고다. 다음 꽃 피우기 시합은 생명을 키워내고 펼쳐내는 능력을 확인하는 대결에 해당한다. 인간 세상을 주재하여 돌봄에 있어 생명을 제대로 발양하는 것은 핵심적인 능력이 된다.

두 시합에서 더 뛰어난 권능을 나타낸 것은 대별왕이었다. 지혜롭고 너그러운 대별왕에 비하면 소별왕은 하나만 알고 둘을 모르는 존재였고 생명을 제대로 보살펴 키워내지 못하는 존재였다. 하지만 이승을 차지한 것은 대별왕이 아니라 소별왕이었다. 위계와 편법을 이용한 승리였다. 그렇게 이승을 차지한 소별왕은 수명장자를 징치하고 선악을 분별하여 세상의 질서를 세우지만, 그 질서는 완전한 것이 될 수 없었다.

대별왕이 예언한 대로 세상에는 음험한 욕망과 부조리가 퍼지게 되었는바, 그것은 소별왕으로 표상되는 인간이 스스로 불러온 일이었다. 그것은 소별왕이 선택한 위계와 편법 때문이기도 했으며, 그가 행사한 모종의 폭력 때문이기도 했다. 그는 수명장자를 능지처참하여 가루를 냄으로써 세상의 질서가 잡힐 것이라 여겼으나 거기에는 부작용이 따랐다. 수명장자의 몸이 모기와 파리, 빈대 각다귀가 되었다는 것은 소별왕이 수립한 질서의 불완전성 내지 역기능을 단적으로 표상한다.

한 걸음 더 나아가 보면, 소별왕이 수명장자를 징치하고 세상의 질서를 잡은 것은 원시적 삶에서 문명적 삶으로 나아온 역사적 과정의 신화적 표현이라 할 수 있다. 짐승이라는 강대한 힘을 거느린 수명장자는 한때 세상을 호령했으나 그의 시대는 영원할 수 없었다. 이제 세상은 지혜를 가지고 권력을 가진 자의 것이다. 그로써 새로운 세상을 연 존재가 소별왕인 터, 그는 세상을 갱신한 문명 신이자 제2의 창세 신이라고 할 수 있다. 문제는 앞서 말했듯이 그 창세가 완전한 것이 아니었다는 사실이다. 자연을 넘어선 인간의 문명은 모순과 부조리를 안은 채 긴 여정을 이어오게 되었다. 신화를 넘어선, 역사의 진실이다.

중요한 것은 대별왕(또는 미륵)의 존재다. 본질을 꿰뚫는 지혜와 생명을 살려내는 능력을 함께 지녔으면서도 이 세상을 책임질 수 없었던 진짜 능력자 말이다. 생각하면 그가 이 세상을 맡지 않은 것이 꽤나 아쉽지만, 그의 존재와 역할은 무화(無化)된 것이 아니다. 그는 보이지 않는 곳에서, 우리가 저승이라 부르는 또 다른 세상에서 사람들의 빛이 되었다. 부조리와 고통을 면할 수 없는 이 세상, 그 험한 한살이를 마치고 찾아갈 저세상은 참능력자 대별왕이 법을 세운 세상이다. 어떤 법인가 하면 '맑고 청량한 법'. 거기서는 이승에서 거꾸로 섰던 일이 바로잡히고 상처받은 생명이 새롭게 피어난다.

소별왕에게 이승을 넘기고 저승으로 떠나간 대별왕은 이렇게 사람들에게 구원과 희망의 존재가 된다. 그 구원은 저세상에서의 일이지만 이 세상에서의 구원을 향해서도 열려 있다. 대별왕이 길을 떠날 때에 '잘못하면 재미없을 것'이라고 한 말은 세상의 부조리가 도를 넘치면 자기가 나와서 그것을 바로잡겠다는 말로 해석할 수 있다. 일컬어, 미래의 구원자. 그 다른 이름이 무엇인가 하면 바로 '미륵'이다. 〈창세가〉에서 창세 신에게 미륵님이란 이름이 부여된 맥락을 우리는 바로 여기에서 찾을 수 있다. 태초의 창세 신이 미래의 구세주로 연결되는 그 지점에 바로 '미륵'이 있었던 것이다.

궁금한 것은 각기 이승 법과 저승 법을 맡았다는 소별왕과 대별왕의 이후 행적이다. 다른 어떤 신화에서도 그들의 행적과 만나기 어려우며, 이름조차 다시 보기 어렵다. 일부 자료에서 "하늘 차지 천지왕, 땅 차지 박이왕, 저승 차지 대별왕, 이승 차지 소별왕"이라는 식의 표현과 만날 수 있을 따름이다. 중요한 것은 직능(職能)보다 상징이 아닐까 한다. 누가 어떻게 세상을 다스리는가 하는 차원보다는 이 세상이 어떻게 존재하는가 하는 차원에서 신화를 볼 필요가 있다는 뜻이다. 아버지인 하늘과 어머니인 땅. 그 사이에서 태어나 공존하는 빛과 어둠. 그 놀랍고도 무한한 조화의 세상이 바로 우리가 존재하는 이 세계다. 그렇게 저들은 늘 우리 곁에 있다.

사라진 창조 여신의 자취를 찾아서

시원적인 신화적 상징으로 가득한 본풀이 창세 신화는 우리 창조 신화의 원형을 오롯이 보여준다고 말할 수 있다. 그런데 자료를 살핌에 있어한 가지 걸리는 부분이 있다. 왜 창세의 주역을 이루는 신들은 거의 예외 없이 남자들뿐인가 하는 것이다. 천지왕의 짝이 되어 쌍둥이 형제를 낳은 박이왕(총명부인)을 제외하면 미륵이나 도수문장, 수명장자, 소별왕과 대별왕 등이 모두 남성에 해당하는 존재들이다. 이러한 상황은 어떻게 받아들여야 하는 것일까.

자료의 실상이 그와 같다면 있는 그대로 받아들이면서 이해를 꾀하는편이 맞을 것이다. 군이 남녀의 문제를 구별하지 않고 서사 속에 깃든 상징과 의미 맥락을 잘 짚어내면 그것으로 충분하다고 할 수 있다. 그럼에도 이 문제를 들고 나와 화두로 삼는 것은 역시 '자료' 때문이다. 어떤 자료인가 하면 '창조 여신'에 관한 구전 이야기 자료다.

제주도에 찾아가서 답사를 하고 사람들을 만나면서 한 가지 의아한 부분이 있었다. 굿에서 구송되는 제주도 본풀이 신화는 분명 하늘과 땅을가른 창조 신이 도수문장이라고 하며, 땅에서 솟아난 존재는 청의동자나반고였다고 한다. 하늘의 해와 달을 조정한 것은 대별왕 소별왕 형제가한 일이라고 한다. 그런데 제주도 사람들 가운데 도수문장이나 대별왕 소별왕을 아는 사람은 그리 많지 않았다. 많은 사람들이 제주도의 표상으로삼는 신적 존재가 누구인가 하면 바로 전설의 주인공 '설문대할망'이다.설문대할망이 한라산과 여러 오름을 만들고 또 섬이나 바위들을 만들었다는 것은 제주 사람들이 가장 널리 전하는 신화적 전승에 해당한다.

설문대할망(또는 선문대할망, 설명두할망)에 관한 이야기는 많고도 다양하다. 현용준의 《제주도 전설》(서문당, 1976)에서 일부를 발췌해본다.

옛날 설문대할망이라는 할머니가 있었다. 할머니는 한라산을 엉덩이로 깔아 앉고, 한쪽 다리는 관탈에 놓고, 또 한쪽 다리는 서귀읍 앞바다의 지귀섬(또는 마라도)에 놓고 해서, 성산봉을 구시통로 삼고, 소섬(우도)은 팡돌로 삼아 빨래를 했다.

본래 성산리 앞바다에 있는 소섬은 따로 떨어진 섬이 아니었다. 옛날 설명두할망이 한쪽 발은 성산면 오조리의 식산봉에 디디고 한쪽 발은 성산리 일출봉에 디디고 앉아 오줌을 쌌다. 그 오줌 줄기의 힘이 어찌나 세었던지 육지가 파이며 오줌이 장강수가 되어 흘러 나갔고, 육지 한 조각이 동강이 나서 섬이 되었다. 이 섬이 바로 소섬이다. 그때 흘러 나간 오줌이 지금의 성산城山과 소섬 사이의 바닷물인데, 그 오줌 줄기의 힘이 하도 세었기 때문에 깊이 파여서 지금은 고래·물개 따위가 사는 깊은 바다가 되었다. 그때 세차게 오줌이 흘러가던 흔적으로 지금도 이 바다는 조류가 세서 파선하는 일이 많다. 여기에서 배가 부서지면 조류에 휩쓸려 내려가서 그 형체를 찾을 수가 없다.

제주도에는 많은 오름들이 여기저기 흩어져 있는데, 이 오름들은 할머니가 치맛자락에다 흙을 담아 나를 때에 치마의 터진 구멍으로 흙이 조금씩 새어 흘러서 된 것이라 한다.

할머니는 키가 너무 커놓으니 옷을 제대로 입을 수가 없었다. 그래서 속옷을 한 벌만 만들어 주면 육지까지 다리를 놓아주겠다고 했다. 속옷 한 벌을 만드는 데에는 명주 1백 통(1통은 50필)이 든다. 제주 백성들이 있는 힘을 다하여 명주를 모았으나 99통밖에 아니 되었다. 그래서 속옷은 만들지도 못하고, 할머니는 다리를 조금 놓아가다가 중단하여버렸다. 그 자취가 조천면 조천리·신촌리 등 앞바다에 있다 한다. 바다에 흘러 뻗어간 여(바위줄기)가 바로 그것이라는 것이다.

선문대할망은 키가 큰 것이 자랑거리였다. 할머니는 제주도 안에 있는 깊은 물들이 자기의 키보다 깊은 것이 있는가를 시험해보려 하였다. 제주시 용담동에 있는 용소가 깊다는 말을 듣고 들어서 보니 물이 발등에 닿았고, 서귀읍 서홍리에 있는 홍리물이 깊다 해서 들어서 보니 무릎까지 닿았다. 이렇게 물마다 깊이를 시험해 돌아다니다가 마지막에 한라산에 있는 물장오리에 들어섰더니, 그만 풍덩 빠져 죽어버렸다는 것이다. 물장오리가 밑이 터져 한정 없이 깊은 물임을 미처 몰랐기 때문이다.

이야기에서 강조하듯이 설문대할망은 엄청난 크기의 거인 형상을 하고 있다. 한라산을 깔고 앉아 양쪽 발을 바다 밖의 섬에 걸쳤다고 하니 크기가 제주도 못지않았을 것이다. 주목할 사실은 그가 '창조'의 작업에 관여하고 있다는 사실이다. 할망이 치마로 흙을 담아 나르다 흘린 것이 제주도의 수많은 오름이 되었다는 것이나, 할망이 오줌을 눈 탓에 소섬이 육지에서 섬으로 변했다든가 하는 것은 두루 자연의 창조와 변화에 얽힌 사연에 해당한다. 저 거대한 여인이 움직일 때마다 세상은 크게 뒤흔들리며 새롭게 만들어졌다.

정확히 말하면 이 전설이 전하는 사연은 세상의 첫 창조라기보다 이미 존재하던 세상의 재구성에 가깝다. 도수문장이 행했던바 혼합 상태의 하늘과 땅을 갈라서 이 세상을 처음 만든 것과는 차원이 좀 다르다는 말이다. 설문대할망 이야기가 이 세계나 우주를 전체적으로 문제 삼는 대신 시선을 제주도에 맞추어서 자연의 생성과 변화를 말하고 있다는 것도 창세 신화의 서사와 구별되는 요소가 된다. 그것은 제주도라는 특정 지역의 유래 전설에 꼭 맞는 성격을 지니고 있다. 할망이 자신의 능력을 과신하다가 물장오리에 빠져 죽었다고 하는 비극적 결말 또한 신화와 구별되는 전형적인 전설적 서사이다. 이 이야기는 무속 제의에서 전승되는 창세 신화와는 다른 층위에서 보완적으로 전승이 이루어져 온 것이라고 할 수 있다.

이것이 설문대할망에 대한 나의 오래된 생각이었다. 학계의 일반적인 시각이기도 하다. 그런데 어느 날 한 편의 전설 자료와 만나면서 나의 생각에 혼란과 동요가 밀어닥쳤다. 1980년에 제주시 오라동에서 송기조 화자가 구연한 〈설문대할망〉 이야기가 그것이다(《한국구비문학대계》 9-2, 한국정신문화연구원, 1981 수록). 화자는 설문대할망이 한라산을 만든 사연을 말해달라는 요청에 '옛날에 하늘과 땅이 붙어 있는 것을 큰 사람이 나타나서 떼었는데 물바다로 살 수가 없어서 가장자리로 돌아가며 파올려서 제주도를 만들었다'고 했거니와, 여기서 '큰 사람'은 곧 설문대할망으로 이해될 가능성이 있다.

'도수문장이 아니라 설문대할망이 하늘과 땅을 갈랐다고?'

갸웃하던 나의 고개는 오래지 않아 끄덕임으로 바뀌었다. 나의 머릿속에는 어느새 창세의 서사에 대한 하나의 가설이 들어서고 있었다. 무엇인가 하면, 여신이 하늘과 땅을 갈랐다는 내용이 창세에 대한 본래적 서사였을 가능성이 크다고 하는 것이다. 원초적인 생산의 존재이며 크나큰 모성의 존재로서 여성 신이 하늘과 땅을 갈랐다는 것은 자연스럽고도 원형적인 설정이 된다. 그리스 신화에서 태초에 거대한 신들을 낳아 세상의 창조를 가능하게 한 주역은 바로 크나큰 대지의 여신 가이아(Gaia)였다. 먼 옛날 우리의 신화에서 태초의 창조 작업을 이끈 존재 또한 여신이었을 가능성이 매우 높다. 그러던 것이 역사와 문화가 발전하고 남성 중심의 지배 질서가 자리를 잡으면서 신화의 체계 또한 변화를 겪어 여성 신격의 자리에 남성 신격이 대신 들어앉게 되었으리라는 것이다. 신화학자 고혜경의 표현을 빌자면, "태초에 할망이 있었다"는 이야기다(고혜경,《태초에 할망이 있었다》, 한겨레출판, 2010).

현전하는 무속 신화의 창세 신 격에 여신의 자리는 없다. 여신은 어디에 있는가 하면, 전설 속에 있다. 다분히 부정적인 존재로. 설문대할망으로 말하자면, 그는 언젠가부터 세상에서 자기 구실을 찾지 못한 채 사람들에게 부담을 주는 존재가 된 터였다. 할망에게 입힐 옷을 만들기 위해 비단 5천 필을 구하느라 사람들이 고생했다는 것이 이를 잘 말해준다. 그렇게 역할을 잃고서 방황하던 그녀는 어느 날 물장오리라는 이름의 깊은 수렁에 빠져 속절없이 사라진다. 그렇게 태초의 창조 여신 '대할망'은 사라진 존재가 된다.

이러한 상황이 단지 제주도에 한정된 것일 리 없다. 거구의 창조 여신에 대한 전설은 내륙 지방에도 수많은 자취를 남기고 있다. 마고할미나 노고할미, 개양할미, 갱구할미 등으로 불리는 여러 여신들에 관한 전설적 전승을 전국 곳곳에서 만나볼 수 있다. 그들은 거의 예외 없이 거구의 신으로 일컬어지며, 산을 만들고 골짜기를 가르며 바다를 헤쳐내고 섬을 움직이는 등 대자연과 세상의 창조에 관여한 존재로 이야기된다. 그 시원을 따라서 올라가다 보면 모름지기 천지의 창조라는 태초의 역사와 만나게 될 것이다.

흔히 '마고'로 통칭되는 그 여신들의 자취는 점점 지워져왔고 지금도 지워져가고 있다. 무속 신화 속에 남은 마고의 형상은 창조의 주역이 아니라 스쳐 지나가는 조역 쪽이다. 뒤에 보겠지만, 〈바리데기〉에서 천태산 마고할미가 맡은 구실은 길에서 빨래를 하고 있다가 바리데기를 시험하고 도와주는 일이다. 단역 도우미에 가까운 모습이다. 그나마 이렇게 신화 속에 한자리를 잡고 있는 것은 오히려 예외적인 경우다. 창조 여신은 지역민 사이에서 점점 잊히는 존재가 되어가고 있다. 보령의 유명한 창조 여신 '갱구할미'를 예로 들자면, 현지답사에 나서서 그가 움직였다는 본거지를 이리저리 찾아다녀보았지만 전승의 작은 편린마저 찾기 어려웠다. 전설 속의 마고는 그 본래의 신성을 잃은 채 흉한 '마귀할멈'이 되어 기피와 조롱의 대상이 되고 있다. 마고할미가 마귀할멈으로 바뀐 그 변화 속에 우리 문명사 내지 문화사의 핵심적인 한 단면이

깃들어 있는지도 모른다.[*]

물론 이는 어디까지나 추측이고 가설이다. 태초의 창조 여신의 존재는, 그리고 그들의 신화적 위상은 앞으로 자료를 더 널리 탐색하고 고찰하여 함께 풀어나가야 할 과제이다. 이미 많은 사람들이 그 작업에 나서고 있는 터다. 다른 한편으로 남신인가 여신인가 하는 데 지나치게 긴박되지 말아야 할 일이라는 생각을 해본다. 신이란 본래 우주적으로 열린 존재인 터, 저 도수문장이나 미륵에게서 남성성이 아닌 여성성을 본다고 해서 그릇된 일일 리 없다. 그 경계를 넘어서는 지점에서 신화는 비로소 신화답게 살아나는 것이라고 말할 수 있다. 그렇다. 하늘과 땅이 섞여서 하나이던 그 시절, 남성과 여성 또한 하나가 아니었겠는가.

---

[*] 이와 같은 마고 전승의 역사적 변화는 조현설의 지속적인 논의를 통해 그 의미 맥락이 잡혀가고 있다. 조현설, 《마고할미 신화 연구》, 민속원, 2013 참조.

신화,
존재와 운명의 서사

어머니 딸과 모녀간에 만나서 방성통곡 울음을 울더라니
돌함 속에서 애기 소리가 난다.
돌함 속에서 어린애 소리 우는 소리가 나는구나.
어머니가 이게 우짠 일인가 돌함 속으로 들여다보니까
아들 삼태를 낳아놓고 하늘 학이 세 마리 내려와 한 애기 한 마리씩
한짝 날개는 깔고 한짝 날개는 덮고 한 애기 한 마리씩 깔고 품고 있구나.

— 영일 김유선 구연 〈당금애기〉에서

"신화의 정의를 간명하게 내려본다면 뭐가 될까요?"
신화에 대한 강의나 강연을 할 때에 사람들에게 '신화(神話)가 무엇인지' 묻곤 한다. 무심결에 나오는 대답은 대개 "신화는 신에 대한 이야기 아닌가요?"이다. 신화에 수많은 신들이 등장해서 특별한 사연을 펼친다는 사실을 생각하면 그럴듯한 답이 된다. 하지만 속내를 살펴보면 상황이 좀 달라진다. 신에 관한 이야기라고 해서 다 신화는 아니다. 신은 민담이나 소설, 또는 소화의 주인공이 되기도 한다. 또한 신화가 다 신에

관한 이야기인 것도 아니다. 신이 아닌 인간이 주역이 되는 신화가 많으며, 종종 신의 모습을 찾아보기 어려운 신화도 있다.

학계에서 통용되는 신화의 정의는 '신성시되는 이야기'이다. 신화는 이야기 자체가 소중하게 받아들여지고 신성하게 다루어진다. 신화를 함부로 대하면 불경스러운 행위가 된다. 예컨대 고구려 사람이 주몽의 서사를 부정한다면 고구려인으로서 자격을 잃게 된다. 마찬가지로 제우스나 아테네의 존재나 신성을 부정한다면 그리스 시민이 될 수 없다. 신화는 때로 목숨 이상으로 소중한 것이 되기도 한다. 만약 사람들에 의해 신성성(神聖性)이 부정된다면 그 이야기는 더 이상 신화라 하기 어렵다.

그렇다면 그 신성성이란 대체 무엇일까? 이에 대해서는 서로 다른 몇 가지 관점이 있다. 먼저 신성을 저 멀리 높은 곳에서 찾는 시각이 있다. 인간으로서는 감히 범접하지 못할 높고 큰 권능 같은 것을 신성으로 보는 입장이다. 이때 신성(神性)과 인성(人性)은 질적으로 다른 그 무엇이 된다. 한편, 신성이 저 멀리 있는 것이 아니라 우리 가까이에, 또는 우리 안에 있는 것으로 보는 시각도 있다. 인간이 펼쳐 보이는 남다른 능력이나 덕성 등에서 신성을 발견하는 입장이다. 이때 신성과 인성은 서로 통하는 어떤 것이 된다.

나의 개인적인 생각을 말해본다면, 둘 가운데 어느 쪽이 옳고 어느 쪽이 그르다고 하기 어렵다는 쪽이다. 신성은 우리를 넘어서는 그 무엇인 동시에 우리 안에 있는 그 무엇이기도 하다. 신성이 존재를 일깨우는 빛과 같은 것이라 할 때, 그 빛은 저 밖에도 있을 수 있고 우리 곁이나 우리 안에 있을 수도 있다. 우리 삶을 본원적으로 일깨우고 일으켜주며 실현시켜주는 소중한 힘이나 가치라면 두루 신성이 될 수 있다.

하지만 세상에 존재하는 수많은 힘과 가치를 다 신성한 것이라 할 수는 없을 것이다. 그중에서도 특히 맑고 깊은 정수(精髓)에 해당하는 것을 신성이라고 일컬을 수 있다. 인간과 세상의 본원과 닿아 있으면서 존재의 근원적 진실을 일깨우는 참다운 힘이나 가치 말이다. 그와 같은 힘과 가치를 오롯이 담지하고 발현하는 이야기, 그리하여 소중하고 신성하게 받아들여지는 이야기, 그것이 바로 신화라고 할 수 있다. 그러한 이야기들은 시공간의 경계를 넘어서 세상 사람들의 빛이 된다.

내가 본 한국의 민간 신화들은 바로 그와 같은 이야기들이었다. 저 밑바탕에서 존재와 운명적으로 대면하게 하는 가운데 그 속에 깃든 신성을 비춰주고 이끌어내는 빛과 같은 이야기. 그것이 우리의 신화다.

원천강의 오늘이, 존재의 문을 열다

제주도 본풀이 신화 가운데 〈원천강본풀이〉가 있다. 지금은 현장에서 전승되지 않는, 70여 년 전에 보고된 자료가 유일본으로 남아 있는 잊혀온 신화다.* 하지만 그냥 잊히기에는 너무나 아름다운 한 폭의 하늘 동화 같은 이야기이다. 놀랍도록 원형적인 신화이기도 하다.

----

* 이 신화는 '원텬강본푸리(袁天綱本解)'라는 이름으로 赤松智城 · 秋葉隆, 《朝鮮巫俗の硏究(上)》(옥호서점, 1937)에 수록되어 있다. 진성기, 《제주도무가본풀이사전》(민속원, 1991)에도 '원천강본'이라는 제목의 무가가 실려 있으나, 내용이 완전히 달라서 같은 신화라고 보기 어렵다. 이 '원천강본'의 원천강은 어느 결혼한 여인의 이름으로서, 원천강본은 그가 남편에게 신의를 제대로 지키지 못한 사연으로 되어 있다.

원천강(袁天綱)은 본래 중국 어느 예언가의 이름이라 한다. 하지만 제
주도 본풀이에서 말하는 원천강은 성격이 좀 다르다. 그것은 흔히 무속
경전의 이름으로 일컬어지는바, '원천강 사주역을 본다'는 식의 표현과
만나게 된다. 하지만 〈원천강본풀이〉의 원천강은 이와 성격이 또 달라
서, 주인공이 먼 곳으로 길을 떠나 찾아가는 신비의 낯선 공간으로 그려
져 있다. 어떤 공간인가 하면, 존재의 근원과 관련되는 공간이다. '원천
강'이라는 이름은 자연스레 '원천'을 떠올리게 하는 면이 있는데, 이야
기 속의 원천강이 실제로 '존재의 원천'이라 할 만한 성격을 지니고 있
어 이채롭다. 추측이지만, 말이 주는 그러한 느낌 때문에 원천강이라는
이름이 선택되었을 가능성이 크다고 생각된다.

존재의 원천을 이루는 신비한 공간으로서의 원천강. 거기를 찾아가는
주인공은 한 명의 어린 소녀. 강림들에서 태어나 적막한 들에서 홀로
살아온 소녀. 그 이름은, 오늘이.

아득한 옛날, 적막한 들에 옥 같은 여자아이가 외로이 나타났다. 아이
를 발견한 사람들이 물었다.

"너는 어떠한 아이냐? 어디서 왔느냐?"

"나는 강림들에서 솟아났습니다."

"성은 무엇이고 이름은 무엇이냐?"

"나는 성도 이름도 모르고 아무것도 모릅니다."

"그럼 어떻게 지금까지 살아왔느냐?"

"강림들에서 솟아날 때부터 어떤 학이 날아와서 한 날개를 깔아주고

한 날개를 덮어주며 야광주夜光珠를 물려주어 오늘까지 무사히 살아왔습니다."

"나이는 얼마나 되었느냐?"

"나이도 모릅니다."

그러자 사람들이 말했다.

"너는 태어난 날을 모르니 오늘을 낳은 날로 하여 이름을 오늘이라고 하자꾸나."

오늘이는 사람들에게 이름을 얻고서 지내다가 박이왕의 어머니 백씨 부인한테로 갔다.

"너는 오늘이가 아니냐?"

"네. 오늘이입니다."

"너의 부모 나라를 아느냐?"

"모릅니다."

"너의 부모 나라는 원천강이다."

"원천강은 어찌하면 갈 수 있습니까?"

"원천강을 가려거든 흰모래마을 별층당에 높이 앉아 글 읽는 도령이 있을 테니 그 도령을 찾아가 물으면 알 수 있을 것이다."

오늘이는 그 길로 서천강 가의 흰모래마을 별층당을 찾아갔다. 오늘이는 문밖에서 종일토록 서 있다가 날이 저물자 성 안에 들어가 말했다.

"나그네가 인사드립니다."

그러자 청의동자 한 명이 나오면서 누구냐고 물었다.

"나는 오늘이라는 사람입니다. 도령님은 누구십니까?"

"나는 장상이라는 사람입니다. 하늘의 분부로 여기 앉아서 언제든 글만 읽어야 하지요. 그런데 당신은 무슨 일로 이곳에 오셨습니까?"

"부모의 나라가 원천강이라 해서 그곳을 찾아가는 길입니다."

그러자 청의동자가 친절하게 말했다.

"오늘은 날이 다 저물었으니 올라와서 이곳에 유숙하였다가 날이 새거든 떠나십시오."

오늘이가 올라가서 백씨부인 만난 사실을 말하며 길을 알려주기를 청하자 장상이가 말했다.

"가다 보면 연화못이 있는데 연못가에 연꽃나무가 있습니다. 그 연꽃나무한테 물으면 알 길이 있을 것입니다."

그러면서 장상이는 오늘이에게 한 가지 부탁을 했다.

"원천강에 가거든 왜 내가 밤낮 글만 읽어야 하고 이 성 밖으로 나가지 못하는지 그 이유를 알아봐주십시오."

이윽고 날이 새어 오늘이가 길을 떠나다 보니 과연 연화못 가에 연꽃나무가 있었다.

"연꽃나무야, 말 좀 물어보자. 어디로 가면 원천강을 갈 수 있느냐?"

"원천강은 무엇하러 가나요?"

"나는 오늘이라는 사람인데 원천강이 부모의 나라라서 찾아가노라."

"반가운 말이군요. 그러면 내 팔자나 알아다 주오. 나는 겨울에는 움이 뿌리에 들고 정월이면 몸속에 들었다가 이월이 되면 가지에 가고 삼월이 되면 꽃이 피는데, 맨 윗가지에만 꽃이 피고 다른 가지에는 피지 않으니 이 팔자가 어찌 된 것인지 물어봐주오."

"그걸랑 그리하자."

"원천강 가는 길은 청수바닷가에 가면 큰 뱀이 누워서 구르고 있을 테니 그 뱀한테 물으면 알 수가 있을 겁니다."

오늘이는 연꽃나무와 헤어진 뒤 길을 떠나 청수바닷가에 이르러 이리저리 구르는 큰 뱀을 발견했다. 오늘이는 지나온 사정을 얘기하고서 말했다.

"어찌하면 원천강을 찾아갈 수 있는지 인도해주오."

"길 인도하기는 어렵지 않으나 내 부탁도 하나 들어주오."

"그 부탁은 어떤 부탁입니까?"

"다름이 아니라 다른 뱀들은 야광주를 하나만 물어도 용이 되어 승천을 하는데, 나는 야광주를 셋이나 물어도 용이 못 되고 있으니 어쩌면 좋겠는지 물어다 주오."

오늘이가 응낙하자 뱀은 오늘이를 등에 태우고 물로 들어가 헤엄을 쳐서 청수바다를 건너주었다.

"가다 보면 매일이라는 사람을 만날 테니 그 사람에게 길을 물어보시오."

오늘이가 큰 뱀과 작별하고 길을 가다 보니 한 처녀가 예전 청의동자처럼 별층당 위에 앉아서 글을 읽고 있었다. 오늘이가 다가가 인사를 나누고 원천강 길 인도를 청하자 매일이가 쾌히 승낙하면서 말했다.

"원천강에 가거든 내가 여기서 항상 글만 읽고 있는 팔자가 어찌 된 일인지 알아봐주십시오."

오늘이가 거기서 하룻밤을 묵고 길을 떠나려 하자 매일이가 말했다.

"가다 보면 시녀 궁녀가 우물가에서 울고 있을 겁니다. 그이들한테 물으면 소원을 이룰 거예요."

오늘이가 앞으로 앞으로 가다 보니 정말로 시녀 궁녀가 우물가에서 흐느끼며 울고 있었다. 오늘이가 이유를 묻자 그들이 말했다.

"우리는 본래 하늘옥황 시녀였습니다. 우연히 죄를 지어 이 물을 푸게 되었는데, 물을 다 퍼내기 전에는 하늘로 올라갈 수가 없습니다. 그런데 아무리 물을 푸려고 해도 바가지에 큰 구멍이 뚫어져 있어 밖으로 조금도 퍼낼 수가 없습니다. 저희를 도와주세요."

"옥황의 신인神人이 못 푸는 물을 어리석은 인간으로서 어찌 풀 수 있겠습니까?"

그때 오늘이가 문득 생각이 나서 시녀들에게 정당풀을 베어 모아서 덩어리를 만들게 했다. 오늘이는 그 덩어리로 바가지 구멍을 막고 송진을 녹여서 막은 곳을 칠한 다음 하늘에 정성껏 기원을 올렸다. 그러고서 바가지로 물을 푸자 금방 우물의 물이 말라붙었다.

시녀들이 죽을 곳에서 살아난 듯 기뻐하면서 거듭 절하여 사례하고서 말했다.

"저희가 원천강 가는 길을 동행해드리겠습니다."

시녀들이 오늘이를 데리고 길을 가다 보니 어떤 별당이 보였다. 시녀들은 그곳을 가리키고는 오늘이 가는 길이 복되도록 해달라고 축도를 하고 제 갈 길로 갔다.

오늘이가 별당으로 다가가 보니 주위에 만리장성을 쌓았고 대문에 문지기가 지키고 있었다. 오늘이가 문을 열어달라고 하자 문지기가 물었다.

"너는 누구냐?"

"나는 인간 세상의 오늘이라는 처녀입니다."

"무슨 일로 이곳에 왔느냐?"

"여기가 나의 부모 나라라고 해서 찾아왔습니다."

"문을 열어줄 수 없다."

문지기가 냉정하게 거절하자 오늘이는 하늘이 무너지는 것 같았다. 기가 막힌 오늘이는 문 앞에 쓰러져서 통곡하기 시작했다.

> 오늘이는 백만 리 인간 원방遠方에서
> 처녀 단지 혼자 외로이
> 온갖 산과 물을 건너온 고생 겪으면서
> 부모국이라고 이런 곳을 찾아왔는데
> 이렇게도 박정하게 하는구나.
> 이 문 안에는 내 부모 있으련마는
> 이 문 앞에 내 여기 왔건마는
> 매일이는 소원 성취 한다더라마는
> 원천강 신인들은 너무 무정타.
> 빈 들에 홀로이 울던 처녀
> 천산만하 넘을 적에 외로운 처녀
> 부모국의 문 앞에 외로운 처녀.
> 부모는 다 보았나, 내 할 일 다 하였나.

강림 가면 무엇하리, 여기서 죽자꾸나.

팔자 부탁 어찌하리, 모든 은혜 어찌하리.

박정한 문지기야 무정한 신인들아

그리웁던 어머님아 그리웁던 아버님아.

오늘이가 이렇게 말하며 연이어서 흐느껴 울자 돌 같은 문지기 심장
에도 동정심이 우러났다. 문지기는 안으로 들어가 부모 궁에 그 사실을
아뢰었다.

"저의 책임으로 문을 못 열어주었습니다만, 이런 일이 있습니다."

"벌써 다 들었노라. 들어오게 하여라."

오늘이가 천만 뜻밖의 소식에 꿈인 듯 안으로 들어가서 부모 앞에 서
자 아버지가 말했다.

"너는 어떤 처녀가 왜 이곳에 왔느냐?"

오늘이는 학의 깃 속에서 살던 때부터 머나먼 길을 헤쳐 부모를 찾아
온 사정을 하나하나 이야기했다. 그러자 부모가 말했다.

"기특하구나, 이 아이야. 우리 자식이 분명하다."

그러면서 부모가 말했다.

"너를 낳은 날에 옥황상제가 우리를 불러서 원천강을 지키라고 하니
어느 영令이라 거역할까. 할 수 없이 여기 있게 되었으나, 항상 네가 하
는 일을 보고 있었으며 너를 보호하고 있었노라."

서로 정담을 나눈 뒤 부모님이 말했다.

"여기를 왔으니 구경이나 하려무나."

오늘이는 만리장성 둘러싼 곳에 곳곳마다 달려 있는 문을 열어보았다. 보니까 문 안에는 봄 여름 가을 겨울, 춘하추동 사계절이 다 모여 있었다.

구경을 마친 오늘이가 말했다.

"저는 이제 돌아가렵니다. 오는 길에 부탁받은 일이 많은데 어찌 된 일인지 알려주세요."

오늘이가 부탁받은 사연들을 말하자 부모가 말했다.

"장상이와 매일이는 서로 만나 부부가 되면 만년 영화를 누릴 것이다. 연꽃나무는 윗가지 꽃을 따서 처음 보는 사람한테 전해주면 다른 가지에도 꽃이 만발할 것이다. 큰 뱀은 야광주를 하나만 물어야 하는데 세 개를 물어서 용이 못 된 것이니, 처음 보는 사람에게 두 개를 주면 용이 될 것이다. 너는 그 야광주와 연꽃을 가지면 신녀神女가 될 것이다."

오늘이가 돌아오는 길에 매일이를 만나 원천강에서 들은 일을 말하자 매일이가 말했다.

"하지만 장상이가 있는 곳을 모릅니다."

"내가 데려다 주지요."

함께 길을 떠나서 큰 뱀을 만나 원천강에서 들은 사실을 말하자 뱀은 야광주 둘을 뱉어서 오늘이에게 주고 곧바로 용이 되어 뇌성벽력을 울리며 승천했다.

다음에 연꽃나무를 만나서 곡절을 알려주자 연꽃나무는 꽃이 핀 윗가지를 꺾어 오늘이에게 주었다. 그러자 가지가지마다 고운 꽃이 피어서 아름다운 향내를 뿜냈다.

다음에 장상이를 찾아가 만나니 매일이와 장상이는 부부가 되어서 만년 영화를 누리게 되었다.

오늘이는 백씨부인을 만나서 야광주 하나를 선물하여 감사의 뜻을 표한 뒤 하늘옥황의 신녀가 되었다. 오늘이는 인간 세상 곳곳을 다니면서 원천강을 등사^{謄寫}하는 일을 맡게 되었다.

거의 가감이 없이 〈원천강본풀이〉의 내용을 옮긴 것이다. 오늘이나 매일이, 장상이 같은 이름도 물론 원전에서 가져왔다. 큰 뱀은 이무기로 이해되고 야광주는 여의주로 여겨지지만, 말을 바꾸지 않고 원전을 따랐다. 마지막 부분의 '원천강을 등사한다'는 말의 의미 맥락이 좀 불투명한데, 이 또한 그대로 두었다. 원천강을 등사한다는 것은 원천강의 이치와 신험(神驗)을 세상에 전한다는 것으로서, 신화적 문맥으로 볼 때 오늘이가 원천강을 주재하는 신이 되었음을 뜻한다고 해석할 수 있을 것이다.

'원천강본풀이'라는 제목이 낯선 사람들이라 하더라도 이 이야기의 서사적 흐름은 그리 낯설지 않을 것이다. 언젠가 들은 적이 있는 이야기처럼 생각될 것이다. 이와 비슷한 이야기가 민담에 있기 때문이다. 〈원천강본풀이〉는 민담 중에서도 무척 유명한 〈구복여행〉과 내용이 통한다. 〈구복여행〉은 한 총각이 복을 타기 위해 낯선 세계를 다녀오는 과정에서 여러 인물의 문제를 풀어주고 자기도 발복한다는 이야기로서, 서사 구조만 놓고 보면 〈원천강본풀이〉와 거의 차이가 없다. 특히 이무기의 문제를 해결하는 삽화(揷話)는 구체적인 내용까지 거의 일치한다.

〈구복여행〉과 〈원천강본풀이〉 가운데 어느 것이 먼저인지를 가늠하기는 쉽지 않다. 둘 다 원형적인 이야기이므로 독립적으로 생성되었을 가능성도 있다. 다만 〈구복여행〉이 오랜 역사를 지닌 민담으로서 전국적으로 널리 전승되어왔음을 생각할 때 〈원천강본풀이〉가 그 서사 구조를 수용하면서 형성되었을 가능성이 더 커 보인다. 중요한 것은 이야기의 선후보다 질적 속성이다. 〈원천강본풀이〉는 신화적 상징으로 가득한 원형적 화소를 통해 존재와 운명에 대한 화두를 던지고 있거니와, 완벽한 신화적 정체성을 지니고 있다고 할 만하다. 민담을 수용한 이야기가 이렇게 신화적으로 거듭난 것이 놀라울 정도다.

이제 이야기 속으로 들어가보자. 〈원천강본풀이〉 이야기는 '적막한 들'에서 시작한다. 적막한 들에 나이도 모르고 이름도 성도 모르는 한 소녀가 있었다. 아득히 적막한 세상에 벗이라고는 학 한 마리뿐. 상상만 해도 무언가 가슴이 싸해지는 형상이다. 그 소녀의 형상은 인간의 생래적인 고독을 표상하는 것이라 할 수 있다. 가없는 울음과 함께 이 드넓은 세상에 훌쩍 던져져 세상을 한 몸으로 감당해야 하는 인간의 숙명 말이다.

이야기를 살펴보면 오늘이뿐만이 아니다. 홀로 하염없이 글을 읽어야 하는 운명을 한탄하는 장상이와 매일이도 그와 같은 존재의 숙명으로부터 자유롭지 못한 존재다. 한 송이 꽃만을 매달고서 꽃 없는 빈 가지들을 슬퍼하는 연꽃나무도, 무심한 하늘을 바라보며 속절없이 바닷가를 뒹구는 큰 뱀도 또한 마찬가지다. 금세 퍼낼 수 있는 우물물을 퍼내지 못해 흐느껴 우는 하늘나라 시녀들 또한 예외가 아니다. 생각해보면 그건 이 땅에 있는 존재 모두의 원초적인 운명일지도 모른다.

흥미로운 것은 오늘이가 만난 존재들의 성격이다. 장상이와 매일이는 인간 남녀이고, 연꽃나무는 식물이며, 큰 뱀은 동물이다. 그리고 옥황의 시녀들은 신적인 존재들이다. 요컨대 그들은 이 드넓은 우주에 깃들어 살고 있는 여러 층위의 존재를 포괄적으로 표상한다고 할 수 있다. 홀로 길을 떠난 오늘이는 그러한 다양한 존재들과 차례로 만나면서 세상 만유(萬有)가 자기 존재를 끌어안은 채 고독에 신음하고 있다는 사실을 발견하고 있거니와, 그러한 만남과 교감은 그가 존재의 근원적 고독으로부터 벗어나는 실마리가 되었다고 할 수 있다.

하지만 그러한 발견만으로 존재적 고독이 극복될 수 있는 것은 아니었다. 벽을 넘어서 존재의 근원으로 들어가야 했으니, 그 상징이 바로 원천강이다. 거기로 들어가는 일은 쉽지 않았다. 철옹성 같은 높은 장벽이 앞을 가로막았다. 먼 길을 떠나 거기까지 간 것도, 하늘 시녀들의 문제를 해결하는 능력을 발휘한 것도 다 소용없었다. 존재의 근원으로 들어가는 문은 열리지 않았다. 오랜 번민과 기나긴 모색이 하루아침에 물거품이 될 수 있는 바였다. 그러나 그것은 끝내 열릴 수 없는 문은 아니었다. 마음이 지극하면 길은 열리는 것이었다. 문지기의 마음을 움직여 굳건했던 원천강 문을 열게 만든 오늘이의 흐느낌과 하소연은 그 지대한 열망과 지극한 몸짓의 발현이라고 할 수 있다.

드디어 원천강으로 들어서고 보니 과연 부모님이 있었다. 오늘이를 낳자마자 하늘의 명으로 원천강에 왔다는 오늘이의 부모는 맥락을 따져보면 '이 세상을 떠난 사람'이라 할 수 있다. 이야기 속의 원천강은 이 세상에 속한 곳이 아니라 아득한 저 너머에 있는 또 다른 세상으로 이해된다. 그러하기에 그 경계에 접어들기가 그리 어렵고, 문턱을 넘어서기는 더더욱 어려웠던 것이다. 요컨대 오늘이는 지금 생사의 경계를 넘어서, 근원적인 존재의 심연을 넘어서 부모와 만나고 있는 중이다. 자기를 이 세상에 있게 만든 그 존재를.

오늘이가 힘들여서 원천강에 들어간 것을 생각하면 막상 그 안에서 벌어진 일은 좀 싱거워 보이기도 한다. 오늘이와 부모는 간단한 몇 마디 말을 주고받을 뿐이다. 그리고 오늘이는 원천강을 둘러본 다음 바로 부모와 이별하고 자기 살던 세상으로 돌아온다. 어떻게 만난 부모인데 그리 쉽게 헤어지는지 의아한 생각이 들 정도다. 그렇게 헤어질 것이라면 왜 그토록 힘들게 그곳을 찾아갔단 말인가.

나의 생각에, 이 신화 속에는 이와 같은 의문에 대한 답이 오롯이 담겨 있다.

> "우리가 할 수 없이 여기 있게 되었으나, 항상 네가 하는 일을 보고 있었으며 너를 보호하고 있었노라."

이 말 속에 답이 있다. 오늘이는 부모 없이 혼자였었다. 그러하다고 믿었었다. 옆에 보이지 않는 부모는 자기를 떠난 존재였고, 없는 존재였다. 하지만, 그렇지 않았다. 부모는 멀리 떠나갔지만 곁에 없는 것이 아니었다. 항상 그가 하는 일을 보며 그를 보호하고 있었다. 이야기 속에는 오늘이가 적막한 들에서 학과 함께 살았다고 돼 있는데 그 학은 심

상한 존재가 아니었다. 오늘이를 깃으로 감싸주고 입에 야광주를 물려
주며 보살펴준 학은 부모가 오늘이에게 남긴 사랑 또는 능력의 신화적
상징이 된다. 그렇다. 오늘이는 미처 몰랐지만, 그들은 늘 그렇게 오늘이
와 함께였던 것이었다. 그것이 존재의 진실이었다.

　수만 리 머나먼 길을 떠나 부모를 만난 뒤 뒤돌아서 수만 리 길을 다
시 돌아오는 오늘이의 여행은 그러니까 '나'라는 존재가 홀로가 아님
을 확인하는 여행이 된다. '나'는 혼자인 줄만 알았지만 실은 혼자가 아
니었다. 이를 깨달았을진대 다른 어떤 말이 필요할까. 어렵게 만난 부모
지만, 그 곁에 머물러야만 함께인 것이 아니다. 혼자 있으면서도 혼자가
아닐 때 비로소 혼자가 아닌 것이다. 이를 알기에 오늘이의 부모도 미련
없이 제 딸을 떠나보내는 것일 터이다.

　오늘이가 길에서 만난 여러 존재들이 안고 있는 문제도 다르지 않다.
홀로 제 자신의 운명을 슬퍼할 때 그들은 외롭고 슬픈 존재였다. 하지만
'나'의 존재를 열어서 세상을 그 안에 받아들일 때, 세상과 더불어 하나
가 될 때 그들은 더 이상 혼자가 아니었다. 하늘나라 시녀들은 오늘이와
하나가 됨으로써 자신들의 근원으로 돌아갈 수 있었다. 장상이와 매일
이는 같은 운명을 지닌 '또 다른 나'와 손잡음으로써 고독과 슬픔을 넘
어설 수 있었다. 연꽃나무와 큰 뱀 또한 마찬가지다. 몸을 열어서 자기
가 가진 소중한 것을 내려놓음으로써 그들은 세상과 하나가 된다. 그렇
게 신적인 존재가 되어 밝은 빛을 세상에 펼쳐낸다.

　이 신화는 그와 같은 존재적 진실이 알고 보면 멀리 있는 것이 아니었
음을 말하고 있다. 어떤가 하면 장상이와 연꽃나무, 큰 뱀과 매일이 등

은 모두 '원천강 가는 길'을 알고 있는 존재들이었다. 그러면서도 그들은 거기로 나아가지 못하고 있었으니, 그것은 자신의 벽 안에 스스로를 가두고 있었기 때문이다. 그 벽을 허물어 존재의 문을 연 존재가 바로 오늘이다. 머나먼 여행을 통해 그는 자기 존재의 근원을 만나며 존재로부터 자유로워진다. 그리고 그 힘으로 수많은 다른 존재들의 운명적 질곡을 풀어내준다. 다시 말해 그는 세상의 수많은 존재들에게 원천강이라는 우주를 열어준 것이라 할 수 있다. 적막한 들에서 혼자 방황하던 소녀, 자기가 누구인지 까마득히 몰랐던 소녀는 그렇게 우주적인 존재가 된다. 그가 존재의 시원으로서의 원천강 신이 되는 것은 자연스러운 귀결이라 할 수 있다.

신화는 원천강에 대하여 춘하추동 사시절이 함께 모여 있는 곳이었다고 말하고 있다. 사계절이 함께 모여 있다는 건 무슨 말일까? 사계절은 곧 시간의 순환을 의미하는바, 사계절의 원천으로서의 원천강은 곧 시간을 주재하는 곳이라고 말할 수 있다. 원천강의 부모는 세상 모든 존재의 비밀을 알고 있거니와 이 또한 시간의 속성과 무관하지 않다. 아득한 옛일도, 머나먼 미래도 시간의 품안에 있으니 시간이 모르는 일이 있을 리 없다.

이 신화의 주인공 이름이 '오늘'이라는 것 또한 우연이 아니다. 어제도 내일도 아닌 오늘. 아니, 어제와 내일을 그 속에 품고 있는 오늘. 그것이 곧 시간의 상징이 아니고 무엇이겠는가. 그 오늘 속에 우주가 품겨 있으니 오늘의 또 다른 이름은 곧 '영원'이 된다. 여기 홀로 오늘을 살고 있지만 영원히 우주와 함께인 존재, 그것이 오늘이다. 그리고 우리 자신이다.

사족이 될 수도 있겠지만, 매일이와 장상이라는 이름에 대해서도 잠깐 덧붙여본다. 서로 운명의 짝이 된 매일이와 장상이. 매일이란 이름은 '하루하루'를 뜻하고, 장상이란 이름은 '기나긴 시간'을 암시한다. 일컬어 순간과 영원. 서로 반대인 것 같은 그들은 사실은 한 짝이다. 서로 어울려 시간을 이루고 존재를 구성한다. 순간은 영원과 만남으로써 의미를 지니고, 영원은 순간 속에 구체화됨으로써 의미를 얻는다. 그 순간과 영원을 만나게 하는 것이 무엇인가 하면 바로 '오늘'이라는 이름의 '현재'다. 생각하면 기가 막힐 정도의 절묘한 조합이다. 그것은 또 여기 우리들에게 얼마나 큰 위안이 되는 것인지 모른다. 둘의 만남은 영원이란 것이 따로 있는 게 아니라 '바로 지금, 바로 여기'에 있음을 확인시켜준다. 여기 우리의 존재, 스쳐가는 시간 속에 포말처럼 스러질 것 같지만 그렇지 않다. 존재는, 영원하다.

딸에서 여자로 어머니로 그리고 삼신으로, 당금애기의 운명

여기 어느 한 순간에 자신의 운명과 맞닥뜨려 홀로 존재를 감당해야 했던 또 다른 주인공이 있다. 그 이름은 당금애기. 무속 신화 〈당금애기〉 또는 〈제석본풀이〉의 주인공이다.

〈당금애기〉는 〈바리공주〉(또는 〈바리데기〉)와 더불어 한국의 대표적인 민간 신화가 된다. 저 북녘으로부터 제주도까지 이 땅 전역에서 폭넓게 구전되어온 신화로, 지금까지 보고된 자료만 해도 100종이 넘는다. 그 기본적인 서사적 줄기는 서로 통하지만, 구체적인 이야기와 의미 요소는 자료에 따라 꽤 차이가 있다. 주인공의 이름만 하더라도 당금애기(당금아기, 당곰애기, 당금각시) 외에 서장애기(세장애기), 시준애기(세존애기), 제석님딸애기(제석님네만딸아기), 상남아기, 자지명애기 등으로 다양하다. 그와 인연을 맺는 남성 또한 제석님, 시준님, 석가세존, 황금산 화주승(황금대사), 청금산 청에중, 송불통, 자장법사 등으로 다양하게 불린다.

〈당금애기〉와 같이 자료가 많은 신화에서 하나의 저본(底本)을 선택하는 것은 무척 어려운 일이다. 서사 내용상 고형(古形)으로 보이는 자료나 이른 시기에 보고된 자료를 고르는 방법이 있고 이야기 자체의 성격과 의미 요소에 주목하는 방법도 있는데, 내가 선호하는 것은 후자 쪽이다. 여기서는 1972년에 경북 영일에서 김유선 무당이 구연한 〈당금아기〉를 바탕으로 삼아 내용을 정리한다(최정여 · 서대석,《동해안무가》, 형설출판사, 1974 수록). 실제 굿의 현장에서 구연된 신화로서, 순결한 처녀 당금애기가 어머니 신 삼신(삼신할머니)이 되기까지의 서사적 의미 맥락이 잘 형상화된 자료이다.*

    옛날 옛적 천지개벽하던 시절에 서천서역국에 오십삼불이 내려왔다. 그때 쉰셋 부처님이 절을 지으러 나오는데 어디로 나왔느냐면 해동조

---

* 동해안 지역의 서사무가는 서울 · 경기 지역보다 상대적으로 후대에 형성된 것으로 보는 것이 학계의 정설이다. 답사 현장에서 만난 동해안 무당들도 이러한 사실을 인정하고 있었다. 중요한 것은 동해안의 서사무가들이 특유의 토속적이고 서민적인 요소를 짙게 담아내면서도 신화적 의미 요소를 생생하게 잘 살려내고 있다는 사실이다. 지역민이 함께 참여하는 공동체적 제의로서 별신굿을 오롯이 지켜온 역사가 투영된 결과라고 할 수 있다.

선 금강산으로 나왔다. 산 아래에서 나무를 베어 실어 올려 높은 곳에
법당을 짓고 낮은 곳에 종각을 지었다. 그때 아침저녁에 공양 올릴 백미
쌀이 모자라서 도사 스님 시준님이 서천서역국 당금애기 집으로 시주
를 나섰다. 머리에 고깔을 쓰고 홑장삼 먹장삼에 백팔염주를 목에 걸고
청가사 홍가사를 걸치고 육환장六環杖*넌짓 짚고 길을 나서 새 짐승도 못
날아가고 까막까치도 못 간다는 곳으로 동냥을 나섰다.

시준님이 당금애기 집에 도착하니 담장도 열두 담장 대문도 열두 대
문이었다. 시준님은 담장 안에 썩 들어서서 꽝쇠를 과광광 치면서 시주
를 청했다.

"나무아미타불! 재미齋米 동냥 왔나이다."

그때 당금애기가 후원 별당 안에서 수를 놓고 있는데, 난데없이 대문
간에서 사람 자취가 들리고 시주 청하는 소리가 들렸다.

"앞문에 옥단춘아, 뒷문에 매상금아. 대문 밖 내다보아라. 사람 소리
들려온다."

옥단춘이 내다보니 난데없는 스님이 와서 동냥을 달라고 한다. 스님
이 어떻게 생겼는지 본 적이 없던 당금애기가 스님 구경을 하러 나가는
데 치레 치장을 단단히 차렸다. 신수 좋은 얼굴에 분세수를 깨끗이 하고
감반 같은 머리를 동백기름으로 광을 내어 느짓느짓 곱게 따서 갑사댕
기를 맸다. 순금 비단 저고리에 거칠비단으로 안을 받치고, 홍당목 치마
에 나비 주름 잡아서 누비바지를 받쳐 입고, 삼승 버선에 가죽 꽃신 신

----

* 고리가 여섯 달린 승려의 지팡이.

고서 줄배를 건너타고 마루방으로 건너와서 문틈으로 밖을 내다보았다.

그때 당금애기의 눈이 시준님의 눈과 딱 마주치자 시준님이 말했다.

"아기씨요, 중 구경을 하려거든 문밖에 썩 나서서 보지 문틈으로 보면 나중에 죽어서 지옥으로 갑니다."

그 말을 듣고서 당금애기가 문을 열고 나오는데, 얼마나 잘생겼는지 돌아오는 반달 같고 넘어가는 일월 같았다.

"아기씨요, 우리 절에 공양 올리다가 백미 쌀이 모자라서 이렇게 머나먼 길에 시주를 왔으니 시주나 좀 하십시오."

"아이고 스님요, 시주하는 건 좋습니다만 아버님이 천하 공사 가시고 어머님은 지하 공사 가시고 아홉 형제 오라버니는 마을 공사 글 공사 가시고 없어 곳간 문이 겹겹이 잠겼으니 어떻게 시주를 합니까?"

"문 잠긴 건 걱정 마십시오. 내가 개문경開門經을 읽으면 손 안 대고도 열어집니다."

시준님이 개문경 주문을 외자 아홉 방 곳간 문이 스르르 다 열렸다. 그때 곳간에는 아버지 어머니 잡숫던 쌀독과 아홉 형제 먹던 쌀독이 따로 있었다.

"옥단춘아 매상금아, 아버님 잡숫던 쌀독에서 쌀 한 말 떠다 드려라."

그러자 시준님이 도술을 부려 아버지 어머니 쌀독에 청룡 황룡이 굽이치게 만들고, 오라비 쌀독에는 청학 백학이 알을 품도록 만들고, 당금애기 쌀독에는 거미가 줄을 치도록 만들어놓았다. 옥단춘이 아버지 어머니 쌀독과 오라비 쌀독에서 쌀을 뜨지 못하자 시준님이 말했다.

"그러지 마시고 아기씨 잡숫던 쌀독에 납작거미가 줄을 쳤으니 거미줄 걷어내고 한 바리때만 떠다 주면 소승은 돌아가겠습니다."

할 수 없이 당금애기가 옥단춘을 데리고 쌀을 뜨러 가는데, 시준님이 그사이에 일부러 자루 밑을 타놓았다. 당금애기가 위로 백미 쌀을 부어 넣자 밑으로 빠져서 대문간에 다 흘렀다.

"앞문에 옥단춘아, 빗자루 가져오너라. 쓸어서 넣어 드리자. 키를 가져오너라. 불어서 넣어 드리자."

시준님이 한다는 소리가,

"아기씨, 우리 절에 공양 올릴 백미 쌀은 빗자루로 쓸고 키로 까부르면 부정이 나서 못 받습니다."

"그럼 어찌한단 말씀입니까?"

"뒷동산에 올라가서 개똥나무를 꺾어다가 젓가락을 만들어서 주워 담으면 됩니다."

그 소리를 들은 당금애기는 뒷동산으로 올라가 개똥나무를 꺾어 와서 젓가락을 만들어 쌀을 집어 담기 시작했다. 아기씨도 집어넣고, 옥단춘도 집어넣고, 시준님도 집어넣었다. 그렇게 하나씩 집어넣다 보니 동산에 돋았던 해가 서산으로 넘어갔다.

"아이고 스님요. 해가 졌으니 어서 가십시오."

"아기씨요 아기씨요, 날이 저물었는데 어디를 가라 합니까? 유수같이 흐르는 밤에 하룻밤만 묵어갑시다."

"옥단춘아 매상금아, 아버님 주무시던 방에 들어가 자리를 마련해드려라."

"아기씨요 아기씨요, 아버님 자는 방엔 누린내가 나서 못 자겠소."

"어머님 주무시던 방에 자리를 마련해드려라."

"어머니 자던 방엔 아홉 형제 낳은 터라 비린내 나서 못 자겠소."

"딱한 스님요. 그러면 봉당에 가서 자시오. 마루방에 가서 자시오. 아니면 부엌이나 마당에 가서 자시오."

시준님이 그 소리는 들은 척도 아니하고,

"아기씨요. 당금아기씨요. 그런 소리 마시고 아기씨 자는 방 안에서 하룻밤만 묵읍시다. 방 안에 병풍을 둘러치고서 병풍 안에는 아기씨가 자고 병풍 밖에는 소승이 자고 갑시다."

당금애기가 할 수 없이 자기 방 안에 병풍을 둘러치고서 잠을 자는데, 당금애기는 병풍 안에서 자고 시준님은 병풍 밖에서 잠을 잤다. 그때 잠을 잘 적에 당금애기는 네 활개를 치고 깊은 잠을 자는데 시준님은 자는 듯 마는 듯 숫잠을 잤다. 시준님이 당금애기 자는 모습을 초경 이경에 넘겨다보고 삼경에 넘겨다보고 세 번 넘겨다보더니 병풍을 슬쩍 걷어치우고 당금애기한테로 넘어갔다.

세상에 당금애기가 자다가 숨이 답답해서 눈을 떠 보니 병풍 밖에 자던 시준님이 넘어와서 시준님 팔은 당금애기 베개가 되어 있고 시준님 다리는 당금애기 허리에 둘러 있었다. 당금애기가 일어나서 호령하는데,

"이 고약한 중아. 중이라는 것이 청산에 올라가 불도나 닦지 민가에 내려와서 이런 무례한 행실이 어디 있소!"

"아이고 아기씨요. 중이면 절에서나 중이지 마을에서도 중입니까. 이 집이 양반집에 아들 아홉을 낳고 딸을 하나 낳으면서 사주책을 만들었을 테니 책을 꺼내어서 아기씨 사주를 살펴보십시오."

당금애기가 벽장문을 열고서 사주책을 꺼내놓고 보니 부처님 도술로 스님 가장을 둘 것이 분명했다. 자기 팔자 사주가 스님 가장이라 돼 있는 걸 보더니 당금애기는 부모 허락도 받지 않고 그 자리에서 시준님과 부부를 삼아서 함께 잠을 잤다. 병풍을 둘러치고 잣베개 둘러 베고서 잠을 자는데, 초경에 잠이 들어 이경에 꿈을 꾸고 삼경에 잠을 깼다.

"아이고 스님요. 간밤에 꿈을 꾸니 한쪽 어깨에 해가 돋고 한쪽 어깨에는 달이 돋고 하늘에 별 세 낱이 내 입으로 들어가 보이고 붉은 구슬 세 낱이 내 치마에 떨어지더이다. 꿈풀이나 해주십시오."

시준님이 한다는 말이,

"꿈 해석을 내가 하지요. 한쪽 어깨에 해가 돋은 것은 소승의 직성直星이고, 한쪽 어깨에 달이 돋은 것은 아기씨 직성입니다. 하늘에 별 세 낱은 삼신이 굽어보이고, 붉은 구슬 세 낱은 세쌍둥이 아들을 낳겠습니다."

이렇게 꿈 해석을 하더니 먼동이 터오자 장삼 입고 고깔 쓰고서 온데간데없이 사라졌다. 당금애기가 홀로 앉아 울고 있자니 시준님이 되돌아오더니만,

"아이고 아기씨요, 내가 잊었습니다. 내가 간 뒤에 아들 삼형제 낳고 나면 아버지 찾아달라고 조를 적에 이걸 전해주어서 찾아오게 하십시오."

박씨 세 낱을 전해주고는 온데간데없이 사라지는 것이었다.

시준님이 떠나고 나자 당금애기 몸에 전에 없던 변화가 나타나기 시작했다. 밥에서 비린내가 나고 물에서 흙내가 나고 장에서 날장내가 나

서 찾는 것이 신 것만 찾았다.

"뒷동산 복숭아 말말이 따 오너라. 시금털털 개살구도 말말이 따 오
너라."

그렇게 따다가 먹고는 석 달에 입맛 굳혀 다섯 달에 반짐 걸어 일곱
달에 칠성 걸고 아홉 달에 구원 받아 열 달이 다 차가니 앞 남산은 높아
가고 뒤 남산은 낮아갔다.

그때 천하 공사 가셨던 아버지와 지하 공사 가셨던 어머니가 돌아오
고 아홉 형제 오라버니가 돌아오는데 옥단춘 매상금이 마중을 가고 당
금애기는 몸이 아파 누워만 있었다. 어머니가 와서 딸의 몸을 살펴보니
배가 남산만큼 불렀는데 무슨 병인지 알 수가 없었다. 하늘 무당 옥녀무
당을 찾아가 점을 치니 무당이 말했다.

"아이고 마님, 걱정 마십시오. 그것이 병이 아니라 삼신이 굽어보셨
습니다."

어머니가 욕을 하고 지하 무당 필녀무당을 찾아가 점을 치니 무당이
말했다.

"마님요, 아무 걱정 마십시오. 머지않아 아들 삼형제를 낳겠습니다.
병이 아닙니다."

어머니가 당금애기한테 와서 말하기를,

"아이고 내 자식아, 너는 영 죽었구나. 하늘 무당도 네 병을 모르고 지
하 무당도 네 병을 모르고 아기만 가졌다 하니 이 일을 어쩌면 좋으냐."

그때에야 당금애기는 자기 혼자 집에 있을 적에 어떤 스님이 와서 하
룻밤을 자고 간 이야기를 했다. 어머니가 그제사 제 딸이 아기를 가진

것을 알고서 어찌해야 좋을지 걱정을 했다. 가장한테 상의를 하려고 하던 차에 아홉 아들이 먼저 그 사실을 알아차리고는 눈을 부릅뜨고서 말했다.

"양반의 집에서 이것이 무슨 일입니까. 당장 저년 데려다가 작두로 목을 베어 죽여버립시다."

솔개가 병아리를 채듯이 당금애기를 달랑 들어다가 작두 끝에 목을 걸쳐놓으니까 당금애기 있는 데는 서기가 비치고 아홉 형제 있는 데는 흙비 돌비가 쏟아졌다. 그러자 어머니가 나서서 말했다.

"아홉 형제 아들네들아. 죽이더라도 내 말 한 마디 듣고서 죽여라. 당금애기를 피를 내어 죽이면 부정이 많을 테니 그러지 말고 뒷동산에 올라가 첩첩산중 돌함 속에 그 아이를 넣어놓으면 제가 추워서도 죽고 배가 고파서도 죽을 것이니 그렇게 하자꾸나."

그러자 아홉 형제 오라버니들이 당금애기를 데리고 돌함을 찾아 올라가는데, 딸은 어머니를 안 떨어지려 하고 어머니는 딸을 안 떨어지려고 하여 눈물로 통곡을 했다. 하지만 무정한 오라버니들은 앞을 당기고 등을 밀면서 당금애기를 데리고 첩첩산중 깊은 산으로 올라갔다. 돌함이 나타나자 돌문을 열고서 동생을 그 속에 처넣고는 문을 덜컥 닫아놓고 내려왔다. 그때 아홉 형제 오라버니들이 집으로 내려올 때 갑자기 벽력이 치고 흙비 돌비가 쏟아져 집에 못 올 지경이 되었다.

당금애기 어머니가 딸을 보낸 뒤로 밤낮으로 울음을 울다가 하루 아침은 산천을 바라보니 흙비 돌비가 쏟아지다가 무지개 서기가 뻗치고 하늘에서 백학 세 마리가 춤을 추면서 내려오는 것이 보였다.

"우리 당금애기가 이제 죽어서 날 생각하느라고 눈물비가 저리 쏟아지는가. 죽어서 하늘로 올라가느라고 무지개가 섰는가. 우리 딸 죽은 신체를 다치려고 짐승이 저리 맴도는가. 내가 우리 딸 신체라도 마지막으로 보고 하직하러 가겠노라."

어머니가 산에 올라 돌함 앞에 다다르니 돌문이 꼭 닫혀 있었다.

"당금아가, 죽었거든 신체나마 나를 보이고 살았거든 얼굴이나 보고서 하직을 하자."

그때 당금애기가 돌문을 열고 나오는데, 얼굴에 눈물 꽃이 피며 진주 같은 눈물방울이 뚝뚝 떨어졌다.

"내 자식아. 죽은 줄만 알았더니 네가 어찌 살아났나. 추워서 어찌 살고 배가 고파서 어찌 살았나."

둘이 붙잡고서 울음을 울 적에 돌함 속에서 어린아이 우는 소리가 들려왔다. 어머니가 놀라서 돌함 속을 들여다보니 백학 세 마리가 아들 삼형제를 하나씩 맡아서 한쪽 날개는 깔아주고 한쪽 날개는 덮어주고 있었다. 그때 흙비 돌비가 내린 것은 당금애기가 순산을 하느라고 눈물비가 내린 것이며, 무지개 서기가 뻗친 것은 옥황상제가 내려와서 산바라지하고 올라가느라 무지개가 보인 것이고, 백학 세 마리는 이렇게 아이를 돌보라고 하늘이 보낸 것이었다.

당금애기 어머니가 아기를 안고서 말했다.

"애야, 당금애기야. 너 크던 후원 별당으로 가자. 내가 구메밥을 먹여서라도 삼형제를 키워주마."

딸과 손자들을 데리고서 집으로 돌아오자 당금애기 아버지가 제 자식 반갑다고 딸과 손주를 받아주었다.

삼형제가 쑥쑥 커서 일곱 살이 되자 서당에 가서 글을 배우는데 먼저 들어온 아이들보다 글이 앞서갔다. 훈장님이 먼저 들어온 아이들을 회초리로 때려주자 아이들이 앙심을 품고서 삼형제를 죽이려 했다. 물에다 떠밀어 죽이려 하고, 언덕에서 밀어 죽이려 했다.

"이 애들아, 너희는 왜 우리를 죽이려 하느냐?"

"애비 없는 호로자식이 글을 배워서 무엇하나. 너희는 아무리 글을 배워도 사람 구실을 못한다."

그러자 삼형제가 설운 마음에 선생님을 하직하고 어머니 앞에 가서 말했다.

"어머니요, 어머니요. 우리 아버지 찾아주세요. 헌 신발도 짝이 있고 나무 돌도 짝이 있는데, 어머니는 아버지 없이 우리를 낳았단 말입니까? 우리 아버지를 찾아주세요."

당금애기가 차마 중 아버지란 말을 못하고서 박씨 세 개를 내주면서 말했다.

"해질녘에 이걸 심었다가 날 새거든 내다봐라. 이 줄이 뻗을 터이니 줄 가는 대로 찾아가자."

삼형제가 해질녘에 박씨 세 낱을 심고서 새벽에 나가 보니 줄이 천길 만길 뻗어 있었다. 삼형제는 어머니를 꽃가마에 태워가지고 아버지를 찾아서 길을 나섰다. 박 줄기를 따라서 천지 산천 수많은 절을 지나 강원도 금강산 일만이천봉 구암자를 찾아가자 박 줄이 끝이 났다.

삼형제가 찾아왔다는 소식을 전해들은 시준님이 마중을 나오는데,

치레 치장을 하고서 나왔다. 머리에 고깔 쓰고 몸에 장삼을 두르고 백팔 염주 목에 걸고서 육환장을 짚고서 나오더니 당금애기를 보고 말했다.

"아이고 아기씨. 오느라고 욕봤습니다."

서로 인사를 나눌 적에 삼형제가 달려들어서 말했다.

"아버지요 아버지요. 성 찾으러 왔습니다. 이름 타러 왔습니다."

그때 시준님이 정색을 하더니마는,

"내가 어찌 너희 아버지냐? 너희 아버지 될 날 멀었다. 내 자식 되려 거든 쉰 길 연못에서 낚시로 물고기를 잡아 회를 쳐서 먹고서 다시 산 채로 토해내야 한다."

그러자 삼형제는 곧바로 쉰 길 연못에서 낚시로 물고기 세 마리를 잡아 회를 쳐서 먹고서 산 채로 토해냈다.

"그래도 내 자식이 아니다. 강변에 나가서 삼 년 묵은 소 뼈다귀를 산 소로 만들어서 타고 들어와야 내 자식이다."

삼형제는 강변에 나가서 삼 년 묵은 소 뼈다귀를 모아서 산 소를 만들어 한 마리씩 타고 들어왔다.

"그래도 내 자식이 아니다. 짚으로 북을 만들어 처마 끝에 달아놓고 짚닭을 만들어서 지붕 위에 얹어놔라. 짚북이 소리가 나고 짚닭이 홰를 치고 울어야 내 자식이다."

삼형제가 짚으로 북을 만들어 처마 끝에 달아놓고 짚닭을 엮어서 지붕 위에 얹어놓은 뒤에 짚북을 치자 천둥 치는 소리가 나고 지진 나는 소리가 나고 벼락 치는 소리가 나더니 짚닭이 홰를 치고서 꼬끼오 울음을 울었다.

"이래도 우리가 아버지 자식이 아닙니까?"

"아직 부족하다. 손가락의 피를 내어 이 그릇에 담아봐라."

삼형제가 피를 내어 그릇에 흘리니 시준님도 피를 내어 그릇에 흘렸다. 그러자 네 사람의 피가 안개처럼 구름처럼 몽실몽실 싸여서 한군데로 뭉쳐졌다.

"너희가 내 자식이 분명하구나."

"아이고 아버지요, 우리가 여태까지 아버지를 못 찾아서 이름 없이 살았습니다. 이름부터 지어주십시오."

"맏아들 이름 짓자. 태산이라고 짓자꾸나. 태산이 무너지겠느냐. 둘째 아들은 평택이라고 짓자. 땅이 꺼지겠느냐. 셋째는 한강이라고 짓자. 한강물이 잦아지겠느냐."

"이름을 지었으니 이제는 먹고 입기 마련해주십시오."

"맏아들 될 것 있다. 금강산 부처님 되어라. 둘째 아들 될 것 있다. 태백산 문수보살 마련하자. 셋째 아들 될 것 있다. 골매기 성황님 마련하자. 먹고살 일 있으리라."

"아이고 아버지요, 우리 어머니 먹고 입기 마련해주십시오."

"너희 어머니 될 것 있다. 삼신할머니 마련하여 마을마다 집집마다 금동자 아들을 태어주고 은동자 딸도 태어주고 재물도 불려주자."

이렇게 해서 당금애기는 삼신이 되어 마을마다 집집마다 아이를 점지해주고 돌봐주게 되었다.

원자료를 충실하게 반영한 내용이다. 이 자료(김유선 구연본)는 내용이

86 ·

그다지 길고 상세한 편이 아니며, 대체로 담백한 쪽이다. 이보다는 양평이나 화성, 안성 등 경기 지역의 자료와 함흥, 평양, 강계 등 북한 지역의 전승 자료들이 상대적으로 내용이 더 길고 묘사가 자세하다. 신화적 신성성 역시 이들 자료에 더 화려하게 채색되어 있다. 거기 비하면 이 이야기는 무척 세속적으로 보이는 면이 있으니, 당금애기와 화주승이 한 방에서 동침을 하는 내용 같은 것이 그러하다. 다른 자료에서는 이 대목을 이와 다르게 신성혼(神聖婚)에 어울리는 화소와 묘사로 풀어내고 있기도 한 터다. 화주승이 신통력으로 당금애기 꿈에 태몽을 불어넣었다거나 화주승이 백미 세 톨을 집어준 것을 당금애기가 받아먹고서 처녀의 몸으로 아이를 잉태했다는 등의 내용이 그것이다.

나는 당금애기의 임신과 관련하여 육체적 동침이 배제된 상태의 상징적 결합과 신이한 잉태가 이 신화의 정체성에 어울린다고 생각해왔었다. 당금애기는 아름답고 깨끗한 동정(童貞)의 처녀로 남아 있어야 신성이 더욱 빛나는 것이라고 믿었었다. 하지만, 어느 날 이러한 생각이 문득 바뀌었다. 앞의 이야기에서처럼 화주승과 한이불 속에서 잠을 잤다고 해서 당금애기의 본질적 가치나 아름다움이 훼손되는 것이 아니라고 생각하게 되었다. 당금애기는 한 명의 여자이다. 그렇다면 남자를 만나 동침을 해서 잉태를 하고 자식을 낳는 것은 삶의 과정에서 당연히 그리해야 할 일이다. 오히려 그것을 그리해서는 안 될 부정한 일로 보는 편견이 문제가 된다.

세상의 편견은 저 당금애기의 동침과 잉태를 부정한 것으로 규정하여 덮어 없애려 한다. 뱃속의 아이들이 세상의 빛을 보기도 전에 어미와 함께 존재를 말살시키려 한다. 그것이 여의치 않자 깜깜한 돌함 속에 꽁꽁 가두어 질식시키려 한다. 끝내 그 아이들이 태어나서 자라나자 다시 아이들에게 '호로자식'이라는 이름을 씌워서 물에 빠뜨리려 하고 절벽에서 떠밀려 한다. 하지만 세상이 부정한 그 아이들은 죽어 마땅한 존재가 아니었다. 그 반대였다. 그들은 하늘이 점지한 존재였고 하늘이 보살피는 존재들이었다. 그 안에 깃든 신성의 빛이 피어나 마침내 세상의 구원자가 될 존재였다.

나는 이 삼형제가 신이 된 이유가 시준님이라는 신령한 존재에 의해 점지된 특별한 존재여서라고 생각하지 않는다. 이들이 생사의 기로를 넘나들며 깜깜한 돌함 속에서 삶을 시작했다는 사실이, '호로자식'이라는 억압과 박해 속에서 삶을 헤쳐왔다는 사실이 더 본질적인 이유가 된다고 생각한다. 그러한 삶이 그들로 하여금 자기 존재와 운명적으로 맞닥뜨리면서 그것을 실현하도록 한 것이다. 물론 그것은 가만히 앉아서 저절로 된 일이 아니었다. 박해와 시련을 온몸으로 감당하면서 끝내 자기 존재의 존엄성을 놓지 않은 분투를 통해 가능한 일이었다. 삼형제가 아버지를 찾아 머나먼 길을 나서는 모습은 그런 분투의 서사적 표상이라 할 수 있다.

삼형제가 시준님을 만나서 그 앞에 펼쳐 보이는 능력은 경이로움을 넘어서 신이로울 정도다. 그들은 회를 쳐낸 생선을 산 채로 토해내고, 삼 년 된 소 뼈다귀를 산 소로 살려내고, 짚으로 닭을 만들어 울음을 울게 한다. 살펴보면 그것은 모두 '생명이 없는 존재에 생명을 부여하는 능력'이라 할 수 있다. 그 대상은 방금 생명을 잃은 것으로부터 생명을 잃은 지 오래인 것, 본래 생명이 없던 것으로 이어지면서 점층적으로 강화되거니와, 짚을 닭으로 만드는 데 이르면 삼형제는 세상 모든 존재에 생명을 부여할 수 있는 능력자임이 확인된다. 궁금한 것은 과연 이들이 어떻게 그러한 권능을 가지게 되었는가 하는 부분인데, 그 답 또한 이야기 속에 있다는 것이 나의 생각이다. 세상이 억누르고 부정한 존재를 꿋꿋이 지켜내며 생명의 가치를 발현해온 일련의 역정을 통해 그들은 생명의 신, 존재의 신으로서 신성을 발현할 수 있었던 것이다.

이제 시선을 이야기의 진짜 주인공 당금애기에게로 돌려보자. 당금애기는 본래 세상의 티끌이라고는 아무것도 모르는 곱고 순결한 처녀였다. 당금애기가 열두 담장 열두 대문 깊은 곳에 꽁꽁 들어앉아 있었다는 것은 그가 세속과 단절된 정결한 존재임을 표상한다. 이야기는 그가 스님이 어떻게 생겼는지 몰라서 문틈으로 구경한다고 하고 있거니와 이는 그가 '남자를 모르는 존재'임을 말해주는 것으로 이해할 수 있다. 당금애기의 배가 남산만큼 불렀음에도 그 어머니는 딸이 아기를 가졌을 거라고는 꿈에도 생각하지 않거니와, 이 또한 당금애기가 세속의 욕망이나 죄업과 거리가 먼 순결한 존재로 인식되어왔음을 잘 보여준다.

어찌 보면 당금애기는 부정(不淨)이나 죄업과 거리가 먼 순결한 존재였다기보다 '그래야 하는 존재'였다는 편이 더 맞는 해석일 것이다. 이야기 속의 당금애기는 '예쁘게 치장을 하고서' 시준님을 엿본다. 이는 그 안에 깃들어 있는 이성에 대한 관심을 표상한다. 그런데 그것은 당금애기의 부모나 오라비로서는 상상도 할 수 없는 금지된 일이었다. 왜냐하면 당금애기는 그들에게 예쁘고 순결한 딸이나 여동생으로 남아 있어야 했기 때문이다. 말하자면 당금애기는 온실 속 화초처럼 주변 사람들이 원하는 모습으로 변함없이 제 자리를 지켜야 하는 존재였다. 소유로서의 삶이고, 억압된 삶이다. 당금애기가 문틈으로 몰래 남자를 엿본다는 것은 그의 성(性)에 대한 관심이 은폐되고 억압된 형태로 표출되고 있음을 잘 보여준다.

이런 당금애기에 대하여 시준님은 이렇게 말한다.

"아기씨요, 중 구경을 하려거든 문밖에 썩 나서서 보지 문틈으로 보면 나중에 죽어서 지옥으로 갑니다."

순진한 처녀를 겁박하면서 유혹하는 허튼 말로 여겨지지만, 조금 다르게 해석해볼 여지가 있다. 그것은 자기 안의 호기심과 욕망을 억누르거나 은폐하지 말고 스스로 당당해지라는 말로 읽을 수 있다. 그러한 억압이나 은폐는 욕구불만이나 죄의식을 낳게 되는바 스스로를 가두는 감옥이 될 수 있다. 그러니 나중에 '지옥으로 간다'는 말이 터무니없는 과장이 아니다.

과연 그러하다. 이제 나이가 찬 처녀로서 남자에 대해 관심을 가지는 것이 어찌 죄가 될 수 있겠는가. 귀여운 딸은, 또는 여동생은 언젠가 '여자'가 되어야 한다. 그것이 삶의 섭리이고 존재적 운명이다. 자신과의 결연을 꺼리며 거부하는 당금애기에게 시준님은 사주 책을 꺼내어서 '중 남편'을 얻게 되어 있다는 예언을 확인시켜주거니와, 이는 당금애기와 남자의 결연이 예정된 운명이었음을 말해준다. 어찌 꼭 '중 남편'이

라서 운명이겠는가. 어느 순간 한 남자와 짝을 이루어 '여자'가 되는 것
은 어떤 형태로든 겪어야 할 운명이다. 그것은 그 누구라 해도, 부모나
오라비라 해도 막을 수 없는 일이다. 왜냐하면 그것은 바로 하늘이 시킨
일이므로.

　당금애기에게 있어 딸에서 여자가 된다는 것은, 나아가 아이를 잉태
하여 어머니가 된다는 것은 한없이 힘들고 아픈 일이었다. 무엇보다도
그것은 고독한 일이었다. 오로지 혼자 힘으로 제 존재를 감당해야 하는
터였다. 어떻게든 자기편을 들어주는 어머니가 있었다지만, 어머니가
자기 삶을 대신할 수는 없는 법이다. 입덧으로 궂어진 입맛을 누가 대신
해주며, 배가 불러서 무거워지는 몸을 누가 대신 움직여줄까. 그리고 아
이를 낳는 그 까마득한 일을 누가 대신해줄까. 출산을 앞둔 당금애기가
어머니와 떨어져서 홀로 깜깜한 돌함 속으로 들어간 것은 '여성-어머
니'의 존재적 운명을 단적으로 표상하는 화소라 할 수 있다. 아이를 낳
는 일은 그렇게 아득한 어둠 속에서 홀로 감당해야 하는 일이다.

　그렇다. 당금애기의 그 운명은 한 명의 특별한 여인이 겪은 특수하고
제한적인 인생 행로였다고 할 바가 아니다. 그것은 이 세상에 사는 수많
은 여성의 삶을, 나아가 인간의 삶을 원형적으로 표상한다.* 사람은 운명
적으로 하늘 아래 홀로인 자기 자신과 대면하는 가운데 제 힘으로 존재
를 감당해야 하는 것임을 이 신화는 말해준다. 그러한 과정을 거쳐 그는

---

* 당금애기가 이 땅 여성들의 보편적 삶을 표상한다는 사실은 박성은이 구체적으로 밝힌 바 있다. 그에 의하면
당금애기의 추방과 출산, 혼자서의 양육은 여성들의 결혼과 출산, 양육 과정을 일반적으로 보여준다고 한다. 박성
은, 〈당금애기 서사의 문학적 의미 연구―딸에서 어머니, 어머니 신이 되는 과정을 중심으로〉, 건국대 석사논문,
2013. 2.

비로소 당당한 주체로 거듭나고 아기로 표상되는 또 다른 생명을 빚어내어 키워낼 수 있는 존재가 되는 터이니, 당금애기가 돌함 속에서 세쌍둥이라는 귀한 생명을 낳은 것은 생명이 생명으로 이어지며 존재가 확장되는 우주적 순환의 표상이 된다고 할 수 있다.

앞서 삼형제에 대해서도 말했지만, 그러한 운명은 가만히 있어도 저절로 실현되는 무엇이 아니다. 거기 대면하여 감당하기를 시작할 때 비로소 그것은 나의 삶이 되어서 의미를 발하게 된다. 이 신화에서 당금애기는 무척 소극적이고 수동적인 형태로 운명에 휘둘리는 존재로 보이지만, 되짚어보면 그렇지 않다. 그는 방문 밖으로 나가서 시준님을 대면했고, 그를 방 안에 들여서 자게 했으며, 그와의 만남을 운명으로 여겨 결연을 받아들였다. 뱃속에 버거운 생명이 자라났지만 마침내 그로부터 도피하지 않았다. 깜깜한 돌함 속에 홀로 갇혀서도 스스로를 무너뜨리지 않고 아이를 낳았다. 그리고 세상의 조롱과 박해를 무릅쓰고서 그 아이들을 키워냈다. 누군가 하면 세상의 신령한 구원자로.

이야기는 당금애기가 돌함 속에서 아기를 낳을 때 하늘이 나서서 도와줬다고 말하고 있다. 옥황상제가 친히 내려와 산바라지를 했다고 하며, 하늘에서 세 마리 학이 내려와 세쌍둥이를 돌봤다고 한다. 어찌 보면 하늘이 알아서 다 했고 당금애기는 주어진 대로 움직인 것이라고 생각할 수 있는 대목이다. 하지만 일의 이치가 그러할 리 없다. 그가 가만히 있는데 어찌 저절로 아기가 탄생했겠는가 말이다. 누가 뭐래도 그것은 당금애기 스스로가 한 일이다. 나는 이 대목에서 하늘이 산바라지를 하고 백학이 도와줬다는 것을 일종의 상징으로 읽는다. 그 '하늘'이란 실은 당금애기 안에 깃든 신령한 힘의 표상이라 할 수 있다. 아무도 없는 아득한 상황에서 당금애기는 제 안에 있는 하늘을 불러냈고 그러자 하늘은 훌쩍 힘을 내어 그를 일으켜주었다는 해석이다. 그렇게 하여 그는 '어머니'라는 존재로 거듭났던 것이다.

당금애기는 이렇게 한 명의 딸로부터 여자가 되고 또 어머니가 된다. 키워지던 존재에서 홀로 선 존재가 되고 타인을 키우는 존재가 된다. 요컨대 당금애기는 자신의 운명과 대면하여 그것을 감당함으로써 존재를 실현한 자였다. 일컬어, 신(神)! 이제 그는 한 명의 고독한 여인이 아니다. 이 땅 수많은 여성들의 표상이며 이 세상 모든 존재의 표상이다. 저 고귀한 생명의 신은 온몸으로 우리에게 말한다. 우리의 이 존재는, 우리가 만나는 운명은 짐이 아니라고. 그것은 찬란한 빛이라고.

신이라고 하는
존재들

셋째 거리

대별상이 생각하니
남자 대장부가 어찌 여성을 청하러 가랴.
하지마는 마누라가 죽게 되었으니 한번 가보자.
백망건에 백도포에 마부를 거느리고
말을 타고 멩진국을 들어가 할마님 앞에 근당하되,
할마님이 눈도 걷어뜨지 아니하니
할 수 없이 대별상은 댓돌 아래로 양 무릎을 꿇고 엎드리니

— 제주 안사인 구연 〈마누라본풀이〉에서

우리 신화에는 무척 많은 신들이 등장한다. 그중에는 아득한 태초부터
존재하던 이들도 있고, 신들의 세상에서 새로 태어난 이들도 있다. 그리
고 인간으로 태어나서 신이 된 이들도 있다. 그 신들은, 누구라 할 것 없
이 무척이나 인간적이다. 인간 출신의 신뿐만 아니라 천상이나 지하, 용
왕국 같은 신계(神界) 출신의 신들도 예외가 아니다. 생각하면 이 또한
자연스러운 일이 된다. 인간이 본래 신의 기운을 배태하고 세상에 내렸
다 했으니, 신들은 곧 인간의 원존재가 된다고 할 수 있다. 그러니 그 성

정이나 행동이 인간적인 것은 당연한 일이 되는 터다. 신들의 모습에서 우리는 인간다움의 가장 원형적인 모습을 볼 수 있다.

인간존재의 원형으로서의 신. 그들은 거리낌 없이 자유로운 존재이다. 그들의 성정과 행동은 거침이 없다. 좋으면 좋은 것이고 싫으면 싫은 것이다. 싫으면서 좋은 척하거나 좋으면서 싫은 척하는 것은 신의 일이 아니다. 있는 그대로 표현하고 행동하는 것이 신의 일이다. 기분이 좋으면 거침없이 베풀며, 기분이 나쁘면 거침없이 화(禍)를 내린다. 사람들이 신을 어려워하거나 두려워하는 것은 그러한 거침없음을 쉽사리 감당하지 못해서라고 말할 수 있을 것이다.

어정쩡한 양보나 어설픈 타협 따위와는 거리가 먼 직선적인 존재. 가식의 반대편에 있는 진솔한 존재. 그리하여 신들은 잘 부딪친다. 뜻에 맞지 않는 일이 있으면 바로 움직여서 자신의 존재를 드러내고 권능을 행사한다. 부딪쳐서 끝장을 본다. 그러한 부딪침의 상대방은 주로 그들이 주재하는 인간이지만 때로는 다른 신이 되기도 한다. 신과 신 사이의 다툼은 신직(神職)이 분간되지 않거나 서로 겹치는 상황에서 주로 발생한다. 어설픈 양보가 없는 만큼, 그 다툼은 무척 치열하다.

이제 신과 신, 또는 신과 인간의 갈등과 다툼을 화두로 삼고 있는 신화들을 통해서 신이란 과연 어떤 존재인지를, 신들이 어떻게 느끼고 행동하는지를 단면적으로 살펴보기로 한다. 이는 곧 인간의 원형적 형상을 단면적으로 살펴보는 일이 되기도 할 것이다. 그 주인공은 삼승할망과 저승할망, 대별상, 그리고 명신손님 등이다.

삼승할망 자리를 타툰 신의 딸과 인간의 딸

앞서 돌함에서 세쌍둥이를 낳은 뒤 삼신이 된 당금애기의 사연과 만
났었다. 이는 주로 내륙 지방에서 전승돼온 것으로, 제주도에는 이와
다른 내용의 삼신할미 신화가 전해져왔다. 그 신화는 바로 〈삼승할망
본풀이〉이다.* 이승할망이라고도 하고 생불왕이라고도 하는 삼승할망
자리를 놓고 두 명의 여인이 경쟁을 하는데, 둘 다 결혼도 안 한 큰애기
들이다. 한 명은 신계 출신의 동해용궁따님애기, 또 한 명은 인간계 출
신의 명진국따님애기. 둘 중에서 누가 삼승할망이 되었을까?

동해용왕 할머니가 먼저 났을까, 인간 할머니가 먼저 났을까? 동해용
왕 할머니가 먼저 태어났다. 동해용왕 할머니는 동해용궁의 아버지와
서해용궁의 어머니 사이에서 태어났는데, 한두 살에 아버지 수염을 뽑
고 어머니 젖가슴을 잡아 뜯더니 열다섯 되도록 제 버릇을 고치지 못했
다. 동해용궁 아버지가 딸을 죽이려 하자 서해용궁 어머니가 말했다.

"내 속으로 낳은 자식을 어찌 내 손으로 죽일 수 있습니까. 그리 말고
동해용궁 대장장이 아들을 불러다 무쇠 석갑을 만들어서 동해 바다에
띄워 버림이 어떠하겠습니까."

"그러면 그리합시다."

---

* 제주도에는 〈당금애기〉와 내용이 통하는 신화가 〈초공본풀이〉라는 이름으로 전해오고 있다. 그 주인공은 자
지명왕아기씨(또는 노가단풍아기씨)인데, 삼신이 아닌 무조 신(巫祖神)이 되었다고 말해지고 있다. 삼신의 내력담
은 그와 별도의 이야기로 전해진다. 그것이 바로 〈삼승할망본풀이〉이다.

이때 동해용궁따님애기가 말을 하되,

"어머님아, 내가 인간 세상에 가면 무엇을 하며 삽니까?"

"인간 세상에 아기 마련하는 삼승할망 생불왕이 없으니 생불왕으로 들어서서 얻어먹기 마련해라."

"아기를 어떻게 점지하고 어떻게 출산합니까?"

"아버지 몸에 흰 피 석 달 열흘, 어머니 몸에 검은 피 석 달 열흘, 아홉 달 열 달 준삭準朔하여 출산을 시켜라."

"어디로 출산을 시킵니까?"

대답을 듣기도 전에 아버님이 우레 같은 소리를 벼락같이 질러서 무쇠 석갑에 가둬놓고 '임박사 임보로주 개문 개철하라'고 써놓고서 동해 바다에 띄워 버렸다.

무쇠 석갑이 물 아래로 흥당망당 삼 년을 떠다니고 물 위로 삼 년을 동글동글 떠다니다 처녀물 가에 올라서자 임보로주 임박사가 발견했다. '임박사 임보로주 개문 개철하라' 하였으므로 임박사가 마흔여덟 자 물쇠를 저절로 열어놓고 무쇠 석갑 안을 살펴보니까 앞이마에 해님인 듯 뒷이마에 달님인 듯 양쪽 어깨에 샛별이 오송송하게 박힌 듯한 아기씨가 앉아 있었다. 임박사가 하는 말이,

"귀신이냐 생인이냐?"

"귀신이 어찌 나오겠습니까. 내 아버지가 동해용왕으로, 인간 세상에 생불왕이 없다 하여 생불왕으로 옵니다."

"그렇거든 우리 부부가 쉰 살이 넘도록 아이가 없으니 생불을 주면 어떠하겠습니까?"

"그건 그리하십시오."

동해용궁따님애기가 임박사 부인에게 포태胞胎를 시켜서 아버지 몸에 흰 피 석 달 열흘, 어머니 몸에 검은 피 석 달 열흘, 아홉 달 열 달 준삭을 하였으되 어디로 해산을 시킬지 차례를 몰라서 열두 달이 지나가자 아기 엄마가 죽을 지경이 되어갔다. 동해용궁따님애기가 겁결에 은가위 받아 들고 아기 엄마 오른쪽 겨드랑이를 솜솜이 끊고 아기를 해산시켜가니 아기도 잃고 엄마도 잃게 되어갔다. 동해용궁따님애기는 겁이 난 김에 처녀물 가로 뛰어가 수양버드나무 아래 앉아 비새같이 울기 시작했다.

임보로주 임박사는 이런 억울하고 원통한 일이 또 어디 있을까. 그는 동해산 서해산 남해산 북해산 아양안동 금백산에 올라서 제단을 차려 놓고 요령과 바라를 치며 옥황상제께 하소연을 했다. 하루는 옥황상제가 인간 세상을 손가락 짚듯 살피는데 난데없는 요령 소리가 들려왔다.

"이게 어찌된 일이냐? 어떤 일로 밤도 고요하고 낮도 고요한데 바라 소리 요령 소리가 나느냐?"

지부사천왕이 대답하되,

"인간 세상에 생불왕이 없으므로 임박사가 원성을 올리는 천앙낙화 금바라 소리입니다."

"그렇구나. 그래서 인간 세상이 낮도 고요하고 밤도 고요했구나."

옥황상제가 저승 염라왕을 불러놓고서,

"저승에나 인간에나 어느 누가 생불왕으로 들어 살 만한 이가 없겠느냐?"

지부사천왕이 말을 하되,

"예, 인간에 있을 듯합니다. 인간에 명진국따님애기가 있는데 아버님은 석가여래, 어머님은 석가모니로 병인년 정월 초사흗날에 태어나 부모에 효도하고 일가친척 화목하고 깊은 물에 다리 놓아 공덕을 쌓았습니다. 한쪽 손에 번성꽃 한쪽 손에 환생꽃을 들었으니 이 아기씨를 생불왕으로 들여세우면 어떻습니까?"

"어서 그건 그렇게 하라."

옥황상제가 금부도사를 내려보내어 명진국따님애기를 데리고 가려하자 아버지가 말했다.

"우리 아기 아무 죄도 없습니다. 아기 대신 부모가 가는 것이 어떻습니까?"

그러자 명진국따님애기가 말했다.

"아버님아, 어머님아. 죄가 없으면 죽이는 법 없습니다. 제가 가오리다."

명진국따님애기가 노각성자부줄을 타고 하늘로 올라 옥황상제 앞에 당도하자 옥황상제가 아기씨 마음속을 떠보려고 부러 호통을 쳤다.

"총각머리를 등에 진 처녀가 어찌 대청 한가운데로 들어오느냐?"

"소녀도 아뢸 말씀이 있습니다. 남자 여자 구별은 여태껏 있는 일인데, 어떤 일로 총각머리 등에 진 처녀를 불렀습니까?"

"야, 똑똑하고 역력하구나. 그만하면 인간 세상 생불왕으로 들어설만하다. 너를 부른 건 다름이 아니라 인간 세상에 생불왕이 없으니 생불왕으로 들어서는 게 어떻겠느냐?"

"옥황상제님아, 아무 철도 때도 모르는 어리고 미혹한 소녀가 어찌 생불을 주고 환생을 줍니까."

"아비 몸에 흰 피 석 달 열흘 어미 몸에 검은 피 석 달 열흘, 살 살아서 석 달 뼈 살아서 석 달, 아홉 달 열 달 준삭하여 아기 엄마 헐거운 뼈 뻣뻣하게 하고 뻣뻣한 뼈 늦추어서 열두궁 자궁 문으로 해산을 시켜라."

"그것은 그리하십시오."

명진국따님애기가 옥황상제 분부대로 생불왕이 되어서 할망 행차를 차리는데 모양이 볼 만했다. 만산 족두리에 남방사주 저고리, 북방사주 붕에바지, 대홍대단 홑치마, 물명주 단속곳으로 치장하고 은가위 하나에 참실 세 묶음, 꽃씨 은씨를 들었다. 애기를 닦아주고 업어줄 시녀들 거느리고 사월 초파일에 노각성자부줄 타고 인간 세상으로 내려와서 임보로주 임박사네 집으로 나는 듯이 들어갔다. 물명주 치마 벗어 걸어 놓고 짚자리에 올라앉아 아기 엄마 열두궁 뼈를 늦춰 문을 열고 은가위로 아기 코를 툭 건드리니 양수가 쏟아져 나왔다. 할망이 작은 힘 큰 힘 불끈 주자 임박사 안부인이 없던 힘이 내솟아서 고운 맵시 고운 기상 아기를 탄생시켰다. 할망이 태반을 꺼내어 아기랑 어미랑 가르고서 참실로 배꼽 줄 묶어 은가위로 싹둑 잘라 아기를 번쩍 쳐들었다.

그때 동해용궁따님애기가 다니다가 보니 임박사 안부인이 아기를 낳아 있으므로,

"아이고, 내가 포태시킨 아기를 어느 년이 해산을 시켰느냐?"

화를 벌컥 내면서 달려들어 명진국따님애기 머리채를 좌우로 핑핑 휘감아서 마구 때리자 명진국따님애기가 말했다.

"우리가 여기서 이러지 말고 옥황상제 분부대로 하는 게 어떻겠느냐?"

"그것은 그리하자."

동해용궁따님애기와 명진국따님애기가 노각성자부줄로 하늘에 올라가자 옥황상제가 둘을 보고서 말했다.

"그대들 얼굴을 보건대 어느 누구 구별할 수가 없고 생불 환생 주는 것도 구별할 수가 없도다. 천계왕 부르고 벽계왕 불러라. 꽃씨 두 방울을 내어주거든 서천서역국 잔모래밭에 꽃씨를 심어서 꽃이 번성하는 대로 생불왕을 구별하리라."

둘이서 잔모래밭에 꽃씨를 심었더니 동해용궁따님애기 꽃은 뿌리도 외뿌리, 가지도 외뿌리, 송이도 외송이에 시드는 꽃이 되었다. 명진국따님애기 기른 꽃은 뿌리는 외뿌리인데 가지와 꽃송이가 번성해서 사만오천육백 개가 되었다. 옥황상제가 말을 하되,

"동해용궁따님애기 꽃은 시드는 꽃이 되었으니 저승할망으로 들어서고, 명진국따님애기 꽃은 번성꽃이 되었으니 인간할망으로 들어서라."

그러자 동해용궁따님애기가 화를 발칵 내며 명진국따님애기가 키운 윗가지 꽃을 오도독 꺾으면서 말했다.

"인간에 생불을 주어서 아기가 태어나면 석 달 열흘 백일 만에 경기 청풍 열두 가지 병을 주어 데려가리라."

그러자 명진국따님애기가 말했다.

"그리 말고 우리 좋은 마음을 먹기가 어떠하냐? 내가 사람들에게 잉태를 주게 되면 그대 몫으로 저승걸레 인정*을 걸어주마. 걸레삼승 업개

----

* 신에게 바치는 재물을 뜻하는 제주 말.

삼승* 인정을 걸어주마. 아기 엄마 딴머리와 땀 든 적삼, 땀 든 치마 두루 인정 걸어주마."

"어서 그건 그렇게 하자."

그때에 동해용궁따님애기는 저승으로 올라서고 명진국따님애기는 인간으로 내려설 때, 서로 작별 잔을 건네었다. 저승할머니 주는 잔을 이승할머니가 받고 이승할머니 주는 잔을 저승할머니 받아 작별 잔을 나누었다.

이승할머니 삼승할망이 인간 세상에 내려서서 어디로 갔던가. 동해산 서해산 남해산 북해산 아양안동 금백산에 울타리 성 안팎 성을 둘러 팔층 집 지어놓고 문 안에도 예순 명, 문 밖에도 예순 명 업저지**를 거느린 채 한쪽 손에 번성꽃 한쪽 손에 환생꽃을 들고 좌정을 했다.

이상이 자식을 점지해주고 보살펴주는 인간 할머니 삼승할망이 세상에 내린 사연이다. 〈삼승할망본풀이〉는 열 편 내외의 자료가 있는데, 여기서는 제주시 용담동에서 안사인이 구연한 자료를 저본으로 삼아 내용을 정리했다(현용준 · 현승환 역주, 《제주도 무가》, 고려대학교 민족문화연구소, 1996 수록). 다만 이 자료에는 명진국따님애기가 임박사 안부인 아기를 탄생시키는 내용이 누락되어 있는데, 서사 맥락상 필요한 부분이라고 생각되어 조천읍 이정자 구연 자료로 내용을 보충하였다(장주근, 《제주도

---

* 삼신을 구덕삼승, 걸레삼승, 업개삼승이라고도 한다. 구덕은 아기 바구니, 걸레는 아기 띠, 업개는 돌보는 사람이라는 제주 말.
** 아기를 돌보는 여자 하인.

무속과 서사무가》, 도서출판 역락, 2001 수록).

　많은 제주도 본풀이 신화들이 그러한 것처럼, 이 신화에서도 원시적 체취가 물씬 넘쳐난다. 인물의 형상이나 행동 양상에서 문명적 가식 같은 것을 찾아볼 수 없다. 〈삼승할망본풀이〉는 보통 〈천지왕본풀이〉에 이어서 큰굿 제차(第次)의 앞쪽에서 구연되는데, 이 신화가 그만큼 시원적 요소가 짙은 것임을 말해준다. 이야기 안에 '생불왕이 없어 인간 세상이 낮도 고요하고 밤도 고요했다'고 하는 서술은 아직 세상의 질서와 체계가 갖추어지기 이전의 상황을 떠올리게 하는 면이 있다. 동해용궁의 딸이 지상으로 나오거나 지상의 여인이 하늘나라를 오가는 모습에서도 원시적 신령성이 느껴진다.

　이 신화의 핵심 서사는 삼승할망 자리를 놓고 펼쳐지는 두 처녀의 경쟁이다. 처음에 먼저 그 자리를 차지한 것은 바다에서 올라온 동해용궁 따님애기였다. 동해용궁 아버지와 서해용궁 어머니를 둔 그는 혈통상 완연한 신녀(神女)라 할 수 있다. 그 힘으로 인간 세상에서 삼신의 막중한 구실을 자임한 상황이다. 하지만 최종적으로 삼신이 된 것은 그가 아니라 명진국따님애기였다. 지부사천왕의 말대로 그녀는 '저승이 아닌 인간에 있는 처녀', 곧 인간 세상 사람이었다. 그가 동해용궁따님애기와 겨루는 것은 곧 인간과 신의 경쟁이 되는 터다. 그 자체가 하나의 파격인데, 인간이 신보다 큰 능력을 나타내서 삼승할망이 되었다 하니 또 한 번의 파격이다. 그러한 설정에는 인간을 이 세상의 주역으로 보는 우리 신화 특유의 사유 방식이 반영돼 있다고 할 수 있다. 신과 인간을 분별하기보다 덕성과 능력을 중시하는 관전이다.

이 이야기에는 우리 신화 특유의 포용의 철학이 깃들어 있기도 하다. 삼승할망 자리를 빼앗기고 횡포를 부리는 동해용궁따님애기는 악귀(惡鬼)처럼 느껴지기도 하는데, 하늘은 그를 배척하거나 제거하지 않고 저승할망이라는 신직을 맡긴다. 세상에 태어난 아이들에게 병이나 문제를 일으켜 저승으로 데려가는 역할로서, 심술 많고 사나운 동해용궁따님애기 성격에 꼭 맞는 구실이 된다. 많은 아이들이 삶을 펼쳐보지도 못하고 저세상으로 떠나는 것이 현실이거니와, 신화는 저승할망의 존재를 통해서 그러한 안타까운 죽음을 서사적으로 설명하고 있는 셈이다.

그러한 악신은 차라리 없는 것이 낫지 않겠느냐고 생각해볼 수 있겠지만 이치가 그렇지 않다. 세상 모든 일에는 빛과 그림자가 있기 마련이니, 탄생의 신 맞은편에 죽음의 신이 있는 것이 사리에 맞다. 세상살이란 좋은 일에 궂은일이 맞물려 움직이기 마련이거니와, 아기의 일도 그렇다. 자칫하면 아기가 잘못되어서 경사가 흉사로 바뀔 수 있다. 그것을 예방하기 위해서는 정성껏 경사를 이루는 한편으로 늘 흉사를 돌아보고 예비할 필요가 있다. 너그러운 삼승할망 외에 포악한 저승할망을 신으로 두고 그에게도 인정을 바치게 하는 것은 그와 같은 세상사 법도를 반영한 것이라 할 수 있다. 요컨대 이 이야기 속에서 삼승할망이 저승할망한테 인정 재물을 나눌 것을 약조하면서 화해의 잔을 나누는 것은 단순한 수사(修辭)가 아니다. 그것은 음양의 분립(分立)과 조화에 대한 철학적 사유의 신화적 표현이 된다.

저승할망도 그렇거니와 이승할망 삼신이 처녀라고 하는 사실이 새삼 궁금증을 일으킨다. 왜 이 신화는 결혼을 해본 적도 없는 처녀를 출산

신 삼승할망으로 삼고 있는 것일까? 결혼도 못하고 아기도 낳아보지 못한 처녀이니 자식을 갖고 싶은 마음이 넘쳐서 아기를 잘 마련하고 돌본다는 뜻일까? 아니면 누구의 아내나 어머니도 되지 않았다는 순결함이 만인의 아기를 잉태시키고 골고루 돌보는 데 어울린다는 것일까? 어떻든 저 삼승할망은 직접 아기를 낳아본 적은 없어도 수많은 아기들을 점지하고 탄생시켜주는 존재이니 믿고 의지할 따름이다. 순결한 '큰아기'인 어머니 신을.

끝으로 한 가지, 저 당돌하고 역력한 처녀 신은 왜 '할망'이라는 이름을 가지게 된 것일까? 오랫동안 아기를 점지하고 돌보는 사이에 늙기라도 한 것일까? 이에 대한 일반적인 대답은 사람들이 여신들을 두루 '할망'으로 높여 부른다는 것이다. 이 이야기를 보더라도 명진국따님애기가 생불왕 신직을 받자 바로 '할망(할머님)'이라고 지칭되는 것을 볼 수 있다. 사정이 이러하니 혹시라도 할망(또는 할미)이라는 이름 때문에 우리의 많은 여신들을 허리 꼬부라진 노파로 생각하지 말 일이다. 이야기에 나오는 그대로의 생기 넘치는 형상이 그들의 본모습인 터다.

대별상 어전또, 처녀 신 삼승할망 앞에 무릎 꿇다

제주도 본풀이에서 삼승할망 이야기와 긴밀한 짝을 이루는 신화가 있다. 〈삼승할망본풀이〉에 바로 이어서 구연되고 삼승할망이 한 명의 주역으로 등장하는 〈마누라본풀이〉가 그것이다. 여기서 마누라는 '서신국마누라'(또는 '홍진국마누라')로서, 남편 대별상과 더불어 무서운 질병인 손님마마(천연두)를 관장하는 신이다. 이 이야기 속에서 대별상은 삼승할망과 한 판 대결을 벌이고 있거니와, 그것은 신과 신의 권능이 맞부딪치는 본격적인 대결이 된다. 한국 인간 신화에서 쉽게 볼 수 없는 흥미로운 상황이다.

명진국따님애기 삼승할망이 인간 세상에 내려 만민 자손에게 자손을 불어주고 다닐 때에 하루에 천 명씩 아이를 점지하고 하루에 만 명씩 탄생을 시켰다. 하루는 할마님이 서천강 다리를 나가서 네거리가 가까워졌는데 요란한 행렬이 다가왔다. 갖은 깃발 나부끼는 가운데 대별상 어전또가 쌍가마에 높이 앉아 삼만 관속 하인을 거느리고서 인물도감 책을 한 아름 안고 만민 자손에게 마마를 주려고 내려오는 길이었다.

명진국 할머니가 공손히 양 무릎을 꿇고 열 손가락을 한데 모아서 대별상에게 말했다.

"대별상님아, 제가 점지하고 탄생시킨 자손에게 고운 얼굴이 되게 마마를 내려주십시오."

그러자 대별상 어전또가 봉황의 눈을 부릅뜨고서 소리쳤다.

"이게 무슨 일이냐! 여인이라 하는 건 꿈에 나타나도 부정한 법인데 사내대장부의 행찻길에 요망한 여인이 이게 웬일이냐. 괘씸하다."

모욕을 하고서는 삼승할망이 탄생시킨 자손의 고운 얼굴을 뒤웅박으로 만들었다. 명진국 할머니가 화가 나서 말을 했다.

"대별상 하는 짓이 괘씸하구나. 나한테 한번 굴복해서 사정할 때가 있으리라."

할머니는 그 길로 생불꽃을 가져다가 대별상의 부인 서신국마누라에게 아이를 잉태시켰다. 서신국마누라는 아이를 가져 한두 달이 지나고 열 달이 지나고 열두 달이 넘어도 해산을 할 수가 없었다. 서신국마누라가 죽을 지경이 되어서 대별상을 불러놓고 말을 했다.

"난 이제 죽을 지경이 되었으니 마지막으로 생불할머님이나 청하여다 주오."

대별상이 생각하기를,

"사내대장부가 어찌 여인을 청하러 가리오마는 마누라가 죽게 되었으니 한번 가보자."

흰 망건 흰 도포에 마부를 거느리고 말을 타고서 명진국에 들어가 할머님 앞에 가까이 갔으나 할머님이 눈도 거들뜨지 않았다. 할 수 없이 대별상이 댓돌 아래로 두 무릎을 꿇고 엎드리니 그제야 할머님이 말을 했다.

"나를 너희 집에 청하고 싶거든 어서 바삐 돌아가서 대공단고칼로 머리를 싹싹 깎고 한 침 지른 송낙*을 둘러쓰고 두 귀 누른 장삼을 둘러 입고 맨버선 바람에 댓돌 아래로 와서 엎드리면 내가 가리라."

대별상은 할 수 없이 그냥 돌아가서 할머님이 말한 대로 중의 행색을 차리고 버선 바람으로 댓돌 아래로 가서 엎드렸다. 삼승할망이 대별상더러 하는 말이,

----

* 송자를 엮어 만든 우산 모양의 모자.

"그만하면 하늘 높고 땅 낮은 줄 알겠느냐? 뛰는 재주가 좋다고 해도 나는 재주가 있는 법이다."

"예, 과연 제가 잘못했습니다."

"나를 너희 집까지 청하려면 물명주 강명주로 서천강에 연다리를 놓아라. 그러면 내가 가겠노라."

대별상 어전또가 물명주 강명주로 서천강에 다리를 놓으므로 할마님이 서신국으로 들어서고 보니 마누라가 죽을 지경이 되어 있었다. 할마님이 은길 같은 손으로 허리를 삼세번 쓸어내리자 자궁 문이 열리며 아기가 탄생이 되었다.

그때 대별상이 할마님을 청하려고 놓은 물명주 강명주가 서천강 다리가 되었다.

〈마누라본풀이〉는 열 편 가까운 자료가 보고돼 있는데 여기서는 〈삼승할망본풀이〉에 이어 안사인 구연본을 바탕으로 내용을 정리했다(현용준·현승환 역주, 《제주도 무가》, 고려대학교 민족문화연구소, 1996 수록). 이 자료에는 마마 신이 그냥 '대별상'이라고만 돼 있는데, 고대중 구연본(장주근, 《제주도 무속과 서사무가》, 도서출판 역락, 2001 수록)에 '어전또'라는 그럴싸한 이름이 있어서 가지고 왔다.

이 신화는 각기 출신이 다르고 직능이 다른 여러 신들이 서로 어떤 관계를 맺으며 공존하는가를 잘 보여준다. 혹시라도 그 관계에 대하여 상명하복(上命下服)의 위계질서를 생각하고 있었다면 맥을 잘못 짚은 것이다. 옥황상제라는 최고 신이 지부사천왕이나 염라왕, 용왕 등에게 명을 내리는 모습을 볼 수 있지만, 그리고 여러 왕신(王神)들이 신하나 군사를 거느리고 있는 모습을 볼 수 있지만, 그것은 신들이 맺는 관계의 한 측면일 뿐이다. 인간의 살이를 주관하며 서로 다른 직능을 맡은 여러 신들은 다른 신에게 구애받지 않고 자율적으로 움직이는 측면이 강하다. 그들은 자신이 맡은 일에 대하여 스스로 판단하고 권한을 행사한다. 아이를 점지하는 일은 삼신의 몫이고, 마마를 앓게 하는 것은 별상신의 역할이며, 부엌에 관한 일은 조왕신(竈王神)의 소관 사항이다. 마을 수호신은 자신이 관장하는 마을의 대소사에 두루 관여하는 대신 다른 마을의 일에 참견하지 않는다. 이 신화 속 삼승할망과 대별상의 관계를 보면 이런 관계 체계가 잘 반영돼 있다. 자기 직능에 대해서 자유 권한을 가진 그들은 다른 신의 권한에는 직접 손을 쓰지 못한다. 그 신에게 '청탁'을 할 수 있을 따름이다.

흥미로운 것은 신들의 형상과 직능의 함수관계다. 수많은 부하를 거느린 우락부락한 남성 신 대별상 어전또와 연약한 처녀 신 명진국따님 애기의 대결은 해보나마나일 것 같았지만 최종 결과는 그 반대였다. 자만심에 가득 차 의기양양하던 대장부 남성 신은 처녀 신 명진국따님애기한테 속절없이 무릎을 꿇을 수밖에 없었다. 그것은 두 신의 직능과 관련이 깊다. 아기가 태어나고 나서야 마마를 내리든 말든 할 수 있는 것인데 질병 신이 출산 신을 넘보았으니 혼쭐이 날 수밖에 없는 것이다. 그것은 자기 존재의 바탕을 무시한 일과 같았던바, 머리를 깎고 온몸을 던지는 굴욕을 감수해야만 잘못을 씻을 수 있는 터였다.

나는 오만한 대별상 어전또를 보기 좋게 무릎 꿇린 지혜롭고 당돌한 여신 명진국따님애기를 사랑한다. 또한 죽어가는 아내를 살리려고 우스꽝스러운 모습으로 여인 앞에 무릎 꿇기를 마다하지 않은 장부 신 대별상 어전또를 사랑한다. 그들이 바로 우리네 신이다.

무서운 질병의 신 명신손님의 두 얼굴

삼승할망 앞에 속절없이 무릎을 꿇었다고 하지만, 대별상은 본래 만만한 신이 아니다. 마마 신은 인정사정없이 사납기로 이름이 높다. 그가 한번 행동에 나서면 수많은 아이들이 무서운 질병(천연두)에 걸려서 큰 고통을 겪어야 했다. 가볍게 지나가면 다행이지만, 자칫하면 곰보나 언청이가 될 수 있고 심하면 목숨도 잃게 되니 마마 신은 무척이나 신경을 써서 모셔야 하는 두려운 신이었다.

마마 신 대별상(또는 별상, 별성(別星))은 내륙 지방에서도 널리 모셔진 신이다. 사람들은 그들을 흔히 '손님'이라는 이름으로 불렀거니와, 천연두에 걸리면 손님마마가 들었다고 말하곤 했다. 이제 내륙 지방에서 전해져온 손님 신에 대한 신화를 본다. 동해안별신굿에서 구연되는 〈손님굿〉(〈손님거리〉)의 사연이다.

옛날에는 부모가 셋이었다. 나를 낳아준 부모도 부모이고, 나를 점지해준 삼신제왕님도 부모이고, 또 손님네도 부모였다. 삼신할머니가 아무리 곱고 잘생기게 점지해주어도 손님네를 잘못 만나면 곰보도 만들고 언청이도 만들고 험하게 마련했다.

　무섭고 변덕스러운 명신손님은 강남대왕국에 살았다. 강남대왕국은 연잎같이 넓은 나라였으나, 피밥을 먹고 냄새나는 채소와 굼벵이 산적을 먹었다. 조선국은 댓잎같이 좁은 나라지만, 외씨 같은 쌀에 앵두 같은 팥을 넣어 밥을 지어 먹고 고사리 돌나물에 가지나물 호박나물을 맛나게 먹었다. 금청주 요하주 백화주에 국화주 포도주 좋은 술을 거룩하게 마셨다.

　명신손님네가 조선국이 밥 좋고 인물 좋다는 말씀을 듣고 조선국을 나오는데 강남대왕국 너른 땅을 비워둘 수 없어 쉰셋 손님이 다 나오지 못하고 세 손님만 나왔다. 어떤 손님이 나왔는가 하면, 글 잘 하는 문신손님과 칼 잘 쓰는 호반손님, 아리따운 각시손님이 나왔다. 문신손님은 청사도복에 흑사띠를 두르고 통영갓을 썼으며 꽃가죽신을 신고 말을 탔다. 검은 책을 옆에 끼고 큰 북을 손에 들고서, 살 자식은 검은 점을 찍고 욕볼 자식은 붉은 점을 찍고 죽을 자식은 낙점을 찍으러 나왔다. 호반손님은 옥양목 겹장삼과 옥양목 버선에 육날 미투리*를 신고 칼을 차고 나왔다. 활로 살煞을 막는데, 동쪽으로 청제살과 서쪽으로 백제살을 막고, 남쪽의 적제살과 북쪽의 흑제살, 중앙의 황제살을 막아 사방의 살을 막았다. 각시손님 치레를 둘러보면, 신수 좋은 얼굴에 분세수를 곱게 하고 감탕 같은 채머리를 동백기름 광을 올려 느진느진 곱게 땋아 갑사댕기 반만 물려 외틀어서 머리에 꽂고 금봉채를 꽂았다. 순금비단

---

* 세로 실을 여섯 개로 하여 삼이나 노 따위로 짚신처럼 삼아 만든 신.

짝저고리는 거칠비단 안을 받쳐 반달 같은 깃을 달고 명주고름 끈을 달아 맵시 있게 잡아맸으며, 잎을 그린 다홍치마는 범나비 주름을 잡아 무지개 말을 달고 거칠비단 안을 받쳐 맵시 있게 졸라맸다. 삼승 겹버선에 꽃가죽신을 받쳐 신고 가마를 타고 나오는데 목각나무 가마에 호피 휘장을 두르고 꽃방석을 깔았다.

이렇게 세 손님이 조선 땅으로 나올 때에 의주 압록강에 당도하고 보니 커다란 강에 배 한 척이 없었다. 흙으로 배를 만들자니 물에 흙이 풀어져서 못 나오고, 나무배를 만들어 타려니 밑이 썩어서 못 나오고, 쇠배를 만들어 타려니 가라앉아서 못 나왔다. 할 수 없이 돌배를 만들어 타고 바람 부는 대로 물결치는 대로 거침없이 나오다가 모진 풍랑을 만나 배가 부서지고 말았다. 그때 손님네들이 사공을 부르는데, 한 번 불러 기척이 없고, 두 번 불러 대답이 없고, 세 번 거듭 부르자 사공이 나왔다.

"여봐라, 사공아. 우리는 강남대왕국 명신손님으로 조선국 좋단 말을 듣고 나오다가 배가 부서졌으니 배 한 척만 빌려다오."

뱃사공이 하는 말이,

"손님네요 손님네요. 우리나라에 배가 많이 있었는데 난리통에 다 부서지고 단 한 척 남은 것이 공출 배라 못 빌려줍니다."

"여봐라 사공아. 미는 물에 공단 닷 돈, 드는 물에 비단 닷 돈, 열 돈을 주어 공을 갚을 테니 그리하면 어떠하냐?"

그때 뱃사공이 가마 속에 있던 각시손님을 보더니만 마음이 들떠서 이렇게 말했다.

"공단 닷돈 비단 닷돈 나는 싫사옵고 저 가마 속에 있는 각시손님네로 하룻밤만 제 수청을 들어주면 실수 없이 건네드리리다."

각시손님이 이 말을 듣더니만 연지통에 분을 내고 화통에 화를 내어 오던 길로 돌아가는데 그 곱던 얼굴에 서리꽃이 피었다. 가만히 생각하더니 분함을 못 이겨서 도로 돌아가 은장도 드는 칼로 사공의 목을 쳐서 압록강에 던져버렸다. 다시 사공의 집을 찾아가 사공의 아들 칠형제를 차례로 잡아내서 마마를 얹혀 한 명 한 명 죽어나가게 했다. 여섯 아들이 속절없이 죽어나가자 사공의 아내가 울며불며 통곡하다 정한수를 받쳐놓고서 착실히 빌기 시작했다.

"손님네요 손님네요, 맑고 맑은 명신손님네요. 사공의 소행을 보면 일곱 형제 잡아내고 나까지 잡아내야겠지만 백모래밭에도 씨가 있고 고무신도 짝이 있다는데 인간으로 태어나서 어찌 씨 없이 살까요. 늙은 나를 보아서라도 마지막 자식 하나만은 살려주십시오."

"다 죽여도 분이 안 풀리련만, 한 자식은 살려주마. 살려주되 열두 가지 병신이라도 좋으냐?"

"병신 자식 안 만들고 성하도록 만들어주면 어떠합니까?"

"그렇게는 못한다. 그렇지 않으면 오늘 당장 잡아가리라."

"손님네요. 열두 가지 병신이라도 좋으니 목숨 보전만 시켜주옵소서."

그러자 손님네가 한 아들을 살려주는데 안팎곱사등이에 눈에는 무명씨를 박고 입은 비뚤어지게 하고 꼼짝달싹 못하게 앉혀놓았다.

손님네들은 그곳을 돌아 나와 은도끼를 둘러메고 뒷동산으로 올라가

대나무를 쪼개서 배를 만들어 타고 조선 땅으로 건너왔다. 파선을 당한 데다 허기가 나는데 일락서산日落西山에 날이 어두워지니 가는 길이 딱 했다. 손님네가 허둥지둥 길을 서두르는데, 낮이면 연기 나는 집을 찾고 밤이면 불이 켜진 데를 찾아갔다.

그렇게 정신없이 찾아갈 적에 한 곳을 바라보니까 창문 틈으로 불이 번뜩번뜩 새어 나왔다. 거기는 한양 김장자 집인데, 담도 열두 담 대문 도 열두 대문에 집채가 열두 채나 되는 큰 부자였다. 손님네가 대문 앞 에 썩 들어서서 대문을 두드리며 말했다.

"우리는 다른 사람 아니라 지나가는 손님네인데 길을 잃고 잠시 들렀 으니 하룻밤만 쉬어 갑시다."

하인이 들어가서 고하자 욕심 많고 자기밖에 모르는 김장자가 목소 리를 높였다.

"산적 뗀지 거지 뗀지 도둑놈인지 어떻게 알고 밤중에 사람을 들이느 냐. 우리 집에 방은 많지만 빈대도 많고 벼룩도 많아서 손님 자고 갈 방 은 하나도 없으니 썩 쫓아내라."

손님네가 앉아서도 천 리를 보고 서서도 천 리를 보는데 그걸 어찌 모 를까. 그 집을 돌아 나와서 어두침침한데 얼마큼을 가다 보니 숯막 오막 살이가 보였다. 그게 노고할매 집인데, 김장자집 외아들 철현이 도련님 을 유모를 해서 키워주고 그 집에서 하루하루 방아품을 들어서 먹고사 는 할매였다.

"안에 주인 있소?"

손님네가 주인을 찾을 적에 노고할매가 생각해보니 찾아올 사람은 외상으로 갖다 신은 짚신값 받으러 올 사람밖에 없었다.

"여보오 짚신 장사요. 내일모레 김장자 집에 방아품 팔아서 갚을 테니 내일모레 다시 오시오."

"여보시오. 우리는 다른 사람이 아니라 강남대왕국 명신손님으로서 이 나라에 나왔다가 길을 잃고 잠시 들렀으니 하룻밤만 쉬어 갑시다."

이렇게 말을 하자 호롱불 밑에서 버선을 꿰매던 노고할매가 깜짝 놀라서 바늘하고 실을 다 집어 던지고는 문을 왈칵 열고서 우루루 버선발로 달려 나왔다.

"손님네요. 소인이 미련해서 몰라봤습니다. 어서 들어갑시다."

노고할매가 손님네를 모신다고 몽당빗자루로 여기도 털고 저기도 털자 벼룩 빈대가 튀어나오고 먼지가 일어났다. 손님네들이 그 마음을 갸륵하게 여겨 방으로 들어가 앉더니만,

"하마 우리가 시장기가 가득한데 뭐 요기할 것이 없겠소?"

"아이고 손님네요, 잠시만 기다리옵소서."

부엌에 가서 쌀독을 들여다보니 쌀 한 톨이 없었다. 노고할매가 허둥지둥 김장자 집으로 달려가더니만,

"장자님요 장자님요. 나락 한 말만 꾸어주면은 일 년 열두 달 방아품 들어서라도 갚을 테니 나락 한 말만 꾸어주오."

김장자가 화를 내며,

"예끼, 요망한 할망아. 이 밤중에 낟알이 어디를 나간단 말이냐. 그런 말 말고 바삐 돌아가거라."

이때에 김장자 마누라가 슬쩍 할매를 이끌고 뒷창고로 가서 나락 한

말을 주는데, 싸래기가 반이고 쥐똥이 반이었다. 노고할매가 그거라도 고맙다고 받아 들고 집으로 와서 방아를 찧어가지고 키에다 까불러서 싸래기를 골라 솥에다 붓고 싸래기 죽을 쑤었다. 이 빠진 그릇에 담아서 들어가니 죽인지 숭늉인지 기가 찼다.

"손님네요. 얼마나 시장하십니까. 어서 드옵소서."

손님네가 들여다보니 죽도 아니고 숭늉도 아니고 어진쭝쭝한데, 숟가락으로 퍼먹을 것도 없어서 한 그릇씩 들고서 쭈루루 마셨다. 마시고 보니 그래도 곡기가 뱃속에 들어갔다고 배가 벌떡 일어났다.

"아이고 노고할매. 할매 은공을 어떻게 갚나. 친손자도 없고 외손자도 없소?"

"손님네요. 나한테 딸 하나 있었는데 시집을 간 뒤에 외손녀 하나 낳고서 명이 짧아서 죽었는데, 내가 방아품 파는 처지에 그 자식을 못 키워서 남의 집에 주었습니다. 죽었는지 살았는지 알 수가 없습니다."

"그 손녀라도 데려오면 우리가 점을 제대로 찍어줄 테니 데리고 오시오."

"아이고 손님네요. 우리 외손녀도 그렇지만 내가 유모로 들어가 키운 김장자 댁 삼대독자 외동아들 철현이 도련님을 돌봐주옵소서. 열다섯 되도록 손님마마를 못 시켰답니다."

"그대 마음이 갸륵하니 정 그렇다면 장자한테 가서 여쭤보아라."

그러자 노구할미가 장자 집으로 쪼르르 달려가서는,

"장자님요. 우리 집에 강남국 명신손님들이 좌정해 있사오니 철현이 도련님 마마를 잘 넘기게 하면 어떠합니까?"

그러자 김장자가 화를 내며,

"예끼, 요망한 할망아. 어디 돌아다니는 돌손인지 날손인지 모르고 어디 와서 망발이냐? 썩 건너가라."

노고할매가 꾸지람만 듣고 오는데, 손님네는 벌써 집에서 그 일을 먼저 알고 있었다. 할매한테 어서 가서 외손녀를 데려오라고 하더니만 그 손녀한테 손님마마를 시키는데, 할매가 놀랄까 봐 각시손님이 살짝 들어가서 작은 점 살짝 찍어 짧은 명 길게 마련하고 넘어가는 반달같이 돋아오는 일월같이 인물도 좋게 마련하였다.

그때 노고할매가 손님네를 배송해야 하는데 집에 동전 한 푼이 없어 걱정이었다. 손님네가 은전 닷 돈 금전 닷 돈을 내어주며 찬거리를 사오게 하자 노고할매가 찬거리를 봐가지고 지극 정성으로 음식을 장만해서 시루떡도 찌고 백설기도 찐 다음 무당들을 불러다가 손님 배송을 해주었다.

김장자가 노고할매 집을 지나다가 그 모양을 보고서 호통을 쳤다.

"여봐라. 할망아. 방아품 팔아서 장리長利쌀 갚을 생각은 안 하고 이것이 웬일이냐? 어디서 이런 돈이 났느냐. 어디 돌아다니는 돌손을 불러다 놓고 이것이 웬일이냐?"

손님네가 그 말을 듣고 보니 어이가 없었다.

"저런 무례한 놈이 어디다 입을 올려놓고 돌손이 웬 말이냐. 노고할매여. 저런 놈하고 입 섞어 말하지 마라."

손님네가 충고를 주자 노고할매가 입에다 거품을 번쩍번쩍 물고서 '아이고 답답하다' 하면서 뒤로 희떡희떡 넘어갔다. 김장자가 이 모양을 보더니 깜짝 놀라서 육날 미투리, 담뱃대 집어 던지고서 걸음아 날 살려라 하고 집으로 달려갔다.

"여보 마누라. 우리 철현이를 빨리 절로 피신 보내고, 담 너머 골목마다 모퉁이마다 고춧대 내어서 고춧불을 피워놓으소. 고춧불을 피우면 매워서 손님네가 못 온답디다."

김장자 아내가 골목마다 고춧불을 피우고는 아들 철현이를 유접사 절에 피신 보내는데, 엄마가 데리러 갈 때까지 오지 말라고 했다. 이때 손님네가 철현이 찾아서 김장자 집으로 갈 때에 고춧불이 매워서 들어갈 수가 없었다. 손님네가 본래 빌면 비는 대로 듣고, 해보자고 하는 사람한테는 끝까지 가는 이들이었다. 모여서 의논을 하더니 각시손님이 철현이 엄마랑 똑같게 변신을 해서 유접사 절로 철현이를 찾아갔다.

"철현아, 어서 가자. 손님네들 떠나고 없으니 어서 집으로 내려가자."

이 말을 듣고서 철현이가 따라나설 적에 각시손님 거동이 볼 만했다. 철현이가 대문 안에 썩 들어서자 아래 종아리를 한 차례 들이치고 두 차례 세 차례 거듭 친 뒤 은침 닷 단을 꼽아놓았다. 철현이가 마당 가운데 엎어지면서,

"아이고 엄마, 나 죽겠네. 아이고 아버지, 나 죽겠네."

치뒹굴고 내리 뒹굴면서 울음을 울었다. 김장자 내외가 깜짝 놀라 문을 열고 나오면서,

"아이고, 아이고, 내 자식아. 네가 이 밤중에 웬일이냐? 어서 방 안으로 들어가자."

명신손님네가 돌아다니는 돌손 날손에 영정 부정까지 다 들여앉혀

놓자 철현이는 아파서 죽겠다고 울음을 울었다. 이때 명신손님네들이 덤벼들어 철현이를 얽어매기를 시작하니 하루 가고 이틀 가고 사흘 만에 붉은 종기가 불뚝불뚝 일어났다.

"여보소 영감요. 여보소 장자님. 우리 철현이가 절에 가서 무엇을 잘못 먹었는지 온몸에 두드러기가 일어났소."

"여보소 마누라, 두드러기는 아무 걱정 마시오. 검정 옷 입혀놓고 짚에다 불을 피워 아래위로 그슬러주면 싹 없어진답니다."

철현이 엄마가 장자 시키는 대로 검정 옷을 입혀놓고 불을 피워 위아래로 그슬리자 아주 야단이 났다. 마마손님이 치뒹굴 내리 뒹굴 몰려가지고 몸에 혹이 불뚝불뚝 불거졌다.

"여보 영감요, 우리 철현이 온몸에 혹이 불거졌소."

"혹은 걱정 마시오. 등 너머 침쟁이 불러다가 이리 째고 저리 째서 피 나오고 고름 나오고 나면 싹 아문답니다."

그 미련한 말을 그대로 듣고서 침쟁이를 불러 이리저리 혹을 째고 보니 피도 고름도 안 나오고 살이 허옇게 드러나면서 아이가 숨넘어가는 소리를 냈다. 이때 손님네가 철현이 뼈마디에 은침 닷 단 놋침 닷 단을 마디마디 꼽아놓으니 아이가 배 아파 죽겠고 다리 아파 죽겠다며 위로 구르고 아래로 굴렀다.

"여보시오 영감님요. 아무래도 우리 철현이가 손님네 좌정한 것이 분명하니 손님네한테 빌어보소. 삼대독자 외아들 죽이고 나면 어찌하려오. 우리 철현이 좀 살려주소."

이때 김장자가 철현이 꼴을 보니 말이 아니었다. 목에선 쉿소리가 나고 열은 불덩어리같이 나고 온몸에 혹이 불뚝불뚝 일어나서 처량하기 그지없었다. 그제야 김장자가 손님네에게 비는데, 목욕재계 깨끗이 한 뒤 의관을 갖춰 입고 정화수를 떠놓고서 빌었다.

"손님네요 손님네요. 강남대왕국 명신손님네요. 우리 철현이 살려주면 앞뒤주 헐어서 떡 하고 뒷뒤주 헐어서 술 하고 검둥 송아지 잡아서 대우해드릴 테니 우리 철현이 좀 살려줘보지."

이렇게 반말 섞어서 비는데, 그래도 비는 것이 가상해서 손님네들이 철현이 몸에서 돌손 바람손 영정손을 불러냈다. 그러자 혹이 가라앉아 구슬이 되더니 딱지가 앉고 목소리가 정상으로 돌아왔다. 철현이가 툴툴 털고 일어나면서,

"엄마요, 밥 좀 주소. 물 좀 주소."

철현이 엄마가 얼마나 좋은지,

"내 자식아, 내 새끼야, 어서 많이 먹어라."

안고 업고 울었다.

철현이 몸에 앉은 딱지가 다 떨어지자 김장자 마누라가 말했다.

"영감요. 우리 철현이가 손님네 덕으로 살아났으니 앞뒤주 헐어 떡 할까요? 뒷뒤주 헐어 술 할까요? 검둥 송아지 잡을까요?"

"예끼, 요망한 사람이 이게 웬 말이냐. 내년 시절이 어찌 될 줄 알고 앞뒤주를 헐며 올해 시절이 어찌 될 줄 알고 뒷뒤주를 헌단 말인가. 검둥 송아지가 또 웬 말인가. 그러지 말고 아침에 밥 한 상 해서 우리 먹고 난 뒤에 짚에다가 차려놓으면 손님네가 먹고 가든지 싸서 가든지 하겠지."

손님네가 앉아서도 천 리를 보고 서서도 천 리를 굽어보는데 이걸 모를 리가 없었다.

"괘씸하기 짝이 없다. 우리가 앞뒤주 뒷뒤주 헐라고 했느냐, 검둥 송아지 잡으라 했느냐? 저런 재물밖에 모르는 놈은 자식도 필요 없다. 씨도 손도 없이 해야 한다."

철현이를 다시 잡아서 때려눕히고 은침 닷 단 놋침 닷 단을 마디마디 꼽아놓으니 철현이가 다시 위로 뒹굴고 아래로 뒹굴면서 죽는소리를 했다.

"아이고 어머니 나 죽겠네. 아이고 아버지 나 죽겠네. 나 조금 살려주오. 나 죽고 나면 이 많은 재물을 누구를 주시려오."

그때 손님네들이 철현이한테 죽으러 가는 길에 어머니 아버지에게 할 말이나 남기라 하니 철현이가 울면서 말했다.

"불쌍한 우리 엄마. 아버지 하나를 잘못 만나 편안한 세월을 보지를 못하고 하나밖에 없는 자식을 잃어버리는구나. 우리 엄마 불쌍해서 내 어이 갈까? 아이고, 아버지. 울 아버지요. 재물만 알다가 삼대독자 나를 잃으니 구비구비 후회하리라. 엄마야 잘 계시오, 아버지 잘 계시오. 나는 부모를 잘못 만나 손님네 따라 떠나가네."

이때 손님네가 철현이 목을 조르자 철현이 숨이 벌떡 넘어갔다. 철현이 엄마가 위아래로 뒹굴고 가슴을 두드리며 함께 가자고 통곡을 했지만 철현이는 이미 이승 사람이 아니었다.

철현이가 손님네를 따라갈 때 손님네가 물었다.

"철현아. 철현아. 너는 어느 가문에 다시 태어나겠느냐?"

"손님네요, 열 살 안에는 좋은 가문에라도 환생할 수 있지만 나이 열다섯 먹은 내가 이렇게 험한 꼴로 누구 집에 태어날까요? 손님네 막둥이가 되어서 방방곡곡 마을마다 손님네를 따라다니려오."

"너는 아까운 효자 자식이 부모 잘못 만나서 죽었으니 네 마음이 그렇다면 우리가 너를 데리고 다니마."

철현이가 막둥이가 되어 이 집 저 집 다닐 적에 손님네 잡숫고 남은 밥을 얻어먹으며 따라다녔다. 그때 손님네 가는 곳이 어디냐면 한양 천리 이정승 집을 찾아갔다. 이정승한테 아들이 삼형젠데 이정승이 이상한 꿈을 꾸고는 손님네 찾아올 것을 알고서 영정 부정을 착실히 가려 손님네를 좌정시키어 정성껏 대접했다. 손님네가 가상히 여겨 손님마마를 살짝 앓게 하고는 대접을 잘 받고서 떠나갔다.

방방곡곡을 두루 돌아다닌 손님네들은 떠나가는 길에 노구할미와 김장자 살던 곳을 찾아갔다. 보니까 장자 집의 그 많던 재물은 노고할매한테 다 가고 노고할매 오두막은 김장자 집이 되어 있었다. 재물이란 것이 서천에 구름이라서 있다가도 없고 없다가도 있는 것이 꼭 그러했다. 노고할매가 기와집 네 귀에 풍경을 달고서 머슴 살던 사위도 데려오고 외손녀도 데려다가 세월 가는 줄 모르고 지낼 적에 문득 생각해보니 이것이 전부 다 강남대왕국 명신손님네 덕이었다.

"둥둥둥 내 손녀야. 두리둥 둥둥 내 손녀야. 이 덕 저 덕이 뉘 덕인고. 손님네 덕이 분명하다. 세월아 멈추고 가지를 마라. 아까운 노고할매가 다 늙는다. 두리둥둥 내 손녀야."

그때 철현이가 손님네를 돌아보면서 말했다.

"여보시오 손님네요. 강남대왕국 가는 길에 우리 엄마 아버지 마지막으로 얼굴이라도 한번 보고 갑시다."

"네 소원이 그렇다면 그곳으로 지나가자."

철현이네 집을 지나다 보니 숯막 오막살이에 거적자리를 깔았는데, 김장자는 중풍이 든 채로 짚신을 삼고 있고 철현이 엄마는 다 깨진 바가지를 옆에 끼고 남의 집 문전에 밥 동냥을 다녔다. 길 가다가 철현이만한 아이들을 만나면,

"얘들아, 너희들은 여기 있는데 우리 철현이는 어디 갔단 말이냐. 철현아, 이 에미도 데려가거라."

울면서 한탄하는 것이었다.

그때에 철현이는 엄마를 보건마는 엄마는 철현이를 보지 못했다.

"불쌍한 울 엄마요, 이것이 웬일이요. 그 많던 재물 어디 가고 엄마 모습이 웬 말이요."

목멘 소리로 울음을 울자 손님네 마음에 불쌍하기 짝이 없었다. 셋이서 의논하더니 재물을 찾게 해주고 칠십 생남^{生男}으로 새 아들을 갖게 해주었다. 그제야 철현이도 마음이 풀어져 손님네 뒤를 따라 이 집 저 집 찾아다니며 손님 대접을 받는 것이었다.

이상이 먼 중국 땅에서 산 넘고 강을 건너 이 땅을 찾아온다는 손님 신에 얽힌 사연이다. 앞서 말했듯 〈손님굿〉에서 구연되는 신화인데, 구연본에 따라 내용에 조금씩 차이가 있다. 명신손님들이 사는 곳을 강남 천자국 세천산이라고도 하며, 호반손님 대신 스님 차림의 제석손님이

다른 두 손님과 함께 나왔다고도 한다. 마마에 걸리는 아이의 이름은 철현이 대신 철원이나 철웅이라고도 한다. 이 이야기에서 철현이가 목숨을 잃는 것과 달리 장자가 잘못을 뉘우치고 빌자 손님네들이 아이를 살려주고 복을 주었다고 하기도 한다. 여기서는 여러 자료 중 김동언 구연본을 바탕으로 삼아 내용을 정리하였다(박경신, 《울산지방무가자료집》, 울산대학교 인문과학연구소, 1993 수록).

어느 날 불쑥 나타나서 사람들의 삶을 송두리째 흔들어놓는 손님네들은 꽤나 무섭고 두려운 신이다. 언제 어떤 형태로 찾아올지 모른다는 것도 그러하거니와, 한번 잘못 걸리면 빠져나가기가 쉽지 않으니 이 또한 난감한 일이다. 나름대로 방비한다고 해도 정성이 부족하면 앙화를 면하기 어려우니 저들을 맞이하여 처신한다는 게 여간 어려운 일이 아니다. 한순간에 패가망신을 한 뱃사공이나 참혹하게 죽은 철현이의 일을 생각하면 오싹하지 않을 수 없다.

세 손님네가 다 그렇지만 특히나 각시손님에게서는 섬뜩한 요기(妖氣)를 느끼게 된다. 그녀가 압록강 뱃사공에게 내린 가차 없는 징벌은 우리 신화에서 유례를 찾기 힘들 만큼 가혹한 것이었다. 그 죄라는 게 자기 아름다움에 혹했다는 것인데, 그 대가는 그야말로 혹독했다. 제 목숨 잃는 데 그치지 않고 자식들까지 죽음의 구렁텅이에 빠뜨리고 말았으니 아뜩한 일이다. 마지막 한 자식을 살려주면서도 열두 가지 병신으로 만들었다는 냉정함에는 할 말을 잃는다. 정말로 무섭도록 차가운 아름다움이다. 자신의 벗은 몸을 우연히 봤다는 이유로 한 인간을 짐승으로 만들어 처참히 죽게 한 그리스 여신 아르테미스를 연상시키는 모습이다. 혹시 저 각시손님은 사내의 겁탈에 항거하다가 죽음을 맞은 원령(怨靈)이 아닐까 하는 생각도 해보게 된다.

하지만 우리네 인간사를 헤아리려보면 저 상황은 이해하지 못할 바가 아니다. 병마가 인간을 덮치는데 어찌 인정사정이 있던가. 뜻하지 않게 찾아와서 깊은 고통을 안겨주고 집안을 망가뜨리곤 하는 것이 질병이다. 이야기에 나오는 손님네들의 사납고 변덕스러운 모습이란 실상 그러한 인간사의 표상이라 할 수 있다. 손님이라는 이름만 해도 그렇다. 질병이란 불청객처럼 어느 날 불쑥 찾아오는 존재이니 말이다. 그 손님이 찾아왔을 때 우리가 해야 할 일이란 조심하고 또 조심하는 일이다. 그런데 저 뱃사공은 병마를 업신여기고 슬쩍 넘보기까지 했으니 저렇게 당하게 되는 터다. 말하자면 그는 질병더러 자기랑 한번 놀아보자고 했다가 본때를 본 사람이라 할 수 있다. 병이란 것이 전염성이 강해서 주변 사람까지 해치는 법이고 보면 사공의 일곱 아들이 손님네한테 당한 것도 터무니없는 일이라 할 수 없다.

집에 든 손님네를 내쫓는 데서 시작해 끝까지 그들과 맞서고자 했던 김장자의 일도 마찬가지다. 그 또한 손님네로 상징되는 병마를 우습게 보고 홀대한 사람에 속한다. 병마가 얼마나 무서운지 알지도 못하면서 '그까짓 것 아무 상관없다'는 식으로 대한 응보는 소중한 아들의 죽음과 패가망신이었다. 중간에라도 마음을 돌이켜 정성을 다해야 할 텐데 끝내 병세를 무시하며 잘난 척을 한 데 따른 결과였다. 이야기 중간에 보면 김장자가 '두드러기는 불에 쏘이면 된다'고 하고 혹은 '째서 고름을 내면 된다'고 해서 철현이의 증세를 악화시키는 장면이 나오거니와, 이는 얄량한 엉터리 지식을 믿다가 낭패를 본 경우에 해당한다. 중간에 아들의 증세가 나아지자 금세 '이제 됐다'는 식으로 마음을 놓은 것 또한 큰 실수였다. 질병 앞에 소홀하거나 오만할 때 어떤 결과를 낳게 되는지를 생생하게 보여주는 모습이라 할 수 있다.

손님 신에 대한 김장자의 태도와 관련해서 한 가지 꼭 짚고 넘어갈 것은 그의 '속임수'다. 그는 거듭 속임수로 명신손님을 물리치려고 한다. 아들을 절에 빼돌린 것도 그렇고, 실제 그리할 의사가 없으면서 아들을 살려주면 뒤주를 다 헐어서 검둥 송아지를 잡겠다고 약속한 것도 그렇다. 거짓이라고는 모르는 신들은 그 말을 곧이곧대로 믿고서 철현이를 살려준다. 뒤에 그것이 거짓 약속이었음이 판명되는 순간, 상황은 바로 종결된다. 손님들은 더 볼 것도 없이 곧바로 어린아이를 잡아 죽인다. 가혹한 일일지 모르나 그것이 신의 방식이다. '앉아서도 천 리를 보고 서서도 천 리를 굽어보는' 그들에게 거짓은 상극이다. 진짜라야만 통한다. 그것이 신이다. 일컬어 명신(明神).

저 무서운 손님 신은 사람들에게 고통만 주는 것이 아니었다. 그들의 방문은 오히려 전화위복으로 인생역전의 계기가 되기도 한다. 그 방법은 알고 보면 어렵지 않다. 기꺼이 영접해서 정성껏 대접하고 잘 보내주면 된다. 그리하면 집안에 평화와 복록이 오는 것이니, 노고할매가 바로 손님 신을 정성껏 보살펴 전화위복과 인생역전을 이룬 이의 표상이 된다. 생각해보면 병마라는 것이 본래 그러한 면이 있다. 왜 하필 나를 찾아왔느냐고 한탄하는 대신, 또는 나는 어찌 되든 상관없다고 방치하는 대신 정성껏 잘 다스려서 이겨내고 나면 건강도 좋아지고 집안에 화기

(和氣)가 넘치게 되니 전화위복이 될 수 있는 터다. 위기는 곧 기회이기도 하다는 것. 이는 질병 신 외에 모든 무서운 신이 갖는 양면성이기도 하다. 신은 언제나 우리를 도울 준비가 되어 있다.

손님이라는 이름의 신을 대하는 방식에는 옛사람들의 사려 깊은 삶의 철학이 담겨 있다. 일컬어 '손님의 철학'. 손님은 와야만 하는 존재다. 그 손님을 꺼리고 피하여 마음을 닫을 때 그 삶은 죽은 삶이 된다. 김장자가 재물이 그토록 많았다 하지만 그는 실상 모든 것을 잃은 존재였다. 반대로, 손님의 도래를 기뻐하며 마음을 나눌 때 삶은 활짝 피어난다. 노고할매가 가진 재물이 하나도 없었다고 하지만 그는 실상 세상을 가진 존재였다. 이야기 속에서 김장자와 노고할매의 처지가 서로 바뀐 것은 그들의 '진짜 삶'이 드러난 것에 지나지 않는다. 관건은 '손님'의 도래가 아니다. 손님을 삶의 동력으로 만드는 정성과 솜씨가 관건이다. 하늘은 스스로 돕는 자를 돕게 되어 있는 법. 병마조차도 신성한 손님으로 여기고 정성을 다하는 데는 삶의 시련을 기회로 역전시켜온 옛사람들의 불굴의 철학이 담겨 있다고 할 수 있다.

이 신화에서 한 가지 흥미로운 사항은 손님네에게 목숨을 잃은 철현이가 막내가 돼서 그들을 따른다는 부분이다. 자기한테 엄청난 고통을 준 무서운 신들에게 선뜻 동행을 자청한다는 설정에 담겨 있는, 또는 자기가 무참히 앗은 생명을 불쌍히 여겨서 선뜻 동행으로 받아들인다는 설정에 담겨 있는 관용과 포용의 철학이 무척 인상적이다. 죽은 당사자가 이렇게 한패가 되었으니 남아 있는 사람들로서 저 손님네들을 원망할 수 없게 된 상황이다. 비록 그들이 목숨을 앗아갔다 해도 그것은 신들의 본뜻이 아니었다는 말도 되니, 그것은 불의에 세상을 떠난 사람에 대한 하나의 작은 위안이라고도 할 수 있다.

덧붙여서, 막내 손님이 된 철현이의 캐릭터가 특별히 마음을 끈다. 아무 죄도 없이 부모 탓에 죽은 철현이는 세상 누구보다 마음이 따뜻한 아이였다. 자신을 죽게 만든 부모를 원망하는 것이 아니라 자식을 잃고 절망에 빠진 부모를 한없이 불쌍히 여겨서 눈물을 쏟는 아이였다. 오죽하면 그 냉정한 손님네들이 철현이의 마음 씀에 감동해서 부모를 다시 일으켜주었을까. 이렇게 마음 따뜻한 아이가 손님네 일행에 포함되었다는 것은 손님네를 맞아야 하는 세상 사람들에게는 하나의 축복이라 할 수 있다. 내 자식 같은 존재가 거기 함께하고 있으니 그만큼 더 편하고 따뜻하게 손님네를 맞이할 수가 있다. 그리고 저 손님네들은 이전보다 많이 너그러워졌을 것이다. 철현이가 그들과 함께하면서 동정을 구했을 터이니 말이다.

신화가 전하는 신들의 모습이란 우락부락 울퉁불퉁 올록볼록 아기자기, 참 오묘하기도 하다.

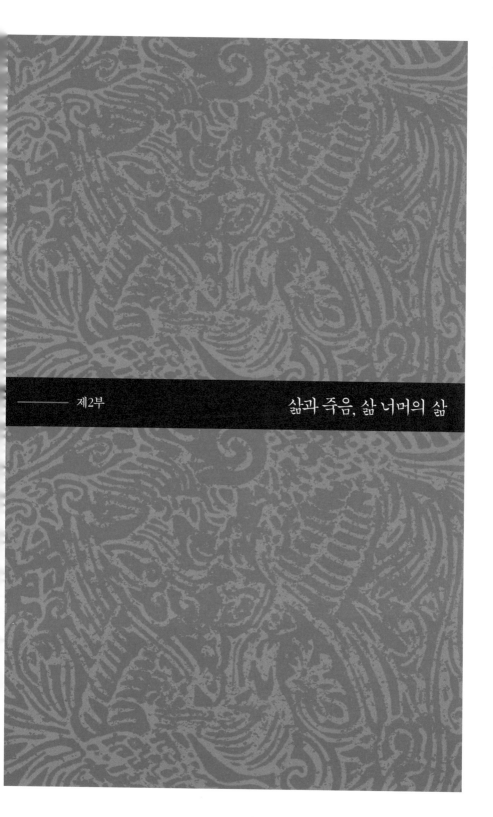

제2부

삶과 죽음, 삶 너머의 삶

어둠의 사자를
맞이하는 법

넷째 거리

사만이 각시 엎더지고
"삼차사 관장님아 / 소녀의 낭군은 / 삼대독신 되우다.
소녀의 낭군 대신 / 제가 가겠수다.
소녀의 낭군이 가고 보면 집이 텅 비어지게 되우다."
사만이가 엎더지고
"차사님아 차사님아 / 소년은 삼대독신이우다.
저는 제 명에 가겠수다.
소년의 부인네를 데리고 가면
어린 자식 어느 누가 / 거두어서 키울 수가 없수다.

— 제주 한태주 구연 〈맹감본〉에서

신들과 만나다 보면 한 가지 궁금해지는 대목이 있다. 저 명신손님들은 강남대왕국에서 온다고 했거니와, 다른 수많은 신들은 평소 어디에서 어떻게 존재하는 것일까? 그리고 어떤 식으로 우리 곁으로 다가와 존재를 드러내는 것일까?

우리 민간신앙과 신화에 있어 신들이 깃들어 사는 곳은 무척 다양하게 나타난다. 신들은 우선 하늘과 땅, 산과 바다 같은 신령한 곳에 깃들어 있다. 하늘에 옥황상제를 비롯한 수많은 신이 있으며, 지하국에도 적지 않은 신들이 있다. 산에는 수많은 산신이 있고 사해 바다에는 용왕이 있다. 용왕은 바다뿐 아니라 큰 강이나 호수에도 깃든 것으로 여겨졌다. 신들은 더 가까운 곳에도 깃들어 산다. 마을 수호신이나 가신(家神), 조상신 등이 그러하다. 마을 수호신은 서낭이나 당산(堂山)이라고도 하고 골매기신, 본향(本鄕)이라고도 하는데, 서낭당 같은 마을 내 신성한 장소에 깃든 것으로 여겨졌다. 서낭당은 사람이 지은 집일 수도 있지만 아름드리나무(서낭목, 당산목)인 경우가 많다. 가신이나 조상신은 사람들과 더 가까운 곳, 집 안에 모셔진다. 옛사람들은 집집마다 성주단지와 철융단지, 조왕그릇, 신주단지 같은 상징적인 신물들을 갖추고서 정성을 바쳤다. 삼신이나 칠성신, 제석신 등도 집 안에 모시고 상시적으로 집안의 안녕과 풍요를 빌곤 했다.

이와 더불어 명신손님처럼 멀리 낯선 땅에 깃들어 있으면서 긴 여행을 통해 이 땅을 찾아오는 신들이 있다. 그 대표적인 존재가 바로 어둠의 신 저승사자다. 그들은 저 멀리 저승 황천에 살면서 인간 세상으로 훌쩍 건너와서는 수명이 다한 사람들을, 또는 신의 노여움을 산 사람들을 왈칵 붙잡아서 아득한 어둠의 땅으로 데려간다. 한번 그네들에게 붙잡히면 꼼짝없이 모든 것을 다 잃어야 하는 공포의 대상이 저승사자다.

앞서 손님네들이 인정사정없다고 했지만, 저승사자들에 댈 만한 것이 아니다. 질병은 심하다가 약해질 수도 있지만, 죽음에는 그러한 융통성이 없다. 오직 사느냐 죽느냐의 선택만이 있다. 그 생사의 경계란 우주적 질서의 근간에 해당한다. 사람의 목숨을 거두는 일이 그만큼 엄중한 사안인지라 그 직임을 수행하는 신들은 누구보다 냉정하고 철저해야 했다. 아니, 굳이 냉정함을 나타낼 필요도 없다고 할 수 있다. 그들을 보는 순간 사람들이 절로 오금이 저려서 주저앉기 마련이므로.

하지만 저승사자들이라고 해서 완벽한 존재일 리 없다. 그들 또한 인간 본연의 성정을 지니고 있을 터, 그 마음을 움직일 수 있는 길이 있을 것이다. 과연 어떻게 하면 그들의 마음을 움직여서 서늘한 손아귀에서 벗어날 수 있는 것일까.

백년해골을 모신 사만이와 저승 삼차사

주년국 사는 소사만이의 선조들은 천하 거부였는데, 사만이 아버지 때부터 가난이 시작되었다. 사만이가 삼대독자로 난 뒤로 한 살 때에 어머니가 죽고 두 살 때에 아버지가 죽고 세 살 때 할머니 네 살 때 할아버지가 죽고 다섯 살에 외할머니 여섯 살에 외할아버지가 죽었다. 단 하나 남았던 외삼촌은 일곱 살 때 죽었다.

사만이는 갈 데 올 데가 없어져서 바가지를 들고 밥을 얻어먹으러 나섰다. 밥을 얻어먹으러 아랫녘으로 가다 보니 조정승 딸이 밥을 얻어먹으러 오고 있었다.

"어디로 가는 애기냐?"

"난 아랫녘 조정승 딸이다. 내 나이 일곱 살인데 부모와 일가친척이 다 돌아가셔서 밥을 얻어먹으러 윗녘으로 가는 길이다."

"나도 그러한 몸이다. 너하고 나하고 벗이 되어 함께 밥을 얻어먹으러 다니자."

"그걸랑 그리하자."

그래서 두 사람이 손을 잡고 같이 밥을 얻어먹으러 다니는데, 가다 오다 날이 저물면 말방아집*구석에서 손을 잡고 잠을 잤다. 그럭저럭 살다가 열다섯 살이 되자 사만이가 말했다.

"조정승따님애기야. 너랑 나랑 일곱 살에 만나서 열다섯 살이 되었구나. 너의 속은 내가 알고 내 속은 네가 아니 이제 부부간을 삼아보자."

"그걸랑 그리하자."

둘이 부부가 되고 보니 말방아집에만 살 수 없어 산에서 나무를 베어내서 세우고 억새와 띠를 둘러서 오막살이를 지었다. 그럭저럭 살다 보니 아기가 생겨서 아들을 낳았다. 그 아기를 업고 다니고 안고 다니면서 얻어먹을 적에 아이가 말했다.

"아버님아 밥을 줍소. 옷을 줍소. 어머님아 젖을 줍소. 옷을 줍소."

비새같이 울음을 우니 사만이가 또한 정이 떨어져서 울음을 울었다. 사만이 각시가 나서면서,

"가장님아, 가장님아. 장사나 해보십시오."

"부인님아, 부인님아. 장사를 하려 한들 본전이 없는데 장사를 할 수 있습니까?"

그러자 사만이 각시는 천년장자 집에 찾아가 보증을 앉히고 장사 밑천으로 돈 백 냥을 빌려 왔다. 사만이가 그 돈을 짊어지고 물건을 사러

----

* 말이 돌리는 말방아가 설치된 제주 전통 초가.

아랫녘을 가다 보니까 어린아이 둘이 봇물 터지듯 울음을 울고 있었다.

"에이구, 요 애기들. 나를 닮은 애기들이로구나."

손을 잡고 주막에 들어가 밥을 사주고 옷을 사주고 신을 사주고서 나아가다가 보니 백발노인 둘이서 춥고 배고파서 눈물 콧물 어우러진 채 막대기를 짚고서 길을 가고 있었다.

"나를 닮은 노인들이구나."

손을 잡고 주막에 들어가 술 사주고 밥 사주고 옷 사주고 신 사주고 하다 보니 돈 백 냥이 간곳없이 되었다. 돈 백 냥 간곳없이 집으로 돌아와서 돈 쓴 사연을 이야기하자 사만이 부인이 칼을 꺼내어 쉰댓 자 참비단 머리를 싹둑 베어 내밀면서,

"이 머리를 가지고 장에 가 팔아서 쌀도 사고 간장도 사 옵소."

사만이가 감태같은 머리를 한 아름 가득 안고서 아침 장에 나아가도 살 사람이 없고 대낮 장에 나아가도 살 사람이 없더니 저녁 장에 나아가자 임자가 나서서 여덟 냥 여덟 돈 칠 푼 오 리를 주고 머리를 사 갔다. 사만이가 그 돈으로 쌀을 사고 양념을 사자니 며칠 지나면 그만일 것 같았다. 돈 벌 궁리를 하며 장을 삼세번 돌다가 총을 하나 발견했다. 쇠로 만든 물건이라 오래도록 쓰겠고 천도 가죽천이어서 단단했다. 그 총을 사려 했더니 값이 삼백 냥이라 했다.

"아이고, 좋은 물건 있건만 돈이 없어 못 사겠구나."

"돈이 얼마나 있습니까?"

"여덟 냥 여덟 돈 칠 푼 오 리밖에 없습니다."

"그러면 그 값을 주고 사 가십시오. 모자란 건 틈틈이 벌면서 갚으십

시오."

사만이가 기분이 좋게 총 하나만 덜렁 둘러메고 집에 돌아오자 각시
가 말했다.

"가장님아, 가장님아, 쌀은 어디 있고 장은 어디 있습니까?"

"부인님아, 부인님아, 우리 이제 평생 살 도리를 찾았습니다. 부인네
감태같은 머리를 팔아 여덟 냥 여덟 돈 칠 푼 오 리를 받아서 이 총을 샀
습니다. 산에 올라가 이리저리 굽어보다가 봄 두더지도 잡고 큰 사슴 작
은 사슴도 잡고 큰 돼지 작은 돼지도 잡아서 부잣집에 갖다 주면 쌀도
주고 장도 주고 논밭도 주고 의복도 줄 테니 먹다 쓰다가 남으면 자식한
테 길이길이 전해줍시다."

사만이 각시가 앞집에 빚지고 뒷집에 빚을 져서 쌀 두 되를 얻어다가
새벽에 밥을 해서 아침상을 차려주니까 사만이가 먹고서 총을 둘러메
고 사냥을 나갔다. 사냥을 갔는데 아래를 둘러봐도 아무것도 없고 가운
데를 둘러봐도 없고 위를 둘러봐도 없었다. 해는 져서 어두운데 산속에
서 밤을 새고 있자니 웬 백 년 된 해골이 땡땡땡 그르릉 굴러 오면서 사
만이를 불렀다.

"주년국 소사만아, 주년국 소사만아, 주년국 소사만아! 네가 내일 내
손에 죽으리라."

"무슨 일입니까. 저는 아무 죄도 없습니다. 살려줍소."

"나는 서울 백정승 아들인데 백년해골이 되었노라. 내가 이 산중에
총을 들고 사냥을 왔다가 도둑놈이 내 가슴을 쏘고 도망간 지가 여러 해
다. 지금 그 물건이 내 물건이니 네가 도둑놈이 아니냐?"

"아이고, 저는 도둑이 아닙니다. 이건 도둑질한 물건이 아니라 사 온 물건입니다. 어서 가지십시오."

"그러지 말고 네가 나를 조상으로 모셔 적덕積德을 해라. 너희 집 자손 창성, 오곡 번성, 부귀영화 시켜주마."

"어찌하면 조상으로 모셔 적덕을 할 수가 있습니까?"

"내가 앞동산 구렁에 죽어져서 백년해골이 되어 입에 왕대 가는 대가 무성하고 코에는 풀 덩굴 가시덩굴 무성하고 눈에는 거친 솔이 얽혔으니 내일 아침에 이리저리 젖혀두고 청주 소주로 씻은 다음 물명주 보자기에 싸서 너희 집에 들어가서 선반 위에 모시고 초하루 보름 삭망 기제사를 잘 차려주면 내가 너를 자손 창성, 오곡 풍성, 부귀영화 시켜주마."

"그건 그리하십시오."

사만이는 거기서 밤을 새고 먼동이 트자 앞동산 구렁에 가서 덤불을 걷어내고 백년해골을 들어서 청주 소주로 씻은 다음 물명주 보자기에 싸서 집으로 돌아왔다. 해골을 가지고 집에 들어가면 각시가 사냥한 고기인 줄 알까 봐서 백년해골을 울 밖에 걸어두고 총만 메고서 안으로 들어갔다.

"낭군님아, 큰 사슴 작은 사슴 어디 있습니까. 큰 돼지 작은 돼지 어디 있습니까?"

"부인님아, 어젯날은 멸망일이라서 재수가 없어 날짐승 하나 구경 못 했지만 내일 나가면 큰 사슴 작은 사슴 큰 돼지 작은 돼지 잡아 오겠습니다."

사만이 각시가 앉았다 섰다 하면서 밤을 새울 적에 울 밖 백년해골이 쨍쨍쨍쨍 구르면서 소리를 쳤다.

"주년국 소사만아. 나를 있던 곳으로 데려다 다오. 내가 언제 울 밖에서 찬이슬 맞게 하랬더냐."

사만이 각시가 사만이를 깨워서 그 말을 전하자 사만이가 그제야 어제 있었던 일을 얘기했다. 그러자 사만이 각시가 놀라면서,

"그리했다면 귀신 대접해서 그른 일이 있습디까?"

옷을 챙겨서 입고 밖으로 나가더니만 백년해골한테 넙죽 절을 했다.

"우리와 인연이 있는 조상님이면 치마 안으로 들어오십시오. 인연이 없는 조상님이면 먼 데로 가십시오."

백년해골이 치마 안으로 들어오자 사만이 각시가 해골을 안고 집 안에 들어가서 문전에 인사하고 조왕에 인사하고 안방에 들어가 유자나무 선반 위에 고이 모셔놓았다. 차릴 것이 없어서 찬물 한 보시기 떠놓고 향촉을 피워두었다.

이튿날 사만이가 사냥을 나가니까 큰 사슴 작은 사슴 큰 돼지 작은 돼지 봄 두더지 가을 두더지가 수없이 나와서 총을 한 번 쏘자 서른 마리가 쓰러지고 총을 두 번 쏘자 오천 마리가 죽어갔다. 그 짐승들을 장자 집에 싣고 가자 쌀도 주고 장도 주고 돈과 옷도 주고 논밭도 주었다. 사만이가 삽시간에 큰 부자가 되어가니 자손 창성, 오곡 번성에 부귀영화로 고대광실高臺廣室 높은 집에 천하 거부가 되었다.

그렇게 부자가 되어 잘 살 적에 하루는 백년해골이 땡땡 땡그르릉 굴러오면서 말을 했다.

"사만아. 네가 없으면 내가 못 살고 내가 없으면 네가 못 살리라. 오늘 하루는 어찌 된 게 점심참도 늦어지는구나. 나 있었던 곳으로 데려다 다오."

사만이 각시가 불을 때다가 부지깽이를 들고서 안방 문지방을 탁탁 두드리면서,

"조상님아, 흉한 일 들이지 마십시오."

"어리석은 소리 말어라. 너희 남편이 모렛날 죽어서 떠나리라. 삼차사가 내렸다."

사만이 각시가 화가 나서 부지깽이로 해골의 입을 막고 윗녘 보리밭에 던져버리자 백년해골이 보리밭 가운데서 눈이 붓게 울었다. 그날 사만이가 사냥을 나갔다가 날짐승 하나 구경 못하고 돌아오다 보니 윗녘 보리밭에서 백년해골이 눈이 붓게 울고 있었다.

"조상님아, 이게 어찌 된 일입니까. 어서 집으로 가십시오."

사만이가 백년해골을 업고 집으로 가서 각시를 꾸짖자 각시가 말했다.

"낭군님아, 그게 아니고 저 조상이 흉한 일을 들었습니다."

백년해골이 화를 내면서,

"어리석은 소리 말아라. 흉한 일 들인 게 아니다. 네 남편이 내일모레에 죽어서 떠나리라. 삼차사가 내렸다."

그러자 사만이 각시가 나서서 거듭 절을 하며 빌었다.

"아이고 조상님아, 살려줍소. 그러한 줄을 몰랐습니다. 우리 낭군님을 이번만 꼭 살려줍소. 죽으라고 하든 살라고 하든 말씀을 듣겠습니다. 마른 섶을 지고서 불에 들라 하면 그리하겠습니다. 돌을 지고서 물

에 들라 하면 그리하겠습니다."

그러자 백년해골이 말했다.

"너희 집에 좁쌀 천 섬 있고 백미 천 섬 있으리라. 갖은 제수祭需 갖춰 있고 복실 명命다리* 있으리라. 어서 차려라. 어서 차려서 영검한 산으로 가 차사님한테 인정 걸고 제를 지내라. 더운 밥 단 밥 정성껏 지어 인정 걸고 차릴 것 빠짐없이 차려놓고서 백 걸음 밖에 엎드려 있어라. 한 번 두 번 불러 대답 말고 세 번 부르면 대답해라."

사만이가 백년해골이 말하는 대로 차려서 영검한 산으로 가 한 상 가 득 정성껏 벌여놓고 향불을 피워놓고 백 걸음 밖에 엎드려 있자니 삼차 사가 내려왔다. 앞에 오는 차사는 명차지 차사, 다음에 오는 차사는 복 차지 차사, 뒤에 오는 차사는 녹명차지 차사였다. 삼차사가 나오면서 차 례로 하는 말이,

"나는 명차지련만 종아리 아파 못 가겠다. 말 한 필만 주면 없는 명도 만들어줄 듯하다."

"형님, 그게 무슨 말씀입니까. 누가 들으면 어떡하라고 그런 말을 합 니까. 밤소리는 쥐가 듣고 낮 소리는 새가 듣는 법입니다. 그러나저러나 누가 이럴 때 신발이나 한 벌 주면 없는 복도 만들어줄 듯합니다."

"형님네들, 이게 무슨 말씀입니까. 밤소리는 쥐가 듣고 낮 소리는 새 가 듣는 법입니다. 그건 그렇지만 난 시장해서 갈 수가 없으니 누가 밥 이나 한 상 주면 없는 녹명祿命도 만들어줄 듯합니다."

----

* 신을 모시는 상 앞 천장 가까이에 원(願)을 드리는 사람의 생년월일을 써서 매단 모시나 무명.

삼차사가 그 말 저 말 하면서 이 고개 넘고 저 고개 넘으며 오다 보니 향내가 풍겨왔다.

"히야, 향내가 납니다."

"그래?"

"아이구. 이리 와 봅소. 높고 낮은 상에 귀한 음식이 가지가지 벌여 있습니다!"

"우리가 시장한 판에 이런 음식을 보고 그냥 넘어갈 수 있습니까? 한 술씩 뜨고 갑시다."

삼차사가 밥을 한 술씩 떠먹으면서,

"우리가 이렇게 임자 모르는 음식을 먹어서 어떡할꼬?"

"그러게 말입니다."

맨 마지막 차사가 말했다.

"형님네, 들어봅소. 소문을 듣자니 사만이네 집에서 서울 백정승 아들 백년해골 귀신을 모시고 산다 합디다. 큰형님이 주년국 소사만이를 불러봅소."

"주년국 소사만아!"

"주년국 소사만아!"

두 번 불러 대답이 없자 마지막 차사가 나서면서 말했다,

"형님아, 한 번만 더 불러봅소. 이번에 불러도 대답 안 하면 누가 차린 음식인 줄 모르는 겁니다."

"주년국 소사만아!"

세 번째 부르니까

"예."

대답을 했다.

"사만아, 사만아. 더운 밥 단 밥 누가 올렸느냐? 바닷고기 제수는 누가 올렸느냐? 청감주 세 그릇 누가 올렸느냐? 청주 소주 세 잔 누가 올렸느냐? 관복 세 벌, 각띠 세 개, 당혜 세 켤레 누가 올렸느냐? 백마 세 필 누가 올렸느냐? 물명주 삼베 누가 올렸느냐? 명다리 복다리 누가 올렸느냐? 지화紙貨 삼천 권, 은화 삼천 권, 은전 삼천 권 누가 올렸느냐?"

"예. 삼시왕 삼차사 삼관장님이 저를 잡으러 올 적에 길인들 아니 힘 겹습니까? 시장기인들 아니 나며 가슴이 쓰리지 않겠습니까. 제가 이렇게 인정을 걸었습니다. 만족히 받으시고 풍족히 받으옵소서."

차려놓은 갖은 물건을 삼차사가 다 분배해서 나눠 가지자 사만이가 엎드려서 말했다.

"삼차사 관장님아, 저는 삼대독신입니다. 집에는 어린 처자식이 있습니다. 집으로 가서 하직하여 가면 어떻겠습니까?"

한 번 사정하고 두 번 사정하고 세 번째 다시 사정하자 막내 사자使者가 말했다.

"형님네들, 우리가 남의 인정을 이렇게 많이 받았는데 그 인정을 몰라서야 됩니까. 사만이 집으로 가서 하직하는 게 옳아 보입니다."

"백마 세 필 들여라."

삼차사가 말을 하나씩 탄 뒤에 사만이가 맨 앞 차사가 탄 말고삐를 잡고서 삼차사를 모셔서 집으로 갈 적에 백년해골이 사만이 각시한테 말했다.

"사만이 각시야. 삼차사가 가까이 당했다. 안으로 열시왕 바깥으로 삼시왕 이구십팔 열여덟 곳 제물을 차려라. 큰 기, 작은 기 깃발을 나부껴라. 소리 좋은 악공을 거느려라."

사만이 각시가 시키는 대로 하고서 무당 불러 굿을 할 적에 삼차사가 이르렀다. 삼차사가 집 안에 들자 무당들이 나서서 인정을 걸고 세 잔 술을 바쳤다. 또 사만이 각시가 제육 안주 갖추어서 소주를 거듭 부어 드렸다. 삼차사가 술에 담뿍 취했을 적에 각시가 엎드리면서,

"삼차사 관장님아, 소녀의 낭군님은 삼대독신 됩니다. 소녀의 낭군 대신 제가 가겠습니다. 낭군이 가고 보면 집이 텅 비게 됩니다."

굽혔다가 일어났다가 하는데 염주 같은 눈물이 비처럼 다륵다륵 떨어졌다. 사만이가 엎드려서,

"차사님아, 차사님아. 저는 삼대독신입니다. 저는 제 명에 가겠습니다. 저의 아내를 데리고 가면 어린 자식 누가 보살펴 키울 수가 없습니다."

염주 같은 눈물이 비처럼 다륵다륵 떨어지는데, 삼차사가 술김에 바라보니 하도 불쌍해 보였다.

"형님네들, 우리가 이런 인정 많이 받았으니 주년국 소사만이가 명이 서른셋이고 오만골 오사만이도 서른셋이니 오만골 오사만이를 대신 잡아가고 주년국 소사만이는 놔둡시다."

술김에 말하고 보니 그도 그럴듯해 보여서,

"그걸랑 그리하자. 사만이 각시한테 인정이나 많이 받아라."

그러자 사만이 각시가 나서서 차사들한테 청감주 같은 소주 대령하

고, 은 만 냥, 금 만 냥, 지전 삼천 권 가져오고, 말 양식 노잣돈 두루 차려서 주었다.

삼차사가 주년국 소사만이 버려두고 오만골 오사만이를 데려서 저승 염라왕한테 들어가니까 문서 잡은 재판관이 삼차사한테 방아칼을 씌워서 감옥에 내려앉히며 호통을 쳤다.

"주년국 소사만이를 잡아 오랬더니 오만골 오사만일 잡아 왔구나. 주년국 소사만이는 명이 서른셋이고 오만골 오사만인 명이 사만오천육백 해를 지녔는데 잘못 잡아 왔으니 너희들의 죄다."

삼차사를 방아칼 씌워서 옥에 앉히고 모렛날 사오시에 죽이고자 했다.

저녁에 문서 잡은 재판관의 심부름꾼 기둥통인과 몸통인이 주먹밥을 가져와서 삼차사한테 주면서 보니까 방아칼 쓰고 오득오득 앉은 것이 하도 불쌍했다.

"기둥통인 몸통인아, 우리 삼차사 살려다오. 주년국 소사만이한테 인정 많이 받은 걸 반을 갈라 주마."

"어떡하면 우리가 삼차사를 살릴 수 있습니까?"

"저녁에 문서 가진 재판관이 잠을 자러 가라고 할 적에 너희들이 옛날얘기나 한마디 들려주겠다고 해라. 둘이 양 옆에 앉아서 번갈아가며 들음직한 얘기를 말해가다 보면 밤이 깊어갈 적에 재판관이 꾸벅꾸벅 졸 게다. 그때 인물도성책人物都姓冊을 뒤로 빼내어서 주년국 소사만이 서른셋 명을 사만오천육백 해로 바꾸고 오만골 오사만이 명을 서른셋으로 바꾸어라."

기둥통인 몸통인은 삼차사가 이른 대로 문서 가진 재판관한테 수작을 해서 인물도성책을 빼내어 소사만이 오사만이 명을 슬쩍 변경시켜 놓았다. 모렛날 사오시가 되자 재판관이 삼차사를 잡아내어 죽이기로 들 적에 기둥통인 몸통인이 옆에 서 있다가 말했다.

"인물도성책을 한번 살펴보는 것이 어떠합니까? 혹시라도 죄 없는 몸 죽어지면 어떡합니까?"

삼세번 거듭 말을 하니까 재판관이 말했다.

"그러거든 아기업개 말도 귀담아 들으라 했으니 책을 한번 살펴보자."

책을 열어 살펴보니 소사만이가 명을 사만오천육백 해를 지녀 있고 오사만이가 서른셋 명을 지녀 있었다.

"아뿔싸! 기둥통인 몸통인 말 아니 들었으면 죄 없이 삼차사를 죽일 뻔했구나."

재판관이 나서서 삼차사 벌을 풀어주니, 주년국 소사만이는 인정을 잘 걸어서 사만오천육백 년을 살고 오만골 오사만이는 인정을 안 걸어서 본명에 가지 못하고 서른셋에 세상을 떠나고 말았다. 그 법으로 우리 인간 백성들이 인정을 잘 걸면 천명을 보전할 수 있게 되었다.

이는 제주도의 본풀이 신화 〈맹감본〉의 사연을 정리한 것이다(남제주 남원면 한태주 구연본. 진성기, 《제주도무가본풀이사전》, 민속원, 1991 수록). 원문은 내용이 더 길고 자세한데 조금 간추려서 실었다. 〈맹감본〉은 명과 복을 비는 본풀이로서, 주인공 이름을 따서 '사만이본풀이'라 부르기도 한다.

　이와 비슷한 신화들은 제주도 외에 내륙에서도 널리 전해왔다. 충청도
와 전라도 쪽의 대표적인 민간 신화 가운데 하나인 〈장자풀이〉는 〈맹감
본〉과 비슷하게 죽음을 앞둔 사람이 저승사자를 잘 맞아서 화를 면했다
는 내용을 담고 있다. 다만 구체적인 이야기 내용에는 차이가 있어 〈맹감
본〉과 동일 유형으로 볼 수 있을지는 의문이다. 이에 비해 멀리 함경도에
서 전해져온 〈황천혼시〉(또는 '혼쉬굿')는 〈맹감본〉과 내용이 무척 흡사해
서 눈길을 끈다. 가난하게 살던 삼형제가 나무를 하다가 발견한 해골을
잘 묻어준 뒤 복을 받아 부자가 되었다가 뒷날 해골의 가르침으로 저승
사자에게 인정을 베풀어 수명을 늘려 장수한 뒤 혼시성인이 되었다고 한
다. 서사 내용이 전반적으로 〈맹감본〉과 겹치고 있어 같은 유형으로 볼
수 있다. 여기서 〈황천혼시〉 대신 〈맹감본〉을 정리 대상으로 삼은 것은
저승사자에게 인정을 거는 내용과 수명을 변경하는 내용이 〈맹감본〉에
더 생동감 있게 표현되어 있어서다.

　이 이야기의 주인공 사만이는 흥부를 연상시키는 면이 있다. 무언가
대책이 없는 사람이라는 느낌을 준다. 결혼을 하고 자식을 낳았는데도
먹고살 방도를 찾지 못해 눈물만 짜는 모습은 답답해 보이기도 한다. 그
대책은 결국 아내에게서 나왔으니, 장자한테 가서 장사 밑천을 빌려 온
것과 머리카락을 잘라서 먹고살 방도를 모색한 것이 다 아내가 한 일이
었다. 그런데 사만이는 그 귀한 돈을 길거리에서 만난 아이들과 노인들
한테 허무하게 써버리거나 총 한 자루와 바꿔버리고 만다. 아내로서는
낙심할 만도 했지만, 사만이 아내는 그래도 남편을 믿고 뒷받침을 해준

다. 이 또한 흥부의 아내를 연상시키는 모습이 된다.

백년해골과의 만남은 사만이의 인생을 완전히 바꿔놓은 사건이었다. 그 해골은 산중에서 죽은 낯모르는 사람의 유해였거니와, 사람한테 말을 건다는 데서 그것이 일종의 '귀신'임을 알 수 있다. 사만이는 객사해서 떠돌고 있는 귀신을 깊은 산중에서 한밤중에 홀로 만난 것이었다. 무서워서 도망칠 수도 있고 헛것이라고 무시해도 될 일이었겠으나, 사만이는 해골이 전한 말을 흘려버리지 않고서 참혹한 모습으로 뒹구는 해골을 찾아 수습하여 집으로 데려온다. 그 아내 또한 해골을 고이 받아들여서 집안의 조상으로 모시고 정성을 바친다. 비록 제 조상이 아니라 하더라도 불행한 처지에 있는 혼령을 위해주어야 한다는 마음이며, 사정이야 어떻든 자기하고 인연이 닿은 귀신이니 정성껏 돌보아야 한다는 태도다. 비록 가진 것이 없어 가난했으나 이렇게 떠도는 귀신마저 품을 수 있는 마음을 지니고 있었던 그들은 마음의 부자였다고 할 수 있다. 이야기는 백년해골이 그들에게 부를 가져다주었다고 말하고 있지만, 어찌 보면 그들의 부는 스스로 만들어낸 복이라 할 수 있을 것이다.

돌아보면 인연에 정성을 다하는 사만이의 태도는 백년해골로 표상되는 귀신에 대한 것만이 아니었다. 아내가 애써 빌려 온 귀한 돈을 길거리의 불쌍한 아이들과 노인들을 위해 기꺼이 쓴 사람이 바로 사만이였다. 그는 귀신이건 사람이건 세상 어떤 존재라도 따뜻이 맞아들이고 정성껏 돌보는 사람이었다. 이런 모습을 알기에 백년해골이 그의 앞에 나타난 것이라고 말할 수 있을 것이다. 조금 무리해서 거슬러 올라가 보면, 사만이가 길거리에서 우연히 만난 여자 거지를 동행으로 삼아 함께 살게 된 것도, 그리고 그와 부부의 연을 이루어 평생을 함께하게 된 것도 스치는 인연을 소중하게 여겨 동반자로 삼는 삶의 태도를 반영한 것이라고 말할 수 있겠다.

사만이 부부가 저승사자들을 맞이한 방식 또한 이러한 삶의 태도의 연장선상에서 이해할 수 있다. 부부가 저승에서 온 삼차사에게 갖가지 '인정'을 건 일은 어찌 보면 교묘하게 뇌물을 써서 이득을 취한 행위처럼 보이기도 한다. 하지만 앞뒤의 서사적 맥락에서 보면 이는 어떤 일에든 정성을 다하는 평상시의 삶의 태도가 우러난 것으로서, 가식이 아닌 진심이었다고 할 수 있다. 부부가 서로 나서면서 자기를 잡아가라고 말하는 데서 그러한 진정성을 확인할 수 있다. 저승 삼차사가 사만이를 살려준 것은 뇌물을 받은 데 대한 어쩔 수 없는 보답이었다기보다 그러한 진정성을 외면할 수 없었던 것이라 보는 편이 더 합당하다. 말 그대로 '인정(人情)'에 넘어갔다는 이야기다.

잠깐 저승사자 이야기를 해보자면, 염라대왕 명을 받고 사람의 영혼을 거두러 오는 이 어둠의 사자는 셋이 함께 다니는 것이 보통이다. '삼차사'라는 말이 보편화되었을 정도다. 이 이야기에서는 삼차사를 명차지 차사와 복차지 차사, 녹명차지 차사라고 말하고 있는데, 다른 자료에서는 천황차사와 지황차사, 인황차사라고도 하고, 저승차사 이승차사 부왕차사라고도 하며, 일직사자와 월직사자, 이원사자(또는 강림차사)라고도 한다. 세 사자에게는 각기 해원맥과 이덕춘, 강림도령이라는 이름이 붙기도 한다. 왜 이렇게 셋이 짝을 지어 다니는지는 분명치 않으나, 영혼을 거두는 일을 빈틈없이 하기 위한 구성일 것으로 생각된다. 하지만 이 넓은 세상에서 영혼을 거두는 일은 그리 쉬운 일이 아니었던 것 같다. 다리도 아프고 발도 부르트고 배도 고프고 해서 투덜거리는 모습을 보면 말이다. 하기야 오죽이나 먼 길이며, 데려가야 할 혼령들은 또 얼마나 많았을까.

어떻든 무섭고 두렵기로 둘째가라면 서러울 저승사자들이 이렇게 툴툴거리는 모습을 슬쩍 훔쳐보는 것은 긴장되면서도 흥미진진한 일이다. 그들이 욕망을 못 이겨서 음식을 받아먹고 선물을 받아드는 장면에서는 은근한 쾌감도 느끼게 된다. 그것은 무엇보다도 신령에 대한 무서움을 덜어주면서 친근감을 느끼게 하는 효과가 있다. 저승사자가 이처럼 남모르는 지점에 허술한 구석을 갖고 있다는 것은 그들한테 붙잡혀 먼 길을 떠나야 하는 사람이나 지인을 떠나보내야 할 처지에 있는 사람에게 적잖이 위안을 주는 요소라고 할 수 있다.

이야기에서 사만이는 저승사자의 빈틈을 파고들어 인정으로써 그들의 마음을 움직이는 데 성공한다. 하지만 그들에게서 벗어나는 것은 쉬운 일이 아니었다. 사만이가 산중에서 얻은 허락이란 자기 집으로 가서 처자식과 이별하도록 해주는 정도의 것이었다. 저승사자들이 사만이 대신 다른 사람을 데려가기로 결정한 것은 사만이 집에서 착실하게 차린 굿에 갖은 술과 음식을 포식하고 정성스런 축원을 받고 난 뒤였다. 이야기는 삼차사가 술에 취해 정신이 없었다고 말하고 있거니와, 저승으로 데려갈 사람을 바꾸는 것은 본정신으로는 감히 할 수 없는 일이었다. 그것은 이어지는 이야기에서 보듯 삼차사 자신의 신상이 걸린 중대한 일이었다. 아니, 그건 단지 그들의 일이 아니라 이 세상의 법도가 걸린 일이었다. 한낱 인정에 의해 세상의 법도가 뒤집힌다면 그건 우주적 질서가 파괴되는 일이라고 말할 수 있을 것이다.

하지만 그 일은 일어나고 말았다. 인정을 무시하지 못한 삼차사는 엉뚱한 다른 사람을 잡아가는 일을 저질렀다. 그리고 그 일은 저승에서 다소의 소란 끝에 봉합이 되었다. '인물도성책'이라는 저승 인명부에서 수명을 슬쩍 바꿈으로써 죽을 사람이 바뀐 일은 '없던 일'이 되고 말았다. 어찌 보면 저승 관리들의 월권이고 편법이며 범죄라 할지 모르지만, 이치를 따져보면 그리 볼 일만은 아니다. 경위야 어떻든 저승 명부가 바뀜으로써 소사만이 대신 오사만이가 저승으로 잡혀간 것은 '원래 그러해야 할 일'이 되었다. 다시 말해, 그것이 '법도에 맞는 일'이 된 상황이다. 그렇다. 그건 법도에 맞는 일이다. 저렇게 인연을 소중히 여기고 인정을 베푸는 사람이 복을 받아서 오래 살고 그렇지 않은 사람이 벌을 받는 것은 이치에 꼭 맞는 일이 아닌가 말이다. 요컨대 그것은 우리 세상살이의 이치가 저세상으로까지 통하여 새로운 법도, 새로운 질서를 이룬 일에 해당한다. 그렇게 '운명'이 바뀐 일에 해당한다.

죽음을 면한 소사만이가 어떻게 되는가 하면, 죄인이 되어 숨어 살지 않는다. 보란 듯 당당하게 세상을 주인공으로 누비며 산다. 그것도 자그마치 사만오천육백 년을! 운명을 바꾸는 자, 이렇게 운명으로부터 자유로워지는 것이니, 그것이 이 신화가 전하는 운명관이다. '인정(人情)'이 만들어내는, 인연과 정성이 만들어내는 새로운 운명. 그것이야말로 이 세상과 저세상을 관통하는 우주의 참질서라 할 수 있다. "그 법으로 우리 인간 백성들이 인정을 잘 걸면 천명을 보전할 수 있게 되었다"는 말은 그러한 질서 체계에 대한 신화적 선언이라 할 수 있을 것이다.

우리의 민간신앙에서는 인정을 바치는 일을 매우 중시한다. 그런데 그 인정은 단지 '마음'을 주는 것으로는 되지 않는다. 행동으로 나타내는 것이 필수적이다. 얼마가 되었든 물건이나 돈을 바치고서 두 손을 모아 싹싹 빌면서 원하는 바를 말해야 한다. 그래야 뜻이 통해서 복을 받게 된다. 살펴보면 사만이 부부는 늘 행동으로써 인정을 걸었던 사람이었다. 백년해골을 거두어서 집 안에 모신 것도 그렇고, 음식상과 갖은 물건을 준비해 저승사자가 오는 길목에 준비해둔 것도 그러하며, 집에서 굿을 벌여서 갖은 술과 음식, 돈과 물건 등을 신에게 바친 것도 그러하다. 그에 앞서 사만이가 길거리에서 만난 불쌍한 아이들과 노인들에게 밥을 사주고 옷과 신을 사준 것도 꼭 그러하다. 이렇게 몸을 움직여 행동으로 표현하면 인정이 통하여 사람살이가 바뀐다는 것이 민중들이 삶 속에서 길어낸 철학이었다. 가식보다 실질을 중시하는 사고다.

우리나라에는 오래전부터 초상에 임하여 저승사자를 위한 상을 차리는 풍속이 이어져왔다. 일컬어 '사자상', 또는 '사자밥'이다. 정성껏 마련한 밥 세 그릇과 술 석 잔, 백지 한 권, 명태 세 마리, 짚신 세 켤레, 엽전 세 닢 등을 상에 얹어 뜰아래나 대문 밖에 마련해두었다. 혹시라도 저승사자들이 마음을 돌려 목숨을 살려주거나, 그렇지 않더라도 죽은 이를 편안하게 데려가주기를 기원하는 행위였다. 떠나는 이에 대한 마음을 그렇게라도 표현함으로써 아쉬움과 서글픔을 달래고자 했던 바, 그러한 마음의 표시를 미신이라고 폄하할 일이 아니다. 더군다나 그 음식이나 돈은 그냥 버리는 것이 아니다. 누군가 산 사람이 먹고 쓰게 되어 있다. 그것은 인간과 신이, 죽은 자와 산 자가, 그리고 산 자와 산 자가 함께 어울려 살아가는 방식이었다.

몰인정했던 사마장자는 어떻게 죽음을 면했나

옛날에 사마장자 우마장자 제석장자 세 장자가 살 적에 어떤 장자는 잘 살고 어떤 장자는 못 살았나. 우마 들어 우마장자는 가난하기 짝이 없어 아침 벌어서 아침 먹고 저녁 벌어서 저녁 먹으며 아침나절에 동냥해다가 신명님과 조상님 대접을 했다. 동기간 우애하고 친척 간 화목하고 동네방네 덕을 베풀어 만인의 일컬음을 받았다. 이와 달리 사마 들어 사마장자는 맘씨가 궂어 부모님께 불효하고 동기간에 불화하고 동네방네 인심을 잃었다.

사마장자가 인색해서 조상을 안 모시니까 선영先塋 조상들이 배가 고프고 목이 말라 저승 시왕한테 고발을 하러 갔다.

"등장 왔습니다. 사마장자가 부자가 되었는데 선영에 정성이 없어 배가 고프고 목이 말라 등장 왔습니다."

그러자 저승 시왕이 사마장자 집으로 중을 내보내며 말했다.

"앉아서 듣는 말과 서서 보는 것이 다르니 가서 사마장자 행실을 보고 오라."

도사 중이 내려서 장삼 입고 고깔 쓰고 염주를 목에 걸고 목탁을 두드리며 사마장자 집에 가서 시주를 청하자 사마장자가 썩 나서면서,

154 ·

"어떤 놈이냐? 내 문전에서 단돈 서 푼 시주하란 놈이 없었는데 정월 초사흗날 시주하라는 놈이 어떤 놈이냐?"

"중이 왔습니다. 절이 무너져서 절을 중창하러 시주 왔습니다."

사마장자가 하인을 부르면서,

"여봐라. 저 중 잡아내서 이짝 저짝 뺨을 쳐라. 거름도 아깝다마는 두 엄이나 한 삽 떠서 바리때에 담아줘라."

도사 중이 두엄 받아 떠나갈 때 사마장자 며느리가 곳간으로 우루루 루 들어가서 명주 한 필과 쌀 서 말 서 되를 갖고 나오면서,

"저기 가는 대사님, 우리 시아버지가 본래 그런 분이 아니십니다. 이 걸 가지고 가서 서 말을 부처님께 공양하고 서 되는 초 사고 종이 사서 우리 집 운수 축원해주고 명주 한 필은 장삼 지어 입으십시오."

"허허, 이 집에 사람이 없는 줄 알았더니 사람이 있구나."

중이 저승으로 가서 시왕한테 고하기를,

"사마장자 행실이 앉아서 듣는 말과 서서 보는 것이 똑같습니다."

"그러면 정월 대보름날 꿈에 현몽이나 시켜주어라."

사마장자가 정월 열나흘 날 저녁에 꿈을 꾸는데, 뒷동산에 행자목이 세 도막으로 갈라져 뚱땅뚱땅 부러져서 사마장자 방문 앞에 놓였다. 사 마장자가 번쩍 깨었다가 또 한 꿈을 꾸니 천하궁 까마귀는 지하궁으로 울고 가고 지하궁 까마귀는 천하궁으로 울고 갔다.

사마장자가 꿈 이야기를 하니까 아들애기 하는 말이,

"아버지 벼슬하실 꿈이오."

막내딸애기 하는 말이,

"아버지 진사 급제 하실 꿈이오."

마누라가 하는 말이,

"이바지 얻어 계실 꿈이오."

그때에 며늘애기 우루루 달려들어서,

"아버님 꿈 해석을 제가 하리다. 아버님이 젊어서 못한 벼슬 이제사 하고 과거 급제를 지금 와서 하리까. 우리가 인심이 후하지 못했는데 무슨 이바지를 얻으리까. 뒷동산 행자목이 세 동강 난 것은 한 도막은 제 삿상을 짜라는 뜻이고, 한 도막은 관을 짜라는 뜻이며, 또 한 도막은 상여 짜라는 뜻입니다. 아버님이 걸인한테 밥 한 덩이 주는 일 없었으니 그 재물 두었다가 뉘게다 전하려 하십니까. 절반은 귀신한테 주고 절반은 자손한테 주어도 먹고 남고 쓰고 남을 테니 지은 죄를 푸십시오."

사마장자가 이 말 듣고 화를 내어,

"어허 그년 괘씸하다. 남의 자식이라 꿈 해석도 흉측하게 한다. 이년 쫓아내라."

며느리가 친정으로 쫓겨나서 시집을 나오다가 생각하되 사흘만 숨어서 돌아가는 일을 보겠다고 구석방에 숨어들었다. 아니나 다를까 사흘이 못 다 가서 사마장자가 병이 나는데, 온몸 육천 마디가 쑤시고 정신이 아득하고 뱃속이 쓰리고 다리가 저리고 머리가 아렸다.

"허허 이게 웬일이냐. 내가 죽게 되다니 웬 말이냐. 며늘애기 데려와라."

그때 구석방에서 며느리가 나오면서,

"저 건너 소강절한테 찾아가 점이나 쳐보십시오."

사마장자가 쌀 서 되를 퍼서 소강절을 찾아가니 전에 없던 일이었다. 소강절이 산통 가지를 세 번 던져보고서 하는 말이,

"여보시오 장자님, 큰일 났소. 장자님 성주*가 동하고 터주**가 동하고 선영이 발동하였소. 먹던 수저가 부러져 보이고 쓰던 갓이 벗겨져 보이고 입던 옷이 불에 타 보입니다. 어서 바삐 돌아가서 앞노적 헐어서 동네 사람한테 기민賑民 주고 뒷노적 헐어서 술과 밥을 많이 짓고 소 잡고 돼지 잡아 사흘 밤낮 굿을 하되, 이게 뉘 음식이냐 하면 동네 모듬 음식이라 하고는 먹고 난 뒤에 빌어보시오. 그리하면 살 도리가 있으리라."

사마장자가 그 말 듣고 바삐 집에 와서 앞노적 헐어서 나눠주려 했더니 동네 사람 아니 오고서,

"장자네 집에서 기민 갖다 먹으면 삼대를 빌어먹는단다. 가지러 가지 마라."

이렇게 공론을 했다. 그때 며느리가 노적 위에 올라가서 말을 하되,

"여보십시오, 동네 어른들. 제가 그간 나쁘게 한 일 없었지요? 제가 선하게 풀어주니 선하게 받아 가십시오."

그제야 동네 사람들이 기민을 받아 갔다.

사마장자 집에서는 뒷노적 헐어서 술과 떡을 많이 빚고 소와 돼지를 통째로 잡은 뒤 돈 삼백 냥 가지고서 물 좋고 산 좋고 정자 좋은 곳에 가서 젓대소리 피리소리 징소리 장구소리에 밤낮으로 사흘 굿을 시작했다.

그때 저승에서 사자 셋이 나올 적에 저승사자 해원맥이와 이승사자

---

* 집 건물의 수호신. ** 집터를 지키는 신.

이덕춘이와 부왕사자 강림도령이 쇠방망이와 쇠줄을 들고서 나왔다.
전동같이 내려오더니만,

"어허, 이 길목을 갈 적에는 배가 고파 못 갈러라."

"이럴 적에 밥 한 그릇 물 한 그릇만 놓아주면 사마장자 죄목을 면해
주련마는."

또 한 사자 하는 말이,

"이놈아. 밤말은 쥐가 듣고 낮말은 새가 듣는단다. 어서 바삐 쫓아가
자."

어서 바삐 쫓아갈 적에 어디선가 굿 소리가 나더니 난데없는 음식의
기름내 장내 고소한 내가 진동했다. 사자 셋이 배가 고프고 목이 말라서
이제 누구 음식이냐고 물으니까 사마장자가 일어나면서,

"이게 동네 모듬 음식이오."

사자가 이 말을 듣고서 만반진수 차린 음식을 실컷 먹고 나자 사마장
자가 다시 나와서,

"비나이다 비나이다. 이 음식은 사마장자 음식이오."

사자 셋이 이 말을 듣고서,

"이게 웬일이냐. 우리가 동네 모듬 음식이라 해서 먹었지 사마장자
음식인 줄 알았으면 먹지 않았을 것을, 이미 먹어놨으니 이를 어찌한단
말이냐? 그러면 이 동네에 한날한시에 난 사람이 있느냐?"

"예, 우마장자라는 사람이 있습니다."

그러자 사자 셋이 우마장자를 잡으러 건너갔다. 사자들이 우마장자
네 문 앞에 이르러서,

"우마장자야!"

한 번을 부르자 지신이 나서서 막고, 두 번을 부르자 성주신이 나서서 막았다. 세 번을 부르자 문간 대장이 호령하고 삽살개가 짖었다. 사자 셋이 할 수 없이 다시 사마장자 집으로 오니까 사마장자 며느리가 지켜 있다가,

"여봅소. 우마장자 집에 가니 어떻습디까?"

"아이고, 말도 마오. 문간에서 장군이 호령하고 삽살개가 짖고 성주 신 지신이 호령을 추상같이 하고 막아서 들어가지 못하고 도로 나왔 소."

"그럴 것입니다. 우마장자는 인심이 거룩해서 조상님이 받들고 지신 이 받들고 성주가 받드니 어찌 들어가겠습니까. 그러지 말고 우리 집에 서 대신 하나를 세워 잡아가는 것이 어떻겠습니까?"

"대신도 좋소."

"우리 시아버지 타고 다니시던 백마를 잡아가십시오. 저승에 가서 사 마장자가 죄를 어찌 많이 지었던지 산 채로 말이 되었다고 하고 끌고 오 느라 늦었다고 말하십시오. 말을 대신 끌고 가고 우리 아버지를 살려주 십시오."

"그 말도 적실하오."

며느리가 마구간으로 들어가더니,

"여봐라, 말아. 말 못하는 짐승이라도 내 말을 들어봐라. 우리 시아버 지가 살고 봐야지 돌아가시면 어쩔 거나. 아버지 타고 다니시는 말이니 네가 우리 아버지 대신 가거라."

며느리가 창고로 들어가서 시아버지 쓰던 갓 망건과 두루마기 바지를 가지고 나와 말에 입히자 사자들이 그 말을 끌고 저승으로 들어갔다. 저승에 문서 잡은 최판관이 왜 이리 늦었느냐 호령하니 사자 셋이 하는 말이,

"사마장자가 죄를 너무 많이 지어서 산 채로 말이 되어 있어 그 말을 끌고 오느라고 이렇게 늦었습니다."

저승의 시왕이 이 말을 듣더니만,

"그놈 목에는 큰 칼을 씌우고 손에는 고랑을 채우고 발에는 항쇄 족쇄를 신기고 머리에 투구 철갑을 씌우고 잡아 족쳐라."

저승사자들이 명을 받고 말을 잡아 족치니 말인들 가만있을 리가 없었다.

"사마장자 이놈아! 내가 무슨 죄로 이런 고초를 당하느냐. 나는 십 리만 가려도 너를 내 등에 태우고 오 리만 가려도 내 등에 태우고 네 발에 흙을 하나도 안 묻혀준 죄밖에 없는데, 너의 죄를 뒤집어쓰고 큰 칼에 쇠고랑 차고 투구 철갑 쓰고서 갖은 고초를 당하니 너는 어서 내 고를 끌러놔라."

말이 밤낮으로 슬피 우니 사마장자 꿈자리가 좋을 리 없었다. 사마장자가 소강절을 찾아가서는,

"여보시오 소강절, 꿈자리가 고약하니 곡절을 자세히 일러주오."

그러자 소강절이 산가지를 흩어보더니,

"죄 없는 산 말이 장자 대신 끌려가서 저승 고초를 당하고 보니 말 못하는 짐승인들 얼마나 뛰고 울고 주인을 원망하겠소. 세상사는 은인이

원수가 되고 원수가 은인이 되는 법입니다. 말 씻김을 닷새만 하여주면 말이 사람으로 환생할 터이니 어서 바삐 돌아가서 말 씻김을 하시오."

사마장자가 천방지축 돌아와서 말 씻기는 굿을 시작하였다. 앞노적 헐어내서 얼기설기 떡을 빚고 삼색 실과 주과포며 오색 탕수 어적 육적 홍떡 백떡 유과 강정을 좌우로 받쳐놓고 젓대소리 피리소리 삼현육각으로 굿을 하니, 첫날 굿에 말 머리에서 철갑이 벗겨지고 둘쨋날 굿에 말 목의 큰 칼이 벗겨지고 셋쨋날에 몸의 금사망이 벗겨지고 넷쨋날에 손의 쇠고랑 벗겨지고 다섯쨋날 씻김굿에 발의 항쇄 족쇄가 벗어졌다. 그렇게 말이 사람 되어 나가니 원수가 은인이 되었다.

1970년에 전북 부안군 줄포면에서 박소녀가 구연한 〈장자풀이〉의 사연이다(임석재, 《줄포무악》, 문화재관리국, 1970 수록). 앞서 언급했듯이 〈장자풀이〉는 〈맹감본〉(사만이본풀이)과 내용이 겹치는 부분이 있다. 죽음을 앞둔 사람이 저승사자를 잘 대접해서 수명을 연장했다고 하는 핵심 내용이 서로 통한다. 하지만 그 서사의 색깔이나 의미 구조에는 상당한 차이가 있다. 무엇보다 주인공의 성격이 전혀 다르다. 〈맹감본〉의 사만이가 선인이었던 것과 달리 〈장자풀이〉의 사마장자는 천하의 악인이었다. 사만이는 수명이 다 되어 저승사자가 내렸지만 사마장자의 경우 악행에 대한 징벌로 저승사자가 내렸다는 것도 중요한 차이에 해당한다. 주인공을 둘러싼 인물들도 꽤 달라서, 〈맹감본〉의 경우 사만이 부부와 백년해골이 주체가 되는 데 비해 〈장자풀이〉에서는 사마장자의 며느리가 중요한 역할을 하며, 사마장자의 이웃 우마장자에 대한 내용이 서사의 한 축을 이룬다. 사마장자 대신 잡혀가는 백마에 대한 이야기도 색다른 내용이 된다.

〈장자풀이〉가 문제 되는 지점은 악인인 사마장자가 운 좋게 죽음을 모면한다는 데 있다. 사만이의 수명 연장이 기껍게 받아들여지는 데 비하면 사마장자의 일은 아무리 봐도 불편한 면이 있다. 특히 그가 돈 많은 부자라서 후하게 인정을 걸고 죽음을 모면한 것이라 생각하면 수명마저 뇌물로 사는 상황으로 여겨져서 부조리 자체로 보인다. 저승사자들이 사마장자 대신에 선한 삶을 산 우마장자한테 들이닥치는 대목을 보자면 더욱 그러하다. 돈에 휘둘리며 갈팡질팡하는 저승사자들의 모습이라니! 이 이야기에서는 그나마 우마장자가 집안 신들의 도움으로 곤경에서 벗어났지만 자료에 따라서는 우마장자가 저승에까지 붙들려 갔다고 되어 있기도 하니 이건 그야말로 기가 막힐 일이다.[*]

아마 이 신화의 전승자들도 이와 같은 고민에 부딪혔던 것으로 생각된다. 〈장자풀이〉는 다른 본풀이 신화에 비해 서사 내용의 변이가 큰 편이거니와, 특히 기본 서사에 해당하는 부분에서 질적인 차이가 나타난다. 사마장자의 귀추가 그것으로, 그가 수명 연장에 성공해서 오래 잘 살았다고 하는 내용 외에 저승으로 잡혀간 백마 대신에 그가 말이 되었다고 하는 자료가 있으며, 뒷날 죽어서 저승에 갔다가 저승에 문서가 없어서 객귀로 떠돌게 됐다고 하는 이야기도 있다. 사마장자 같은 악인이 수명과 천복을 누리는 것은 세상의 정의에 맞지 않다고 하는 관념이 이

---

[*] 이 경우 붙잡혀 간 우마장자가 그대로 저승에 던져지지는 않는다. 조상의 원정과 염라왕의 배려 등으로 환생한다고 하는 것이 보통이다.

러한 변이를 낳은 것이라고 볼 수 있다.

하지만 서사의 대세는 역시 사마장자가 명을 늘여서 잘 살았다는 것이다. 그렇게 될 수 있었던 것은 저승사자들에게 후하게 인정을 건 덕이었다고 한다. 굿을 성대히 베풀고 인정을 후하게 잘 걸면 천하의 악인도 이처럼 전화위복으로 운명을 바꿀 수 있다고 하는 것이 이 신화 전승자들의 주류적 관념이었던 셈이다.

이에 대해서는 그것이 사람들로 하여금 굿을 하고 인정을 걸게 하기 위한 수단이었다고 보는 시각도 있으나, 나의 생각은 좀 다르다. 그 설정에도 나름의 의미심장한 삶의 철학이 담겨 있다. 그 핵심이 무엇인가 하면, 어떤 잘못이라도 덮어질 수 있고 어떤 액운이라도 풀릴 수 있다고 하는 것이다. 사마장자는 인색하고 포악하고 자기만 아는 사람이었으며, 그 탓으로 삶의 길이 닫혀버린 존재였다. 만약 그가 기존의 삶의 방식에 자기를 가두는 행보를 계속했다면 그는 그대로 쓰러져 자멸의 길로 갔을 것이다. 하지만 결정적인 순간에 그는 퍼뜩 자신의 실수에 눈을 뜨고 그것을 만회할 방법을 찾기 시작한다. 그러자 길이 열리며 불가능할 것 같았던 일이 가능해진다. 옴짝달싹 피할 수 없다는 그 무서운 죽음의 신의 손길을 벗어나게 된다.

극악한 인물, 최악의 상황이라 하더라도 신의 처벌을 모면할 길이 있다고 하는 것은 부조리한 일로 여겨지기도 하지만, 다른 한편으로 생각하면 하나의 큰 축복이라고 할 수 있다. 그것은 달리 말하면 세상 모든 사람에게 운명으로부터 벗어날 기회가 있다는 말이 된다. 신의 뜻이란 고정불변이 아니어서, 그 마음을 바꿀 수 있다. 우리는 신에게 일방적으로 종속된 존재가 아니라 신을 움직여 조정할 수 있는 존재이다. 저 사마장자뿐만 아니라 우리 자신에게도 주어져 있는 가능성이다. 저 못된 사마장자에 비하면 우리에게는 더더구나 충분한 자격이 있다.

　한 가지 중요한 사항은 그렇게 절망 속에서 빛을 찾아냄에 있어 주위의 인물이 핵심적 역할을 한다는 사실이다. 사마장자가 죽음과 절멸의 운명에서 벗어날 수 있었던 것은 그에게 남다른 며느리가 있었기 때문이다. 며느리는 사마장자와 달리 세상을 향해 몸과 마음을 열고 있었던 인물이며, 그리하여 숨겨진 진실을 읽어낼 수 있었던 인물이었다. 사마장자의 오해와 억압에도 불구하고 문제 해결을 위해 적극 나서는 며느리는 그야말로 대인의 풍모를 지니고 있다. 그런 대인이 나서서 깨우치고 계도하는 데 힘입어 사마장자는 마침내 자기 삶의 모순적 실상을 들여다보고 그로부터 도피할 수 있었다.

　나의 한계를 내 옆의 사람이 깨뜨려준다고 하는 이 신화의 서사는 삶에서 '관계'라는 것이 얼마나 중요한 것인지를 실감케 한다. 곁에 의인을 두면 막힌 운수가 터질 수 있다는 것. 이 또한 우리에게 주어진 하나의 기회이고 축복이라 할 수 있을 것이다. 거꾸로 본인이 아무리 잘 해도 옆에 흉인이 있으면 엉뚱한 곤경을 당하기도 하거니와, 우마장자가 사마장자 때문에 저승에 갈 뻔한 일이나 백마가 저승에 붙잡혀 간 일이 여기 해당한다. 생각하면 억울한 일이지만, 그 또한 우리 삶의 엄연한 실상이기도 하다. 그러한 불완전함 내지 예기치 못함이 또한 인간 세상 살이의 묘미라고 말할 수밖에 없다. 당하는 입장에서는 괴롭겠지만 말이다. 저 우마장자나 백마의 사례에서 보듯이 뒤에 가서 어떻게라도 바로잡히는 일이라 생각하면서 위안을 삼을 따름이다.

이치가 이렇다 하더라도, 내내 악행을 저질러온 인물이 뇌물로써 신의(神意)를 왜곡하여 문제를 해결한다고 하는 상황에서 오는 불편함은 여전히 남는다. 사마장자의 그 베풂이란 목숨 보전이라는 목적을 이루기 위한 방편적 수단의 성격이 짙다. 게다가 사마장자가 음식을 '동네 모듬 음식'이라고 속인 것은 얄팍하고 교활한 사기에 해당한다. 이에 대한 나의 생각은, 그것이 모종의 목적을 위한 수단일지 모르지만, 목적 여하를 떠나서 그렇게 했다는 사실 자체가 중요하다는 것이다. 경위가 어쨌든, 사마장자는 기민(饑民)을 베풀어 배고픈 사람들을 널리 먹였다. 그리고 동네 사람들을 모아 성대한 굿을 베풀고서 함께 즐겼다. 그것을 했느냐 하지 않았느냐는 하늘과 땅 차이라 할 수 있다. 그렇게 베풀기를 시작함으로써, 사마장자의 삶은 세상을 향해 열리기 시작한 것이었다. 사마장자라고 늘 악하고 인색하기만 하란 법은 없을 터이니, 저 일련의 사달이 있은 뒤 사마장자의 삶의 방식은 이전과 달라졌을 것이다.

어떤가 하면 나는 저 굿에서 사마장자가 마련한 음식이 실제로 '동네 모듬 음식'이었다고 생각하고 있다. 사마장자의 손에서 나왔다지만 지금 동네 사람들이 다 함께 모여서 즐기면서 나누고 있는 중이니 모두의 음식이 아니겠는가 말이다. 사람들은 그렇게 음식을 나누고 마음을 나누면서 서로 간에 꼬이고 막혔던 일들을 풀어내며 밝은 기운을 나누고 있는 중이다. 일컬어 신명(神明). 저 저승사자들은 그 밝고 큰 기운에 이끌려 들어온 것이었고, 그를 통해 '죽음'이라고 하는 어둡고 음산한 기운이 해체된 것이었다.

우리 안에는 신명이 있다. 우리가 신이라 일컫는 존재와 통하는 밝고 큰 기운이다. 그 기운이 활짝 펼쳐지면 삶은 살아나고 액운은 소멸된다. 죽음은 어느새 삶으로 역전된다. 사람과 사람은, 그리고 사람과 신은 그렇게 하나로 어울려 우주가 된다. 우리 신화의 기본 철학이다.

끝으로 한 가지, 이 신화에서 현시하는 우주적 어울림에는 신과 인간 외에 동물까지도 포함된다. 사마장자 대신 저승에 붙잡혀 간 백마를 두고 하는 말이다. 굿으로 표상되는 신명의 기운은 마침내 저 말에게까지 미친다. 그러자 억울한 희생물이었던 저 동물은 액을 훌쩍 풀어내고 사람으로 환생한다. 우리 신화 체계에 있어 동물이 사람이 되는 것은 사람이 신이 되는 것 이상의 질적 비약이다. 저 말에게 있어 그것은 말 그대로 삶의 역전이었다고 할 수 있다. 이야기에 나오는바 '원수가 은혜가 되는' 역전이다. 저 장자, 어느새 은혜를 베푸는 자가 되어 있으니 이제 그는 우마장자에 못지않은 존재라 할 수 있다. 그가 그리 된 비법은 간단하다. '나'라고 하는 틀에 자신을 가두지 않고 몸과 마음을 열어서 내 안의 신명과 내 밖의 신명을 연결하는 것. 저 우매하고 몰인정했던 사마장자가 해낸 그 일을 마침내 하지 못한다면 그야말로 어리석은 일이 될 것이다.

저 너머 아득한 곳
또 다른 세상

다섯째거리

꽃감관 사라도령은 아들 할락궁이를 데려가
서천꽃밭 꽃구경을 시켜주며 꽃을 따주는구나.
"요건 뼈오를꽃이여, 요건 살오를꽃이여,
요건 오장육부 간담 만들 꽃이여,
요건 웃음웃을꽃이여, 요건 말가를꽃이여,
요건 생불꽃이여, 요건 불붙을꽃이여,
요건 멸망꽃이여, 요건 악심꽃이여."
꽃감관이 가리키는 양 할락궁이 그 꽃을 맨 따니까
끝에는 족나무 회초리를 하나 해 주면서
"이걸 가지고 어멍한테 가라."

— 제주 고산옹 구연 〈이공본풀이〉에서

인간이 사는 이 세상. 위로 푸른 하늘이 있고, 아래로 누른 땅이 있으며,
저 옆에는 물결치는 바다가 있다. 모두가 우리 인간이 쉽게 범접하기 어
려운 세상들이다. 마음은 한없이 높고 깊은 그곳으로 향해보지만 우리
몸은 거기로 나아가기 어렵다. 그 한구석을 맴돌 따름이다. 그 높고 깊은
곳에 무엇이 있을지 미처 알지 못한다. 일컬어 신들의 세상이다.

　　그보다 더 아득하고 가기 힘든 또 하나의 세상이 있다. 이 세상이 아
닌 저세상이라는 이름을 가진 그곳, 바로 '저승'이다. 저승은 그야말로

까마득한 미지의 세상이며 두려움의 대상이다. 산 사람은 그곳을 볼 수도 없고 그곳에 갈 수도 없다. 누구나 한번은 가게 되지만, 한 번 그곳에 가면 다시 올 수는 없다. 그간 정들었던 모든 것과 영원한 작별이다. 모든 것이 하루아침에 까맣게 닫히는 일이니 어찌 두렵지 않을까. '개똥밭을 굴러도 저승보다 이승이 낫다'는 말이 괜한 말이 아니다.

두 눈을 크게 떠도 끝자락조차 엿볼 수 없는 저 너머의 세상. 그곳은 과연 어떤 곳일까? 거기에는 무엇이 있으며, 거기 가면 어떤 일이 벌어질까? 이는 곧 생과 사에 대한 질문이기도 한 터, 신화가 감당해야 했던 기본 화두 가운데 하나였다. 세상의 많은 신화들이 다양한 방식으로 그에 대한 대답을 제시해왔다. 우리 신화 또한 마찬가지다. 그리고 그 대답 속에는 우리 신화의 세계관 내지 우주론이 깃들어 있다.

우리 신화에서 저승이라는 공간은 많은 이야기들에서 화두가 되고 있다. 이 장뿐만 아니라 뒤에 이어질 많은 장에서도 거듭 저승과 만나게 될 것이다. 돌아보면 이미 저승과 여러 번 만나온 터다. 〈천지왕본풀이〉에 이승과 저승에 대한 서사가 있었고, 〈맹감본〉과 〈장자풀이〉에서도 저승이 모습을 비쳤었다. 오늘이가 찾아갔다는 원천강도 저승 한편에 있는 곳일 가능성이 크다.

이제 여러 신화 가운데 저승에 대해 구체적인 모습을 그려 보이고 있는 두 편의 이야기를 보기로 한다. 하나는 다분히 설명적이고 현실적인 이야기이며, 하나는 환상적인 상상의 이야기이다. 무엇이 저승의 진짜 모습일지, 함께 헤아려보기로 하자.

망자의 저세상 가는 길, 무간지옥과 시왕 극락 사이

무가 자료집을 이리저리 뒤적이다 만난 좀 낯설고 특이한 자료가 있었다. 이름하여 〈죽음의 말〉(경기도 시흥에서 하영운 구연. 赤松智城 · 秋葉隆, 《朝鮮巫俗の研究(上)》, 옥호서점, 1937 수록). 사람이 죽은 뒤에 혼령이 저승으로 가면서 겪게 되는 일에 대해 그 내막을 자세히 전하고 있는 신가(神歌)이다. 죽은 이의 혼을 부르는 초혼 의례에서 부르던 노래로, '새남[散陰]'이라고도 일컫는다는 설명이 곁들여져 있다. 이 자료는 중간에 염불이나 기원문이 길게 들어가는 등 설명적 요소가 짙어서 신화로 다루어지지는 않았었다. 하지만 망자가 죽은 뒤에 겪는 일이 일련의 서사적 흐름을 가지고 있어 일종의 신화라고 보아도 큰 무리가 없을 듯하다. 저승사자와 시왕, 여러 부처와 보살에 이르기까지 저승의 여러 신들이 이야기에 두루 등장한다는 것도 눈길을 끄는 요소가 된다.

우리 민간신앙의 저승관은 불교의 영향을 많이 받은 것으로 알려져 있다. 민간신앙에 미친 불교의 영향은 그 범위가 무척 넓은 것이었다. 처음 불교가 들어왔을 때 전통 무속신앙과 큰 갈등과 다툼도 있었지만, 오랜 기간에 걸쳐 부대끼는 과정에서 서로가 서로를 받아들여 습합이 이루어진 상황이다. 무속에서 부처와 보살, 고승이 중요한 신격으로 되어 있으며 자료 곳곳에 불교적 세계관이 깃들어 있다. 거꾸로 불교 또한 민간신앙의 요소를 수용하는 방향으로 변화를 겪었다. 산사의 한편에 산신각이나 칠성각이 번듯이 자리 잡고 있는 사실이 이를 잘 보여준다.

다음 〈죽음의 말〉에서도 불교적 색채가 짙게 느껴질 것이다. 그것을 걷어내야 민간 신화의 본모습이 보인다고 할 수도 있지만, 이처럼 불교적 요소와 어울린 것 자체가 민간 신화의 특성이라고 할 수도 있다. 서로 통하는 점이 있어서 어우러졌을 터, 굳이 양자를 가려내려는 것이 오히려 무리한 일일지도 모른다. 이제 따로 내용을 변개하지 않고 원자료의 사연을 전하기로 한다. 다만 이야기 중간에 삽입된 긴 염불이나 경문 등은 덜어낸다.

사람이 죽어지면 이름도 달라지고 성도 달라진다. 이름은 영가靈駕가 되고 성은 귀부鬼簿가 된다.

아무개 망자님이 몹쓸 액운을 당하여서 저승사자가 내릴 적에 저승 지부왕이 팔배자 특배자를 놓아서 성화같이 재촉하니 어떤 사자가 나왔던가. 일직사자 월직사자 강림도령 삼차사가 나왔다. 팔배자 특배자 내주면서 어느 고을 아무개를 급히 잡아 오라 분부가 지엄할 때에 저 사자 거동 보아라. 지부왕 명을 받고 망녕그물을 손에 들고 쇠사슬 비껴 차고 활등같이 굽은 길로 살같이 빨리 나와서 앞산에 외막 치고 뒷산에 장막 치고 마당 한가운데 명패기 꽂아놓더니만 월직사자가 문지방을 가로 짚고서,

"이봐 망자야, 어서 바삐 나서거라."

천둥같이 내지르니 집이 무너지고 천지가 뒤집히는 듯하다. 망자가 온몸과 팔다리가 벌벌 떨리고 진퇴유곡進退維谷 되었을 제 아들아기 딸아기 며늘아기가 자문지잔상과 별머리위성, 면전나전식상을 차려놓고 입담 좋은 무당을 불러서 축원을 풀어내니 그도 잠시 인정이라 못 잡아

간다.

다시 일직사자가 밖에서 들어오며,

"어서 나오너라. 바삐 나서거라."

서리같이 재촉할 적에 망자의 조상님과 성주신 지신이 나서서 애걸하니 그도 인정이라 못 잡아낸다.

그때 강림도령이 와락 뛰어들면서 천둥 같은 소리로 벽력같이 호통하니 망자가 온몸과 팔다리를 덜덜 떨고 진퇴유곡 되어갔다. 강림도령 달려들어 한 번 잡아 낚아채니 열 손에 맥이 없고, 두 번 잡아 낚아채니 열 발에 맥이 없고, 삼세번 낚아채니 일신 수족을 감출 길이 전혀 없고 살아서 하던 말씀 한 마디 할 길 없다. 아무리 정신 차려서 부모 동생 처자식을 다시 보고 죽자 한들 명이 다했으니 살아날 길 전혀 없다.

그때 아들딸 며느리와 일가친척이 좌우로 늘어앉아 손발을 주무르며 대성통곡 울음을 울 적에 대신 갈 이 뉘 있을까. 재물로 살리려 한들 석숭이 재물이 없어 죽었으며, 의견으로 살리려 한들 한신 장자방과 제갈공명 같은 성현이 의견 없어 죽었으며, 기운으로 살리려 한들 관우 장비 조자룡 항우 같은 장수가 기운 없어 죽었을까. 하릴없고 속절없다.

이렇듯 탄식할 적에 삼차사가 달려들어 머리에 천상옥, 이마에 벼락옥, 눈에 안경옥을 단단히 걸어놓고 입에 하무 물리고 귀에 쇠를 채어놓으니 망자의 명 끊는 소리가 대천바다 한가운데 일천 석 실은 배 닻줄 끊는 소리 같다. 망자가 탄식하고 돌아서며 혼백 혼신이 방 안을 살펴보니 신체 육신을 방 안에 눕혀두고 자손들이 늘어앉아 하늘을 보며 탄식하고 땅을 치면서 설게 울었다. 하늘을 우러러 탄식한들 하늘이 대답하며 땅을 두드려 설리 운들 땅이 한 말 대답할까.

　망자를 집 밖으로 모실 적에 천금 지금과 원삼 나삼 면모^{面帽} 악수로 소렴 대렴해서 칠성판^{七星板}에 받쳐놓고서 영실^{靈室} 위패 촛불 영등^{影燈}을 극진히 받쳐놓고 일직사자 월직사자 강림도령의 채전을 차려놓고 정성을 바치자 저승사자들이 자손들 정성이 지극하다고 대공을 칭찬하며 인정을 받은 뒤에 혼백을 고이 모시고 저승으로 들어갔다. 망자가 사당에 하직하고 살던 집 살던 마을 하직하고 산천을 하직하면서,

　"앞뒤 좌우 저 고개와 앞뒤 여러 길이 나 다니던 길이건만 어느 때 다시 와서 생시같이 다녀볼까. 마을 남녀 노인들을 어느 날 만나볼까. 오매불망 내 친구 평생 함께 사잤더니 한명^{限命}이 이뿐인가. 황천으로나 만나보세. 애고 애고 설운지고."

　탄식하고 들어갈 적에 뒤를 자세히 살펴보니 넘노는 이 사자^{使者}요 피어오르는 건 연기였다.

　망자가 신체 육신은 땅속에 눕혀 두고 혼신은 저승으로 잡혀 들어가니 지부왕이 하는 말이,

　"첫 다짐 두고 잡아 내려라. 엄히 다스려라."

　망자가 정신이 혼미하여 백옥 같은 두 귀 밑에 흐르느니 눈물이고 철석^{鐵石} 같은 정강이에 흐르느니 유혈이었다. 지부왕이 이른 말이,

　"아들딸 며느리와 아내 다 있느냐?"

　"아무도 없습니다."

　"그러면 네 몸 감장을 누가 하여 보내더냐?"

　"열두 명 발인꾼이 고이 하여 보냅디다."

"간특한 망자로다. 작은 매 물리치고 큰 매로 다스려라."

형벌이 무수할 적에 이승이나 저승이나 형벌을 당하기 전에 바른대로 다짐을 둘 일이었다.

"아이고, 아들딸 며느리와 아내가 다 있습니다."

"서낭자^{선왕재} 하였느냐?"

"그도 했습니다."

"어느 절에서 하였느냐?"

"저승 절은 금태자 태운절이 크고 이승 절은 문수 백운절이 크다고 하옵디다. 그런데 철이 없어 조그만 초막 절에서 윗상에 서 말 서 되, 가운뎃상에 두 말 서 되, 아랫상에 한 말 서 되 불기^{佛器}를 넣었습니다."

"받아잡숫기는 누가 받아잡숫고 집례는 누가 하였느냐?"

"받아잡숫기는 우운천왕과 좌운천왕 관세음천왕 여러 왕이 받아잡수시고 집례는 김씨 부부와 이씨 부부, 허씨 부부 여섯 명이 했습니다."

"그러면 말미 사흘을 줄 터이니 천금 새남과 만금 수륙재^{水陸齋} 받아먹고 들어오면 시왕으로 보내주마."

망자가 굿을 받아먹으려고 나올 적에 잡신이 뒤를 따라올까 두려워 진언을 외면서 나왔다. 진언을 외어 잡신을 굴복시키고, 산신을 만나 두건을 벗어 소원을 빌고, 길신을 만나 백지를 내어 소원을 빌면서 나왔다.

사람이 한번 죽어지면 수만 년이 지나도 살아올 길 전혀 없고 다시 한번 못 오느니, 인간의 법도를 닦을 적에 삼 년 효도 대상 소상과 백일종제 거상법과 설날 한식 단오 추석 명절 기제사와 천금 새남 만금 수륙법을 마련했다. 망자의 자손들이 천금 새남을 정성으로 잘하면 어둡던 눈도 밝아오고 아프던 다리도 가벼워지며 팔만사천 지옥을 면하고 시왕 세계로 극락을 가게 된다.

　망자가 천금 새남과 만금 수륙재를 받아먹고서 시왕으로 갈 적에 열 시왕이 누구시던가. 제일 진광대왕님 생일은 이월 초하루로 원불은 진 광여래불이고 도산刀山지옥을 맡았다. 제이 초관대왕님 생일은 삼월 초 하루로 원불은 약사여래이고 화탕火湯지옥을 맡았다. 제삼 송제대왕님 생일은 이월 스무여드레로 원불은 선현여래이며 한빙寒氷지옥을 맡았 다. 제사 오관대왕님 생일은 정월 초여드레로 원불은 아미타불이고 거 해鉅骸지옥을 맡았다. 제오 염라대왕님 생일은 삼월 초여드레로 원불은 지장보살이며 비시沸屎지옥을 맡았다. 제육 번성대왕님 생일은 이월 스 무이레로 원불은 대세지보살이고 독사지옥을 맡았다. 제칠 태산대왕님 생일은 삼월 초이레로 원불은 관세음보살이며 양설兩舌지옥을 맡았다. 제팔 평등대왕님 생일은 사월 초하루로 원불은 노사나불이며 탐심지옥 을 맡았다. 제구 도시대왕님 생일은 사월 초이레로 원불은 구원보살이 고 철상鐵床지옥을 맡았다. 제십 전륜대왕님 생일은 사월 스무날로 원불 은 석가여래이고 흑암黑闇지옥을 맡았다.

　망자가 열시왕을 외고 십장엄十莊嚴과 천수경을 외면 시왕으로 극락에 이른다 하니 십장엄을 외고 천수경을 일일이 외면서 길을 갔다. 또 사십 팔원*을 차례로 외면서 앞으로 나아갔다. 망자가 시왕으로 갈 적에 산을 몇 번 넘고 물을 몇 번 건너고 들을 몇 번 지났나. 소불옥산 대불옥산,

---

* 아미타불이 법정보살 시절 세웠던 중생 구제를 위한 마흔여덟 가지 서원.

울어 넘던 청산 싫어 넘던 청산과 성림들 광림들을 지나고 돌다리 삼천 삼백쉰여덟 간과 나무다리 삼천삼백쉰여덟 간을 건너자 예전에 못 보던 길이 세 갈래로 벌여 있었다. 망자가 시왕 길을 알 수 없어 울면서 방황할 적에 승아바라미라는 스님이 백팔염주 목에 걸고 금주령을 짚고서 망자를 불러서 말하기를,

"예부터 이르기를 아는 길도 물어서 가라 하였거늘 길도 아니 묻고 우는 일이 웬일이요?"

"제가 이승 사람으로 공을 많이 닦은 고로 시왕을 가라 하시기로 시왕을 가는데, 길을 몰라서 울고 다닙니다."

"무슨 공덕을 하였소?"

"별다른 공덕 한 바 없고, 배고픈 사람 밥을 주고 옷 벗은 사람 옷을 주고, 어머니 은중경과 아버지 법화경, 천금 새남 만금 수륙재를 받아먹고 왔나이다."

"공 많고 믿음 많은 망자로다. 오른쪽 큰길은 지옥 길이고 왼쪽 길은 시왕 길이니 왼쪽 길로 가십시오."

"어찌 지옥 길은 큰길이고 시왕 길은 작은 길입니까?"

"옛날 시절에는 악인이 적고 성현이 많아서 하루에 시왕을 천 명이 들어가서 대로가 되었지만, 지금은 인심이 사나워서 지옥을 하루에 천 명이 들어가므로 대로가 되고 시왕은 천 명에 하나가 되거나 말거나 하므로 소로가 됐습니다. 소로로 가십시오. 지옥 길로 가면은 철퇴로 박석을 깔고 철망으로 다리를 놓아 그 다리를 건너가면 다리가 무너져서 떨어집니다. 다리 아래 떨어지면 악귀가 달려들어 물어다가 구천 지옥에

들이쳐서 배고프면 동철을 먹이고 목마르면 쇳물을 녹여 먹이니 그 길로 가지 말고 소로로 가십시오."

망자가 작은 길로 가노라니 석가세주님이 맞이해서 법성게 염불을 받으신 후 구품연화대로 환생을 시키셨다. 망자가 극락으로 들어갈 적에 길 앞에 나무 하나 서 있되 천 길 만 길 높은 나무에 가지가지 잎이 피어나서 사이사이 틈틈마다 여러 부처님이 팔만 제자 중생을 거느리고 앉아 계셨다. 망자가 부처님께 여쭙기를,

"이 나무가 저다지 웅장하고 높으니 나무 이름이 무엇입니까?"

부처님 하시는 말씀이,

"들어오는 망자들 가운데 말 묻는 이 없더니 이렇게 알려 하니 지극한 망자로다. 나무 근본 자세히 알고 가라. 이 나무 이름은 저승 일천성현목一千聖賢木이라. 뿌리는 열둘이니 일 년 열두 달을 이른 것이고, 가지는 서른 가지니 한 달 서른 날을 이른 것이며, 잎은 삼백육십이니 일 년 삼백육십 일을 이른 것이다."

"동서남북 가지마다 나란히 앉아 계신 부처님은 누구십니까?"

"동쪽은 금광여래, 남쪽은 문수보살, 서쪽은 백운여래, 북쪽은 정광여래이시며, 한가운데는 대천관음지장보살 문수여래이시다."

여러 부처님이 나무아미타불을 외며 염불을 하므로 망자가 그대로 갈 수가 없어 하루 공양을 올렸다. 금광채와 만물채, 서 말 서 되 불기와 두 말 서 되 불기를 올린즉 부처님이 정성을 갸륵하게 여겨 시왕으로 인도할 적에 극락지를 내어놓고 구천 필로 적어주며,

"이곳을 찾아가라. 이곳은 서천서역국이요 극락초문이라 하는 곳이

다. 하늘 이름은 상계조왕이고 땅 이름은 노사나불이다."

또 천관千官 만 지장地藏과 오만 문수여래를 다 적어주며,

"사천왕이 문을 열어줄 것이니 잊지 말고 찾아가라."

망자가 극락지를 받아 품에 넣고서 나무 밑을 바라보니 삼색 꽃이 피어 있었다. 홍모란 홍실화와 백모란 백실화가 웃는 듯 피었는데, 첫 번째 피는 꽃은 노동화라 늙은이 죽은 꽃이고, 두 번째 피는 꽃은 설부화라 젊은이 죽은 꽃이고, 세 번째 피는 꽃은 소동화라 아이 죽은 꽃이었다.

망자가 그 꽃을 구경하고 또 한 곳에 다다르니 강이 하나 있는데 그 강 이름을 유사강流沙江이라 했다. 강가에 다다르자 백선주라 하는 사공이 계수나무로 배를 만들어 삼승 돛을 치켜 달고 청포 장막을 둘러치고 화초 병풍을 넓게 치고 망자를 모시려고 나와 있다가 말했다.

"망자님, 이 배를 타시면 시왕으로 가나이다."

망자가 배에 올라타서 나룻배 흘려 저어 시왕으로 들어갈 적에 난데없는 배 세 척이 떠 있었다.

"그 배, 말 좀 물어보세. 앞에는 무슨 배며 뒤에는 무슨 배요?"

"다른 배가 아니라 아버님께 법화경 어머님께 은중경, 처자권속 사랑경 동생에게 애중경을 한 배 가득 실었습니다."

나룻배를 흘려 저어 강변에 다다른 뒤에 강변에 배를 매고 옥경대에 올라가 보니 곳곳에 염불이고 굽이굽이 송축이었다. 시왕 문 앞에 당도하니 그 문 별명은 다정문이라 했다. 망자가 문 안으로 들어갈 적에 문을 차지한 선관들이 줄줄이 늘어앉아서 말했다.

"시왕 문을 열어줄 터이니 전곡錢穀으로 인정을 써라."

망자가 첫째 문을 들어가자 문을 잡은 판관이 흰옷을 입고 흰 책을 들고 검은 글씨를 쓰면서 죄목을 다스렸다. 그는 아미타불님으로 삼천 제불을 거느렸다. 둘째 문을 잡은 관인은 백운탕건에 갈산포의에 누런 관을 쓰고 흰 띠를 띠고 희고 누런 책을 들고 붉은 글씨를 쓰면서 죄목을 다스렸다. 그 문 안에 들어간즉 억만 미륵 만 지장보살님이 형제처럼 앉았으니 거기가 곧 시왕이었다.

망자가 앞을 살펴보니 금지金池 연못가에 홍련을 심어두고 연못 가운데 석가산을 층층이 만들어놓고 계수나무 난간을 쳤으며, 연개고성 화초 속에 배를 하나 띄워놓고 여러 보살님이 노니는데 구경이 즐거웠다. 또 살펴보니 천계수 만계수 감례수 옥려수 여덟 가지 보배 물이 한군데로 솟아올라가는 곳에서 아미타불이 노닐어 그 구경도 즐거웠다. 삼연화 향락한즉 오색 연화꽃이 되어 웃는 듯 서 있는 모양도 즐겁고, 칠천 난간 누각을 기둥 없이 만하궁에 덩그렇게 지었으니 그 구경도 즐거우며, 극락 가는 넓은 길에 금모래 세모래를 좌우로 깔았으니 그 구경도 즐거웠다.

망자가 석성石城 대성臺省을 넘고 외성外城 대문을 열어 금지 연못에서 목욕하고 원왕생 원왕생 원왕생 세 번을 부른 뒤에 서천명월님 타시던 칼 같은 배를 타고 명월강산으로 흘려 저어 들어가고 보니, 약사바다 갈린 땅에 약사 홍사 시왕 집을 덩그렇게 지었는데 황금 기와 백옥 문 호박 주추 밀화 기둥에 산호로 보를 얹고 오색단청 갖추고서 수정 발을 드리웠다. 동쪽을 바라보니 삼백 척 부상扶桑*처럼 불같이 돋는 양은 일출

----

* 해 뜨는 동쪽 바닷속에 있다는 중국 전설 속 나무.

경개景槪가 여기였다. 남쪽을 바라보니 대봉大鳳이 날아가는데 푸른 물결이 오색으로 둘러 있고, 서쪽을 바라보니 약수 삼천리 해당화가 붉은 곳에 청조 한 쌍이 날아들며, 북쪽을 바라보니 진국명산 만장봉이 청천삭출 금부용靑天削出金芙蓉으로 우뚝 솟았다. 그 안을 살펴본즉 우둥화 창생화 명살이꽃 숨살이꽃이 웃는 듯이 피었으므로 망자가 그 꽃을 꺾어 이승 자손들이 가지도록 전해주었다.

동자 한 쌍, 청학 한 쌍, 백학 한 쌍과 앵무 공작이 쌍쌍이 날아들 적에 수청하는 팔선녀가 읍하며 잔을 올리는데, 불로초 불사약과 장생약 백도화에 홍류 백포 곁들였다. 가지가지 귀한 안주에 잔을 마시고서 향기로운 풍악 소리를 희롱하니 이것이 시왕이었다. 백운탑에 올라앉아 화관을 쓰고서 청룡 장杖을 손에 들고 금단선수보살님과 바둑 장기를 두니 이것이 시왕 극락이었다.

그때에 망자의 자손들이 정성으로 재산을 많이 들여 초단 진오기*와 이단 진오기, 천금 새남**과 만금 수륙재, 지방너미와 전네미 위귀사살 지게를 해서 저승 길을 닦아주므로 사천왕님과 열시왕님, 지장보살 문수보살 억만 미륵아미타불과 여러 왕 여러 부처님이 옥황전에 말씀을 올려 아무 망자는 세상으로 인도하여 인간 세상에 환생시키는 것이 좋겠다고 하였다. 옥황상제가 옳게 여기시어 망자를 불러다가,

"너의 자손이 재물을 아끼지 않고 정성이 지극하므로 세상으로 환생하노라. 인도 환생할 적에 남자는 왕이 되고 여자는 옹주 되어 천만 대

---

* 망자의 넋을 위로하고 극락천도를 기원하는 굿. ** 망자의 넋을 극락으로 인도하는 굿.

길이 전하여 백 년 천 년을 살 것이니 그리 알고 세상에 나아가라."

이렇게 말하고서 인도 환생을 시켜주었다.

이러므로 부모가 돌아가시게 되면 재산을 아끼지 말고 정성을 다해 천금 새남, 만금 수륙재를 극진히 하여 저승 길을 닦아주어야 하는 법이다.

이것이 세상을 떠난 망자가 겪게 되는 저세상 여정에 대한 사연이다. 이 이야기는 일반적인 본풀이 신화와 달리 특별한 신격을 지닌 존재가 아닌 무명의 망자를 중심으로 내용이 펼쳐진다. 그 망자는 말 그대로 보통 사람으로서, 세상 누구라도 그 자리에 대신 들어갈 수 있다. 망자에게 특별한 이름이나 캐릭터를 부여하지 않은 것도 그러한 개방성과 관련된다고 할 수 있다.

이 신가의 내용을 전체적으로 요약하면, 수명이 다한 어느 망자가 삼차사한테 붙잡혀 저승으로 가서 곤욕을 치르다가 천왕과 부처님께 정성을 드린 덕으로 혼신이 잠깐 세상에 나와 새남굿과 수륙재를 받아먹은 뒤 그 공덕에 힘입어 지옥을 면하고 시왕 극락에 들어가서 즐거움을 누리다가 좋은 곳으로 인도 환생한다는 것이다. 기본적인 서사 맥락을 갖추고 있되, 갈등과 반전이 있는 전형적 서사와는 달리 구성이 단조롭다. 망자가 어떤 길을 가게 되는가를 풀어서 설명하는 데 주안점을 두고 있는 터라서 서사보다 교술(敎述)에 가깝다고 할 수도 있다.

하지만 이 이야기는 무척 흥미롭다. 우리가 갈 수 없고 볼 수도 없는 사후 세계 모습에 대한 서술이 두루 눈길을 끈다. 그중에서 먼저 관심을 끄는 것은 여러 신격들이다. 망자를 잡아가는 삼차사는 일직사자와 월직사자, 강림도령이라 돼 있는데, 강림도령의 활약이 두드러진다. 앞서 살폈던 〈장자풀이〉 속의 다소 어설픈 모습보다 여기 나타난 냉철하고 과단성 넘치는 모습이 그의 본래적 형상일 것으로 생각된다. 저승사자들에게 거는 인정이 죽을 사람을 살리는 데까지 이르지 못하고 그들을 고이 데려가도록 하는 구실을 한다는 것도 더욱 현실적인 이야기라 할 수 있다. 한 가지 흥미로운 모습은 조상신과 성주신, 지신 등 집안의 신들이 저승사자를 제지하려고 시도한다는 점이다. 앞서 〈장자풀이〉의 우마장자 대목에서도 보았던 모습으로, 집안 수호신의 역할을 잘 보여주는 장면이 된다. 하지만 집안 수호신들은 마침내 저승사자를 막을 수 없었으니, 이 또한 세상의 질서를 반영한 설정이라 할 수 있다. 삶과 죽음은 가정 신의 권한 범주를 벗어나는 더 근원적인 사안인 터다.

　망자가 저승에서 만나게 되는 신격들도 눈길을 끈다. 이 이야기는 지부왕이 삼차사를 부려 망자를 잡아오게 한 뒤 그를 다스린다고 하고 있거니와, 지부왕과 시왕이 어떤 관계를 맺으며 역할 분담을 하는 것인지 궁금해진다. 어찌 보면 지부왕은 검찰에 앞서서 죄인을 다스리는 경찰 같은 구실을 하는 느낌이다. 하지만 지부왕(또는 지부사천왕)의 형상은 이야기에 따라 꽤 다르게 나타나고 있어 더 널리 확인해봐야 할 사안이 된다. 다음으로 눈길을 끄는 것은 시왕(열시왕)이다. 진광대왕에서 오도전륜대왕에 이르는 열 명의 왕이 망자의 죄를 열 지옥에서 다스린다는 것은 불교나 민간신앙에서 널리 말해지는 바다. 이 이야기에서는 그 열 명의 왕에 대해 생일을 일일이 밝히는 한편으로 각 왕마다 원불(願佛)을 제시함으로써 불교적 체취를 짙게 풍기고 있다. 시왕을 부처나 보살과 중첩시키는 것은 그들을 좀 더 자비로운 존재로 부각하는 효과를 낳고 있다. 이 이야기는 이 밖에도 지장보살과 문수보살, 아미타불, 노사나불과 같은 수많은 부처와 보살을 곳곳에 배치함으로써 저승을 불교적 정의와 자비의 공간으로 설정하고 있다. 이는 공포와 기피의 대상인 저승에 새로운 색채와 느낌을 부여하는 요소가 된다.

이 이야기에서 신격 이상으로 관심을 끄는 것은 저승의 공간 형상이다. 이 이야기에 묘사된 저승의 형상은 무척 체계적이고 자세한 편에 속한다. 망자가 저승으로 가기까지의 여정이 대체로 선명하며, 혼백이 새남 굿과 수륙재를 받은 뒤 시왕 극락으로 가는 과정은 더욱 구체적이고 생생하다. 그 길을 간단히 되짚어보면, 여러 산과 물, 들을 지나고 기나긴 다리를 건넌 뒤에 시왕 길과 지옥 길이 갈라지는 갈림길을 만나게 된다. 거기서 길을 잘 찾아야만 시왕 극락으로 가게 된다. 극락으로 향하는 길은 무척이나 번화하다. 수많은 부처가 깃든 일천성현목도 그러하고 화려하게 치장한 백선주의 나룻배도 그러하다. 찬란한 경개와 좋은 음식, 즐거운 놀이가 가득한 극락은 더 말할 것도 없다. 옛사람들이 꿈꾼 최고의 즐거움[極樂]이 무엇인지를 볼 수 있는 대목이다.

극락 중심으로 표현된 탓도 있겠으나, 우리는 이 이야기를 통해 저승이 어둡고 싸늘한 죽음의 공간만이 아니라는 사실을 잘 알 수 있다. 하늘 높이 나무가 자라고 온갖 화초와 길조들이 노닐며 사람들이 보살들과 더불어 즐거움을 나누는 그곳은 완연한 생명의 공간의 면모를 갖추고 있다. 죽음 너머의 공간에 이처럼 생명력이 활짝 피어나고 있다는 것은 하나의 놀라운 아이러니라 할 만하다. 하긴, 그것은 이승을 소별왕에게 맡기고 대별왕이 저승을 맡을 때 이미 그렇게 예비된 것이었다고 할 수 있을 것이다. 생명의 표상인 꽃을 훌륭히 피어냈던 존재가 바로 대별 왕이니 말이다.

지옥이라는 이름의 어둠과 고통, 극락이라는 이름의 밝음과 환희 가 함께하는 두 얼굴의 세상. 과연 우리는 그중 어디로 향하게 될 것인 지……. 이에 대한 이 이야기의 답 또한 명백하다. 살아생전 널리 덕을 닦고 인정을 잘 바치며 정성을 다해 발원하면 마침내 좋은 곳으로 가게 된다는 것이다. 이제 우리는 그것이 유치한 욕망이나 상투적 교훈이 아 님을 알고 있다. 저 앞에서 보았듯이, 그 인정 그 정성이란 곧 어둠을 걷 어내고 빛을 펼쳐내는 삶의 방식을 의미한다. 지옥과 극락이 까마득히 먼 곳에 있다고 하지만, 실상 그것은 아주 가까운 데 있는 것이기도 하 다. 바로 우리의 마음속에.

신비의 꽃 세상서 천꽃밭을 찾아간 할락궁이

〈죽음의 말〉이 전해주는 망자의 여정에서 특별히 꽃에 대한 대목을 눈 여겨보게 된다. 저승을 맡은 대별왕이 꽃을 잘 피우는 존재라 했거니와, 이 이야기에도 꽃에 관한 내용이 많다. 극락에 꽃이 넘쳐나며, 시왕 극 락으로 가는 길에도 여러 꽃들이 보인다. 그중 두 장면이 특히 눈길을 끈다. 하나는 일천성현목 아래에서 발견한 삼색 꽃. 홍모란 홍실화와 백 모란 백실화가 웃는 듯 피었는데 첫째 꽃은 늙은이 죽은 꽃, 둘째 꽃은 젊은이 죽은 꽃, 셋째 꽃은 아이 죽은 꽃이라 했다. 사람이 죽어서 저승에서 꽃으로 피어난다고 하는 설정이 이채롭다. 또 하나는 망자가 극락에서 만난 우등화 창생화 명살이꽃 숨살이꽃. 명살이꽃이라면 명을 살리는 꽃이고 숨살이꽃은 숨을 살리는 꽃일지니 말 그대로 생명의 꽃이된다. 꽃이 생명의 존재임을 확인할 수 있는 한편으로, 꽃이 지닌 놀라운 주술적 권능을 볼 수 있는 대목이다. 꽃의 힘으로 피어나는 생명이라니, 무척 신비로우면서도 낭만적인 설정이다.

앞의 이야기에서 지나치듯 서술된 신비한 꽃의 세상을 우리는 한 편의 본풀이 신화를 통해 제대로 만나볼 수 있다. 사람을 살리기도 하고 죽이기도 하는 신비의 꽃들이 가득한 꽃밭이 있으니, 그 이름은 '서천꽃밭'이다. 그 꽃밭을 주재하는 신의 이름은 할락궁이(또는 한락궁이). 그는 어떻게 서천꽃밭의 신이 되었을까. 이제 그 낯설고도 신비한 사연을 만나보기로 한다. 제주도 신화 〈이공본풀이〉가 전하는 사연이다.

짐정나라 짐정국은 윗녘에 살고 임정나라 임정국은 아랫녘에 살았는데, 임정국은 천하 거부이고 짐정국은 가난하기 그지없었다. 하지만 둘은 이웃 간에 의좋게 살았다. 하루는 둘이서 바둑 장기를 두며 놀던 중에 임정국이 짐정국한테 말했다.

"우리가 나이 삼십이 되도록 한 점 혈육이 없으니 영검한 산에 가서 수륙 불공을 드려 자식이나 봅시다."

"나는 돈이 없어서 정성 들이러 갈 수가 없습니다."

"그러지 말고 정성 들이는 동안 먹을 양식이나 맡으면 불공 채비는 내가 감당하리다."

"아이고, 감사한 말씀입니다."

그날부터 먹을 양식을 장만해서 두 사람은 함께 산으로 수륙 불공을 드리러 갔다. 석 달 열흘 불공을 드리고 돌아올 적에 임정국이 말했다.

"우리가 한날한시에 함께 불공을 드리고 왔으니 아들딸로 자식을 낳거든 서로 짝을 맺어줍시다."

"그건 그렇게 합시다."

집에 돌아온 뒤 짐정국과 임정국이 한마음을 먹고 살아가는데 두 집에 태기가 있어 아홉 달 열 달이 차자 아기를 탄생했다. 아기를 낳고 보니 남의 채비로 공을 들인 짐정국 아이는 아들이고 남의 채비까지 공을 들인 임정국의 아이는 딸이었다. 짐정국은 아들 이름을 사라도령이라하고 임정국은 딸 이름을 원강아미라고 지었다.

아이들이 커서 열다섯이 되었을 때 짐정국은 임정국한테 혼사 얘기를 꺼내고 싶었지만 자기는 돈이 없고 임정국은 부자인지라 말이 나오지 않았다. 임정국한테 갔다가 말이 나오지 않아서 도로 오고, 또 갔다가 말이 안 나와서 도로 오고 했다. 그 모습을 보고 임정국 따님 원강아미가 아버지한테 말했다.

"짐정국 어른님은 어찌하여 아버지한테 무슨 말씀을 할 듯 말 듯하다가 그냥 가십니까?"

"설운 애기야, 네가 들을 말이 아니다."

"아버님아. 죽으나 사나 자식이라곤 저 하나뿐인데, 아버님이 죽을 일이 있으나 살 일이 있으나 못 들을 말씀이 어디 있습니까?"

"설운 애기야, 그런 게 아니다. 나도 자식이 없고 짐정국도 자식이 없어서 한날한시에 함께 수륙 불공 드리고 돌아올 적에 아들딸 낳으면 혼사를 맺기로 약속을 했구나. 이제 너희가 크니까 혼사를 하자고 말하고 싶지만 말을 못 꺼내는 것 같다."

"점잖은 어른이 말씀을 못하고 가시니 오죽 속이 상하겠습니까? 딸 자식 하나 안 낳은 셈 치고서 혼인을 허락하십시오."

"아이고, 설운 애기 감사하구나."

임정국은 또다시 짐정국이 찾아오자 딸이 말한 대로 옛날에 약속했던 혼사를 치르자고 했다.

"아이고, 고맙고 황송합니다."

사라도령과 원강아미가 날짜를 받아서 혼례를 치르고 살아갈 적에 원강아미가 첫 자식을 배었다. 그런데 서천꽃밭에서 짐정국 아들 사라도령한테 서천꽃밭으로 와서 꽃을 지키라고 하는 연락이 왔다. 다시 연락이 오고 또 오고 삼세번을 왔지만 사라도령은 가지 않고 앉아 있었다. 그때 원강아미가 물을 길러 삼도전거리에 나가는데 서천꽃밭에서 삼차사가 내려오며 말을 걸었다.

"말 물읍시다. 이 고을에 사라도령이 어디쯤 삽니까?"

"아이고, 거기를 가려면 멉니다. 저 아래로 가야 합니다."

원강아미가 삼차사를 멀리 보내놓고는 물도 안 긷고 집으로 돌아와서 사라도령한테 말했다.

"아이고 사라도령님아. 서천꽃밭에서 삼차사가 도령님 잡으러 왔습니다. 저리로 가야 한다고 아랫녘으로 멀리 보내었습니다."

"왜 아니 데리고 왔습니까? 아무리 한들 안 갈 수가 있겠습니까?"

"도령님아. 오면 점심 식사나 해서 놓아야 할 거 아닙니까? 점심 쌀 꾸어 올 시간 버느라고 다른 데로 보냈습니다. 어머니한테 가서 쌀이나 꾸어 오십시오."

사라도령이 쌀을 꾸러 갔다가 어머니한테도 쌀이 없자 그냥 돌아와 서 말했다.

"내가 부인님이랑 살고 싶지만 서천꽃밭에서 나를 잡으러 차사님이 오는데 아니 갈 수 있습니까. 내가 가겠습니다."

"아이고, 이게 무슨 말입니까? 나도 같이 가겠습니다. 나만 있으면 살 수 없습니다."

"아기를 가졌으니 갈 수 없습니다. 남아서 사십시오."

"아닙니다. 나는 죽으나 사나 같이 가겠습니다."

사라도령이 막지 못하고 둘이 함께 행장을 차려서 삼도전거리에 나 서자 차사님이 이르렀다.

"말 물읍시다. 이 고을에 사라도령이 어디쯤 삽니까?"

"내가 그 사람입니다. 차사님이 나오는데 같이 가려고 나왔습니다."

그러자 차사가 화를 내면서,

"이놈, 괘씸한 놈. 우리 가면 밥 한 상 차려놓아질까 해서 미리 나왔 구나."

쇠몽둥이로 사라도령 어깨를 덜컥 내갈기니 사라도령이 풀썩 꺼꾸러 지며 아망지망 정신을 잃어갔다. 원강아미가 나서면서,

"아이고 차사님아, 살려주십시오. 우리가 가난하기 한이 없어 집에

가도 밥 한 상 내놓지 못할 형편이라서 이렇게 나왔습니다."

"그렇거든 채비해서 길을 가라."

원강아미가 사라도령 입을 벌려서 정신을 차리게 하고 차사와 함께 서천꽃밭으로 가는데 무정한 차사들이 앞에 나서서 훌쩍 가버렸다.

사라도령이 부인하고 둘이 길을 가는데 길이 멀고도 험했다. 가다 가다가 해가 떨어지자 길가에 억새 한 아름 있는 곳에 들어가 억새에 기대어서 밤을 샜다. 억새가 둥그렇게 부푼 모양을 보고서 원강아미가 말을 하되,

"이건 나를 닮은 억새풀이구나."

이러면서 억새 포기에 앉아 밤을 꼬박 새울 적에 멀리서 닭 우는 소리가 나고 개 짖는 소리가 났다.

"저건 누구 집 닭이고 누구 집 개입니까?

"천년장자 집 닭이고 개입니다."

"그렇다면 그 집에 가서 나를 종으로 팔아두고 가십시오."

"이게 무슨 말입니까? 어찌 종으로 팝니까?"

"아무리 해도 나는 길이 겨워서 갈 수가 없습니다. 발이 부르터서 걷지를 못합니다. 동이 트거든 내 이름을 원강댁이로 바꿔서 천년장자한테 파십시오."

먼동이 터서 두 사람이 천년장자 집 문간에 들어가니까 개가 쿵쿵 짖었다. 사라도령이 들어가서 아내가 알려준 대로 말을 했다.

"앞이마에 해님이고 뒷이마에 달님이고 두 어깨에 별님이 오송송 그린 듯한 종이나 사십시오."

천년장자가 세 딸을 보내서 마음에 드는지 보고 오라고 하니 큰딸이 나와서 보고 그 종을 사면 집안이 망할 거라고 했다. 둘째 딸이 나와서 보고 똑 같은 말을 했다. 다음에 셋째 딸이 나가서 보고 들어오더니,

"아버님, 사주십시오. 좋은 종이라도 집안을 다스림 직합니다."

천년장자가 셋째 딸을 시켜 부부를 불러들이더니만,

"그러면 값은 얼마나 받으려 하느냐?"

"뱃속의 아기는 삼백 냥을 주고 어미는 백 냥만 주십시오."

천년장자가 사백 냥을 내어주니 사라도령과 원강아미는 하릴없이 갈라서게 되었다. 천년장자가 밥상을 낼 적에 사라도령한테는 좋은 밥상에 아홉 가지 반찬을 차리고 원강아미한테는 바가지에 험한 밥을 담아 주고 조개껍질로 떠먹으라고 했다. 원강댁이가 홍수 지듯 비새 울듯 눈물을 흘리면서,

"이 집 법은 어떻든지 우리 집 법은 종을 팔아 갈라서려 하면 한상에 밥을 차려 마주앉아서 먹습니다."

"그렇거든 너희 법대로 해라."

둘이 마주앉아서 밥을 먹으려 할 때에 사라도령이 기가 막혀 밥을 먹지 못하고 다리 밑에 물 쏟아지듯 파초 잎에 비 오듯 눈물을 흘려 밥상이 눈물로 넘쳐났다. 사라도령이 밥을 먹을 수 없어 돈도 안 가지고서 빈손으로 휙 나가니까 원강댁이가 문간으로 따라 나와서 말했다.

"사라도령님아, 밴 아기를 낳으면 뭐라고 이름을 짓습니까?"

"사내를 낳거든 신산만산 할락궁이로 이름을 짓고 여자를 낳거든 할락댁이라고 이름을 지으십시오."

"증표는 무엇을 줍니까?"

사라도령이 주머니를 풀고서 얼레빗 하나를 꺼내어 가운데를 뚝 꺾어서 주고 참실 한 묶음을 반으로 갈라서 주면서 말했다.

"아이를 낳거든 이걸 주십시오."

그때 원강아미는 안으로 들어오고 사라도령은 서천꽃밭으로 길을 갈 적에, 사라도령은 한 발자국 앞으로 나가면 두 발자국 뒤로 물러서면서 허청허청 길을 갔다.

원강아미가 울타리 밖에 종의 집을 짓고서 살 때에, 하루는 천년장자가 문간에 나서서 보니까 원강아미가 불을 밝히고 바느질을 하는데 하도 얼굴이 고와서 그냥 두고 볼 수가 없었다. 지팡이를 짚고서 툇마루에 절컥 올라서니까 원강아미가 몽둥이로 확 내어 갈기면서,

"이놈의 개. 지난밤도 조반 쌀 먹더니 오늘 또 먹으러 왔구나!"

"아이고, 나는 개가 아니고 천년장자로다. 문간에 서고 보니 네가 하도 고와서 불등잔이나 벗하자고 왔노라."

"아이고 상전님아, 이 집 법은 어떻든지 우리 집 법은 뱃속의 아기를 낳아서 기고 놀아야 남녀 구별법을 합니다."

"그렇다면 그 법대로 하자꾸나."

원강아미가 아홉 달 열 달이 차서 아기를 낳으니 아들이었다. 이름을 신산만산 할락궁이라 지었더니 날이 가자 기면서 놀기 시작했다. 천년장자가 다시 지팡이를 짚고 툇마루에 올라서서 재촉을 하니까 원강아미가 말했다.

"상전님아, 상전님아. 우리 집 법은 이 아기가 커서 공부를 다녀야 남

녀 구별법을 합니다."

원강아미 얼굴이 하도 고와서 억지로 잡으면 달아날까 싶은지라,

"그렇거든 그 법대로 하자."

할락궁이가 예닐곱 살 되어서 공부를 다니자 천년장자가 다시 지팡이를 짚고 툇마루에 왈칵 올라서서 재촉을 했다.

"아이고 상전님. 우리 집 법은 이 애기가 쟁기를 가지고서 밭을 갈러 다녀야 남녀 구별법이 있습니다."

천년장자가 화를 내면서,

"에이, 이년, 괘씸한 년! 사람을 속여 넘기기로만 하니 죽여버리겠다. 앞밭에 장검 걸고 뒷밭에 형틀 걸어라. 목 자를 놈 불러라."

원강아미를 죽이려고 할 적에 천년장자 셋째 딸이 나서면서,

"아버님아, 어쩐 일입니까. 자기 종이라도 죽이면 역적이 아닙니까. 그러지 말고 벌역罰役이나 시키십시오. 할락궁이는 낮이면 나무 쉰 바리 해오라 하고 밤에는 새끼 쉰 동 꼬라 하십시오. 할락궁이 어미는 낮이면 물명주 닷 동을 매라 하고 밤이면 물명주 두 동을 짜라고 하십시오."

"네 말 듣고 보니 그도 그러하다. 어서 그리하자."

그날부터 원강아미가 낮에는 물명주 닷 동을 매고 밤에는 물명주 두 동을 짜는데 물명주 석 동을 매면 두 동이 저절로 매어지고 밤에는 물명주 두 동이 저절로 짜졌다. 할락궁이가 낮에 나무를 가서 한 바리를 하면 마흔아홉 바리는 저절로 하여지고 밤에 새끼 한 동을 꼬면 마흔아홉 동이 저절로 싹싹 꼬아졌다.

하루는 비가 오는 날에 원강아미는 헌 옷을 깁고 할락궁이는 신을 삼

을 때에 할락궁이가 안 하던 말을 했다.

"어머니, 맛이나 보게 콩이나 볶으십시오."

"아야, 콩이 어디 있느냐?"

"장자 집 콩깍지를 털어보십시오. 콩 한 섬이 없겠습니까."

원강아미가 콩깍지를 털고 보니 콩 한 섬이 수북이 나왔다. 서너 되 가져다가 솥에 넣고 볶을 적에 할락궁이가 콩 볶는 젓개를 슬쩍 숨겨두고서 어머니를 재촉했다.

"어머님, 콩이 탑니다. 어서 저으십시오."

"젓개가 없어 못 젓겠구나."

"그럼 손으로라도 어서 저으십시오. 콩이 탑니다."

원강아미가 급한 길에 손으로 저으려고 하니까 할락궁이가 달려들어 어머니 손을 꾹 누르면서,

"어머니, 우리 아버지가 누구입니까?"

"천년장자가 너희 아버지 아니냐?"

"천년장자가 아버지면 나한테 왜 이처럼 힘든 일을 시킵니까. 우리 아버지 찾아주십시오."

"저 문간에 정주목*이 네 아버지다."

"정주목이 내 아버지라면 왜 내가 울면서 나가고 울면서 들어와도 너 울지 말라는 소리를 아니 합니까. 우리 아버지 찾아주십시오."

그제야 원강아미가 바른 대로 말을 하되,

----

* 집 출입구의 양쪽 기둥. 구멍이 뚫려 있어 길고 굵은 나무 정낭을 가로로 걸쳐놓아 대문 역할을 할 수 있도록 한다.

"너의 조부는 짐정나라 짐정국이시고 너희 외조부는 임정나라 임정국이시다. 너희 아버지는 저승 꽃감관 사라도령이시다."

"그러면 우리 아버지 증표나 있습니까?"

"있다."

원강아미가 얼레빗 한짝과 참실 반 묶음을 내어주자 할락궁이가 받아 들고서 말했다.

"어머님아, 저는 이제 우리 아버지를 찾아가겠습니다. 메밀을 갈아서 메밀가루 닷 되에 소금 닷 되를 넣어서 범벅 떡을 해주십시오. 콩도 서너 되 볶아주십시오. 가면서 먹겠습니다."

콩을 볶아놓고 메밀범벅 해놓으니까 할락궁이가 가지고 나가면서,

"어머니, 내가 가버리면 어머니는 죽습니다. 죽어지더라도 나 간 곳을 말하지 마십시오."

하직을 하고서 나아갈 적에 조금 있다가 천년장자가 할락궁이를 부르면서,

"할락궁이야. 말과 소에 풀을 주어라."

"할락궁이가 일찍 소 풀 주러 나갔습니다."

원강아미가 거듭 둘러대자 천년장자가 화를 내어 원강아미를 잡아내서 형틀에 묶고는 죽이기로 다짐을 받고서 소리쳤다.

"바른 말을 하여라."

"소용없습니다. 말해도 그 말입니다."

두 번 주리를 틀고 세 번 틀어도 말을 하지 않자 천년장자는 원강아미 목을 드는 칼로 뎅겅 잘라서 청대밭에 던져버렸다. 천년장자가 천리통

이 개를 내더니,

"천리통아, 신산만산 할락궁이를 물어 오너라. 죽여버리리라."

그때 할락궁이가 발등에 닿는 물이 있어 건너려 할 적에 개가 쫓아왔다.

"아이고, 천리통이 왔구나. 범벅이나 먹어라."

천리통이가 범벅을 먹고 하도 짜서 물을 먹으러 간 사이에 한락궁이는 물을 건너서 길을 갔다. 천리통이가 집에 돌아오자 천년장자는 다시 만리통이 개를 보냈다. 할락궁이는 또다시 메밀범벅을 던져주고서 만리통이가 물 먹으러 간 사이에 무릎까지 차는 물을 건너갔다.

할락궁이가 또 길을 갈 적에 자개미*까지 차는 물이 있어 건넜더니 까마귀가 앉아서 까옥까옥 울었다. 다시 길을 가서 잔등까지 차는 물을 건넜더니 하얗게 차린 여자 하나가 빨래를 하고 있었다.

"말 좀 묻겠습니다."

두 번 세 번 말을 물어도 아무 대답이 없어 그대로 넘어가는데 목까지 차는 물이 나타났다. 물을 건널 때에 가운데 배나무 하나가 있었다. 할락궁이는 배나무에 올라앉았더니만 참실로 손가락을 베어서 피를 내고 배 잎에 글을 써서 물에다 띄웠다.

그때 꽃감관은 저 위에서 꽃을 지키며 섰고 두세 살 난 애기들은 꽃장난을 하며 놀고 예닐곱 살 여나믄 살 아이들은 물을 길어서 꽃에다 주는데 꽃이 자꾸 시들어만 갔다.

"여봐라. 꽃에 물을 주어도 어찌해서 꽃이 자꾸 시들어가느냐?"

----

* 다리와 몸통이 이어지는 부분 안쪽.

"귀신인지 생인인지 어떤 도령이 배나무 위에 앉아서 이상한 조화를 부리고 있습니다."

"가서 귀신인지 생인인지 물어보고 생인이거든 데려오너라."

아이가 도령한테 가서 귀신인지 생인인지 물으니 할락궁이가 말했다.

"귀신이 어찌 이러한 곳에 올 수 있겠느냐. 생인이 옳다."

아이가 할락궁이를 데리고 꽃감관한테로 가자 꽃감관이 말했다.

"여봐라. 넌 어떠한 아이가 되느냐? 친가는 어디고 외가는 어디냐?"

"우리 조부는 짐정나라 짐정국이고 외조부는 임정나라 임정국이며 우리 아버지는 서천꽃밭 꽃감관 사라도령입니다. 어머니는 임정국 원강아미인데 천년장자 집의 원강댁이가 됩니다. 나는 신산만산 할락궁이입니다. 부친을 찾아온 길입니다."

"그렇다면 너한테 증표가 있느냐?"

할락궁이가 얼레빗 한짝과 참실 반 묶음을 꺼내어서 꽃감관이 가진 것과 맞춰보니 바짝 붙어서 딱 맞았다.

"네가 내 자식이 분명하다."

하인 하님*을 부르면서,

"여봐라. 내 자식이 왔으니 나 먹듯이 밥상을 차려 와라."

"아버님아 아버님아. 밥상을 차려온들 내가 아버지 무릎에 한번 앉아보지도 못했는데 상을 받을 수가 있습니까?"

"그러면 내 무릎에 앉아보아라."

---

* 여자 종을 높인 말.

할락궁이가 아버지 무릎에 앉아서 오줌 누는 모양 똥 누는 모양 갖은 어리광을 다 해두고서 밥상을 받을 적에 사라도령이 물었다.

"네가 이리 올 적에 웬 물이 발등에 뜨지 않더냐?"

"떴습니다."

"그게 네 어머니 첫 다짐 받던 눈물이로다. 또 오다 보니 뽀얀 물이 무릎에 뜨지 않더냐?"

"떴습니다."

"그건 재다짐 받을 적에 네 어머니가 흘린 눈물이로다. 또 오다 보니 노란 물이 자개미에 뜨지 않더냐?"

"떴습니다."

"그건 너의 어머니 삼 다짐 받으며 흘린 눈물이로다. 또 오다 보니 빨간 물이 잔등에 뜨지 않더냐?"

"떴습니다."

"그것은 네 어머니 목을 가를 때 흐른 피로다. 또 오다 보니 까마귀가 까옥까옥 아니 하더냐?"

"했습니다."

"그것은 네 어머니 잡아간 차사로다. 또 오다 보니 하얗게 차린 여자가 빨래를 하지 않더냐?"

"했습니다."

"그것은 네 어머니 혼령이로다."

"어머니 혼령이라면 왜 말을 물어도 대답을 아니 합니까?"

"인간이 목숨이 떨어져서 혼신이 되어가면 말을 하지 못하는 법이다."

그리고 또 묻기를,

"네가 일을 할 적에 나무 한 바리를 하면 마흔아홉 바리가 하여지고 새끼를 한 동 꼬는 새에 마흔아홉 동이 절로 꼬아지지 않더냐?"

"그랬습니다."

"그건 내가 세상에 머슴을 보내서 나무를 한 것이고 내가 새끼를 꼬아준 것이다. 너희 어머니 명주 석 동을 매고 두 동을 짠 것도 내 신력으로 그리한 것이다."

사라도령이 또 말했다.

"지금 너의 어머니가 죽어서 뼈만 앙상하다. 가서 너의 어머니 뼈를 찾아와라."

아들 할락궁이를 데리고 서천꽃밭 꽃구경을 시켜주면서,

"이건 뼈오를꽃이고 이건 살오를꽃이며 이건 오장육부 간담 만들 꽃이다. 이건 웃음웃을꽃이고 이건 말가를꽃이며 이건 시들꽃이고 이건 생불꽃이다. 이건 불붙을꽃이고 이건 멸망꽃이며 이건 악심꽃이다."

가리키는 대로 할락궁이가 꽃을 모두 따니까 마지막에 꽃감관은 때 죽나무 회초리를 꺾어 주면서 말했다.

"이걸 가지고 어머니한테 가라. 네 어머니 시신을 찾아서 살려내라."

할락궁이가 아버지 가르침대로 서천꽃밭 꽃들을 가지고 돌아올 때에 천년장자한테 가기 전에 청태국 마귀할망 집으로 들어갔다.

"네가 왜 왔느냐? 천년장자가 너를 찾아 죽이려 한다. 어서 달아나라."

"그건 그렇지만 천년장자 셋째 딸을 이리 불러주십시오."

천년장자 셋째 딸이 와서 할락궁이를 보더니만,

"아이고, 네가 무엇하러 왔느냐? 우리 아버지가 널 죽이려 한다. 너희 어머니도 아버지가 죽여버렸다."

"그렇지만 내가 은공 보답을 하려고 돈을 많이 벌어서 왔습니다."

할락궁이가 셋째 딸을 따라서 집으로 들어가자 천년장자가 소리를 쳤다.

"이놈, 어디 갔다가 왔느냐? 앞밭에 장검 걸고 뒷밭에 형틀 걸어라. 목 자를 놈 불러라."

바로 죽이려고 들 적에 할락궁이가 나서면서,

"상전님아, 상전님아. 죽일 땐 죽이더라도 내가 은공 보답으로 돈을 많이 벌어서 싣고 왔으니 돈이나 받아놓고서 날 죽이십시오. 일가친척을 모여 앉히면 돈 구경을 시키겠습니다."

천년장자 일가친척이 모여 앉았을 적에 할락궁이가 웃음웃을꽃을 내어놓자 일가족이 해삭해삭 웃어서 창자가 끊어지도록 그치지 않았다. 다시 할락궁이가 멸망꽃을 내어놓자 천년장자 일가친척이 차례로 쓰러져 죽어갔다. 그때 천년장자 첫째 딸과 둘째 딸이 나서므로 할락궁이가 불붙을꽃을 내어놓자 두 사람이 불이 붙어서 죽었다.

천년장자 셋째 딸애기가 나서면서,

"할락궁이 상전님아, 나를 살려주십시오."

"우리 어머니 죽은 데를 가리켜라."

셋째 딸이 가리키는 데를 가 보니까 뼈만 앙상하게 남고 머리 위에 머구나무가 울창하고 손 앞으로 왕대가 울창했다. 할락궁이는 은장도로 나무를 깨끗이 베어낸 뒤 뼈를 차곡차곡 모으고서 뼈오를꽃, 살오를꽃, 말가를꽃, 숨쉴꽃, 오장육부만들꽃을 차례로 문질렀다. 뼈가 살아나고 살이 살아나고 오장육부가 살아날 적에 때죽나무 회초리로 어머니 몸을 삼세번을 때렸다. 원강아미가 부시시 일어나면서 말을 하되,

"아이고, 설운 애기야. 봄잠을 너무 잤구나."

할락궁이는 어머니를 모시고 천년장자 셋째 딸아기를 데리고서 서천 꽃밭에 들어갔다. 서천꽃밭 어린아이들이 이리저리 고생하며 울 때에 원강아미가 아이들 밥을 주고 물을 주며 거느렸다. 그렇게 원강아미는 저승어멍이 되고 사라도령은 저승아방이 되었다. 천년장자 셋째 딸은 하녀 심부름꾼이 되었다. 할락궁이는 아버지 앉던 방석에 올라앉아 서천꽃밭 꽃감관이 되었다. 그 법으로 이 세상에는 할아버지 살던 곳에 아버지가 살고 아버지 살던 곳을 아들이 물려받아서 대대손손 이어가게 되었다.

숨 돌릴 틈 없이 길게 이어지는 서사다. 이 사연은 제주 남원읍에서 고산옹이 구연한 〈이공본〉을 바탕으로 삼은 것인데, 원본은 내용이 더 길고 자세하다(진성기, 《제주도무가본풀이사전》, 민속원, 1991 수록). 이 자료에는 주인공 이름이 '할락궁이'와 '한락궁이' 두 가지로 표기되어 있거니와, 다른 자료들에서 좀 더 많이 보이는 '할락궁이'를 택했다. 어떤 자료에서는 이름을 '할락둥이'라고도 한다. 다른 인물들의 이름도 차이가 있어서, 짐정국(김정국)과 임정국 대신 김진국과 원진국이라도 하며, 사라도령 대신 사라대왕이나 원강도령이라고도 한다. 원강아미 또한 원강

암이, 월광아기, 원앙부인 같은 이름으로도 불린다. 천년장자는 자현장자나 재인장자라고도 한다.

이 신화는 원천을 멀리 불경에 두고 있다. 《월인석보》에도 수록된 안락국 태자 이야기가 그것이다. 그 대체적인 내용은 다음과 같다.

인도에 불심이 돈독한 사라수라는 왕이 있었다. 범마라국 광유성인이 사라수 대왕을 시험코자 자기 나라로 불러들여 물 긷는 일을 맡길 적에, 그 아내인 원앙부인이 임신한 몸으로 함께 따라가다가 더 가지 못하고 자현장자한테 몸을 팔았다. 그 뒤 원앙부인이 아들 안락국을 낳자 안락국은 고초 끝에 범마라국으로 가서 아버지와 상봉했다. 안락국이 아버지 명을 받고 돌아와 보니 어머니가 살해당한 뒤였다. 안락국이 어머니 뼈를 모아놓고서 엎드려 게송을 읊을 적에 보살들이 에워싸더니 어머니가 이미 극락에 이르렀음을 알리고 안락국을 극락으로 데려갔다.

불경에 실린 안락국 이야기는 고전소설로 재창작되어서 읽히기도 했거니와, 〈안락국태자전〉이 그 작품이다. 〈이공본풀이〉는 안락국 이야기를 신화로 개편한 것인데, 불경의 이야기를 바로 가져온 것인지 소설을 거친 것인지는 확실치 않다. 내륙 지방의 구전 무가 가운데 〈악양국왕자노래〉를 보면 내용이 원전과 더 가까워서 불경의 안락국 이야기와 〈이공본풀이〉의 중간쯤에 놓인다.* 이 자료를 통해서 우리는 본래 내륙

----

* 이 자료는 한국정신문화연구원에서 출간한 《한국구비문학대계》 8-9권에 수록되어 있다. 1983년에 김해시 동상동에서 강분이가 구연한 무가이다.

지방에 불경을 바탕으로 한 무가가 있던 것이 제주도로 전래되면서 새로운 본풀이 신화로 거듭나게 된 것으로 이야기 전승 과정을 추정할 수 있다. 그것은 말 그대로 온전한 거듭남이었다. 〈이공본풀이〉는 안락국 이야기와 달리 온전한 자기 색깔을 갖추고 있는 터다. 캐릭터와 서사, 서술 방식 등이 두루 제주도 본풀이 특유의 신화적 체계 속에 녹아들어 있다.

이 이야기의 신화적 재탄생의 핵심에 무엇이 있는가 하면 바로 서천 꽃밭의 상상력이 있다. 사람을 웃기고 울리며 죽이고 살리는 신비의 꽃들이 가득 차 있는 꽃밭. 그 꽃밭이 있는 곳이 어디인가 하면 저 너머 또다른 세상이었다. 그곳은 십중팔구 저승이라고 보아도 좋을 것이다. 이야기에서 서천꽃밭 꽃감관을 '저승 꽃감관'이라 일컫기도 하는 데서 이를 단적으로 확인할 수 있다. 사라도령을 데리러 나온 삼차사가 어김없는 저승차사의 형상을 하고 있다는 사실 또한 서천꽃밭이 저승의 일부임을 말해준다. 앞의 〈죽음의 말〉에서 부처님이 망자에게 가르쳐준 곳에 포함된 '서천서역'도 아마 이곳과 무관하지 않을 것이다. 저 너머의 세상은 참으로 신기하기도 해서 낯선 공간에 이와 같은 갖가지 신비한 꽃들까지 간직하고 있는 터다.

서천꽃밭이 언제 어떻게 생겨난 것인지 알기는 어렵다. 부처님이 서천꽃밭을 이루었다고도 하고 생불왕 삼승할망이 아기를 점지하기 위해 꽃밭을 마련했다고도 한다. 그때의 꽃은 '탄생꽃(생불꽃)'일 테니 서천꽃밭은 무엇보다도 생명과 긴밀한 연관을 지닌다고 할 수 있다. 앞의 이야기를 보더라도 뼈살이꽃과 숨살이꽃, 오장육부만들꽃처럼 생명을 살리는 꽃이 많이 나오고 있어 서천꽃밭과 생명의 연관성을 확인할 수 있다. 거슬러 올라가면, 꽃이 생명의 상징이 되는 것은 대별왕, 소별왕의 꽃 피우기 시합에서부터 그러했던 바다.

그런데 이 신화에 등장하는 꽃은 생명의 꽃만이 아니다. 웃음웃을꽃과 불붙을꽃, 악심꽃, 멸망꽃 같은 꽃도 보인다. 자료에 따라서는 화나는 꽃과 싸움할꽃 같은 꽃이 보이기도 한다. 이렇게 다양한 꽃이 있고 보면 인간 만사가 두루 꽃으로 표상된다고 할 수도 있겠으나, 그렇게 뭉뚱그려 말할 일은 아닌 것 같다. 나의 생각에 생명의 꽃들과 함께 어울려 있는 저 꽃들은 특히 '감정'과 관련이 깊은 것이 아닐까 한다. 웃음웃을꽃이나 화나는꽃, 싸움할꽃, 악심꽃 같은 것이 모두 인간의 마음에 피어오르는 감정을 표상하고 있다. 일컬어 희로애락(喜怒哀樂). 상상을 조금 보탠다면 서천꽃밭에는 애오욕(愛惡欲)을 포함하여 인간의 제반 감정을 표상하는 꽃들이 두루 깃들어 있을 것으로 생각된다.

서천꽃밭의 꽃이 표상하는 생사와 고락은 이 신화에 등장하는 인물들의 성격 및 행로와 맥이 통한다. 이 신화 속의 사라도령과 원강아미, 할락궁이는 생과 사가 엇갈리는 경계 속에서 누구보다 큰 비애를 경험하는 존재들이다. 한날한시에 태어난 사라도령과 원강아미는 처음부터 운명이 엇갈린 존재였다. 한쪽은 더없이 가난하고 한쪽은 아주 부유하니 그 사이에서 빚어지는 것은 번민이고 갈등이었다. 짐정국이 혼사 얘기를 꺼내지 못하고 고민하는 모습이 이를 보여준다. 다행히 둘이 짝을 이루어 번민은 환희로 역전되지만, 그것도 잠깐이었다. 그들은 이제 삶과 죽음을 경계로 갈라져야 하는 운명에 직면한다. 온몸으로 그 운명에 맞서보지만 마침내 남는 것은 회한과 절망이었다. 사라도령과 원강아미가 비새처럼 울어서 눈물이 밥상에 흘러넘쳤다는 데서 그 아픔의 깊이를 엿볼 수 있다.

할락궁이는 어떤가 하면, 그야말로 사무치는 원한과 분노의 화신이었다. 아버지가 누군지도 모르는 천한 종의 자식! 어린 그에게 주어진 것은 감당 못할 크나큰 벌역이었다. 그나마 어머니의 목숨 대신 이를 받은 것이니 고마워해야 할 일이었다. 그가 내쉰 한숨이 얼마이고 뿌린 눈물이 얼마일지 가늠하기 어렵다. 요컨대 그는 원초적인 고통을 안고 태어나 질긴 육신을 짊어져야 하는 인간존재의 극적인 초상이라 할 수 있다.

할락궁이는 어떻게든 슬픈 존재를 부여안고서 세상의 폭력을 감당해보려 한다. 하지만 아무리 발버둥 쳐봐야 헛일이었다. 폭력과 핍박은 커져가고 원망과 분노 또한 점점 커져만 간다. "정주목이 아버지라면 왜 내가 울고 나가고 울고 들어올 때 울지 말라는 말 한 마디를 안 하느냐"고 하는 항변 속에 정주할 곳 없는 존재의 원한과 분노가 생생히 깃들어 있다. 참고 견디기에는 가슴이 터지는 상황이다. 콩을 볶고 있는 어머니의 손을 꾹 누르는 한 장면이 그 모든 것을 말해준다. 얼마나 속상하고 억울했을까. 얼마나 간절했을까.

할락궁이가 아버지가 누구인지 물을 때 원강아미는 왜 제 아들의 아버지가 천년장자라고 말한 것일까? 생각하면 기막힌 반어(反語)다. 차라리 그렇기라도 하면 더 낫겠다는 생각을 했던 것일까? 아니면, 그렇게 해서라도 모진 목숨을 지키고자 했던 것일까? 제 목숨, 또는 아들의 목숨을? 아니면, 남편에 이어서 아들마저 그렇게 속절없이 떠나보낼 수는 차마 없었던 것일까? 그렇다. 아들을 떠나보내고 나면 재처럼 스러지게 될 육신이다. 그 고통의 세월을 그렇게 마감해야 한다는 건 참으로 기가 막힌 일이다. 신이 시킨 일이라지만, 마침내는 풀리고 말 운명이라지만, 그건 너무나 혹독한 일이었다. 하지만 그건 그렇게 정해진 일이었다. 아들은 떠나야 할 존재였다. 이미 오래전부터 예정되어 있던 일이었다. 아들의 물음에 대한 설운 어미의 엉뚱한 대답은 그 운명을 확인하기 위한 의례적 몸짓이었을지도 모른다. 마침내 그것을 확인한 순간, 그는 모든 것을 훌쩍 내려놓는다. 죽음 앞에서의 무심한 그 말. "소용없습니다. 말해도 그 말입니다."

원한과 분노의 화신 할락궁이. 마침내 아버지를 만났을 때 할락궁이는 그 무릎에 올라앉아 똥 누는 모양 오줌 노는 모양을 하며 어리광을 부렸다고 한다. 어찌 보면 좀 엉뚱한 모습이지만, 그 가슴에 서린 한의 깊이를 확인시켜주는 대목이다. 모름지기 그는 살아오는 내내 바로 그 장면을 마음속에서 수백 수천 번 떠올리고 떠올렸을 것이다. 어렸을 때부터 사무친 욕망인지라 저렇게 어린 모습으로 이어지고 있는 터다.

이제 이어질 일은 복수다. 천년장자에 대한 할락궁이의 복수는 그야말로 인정사정이 없다. 웃음웃을꽃의 복수. 그것은 어디 네가 얼마나 즐겁고 행복할 수 있는지 맘껏 웃어보라는 말과 같다. 웃다가 창자가 끊어지는 것, 그렇게 속절없이 멸망의 길로 가는 것, 그것이 천년장자에게 주어진 응분의 보답이었다. 그와 더불어 더러운 권세를 누렸던 일족에게 주어진 무서운 응답이었다. 온몸에 불이 붙어 죽어가는 큰딸과 작은딸의 모습이라니……

여기서 한 가지, 할락궁이가 칼을 들고서 그들을 치고 있지 않음을 유의할 필요가 있다. 그가 불을 들어서 그들에게 던진 것도 아니었다. 그가 한 일이란 다만 꽃을 보여준 것뿐이었다. 그 꽃을 보고서 창자가 끊어지게 웃고, 불이 붙고, 쓰러져 죽은 것이었다. 무슨 말인가 하면, 그들을 태운 멸망의 불은 밖에 있었던 것이 아니라 그들 안에 있었다는 말이다. 바로 그들 자신이 삶의 과정을 통해 자기 내면에 불붙을꽃과 멸망꽃을 키우고 있었다는 이야기다. 할락궁이가 한 일은 다만 그것을 비춰준 것뿐. 신의 이름으로 본색이 드러나는 순간 그들은 단숨에 스스로 절멸하고 만 것이었다.

여기서 우리는 저 원한과 분노의 존재이자 복수의 화신인 할락궁이가 어떻게 하여 서천꽃밭 꽃감관이 되었는지 그 맥락을 이해할 수 있다. 태어나는 순간부터 생사의 경계에 놓인 채로 누구보다 크고 뜨겁게 희비의 쌍곡선을 경험한 그였다. 그러니 그는 세상 누구보다 밝은 거울이 된다. 이 생명 이 존재를 비춰보고 마음 깊은 곳을 비춰보는 거울. 과연 그 거울 앞에 선 우리는 어떤 모습일까? 우리 마음의 꽃밭에는 어떤 꽃들이 자라고 있을까? 짐짓 스스로를 속일 수 있을지는 몰라도 할락궁이 밝은 눈은 피할 수 없다는 사실!

끝으로 한 가지, 신화는 저 서천꽃밭에서 꽃에 물을 주는 이들이 '아이들'이라고 한다. 열다섯이 안 되어 죽은 아이들이 거기 머물면서 꽃을 돌본다고 한다. 제주도에서 만난 한 큰심방은 이에 대해서 아이들은 죄가 없으므로 시왕의 심판을 받지 않는다고 말해주었다. 서천꽃밭에 머물면서 꽃을 돌보다가 때가 되면 저승 극락으로 넘어간다는 것이다. 그 말을 전해 들으면서 마음이 무척이나 따뜻해졌었다. 이 세상 제대로 살아보지도 못하고 죽은 불쌍한 아이들이 저승에서 따로 고통을 겪지 않고 꽃들과 더불어서 지낸다고 하는 것은 아이를 덧없이 보낸 입장에서 얼마나 위안이 되는 일인지. 더구나 그들에게는 아이라면 모든 정성을 바칠 준비가 돼 있는 보호자가 있다. 저승어멍 원강아미와 저승아방 사라도령. 그리고 그 곁에, 살아생전 제일 슬펐던 아이, 할락궁이!

이승과 저승,
그 사이의 인간

낭자는 저승 문전에 서서,
"나는 청정각시요. 바삐 도랑선비를 보게 하소" 하였다.
그때 마침 금상절 부처님이 염라왕께 편지를 보내
그것이 염라왕 문전에 떨어졌으므로 염라왕이 그것을 펴본즉,
"각시는 아무 일도 시키지 말고, 좋은 곳에 있게 하라.
각시는 이 천하에 제일 지성한 사람이라"라고 쓰어 있었다.
그때 도랑선비는 저승 서당에서 아이들에게 그림을 가르치고 있었다.
낭자는 그 초당 문을 열고 안으로 달려 들어갔다.

— 홍원 김근성 구연 〈도랑선비 청정각시 노래〉에서

사람이 죽으면 가게 된다는 저승은 한번 가면 못 오는 곳이라 했다. 신이 아니라면 말이다. 살아서는 이승, 죽어서는 저승. 이승에서는 오로지 이승의 삶. 이것이 세상의 기본적인 질서 체계이다. 죽음 이후의 세계란 사람이 섣불리 넘볼 수 있는 곳이 아니라는 얘기다.

하지만 신화는 끝없이 그 세계에 대한 이야기를 한다. 그 미지의 아득한 세상을 우리의 사유 속으로 이끌어 들인다. 앞서 신화가 존재와 운명의 근원에 대한 이야기라고 했거니와, 신화가 삶과 죽음의 문제를 화두

로 삼는 것은 어쩌면 당연한 일일지 모르겠다. 따지고 보면 삶이 있어 죽음이 있는 것만이 아니라 죽음이 있어 삶이 있는 것이라고 할 수 있다. 이승과 저승, 삶과 죽음은 동전의 양면처럼, 빛과 그림자처럼 한 짝으로 공존한다.

신화들에 나오는 저승의 형상은 서로 똑같지는 않다. 때로는 서로 상반되어 보이기도 한다. 어떤 신화는 먼 옛날 인간이 꽤 자유롭게 저승과 이승을 넘나들던 모습을 전하고 있다. 저승과 이승 사이에서 이중생활을 한 주인공도 만나볼 수 있다. 하지만 또 다른 신화는 이승과 저승 사이의 경계가 너무도 결정적이어서 벽을 허물 수 없는 원천적 모순 관계에 있음을 새삼 강조한다. 비록 서로 맥락은 다르지만, 이들이 삶과 죽음이 과연 무엇인지를 저 밑바닥에서부터 돌아보게 한다는 점은 공통적이다.

어떤 신화들은 이승의 삶과 저승의 삶 사이의 인과적 역학 관계를 기본 화두로 삼기도 한다. 이승의 삶이 저승의 삶에 어떻게 지속적으로 또는 역전적으로 이어지는가의 문제다. 특히 이승의 삶이 그 자체로 끝이 아님을 확인하면서 저 너머에서 이쪽과는 완연히 다르게 삶의 역전이 이루어질 수 있다는 사실을 강조하는 경우가 많다. 생사고락의 역동에 대한 이러한 상상력 또한 동서고금을 막론하고 신화적 사유의 한 축을 이루는 것이라 할 수 있다.

이제 이승과 저승을 화두로 삼고 있는 세 편의 신화를 통해서 삶과 죽음에 대한 한국적인, 또는 보편적인 사유와 만나보기로 한다.

이승과 저승을 오고간 허웅애기

저 남녘의 섬 제주도에는 참 많은 신화가 있다. 본풀이로 불리는 구전 신화들은 크게 세 종류로 나누어진다. 먼저, 일반신본풀이. 이는 제주도 전역에서 공통으로 모시는 신에 관한 본풀이 신화이다. 다음, 당신본풀이(본향당본풀이). 각 마을을 지켜주는 당신(본향)의 내력을 전하는 신화이다. 그리고, 조상신본풀이. 특정 집안에서 모시는 신의 내력을 담은 본풀이 신화다. 그런데 이 세 종류의 본풀이 어디에도 속하지 않는, 제의적 맥락과 신화적 정체성이 다소 불투명한 본풀이들이 더 있다. 제주 민속 전문가인 진성기 선생은 이를 '특수본풀이'라 명명한 바 있다. 〈세민황제본풀이〉와 〈영감본풀이〉, 〈삼두구미본풀이〉, 〈허웅애기본풀이〉 등이 여기 해당하는 신화들이다.

이들 본풀이 신화는 현장적 전승력이 많이 약해진 상태에 있다. 제의와의 연관성을 잃은 데 따른 결과다. 그래서 때로 이들 신화는 별 의미가 없는 '덤'처럼 다루어지기도 한다. 하지만 이 신화들은 결코 만만한 이야기들이 아니다. 어느 날 나는 이들 신화에 원시적 체취가 깊이 배어 있음을 깨닫고 눈이 둥그레질 수밖에 없었다. 이들은 다른 어떤 신화들 못지않게 유구한 역사를 지닌 원형적인 신화일 가능성이 크다.

그 가운데 저승과 이승을 화두로 하고 있는 신화 〈허웅애기본풀이〉를 소개한다. 허웅애기는 '허궁애기'나 '허웅아기'로도 불리는데, '허웅애기'가 일반적인 명칭이다. 그 자료는 본풀이 무가로 구송된 것들과 설화 형태로 말해진 것들이 공존하는데, 내용에 큰 차이가 없으며 공히 신화적 성격을 지니고 있다. 여기서는 제주도에서 설화로 구연된 〈허웅아기〉를 바탕으로 내용을 정리한다(1981년 서귀포시 안덕면에서 윤추월 구연,《한국구비문학대계》9-3, 한국정신문화연구원, 1983 수록).

아주 오랜 옛날, 제주도에 고, 양, 부 삼성三姓이 나오고 할 때의 이야기다. 그 옛날 그때에는 하늘에 해도 두 개이고 달도 두 개여서 낮이면 더워서 죽고 밤에는 추워서 죽고 하던 시절이었다.

그때 허웅애기가 살고 있었다. 허웅애기는 나이 열다섯에 결혼을 해서 자식들을 낳았다. 한 살 난 아기에 두 살 난 아기까지 여러 자식이 딸렸는데, 어느 날 저승왕이 허웅애기를 데려오라고 했다. 저승왕한테 불려가니 허웅애기는 죽은 몸이 되었다. 어린 아기들을 놔두고 저승을 가려니 눈물이 넘쳐흘렀다.

허웅애기는 본래 무명 짜는 일을 잘했다. 항상 무명을 짜다가 죽었는데, 저승에 가서도 계속 무명을 짰다. 허웅애기는 무명을 짜면서 어린 자식들 생각에 울고 또 울었다. 하도 우니까 시왕이 물었다.

"너는 왜 그리 우느냐?"

"한 살 난 아기와 두 살 난 아기와 몇 살 난 아기에 낭군님 내버려두고 오려니 영 울었습니다."

"그렇거든 이제 네가 밤에는 이승을 가고 낮에는 저승으로 돌아와라."

그렇게 법령을 내리므로 허웅애기는 밤이면 이승으로 돌아와 자식들을 만날 수 있었다.

사람들이 보니까 그 집의 어머니가 죽었는데 아기들이 머리를 곱게 잘 따고 지내고 있었다. 사람들은 허웅애기가 죽었는데 누가 아기들 머리를 저리 곱게 빗기고 다듬어주는지 궁금해했다. 어느 날 동네 할머니가 아기한테 물었다.

"아기야, 머리를 누가 그렇게 해줬느냐?"

"우리 어머니가 해줍니다."

"무슨 너희 어머니가, 죽은 어머니가 오느냐?"

"우리 어머니 옵니다."

"아이고야, 너희 어머니 오거든 나한테 말해라."

"예."

그때 허웅애기가 밤에 올 때는 누가 볼까 봐 문을 탁탁 다 잠갔다. 밤에 아기가 할머니 말을 생각하고 밖으로 나가려고 하니까,

"오줌도 방에서 싸라."

하면서 영 나가지를 못하게 했다. 나가지를 못하고 날이 샌 뒤에 동네 할머니를 만나니까,

"아기야, 너희 어머니 왔더냐?"

"예, 왔습니다."

"나한테 말하라 했는데 왜 아니 말했느냐?"

"나오려 하니까 우리 어머니가 못 나가게 문을 잠가버려서 못 왔습니다."

할머니가 은실인가 금실인가를 주면서,

"내 발에도 이걸 맬 테니 네 발에도 이걸 졸라맸다가 밤에 어머니가

오거든 이 실을 이렇게 종긋종긋 잡아당겨라."

아기가 발에 실을 매고서 누웠다가 밤에 어머니가 오니까 실을 이렇게 막 흔들었다. 그러니까 할머니가 와서는 그 집 올레에 가시가 많은 들딸기나무를 베다가 가득 쌓아두어서 사람이 들어오지도 나가지도 못하게 했다. 허웅애기가 시간을 지켜서 저승에 들어가려 하는데 가시 울타리 때문에 나갈 수가 없었다.

허웅애기가 시간을 어기자 저승왕이 저승차사를 놓아 보냈다.

"허웅애기가 꼭꼭 시간을 잘 지켜서 오는데 오늘은 아직 오지 않았구나. 괘씸하다. 가 보아라."

저승차사가 허웅애기 집에 가서 보니 문을 다 잠가놓고 가시나무를 쌓아서 들어가지 못하게 꽉 막고 있었다. 차사는 지붕 꼭대기로 올라가서 지붕에서 허웅애기 머리카락 몇 오라기를 뽑아서 저승으로 데려갔다. 그러자 허웅애기가 집에서 아주 죽어버렸다.

그 시절에는 귀신을 부르면 생인이 대답하고 생인을 부르면 귀신이 대답해서 이 세상에 누가 생인인지 귀신인지를 몰랐는데 이때부터 이승과 저승이 아주 구분되어서 끊어졌다. 천왕이 해도 하나 쏘아버리고 달도 하나 쏘아버리고 이제 귀신들이 말을 못하게 해버렸다.

사람이 죽어서 염을 하자면 작은 종이를 만들어가지고 머리털 잘라 넣고 손톱 발톱을 잘라서 넣는다. 그리고 흰쌀 일곱 방울을 물에 담갔다가 그 사람 죽은 입을 들어서 입속에 놓는다. 어떤 이유로 그러느냐 하면, 저승에 가서 이승에서 어떠했다 하는 소문을 내지 못하도록 턱을 물리는 것이다. 저승에 가서 이승이 어떠했다 하고 이승에 와서 저승이 어떠했다 해서 다 끊어져버리므로 그리하는 것이다.

이 신화는 자료에 따라 이야기 내용에 부분적인 차이가 있지만, 그 핵심 줄기는 서로 통한다. 자식을 두고 저승에 불려갔던 허웅애기가 밤이면 이승을 오가던 중 어느 날 저승으로 복귀하지 않은 탓에 이승과 저승이 단절되게 되었다는 것이 기본 서사를 이룬다.

이와 같은 〈허웅애기본풀이〉의 서사는 다분히 창조 신화적 면모를 내포하는 것이라 할 수 있다. 저승과 이승 사이에 소통과 왕래가 가능했다는 것은 삶과 죽음의 분화가 온전히 이루어지지 않았던 상황을 암시한다. 그것이 허웅애기의 일을 계기로 둘로 딱 나뉨으로써 세계의 질서 체계가 정립된 것이라 할 수 있다. 혼합 상태의 하늘과 땅이 분리된 것에 비견할 만한 혼돈에서 질서로의 변화에 해당한다. 이 이야기 속에 천왕(대별왕 소별왕)이 해와 달을 쏘는 화소가 들어 있는 것은 그런 면에서 아주 자연스러운 일이라 할 수 있다. 그 또한 세계의 질서 체계를 갖추어나가는 과정에 해당하기 때문이다.

이 신화가 지니는 원시적 성격에 대해서는 따로 긴 설명이 필요 없을 것이다. 두 개씩이던 해와 달에 관한 내용이나 저승과 이승의 왕래라는 상황이 모두 머나먼 시원의 상황을 환기하는 요소가 된다. 귀신과 산 사람(생인)이 서로 잘 분간이 안 되는 채로 공존했다는 것 또한 음양의 질서가 분화되기 이전의 원시적 카오스 상황을 연상시킨다. 어떤 자료에서는 귀신 외에 돌과 나무도 말을 하다가 이때부터 그 일이 금지되었다고 말하고 있기도 하다.

관건은 그러한 변화를 보는 신화적 시각이다. 음양의 분화를 통한 질서 체계의 확립이란 역사적·문화적 발전으로 긍정돼야 할 요소일 듯하지만, 이 신화가 나타내 보이는 시선은 오히려 부정적인 쪽에 가깝다. 허웅애기가 살던 당시에 사람의 죽음은 완연한 끝이 아니었었다. 그것이 완전한 단절로 귀착되고 말았다는 것은 이승의 삶이 그만큼 유한하고 무상한 것이 되었다는 이야기가 된다. 그 원인이 무엇이었는가 하면 바로 사람들의 욕망이었다. 죽음을 거부하고 이승에 계속 머물고자 하는 욕심이 이승에서의 완전한 떠남이라는 결과를 낳은 상황이다. 이야기는 그것을 '허웅애기'의 일로 말하고 있지만, 실상 그것은 인간 보편의 영속적 삶에 대한 욕망과 그 좌절을 말하고 있다고 할 수 있다.

궁금한 것은 이야기 끝에 제시된 장례 풍속의 의미 맥락이다. 저승에 가서 이승의 말을 못하고 이승에 와서 저승의 말을 못하도록 한다는 것은 삶과 죽음의 분화를 받아들이고 거기에 순응하는 행위처럼 보인다. 저승에 가면 이승에 대한 미련은 내려놓아야 한다는 식이다. 하지만 어찌 생각하면 이는 '비밀을 지킬 수만 있다면' 두 세계의 왕래가 가능할 수도 있다는 희망을 표현한 것처럼 보이기도 한다. 허웅애기가 어겼던 금기를 망자가 잘 지킴으로써 세상으로 다시 되돌아올 수 있기를 바라는 기대감 같은 것 말이다. 하지만 이 부분의 의미 맥락은 꽤나 불투명해서 무어라 판단하기가 쉽지 않다. 더 깊이 따져봐야 할 어려운 문젯거리다. 하기야, 지금 우리의 화두는 '삶과 죽음'이 아니던가.

매일 장상의 저승 궤에 재물이 가득한 이유

제주도의 특수본풀이 가운데 이승과 저승을 화두로 삼고 있는 이야기
가 하나 더 있다. 〈세민황제본풀이〉가 그것이다. 이름만 보면 중국을 배
경으로 한 영웅 서사일 것처럼 생각되지만, 내용은 전혀 다르다. 이승의
삶과 저승의 삶, 그리고 적덕(積德)의 문제를 화두로 삼는 원형적이고
보편적인 내용의 신화다.

이 이야기에 나오는 '매일 장상'이라는 이름이 반가운 독자들이 많을
것이다. 매일이와 장상이는 바로 〈원천강본풀이〉에 등장했던 인물들이
다. 오늘이가 원천강을 찾아가는 길에 만나서 서로 짝을 지어준 남녀 말
이다. 지금 나오는 매일 장상이 그 옛날 오늘이가 만났던 남녀하고 같은
존재라면 그것은 무척 흥미로운 일이 될 것이다.

〈세민황제본풀이〉는 1930년대에 채록된 〈세민황데본푸리〉(박봉춘 구
연, 《朝鮮巫俗の硏究(上)》, 옥호서점, 1937 수록)와 1960년대에 채록된 〈세민
황제본〉(조술생 구연, 진성기, 《제주도무가본풀이사전》, 민속원, 1991 수록) 두 자
료가 있다. 〈세민황제본〉은 인물이 매일이와 '장삼이'로 돼 있는데, 〈원천
강본풀이〉와 달리 매일이가 남자이고 장삼이가 여자라고 한다. 여기서
는 내용이 좀 더 풍부한 박봉춘 구연본을 바탕으로 사연을 정리한다.

세민황제가 인간 세상에 임금으로 있는데 고집이 세고 마음이 사나
웠다. 만민 백성을 괴롭히고 불법佛法을 무시하여 불도를 믿는 사람에게
험한 벌을 내렸다. 그렇게 포악한 짓을 하다가 죽어서 저승에 가고 보니

저승 사람들이 이승 때 원수를 갚아주자고 방망이를 들고 덤벼들어 두드리려고 했다. 저승차사가 세민황제를 저승왕에게 데려가니까 지옥에 가두라는 명이 내려졌다.

저승왕이 만사를 생각하며 탄식하고 있을 적에 저승에 있던 사람들이 수없이 몰려들어 원정寃情을 올렸다.

"세민황제는 이승에 있을 때 우리들에게 억울하게 돈을 많이 빼앗았으며, 죄 없는 사람을 못 견디게 굴고 죽여버렸습니다. 포악한 짓만 하였으니 원수를 갚아주십시오."

그러자 저승왕이 세민황제를 불러서 말했다.

"너 이 고약한 놈아. 이승에서 못할 짓을 많이 하여 죄 없는 사람을 괴롭히고 사람들 돈을 빼먹었으니 그때에 못할 짓을 한 것만큼 옳은 일을 하고 못사는 사람 잘살게 하고 죽은 사람 살리고 거저 먹은 돈을 갚아주어라."

세민황제가 민망하여 하는 말이,

"옳은 일 하는 것은 몰라도 돈이 어디 있어 갚겠습니까?"

저승왕이 화를 내면서 하는 말이,

"그러면 네가 이승에서 거저먹은 돈은 다 어찌하고 이제부터 어찌하겠단 말이냐? 만년 동안 뱀 통에서 살아도 좋단 말이냐?"

"이승에서는 과연 잘못했습니다. 돈을 얼마만 빚을 내주십시오. 저를 살려주면 이승에 가서 나쁜 버릇 고치고 선한 마음 먹어서 만인적선을 하여 돈을 벌어 갚아드리겠습니다."

"그러하면 네가 이승의 매일 장상을 아느냐? 매일 장상이 저승에 돈을 많이 가지고 있으니 그 돈을 빚져 썼다가 이승에 가서 그 사람에게 갚아주거라."

저승왕이 돈궤지기를 불러서 매일 장상의 돈을 세민황제에게 주도록 하자 세민황제가 그 돈으로 사람들에게 빚을 갚아두고서 자기 저승 궤를 가서 보니까 볏짚 한 뭇밖에 없었다.

"어찌해서 저의 저승 궤에는 볏짚 한 뭇밖에 없습니까?"

"너는 세상에서 남의 것 공것만 먹고 남한테 공것을 주어본 일이 없다. 단지 어렸을 때 동네 늙은이한테 짚 한 뭇 준 것밖에 없다. 살았을 때 활인活人을 많이 해야 저승 궤에 재산이 많아지는 법이다."

"그러면 어떤 것이 활인지덕입니까?"

"배고픈 사람 밥을 주고 옷 없는 사람 옷을 주고 가난한 사람에게 돈을 주고 하는 것이 활인지덕이다. 만인적선을 해야 하는 것이니 속히 이승으로 나가서 적선을 하고 돌아오너라."

그러면서 하는 말이,

"네가 가다 보면 송아지가 나서서 길을 인도해주겠다고 할 것이다. 그 송아지 말을 듣지 말고 곧은길로만 나가거라. 또 가다 보면 웬 강아지가 길을 인도해주겠다고 할 것이다. 그 말도 듣지 말고 곧은길로만 가라. 가면 검천낭이라는 차사가 있을 테니 그에게 물으면 이승으로 갈 수 있으리라."

세민황제가 저승왕 시킨 대로 송아지와 강아지 말을 듣지 않고 곧은 길로 나아가서 검천차사를 만나자 차사가 그를 이끌고 가서 어떤 문을 열면서 컴컴한 데로만 들어가라고 했다. 검천차사가 뒤에서 등을 떠밀자 황제가 연못 같은 데로 텀벙 떨어졌다. 깜짝 놀라 깨어보니 그곳이 바로 이승이었다.

세민황제는 만조백관滿朝百官을 모아 조회를 열고서 매일 장상에 대해 조사하도록 했다. 매일 장상이 부부로서 남자는 신을 만들어 팔고 여자는 술장사를 하면서 살고 있다는 것을 알아낸 황제는 허름한 차림으로 길을 나서서 매일 장상의 집을 찾아 들어갔다.

외방 손님이 찾아오자 매일 장상은 다정스럽게 맞아들였다. 그리고 손님이 술을 팔라고 하자 술상을 정성스럽게 차려서 갖다놓았다. 손님이 술값을 묻자 말을 하되,

"한 잔에 두 푼씩 여섯 푼만 내십시오."

"그건 무슨 까닭입니까?"

"다른 집에서 두 푼을 받으면 한 푼을 받고, 다른 집에서 서너 푼을 받으면 두 푼을 받는 것은 우리 집에 그 전부터 항상 있는 일입니다."

세민황제는 며칠 뒤 다시 매일 장상의 집으로 가서 신을 한 배 팔라고 했다. 그들은 신을 한 배 더 내주더니 이유를 묻는 말에 이렇게 대답했다.

"신 한 배를 사는 이한테는 두 배를 내주고 두 배를 사는 이에게 네 배를 내주는 것은 우리 집의 변함없는 법도입니다."

또 며칠 만에 매일 장상의 집으로 가서 돈을 열 냥만 빌려달라고 하자 '그리하십시오' 하면서 선선히 내주었다.

"모르는 사람한테 돈을 주었다가 안 가져오면 어찌합니까?"

"옹색하거든 가져다 썼다가 또 생기거든 갚아주십시오. 그러나 돈이 안 생기면 언제까지든지 안 갖다 주어도 좋으니 조금도 걱정할 것 없습

니다."

이 말에 세민황제가 생각하되,

'이것이 정말로 만인적선이로구나. 매일 장상은 이리 하면서 수만 명 불쌍한 사람들을 살려주고 수만 냥의 돈을 다른 사람에게 거저 먹였을 것이다. 그러니 매일 장상의 저승 궤에는 돈이 가득 차는 것이로구나.'

크게 교화를 받은 세민황제는 조회를 열고서 적선의 도를 닦을 방침을 의논했다. 대신이 나서서 팔만대진경을 내와야 한다고 하자 황제는 호인대사를 극락세계에 보내서 팔만대진경을 내오게 했다. 길을 나선 호인대사는 층암절벽에서 바위틈에 갇혀 머리만 내밀고 있는 빠른개비를 풀어준 뒤 그 힘을 빌려서 용왕국 배를 얻어 타고 청수바다 황수바다 백수바다 흑수바다 적수바다를 지나서 극락세계에 올라가 팔만대진경을 구하여 돌아왔다.

세민황제는 크게 기뻐하며 호인대사한테 큰 벼슬을 내리고 매일 장상을 불러들였다. 매일 장상이 앞에 오자 황제는 저승에서 있었던 일과 자기가 매일 장상 집에 찾아갔던 일을 하나하나 말하며 그들을 칭찬했다.

"너희가 그렇게 적선을 한 것이 교화가 되어 나까지 활인지덕을 베풀게 되었노라. 너희들이 저승으로 가면 저승왕의 칭찬은 나보다 몇 곱절이나 더할 것이다. 너희의 저승 궤는 내가 봤을 때보다도 지금 더욱 불어나고 있을 것이다. 네가 죽어 가서 차지할 때는 몇 곱절이나 불어나 있을 것이다."

그러자 매일 장상은 오히려 비웃는 듯 불쾌한 듯 미소하며 말했다.

"소인은 칭찬받기를 즐거워하지 않습니다. 오히려 부끄러워합니다."

"그것은 웬일이냐? 그대 만인적선 활인지도가 장하지 않으냐? 너희 덕분에 나까지 선한 마음을 먹어 저승왕에게 칭찬을 받게 되지 않았느냐?"

매일 장상이 머리를 가로 흔들면서 말했다.

"소인이 생각한 만인적선 활인지도는 수만 중 하나도 닦지 못했습니다. 아직도 밥 없이 굶는 사람과 옷 없이 떠는 사람, 온갖 불쌍한 사람이 세상에 가득하니 어찌 만인적선을 하고 활인지덕을 닦았다고 하겠습니까? 소인은 세상의 모든 불쌍한 사람을 구제하지 못한 오늘날 저승을 간다 할지라도 낯이 없어서 저승왕을 대할 수 없겠습니다."

이러하니 세민황제가 크게 감동해서 지금 자기가 얼마나 잘하는지 떠든 것을 부끄러워하고 온 세상 불쌍한 사람들을 모두 구제해야 하리라는 사실을 새삼 통감했다.

이때 세민황제가 저승에서 빌려 쓴 돈을 저승왕 명으로 갚아주노라 하고 그 돈에 이자를 붙여서 내주자 매일 장상이 굳게 거절하면서 말했다.

"소인은 지금까지 남한테 빌려준 돈을 이자까지 합해서 받아본 적이 없습니다."

"이것은 저승왕의 명령에 의해 주는 것이니 반드시 받아야만 한다."

이러면서 황제는 강제로 돈을 맡겼다.

이후 세민황제는 매사를 매일 장상에게 의논하며 모든 활인지도를 마련하였다.

전반적으로 원전의 내용을 충실히 반영했지만, 부분적으로 사연을 간추린 데도 있다. 원전에는 호인대사가 황제 명으로 팔만대진경을 구해 오는 내용이 꽤 길게 서술돼 있다. 이는 소설 〈당태종전〉 내용을 수용한 것으로 이해되고 있거니와, 그 내용이 〈서유기〉와도 통한다. 호인대사 는 삼장법사, 빠른개비는 손오공에 해당하는 인물이 된다. 꽤 흥미로운 내용이지만 신화의 서사 맥락과 잘 어울리지 않는 터라서 요지만 간단 하게 제시하였다.

앞의 〈허웅애기본풀이〉와 비교해보면, 이 신화는 상대적으로 원시적 체취가 약한 편이다. 세민황제라는 역사적 인물이 등장하는 것도 그렇 거니와, 저승과 이승의 관계를 살펴보아도 양자가 분립되어 있음을 보 게 된다. 세민황제가 이승으로 돌아옴에 있어 길고 어두운 관문을 거친 다는 데서 양자 사이에 큰 단절이 있음을 확인할 수 있다. 하지만 저승 에 갔던 세민황제가 이승으로 돌아오는 것을 보면 서로 간의 통로가 어 떻게든 열려 있는 양상이다. 이승과 저승이 완전한 불가역적 관계로 분 화되기 이전의 상황을 반영한 것으로 볼 수 있는 모습이다.

이 신화에서 서사의 초점은 저승과 이승 사이의 거리나 왕래라는 요 소보다는 그 의미적 상관 구조에 놓인다. 이승의 삶과 저승의 삶이 맺 고 있는 인과율적 상관관계의 문제다. 그 핵심은 사람들이 저승에서 이 승의 삶에 대한 응보를 정확하게 받는다는 것이다. 이승에서 행한 선행 과 악행을 저승에서 어김없이 되돌려 받는다는 것인데, 이 신화는 특히 '궤의 돈'이라는 물리적 요소를 통해 그 관계를 구체화하고 있어 눈길을 끈다. 이승에서 남에게 베푼 만큼 저승 궤에 재물이 쌓인다고 하는 것으 로 이 세상에서의 나눔과 적덕의 필요성을 명쾌하게 설파한다. 너무 단순하고 상투적인 교훈이 아닌가 싶기도 하지만, 이승의 빈부귀천이 저 승에서 역전된다고 하는 사고는 다분히 도전적인 것이라고 볼 수 있다. 이승에서 가난 속에서 힘들게 사는 사람들한테 위안이 될 만한 내용이 다. 이 이야기에서 유한한 이 세상 너머 저세상까지를 내다보면서 삶의 본원적 가치 규준을 세우는 것은 신화에 꼭 어울리는 특징이 된다.

한 가지 궁금한 부분은 왜 하필 '세민황제'인가 하는 것이다. 추정컨 대 그는 '세상에서 가장 권세 있는 자'의 표상으로 선택된 것이 아닐까 한다. 작은 나라의 왕이 아닌 중국의 황제를 등장시켜서 그런 이도 저승 에 가면 가장 가난한 자가 될 수 있다고 함으로써 이승과 저승의 대비 적 질서를 효과적으로 부각한 것이라고 생각된다. 이야기는 권력자 세 민황제를 서민적 삶을 표상하는 매일 장상과 대비시킴으로써 삶의 가 치가 외적 권세가 아닌 내적 자질과 음덕에 있음을 강조하고 있다.

이 이야기에서 적덕의 표상으로 등장하는 '매일 장상'과 〈원천강본풀 이〉에 나오는 매일이 장상이 사이에는 어떤 관계가 있을까? 원전을 보 자면 '매일 장상'은 서술의 맥락이 조금 불투명하다. '매일'과 '장상'이 부부인 것처럼 서술되기도 하고 때로는 '매일 장상'이 한 사람인 것처럼 말해지기도 한다. 이 신화를 채록한 학자들은 주석에서 "매일은 여자의 이름, 장상은 남자의 이름으로 부부이다"라고 말하고 있거니와, 이를 받 아들이고 싶은 마음이다. 그리고 그들이 곧 〈원천강본풀이〉에 나오는 매일이 장상이와 같은 사람일 수 있다는 생각을 해본다. 둘이 만나 부부 가 된 이후의 삶의 모습을 이 신화가 보여주고 있다고 하는 가정이다. 이 두 신화를 구연한 화자가 같은 사람(박봉춘)이고 보면 이렇게 보아도 큰 무리는 아닐 것 같다.

그렇다면 두 신화 속 매일과 장상의 서사적 연관은 무엇일까? 나의 생각에 그것은 우선 '관계'에서 찾을 수 있지 않을까 한다. 〈원천강본풀이〉에서 장상과 매일은 혼자서 글만 읽고 있다가 오늘이를 통해서 서로 만나 짝을 이룬 뒤 삶의 새 지평을 연다. 그것은 고립되어 닫힌 상태로부터 타자와 관계를 맺는 상태로의 질적인 비약이었다. 관계의 중요성을 누구보다 절감했을 터이니만큼 그들이 세상 사람들과 널리 열린 관계를 맺으며 덕을 베푼다고 하는 것은 매우 자연스러운 일이 된다. 한편 이들이 본래 이승과 저승을 넘어서 맺어진 관계라는 사실도 주목하게 된다. 〈원천강본풀이〉에서 장상은 청수바다 이쪽 편 사람이었고 매일이는 청수바다 저쪽 편 사람이었었다. 그 경계를 넘어서 만난 두 사람이 이승과 저승을 관통하면서 세상의 밝은 주인공으로서 힘을 내고 있는 중이다. 두 사람은 매일을 하루같이 장구하게 덕을 베풀고 있다는 점에서 환상의 짝이라고 할 만하다.

한 가지 덧붙이면, 이 신화에서 말하는 저승이 꼭 저 너머 죽음의 세상을 뜻하는 것이 아닐 수도 있다는 생각을 해본다. 우리가 보고 경험하는 밝은 세상과 대비되는 저 멀리 깊이 깃들어 있는 어둠의 세상으로 볼 수 있지 않을까. 둘 사이의 차이를 사람의 외면과 내면, 또는 의식과 무의식의 차이로 볼 수 있지 않을까. 베풀어서 나누면 재물이 쌓인다는 그 창고란 바로 우리 마음속 깊은 곳에 있다는 이야기다. 나누는 그 순간 마음의 창고에 밝은 기운이 쌓일 터이니 그것이 곧 부자가 되는 일이 아닐지. 주관적인 해석이다.

저세상의 도랑선비, 이 세상의 청정각시

여기 이승과 저승의 문제를, 그리고 삶과 죽음의 문제를 더욱 본격적으로 다루고 있는 또 다른 신화가 있다. 〈도랑선비 청정각시 노래〉다. 누구보다 일찍 민간 신화 채록에 나서서 귀중한 자료를 남긴 손진태 선생이 1926년에 함남 홍원군에서 채록한 서사 무가다(김근성 구연. 손진태 편, 《조선신가유편》, 향토문화사, 1930 수록).* 이 신가는 죽은 이를 위한 의례인 망묵굿에서 구송되던 것으로서, 죽음이란 무엇인가 하는 문제를 정면으로 제기하고 있다.

이야기 주인공은 남편을 저승으로 보내고 홀로 남은 아내이다. 그녀는 남편과 재회하려고 갖가지 모진 정성을 다 바친다. 과연 그 간절한 바람은 이루어졌을까?

청정각시의 아버지는 화덕중군 황첨사이고 어머니는 구토부인이었다. 어느 날 청정각시는 어떤 양반집으로 시집을 가게 되었다. 신랑은 도랑선비라는 이였다.

신랑은 성대한 혼수와 많은 하인을 데리고 위풍당당하게 신부 집에 이르렀다. 그런데 대문을 들어가려고 할 때 무엇인가가 뒤통수를 내려짚는 것 같았다. 그는 혼례식을 겨우 마치고 큰상을 받았으나 먹을 생각

----

* 이 신화의 다른 판본으로는 1966년에 김태곤이 함흥 출신 무녀 이고분에게서 채록한 〈도랑선비〉가 있다(김태곤 편, 《한국무가집》 3, 집문당, 1978 수록). 이 자료에는 주인공 이름이 '청천각시'로 되어 있다. 이야기의 서사적 완결성은 〈도랑선비 청정각시 노래〉가 더욱 높다.

도 안 하고 자리에 드러누웠다. 말을 걸어봐도 대답을 하지 않았다. 그러자 신부 집에서는 신랑을 거만한 사람이라고 생각했다.

"아무리 제가 양반의 자식일지라도 저리 무례할 수가 있나?"

밤이 되자 신랑이 입을 열더니 색시를 보게 해달라고 했다. 신부 어머니는 딸을 고이 단장시켜서 신방에 들여보냈다. 하지만 신랑은 여전히 그들을 못 본 체하고 누워만 있었다. 신부는 돌아앉았고 장모는 배알이 나서 신방을 나가며 화를 냈다.

"아무리 양반의 자식인들 이런 법이 있을까 보냐."

청정각시가 한참을 앉아 있을 적에 신랑이 말했다.

"각시님, 손을 빌려주시오."

각시가 손을 내밀자 신랑은 색시의 손을 잡고서 작은 소리로 말했다.

"내가 아까 대문을 들어오려고 할 때 이상한 일이 있어서 한참 동안 정신이 혼미하였소. 하지만 때때로 정신이 돌아오기도 합니다."

신부는 바로 부엌으로 달려가서 어머니한테 그 말을 했다. 신부 부모가 깜짝 놀라서 곧바로 큰무당을 불러서 점을 쳤더니 무당이 말을 했다.

"혼수 가운데 부정한 삼색 채단이 있어서 그렇습니다. 신부 혼수를 다 태워버리면 나을 것입니다."

신부 집에서 혼수를 태워버리자 신랑의 병은 조금 차도가 있었다. 하지만 여전히 혼미해서 정신을 제대로 차리지 못했다. 밤중이 되자 신랑은 타고 온 말을 내어달라고 하더니 데리고 온 하인들과 함께 집으로 향했다. 신부 집에서 울며불며 말릴 적에 신랑이 신부에게 말했다.

"내일 한낮에 저 너머 불칠고개로 단발한 놈이 넘어오면 내가 죽은 줄 아시오."

그러면서 신랑은 대모玳瑁 살쩍밀이*를 신부에게 정표로 주었다. 색시
는 신랑한테 옥지환玉指環을 주면서 통곡을 했다.

신랑이 떠난 뒤 신부는 신방 차림과 첫날밤 이부자리를 그대로 놔둔
채로 정화수를 길어다가 신랑이 무사하기를 지성껏 빌었다. 신부의 기
도는 이튿날 낮까지 계속되었다. 한낮이 되도록 단발한 사람이 보이지
않더니 밤이 되자 단발한 사람이 숨을 헐떡이며 달려와서 신랑의 부고
를 전했다. 신부 집에는 한꺼번에 통곡 소리가 진동해서 산천을 울렸다.

신랑을 잃은 청정각시는 검은 머리를 풀어 산발하고 시댁으로 간 뒤
사흘 동안 물만 마시며 슬피 울었다. 사흘 만에 신랑의 시체를 매장하고
난 뒤에도 각시는 다시 밤낮으로 울기만 했다. 그 울음소리는 하늘의 옥
황상제한테까지 이르렀다.

"지금껏 이렇게 처량한 울음소리를 들은 적이 없다. 어디서 들리는
소리인지 조사해 올려라."

명을 받은 황금산 성인은 허름한 옷차림으로 방방곡곡을 찾아다니다
가 길 위에 쌍대문집이 있고 길 아래에 외대문집 있는 곳에서 석 자 세
치 검은 머리를 풀어 산발하고 슬피 우는 여자를 찾아냈다. 황금산 성인
이 스님 모습으로 변해 문 앞에서 동냥을 청하자 각시가 버선발로 나와
땅에 엎드리며 말했다.

"동냥은 얼마든지 드리겠습니다. 말로 달라면 말로 드리고 되로 달라

----

* 거북의 등껍질로 갸름하게 만들어 귀밑머리를 망건 속으로 밀어 넣을 때 쓰는 물건.

면 되로 드리겠습니다. 성인님, 아무쪼록 우리 남편을 한 번만 만나게
해주십시오."

각시가 두 번 세 번 땅에 엎드려서 애걸하자 스님이 됫박을 내어주며
말했다.

"그러면 이것으로 정화수를 길어 묘 앞으로 가서 첫날밤 이부자리를
거기 펴고 첫날밤 입던 옷을 입고 혼자서 사흘간 기도를 하시오."

각시는 스님이 가르쳐준 대로 사흘간 묘 앞에서 기도를 계속했다. 과
연 사흘 만에 남편의 모습이 나타났다. 각시가 너무 좋아서 남편 손을
잡으려 하자 남편이 엄숙한 얼굴로 말했다.

"나는 인간과 다른데 어찌 이러오?"

그 말과 함께 남편이 사라지자 각시는 소리를 높여 스님을 불렀다. 어
디서 오는지 스님이 나타나자 각시는 다시 스님 앞에 엎드려서 남편과
또 한 번 만나게 해달라고 애걸했다.

"그대 머리를 하나씩 뽑아서 삼천 발 삼천 마디가 되게 노끈을 꼬아
안내산 금상절에 가서 한 끝은 법당에 걸고 또 한 끝은 공중에 걸고 두
손바닥에 구멍을 뚫어서 그 줄에 손바닥을 꿴 다음 삼천 동녀가 힘을 다
해 올려 훑고 내려 훑어도 아프다는 소리를 안 하면 만날 수 있으리라."

그러자 각시는 그 말대로 했다. 피가 냇물처럼 흘렀으나 아프다는 소
리를 하지 않았다.

문득 남편이 다시 나타났다. 낭자가 '아—' 소리를 내며 남편을 안고
자 할 때 남편 모습이 다시 사라졌다. 각시가 절망으로 통곡하면서 스님
을 부르자 스님이 나타나서 말했다.

"그렇게 남편을 만나고 싶거든 참깨 닷 말 들깨 닷 말 아주까리 닷 말로 기름을 짜서 그 기름을 손에 적셔 찍어 말리고 찍어 말리고 해서 기름이 없어지거든 열 손가락에 불을 붙여 그 불로 부처님 앞에 소원을 빌면 이루어지리라."

각시는 다시 스님이 시킨 대로 했다. 열 손가락은 '피이 피이' 소리를 내면서 탔다. 그래도 각시는 아픈 줄도 모르고 그 불로 부처님 앞에서 발원을 했다. 염라대왕이 금상절에 불이 난 줄 알고 도랑선비를 시켜서 불을 끄고 오라 하여 두 사람은 다시 만나게 되었다. 하지만 청정각시가 남편을 안으려 하자 남편은 다시 사라져버렸다.

각시가 다시 스님을 불러서 애걸하자 스님이 말했다.

"그러면 안내산 금상절에 가는 길을 아무 기구 없이 이쪽까지 닦으면 만날 수 있으리라."

각시는 타고 남은 손가락으로 풀을 뽑고 돌을 치우고 흙을 고르면서 길을 닦기 시작했다. 고개 꼭대기에 이르렀을 때 각시는 피로에 지쳐 혼절했다. 한참 만에 정신을 차리고 보니 인적 없는 산중에 홀로 누워 있었다. 각시는 무서움도 잊고서 다시 길을 닦기 시작했다. 흙을 고르고 풀과 돌을 걷어 치웠다.

각시가 무심히 고개 밑을 보니 거기서 초립 쓴 소년 하나가 길을 닦으며 올라오고 있었다. 서로 가까워져서 살펴보니까 틀림없는 도랑선비였다. 각시는 이렇게 생각했다.

'이번에는 모른 체하고 있다가 근처에 오면 꼭 안고서 놓치지 않으리라.'

기회를 엿보던 각시가 남편을 꼭 껴안자 남자가 깜짝 놀라며 말했다.

"남녀가 유별한데 당신은 대체 누구입니까?"

그렇게 말하던 남자가 자세히 보니까 첫날밤에 본 자기 아내가 분명했다. 그는 이렇게 말했다.

"그대의 지극한 정성에 하늘이 감동해서 염라왕이 나한테 이 고개에서 길을 닦게 했소. 이 길이 다 되면 부처님 덕으로 인간 세상에 재생할 것이라 했지요. 이제 길이 다 되었으니 함께 살 수 있습니다."

둘은 손을 마주잡고 산을 내려와 집으로 가게 되었다. 오는 길에 다리를 건너는데 위태해 보였다. 도랑선비가 말했다.

"이것은 약한 다리니 그대가 먼저 건너시오. 나는 뒤에 건너가겠소."

둘은 서로 사양하다가 각시가 먼저 다리를 건너게 되었다. 각시가 다리를 건너고 나서 뒤를 돌아보자 홀연 북쪽에서 검은 구름이 일어나면서 큰바람이 불어오더니 도랑선비를 휘감아 다리 아래 물속으로 처넣었다. 낭자가 실신할 지경이 되어 비명을 지르자 도랑선비가 물속에서 손을 내밀면서 말했다.

"나와 함께 살려거든 집에 돌아가서 석 자 세 치 명주실을 조상님이 심은 향나무에 한 끝을 걸고 한 끝은 그대 목에 걸고 죽으시오. 죽어 저승에서라야 우리 둘이 잘 살 것입니다. 나는 우리 할아버지가 재물을 탐하고 백성을 죽인 죄로 이렇게 되었소."

각시는 비로소 죽는 법을 깨달아 크게 기뻐하며 집에 돌아가서 남편이 알려준 대로 목을 매어 자결했다. 죽어서 저승 문전에 이른 각시가 소리를 쳤다.

"나는 청정각시요. 바삐 도랑선비를 보게 하소."

그때 마침 금상절 부처님이 편지를 보내어 염라왕 문전에 떨어지자 염라왕이 그것을 펴 보았다.

"각시는 아무 일도 시키지 말고 좋은 곳에 있게 하시오. 각시는 천하에 제일 지극 정성인 사람입니다."

그때 도랑선비는 저승 서당에서 아이들에게 그림을 가르치고 있었다. 각시는 초당 문을 열고 안으로 달려 들어갔다. 선비는 크게 기뻐하면서 아내를 맞이했다. 두 사람은 거기서 무한한 즐거움을 누렸다.

뒷날 둘은 다시 인간 세상에 태어나서 신으로 모셔지게 되었다. 사람이 죽어 망묵굿을 할 때 올리는 상 가운데 양쪽 두 상이 도랑선비 청정각시 부부가 받는 상이다. 또 절에서 제사를 올릴 때 첫 상은 부처님이 받고 뒷상은 도랑선비 청정각시가 받게 되었다.

이승과 저승, 삶과 죽음의 엇갈림을 화두로 삼고 있는 이 이야기는 상황이나 표현이 극단적이어서 조금 섬뜩한 느낌을 주기도 한다. 손을 뚫어서 끈을 연결했다거나 손가락에 기름을 묻혀서 불을 붙였다거나 하는 부분이 특히 그러하다. 손가락이 불에 탄 상태에서 맨손으로 고갯길을 닦았다는 것도 상상해서 떠올리기에 무척 가혹한 형상이다. 그만큼 정성이 지극했다는 말을 그리 표현한 것이겠지만, 꽤나 부담스럽게 여겨지는 것 또한 사실이다.

다른 사람도 아니고 남편을 한번 만나서 안아보고자 하는 바람인데 그 일이 왜 그렇게 힘들었는지 이해하기 어렵다. 보통 삼세번이면 뜻을 이루기 마련인데 이 경우에는 세 번을 거쳐 네 번째의 시험까지 통과하고도 다시 남편을 바람결에 잃어버리고 마니, 냉엄해도 이토록 냉엄할 수가 없다. 청정각시가 명주실에 목을 매고 나서야 비로소 도랑선비와 함께 할 수 있었다고 하는 결말에서는 허망한 느낌마저 받게 된다.

저 지극한 열망과 정성에도 불구하고 청정각시는 왜 도랑선비와 손잡는 데 거듭 실패하는 것일까? 이 질문에 대한 답은 간단하고도 명확하다. 한 명은 이 세상, 한 명은 저세상에 있기 때문. 삶과 죽음의 차이란 그토록 아득하고 모순적이어서 저러한 극단적인 몸짓에도 불구하고 서로 손을 잡을 수 없는 것이었다. 저승과 이승이 둘로 딱 나누어진 상태에서 사람은 이곳이나 저곳 가운데 어느 한쪽에만 속할 수 있을 뿐이다. 도랑선비가 청정각시에게로 건너오는 일은 세계의 기본 질서를 깨는 일인지라 도랑선비는 끝내 그 길을 건너오지 못하는 터다. 청정각시가 붙잡을 때마다 그 사람 훌쩍 사라지거니와, 이는 그 모습이 실상이 아닌 허상이었음을 말해준다. 청정각시는 지극한 정성에도 불구하고 죽은 남편의 '그림자'만을 보고 있는 중이다.

그렇다면 이 신화가 전하는 메시지는 과연 무엇인지가 궁금해진다. 저세상으로 떠난 사람을 만나려면 저토록 지극한 정성이 필요하다는 뜻일까? 아니, 그렇게 보기는 어렵다. 청정각시가 저 극단적인 정성에도 불구하고 끝내 도랑선비를 데려오지 못했으니 말이다. 그렇다면 그 반대는 어떨까? 저세상으로 떠난 사람은 어떤 지극 정성에도 끝내 돌아올 수 없는 법이니 포기하고 보내야 한다는 것 말이다. 이쪽이 좀 더 그럴 듯해 보이기는 하지만, 이 또한 꼭 맞는 것 같지는 않다. 저 청정각시는 남편을 포기하는 것이 아니라 죽어서 그를 만나고 있기 때문이다. 그렇다면 혹시 저 청정각시처럼 스스로 몸을 던져서 저세상으로 건너가라는 것? 그렇게 하면 그리운 사람을 만날 수 있으리라는 것? 청정각시가 죽어 저세상으로 간 뒤 도랑선비를 만나 마음껏 행복을 누리는 것을 보면 이쪽이 합당한 해석처럼 보이기도 한다.

이야기를 문면(文面) 그대로 따라가는 결과로 도달하게 되는 해석이 꽤나 엉뚱하고 엽기적이다. 흡사 조선 후기 열녀 담론 비슷하게 된 상황이다. 어떤가 하면, 나는 이러한 해석이 이 신화를 풀어내는 바른 길일 리 없다고 생각한다. 수많은 신화들이 있지만, 죽음을 방조하거나 추동하는 이야기는 본 적이 없다. 아무리 외롭고 힘들어도 버티고 살아야 한다는 것이 신화의 기본적인 세계관이다.

이 신화의 본질적 의미는 제의적 맥락 속에서 짚어낼 수 있다는 것이 나의 생각이다. 앞서 말했듯이 이 신화는 죽은 이의 넋을 위로하는 망묵굿에서 구송되는 신가다. 망묵굿은 죽은 이를 위로하는 의례이면서 또한 죽은 이를 떠나보내는 사람들을 위한 의례이기도 하다. 죽은 이와 산이가 서로 소통하면서 한쪽은 떠나가고 또 한쪽은 떠나보내는 의식이다. 사람들은 저 청정각시와 도랑선비 이야기와 교감하면서 그 슬픈 의식을 치른다.

따지고 보면 저세상으로 떠나는 이야 무엇을 알겠는가. 떠나보내고 홀로 남는 이가 문제다. 아직 앞길이 창창한 부모를 갑자기 떠나보낸 사람. 사랑하는 아내나 남편을 떠나보낸 사람. 또는 형제나 친구를, 눈에 넣어도 아프지 않을 자식을 떠나보낸 사람. 그 슬픔이 얼마일까. 아무리

통곡하고 발광을 해도 떠나간 이는 말이 없다.

'단 한 번만이라도 볼 수 있다면. 제발 한 번만, 안아볼 수 있다면!'

저 청정각시의 마음이 곧 그들의 마음이다. 울고불고 쫓아가면서 죽은 이에게 손을 내미는 청정각시가 바로 그들이다.

그렇다. 사랑하는 이를 떠나보낸 사람들은 저 의례에서 그 자신 청정 각시가 되어서 떠난 사람을 눈물로써 부르고 있는 중이다. 그 존재의 끝자락을 붙잡으려고 발버둥 치고 있는 중이다. 저 청정각시가 마침내 도랑선비를 만났을 때 함께 그를 부둥켜안으며, 도랑선비가 허무하게 사라질 때 함께 주저앉아 통곡을 한다. 손가락 마디마디 새까맣게 불태운 채로 함께 길을 닦으며 그를 향해 나아간다. 사랑하는 이를 끝내 데려오지 못하는 상황에서, 그들 청정각시와 함께 죽는다. 죽어서 마침내 그사람을 만난다. 그러고서 쌓인 원한을 맘껏 풀어낸다.

요컨대 저 청정각시의 죽음은 사랑하는 이를 떠나보낸 사람들을 대신하는 의례적 죽음이라고 하는 것이 나의 판단이다. 사람들은 저 청정각시와 함께 열망하고 통곡하고 죽음으로써 사랑하는 이를 다시 만나는 것이라 할 수 있다. 그렇게 원(寃)을 풀면서 마침내 그를 저 먼 세상으로 보내는 것이라 할 수 있다. 그를 마음에 품으면서, 먼 훗날 마침내 다시 만나게 될 것임을 믿으면서 말이다. 일컬어 '원풀이'의 의례다. 고통과 절망으로 가득했던 그들의 마음, 저 눈물 가득한 의례/신화를 통해서 그렇게 씻기는 것이라 할 수 있다. 일컬어, 청정(淸淨). 더 보편적인 말로는 카타르시스(catharsis).

떠나면 안 될 이를 떠나보낸 그 절망을 대신할 존재는 왜 신랑을 떠나

보낸 젊은 각시였던 것일까? 이에 대한 대답을 찾는 것도 그리 어려운 일은 아니다. 약간의 사회문화적 배경을 짚어보는 것으로 충분하다. 저 청정각시는 가장 억울하고 슬픈 초상을 당한 이의 표상이 된다. 혼인을 했으되 첫날밤도 치르지 못하고 서방을 떠나보낸 각시. 그 앞길엔 그야말로 눈물뿐이다. 일컬어 독수공방의 청상과부. 남편도 없이, 자식도 없이 평생 처녀로 살다가 시댁의 귀신이 되어야 한다는 것. 이보다 더 서럽고 절망적인 일이 어디 있을까. 청정각시가 어떻게든 도랑선비를 붙잡으려 하는 것은 그리움이나 사랑 같은 감정의 문제가 아니다. 그것은 생존의 문제다. 이렇게 살 수는 없다는 절박함이다.

내 곁의 귀한 이를 떠나보낸 사람들, 누군들 한없이 슬프지 않을까마는 저 청정각시만 한 이 드물었을 것이다. 자기보다 더한 저 청정각시와 한 몸이 되어서 마음껏 울다 보면, 어느새 그들 마음속의 고통과 절망감이 솜솜이 풀리기도 했을 것이다. 나만큼 슬픈 신이 있어서, 그 슬픔을 딛고 거듭 태어난 신이 있어서 나의 슬픔을 보듬어준다는 것은 얼마나 고마운 일인지. 내 곁의 소중한 누군가가 떠나간다면, 그 슬픔 가눌 수 없다면, 저 청정각시와 더불어 마음껏 울어볼 일이다.

바리,
이것이 신화다

일곱째 거리

바리공주 대명전에 읍하시니
대왕마마 용루를 흘리시며 전교하온 말씀
저 자손아 울음을 그치라 하옵시고
너를 미워서 버렸으랴 역정 길에 버렸구나
춘 삼삭은 어찌 살고 / 동 삼삭은 어찌 살고
배고파 어찌 살았느냐
바리공주 하온 말씀
추위도 어렵삽고 더위도 어렵삽고 배고파도 어렵삽더이다.

— 서울 문덕순 구연 〈바리공주〉 〈말미〉에서

민간에서 구전돼온 신화는 종류가 무척 많다. 어느 하나 할 것 없이 소중하고 갸륵한 참신화들이다. 그들 가운데 굳이 한 편을 고르라고 한다면, 나는 서슴없이 〈바리데기(바리공주)〉를 고를 것이다. 꼭 우리 신화뿐만이 아니다. 그 대상이 세상 모든 신화라고 하더라도 나의 선택은 달라지지 않을 것이다.

〈바리데기〉는 전국적으로 폭넓게 전승이 이루어져온 신화다. 지금까지 보고된 자료만 해도 100편이 훨씬 넘는다. 〈바리데기〉는 한국의 민간 신화 가운데 세상에 가장 많이 알려진 이야기이기도 하다. 동화책이나 소설, 춤극, 뮤지컬 등 다양한 콘텐츠로 재현되어 우리 앞에 모습을 선보여왔다. 하지만 내가 이를 신화 중의 신화로 손꼽는 것은 이야기가 유명하기 때문이 아니다. 그 안에 신성의 빛이 가득하기 때문이다. 그 빛으로 우리 삶을 밝혀주기 때문이다.

바리, 그는 무당들의 신이고 죽은 넋들의 신이다. 세상을 떠난 영혼을 저승으로 고이 천도하는 것이 그의 기본 신직이다. 어찌 보면 단순한 안내자 구실인 것 같지만, 실질적 의미는 그 이상이다. 그는 저승의 수많은 신들 가운데 가장 중요한 신이다. 저승에 염라대왕을 비롯한 시왕이 있어 죽은 이의 죄를 심판하고 이승의 삶에 대한 응보를 내린다고 하지만, 누군가가 죽어 저승으로 떠날 때 사람들이 먼저 찾는 신은 바리(바리데기, 바리공주)였다. 바리가 나서서 죽은 이의 손을 잡아주고 죄와 한을 씻어주면 그는 모든 업(業)을 털어버리고서 긴 평화와 안식으로 나아갈 수 있었다.

바리는 세상을 떠나는 넋들의 신이지만, 그 이상이기도 하다. 그가 위로하는 영혼은 죽은 이들만의 것이 아니다. 다시 못 올 길로 정인을 떠나보내는 이들의 영혼을 보듬고 씻어준다. 바리는 이 땅에 유한하게 머물다가 언젠가 훌쩍 떠나야 할 수많은 영혼들의 수호 여신이다. 특히 상처받고 버림받은 영혼들의. 이 세상으로부터 버림받았다는 생각에 깊은 외로움과 슬픔을 느껴본 적이 있는 사람이라면 누구라도 바리한테서 자기 자신의 모습을 발견할 수 있을 것이다. 그의 사연에서 가슴 뭉클한 무엇인가를 느낄 수 있을 것이다.

바리, 그는 공주였다. 화려한 사치를 단 한 번도 누려보지 못한, 버림받은 공주였다. 누구한테서 버림받았는가 하면 자기를 있게 한 아버지로부터. 세상에 이와 같이 기가 막힌 이야기가 또 있을지! 한숨을 자아내고 가슴을 흔들고 말문이 막히게 하다가 어느새 서러운 마음 그윽이 가라앉히며 흐린 영혼을 싸하게 씻어주는 한 편의 이야기. 나는 감히 말한다. 바로 이것이 신화라고!

🌊 바리공주, 버림받아 떠도는 넋들의 신

〈바리데기〉 또는 〈바리공주〉는 이본(異本)이 무척 많으며, 자료에 따라 내용에 상당한 차이가 있다. 어려서 버림받은 딸이 약수를 구해 와서 아버지(부모)를 되살린다는 기본 서사는 공통적이지만 그 구체적인 과정은 많이 다르다. 주인공 이름만 하더라도 바리공주, 바리데기, 베리데기, 비리데기, 버리덕이 등 여러 가지다. 이 신화는 특히 서울 경기 지역과 동해안 지역에서 활발하고 풍부한 전승이 이루어져왔는데, 서울 경기 쪽에서는 '바리공주'가 일반적인 이름이며 동해안 쪽에서는 '바리데기(베리데기)'라는 이름이 통용되어왔다. 어느 쪽 자료를 살펴볼 것인지가 어려운 문제인데, 양쪽을 차례로 다 보는 것이 맞다는 생각이다. 두 이야기는 거듭 음미할 만한 가치가 충분하다.

먼저 볼 것은 서울 지역의 신화 〈바리공주〉이다. 여러 자료 가운데 문덕순 구연본(김태곤 편, 《한국무가집》 1, 집문당, 1971 수록)을 바탕으로 이야기 내용을 정리한다.

어비대왕이 삼나라를 다스릴 적에 정전正殿이 비어 있고 국모國母가 없어 나라가 쓸쓸했다. 여러 종실과 신하들이 대왕한테 중전을 들이라고 아뢰자 대왕이 간택을 봉하라는 전교傳敎를 내렸다. 초간택 이간택 삼간택을 거쳐 길대부인을 중전마마로 봉하게 되었다.

중전을 봉하려 할 때 대왕이 시녀상궁더러 물었다.

"국가의 길흉과 화복을 알려 하나니, 어느 곳에 영험한 점쟁이가 있다더냐?"

시녀상궁이 아뢰었다.

"천하궁 다지박사와 지하궁 가리박사 제석궁 소실악씨와 명두궁 주역박사가 영험타 하더이다."

"찾아가서 혼례 날짜를 점쳐보라."

상궁이 명을 받고 귀한 재물 복채를 준비해서 점을 청하자, 다지박사 가리박사 소실악씨 주역박사가 산호 상 백옥 쟁반에 흰쌀을 쥐어 던져서 점괘를 뽑았다.

"보시면 아시려니와, 대왕마마 올해 나이가 열일곱이고 중전마마 나이가 열여섯이니 올해는 반기년이고 내년은 참기년입니다. 올해에 혼례를 치르면 칠공주를 보실 것이고 내년에 혼례를 올리면 세자대군을 보실 것입니다."

이대로 아뢰자 대왕마마가 말했다.

"점이 용타 한들 제 어찌 알소냐. 하루가 열흘 같으니 예식을 서둘러라."

　예조에서 날짜를 잡으니, 오월 오일을 채단^{采緞} 보내는 날로 하고 길례^{吉禮}는 칠월 칠일로 정했다. 길례 날짜가 다다르자 수많은 신하와 궁녀가 지켜보는 가운데 어비대왕 길대부인이 견우 직녀가 되어 맞절을 하고 부부가 되었다.

　세월이 물처럼 흐를 적에 길대 중전마마에게 전에 없던 변화가 생겨났다. 잔뼈는 녹는 듯 굵은 뼈는 휘는 듯, 수라에서 생쌀 냄새가 나고 장국에서 날장 냄새 물에서 해감 냄새가 나서 먹을 수가 없었다. 대왕이 묻기를,

　"꿈이 어떠하더이까?"

　"하늘에 달이 돋아 보이고 오른손에 청도화 한 가지를 꺾어 들었습니다."

　대왕이 상궁을 시켜 문복^{問卜}을 보내자 다지박사 가리박사 소실악씨 주역박사가 점을 쳐보고 말했다.

　"길대 중전마마가 아기를 잉태한 것이 분명하나 여공주를 보시리다."

　이대로 아뢰자 어비대왕이 말했다.

　"점이 용타 한들 제 어찌 알소냐."

　다섯 달 반짐 받아 일곱 달이 되자 출산 준비를 단단히 하여 안저지 업저지 보모상궁을 정했다. 열 달이 되어 아이를 낳고 보니 공주였다. 대왕이 말하기를,

　"공주 낳을 적에 세자인들 아니 낳을소냐. 청사도듬 흑사이불 내어서

고이 길러내라."

태어난 지 석 달이 되자 이름은 다리당씨라 하고 별호는 청대공주라고 지어 귀하게 길렀다.

다시 세월이 물처럼 흘러 길대부인의 몸에 변화가 생겼다. 굵은 뼈는 휘는 듯 잔뼈는 녹는 듯, 밥에서 생쌀 냄새가 나고 물에서 해감 냄새 장국에서 날장 냄새가 나며 이불에서 일어나기가 싫었다.

"이번 꿈은 어떠하더이까?"

"칠성 별이 떨어져 보이고 오른손에 홍도화 가지 꺾어 쥐었습니다."

대왕이 다시 문복을 보냈더니 이번에도 공주를 낳으리라 했다. 그 말대로 공주가 태어나자 왕이 말했다.

"공주 낳을 적에 세자인들 아니 낳을소냐. 청사도듬 흑사이불 내어서 고이 길러내라."

아이 이름을 별이당씨라 짓고 별호는 홍대공주라 지어서 귀하게 길렀다.

세월이 물처럼 흘러 길대부인이 아기 넷을 더 낳았는데 모두가 딸이었다. 아들 없이 여섯 공주를 키울 적에 길대부인 몸에 다시 태기가 있었다. 대왕이 묻기를,

"이번 꿈은 어떠하더이까?"

"이번 꿈은 연약한 몸이 감당하기 어려울까 하나이다. 궁궐 대들보에 청룡 황룡이 얼크러져 보이고, 오른손에 보라매 왼손에 백마를 받아 보이고 왼 무릎에 흑거북이 앉아 보이고 양 어깨에 해와 달이 돋아 보이더이다."

"그대가 이번에는 세자대군을 보리다."

갖은 복채 갖추어서 시녀상궁을 보내 문복을 청하니 천하궁 다지박사 지하궁 가리박사 제석궁 소실악씨 명두궁 주역박사가 산호 상 백옥 쟁반에 흰쌀을 던져서 점괘를 뽑았다.

"보시면 알려니와 길대 중전마마 태기는 분명한데 이번에도 일곱째 공주 탄생을 받으시리다."

이대로 아뢰자 어비대왕이 말했다.

"점이 용타 한들 점마다 맞출쏘냐. 이번 꿈은 세자대군 얻을 꿈이로다."

사대문에 방을 붙여 옥문을 열어 중죄인을 풀어주었다. 석 달에 피를 받아 다섯 달에 반짐 받아 여섯 달 일곱 달이 되자 안저지 업저지 보모 상궁 대령시키고 향로 향합을 준비해서 세자 맞을 준비를 했다.

시간이 물처럼 흘러 길대부인이 아기를 낳고 보니 일곱째 공주였다. 길대부인이 아기를 돌아보고서 울음을 우는 소리를 내자 대왕이 물었다.

"어이하여 깊은 궁중에 이러한 울음소리가 나는고?"

"길대 중전마마께서 일곱째 공주 탄생 받으시고 우시는 소리입니다."

대왕이 놀라서 말하기를,

"중전도 담대하다. 어찌 무슨 면목으로 다시 나를 상면하리오."

용의 눈물을 쌍쌍이 흘려 용포를 적시더니 향로 향합을 내려치며 탄식했다.

"종묘사직은 누구에게 전하며, 조정 백관은 누구에게 의지하고 시녀 상궁은 누구에게 의탁하리오."

그러더니만 두 줄기 눈물을 흘리면서 말했다.

"나는 전생에 죄가 남아서 옥황상제가 일곱 딸을 점지하시니 이번 딸은 서해용왕께 진상이나 보내리라."

옥장이를 불러들여 옥함을 짜게 하고 함 앞에 국왕 칠공주라 새기게 했다.

길대부인이 그 일을 듣더니만,

"대왕마마는 모질기도 모지시다. 혈육을 버리려 하시니 차라리 자식 없는 이한테 양녀를 주시거나, 버리는 자손이라도 이름이나 지으십시오."

어비대왕이 하는 말이,

"버려도 버릴 것이오 던져도 던질 것이니, 바리공주라."

양 마마 생일생시와 아기 생일생시를 고름 끝에 맨 다음 옥병에 젖을 넣어 아기 앞에 기울여놓고 금거북 금자물쇠 흑거북 흑자물쇠 채워서 신하를 불러서 내다 띄우게 하였다.

신하들이 옥함을 안고 대세지 고개를 넘어서니 앞에는 황천강이고 뒤에는 유사강이었다. 애옥여울 피바다에 한 번을 던지자 용솟음을 하고 두 번을 던지자 다시 용솟음을 했다. 세 번을 던질 적에 하늘이 아는 자손이라 금거북이 받아 지고서 흘러갔다.

이때 석가세존 부처님이 삼천 제자를 거느리고 사해도 구경하고 인간 구제하러 나오다가 태양서촌을 굽어본즉 밤이면 서기가 퍼지고 낮이면 운무가 가득했다. 부처님이 돌배를 바삐 저어 황천경 손에 들고 찾아와 보니 옥함에 국왕 칠공주라 새겨 있었다.

"남자 같으면 제자나 삼으련만 여자이니 부질없다."

태양서촌을 향해 속 빈 개암나무 뒤로 보낼 적에 비리공덕할아비 비리공덕할미가 바랑을 둘러메고 경을 외우면서 다가왔다. 석가세존이 말하기를,

"어떤 할미 할아비이기에 시름없이 다니는가. 너희가 무엇이 공덕인지 아는가?"

"다리 놓아 만인 공덕을 하고 절을 지어 성인 공덕을 할지라도 옷 벗어 대시주와 부엌 공덕이 제일이요 젖 없는 자손 젖 먹여주는 공덕이 제일이라 하더이다."

"이 아이가 하늘 아는 자손이니 데려다 기르라. 데려다 기르면 없는 집도 생기고 옷과 밥이 절로 생길 것이다."

문득 사라지니 할아비 할미가 그제야 부처님인 줄 알고 서쪽 하늘을 향해 들어가니까 옥함이 있는데, 함에 국왕 칠공주라 새겨 있었다. 할미 할아비가 정성껏 경을 읽자 함 문이 열렸다. 아이를 굽어보니 입에는 왕거미, 귀에는 불개미가 가득하고 허리에는 구렁 배암이 감겨 있었다. 할미 할아비가 아이 옷을 벗기고 고이 씻긴 다음 안고서 돌아서자 난데없는 초가삼간이 절묘하게 지어져 있었다.

할미 할아비가 그 집에서 아기를 키울 적에 서너 살 지나 일고여덟 살이 되자 배우지 않은 학업이 절로 통해서 천문 지리를 두루 깨우쳤다. 하루는 아이가 묻는 말씀이,

"할머니 할아버지, 나는 아버지 어머니가 어디 계십니까?"

"아버지는 하늘이고 어머니는 땅이다."

"할머니, 그런 말 마십시오. 하늘과 땅이 어찌 사람 자식을 두겠습니까?"

옷깃을 여미며 눈물을 흘리자 할미가 말했다.

"전라도 왕대나무가 아버지이고 뒷동산 머구나무가 어머니이다."

"할머니, 그런 말 마십시오. 금수와 초목이 사람 자식을 두겠습니까? 왕대는 아버지 돌아가시면 짚는 것이고 머구나무는 어머니 돌아가시면 짚는 것입니다."

그럭저럭 세월이 물처럼 흘러서 아이가 열다섯이 되었을 적에, 어비대왕 길대부인이 한날한시에 중한 병이 들어 일어나지 못했다. 대왕이 말을 하되,

"옛날 문복하던 일이 용하더구나. 가서 점을 쳐보거라."

상궁이 천하궁 다지박사 지하궁 가리천문 제석궁 소실악씨 명두궁 주역천문을 찾아가 문복하니 점괘를 뽑아보고 말을 하되,

"대왕마마 중전마마가 한날 세상을 떠나시겠습니다. 바리공주 버린 곳을 찾으소서."

어비대왕이 그 말을 전해 듣고 탄식하면서 눈물을 줄줄 흘리며 지낼 적에 꿈을 잠깐 얻으니 난데없는 청의동자가 나타나서 말했다.

"양전 마마를 한날한시에 풍도 섬에 가두라 하더이다. 오늘 황건역사가 오더이다."

"내가 조정 신하들한테 원망이 있더냐, 시녀상궁한테 원책이 있다더냐?"

"원망도 원책도 아닙니다. 옥황상제가 칠공주를 점지하셨는데 하늘

아는 자손을 버린 죄로 그러합니다. 다시 살아나시려면 봉래방장 무장 승의 양현수를 얻어서 드시면 회춘할 것입니다. 바리공주 버린 곳을 찾 으소서."

꿈에서 깬 대왕이 신하들을 모아놓고서 물었다.

"약수를 얻어다가 나를 살릴 신하가 있는가?"

"봉래방장 무장승의 양현수가 수용궁인데, 살아 육신은 못 가고 죽어 혼백만 갈 수 있습니다. 거행할 신하가 없사옵니다."

대왕마마가 용의 눈물을 흘리면서 손으로 책상을 치며 말했다.

"바리공주를 찾는 자는 천금 상에 제후로 봉하리라."

그때 한 신하가 나서면서 아뢰었다.

"소신이 대대로 나라에 녹을 먹어 은혜가 망극합니다. 간밤에 천기를 잠깐 본즉 태양서촌에 밤이면 서기가 가득하고 낮이면 운무가 가득하 오니 그곳에 공주가 계신가 하옵니다. 소신이 가보겠나이다."

술 세 잔을 받아 마시고 절을 한 뒤 궐 밖에 나서니 어디로 갈지 알 수 없었다. 그때 까막까치가 고개를 조아리고 나무들이 인도를 해주어 신 하는 태양서촌에 찾아 들어갈 수 있었다. 바리공주 집을 찾아서 쇠문을 두드리자 할미 할아비가 나와 말했다.

"귀신인가 사람인가. 나는 새 기는 짐승도 못 들어오는 곳을 어찌 들 어왔는가."

"나는 국왕마마 신하로서 버린 공주를 찾아 왔나이다."

신하가 궁궐에서 가지고 온 정표를 내보이며 생일생시를 맞춰보니 아이의 것과 꼭 맞았다. 또 궁궐에서 대왕 무명지를 베어서 가지고 온

피와 아이의 피가 한데 합쳐졌다.

"혈육이 분명하니 내가 가겠습니다."

"금연錦輦*을 내오리까, 옥교玉轎**를 내오리까? 거동시위擧動侍衛***를 하오리까?"

"홀로 던져졌던 몸에 금연 옥교가 웬일입니까. 필마단기匹馬單騎로 가겠습니다."

바리공주가 신하를 따라서 궐문 밖에 다다르자 궐 안으로 들라는 명이 내렸다. 바리공주가 대명전에 읍하자 어비대왕이 눈물을 흘리면서 말했다.

"저 자손아, 울음을 그치라. 너를 미워서 버렸으랴, 역정 길에 버렸구나. 봄 세 달은 어찌 살고 겨울 세 달은 어찌 살고 배고파 어찌 살았느냐?"

"추위도 어렵고 더위도 어렵고 배고파도 어렵더이다."

"어하 저 자손아, 부모 효양孝養 가려느냐?"

바리공주가 말하기를,

"청사도듬 흑사이불 좋은 자리에 귀하게 기른 여섯 형님네들은 부모 효양 못 간다 하더이까?"

그때 곁에 모시고 있다가 '못 가나이다' 하는 여섯 형님의 우는 소리가 오뉴월에 개구리 우는 소리 같았다. 바리가 썩 나서면서,

"소녀는 부모님 은혜로 열 달을 어머니 뱃속에 있었으니 부모 효양을

---

* 비단수레. ** 옥돌다리. *** 임금의 행차 시 호위하는 것.

가오리다. 비단 창옷* 비단 바지 고운 패랭이와 무쇠 질빵 무쇠 주령 무쇠 신을 해주시면 길을 가겠습니다."

대왕이 그대로 하여 주자 바리는 패랭이를 숙여 써서 남자 모습을 차리고서 무쇠 신발에 무쇠 질빵 두르고 무쇠 주령을 들고서 길을 나섰다.

바리가 궐문 밖을 나서니 동서를 분간할 수 없었다. 이때 까막까치가 나타나 고개를 조아리고 나무와 돌이 인도하여 길을 찾아갈 수 있었다. 바리가 무쇠 주령을 한 번 짚자 천 리를 가고 두 번을 짚자 이천 리를 가고 세 번을 짚자 삼천 리를 갔다. 때는 춘삼월이라 갖가지 꽃이 만발하고 시내는 잔잔하며 푸른 버들 속에 황금 같은 꾀꼬리는 벗을 불러 노래했다.

바리가 길을 갈 적에 머리를 만져보니 바위 덕석**이 되고, 바랑을 만져보니 쇠덕석이 되었다. 보니까 월령석 금바위에 반송盤松이 덮였는데, 석가여래 아미타불 지장보살님이 바둑 장기를 두고 있었다. 바리가 나아가 두 번 절하자 지장보살이 말했다.

"귀신인가, 사람인가? 날짐승 길짐승도 못 들어오는 곳인데 어찌 천궁을 범하였느냐?"

"저는 임금의 일곱째 아들인데 부모 효양 나왔다가 길을 못 찾고 있습니다. 길을 인도해주소서."

그러자 석가세존이 말했다.

"국왕의 칠공주란 말은 들었거니와 일곱째 아들은 듣던 중 처음이로

----
* 소매가 좁은 웃옷.　** 추울 때 덮어주는 명석.

다. 네가 하늘은 속여도 나를 속이지 못하리라. 너를 태양서촌에 버렸을 때 목숨을 구제했거늘 나를 속일소냐. 부처님 속인 죄는 팔만사천 지옥으로 가느니라. 그리도 하거니와, 네가 육로 삼천 리를 왔지만 험한 길 삼천 리가 남았는데 어찌 가려느냐?"

"가다가 죽을지라도 가려 하나이다."

"지성이면 감천이라. 네 말이 기특하니 길을 인도하리라. 이 주령을 가지고 가면 험한 길이 평지 되고 큰 바다가 육지 되리라."

이 말과 함께 석가세존은 바리에게 낭화浪花 세 가지와 금주령을 내려주었다.

바리공주가 하직하고 다시 길을 나아갈 적에 칼산지옥 불산지옥 독사지옥 한빙지옥 구렁지옥 혼암昏暗지옥 팔만사천 지옥을 넘어가니 쇠성이 하늘에 닿아 있었다. 바리가 귀를 기울이고 들을 때에 죄인 다스리는 소리가 육칠월 개구리 우는 소리 같았다. 이때 바리가 쇠성을 향해 낭화를 흔들자 성이 무너져 평지가 되었다. 성으로부터 눈 뺀 죄인, 팔 없는 죄인, 다리 없는 죄인 갖은 죄인이 나와서 넋을 구제해달라고 빌었다.

"서방정토 극락세계 삼십육만인, 대자비 아미타불 극락세계, 시왕 갈 이 시왕 가고 극락 갈 이 극락 가소서. 왕생하소서."

바리는 그곳을 지나 약수 삼천리에 다다랐다. 이곳은 짐승의 깃도 가라앉고 배도 없는 곳이었다. 바리가 그곳을 바장이다가 부처님 말씀을 생각하고 금주령을 던지자 한 줄기 무지개가 서서 다리를 놔주었다. 바리가 무지개를 타고 약수 삼천리를 건너가자 키는 하늘에 닿고 눈은 등잔 같고 얼굴은 쟁반 같고 발은 석 자 세 치 되는 이가 앉아 있었다. 무

장승이 바리공주를 보더니만,

"사람인가, 귀신인가? 열두 지옥을 어찌 넘어오며, 쇠성이 하늘에 닿 았는데 어찌 넘어오며, 약수 삼천리를 어찌 넘어왔느냐?"

"나는 국왕의 일곱째 아들이러니 무장승 양현수를 얻어다가 부모를 살리고자 왔나이다."

"그렇다면 그대가 길값을 가져왔는가?"

"총망한 중에 못 가져왔나이다."

"길값 물값으로 나무 삼 년 하여주고, 불 삼 년 때어주고, 물 삼 년 길 어주오."

"그는 그리하사이다."

바리가 나무 삼 년 불 삼 년 물 삼 년 아홉 해를 살고 나니 무장승이 말했다.

"그대 상이 남루해 보이나 앞으로는 국왕의 기상이요 뒤는 여인의 몸 이라. 그대하고 나하고 천상배필이니 일곱 아들을 낳아주오."

둘은 천지로 장막을 삼고 해와 달을 등촉으로 삼고 산과 물로 병풍을 삼고 금잔디로 요를 삼고 나무 등걸로 베개를 삼아 삼경 사경 오경에 깊 은 인연을 이루었다.

바리가 무장승과 함께 살며 일곱 아들을 낳은 뒤에 말했다.

"부부의 정이 중하거니와 부모 효양 늦어가니 바삐 가려 하나이다."

"앞바다 물 구경 하고 가고 뒷동산 꽃구경하고 가소."

"물 구경 꽃구경도 마음이 없습니다. 어젯밤 초경에 꿈을 꾼즉 금수 저가 부러져 보이고 이경에 꿈을 꾼즉 새 수저가 부러져 보이니 부모님이 돌아가신 것 같습니다. 바삐 가려 하나이다."

그러자 무장승이 말했다.

"그대가 길던 물이 양현수이고 그대가 베던 풀이 개안주입니다. 뒷동산 후원 안에 숨살이 뼈살이 살살이 삼색 꽃이 있으니 가져다가 꽃은 눈에 넣고 풀은 몸에 품기고 양현수는 입에 넣으십시오."

바리가 길을 갈 때는 무쇠 동이가 올 때는 금동이가 되어 물을 넣어서 짊어지고 길을 나설 때에 무장승이 말했다.

"그 전에는 홀로 살았지만 이제는 홀로 살 수 없으니 공주 뒤를 쫓아가리로다."

"그도 부모 효양이니 그리하사이다."

갈 때는 한 몸이던 것이 돌아올 때는 아홉 몸이 되어 길을 나섰다. 갈치산 불치고개 대세지 고개를 넘자 앞으로는 황천강 뒤로는 유사강인데 피바다에 배들이 줄줄이 떠 있었다.

"연꽃이 사방에 받쳐 있고 거북이 받들고 청룡 황룡이 끌고 오는 배는 어떤 배입니까?"

"그 배는 망자가 세상에 있을 적에 다리 놓아 만인 공덕, 절을 지어 중생 공덕, 옷을 벗어 시주하고 배고픈 사람 밥을 주어 부엌 공덕으로 만인 시주하고, 극락세계 연화대로 소원 성취하러 가는 배로소이다."

"그 뒤에 오는 저 배, 풍류 속에 화기와 웃음이 만발하며 맑은 기운 띤 배는 어떤 배입니까?"

"그 배는 망자가 세상에 있을 적에 나라에 충신이고 부모에 효자이며 동기간 우애 있고 일가에 화목하며 선심으로 평생을 산 뒤 진오기굿과 사십구재 백일제 착실히 받아 왕생천도하여 가는 배로소이다."

"그 뒤에 오는 저 배, 활 든 이, 창 든 이, 머리 풀어 산발하고 옷도 벗고 결박하고 울음 속에 악한 기운 가득하여 오는 배는 어떤 배입니까?"

"그 배는 망자가 세상에 있을 적에 나라에 역적이요 부모에 불효하고 동기간에 우애 없고 이웃과 불화하며 남의 음해 잘하고 억지 흥정하고 이간질하여 싸움 붙이기, 사람 죽이기와 짐승 살생 많이 한 죄로 화탕지옥 칼산지옥으로 가는 배로소이다."

"저기 돌 위에 얹혀서 불도 꺼고 달도 없고 임자 없이 얹혀 있는 배는 어떤 배입니까?"

"그 배는 자식 없는 귀신과 해산 길에 죽은 망자가 서낭제 사십구재와 진오기 새남굿도 못 받아서 길을 잃고서 임자 없이 얹혀 있는 배로소이다."

바리공주가 불쌍히 여겨 그 넋을 위해 기원했다.

"아미타불 지장보살님, 염불받아 극락세계 시왕세계 연화대로 왕생천도하사이다."

이렇게 넋을 천도한 뒤 이럭저럭 길을 지나 상림 뜰에 다다를 때에 큰 수레 작은 수레가 나오고 있었다. 나무 베는 목동들한테 물으니 하는 말이,

"대왕마마 중전마마가 한날한시에 승하하셔서 장례하는 거동입니다."

바리공주가 그 말을 듣고 행렬을 살펴본즉 명정銘旌과 만장에 임금 왕 자가 뚜렷했다. 바리는 머리를 풀고 발상한 뒤 행렬로 나아가서 가마꾼들을 물리치고 부모의 상여로 다가섰다.

"조정 백관들은 아래로 시위하고 시녀상궁들은 장막 안으로 들라."

바리는 부모님 관을 열고서 앞 매 일곱, 바깥 매 일곱 염한 것을 푼 다음 왼손 오른손을 편안히 하였다. 바리가 삼색 꽃을 눈에 넣고 개안주를 품에 넣고 양현수를 입에 넣자 대왕마마와 중전마마가 일시에 일어나 앉으면서 말했다.

"잠결이냐 꿈결이냐, 상림들은 무슨 일이냐? 앞바다 구경 왔느냐, 뒷동산 꽃구경 왔느냐?"

조정 백관이 아뢰기를,

"버렸던 자식이 약수를 얻어 와서 죽었던 양전 마마가 살아나셨나이다."

이때 어비대왕 길대부인이 사람들과 함께 환궁하는데, 나올 적에는 울음소리 초상 거동이더니 들어갈 적에는 녹의홍상이 꽃밭이 되어 웃음이 넘쳤다. 궁궐로 돌아온 뒤에 어비대왕이 바리공주한테 물었다.

"너에게 무엇을 주랴? 이 나라를 반을 베어 너를 주랴, 사대문에 들어오는 재산을 반을 나누어주랴?"

"그도 저도 다 싫습니다. 그간 저는 죄를 지어서 왔나이다."

"무슨 죄를 지어 왔단 말이냐?"

"부모 효양 갔다가 무장승을 얻어서 일곱 아들을 낳아 왔나이다."

"그것은 너의 죄가 아니라 우리 죄다. 어서 무장승을 들게 해라."

무장승이 궁궐에 들어오려 할 때에 사모뿔이 걸려 들어올 수가 없었다. 옥도끼로 문을 찍고서 들어오게 하여 무장승이 앞에 서자 대왕이 놀라서 말했다.

"몸집이 저만하고 일곱 아들이 있다 하니 먹고살게 하여주마."

"비리공덕 할미 할아비도 다 먹고 입게 하여주옵소서."

그때에 무장신은 산신제와 평토제 받아먹게 점지하고, 비리공덕 할아비는 노제 길제 받게 점지하고, 비리공덕 할미는 새남굿 받을 때에 가시문 쇠문 별비를 받게 점지했다. 그리고 바리공주 일곱 아들은 저승의 시왕이 되어서 먹고 입게 점지하였다. 그렇게 점지한 뒤 바리공주는 인도국왕 보살이 되어서 절에 가면 수륙재 공양을 받으시고, 들에 내리면 큰 머리단장에 입단치마 수저고리 찬란히 입은 뒤에 은월도 삼지창과 쇠방울 부채를 손에 쥐고 만신들의 신이 되었다.

이상이 문덕순 구연 〈바리공주〉(말미)가 전하는 사연이다. 이 자료는 오탈자가 많고 의미가 불명확한 부분들이 있어서 세부 내용을 정리함에 있어 배경재 구연본 등을 참고했다. 문덕순본과 배경재본에서 바리공주 부모의 이름은 어비대왕과 길대부인으로 서로 같다. 어떤 자료에서는 어비대왕을 오구왕, 선위궁대왕, 이씨주상금마마라고도 하며, 충청도나 전라도 쪽으로 내려가면 세왕이나 오구왕이라고도 한다. 길대부인은 철대부인이나 칠대부인으로도 불린다. 바리공주가 저승에서 만나는 이는 무장승 대신 무상신선이라 돼 있는 경우가 많으며 그냥 신선이라고도 한다. 이렇게 이름은 달라도 인물들의 서사적 역할은 비슷하다. 마무리 부분을 보면 바리공주가 인도국왕 보살이나 인도궁황 보살이 되었다고 하며, 만신들의 몸주신이 되었다고도 한다. 표현의 차이는 있지만 바리공주는 '무당들의 신(무조 신)'이 된 것으로 이해된다. 그가 신이 되어 맡은 일이 '모든 망자를 극락으로 보내는 일'이었다고 풀어 말하는 자료도 있다.

앞에서 〈바리공주〉가 신화 중의 신화라고 했는데, 이 이야기 내용을 따라가면서 이 말에 공감하기가 조금 어려웠을지 모르겠다. 전체적으로 무언가 딱딱하고 건조한 느낌을 받은 독자들도 있을 것이다. 부처와 보살이 곳곳에 개입하는가 하면 효(孝)와 충(忠), 우애가 강조되는 등 불교적 색채와 윤리적 관념성이 짙어서 신화다운 원형적 향기를 느끼기 어려웠을 수 있다. 상하 위계와 남아 선호의 가부장적 요소에 대하여 거부감을 느꼈을 수도 있다. 이 신화를 처음 접할 때 자연스럽게 나올 수 있는 반응이다. 하지만 그러한 요소들은 이 신화의 겉모습일 뿐 본질은 아니라는 것이 나의 생각이다. 이야기를 거듭 음미하면서 서사의 이면적 맥락을 반추하다 보면 이 이야기에 담긴 깊은 의미를 하나둘 깨우치게 된다.

이야기 내용을 보면, 이 신화는 시작 부분부터 운명론적인 체취를 강하게 풍기고 있다. 바리를 비롯한 칠공주가 탄생한 것을 하늘이 정한 바 꿀 수 없는 운명으로 말하곤 한다. 버려진 바리가 구원을 받고 살아나서 저승의 약수를 길어 오는 것 또한 이미 일찍부터 정해진 행보처럼 보이기도 한다. 그렇게 보면 바리가 신이 되는 것 또한 처음부터 결정되어 있던 일이라고 생각해볼 수 있다. 이를테면 그것은 하늘의 특별한 선택을 받아 태어난 인물이 그 특별함을 드러내는 과정이 된다.

이에 대한 나의 해석은 그 특별한 운명이 미리 정해진 바가 아니라 바리의 행보를 통해서 이룩된 바라고 하는 것이다. 그리고 그것은 바리라는 특수한 타자의 일이 아니라 우리 모두의 일이라고 하는 것이다. 헤아려보면 이 세상에 생명을 얻어 태어나는 것 자체가 범상할 수 없는 특별한 운명이라 할 수 있다. 저 칠공주와 바리뿐만 아니라 세상의 모든 존재가 특별한 인연과 운명으로 세상에 태어난 것이라는 말이다. 일곱째 공주 바리가 태어나자마자 버려졌다고 하지만, 태어나면서 버려지는 것은 인간 모두의 운명이기도 하다. 어미 몸에서 분리되는 순간 사람은 누구라도 제 한 몸을 스스로 감당해야 하는 운명과 맞닥뜨리게 된다. 저 바리가 그러했듯이 사람들은 자기 한 몸이 어떤 이유로 어디서 어떻게 왔는지 까마득히 모르는 채로 고독과 의문 속에서 넓고 거친 세상을 헤쳐나가야 한다. 그 운명과 대면하지 않을 때, 그 운명을 감당하지 않을 때 존재는 시나브로 해체되어 빛을 잃는다.

이러한 존재적 숙명은 앞서 '오늘이'에게서도 보았던 것인데, 바리의 경우에는 '버림받음'이 특히 강조된다는 사실이 주목된다. 〈바리공주〉의 기본적인 문제 상황은 하나의 어린 생명이 타의에 의해 무참히 버려진다는 것이다. 그것도 바로 자기를 있게 한 부모에 의해서. 하나의 존재가 원천적으로 부정되는 상황의 표상이다. 부모의 품에서 고이 자란 사람들로서는 '남의 일'처럼 생각될지도 모르지만, 나는 그것이 인간의 보편적 경험을 반영하고 있다고 여기고 있다. 한 세상을 살아오면서 '버림받았다'는 느낌을 받아보지 않은 사람은, 고독 속에서 아파해보지 않은 사람은 아마도 거의 없을 것이다. 만약 그와 같은 경험을 했다면, 우리는 한 명의 바리였던 것이라 할 수 있다. 왜 세상에 태어난 것이냐고 탄식하면서 하늘을 향하여 한숨짓는 저 아이 말이다.

이런 맥락에서 볼 때 부모와 재회한 바리가 약수를 찾아서 저승으로 떠나는 일은 수동적 · 의타적이라거나 관념적인 행위라고 말할 바가 아니다. 부모는 우리 존재의 뿌리를 표상하는 바, 부모가 쓰러져 죽어간다는 것은 존재의 근원이 사라져간다는 말이 된다. 바리는 부모를 살려냄으로써 자기 존재를 찾아 세우려 하는 것이라 할 수 있다. 그는 길을 떠나면서 자기가 부모님 덕으로 생겨나 뱃속에서 열 달을 자란 것을 큰 은혜라고 말하고 있거니와, 이를 관념적 효 의식이라고 치부할 일이 아니다. 자기 존재의 근원에 대한 인식을 그렇게 표현하는 것이라고 볼 수 있다. 그것이 '은혜'가 되는 것은 세상에 존재한다는 것 자체가 가치 있는 일이기 때문이다. 요컨대 바리는 지금 제 존재의 근원을 세우고 가치를 발현하기 위해서 저 아득한 길을 자청하여 나아가고 있는 것이라 할 수 있다.

이야기는 자기 존재를 찾아 나서는 그 길이 무척이나 무겁고 고된 것임을 암시한다. 무쇠 신을 신고 무쇠 질빵에 무쇠 지팡이로 길을 나선다는 것은 그 무거움의 상징이 되며, 머리가 바위 덕석이 되고 바랑이 쇠 덕석이 되었다는 것은 그 고됨의 구체적 형상이 된다. 그 길은 또한 아득한 미지와 무명(無明)의 길이기도 했다. 바리가 길을 나서면서 동서를 분간하지 못하는 모습이나 이리저리 길을 물으면서 나아가는 모습에서 이를 볼 수 있다.

하지만 그 길은 무거운 동시에 가벼운 길이고, 무명의 길인 동시에 광명의 길이기도 했다. 그가 무쇠 주령을 한 번 짚자 천 리를 가고 두 번 짚자 이천 리를 갔다는 것은 그 길이 가벼운 비상의 길이었음을 말해준다. 생명의 근원(약수)을 찾아낼 수 있게 된지라 그만큼 가벼웠을 터이다. 한편, 바리가 길을 나서자 까막까치가 그를 향해 조아리고 나무와

풀이 그를 인도했다는 것은 그 길이 광명의 길이었음을 잘 말해준다. 바리는 더 이상 혼자가 아니었으니, 저 금수와 초목이 벗이 되고 신령이 안내자가 되어 그 길을 함께하고 있는 중이다. "때는 춘삼월이라 갖가지 꽃이 만발하고 시내는 잔잔하며 푸른 버들 속에 황금 같은 꾀꼬리가 벗을 불러 노래했다"는 것은 바리의 내면 풍경이 외적으로 표현된 형상이라고 할 수 있다. 바리는 이렇게 희망과 믿음의 존재로, 생명의 존재로 거듭나면서 움직이고 있는 것이다.

이와 같은 맥락에서 볼 때 바리가 길 위에서 낭화(나화, 낙화)와 금주령을 얻어서 저 멀고 험한 저승길을 훌쩍 감당해내는 것은 정해진 결과라 할 수 있다. 그 길은 이미 바리의 마음 안에서 열리고 있었던 터였다. 한편, 바리가 저승에서 고통에 신음하는 불쌍한 넋들에 새로운 생명을 부여하는 것 또한 자연스러운 일이었다고 할 수 있다. 그 자신 무참히 버려져서 신음하던 자에서 고통을 헤쳐내고 강한 생명력을 발현하는 존재로 거듭나고 있었으므로, 부처님이 주었다는 그 금주령과 낭화는 다른 곳이 아니라 자기 마음 안에서 찾아낸 것이라는 말이다.

바리는 저승에서 무장승(무상신선)을 만나 나무하고 불 때고 물 긷는 일을 하며, 결혼하여 아이를 낳는다. 어서 약수를 가져가서 부모를 구할 일이 바쁜데 왜 이런 긴 지체의 시간을 가져야 하는지 의문이 드는 대목이다. 바리의 처지를 이용하는 무장승에게 화가 날 수도 있는 장면이다. 하지만 이 또한 이면적 맥락에서 볼 때 중요한 의미 요소를 지니는 서사 과정이라 할 수 있다. 이미 여러 연구자들이나 작가들이 해석했듯이, 나무하고 불 때고 물 긷는 일은 노동 내지 '생활'의 가치를 확인하고 체득하는 과정이 되며, 결혼하여 아이들을 출산하는 것은 그 자신 부모가 되어서 세상에 생명을 내는 생명 발현의 과정이 된다. 이야기는 바리가 그간 하던 나무가 개안주이고 그간 긷던 물이 약수라고 말하고 있거니와, 그것들은 본래부터 개안주이고 약수였던 것이 아니라 바리가 그렇게 삶을 살아가면서 생명을 발양하는 과정에서 생명의 나무, 생명의 물이 된 것이라 말할 수 있다. 저 생명수는 바리가 삶의 과정을 통해 '만들어낸' 것이었다는 말이다. 저 바리뿐만 아니라 우리 모두가 삶에서 해낼 수 있는, 해내야만 하는 그러한 일이다.

바리가 밟아온 일련의 삶의 과정은 전체적으로 볼 때 죽음에서 생명으로 나아오는 과정이었다고 할 수 있다. 그가 죽은 부모를 되살리는 것은, 그리고 죽은 넋들에게 새로운 생명을 부여하는 것은 그러한 삶의 역정(歷程)으로부터 나오는 권능이라 할 수 있다. 바리가 세상의 모든 넋을 극락으로 인도하는 영혼의 신, 생명의 신이 된 것은 누가 그리 시킨 것이 아니라 삶의 과정에서 자연스럽게 그리 된 것이라는 말이다. 신성은 다른 곳이 아닌 서사에 깃들어 있는 터이니, 일컬어 '신화'다.

바리가 마침내 넋을 인도하는 신이 되어 저 어둠의 땅에서 세상을 떠난 사람들을 맞이하고 있다는 사실은 얼마나 큰 위안이 되는 일인지 모른다. 그 자신 죽음에서 생명으로 일어선 존재이고 자기를 무참히 버린 부모를 품어서 되살려낸 존재이니 영혼의 수호신으로서 이보다 더 미더운 존재가 없다. 이 세상에 그가 감싸지 못할 원한이 무엇이고, 씻어주지 못할 죄가 무엇일까. 세상 모두가 저버린 넋조차도 바리는 차마 외면하지 못할 것이니, 바리의 존재는 구원 그 자체라고 해도 좋을 것이다.

이 신화에서 한 가지 눈길을 끄는 사실은 바리가 낳은 자식들의 신직이다. 이야기는 그들이 저승의 시왕이 되었다고 한다. 열 명의 왕 가운데 일곱이 바리의 아들이라면, 시왕 또한 바리를 가히 거스를 수 없다고 해도 좋을 것이다. 어떤 자료는 아예 바리가 열 명의 자식을 낳아서 그들이 두루 시왕이 되었다고 전하고 있기도 하다. 만약에 이와 같다면, 시왕은 온전히 바리의 손길 아래에 있는 셈이 된다. 시왕이 무척이나 무섭다지만 저 바리공주가 손을 잡아주면 훌쩍 죄를 면하고서 극락에 가거나 인도에 왕생할 수 있을 터인즉 이는 얼마나 고맙고 다행스러운 일인지 모른다.

생각하면, 한(恨)을 피할 수 없고 죄를 면할 수 없는 것이 우리네 삶이다. 그 힘들고 쓰라린 삶 뒤에 또다시 냉엄한 단죄가 우리를 맞이한다면 이는 얼마나 가혹한 일일지. 떠나는 이들에게 너그러운 안식과 영원한 평화를. 그것이 바리의 박애의 형상에 담은 우리 겨레의 소망이었다. 죽은 이를 떠나보내는 이들의 갸륵한 마음이었다. 바리공주를 불러 망자의 영혼을 맡기는 그 한판 씻음의 굿(오구굿, 진오기굿, 새남굿)을 두고 누가 그것을 미신이라 칭할 수 있으랴.

이야기는 저 바리가 영혼을 천도하는 신이라고 하면서 또한 무당들의 신임을 강조한다. 이야기 말미에서 화려한 옷을 입고 방울과 부채를 든 바리의 모습은 다름 아닌 무당의 모습이다. 이 신화를 전승하고 있는 무당들은 바리의 삶에서 자기 자신을 보았다는 얘기가 된다. 이 땅의 무당들이 어떤 존재인가 하면, 온몸을 바쳐 신성하고도 험한 의례를 감당하면서도 세상으로부터 천대와 외면을 면할 수 없었던 이들이었다. 일컬어 천민 사제. 모름지기 그들은 버림받음으로써 세상을 구원한 바리에게서 제 자신의 초상을 본 것이리라. 생각하면 슬픈 일이지만 또 어쩌랴. 하늘이 그렇게 그들을 선택한 것을 말이다. 어쩌면 그들은 바리를 몸주신으로 삼아 그와 한 몸이 됨으로써 한을 솜솜이 풀어내고 있는 것인지도 모른다. 필경 그러할 것이다.

부연하면, 그 '무당' 또한 특수한 타자가 아니라고 할 수 있다. 그들은 버림받은 존재, 죽음에 처한 존재에서 생명과 구원의 존재로 거듭나서 세상에 빛을 던지고 있는 모든 사람들의 표상이라고 할 수 있다. 그 다른 이름이 무엇인가 하면 바로 '만신(萬神)'이고 '보살(菩薩)'이다. 빛처럼 가벼운 존재. 가없는 사랑과 베풂의 존재로서의.

죽음을 생명으로 바꾼 바리데기의 기나긴 여정

다소 장황한 설명에도 불구하고 〈바리공주〉에서 쉽게 공감이나 일체감을 느끼기 어려웠다면, 다음 이야기를 찬찬히 음미해보면 좋겠다. 동해안 지역에서 전승돼온 〈바리데기〉다. 이 신화 속 바리의 형상은 좀 더 살뜰하고 감성적이어서 마음에 가까이 와 닿을 것이다.

옛날 옛적에 불라국이라는 나라가 있었다. 불라국 임금은 오구대왕이었다. 오구대왕이 왕위에 올라 불라국을 다스릴 적에, 어질고 착하고 인물도 좋은 길대부인과 부부가 되어 세상만사 부러울 것이 없었다. 만조백관과 삼천궁녀를 거느리고 용상에 올라앉아 금관을 높이 쓰고 옥 새를 거머쥐고 세상사를 맘대로 했다.

하지만 한 가지 뜻대로 되지 않는 일이 있었다. 세월이 물처럼 흘러 혼인한 지 십여 년이 지나도록 자식이 생겨나지 않았다. 자식이 없으니 시름이 되어 하루 또 하루 흘러가는 날들이 야속하기만 했다.

그렇게 하염없이 세월을 보낼 적에, 길대부인 나이 마흔이 되던 해에 문득 태기가 있었다. 한두 달 피를 모아 석 달에 입맛 궂혀 다섯 달에 반 짐 걸고 일곱 달에 칠성 틀어 아홉 달에 해운을 받아 열 달을 고이 채워 아기를 낳으니 선녀 같은 딸이었다. 대왕 부부 의논하되,

"첫딸은 살림 밑천이라서 매우 좋다."

딸 이름을 천상금이라 짓고 금이야 옥이야 고이고이 길렀다.

그 아이를 기를 적에 다시 태기가 있어 열 달 채워 순산하니, 옥녀 같 은 딸이었다. 아이 이름을 지상금이라 하고 고이 길렀다. 이어서 딸 하 나를 또 낳으니 그 이름은 해금이라 했다. 딸을 셋이나 낳고 보니 언제 나 아들을 낳아 나랏일을 맡길지 걱정이었다. 하지만 아들은 소식이 없 고, 넷째 다섯째 여섯째도 다 딸이었다. 그들은 달금이, 별금이, 석금이 라 이름을 지었다.

하루는 오구대왕이 남모르는 수심이 많아서 한탄하기를,

"나랏일은 고사하고 후손이 끊기면 묘를 누가 돌보고 제사를 누가 맡 아서 모실 거나."

걱정을 태산같이 끼고 있을 적에, 길대부인이 마음에 수심이 가득하 여 바람을 쐬러 나섰다. 중문을 열고 나와 꽃밭에 물을 주며 마음을 달

래려는데, 솟을대문 밖에서 난데없는 염불 소리가 들려왔다.

길대부인이 마음에 깊이 놀라서,

'이 대문 밖은 까막까치도 못 오는 곳인데 어찌 찾아왔을까? 시주를 달라면 얼마라도 줄 수 있지만, 이 깊은 곳을 찾아오는 스님은 참 보통 스님이 아니로구나.'

길대부인이 백미 한 말을 깨끗이 떠 가지고 나와 바랑에 부어주자 스님이 말했다.

"부인은 자식 일로 수심이 많으시되, 명산대찰 찾아가서 백일 불공을 정성껏 드리면 귀한 자식을 볼 것입니다."

말을 마치고 온데간데없이 사라지니 길대부인이 도사 스님으로 알고 내궁에 들어가 금줄을 치고서 정성을 드릴 차비를 했다. 정성껏 공물과 음식을 준비해서 명산대찰을 찾아가 불공을 올리고 집에 내려와서 성주님, 조왕님, 칠성님, 조상님, 삼신제왕님께 정성을 올렸다. 그러다가 한 꿈을 얻으니, 천상에서 구름과 안개가 자욱이 깔리고 무지개발 서기가 퍼지면서 달이 왼 어깨에 앉고 해가 오른 어깨에 앉으며 별이 떨어져서 품 안에 안기었다.

오구대왕이 편지로 꿈 얘기를 전해 듣고서 내궁으로 거동하여 말하기를,

"지난밤에 내가 똑같은 꿈을 꾸었으니 아들 낳을 태몽이 분명합니다."

비단이불 원앙베개를 차려놓고서 부부가 다정하게 잠자리에 들 적에 일월성신과 후토지신, 사해용왕과 오방신장이 두루 찾아와 내궁을 지키었다. 길대부인이 그달부터 태기 있어 한 달 두 달 피를 모아 두 달 석

달 입맛 궂히는데, 밥에서는 비린내 나고 장에서는 날장내 물에서는 흙내 나고 뒷동산 개복숭아를 말말이 섬섬이 먹고 싶었다. 그달을 다 보내고 다섯 달 반짐 걸어 일곱 달이 되어서 사방 칠성을 불어넣을 적에, 앞남산은 불러지고 뒷남산은 낮아졌다. 길대부인이 자리를 앉아도 방 안 모퉁이에 앉지 않고 문 앞에도 앉지 않으며 항상 복판에 가 앉았다. 던져주는 음식은 먹지 않고 떠드는 말은 듣지 않고 못된 일 나쁜 일 보지를 않고 부정한 일을 하나도 저지르지 않았다.

갖은 정성 다하여 열 달을 채울 때에 하루는 해산 기미가 보이며 배와 허리와 팔다리가 아파왔다.

"애들아. 꽃밭 시녀들아, 별당 안 궁녀들아. 이리 오너라. 오늘은 내가 배도 몹시 아프고, 온몸이 부서지는 것 같고, 팔다리가 걸리고 아이처럼 아프구나. 딸자식을 낳을 때는 이렇지 않더니만 아들을 낳으려고 이러나 보다. 애들아, 팔다리 좀 만져라. 내 배도 좀 만져봐라."

길대부인이 혼미한 가운데 오색구름이 사방으로 자욱하게 퍼지더니 내궁 연못에서 일곱 빛깔 무지개가 피어올랐다. 길대부인은 오색구름에 싸인 채로 명산대찰에 공들여 얻은 일곱째 아기를 탄생했다. 길대부인이 아기를 낳고 까무러칠 적에 시녀들이 아기를 받아서 뉘여놓고 보니 선녀 같은 딸이었다.

그때에 시녀들이 깜짝 놀라 길대부인을 주물러서 까무러친 어른을 깨워놓으니,

"애들아, 내가 혼미한 중에 아이를 낳았거늘, 아들이더냐 딸이더냐?"

여러 시녀들이 말을 못하다가 겨우 답하여 하는 말이,

"공주님을 낳으셨습니다."

길대부인 깜짝 놀라,

"이것이 웬일이냐. 공들이고 들인 자식 딸이라니 서럽도다. 이것이 어쩐 일이냐. 이 말이 진실이냐."

아기를 앞으로 당겨서 아기를 덮은 포대기를 들춰 보니 틀림없이 칠 공주였다. 길대부인이 땅을 치고 설리 울면서,

"애고 내 일이야. 명산대찰 공들여 낳은 자식 딸이라니 서럽구나. 요 만큼만 달렸으면 저도 좋고 나도 좋을 것을. 대왕님 앞에 무엇이라 아뢰며 우리 부부 떠나면 나랏일을 누구에게 맡기고 제삿날 밥 한 그릇 물 한 모금을 뉘라서 떠줄 거나. 아이고 답답 설운지라."

그때에 오구대왕이 용상에 앉아서 만조백관 신하들을 모두 불러놓고 나졸들을 시켜서,

"내궁에 전갈하여 태자인지 공주인지 어서 바삐 아뢰어라."

그때에 나졸들이 우루루루 돌아와 훌쩍훌쩍 울면서 대왕님 전에 아뢰기를,

"대왕마마, 길대부인께서 일곱째 공주를 낳으셨나이다."

오구대왕이 용상에 앉았다가 벌떡 일어서더니만,

"여봐라, 그 말이 참말이냐! 공 들여 낳은 아들 명命 길라고 일부러 나를 속이는 게 아니냐?"

"어찌 감히 대왕마마를 속이겠습니까. 일곱째 공주님이 탄생하셨나이다."

오구대왕이 그만 용상에서 털썩 내려앉으면서 세상 분별을 못하고

쓰러지니 신하들이 깜짝 놀라 의원을 불러 침을 놓고 약을 써서 깨워놓았다. 오구대왕이 정신을 차리고서 앞일을 생각하니 슬픈 마음이 운무처럼 가슴을 채웠다. 이때 오구대왕이 서신을 보내 명을 내리기를,

"이번에 일곱째는, 칠공주는 울음소리도 듣기 싫고 말소리도 듣기 싫다. 칠공주는 인적 안 닿는 곳에 멀리멀리 내다 버려라."

그때 길대부인이 그 서신을 받아서 읽어보니 누구의 명령이라 거역을 할까. 할 수 없고 할 수 없는 일이었다. 그날 밤을 새우는데,

"애들아, 일곱 방 궁녀들아, 이리 모여 오너라. 대왕님 분부 이러하니 칠공주 갖다 버릴 채비를 차리자."

칠공주를 가슴에 부여안고서,

"야야 공주야 내 딸 공주야, 딸자식이라도 낳을 때나 섭섭하지 기를 때는 아들이고 딸이고 다 한가진데 열 손가락 깨물어 안 아픈 손가락 어디 있나. 부모 마음은 열 자식이 다 한자식 아니더냐. 애들아 시녀들아 저 오동장롱 윗빼닫이 열고서 태자를 낳으면 입히려고 비단에 수놓아 장만한 옷 다 가져오너라. 칠공주 갖다 버리는 마당에 놔두면 무엇하리. 저 사랑방 장롱에 공단 포대기 마련해놓은 것을 뉘를 덮어주며 뉘를 업고 기를까. 이리 다 내어서, 보에 싸서 칠공주 갖다 버리는 마당에 다 갖다 없애자꾸나."

차츰 촛불이 기울어질 적에 길대부인이 얼마나 울었던지 눈두덩이가 통통 부었다. 어느새 새벽 어스름이 밝아오며 닭이 꼬끼오 울음을 울고 동산 위로 해가 떠오르며 동방이 밝아왔다. 그때 칠공주를 포대기에 싸서 시녀가 안고 앞서고 길대부인이 뒤를 따를 적에, 여기다 버릴까 저기

다 버릴까 칠공주를 버릴 만한 곳이 전혀 없었다. 나무에 버리자니 날짐 승이 무섭고, 땅에다 버리자니 길짐승이 무서웠다. 수정같이 흐르는 물에 내려놓으니 시냇물이 굽이를 치며 포대기에 물 한 방울 묻지 않고 동동 떠서 흘렀다.

"저 모양 차마 못 보겠다. 도로 건져내라."

아기를 건져내서 도로 안고는 산을 넘고 들을 지나 첩첩산중을 찾아들어갔다. 골은 깊고 봉우리는 높으니 그 산 이름이 버드렁산이었다. 수목은 우거지고 방초는 휘늘어져, 앞내 버들은 초록 장막 드리우고 뒷내 버들은 어스름 장막 드리웠다. 아기를 안고 한 고개를 넘어가 보니, 한쪽에 널따란 반석이 깔려 있고 그 뒤로 바위가 잦아졌는데 그 사이에 천연으로 생긴 굴이 하나 뚫려 있었다. 길대부인이 손가락의 피를 내어 '바리데기' 이름을 써서 품속에 넣어주고 잠든 아기를 반석 위에 눕혀놓고 돌아서려니 차마 발이 안 떨어졌다.

"야야 내 딸이야. 내가 이 세상에 아들자식 없을 팔자거늘 너를 낳고 이틀 만에 깊은 산중에 갖다 버리니, 대왕님 명령이 그러하시니 할 수 없고 할 수 없다. 너와 나와 이 시간부터 이별이다. 내 딸이야, 좋은 집에 아들로 다시 태어나서 고이고이 자라나거라. 내 딸이야, 고이고이 잠들어라."

길대부인이 눈물 씻고 돌아설 적에 한 발 딛고 두 발 딛고 세 발 끝나 돌아보고, 또 한 발 딛고 되돌아보고 두 발 딛고 눈물짓고 세 발 만에 한숨을 쉬었다. 한숨 쉬며 돌아볼 때에 난데없이 바위틈에서 소리를 천둥같이 지르고 산천을 뒤흔들면서 커다란 호랑이가 훌쩍 나타나 이리저리 모래와 자갈을 던지고 으르렁거리다가 아기를 들어 안고서 굴속으로 들어가버렸다.

시녀들이 겁이 나서 두 번 다시 못 건너다보고 총총거리고 궁궐로 돌아와 오구대왕한테 아뢰기를,

"대왕님 명령대로 칠공주를 인적 없는 깊은 산중 바위틈에 버리고 왔습니다."

"그것 참 잘했다. 딸도 자식이지마는 얼굴도 보기 싫고 목소리도 듣기 싫었는데 잘 갖다 버렸다. 그 일 참 잘했다."

그때에 오구대왕이 하루하루를 지낼 적에 이 생각 저 생각에 나랏일에는 마음이 없고 근심만 가득했다. 그렇게 하루 가고 이틀 가고 열흘 가고 달이 가니 병이 생겨났다. 병이 점점 악화되니 고칠 길이 없었다. 용하다는 의원을 다 들이고 좋다는 약을 다 써보아도 소용이 없었다. 길대부인은 밤낮으로 약 수발을 다하건만 여섯 딸은 여러 대신들 집에 시집을 가서 맡은 바가 있는지라 친정 일을 의논할 리 없었다. 그사이 오구대왕은 차츰차츰 몸이 말라서 꺼풀만 붙고 살은 한 점 없이 뼈만 남았다.

길대부인이 밤낮으로 눈물과 근심을 벗 삼아 지낼 적에, 하루는 꽃밭에 물을 주며 시름을 달래는데 난데없이 염불 소리가 들려왔다. 언뜻 살펴보니 어떠한 노장 스님이 시주를 청하는데 염불 소리가 처량했다. 길대부인이 백미 한 말 시주를 할 때에 노장 스님 하는 말이,

"중전마마 길대부인요. 마음속에 걱정 근심이 연못에 물 차듯 가득하군요. 대왕님을 살리자면 서천서역국 가서 약수를 구해 와야지 그 밖에는 인간 세상에 약이 없습니다."

이렇게 말하고 간데온데없이 사라지자 길대부인이 반겨 듣고 의논할 곳 따로 없어 그날 저녁에 딸 여섯을 불러들였다.

"큰딸 오너라, 둘째 딸 오너라. 천상금이, 지상금이, 해금이, 달금이, 별금이, 석금이 다 들어오너라."

큰딸한테 묻기를,

"야야, 너희 아버지 병환은 인간 세상에 약이 없다 하니 어떻게 하나. 네가 서천서역에 가서 약수를 구해다가 아버지를 살리겠나?"

"어머니요, 서천서역 약수를 구해 와서 사람을 살릴 것 같으면, 이 세상 죽을 사람 하나도 없겠습니다. 그런 말 듣지 마시고 아버지 돌아가시기 전에 나랏일을 어느 딸에게 맡길지 그 걱정이나 하십시오."

"지상금아, 네가 서천서역 가서 약수를 구해다 너희 아버지 살리겠나?"

"어머니요. 나는 못 갑니다. 시집갈 때도 언니한테 뭐를 많이 해주고 클 때도 언니만 맏자식이라고 많이 해주더니 이런 걱정 있을 때는 나를 찾습니까?"

셋째 넷째 다섯째 여섯째 딸 차례로 불러서 물으니,

"나는 못 갑니다. 남편이 요새 나랏일을 맡아서 의논할 일이 많습니다."

"나도 못 갑니다. 큰 시집 살림을 맡아서 시부모 무서워서 아무렇게나 움직이지 못합니다."

"나도 못 갑니다. 아기들이 많아서 집을 비워놓고 어디를 못 갑니다."

"나도 못 갑니다. 시집간 지 얼마 안 돼 서방하고 애정이 들 둥 말 둥한데 어디를 갑니까."

"그만둬라, 이 애들아. 천하에 몹쓸 자식들아."

길대부인이 딸들을 쫓아내고서 혼자 앉아 탄식하자니 칠공주 생각이 절로 났다.

"햇수를 꼽아보니 십오 년이로구나. 옛날에 핏덩어리 낳아서 포대기에 싸서 갖다 버린 그 딸이라도 안 죽고 있었더라면 눈먼 자식이 효자 노릇 한다고 서천서역 약수 길어다 아버지를 살렸으려나."

그때에 길대부인이 대왕한테 약 사발을 공양하고서 잠깐 이불을 안고 졸 적에 비몽사몽간 꿈 하나가 꾸어졌다. 열두 대문을 얼그렁 절그렁 열고서 하얀 노장 스님이 썩 들어서더니만,

"중전마마 길대부인요. 무슨 잠이 그리 깊이도 들었습니까. 대왕님을 살리자면 십오 년 전에 갖다 버린 칠공주를 찾아오소서. 칠공주를 찾아서 서천서역 약수를 길어 와야지 그 밖에는 아무 도리가 없습니다."

길대부인이 놀라서 정신을 차려보니 밤이 깊어 별이 총총했다. 밤새 앉아서 이런저런 생각을 할 적에 동쪽 하늘이 차차 밝아왔다. 길대부인이 시녀 옥장춘이를 불러들여,

"옥장춘아. 오늘은 내가 속이 시끄러워 산바람 들바람도 쐬고 싶다. 너하고 나하고 구경을 가자꾸나."

길대부인이 그 꿈을 꾸고 난 뒤에 방문 출입도 잘 못하고 대문 출입도 안 하던 부인이 시녀를 앞세우고 총총 걸음으로 길을 나서서 산을 넘고 들을 건너 나아갔다.

"옛날에 우리 칠공주 갖다 버릴 적에 산천에 갖다 버렸으니 바리데기, 이 자식이 살아있다면 십오 세 열다섯 살인데, 핏덩어리를 갖다 버

렸는데 어떻게 살기를 바라리. 심심산천 바위틈으로 호랑이가 채 갔으니 뼈도 안 남고 살도 안 남았을 텐데 어디로 간들 만날까. 속이 시끄러우니 내가 들바람 산바람이나 쐬러 가련다."

그때에 바리는 어찌 되었던가. 길대부인이 아기를 산천에 버리자 산신령이 호랑이를 내려보내 굴속으로 데려왔다. 그날부터 산신령이 바리를 맡아서 기르니 바리가 낮이면 낮볕을 보고 밤이면 이슬 받고서 병 없이 무럭무럭 자라났다. 바리가 네 살 다섯 살이 되자, 산신령이 온 산천을 데리고 다니며 가르쳤다. 그렇게 십 년을 공부하니 바리가 못할 일이 없었다. 귀한 글을 낱낱이 배워서 세상 이치에 통달하고 농사일 삯바느질 갖은 일을 다 배웠다.

어느 날 바리가 삼강오륜을 배울 적에 '부자유친父子有親'이라는 글을 보더니만,

"선생님요, 부자유친이란 것은 부모와 자식이 친하단 말 아닙니까. 부는 아비 부父 모는 어미 모母인데 나를 낳으신 아버지 어머니는 어디에 계십니까?"

"아야, 내가 가르치는 글만 꼬박꼬박 배우면 어머니도 나타나고 아버지도 만나리라."

다음 날 바리가 아침상을 차려서 선생님께 올릴 적에,

"야야 바리데기야. 오늘 내가 너한테 할 말이 하나 있다. 내가 너를 맡아 십오 년을 기르더니, 오늘 오시午時에 너와 내가 이별이다."

"선생님요, 이게 무슨 말씀입니까. 저는 이 산천에 아무도 없고 선생님뿐인데 오늘 이별이란 말이 무슨 말씀입니까."

"야야, 오늘 오시에 너 낳은 어머니가 나타난다. 나는 더 가르칠 것이 없으니 섭섭하게 생각 마라. 오늘 네가 어머니를 만나리라."

"선생님요, 그 말씀이 정말입니까?"

"오늘 정오에 네가 기다려보면 알 도리가 있으리라."

차츰차츰 시간이 흘러서 오시가 다가올 적에 신령님이 바리를 부르더니,

"너희 어머니를 만나거든 네가 글공부하던 방 한구석에 놓인 보따리를 풀어보면 자연히 알 도리가 있으리라."

말을 마치자 홀연 돌개바람이 불더니만 집도 절도 간곳없고 큰 바위에 보따리만 놓여 있고 바리가 심심산중에 홀로 앉아 있었다. 바리가 무서운 마음도 들고 슬픈 마음도 들어서 한탄하며 앉았을 적에 어디서 바람결에 외기러기 울음처럼 설리 우는 소리가 들려왔다.

"야야 옛날에 십오 년 전에 포대기에 싸서 저 바위틈에 갖다 버렸던 내 딸 바리데기야. 귀신이라도 이 산천에 붙어 있느냐. 귀신이라도 만나고 혼백이라도 만나고, 모녀간에 상봉하자. 내 딸이야."

바리가 가만히 서서 부인의 울음소리를 귓가로 멍하니 듣고 서 있을 적에 길대부인이 주춤 서더니만,

"야야, 처녀야. 너는 어떠한 처녀가 키도 크고 얼굴이 일색이고 맵시도 물 찬 제비로구나. 어찌하여 심심산천에 보따리를 앞에 두고 서서 우는 얼굴을 하고 있느냐?"

"저는 이 산천에 본래부터 사는 사람이지만, 부인은 어쩐 일로 울고 오십니까?"

"내가 그런 일이 있더라. 내가 십오 년 전에 내 딸을 갖다 버렸도다. 여태 살 리가 없지만 이 산천을 와보니 아이를 갖다 버리던 일이 생각나서 내 딸 바리데기를 부르며 오는 길이다."

"그러면 당신이 우리 어머니입니까?"

이때에 길대부인이 이 말 듣고서,

"야야, 이게 무슨 말이냐? 그럼 내가 십오 년 전에 여기 버렸던 바리데기 칠공주가 너란 말이냐!"

"저는 십오 년 전에 우리 어머니가 저를 포대기에 싸서 이 산천 바위틈에 버렸습니다. 신령님이 저를 받아서 이만큼 길러주시더니 오늘 모녀 상봉하리라 말씀하시고 간데온데 자취가 없습니다."

"야야, 그럼 네가 내 딸이 분명하구나."

서로 부여잡고 이리 뒹굴 저리 뒹굴 방성통곡 울다가, 바리가 문득 생각나서 보따리를 풀어보니까 별것이 다 나왔다. 갖가지 수를 놓은 저고리와 바지 조끼 조롱조롱 구슬이 다 나왔다. 안팎으로 살필 적에 길대부인이 옷고름에 써놓은 글이 일곱째 공주 바리데기라 뚜렷이 쓰여 있었다.

"이 글이 십오 년 전에 내가 쓴 글이 분명하다."

어머니와 딸이 안고 만지고 붙잡으며 방성통곡 울 적에 바리가 어머니 가슴에 안겨서,

"엄마 엄마 울 엄마요. 옛날에 젖꼭지도 못 물어보고 젖도 한 모금 빨아보지도 못하고."

젖도 빨아보고 엄마 가슴도 안아보고 허리도 안아보고 치마폭에 싸여도 보고, 이리 뒹굴 저리 뒹굴 어머니한테 업혀보고 안겨도 보는 것이

었다.

그때에 어머니는 딸을 진정을 시키고 딸은 어머니를 진정시키고서,

"야야 내 딸이야. 네가 안 죽고 살았구나. 어서 바삐 집으로 가자."

바리가 어머니 손목을 부여잡고서 집으로 돌아온 뒤 그날 밤 의복 단장 깨끗이 하고 아버지한테 인사 차로 들어갔다. 아버지 앞에 큰절을 올리고서,

"불효 소녀, 문안드리옵니다."

그때에 바리데기가 인사를 드리자 대왕이 누워서 대답하는 말이,

"어떠한 처녀이길래 이리 문안한단 말이냐?"

길대부인이 하는 말이,

"대왕님요. 십오 년 전에 갖다 버린 바리데기 칠공주 우리 딸아이가 안 죽고 살아왔습니다."

그러자 대왕님, 안아 일으켜주고 안아 눕히던 양반이 그 말 듣고 깜짝 놀라 땅을 치고서 벌떡 일어나 앉았다. 벌떡 일어나더니 바리를 부여잡고서, 부녀간에 목을 안고서 방성통곡 설리 울었다.

"내 딸이야 내 딸이야. 네가 안 죽고 살았다니 이것이 웬 말이냐. 야야 내 딸이야. 나는 너를 갖다 버리라 한 그 죄를 받아서, 십오 년 동안 병이 들어서, 나는 인제 이 병 이기지 못하고 야야 영영 죽는다. 야야 내 딸이야. 아들자식 없는 너희 어머니를 네가 아들 겸 딸 겸 해서 불쌍케 여기고 모셔라. 나는 오늘 죽을지 내일 죽을지 언제 죽을지 모르겠구나.

바리가 이 말을 듣고서,

"아버지요. 아버지요. 사람이 병든다고 다 죽으며 병든다고 다 잘못

됩니까. 죽을 날 밑에 살 날이 있지요. 조금도 걱정 마옵소서."

바리가 아버지를 눕혀드리고 돌아 나와서 어머니와 십오 년간 그리던 사연으로 마주할 적에 못할 말이 있을까. 이리저리 얘기하다가 길대부인이 말하기를,

"야야 바리데기야. 너희 아버지 병환은 인간 세상에 약이 없고 서천서역 약수를 구해 와야 아버지 살린다는구나. 너희 언니 여섯이 다들 못간다 하니 너희 아버지는 병을 못 이기고 황천객이 되리로다."

바리가 이 말을 듣더니마는,

"어머니, 걱정 마소서. 병든다고 다 죽더이까. 어머니요, 저에게 남자옷 한 벌만 차려주십시오. 제가 서천서역 약수를 구해서 아버지를 살리겠습니다. 처녀 몸으로 갈 수 없으니 남자 옷을 입고 총각 몸이 되어서 제가 갔다 오겠습니다."

"야야 내 딸이야. 말은 고맙고 정성이 대단하다만 어린 네가 서천서역이 어디라고 찾아가며, 십오 년이나 산천에서 고생하던 너를 내가 또 어디로 보내랴. 야야, 못한다."

"어머니요, 그런 말 마소서. 목련존자는 수천 리 땅굴을 파고 들어가서 시왕 앞에 나타나 지옥에 갇힌 어머니를 천상으로 환생시켰습니다. 제가 그만큼은 못할지라도 할 만치는 해봐야 하지 않겠습니까."

바리가 어찌나 조르는지 못 들은 척 할 수 없어 남복을 지어주니까 바리가 어머니께 하직을 하고 아버지 병석에 들어가서 하직을 했다.

"아버지요, 아버지요. 제가 약수를 구해 와서 아버지를 살릴 테니 걱정 마옵소서."

"야야 내 딸이야. 너 어린 게 어디를 간단 말이냐."

아버지가 병중에서도 호령을 하니,

"아버지 그 말 마소서. 추호도 제 걱정 하지 마소서. 제가 꼭 아버지를 살리겠습니다."

그냥 아버지 말도 안 듣고 우기고서 서천서역으로 길을 나서니 길대부인과 오구대왕이 붙잡지도 못하고서 그냥 서로 눈물로 작별을 했다.

바리가 남자 옷을 차려입고 총총 걸음으로 길을 갈 적에 날이 저물면 가랑잎 속에서 자고도 가고, 바위틈에 끼여 앉아 졸고서도 갔다. 가다가 배고프면 나무 열매를 따먹고 솔잎을 끊어서 씹어 먹었다.

어느 날 바리가 한 곳을 다다르니, 때는 한밤중인데 수목이 어찌나 잦아졌던지 하늘의 별이 보일 듯 말 듯했다. 바리가 바위틈에 앉아 꾸벅꾸벅 졸다가 소나무 가지 사이로 건너다보니까 멀리 작은 불빛이 아른아른 비쳐 보였다. 바리가 소나무 가지 밑으로 기어서 그곳을 찾아가는데, 거리가 훤칠하게 멀었다. 나뭇가지 밑으로 가다가 미끄러져 자빠지기도 하고 가시밭에 채여서 엎어지기도 했다. 얼마나 고생을 했는지 아래 가랑이가 삽살개 털처럼 해지고 고운 손발이 긁히고 찔려서 형편없이 되었다.

바리가 불이 비치는 곳에 이르러 보니 돌담장은 훌쩍 높고 높은 기와 대문이 꽁꽁 잠겨 있었다. 달빛에 현판을 살펴보니 팔봉사八鳳寺라 쓰여 있었다. 바리가 방황하다가 보니 밤나무 가지 하나가 담장 너머로 휘늘어져 있었다. 바리가 심심산천에서 십오 년을 큰지라 나무 타고 뛰어내리기가 여반장이었다. 밤나무 가지를 훌쩍 타고 올라가 담장을 뛰어넘고 보니 절 마당이었다. 법당에 향불이 안 꺼져서 향내가 미묘하고 부엌에는 공양미에서 김이 나는데 육십 명 스님들이 깊은 잠이 들어서 쿨쿨 자는 중이었다.

그때 절에 큰 종이 하나 달려 있는데 갑자기 바리가 그 종이 쳐보고 싶어졌다. 바리가 종 채를 들고서 한 대를 때리자 종소리가 땅 울려 퍼졌다. 난데없는 종소리에 스님들이 뛰어나왔다가 들어가 잠들 적에 바리가 다시 나와 종을 또다시 쾅 쾅 때렸다. 스님들이 뛰어나와서 이리저리 찾아보니 부처님 아래 장막 속에서 몽두리 총각이 떨고 있었다. 스님들이 끌어내어 짓누르며 소리를 지를 적에 주지 스님이 호령을 했다.

"너는 어찌 여기를 왔으며, 이 일이 웬일이냐!"

"저는 다른 사람이 아니라 불라국 오구대왕 일곱째 아들입니다. 깊은 밤중에 불빛을 보고 찾아와 담장을 넘어왔는데, 갑자기 이 종 치고 싶어져서 스님들을 깨웠으니 죄송합니다."

그러자 절에 있던 스님 육십 명이 그 자리에 모두 무릎을 꿇어 엎드려 고개를 숙이고 절을 하면서,

"공주님요. 칠공주님요. 공주님 납시었습니까?"

"스님들 이게 무슨 말씀입니까? 제가 칠공주인 줄 어찌 압니까?"

"공주님요. 이 절에 종도 공주님 낳으려고 오구대왕님 명으로 달았습니다. 이 절에 육십 명 우리 중생이 먹는 양식도 공주님 덕이고 전부 공주님 덕택입니다. 공주님이 길을 떠나시는데 아무쪼록 서천서역 약수를 구하여 대왕님 살려주십사 하고 우리가 백일기도를 엊저녁에 마쳤습니다. 오신 줄 모르고 마중을 못 나가서 죄송하고 황송합니다."

칠공주가 그때서야 숨김 없이 가까이 다가가서 스님들을 일으켜 세우고 이 얘기 저 얘기를 나눌 적에 동쪽 하늘이 밝아왔다. 공주가 길을 떠나려고 하자 스님들이 나서면서 아침 공양을 들고 가라고 했다. 바리가 사양하다가 멧밥 몇 숟가락을 뜨고서 여러 스님들과 하직하고 다시 서천서역으로 길을 나섰다.

바리가 어디만큼 갔는지, 몇 달을 걸어서 한 곳을 다다르니 어떤 백발노인이 쟁기에 소를 매가지고 백여 마지기 큰 밭을 갈고 있었다.

"할아버지요, 백발노인 할아버지요. 서천서역으로 가려면 어느 길로 가야 됩니까?"

"야야 내가 너르나 너른 밭을 갈기도 바쁜데 너한테 서천서역 길을 가르쳐줄 시간이 어디 있나."

"할아버지요, 그러면 그 밭을 제가 갈아드리겠습니다."

바리가 밭갈이를 하겠다고 쟁기 멘 소를 밭고랑으로 데리고 가는데, 바리의 힘은 약하고 소는 힘이 세서 앞으로 마구 끌려갔다. 그럭저럭 한 고랑을 갈고는 갔으나 돌아서 오기가 막연했다. 바리가 언제나 밭을 갈거나 하면서 기가 차서 울 적에 갑자기 북쪽 하늘에서 돌개바람이 불더니 왕떼 같은 짐승 수백 마리가 들이닥쳐 날뛰더니 어느새 너른 밭이 다 갈아져 있었다. 천상에서 땅 두더지를 보내서 밭을 뒤집게 한 것이었다. 할아버지가 보더니만,

"야야, 그 밭 다 갈았으니 서천서역 가는 길을 가르쳐주마. 저 건너 산을 넘고 너른 들을 지나서 높은 산을 넘어가면 서천서역 가는 길이 나오니 그리 찾아가라."

바리가 그 말대로 찾아갈 적에 또 길이 갈라지고 가로막히는데 어디로 가야 하는지 알 수 없었다. 그때 어떤 하얀 할머니가 냇가에서 우당탕탕 빨래를 하는 게 보였다.

　"할머니요, 서천서역을 가자면 어디로 갑니까."

　"내가 이 빨래를 하기도 바쁜데 언제 길을 가르쳐주겠나. 빨래하기가 바빠서 못 가르쳐준다."

　"할머니요, 동지섣달에 얼음을 깨고 빨래를 하시니 손이 시려워 어찌합니까. 제가 대신 해드리겠습니다."

　이때에 바리가 빨래를 하는데, 검은 빨래는 희게 씻고 흰 빨래는 검게 씻어야 했다. 검은 빨래는 알뜰히 씻으니 희어지는데 흰 빨래는 아무리 씻어도 검어지지 않았다. 손은 시려운데 온갖 흙을 묻히고 이것저것 더러운 걸 묻히자 빨래가 차츰 검어졌다. 얼마를 했던지 흰 빨래가 거뭇거뭇 제 색이 났다. 그렇게 빨래를 다 해놓고 양지쪽에서 조는 할머니한테 다가가 보니 몸에 굵다란 이가 버글버글 기었다. 바리가 그 이를 다 잡아주었더니만 할머니가 단잠에서 일어나 기지개를 켜고서 말했다.

　"야야, 기특하다. 서천서역 가는 길을 내가 가르쳐주마. 저 높은 산을 지나 열두 고개를 넘어서 유수강을 건너면 세 갈래 길이 나타나는데, 오른쪽 길은 극락 가는 길이고 왼쪽은 지옥 가는 길, 복판 길은 서천서역 가는 길이로다."

　바리가 사례하고 떠나가다가 돌아보니 할머니가 어느새 간데온데 자취가 없었다. 그 할머니는 본래 천태산 마고할미로 바리 마음을 떠보려고 내려온 것이었다.

그때에 바리가 산을 넘어 열두 고개를 지나가는데 이 고개 저 고개가 많기도 했다. 노인 죽어 짝지고개 할머니 죽어 망녕고개, 총각 죽어 몽달고개 처녀 죽어 보따리고개, 시아버지 죽어 호령고개 시어머니 죽어 잔소리고개, 아들 죽어 유세고개 손자 죽어 사랑고개, 며느리 죽어 조실고개 사위 죽어 도둑놈고개, 나무 많아 청산고개 돌이 많아 돌산고개, 눈이 왔다 백두고개 비가 왔다 개골고개, 꽃이 피었다 화초고개 잎이 피었다 방초고개. 그 고개를 다 넘어서 갔다.

바리가 열두 고개 넘어서 유수강에 다다르니, 앉아서 보면 천 리요 서서 보면 만 리였다. 어찌 건널까 방황할 때에 배 한 척이 다가왔다. 그 배를 타고서 유수강을 건너니까 세 갈래 길이 나왔다. 바리가 가운데 길로 접어들어 서천서역을 찾아갈 적에 낯선 목소리가 들려왔다.

"오구대왕 막내딸 바리데기야. 네가 서천서역에 약수 구하러 가는 길이구나."

바리가 놀라서 바라보니 큰 억석바위 꼭대기에서 하얀 할아버지가 말을 하고 있었다.

"예, 제가 아버지 살리려고 약수 구하러 갑니다."

"동대산 동대청에 동수자를 찾아가라. 동수자를 만나야 약수를 구한다."

말을 마치고는 간데온데없이 사라졌다. 바리가 반겨 듣고 동대산 동대천을 찾아갈 적에 몇 날 며칠을 고생하면서 동대산으로 향했다.

동대산 동수자는 본래 천상 사람인데 죄를 짓고 아랫세상에 내려와서 삼십 년 동안 서천서역 약수를 맡아 지키었다. 인간 세상 칠공주를

만나 아들 삼형제를 보아야만 죄를 씻고 하늘로 돌아갈 수 있었다. 하루는 천상에서 이르기를,

"동수자야, 이제 인간 세상에서 네 배필이 찾아올 것이다. 그를 만나 아들 삼형제를 보면 삼십 년 죄를 면하고 하늘에 오르리라."

동수자가 반겨 듣고 배필이 찾아오기를 기다릴 적에 해가 설핏설핏 서산에 걸쳐가는데 갑자기 인기척이 나면서 몽두리 총각 하나가 찾아들었다. 동수자가 총각을 바라보는데 바리가 사람 자취에 얼마나 반가운지,

"여보시오. 동대산 동대청은 어디이며, 어디로 가야 동수자를 만납니까?"

"이 산이 동대산이며 동대청은 내가 사는 집이고 내가 바로 동수자입니다. 어찌 찾습니까?"

"나는 불라국 오구대왕의 막내아들입니다. 아버지가 병으로 십오 년 동안을 고생하시는데, 동대청 동수자를 만나서 서천서역 약수를 구하여 아버지를 살리려고 이렇게 오는 길입니다."

동수자가 바리를 이끌고 동대청으로 들어가 앉게 하고는,

"불라국에서 온 총각요. 여기를 찾아오느라 시장할 텐데 내가 밥을 지어 오지요."

부엌에 가더니 저녁 식사를 턱 지어서 오는데, 이 나물 저 나물 얼마나 맛있게 잘해 왔는지 바리가 그 밥을 배불리 먹었다. 물을 또 얼마나 마셨던지 밤새도록 오줌을 누러 들락거릴 판이었다. 그때 동수자가 생각하기를,

'인간 세상에서 백년배필이 온다 하더니 나와 같은 몽두리 총각이 왔
으니 희한한 일이다. 꿈도 안 맞고 아무것도 안 맞는구나.'

어느덧 밤중이 되자 동수자가 잠을 자자며 옷을 홀렁홀렁 벗고서 척
누웠다.

"불라국 총각도 옷을 벗고서 마음대로 자구려."

"동수자님, 나는 집에서도 옷을 벗으면 잠이 안 와서 옷끈을 바짝 졸
라매고 잠을 잡니다."

그리고 누웠는데 밤이 깊어갈 때에 오줌이 자꾸만 마려웠다. 그때 동
수자가 하는 말이,

"여보시오, 총각요. 여기는 산천에 범도 많고 온갖 짐승이 많아서 잘
못 나가면 큰일 납니다. 소변은 방에서 보아야 합니다. 잘못하면 짐승한
테 화를 당합니다."

방에서 오줌을 눌 적에 남자 같으면 꿇어앉아서 몸을 세우고 누지만
여자의 몸인지라 요강에 올라앉아야 하니 이 일을 어찌하나. 어떻게 하
면 여자 표시를 안 낼까 이리저리 궁리에 바리가 걱정이 태산 같았다.
배고픈 차에 짠 반찬과 물을 얼마나 먹었는지 동지섣달 긴 밤에 밤새도
록 오줌 누러 몇 번을 들락거렸는지 알 수 없었다.

그리저리 하던 중 동쪽 하늘이 밝아오자 아침밥을 맛있게 먹고 나서
바리가 말했다.

"동수자님요. 날이 샜으니 어서 약수탕을 찾아갑시다."

"여보시오, 불라국 총각요. 먼 길을 오다 보니 몸도 피곤하고 목욕도
못 했겠지요. 약수탕은 마음으로 약수를 구하는 곳이라 더러운 몸으로

가면 안 되니 목욕을 하고 갑시다. 저 위에 가면 산에서 천 길을 흘러나
오는 약수 목욕탕이 있으니 그리 가서 몸을 깨끗이 씻읍시다."

이때 바리가 깜짝 놀라 몸이 저절로 벌벌 떨리고 얼굴빛이 변할 적에
동수자가 그 모양을 보고서 의아했으나 알 도리가 없었다.

"여보시오, 총각요. 목욕탕이 위아래로 둘이 있는데 나는 위의 탕을
갈 테니 그대는 아래 탕을 가시오. 그 탕이 혼자 목욕하기 좋으니 갈라
서 들어갑시다."

바리가 그 말을 듣고서 얼마나 좋은지 기쁜 빛이 얼굴에 가득했다. 그
때 바리가 아래 탕에 가서 옷을 벗다가 위 탕을 살펴보니 동수자는 위
탕에 몸을 푹 담그고 있었다. 바리가 옷을 마저 벗으려 할 적에 아래 탕
에 사르르 안개가 끼었다. 바리가 안개 속에서 옷을 벗고 물에 들어가
몸을 담그고 생각하기를,

'내가 여기서 목욕을 하고 깨끗한 몸으로 나가면 약수를 구해 가서 아
버지를 살리겠구나.'

몸을 이리저리 우르르 다 씻고 나서 보니 벗어놓은 옷이 보이지 않았
다. 그때 안개가 사르르 걷히는데, 한쪽을 살펴보니 동수자가 제 옷을
안고서 바위에 앉아 있었다.

"수자 수자 동수자요, 내 옷 주소. 내 옷 주소!"

"같은 남자끼리 뭐가 그리 무안하고 부끄럽습니까. 여기 와서 옷 입
으소."

"아이고 내가 남자가 아니고 처녀 몸인데, 어디로 내가 옷을 벗고 갑
니까."

"그러면 그렇지, 내가 어제 저녁에 아무리 봐도 손발이고 말씨고 행동을 봐도 처녀가 분명한데 어찌 그리 당신이 나를 속입니까."

"동수자님요, 빨리 내 옷 주소. 나는 그 옷 없으면 가지도 오지도 못합니다."

"옷은 드리겠지마는 옷 주는 데 조건이 있습니다. 나하고 백년부부가 되기로 약속을 하고 나 사는 집에 돌아가서 혼례를 올린다면 옷을 이 자리에서 주리다."

바리가 그 말을 안 들으면 옷을 못 입을 테고 들으면 부부 사이가 돼야 할 터라 진퇴양난이었다. 옷을 안 입고는 안 되니 구부려 엎드려서,

"예, 옷 주십시오. 내가 당신 말대로 부부간 약속을 하겠습니다."

그러자 동수자가 옷을 건네주어 입게 하고서,

"우리 서로 언약대로 집으로 돌아가 혼인합시다."

약수탕을 간다더니 집으로 돌아와서 혼례식을 치렀다. 손을 잡고 동대청을 찾아와서 찬물 떠놓고 절을 두 번씩 하고 부부가 되었다. 그렇게 부부가 되어서 첫날밤에 잠을 잘 적에 그날 저녁부터 태기가 있었다. 한 달 두 달 피를 모아 열 달을 고이 채워 아기를 낳으니 아들이 분명했다.

아들 하나 낳고서 석 달 열흘이 지난 뒤에 동수자가 하는 말이,

"바리데기 아가씨요. 당신과 나와 부부간이 됐으니 세상에 겁나는 일 나쁜 일 뭐가 있겠습니까. 아들 하나 더 낳아주시오. 아들 셋을 낳아야 삼십 년 죄를 씻습니다."

그럭저럭 일 년 이태 삼 년이 지날 적에 바리가 연년생으로 아이를 낳는데 아들 셋을 낳았다. 아들 셋을 낳고 나서 바리가 말하기를,

"여보시오, 동수자님. 이 아이 셋을 보았으니 이제 약수탕을 가르쳐 주오."

"그럽시다. 약수탕이 멀지 않으니 오늘 낮에 약수탕을 찾아서 가봅시다."

약수탕을 찾아갈 적에 아기를 셋이나 낳도록 살아온 산천이건만 끝에는 가본 적이 없었다. 산천 끝으로 찾아가더니 동수자가 말하기를,

"이 산을 내려가면 돌 비석이 서 있는데 그것을 보면 알 도리가 있을 것입니다. 내가 아이들 데리고 집을 볼 테니 가서 약수를 길어 오십시오."

"당신이 아이를 데리고 있으면 내가 얼른 약수를 구해서 오겠습니다."

남편과 하직하고 동대산 산천 끝을 마저 내려가니까 큰 바위에 글을 써놨는데 그 글에 이르기를 '사지생살문이요, 요수하는 문이라'고 되어 있었다. 문을 열고 들어가려고 잡아당기자 바위가 확 열리면서 좌우로 우두나찰 마두나찰 험상궂은 귀신들이 쇠방망이를 둘러메고 왈칵 대들었다.

"나는 불라국 오구대왕의 일곱째 딸로 아무 죄도 지은 일이 없습니다. 아버지를 위해 서천서역 약수를 구하러 왔는데 나를 어찌 조랑말처럼 죽이려 합니까."

그러자 우두나찰 마두나찰이 뒤로 주춤 물러서면서,

"그렇다면 우리가 몰라봐서 잘못됐습니다. 우리가 이 문을 지키는데 불라국 칠공주 바리데기 아니면 문을 열고 들어오지를 못합니다. 그나

저나 여기서 삼천 리를 가야 합니다."

"예, 삼천 리 아니라 사천 리라도 가오리다."

거기서 삼천 리 강산을 지나 약수탕을 찾아갈 적에 굴속에 파도에 험한 바위에 발 잘못 디뎌 떨어지면 뼈도 살도 못 추릴 곳이었다. 가시밭에 칼날 같은 돌을 디디며 별 희한하고 험악한 곳을 한없이 지나서 갔다. 그렇게 삼천 리 강산을 지나 한 곳에 그윽이 당도하니 그곳이 바로 서천서역 약수탕이었다.

바리가 한 곳을 바라보니 색색 꽃 화초밭이 놓여 있고, 화초밭을 지나 안쪽으로 썩 들어서자 억석바위가 하늘 닿도록 솟아 있고 그 끝이 거북의 입처럼 생겼는데 그 입에서 한 방울씩 물이 떨어지고 있었다. 그것이 바로 약수였다. 그 물이 자주 떨어지면 좋으련만, 석 달 열흘 백 일 만에 한 방울이 빗방울 떨어지듯 떨어졌다. 그 약수를 세 방울 받아 가려고 석 달 열흘 백 일 정성을 드릴 적에 약수를 어디다 받을까. 억석바위 위에 울긋불긋 대초병 얼룩덜룩 거북병, 목 길다 황새병 목 짧다 자라병, 갖은 병이 조롱조롱 걸려 있었다. 바리가 거북병을 집어 들고서 한 방울씩 떨어지는 물을 석 달 열흘씩 아홉 달 서른 날을 공들여 세 방울을 받자 거북병 조그마한 병이 한 병 가득 찼다. 바리가 꽃밭으로 가서 불사약 이파리를 몇 개 따서 똘똘 말아 병을 꼭 막고서 붉은 꽃 푸른 꽃 노란 꽃 흰 꽃, 색색의 꽃을 한두 송이 꺾어 품에 넣고 길을 나섰다.

바리가 약수를 구한 뒤 천방지축 나올 적에 천 리가 백 리 되고, 백 리가 십 리 되고, 십 리가 오 리 되어 훌쩍 나와졌다. 그때에 바리가 동수자와 살던 곳으로 돌아와 보니, 동대산 동대청은 간곳없고 아이들 셋만 바위 꼭대기에서 울고 있었다. 큰아이는 앉아 울고, 둘째 아이는 기며 울고, 셋째 아이는 누워 울었다.

"야야, 내 새끼야. 너희 아버지 어디 갔나."

"아버지가 꽃 꺾어 올 테니 우리 셋이 놀라 하고서 저 위로 올라갔어요."

바리가 생각하니 동수자가 아들 삼형제를 얻고서 죄를 면하고 하늘로 올라갔거니와 오지 않을 사람이었다. 바리가 혼자서 세 아이를 데리고 길을 나설 적에 큰애는 걸리고, 둘째 아이는 안고, 어린 것은 업고서 길을 나섰다. 아기 셋을 재촉하여 한 곳을 다다르니 유수강 너른 물이 앞을 가로막았다. 배가 없어 방황할 적에 난데없이 배 하나가 강변에 척 닿는데 석가모니, 비로자나불, 아미타불 여러 부처님이 오르셨다.

"저기 가는 바리데기, 어서 배에 오르시오. 아이들 데리고 오르시오."

바리가 뱃삯이 없어 미안하여 가만히 서 있으니 하는 말이,

"하늘의 명으로 바리데기 아가씨를 건네주려고 왔으니 어서 바삐 오르시오."

아이 셋을 데리고 배에 오르자니 순풍이 건듯 불어 넓디넓은 유수강을 두둥실 건너가서 강둑에 다다랐다. 바리가 배를 하직하고 밤낮으로 서둘러 길을 갈 적에 때마침 한 곳에서 여러 농부들이 모를 심으며 노래를 했다.

"얼럴럴 얼럴럴 상사디요. 여러 농부님 내 말 듣소. 우리가 불라국 백성이 되어서 오구대왕님 돌아가신 행상이 내일 나간다 하니 우리도 백관이나 하러 갑시다. 얼럴럴 상사디요."

그때에 또 한 농부가 나서면서,

"여보시오, 오구대왕님이 태자를 못 보고 딸만 일곱을 낳았는데, 칠 공주 바리데기가 서천서역 약수를 구해 온다고 길을 가더니 삼 년 넘도록 소식이 없어 오구대왕 죽은 신체를 모셔놓고 기다리다가 내일 아침 명산 터에 묘를 쓰러 행상이 나간답니다. 우리가 가서 술도 먹고 백관도 하고 구경하러 갑시다."

바리가 지나다가 이 말을 듣고 기가 차서 천지가 아득했다.

"이 일을 어떡하면 좋으냐. 애들아 너희 삼형제 언덕 밑에 앉아 있거라. 내가 저 초상집에 가서 떡을 얻어 오마."

붙들고 우는 자식들을 떡 얻어 온단 말로 떼어놓고서 산을 넘고 들을 건너 천방지축 달려갈 적에 날은 어두운데 고갯길에 이리저리 엎어지고 자빠지며 옷이 삽살개 털처럼 가래가래 흩어졌다. 밤새도록 달려갈 적에 동방이 밝아오며 날이 새서 해가 휘영청 돋아왔다. 그때 궁궐에서 오구대왕 행상이 나오는데 좌우에 용을 얹어놓고 국화물림 걸어놓고 백공단 남공단을 하늘 높이 띄우고서 상여가 떠나왔다. 조정 신하들이 다 모여서 호위할 적에 여섯 사위는 말을 타고 나오고 여섯 공주는 백가마를 타고 나왔다.

바리가 상여 행렬을 보고 달려 들어오면서,

"여보시오. 행상을 거기 좀 멈춰주시오."

그때에 칼 들어 목을 치는 망나니가 행상 앞에서 잡인을 금하다가 바리를 딱 보더니만,

"요망한 계집아. 이 길이 어느 길이라고 이 앞을 닥치느냐!"

목을 치려고 칼을 들고 소리를 벽력같이 지르며 날뛸 적에 바리가 말하기를,

"나는 아무 죄도 없습니다. 아버지 살리려고 서천서역 가서 약수 구해 온 죄밖에 없습니다."

그때에 하늘에서 천둥이 내리쳐서 망나니가 들고 있던 칼자루가 뚝뚝 부러지고 발이 딱 붙어버렸다. 바리가 상여 앞으로 달려가서,

"이 상여가 우리 아버지 상여로구나. 어디 한번 만져보자."

바리가 아버지 상여 방틀을 잡고서,

"아버지요 아버지요. 내가 하루만 늦어서 왔으면 아버지 신체도 못 보고, 땅속에 들어가면 파내지도 못하고 아버지를 못 볼 뻔했습니다."

바리가 상여를 이리저리 걷어치고 관 뚜껑을 열고서 천판을 들추어보니 오구대왕이 죽은 지 삼 년 만에 뼈가 험한 꼴로 되어 있었다. 바리가 품속에서 꽃과 약수를 꺼내 들고 아버지 뼈를 만지면서,

"아버지요 아버지요. 불초 소녀가 서천서역에 가서 약수를 구해 왔습니다. 아버지가 원도 한도 없도록 이 약수를 뼈에라도 뿌려드리겠습니다."

바리가 몸에 지녔던 약수를 내어놓고 몸에 지녔던 꽃들을 꺼내서 아버지 신체를 쓰다듬을 적에 첫 번째 꽃을 쓰다듬자 뼈가 덜걱덜걱 갖다 붙었다. 두 번째 꽃을 쓰다듬자 살이 구름 피어나듯 뭉게뭉게 살아났다. 세 번째 꽃을 쓰다듬자 핏줄이 거미줄같이 주룽주룽 퍼져나갔다. 그때 오구대왕이 자는 듯 가만히 누워 있을 적에 바리가 거북병 마개를 따고 약수 한 방울을 입에 떨구었다. 약수가 들어가서 삼백육십 관절마다

사방으로 퍼지고 스며들었다. 두 방울을 떨구자 피가 전부 퍼져나가고, 세 방울을 떨구자 막힌 숨 터지는 것이 대천 큰 바다에 파도치는 소리가 나고 태백산 깊은 골에 벼락 치는 소리가 쾅 나더니 아버지 숨이 덜컥 터져서 한걸음에 대번 일어나 앉았다.

오구대왕이 벌떡 일어나 눈을 비비더니 만조백관과 백성들이 모인 것을 보고는,

"오늘이 내 생일인가? 커다란 회의가 있었나. 경사가 있었나. 무슨 일로 이렇게 모여 있느냐?"

그때 신하들이 다가와서 절을 하고서 사연을 아뢸 적에 바리데기가 천리만리 고생하며 빨래 씻던 일과 나무 열매 따먹던 일이며 짐승들 만나 고생하던 일, 서천서역 동대산 산천 끝에서 약수 구해 오던 일을 다 아뢰었다. 오구대왕이 깜짝 놀라,

"내가 사나흘 자고 일어난 줄 알았더니, 우리 딸 바리데기 덕택에 내가 살아났구나. 야야, 내 딸이야. 어디 보자, 내 딸이야."

그때에 바리가 아버지 앞에 꿇어앉아 눈물을 뚝뚝 흘리면서,

"아버지요, 제가 허락 없이 시집을 가서 자식을 셋이나 낳았습니다. 그 아이들을 언덕 아래 두고 왔는데 어디로 흩어졌는지 알지를 못합니다."

대왕님이 그 말을 듣더니만 나졸들을 불러서,

"풍악을 잡히고서 어서 바삐 찾아가 그 아이들 셋을 모셔와라."

나졸들이 아이들을 찾아 질풍처럼 나설 적에, 해는 설핏설핏 기우는데 아이들 셋이 논길 밭길에 처박혀서 온몸에 흙을 묻히고 울고 있었

다. 나졸들이 아이들을 거두어서 궁궐로 향할 때에, 길대부인 거동 보아라. 내궁에서 기도하며 슬피 울다가 바리데기 살아왔단 말을 듣고서 허둥지둥 달려오더니만,

"여봐라, 군노 사령아 문 열어라. 내 딸 바리데기 만나보자."

"아이고, 어머니."

"야야, 바리데기야! 네가 꼭 죽은 줄만 알았더니 이렇게 살아서 어머니를 부른단 말이냐. 아이고 내 딸이야!"

죽었던 영감이 살아나고 딸이 살아 돌아오니 이런 경사가 또 있을까. 마음껏 즐길 적에 바리 아들 삼형제가 우루루루 달려와서 치마꼬리를 붙잡았다. 길대부인이 깜짝 놀라,

"아이고 이것이 웬일이냐. 금덩이가 날아오나 옥덩이가 날아오나."

얼마나 반가운지 딸을 제쳐놓고 영감도 제쳐놓고 손주 삼형제를 안아 들었다.

"어머니요, 제가 죄를 지어 삼형제를 낳았습니다."

"야야, 그런 말 말아라. 내가 딸 일곱을 낳았거늘 너라도 삼형제를 낳았으니 내 포원抱冤을 다 갚았다."

그때에 오구대왕이 아이들을 데려다가 안을 적에 그 모양이 볼 만했다. 할아버지가 안고 할머니가 업고 어머니가 붙잡고서 서로 함께 노닐었다. 오구대왕이 외손자를 사랑하여 어르면서,

"얼씨구야 절씨구, 지화자 좋을시고. 손주 손주 내 손주야. 너희들 고이 길러 외손 봉사는 못할 거나. 둥둥둥둥 내 손주야. 얼씨구 둥둥 내 딸이야 절씨구야 내 딸이야. 어린것을 죽으라고 갖다 버렸던 내 딸이야.

네가 살아 서천서역 약수를 구해다가 아버지를 살린 일은 이런 일이 또 있느냐. 둥둥둥둥 내 딸이야."

그때에 바리데기 언니 여섯 공주는 막내딸이 약수를 구해 와 아버지를 살렸다는 말을 듣고 어디로 갔는지 도망가버리고 없었다. 사위 여섯도 어디로 갔는지 자취가 없었다. 바리가 여러 신하들을 불러서,

"우리 언니들과 형부들을 모셔 들이십시오. 미워도 내 형제 고와도 내 형제. 모두 우리 어머니 아버지 몸을 빌려서 난 내 형제이니 어서 찾아서 모셔 오십시오."

딸 여섯 사위 여섯이 그럭저럭 다 모여드니 오구대왕과 길대부인과 바리 형제들이 다 함께 모여서 세상천지 무엇이 되어 좌정할지를 정하였다. 하늘이 각기 자리를 마련할 적에 오구대왕과 길대부인은 천상에 올라 견우 직녀 되어 일 년에 한 번 만나도록 마련하고 바리데기 일곱 자매는 북두칠성 별을 마련했다. 바리데기 아들 삼형제는 삼태성 별을 마련하고 사위 여섯은 한구석에 조모 사태성을 마련했다.

이때부터 바리가 잘못 오誤, 귀신 귀鬼, 잘못 죽은 귀신들을 오구풀이를 하여 왕생극락으로 인도하였다. 서럽게 이 세상 떠난 사람들의 넋을 좋은 곳으로 고이고이 인도하게 되었다.

이상이 동해안 지역 〈바리데기〉의 사연이다. 여러 자료 가운데 특히 사설이 풍부하고 섬세한 김석출 구연본을 바탕으로 내용을 정리했다(김태곤 편, 《한국무가집》 4, 집문당, 1980 수록). 원제는 '베리데기굿'이다. 김석출은 동해안별신굿을 대표해온 무당으로, 말과 노래를 교차하면서 장

시간에 걸쳐 이 무가를 구연했다. 원전은 이보다 더 길고 자세한데 사이 사이 서술을 간추렸다.

이 신화의 내용을 찬찬히 음미해나가다 보면 상황에 공감하는 가운데 의미 맥락을 체득할 수 있을 것으로 생각된다. 오구대왕과 길대부인, 바리데기, 동수자 등 인물 한 명 한 명의 캐릭터가 생생하며 그 마음자리가 섬세하고도 살뜰하게 그려져 있다. 그 묘사는 인위적으로 꾸민 것이 아니라 오랜 세월을 물처럼 흘러온 것이고 삶에서 자연스레 우러나온 것이라서 마음을 흔들어 씻는 힘을 지니고 있다. 우리 자신 바리가 되어 그 길을 함께 흐르는 것만으로도 맑고 깊은 신성과 만날 수 있다.

불라국의 오구대왕, 그는 모든 것을 가진 이였다. 나라와 권세에 착하고 아름다운 배필까지. 좀 늦기는 했지만 자식을 여섯이나 두었으니 그 또한 충만한 일이었다. 하지만 그는 아무것도 가지지 못한 이였다. 아들이라는 욕망에 긴박되어서 오로지 그 하나에 집착하자 그가 가진 모든 것은 빛을 잃었다. 일컬어 마음의 감옥이다. 그가 일곱째 딸 바리를 내다 버리는 것은 곧 감옥 속에서 스스로 주저앉고 만 행위였다. 그는 제 딸을 내다버리면서 실은 자기 자신을 내다버린 것이었다. 스스로 희망을 포기한 삶에 빛은 깃들 수 없는 터, 그가 바리를 버린 뒤 죽을병에 드는 것은 당연한 귀결이었다고 할 수 있다. 그가 새로이 일어날 수 있는 방법이란 버렸던 자기 자신을 되찾는 일뿐. 마침내 바리가 다시 돌아와 그 손을 잡음으로써, 한 줄기 '희망'이 다시 찾아옴으로써 그는 다시 삶으로 나아갈 수 있었다.

바리가 태어나자마자 무참히 버려지는 일이 인간의 숙명적인 존재적 고립과 고독을 상징하는 것임은 앞서 〈바리공주〉를 보면서 이야기한 바 있다. 여기 〈바리데기〉에서도 그 의미 맥락은 동일하다. 바리데기는 거친 세상에 홀로 던져진 채로 자기 운명과 대면하는 가운데 그것을 감당해야 했던 바, 그것은 인간의 삶의 풍경을 원형적으로 함축하는 것이라 할 수 있다.

바리공주가 바다에 던져진 것과 달리 바리데기는 깊은 산속에 버려진다. 그 산이란 원시의 공간이자 야생의 공간이다. 거기 누가 있는가 하면 산신령이 있다. 산신령이 바리데기를 거두어서 보살피고 공부를 가르친다. 얼핏 보자면 이치에 닿지 않는 다소 엉뚱한 모습이다. 깊은 산속에서 산신령한테 가르침을 받는다는 설정도 그렇거니와, 배우는 내용이 삼강오륜이라는 것도 어울리지 않아 보인다. 신화의 원형적인 서사 맥락에서 일탈하여 중세적 사고 관념의 영향 속에 윤색이 이루어진 형상이라고 할 만한 모습이다.

하지만 표면적 언술 이면의 신화적 맥락을 투시할 때 이 대목이 지니는 서사적 의미는 아주 다른 방식으로 이해될 수 있다. 먼저 주목할 것은 산신령의 상징이다. 깊은 산속에 어떤 '신령한 사람'이라도 있어서 바리를 하나하나 보살펴준 것이라고 생각한다면 오산이 된다. 산속에 어찌 그런 존재가 있을까. 그 산신령이란 말 그대로 산의 정령, 또는 대자연의 기운으로 이해하는 것이 합당하다. 바리는 지금 야생의 대자연에 깃들어 움직이면서 먹고 자고 또 배우고 있는 것이다. 이 이야기에 보면 바리가 밤나무 가지를 타고서 높은 담을 훌쩍 뛰어넘는 대목이 있거니와, 바리는 저 거친 자연을 자기 삶의 터전으로 삼아 움직이는 존재였다고 할 수 있다.

　여기서 한 가지 떠오르는 것은 〈바리공주〉에서 비리공덕 할아비와 할미가 바리에게 했던 말이다. 그들은 자기 부모가 누구냐고 묻는 바리의 질문에 하늘이 아버지고 땅이 어머니라 답하며, 또 왕대나무가 아버지고 머구나무가 어머니라 답한다. 바리는 그 말을 '거짓'이라 하지만, 그것은 실상 거짓이 아닌 진실이었다고 할 수 있다. 사람은 누구라도 하늘과 땅의 자손이고 자연의 자손이 아닌가 말이다. 어떤 구연자는 이에 대하여 "거짓말이 아니라 산천이 초목이 우거지면 그 초목이 이슬을 내려서 인간을 탄생하느니라"라고 말하고 있거니와(천안 배명부 구연 〈바리공주〉. 김진영·홍태한,《바리공주전집》1, 민속원, 1997 수록), 그 생태론적 사고에 고개를 끄덕이게 된다. 그것은 바리의 진실인 동시에 우리 모든 사람들의 존재적 진실이라고 할 수 있다.

　저 산신령은 바리의 질문에 이런저런 대답을 해준다. 그 대답이 무엇인가 하면, 근원적 고독 속에서 들려온 대자연의 목소리라고 하는 것이 나의 생각이다. 그것은 바깥에서 들려온 소리가 아니라 실은 바리의 내면에서 울려 나온 목소리라고 할 수 있다. 바리는 지금 다른 누구가 아닌 자기 자신과 영혼의 대화를 하고 있는 중이다. "나의 부모가 누구인가" 하는 질문이란 곧 "나는 누구이며, 어디서 왔는가", "나는 과연 어떤 존재인가" 하는 질문이며, "글만 꼬박꼬박 배우면 아버지도 나타나고 어머니도 만나리라"는 산신령의 말은 "너한테도 근원이 있을지니 믿고 기다리면 마침내 그것을 찾을 수 있을 것이다"라고 하는 자각적 신념이라고 할 수 있다.

요컨대 바리데기는 근원적인 존재적 고독과 절망 속에서 이렇게 치열한 자기 탐구를 통하여 자신의 존재를 자각하면서 미래에 대한 신념을 키워나갔던 것이라 할 수 있다. 그 신념이란 다분히 윤리적 성격을 내포한 것이었으니 '삼강오륜'은 그 표상이 된다. 지금 세상에 고독하게 홀로 던져져 있지만 부모가 있고 근본이 있어서 자기가 존재하고 있는 것이라고 하는 인식인바, 그것은 유교적 관념 이전의 시원적인 윤리적 각성에 해당하는 것이라고 할 수 있다. 뒷날 아버지와 상봉한 바리데기가 약수를 구하기 위해 저승으로 떠나는 것은 바로 이러한 존재적 성찰과 각성의 연장선상에서 이루어지는 윤리적 결단이라고 말할 수 있다.

마침내 바리데기는 아버지 살릴 약수를 구하기 위해 머나먼 서천서역으로 길을 떠난다. 그 길은 다른 사람은 갈 수 없고 오로지 바리데기만이 갈 수 있는 길이었다. 어찌 그만 가능한 일이었는가 하면, 그 머나먼 고독과 고통의 길을 짐 지고 감당할 준비가 된 유일한 존재가 바리데기였기 때문이다. 자기 자신과 근원적으로 대면하며 움직여온 기나긴 담금질의 역정을 거쳐왔음으로 하여 바리데기는 안온한 삶을 누려온 여섯 언니와 달리 낯설고도 먼 서천서역 험난한 길을 능히 감당해낼 수 있었던 것이다.

앞서 그 길이 가벼운 길이며 광명의 길이라 했다. 새가 노래하고 나무와 돌이 인도하며 꽃이 반기는 길. 바리는 특히나 산중에서 고독의 날을 보내면서 그들과 소통하며 움직여온 터이니 그들은 그 먼 여행길에 더욱 갸륵한 동반자가 될 수 있었던 것이라 할 수 있다. 하지만 존재의 근원을 찾아 나선 그 길이 가볍고 편안한 길일 리는 없었다. 바리공주는 무쇠 신에 무쇠 질빵을 짊어졌다 했거니와, 여기 바리데기는 옷이 다 해져서 삽살개 털처럼 되고 자빠지고 엎어지면서 긁히고 찔려 온몸이 형편없었다고 말한다. 모름지기 그보다 더 힘든 일은 고독이었을 것이다. 특하나 사람 냄새가 한없이 그리웠을 것이다. 바리가 산중에서 불빛을 발견하고서 천방지축으로 달려가는 것은, 그리고 한밤중에 종을 쾅쾅 울려서 잠든 스님들을 깨우는 것은 사람에 대한 그리움을 그렇게 표현한 것이 아니었을까?

한밤중의 종소리에 깨어난 팔봉사 스님들은 바리를 찾아내서 그를 벌하려 한다. 하지만 곧 그 앞에 무릎을 꿇고 절을 한다. 이미 바리를 위해 불공을 드리고 있었던 그들은 바리를 따뜻이 재우고 먹인 다음 그 가는 길이 무사하기를 축원해준다. 어찌 보면 좀 튀는 삽화일지 모르지만, 그 안에 역시 깊은 의미가 담겨 있다는 것이 나의 생각이다. 생명수를 찾아 저 먼 길을 가고 있는 바리가 실은 혼자가 아님을 저 삽화는 새삼 확인시켜주고 있다. 나를 미워하여 벌줄 것 같았던 낯선 사람들은 사실은 좋은 벗이고 따뜻한 원조자였다. 나도 미처 모르는 곳에서 누군가가 나를 위해 정성을 바치고 있다는 사실은 얼마나 힘이 되는 일인지!

다시 길을 나서 서천서역을 향하여 가던 바리는 밭 가는 할아버지와 빨래하는 할머니를 만난다. 반갑게 다가가는 바리를 대하는 그들의 태도는 참으로 냉담하기 짝이 없다. 일이 바빠서 길을 가르쳐줄 수 없다니 어찌 그리 가혹한지 모른다. 그 할아버지와 할머니에 대해서 이야기는 그들이 곧 신령의 현신으로서 바리를 시험하려고 와 있었던 것이라고 전하곤 한다. 자료의 구연자인 김석출만 하더라도 저 할미가 '천태산 마구할매'로서 바리데기의 맘을 떠보려고 내려왔다고 말하고 있다. 하지만 나는 이 대목의 서사적 맥락을 조금 다른 방식으로 읽는다. 자기 안위에 바빠서 타인의 존재에 대해 무심하고 냉정한 것은 세상 사람들이 보편적으로 드러내 보이는 삶의 모습이라 할 수 있다. 이 이야기의 할아버지와 할머니는 그와 같은 세상 사람들의 삶의 모습을 표상하는 것이라고 이해할 수 있다.

그러한 냉랭한 모습을 대하면 사람들은 십중팔구 실망하여 돌아서면서 화를 내기 마련이다. 그리고 그 순간 관계는 단절된다. 저 순간 바리데기가 그렇게 돌아섰다면 관계는 종결되고 노인들은 영원히 무심하고 냉정한 존재로 남았을 것이다. 하지만 바리데기는 어찌하는가 하면 선뜻 나서서 따뜻한 말을 건네고 그들을 위해 기꺼이 몸을 움직인다. 그렇게 자신을 열고서 타자에게 손을 내민다. 그러자 냉정하던 할아버지와 할머니는 마음을 훌쩍 열어 바리데기가 내민 손을 마주 잡아주고 그가 가야 할 길을 알려준다. 그렇게 그들은 '신령'이 된다. 시험은 이렇게 성취되거니와, 그것은 노인들의 몫이 아니라 오롯이 바리데기 자신의 몫이었다고 할 수 있다. 바리데기는 지금 스스로의 몸짓으로 걸음걸음마다 세상을 바꾸어가는 중이다. 그렇게 제 깊은 내면의 신성을, 자신의 본원적 존재 가치를 실현해가는 중이다.

이어지는 서사에 대해서는 길게 논의하지 않는다. 바리데기는 머나먼 시원의 공간 서천서역에 들어가서 마침내 생명수를 구한다. 그리고 불라국으로 돌아와 죽은 아버지를 살리고 황폐해졌던 세상에 생명의 숨결을 불어넣는다. 그 공덕으로 그는 사람의 영혼을 구원하는 오구신으로 좌정하거니와, 그가 신이 되는 것은 그가 이룬 업적에 따른 보상이었다는 식으로 해석할 일이 아니다. 산중에서 본원적인 고독의 날을 감내하고 극복하는 과정을 통하여, 서천서역 머나먼 길을 향해 한 걸음 또 한 걸음을 내딛는 과정을 통해서 신성이 발현된 것이라고 보아야 한다. 이야기는 바리데기가 약수를 구해 부모를 구한 일을 '하늘의 도움'이나 '부처님의 도움'이라는 식으로 서술하곤 하거니와, 그 하늘이나 부처님이란 바리데기 바깥의 높은 어딘가에 있는 것일 리 없다. 그것은 일련의 삶의 역정을 통해 바리데기와 하나가 된 그 안의 하늘이고 부처님이라고 할 수 있다. 신성이란 무엇인가를 이보다 더 잘 보여주는 서사가 있을지.

동대산 동수자와 자식들에 대한 이야기도 그렇다. 바리와 결혼해서 삼형제를 낳은 뒤 하늘로 훌쩍 올라가버리는 저 동수자는 '나쁜 남자'로 보이지만, 그 또한 그의 운명일 것이다. 그것은 바리가 감당해야 할 운명이기도 하다. 바리에게는 동수자 또한 자신이 품어서 구원해야 할 가련한 존재였다고 할 수 있다. 일방적인 희생처럼 생각되어 속상하기도 하지만, 바리는 이미 그러한 억울함이나 원망 같은 것을 넘어서 있었으리라고 믿는다.

그건 그렇다 해도 삼형제가 아버지인 동수자에게 버림받는 장면에서는 바리의 슬픈 운명이 대물림되는 것 같아 마음이 무거워지게 된다. 어린 삼형제가 고개 밑에 남겨지는 장면 또한 불편한 마음을 일으킨다. 하지만 그들 그렇게 버려져 홀로 남기도 하면서 커가는 것이라 할 수 있다. 이야기에서 그 아이들을 불러들여 가슴에 품는 사람이 누구인가 하면 그 어미의 아비 오구대왕이다. 제 자식을 버렸던 오구대왕이 아비에게 버림받은 손주들을 품에 안는 것이다. 오구대왕이 진정으로 구원을 받는 것은 어쩌면 약수로 다시 살아난 그 순간이 아니라 버림받은 손주들을 끌어안는 그 순간이었을지도 모른다.

자신을 버렸던 부모를 품어서 구원한 바리는 이렇게 제 옆의 남자를 구원하고 또 자식들을 구원한다. 냉정한 여섯 언니와 형부들 또한 그의 구원행에서 배제되지 않는다. 바리는 그들을 기꺼이 품어 안고 그들과 더불어 신이 된다. 우리네 죄 많은 영혼을 손잡아 인도하는 저 오구신은 이렇게 자비롭다.

신화는 주인공과 수용자의 동일시적 일체화를 특징으로 하는 이야기 양식이다. 바리가 존재와의 근원적 만남을 거치면서 이룬 저 신성한 자기실현의 역정은 그 자신의 것이면서 바리를 마음으로 받아들이는 모든 사람들의 것이기도 하다. 사람들은 바리와 함께 삶의 길을 걸어가면서 마음속 상처를 치유하고 삶에 대한 본원적 위로를 받는다. 몸과 마음을 열어서 넓은 우주의 신성과 자신을 합치시킨다. 그렇게 몸과 마음을 열어낸 사람들은 서로 간의 벽을 허물고 뜨겁게 손잡아 하나가 된다. 그렇게 존재가 찬란하게 발현되는 그 순간, 세상은 곧 낙원(극락)이 된다. 〈바리데기〉라는 불멸의 신화가 구현하는 원형적인 삶의 철학이다.

그리하여 나는 이렇게 말한다. "바리, 이것이 신화다!"

제3부

신화와 인생

부모와 자식으로,
한 인간으로 산다는 것

막내딸아기 이리 와라. 가믄장아기야,
너는 누구 덕에 먹고 입고 행위발신하느냐?
가믄장아기가 말을 하되
하늘님도 덕이웨다. 지하님도 덕이웨다.
아바님도 덕이웨다. 어머님도 덕이웨다마는
내 배또롱 아래 선그믓 덕으로 먹고 입고 발신합니다.

— 제주 안사인 구연 〈삼공본풀이〉에서

인간과 인간 사이의 관계 가운데 가장 원초적인 것은 뭐니 뭐니 해도 부모와 자식의 관계일 것이다. 부모에게 자식은 제 몸만큼이나 소중한 분신이며, 자식에게 부모는 제 생명의 원천을 이루는 존재다. 부모와 자식 사이만큼 애착이 강렬하고 끈질긴 관계를 다시 보기 어렵다.

하지만 부모와 자식의 관계란 미묘한 갈등으로 점철되는 것이기도 하다. 그것은 두 가지 측면에서 그러하지 않은가 한다. 하나는 기대와 애착이 강한 만큼 그에 따른 실망과 미움도 크다는 것. 자식이 부모 뜻대로 다가오지 않을 때, 또는 부모가 자식의 우산 노릇을 해주지 못할 때 그것을 받아들여 감당하기란 쉬운 일이 아니다. 또 하나는 서로 피를 나누었어도 어떻든 부모는 부모이고 자식은 자식이라는 것. 인간이란 누구의 자식이기에 앞서, 또는 누구의 부모이기에 앞서 그 자신 욕망을 가진 개별자로 세상을 살아가는 존재다. 그 욕망이 부딪칠 때 부모와 자식이 서로에게 짐이 되고 나아가 적이 되기까지도 하는 것이 부정할 수 없는 삶의 실상이다.

사람이 있는 곳에 갈등이 있고 또 그것을 풀어낼 길이 있는 것이 인간의 삶이다. 애착이 강한 만큼 갈등도 깊다고 했지만, 그 갈등이 관계의 원초성에 의해 극적으로 해소되곤 하는 것이 부모 자식 간의 관계다. 물론, 끝내 풀어냄의 길을 찾지 못한 채 깊디깊은 한을 남기는 경우도 있지만 말이다. 어떻든 그 일련의 과정은 인간존재의 본질을 원형적으로 드러내 보이는 과정으로서 의의를 지닌다. 부모 자식 관계가 신화의 핵심적인 서사적 축을 이루는 것은 자연스러운 일이 된다.

부모와 자식 사이에 얽힌 애착이나 갈등은 우리가 이미 보았던 여러 신화들에서 중요한 서사적 요소를 이루었던 터다. 창세 신화의 주요 모티프가 되는 '자식을 두고 떠나간 아버지'나 '홀어머니와 함께 남은 자식'은 하나의 원형적 형상이 된다. 그 형상 속에는 고아적 상실감과 갈등, 관계의 복원을 향한 갈망 등이 얽혀 있다. 이러한 서사 요소는 〈당금애기〉 신화에 더 극적인 형태로 부각되며, 할락궁이 이야기와 오늘이 이야기에서도 중요한 신화적 테마를 이룬다. 잃어버린 아버지에 대한 그들의 강렬한 집착은 일차적으로 '나를 지켜줄 사람' 또는 '나와 함께

할 사람'에 대한 애착이면서 궁극적으로 자아의 확인과 실현을 향한 열
망으로서 의미를 지니는 것이라 할 수 있다.

부모와 자식 간의 엇갈림이 가장 단적인 형태로 나타난 신화는 〈바리
데기〉일 것이다. 제 자식을 제 손으로 내다 버린 부모라니 그야말로 기
막힌 일이다. 흥미로운 일은 상식으로 이해하기 힘든 그러한 상황이 또
다른 신화들에서 거듭 나타난다는 사실이다. 이는 거기 인간 내면의 원
형적 진실이 단면적으로 함축돼 있기 때문일 터이다. 이제, 부모와 자식
의 갈등이 기본 화제로 부각되는 신화들을 보면서 누군가의 부모로 살
고 자식으로 산다는 것은, 또는 한 인간으로 산다는 것은 어떤 일인지에
대한 신화적 문제 제기와 만나보기로 한다.

 무정한 아비 칠성님의 유정한 자식 칠형제

우리 민간신앙에서 가장 많이 기원의 대상이 되는 신을 꼽는다면 칠성
신을 빼놓을 수 없을 것이다. '칠성단을 두고서 빈다'는 말이 일반화되
었을 정도로 칠성신은 사람들이 일상적으로 많이 찾았던 신이다. 칠성
신은 사람들에게 수명과 복을 전해주는 신으로서, 특히 자녀들을 보살
펴주는 구실을 한다. 아이가 자라서 일곱 살이 되면 칠성신이 삼신으로
부터 아이를 넘겨받아 삶을 돌보아준다고 한다. 자식이 잘 커서 복을 받
는 것이 사람들의 최고의 소원 가운데 하나임을 생각하면 칠성신이 귀
하게 받들어진 것은 자연스러운 일이라 할 수 있다.

〈칠성풀이〉는 칠성신의 내력을 전하는 신화로 〈당금애기〉 및 〈바리데기〉와 더불어 한국의 대표적인 전국 전승의 민간 신화이다. 〈칠성풀이〉는 특히 호남과 충청 지역에서 활발한 전승이 이루어져왔다. 이름이 다르고 내용에도 차이가 있지만 함경도의 〈살풀이〉와 평양의 〈성신굿〉, 제주도의 〈문전본풀이〉도 〈칠성풀이〉와 같은 계열의 신화에 해당한다. 〈칠성풀이〉는 한 가정에 얽힌 우여곡절의 사연을 전하고 있는데, 부모 자식 관계에 얽힌 갈등이 서사의 기본 축을 이룬다. 여러 자료 가운데 1985년에 전북 정읍에서 서보익이 구연한 서사무가를 바탕으로 이야기 내용을 정리한다(《한국구비문학대계》5-6, 한국정신문화연구원, 1987 수록).

먼 옛날 대한국 소한국 열두 나라 마련한 뒤에 은하석당 성인들이 선천 후천을 마련할 적에 서천서역국에 이호산이 있는데 그 안에 칠성여래 대제군이 계셨다. 칠성여래 대제군은 서기줄을 잡아 타고서 자기 나라와 용왕국을 왕래하였다.

칠성님이 나이 열일곱에 수레를 타고 장가를 가는데, 인간 세상 처녀들을 마다하고 천상의 옥황상제 따님이나 수궁의 용녀부인 가운데서 배필을 고르고자 했다. 그는 동해 바다 용녀부인이 얌전하단 말을 듣고서 매파를 데리고 동해 바다에 혼인을 청하러 들어갔다. 동해 바다에 이르자 청강수 맑은 물이 좌우로 갈라지고 탄탄대로가 나왔다. 길을 따라 들어가 동해용궁에 이르러 보니 호박 주추 유리 기둥에 해문 남관이 두루 장관이었다.

그때 용녀부인이 후원 꽃밭에 꽃을 가꾸어서 천상 벽도碧桃와 난초 진

초 불로초 맨드라미 봉선화를 두루 심었다. 꽃이 만발해서 나비가 너울너울 춤을 출 적에 용녀부인이 화초에 물을 주는데 매파가 들어서며 혼인 청을 넣었다. 한 번 두 번 청해서 허락이 나지 않다가 세 번째 청하자 그제야 허락이 났다.

칠성님이 반겨 하며 장가를 가려 할 때에 칠월이라 칠석날을 혼례일로 받았다. 칠성님이 삼단같이 고운 머리를 반달 같은 월영수로 어리설설 빗어서 그늘 상투를 반달같이 곱게 짜고 인모망건*에 진사당줄** 호박풍잠*** 달고서 정초장 저고리에 무토단 동여매고 저포도포**** 입고 삼백 줄 통영갓을 반듯하게 쓰고서 청사초롱 불 밝히고 청기 홍기 높이 들고 장가 길을 나서니 위세가 찬란했다. 칠성님이 용궁에 이르러 머리에 황금 사모紗帽를 쓰고 몸에 단대남자의 혼례복를 입고 학대鶴帶를 띠고서 말 위에 훌쩍 올라 대례청으로 들어갔다.

그때에 용녀부인이 혼례를 지내려고 몸단장을 곱게 하는데, 삼단같이 고운 머리 반달 같은 월영수로 어리설설 빗어서 낭자를 곱게 하고 청초단青綃緞 저고리에 모초단毛綃緞 치마를 열두 폭으로 접어 용문산 안개같이 둘러 입고 머리에는 화관 쓰고 몸에는 정삼여자의 혼례복을 입었다. 좌우에 시녀들이 호위하여 대례청으로 내려올 적에 아장아장 걷는 태도가 선녀의 맵시였다.

신랑 신부가 대례석에 나와 대례상을 사이에 두고 마주 설 때에, 상

---

* 머리카락이 흘러내리지 않도록 이마와 머리 경계에 두르는 그물처럼 생긴, 머리카락으로 만든 물건.
** 망건에 달아 상투에 동여매는 진사(辰砂)로 만든 줄.
*** 망건의 앞쪽에 대어 갓모자가 뒤로 넘어가지 않도록 하는 호박으로 만든 장식품.
**** 삼으로 짠 거친 천으로 만든 소매 넓은 남자 겉옷.

위에는 솔잎깽이 꽂힌 병에 청실홍실 걸어놓고 붕어 숭어 만들어서 맵시 있게 씌워놓고 암탉 수탉을 마주 놓았다. 사배를 드리고 합배주까지 마신 뒤에 신방에 들어가니 방 안 치장도 볼 만했다. 각장角壯 장판, 소라 반장蠟壯을 깨끗이 깔아놓고 일층장 삼층장 머리장 비개장을 좌우로 놓았으며 인물 병풍과 화초 병풍을 좌우로 둘러쳤다. 신랑 신부가 마주 앉아 주안상을 받고서 권커니 마시거니 하룻밤을 지낸 뒤에 신행하여 건너와서 세월을 보냈다.

이틀 가고 한 달 가고 두 달 가고 일 년 가고 삼사 년이 훌쩍 지나 세월이 물처럼 흘러 어언간 칠성님 나이가 마흔이 되었는데, 슬하에 자식이 없어 걱정이었다. 하루는 칠성님이 용녀부인을 모셔놓고서,

"여보시오, 용녀부인. 우리가 벌써 나이 사십이 지나도록 슬하에 일점혈육이 없으니 이를 장차 어찌하오리까. 우리가 이렇게 살다 죽으면 어느 자손이 있어 우리를 묻어주며 선영 제사를 누구한테 전할까요."

이 말을 듣고 용녀부인이 나직이 말하기를,

"여보시오, 칠성님. 우리가 팔자에 자손이 있는가 없는가 점이라도 쳐보고 지극 정성으로 공이라도 드려보면 어떨까요?"

"그럼 그리해봅시다."

용녀부인이 그날부터 후원에 정화수를 받쳐놓고 정성껏 빈 뒤에 금쌀 서 홉을 싸 가지고 점쟁이를 찾아가 자식 일을 물으니까 점쟁이가 점을 쳐보고서 말했다.

"아이고, 용녀부인. 슬하에 자손이 일곱 형제가 뚜렷이 있사온데 어찌하여 이때까지 혈육이 없습니까? 그러지 말고 명산대천을 찾아가서

백일 산제사를 지성껏 드리면 아들 일곱을 낳으리다."

용녀부인이 반겨 듣고 백일 정성에 나설 때에, 쌀도 일곱 말 일곱 되 일곱 홉을 바치고, 돈도 일곱 냥 일곱 돈 일곱 닢을 바치고, 정화수도 일곱 동이를 바치고서 지성껏 소원을 빌었다.

"비나이다 비나이다. 하느님 전에 비나이다. 천지 이룬 성신님네 제천제불 보살님과 명산대천 신령님네 이 소원 들으시어 자손을 점지하여 후손을 잇게 해주옵소서."

이렇듯 정성을 다 바치고 집으로 돌아와 하룻밤을 지낼 적에 용녀부인이 꿈을 꾼즉 천상에서 선녀 하나가 별 일곱을 차고 내려와서 부인의 품으로 안기면서 일곱 형제를 얻으리라고 말했다. 칠성님이 꿈 이야기를 전해 듣고 반기면서 자식을 기다릴 적에, 한 달 두 달 지나 세 달이 되고 보니 용녀부인이 입덧이 나서 밥에서 생쌀 냄새가 나고 물에서 해감 냄새, 장에서 날장 냄새가 났다. 아이를 가진 것이 분명하므로 칠성님이 크게 반기며 기뻐했다.

세월이 물과 같아 열 달째가 되던 어느 날 용녀부인이 해산 기미가 있었다. 있는 힘을 다 써서 혼미 중에 탄생을 하고 보니 선동仙童 같은 아들이었다. 시녀가 아기를 받아놓고 후산後産*을 바랄 적에 후산을 안 하고 또 아기를 낳았다. 둘을 낳고 후산할까 셋을 낳고 후산할까 넷을 낳고 후산할까 다섯 여섯을 낳고 후산할까, 후산은 안 하고 자꾸만 아기를 낳았다. 계속 아기를 낳아서 한 탯줄에 일곱 아기를 낳아놓고서 그제야

----

* 아기를 낳고 태를 낳는 일.

후산을 했다.

그때 용녀부인은 연약한 여자 몸으로 한 탯줄에 일곱 아기를 낳으니 기운이 다 빠져서 정신을 잃고 누웠다. 시녀가 급히 사랑으로 나가서 아뢰었다.

"여보시오, 칠성님. 용녀부인이 아들을 낳으셨습니다."

칠성님이 반겨 듣고 우르르르르 달려와서 방문을 열고 들여다 보니 무엇이 여기도 눕고 저기도 눕고 저기도 눕고 여기도 눕고 알몸뚱이로 한 방 가득하게 누워 있었다. 칠성님이 겁을 내어,

"아이고 이것이 웬일이냐. 개 돼지 짐승들도 한 탯줄에 일곱 새끼 낳기가 어려운데 하물며 사람 치고 한 탯줄에 일곱 아기가 웬일이냐. 아이고, 나는 징그러워서 못 보겠다."

밖으로 나가더니 세수 단장 깨끗이 하고 천상 옷을 갈아입고는 진자리에 소박을 주고 천상으로 올라가더니만 후실 장가를 가는 것이었다. 그때 용녀부인이 겨우 진정해서 정신을 차리고 살펴보니 일곱 아기가 모두 다 울음을 울고 누웠는데 기가 막히고 애가 탔다.

"아이고, 여봐라 시녀야. 사랑에 급히 나가 칠성님을 좀 오시래라."

시녀가 사랑에 나가 보더니,

"아이고 부인님, 부인께서 한 탯줄에 일곱 아기를 낳았다고 진자리 소박을 주시고 천상으로 올라가셨습니다."

용녀부인이 이 말 듣고 기가 막혀서,

"하이고, 여봐라 시녀야. 이를 장차 어찌하잔 말이냐. 칠성님이 계시더라도 한 탯줄에 일곱 아기 낳은 것을 기르기가 어려울 텐데 누구에게

의지하여 일곱 아기를 기를 거냐."

길이 탄식하며 슬피 울었다. 그때에 용녀부인이 하릴없어 은둥우리에다가 일곱 아기를 주섬주섬 담아서 시녀에게 주면서,

"여보아라 시녀야. 아무 사람들 보지 않게 그 일곱 아기를 고이고이 데려다가 저 용소 깊은 물에 풍덩실 넣어버리고 오너라."

시녀가 이 말을 듣고 하릴없이 일곱 아기를 이고서 냇가에 이르러 깊은 물에 넣으려고 할 즈음에 천상에서 우레 같은 소리가 들려왔다.

"여보아라. 물가에 서 있는 저 시녀야. 그 아기는 천상에서 옥황상제님이 점지한 아들이니 물에 넣어도 죽지 않고 불에 넣어도 죽지 않을 것이다. 집으로 돌아가서 하루에 젖 한 번만 먹이고 물 세 모금씩 먹여주면 잘 자랄 텐데 이게 무슨 방자한 일이냐. 어서 바삐 돌아가라. 돌아가지 않으면 뇌성조화 천존을 시켜서 삼 벼락을 내리리라."

호령이 추상같으므로 시녀가 황겁해서 집으로 돌아와 부인한테 그대로 말하였다. 용녀부인이 이 말을 듣고 정신을 수습한 뒤 후원에 단을 차리고 칠성님 전에 지성으로 비는 말이,

"구토 신령님이며 천지일월 성신님과 제천제불 보살님, 우리 일곱 아길랑은 감기 고뿔도 주지 마시고 장마에 호박 크듯 무럭무럭 키워주시면 어찌한들 신령님네 높으신 뜻을 잊으리까."

일곱 아기를 고이 씻긴 뒤 하루에 젖 한 번을 먹이고 물 세 모금씩을 먹여주자 아이들이 감기 고뿔도 안 하고 장마에 호박 크듯 무럭무럭 잘도 컸다. 그럭저럭 세월이 흘러 아이들이 각각 일곱 살이 되었는데 하루는 용녀부인이 기가 막혀 아이들을 앞에 놓고 탄식하며 말했다.

"여보아라, 내 자식들아. 너희 아버지가 계셨다면 선생을 모셔서 공부를 시켰을 텐데 너희가 누구를 의지해서 글 한 자라도 배울 거냐. 나는 무슨 죄로 이 세상에 생겨나서 너희를 낳았으며, 너희는 무슨 죄가 있어 아버지를 잃고 이 고생이란 말이냐. 서럽고도 원통하고 원통하고도 기가 찬다."

　용녀부인 우는 소리에 강산도 눈물을 흘리고 흰 구름도 슬퍼했다. 그때 용녀부인 우는 소리를 동네 서당 훈장님이 듣고 건너와서 말했다.

　"여보시오 용녀부인. 아이들을 책 한 권씩 들려서 보내면 내가 동냥 글이라도 익히겠습니다."

　용녀부인이 감격해서 일곱 아들을 서당에 보내놓으니, 한 자를 배우면 두 자를 알아내고 두 자를 배우면 네 자를 알아내어 재주가 비상했다. 그때 서당 아이들이 일곱 형제 글재주를 따를 길이 없자 시기가 일어나서 함부로 구박을 했다.

　"애비 없는 호래자식들아. 너희들이 서당에 들어온 뒤에 우리 글공부가 안 되니까 오늘부터 오지 마라."

　이놈이 구박하고 저놈이 쿡쿡 때리고 괴롭힘이 심하니 일곱 형제가 기가 막혀서,

　"애고애고, 우리 팔자를 어찌한단 말이냐. 애들아, 집으로 가자. 집에 가서 우리끼리 공부하자."

　책을 옆에 끼고서 집에 돌아오는데 탄식이 절로 났다.

　"세상사가 가소롭고 하느님도 무심하고 명산대천 신령님도 무심하다. 어떤 사람은 팔자 좋아 부모가 다 계셔서 글공부를 하건마는 우리는

무슨 죄로 아버지가 안 계셔서 이렇듯 쓸쓸하니 이 신세를 어쩔거나."

서럽게 울음을 우니 강산도 눈물을 흘리고 흰 구름도 발걸음을 멈추고 귀신도 서러워했다.

"아이고 어머니, 우리는 어찌하여 아버지가 아니 계십니까? 우리 아버지는 어디를 가셨습니까? 가셨으면 간 곳이라도 일러주고 돌아가셨으면 무덤이라도 일러주오."

일곱 형제가 서러워서 두 눈에 눈물이 맺거니 떨어지거니 하자 용녀부인이 기가 막혀서,

"일곱 아가 일곱 아가, 울지 마라, 울지 마라. 너희들이 이리 슬피 울면 내 눈에서는 피가 난다. 울지 말고 들어봐라. 너희라고 어찌 아버지 없이 생겼으랴. 너희 아버지는 천상 사람이고 나는 수궁의 용녀로서 우연히 연분 되어 백년부부 짝을 지어 재미를 보았더니 조물이 시기하고 귀신이 장난을 했는지 너희 일곱을 낳은 뒤로 아버지가 진자리에 소박을 주고 천상으로 올라가서 후실 장가를 가셨단다. 아버지를 만나려거든 후원에 칠성단을 모아놓고 백일산제 기도나 올려봐라."

일곱 형제가 그 말을 듣고서 후원에 정화수 일곱 그릇을 받쳐놓고서 천상 옥황상제와 사방 천왕님과 명산대천 신령님한테 부자 상봉 시켜주기를 정성껏 빌었더니, 하루는 하늘에서 웬 선관이 학을 타고 내려와서 말을 했다.

"여봐라 일곱 아가. 너희 정성을 옥황상제가 아시고 불쌍히 여기셔서 금둥우리를 내려보내시니 그것을 타고 올라가면 부친을 만날 수 있으리라."

어느덧 선관은 간 곳 없고 난데없는 금줄에 금둥우리가 내려앉았다. 일곱 형제가 어머니 생각을 할 겨를도 없이 둥우리에 올라가 앉자 둥우리가 하늘로 둥실둥실둥실 연 뜨듯이 올라갔다.

그때 용녀부인은 살림살이에 바빠서 일을 하다 보니까 난데없는 금둥우리가 천상에서 내려와서 일곱 아기를 싣고서 인정사정없이, 인사 한 마디 없이 올라갔다.

"아이고, 이를 어쩔거나. 아가 아가 일곱 아가, 나도 가자 나도 가. 천리라도 나랑 가고 만 리라도 나랑 가지 어찌하여 나만 남기고 어디로 가느냐? 야속하고도 무정하다. 너희들이 이제 하늘로 올라가면 언제 다시 내려와서 나와 상봉을 할 거나. 원통하고 절통하다."

용녀부인이 애통하여 목에 침이 하나도 없고 눈에 눈물이 앞을 가려 홍몽창이가 되었다. 용녀부인이 식음을 전폐하고 밤낮으로 울음을 울면서 세상을 지내다가 기진맥진 애가 타서 하릴없이 죽어지니 어찌 아니 불쌍하고 어찌 아니 가련할까.

그때 일곱 아기들이 천상 옥황에 올라가서 둥우리에서 내려 사방을 바라보니 해와 달이 분명하고 사해가 선명했다. 형제가 길을 찾지 못하고 방황하며 우는 소리가 사방으로 사무칠 적에 칠성님이 선초당에서 그 소리를 듣고서 선녀를 불러 말했다.

"여봐라 선녀들아. 이 울음소리가 웬 소리냐. 어서 바삐 알아보고 오너라."

선녀들이 일곱 형제를 만나 우는 사연을 전해 듣고서 칠성님한테 아뢰자 칠성님네가 어서 아이들을 들게 하라고 했다. 일곱 형제가 선초당에 올라가서 칠성님한테 절을 하고서 말했다.

"아이고, 아버지! 오늘 천지간에 일진이 좋은 날인데 부자 상봉이 웬일입니까?"

"여봐라. 나는 천상에나 지하에나 아들 없는 사람이니 그런 말 다시 마라."

그 말을 듣고서 일곱 형제가 어머니한테 들은 이야기를 낱낱이 아뢰자 칠성님이 말했다.

"너희들이 내 아들이라면 피를 한번 합쳐보자."

선녀를 시켜서 물 한 대야를 떠 오게 한 뒤에 일곱 형제한테 무명지無名指를 깨물어서 피 한 방울씩을 떨어뜨리게 하고 칠성님도 피 한 방울을 내려뜨리니까 핏방울들이 요리 돌고 저리 돌다가 한복판에 모여서 한 덩어리가 되어 굼실굼실 넘놀았다.

"아이고 아버지. 이래도 우리가 부자간이 아니라고 하오리까."

"오냐 오냐. 그 말이 맞구나. 너희들이 내 아들이다."

그때에 후실부인이 그 모습을 보더니,

"어허 이거 참 이상맹랑 심통맹통 장구통 복통놀통 방구통 할 일이다. 어찌한들 여덟 사람의 피가 한 덩어리가 되는 일이 참 신기하구나. 나도 피 한 방울을 넣어보자."

피 한 방울을 떨어뜨리니까 요리 돌고 저리 돌다가 찬물에 기름 돌듯 하며 어우러지지를 않았다.

"이것 참 이상맹랑 신통하다. 그러나 저러나 칠성님 아들이 내 아들이요 내 아들도 칠성님 아들이니 저 애들을 고이고이 길러놓으면 장래

영화를 내가 보지 어떤 년이 보겠느냐."

희희낙락 웃을 즈음에 칠성님은 일곱 아기를 사랑하여 초당을 꾸며 놓고 글공부를 시켰다. 이 책 저 책 배울 적에 무불통지無不通知로 쑥쑥 익히니 어찌 아니 좋을까. 이때부터 칠성님이 일곱 아기들만 사랑하고 안방에 들어오지 않자 후실부인이 시기가 일어났다. 하루는 후실부인이 꾀병을 내는데,

"아이고 배야, 아이고 허리야. 아이고 다리야 팔이야 오장이야. 사대 삭신 육천 마디가 이리 아프니 나는 죽지 못 살겠네."

그때 칠성님이 후실부인 병환이 깊다는 말을 듣고 들어와서 살펴볼 적에 후실부인이 하는 말이,

"여보시오. 내가 조강지처 부부 같으면 이렇게 아플 적에 굿도 하고 점도 치고 약도 하고 만 가지로 서둘 텐데 이렇게 괄시합니까? 서러워 못 살겠소. 여보시오, 저 건너 윤봉사한테 가서 문복이라도 해주면 죽은 혼령이라도 눈을 감겠소."

금쌀 서 홉을 싸서 주며 문복을 해달라고 청하였다.

이때 칠성님이 문복을 갈 적에 후실부인이 소로로 먼저 가서 봉사를 만나 재물을 주면서 칠성님이 문복을 하거든 병을 일곱 아기 탓으로 돌리기로 약조를 하고서 돌아갔다. 칠성님이 찾아와 문복을 하니 윤봉사가 하는 말이,

"아이고 칠성님네. 야단나고 큰일 났소. 혹 지하에서나 어디에서 인간 일곱을 붙인 일이 있소?"

"맞습니다. 그런 일이 있지요."

"그러면 큰일 났소. 일곱 아기 붙인 일로 인동티가 났으니 이 병에는 약을 써도 소용없고 굿을 해도 소용없습니다. 일곱 아기 간을 먹여야만 살지 그렇지 않으면 하릴없이 저승 문이 열려집니다."

그때 칠성님이 기가 막혀 점상을 밀치고서 집으로 돌아올 적에 기가 차고 매가 찼다. 길이 탄식하면서 산모퉁이를 이리 돌고 저리 돌며 우렁우렁 돌아올 적에 난데없는 금사슴 한 마리가 내닫더니 입을 열고 말을 했다.

"아이고 칠성님, 아까 점치러 가시더니 봉사가 무어라고 하더이까? 들은 대로 일러주오."

칠성님이 점을 치고 들은 말을 낱낱이 말을 하자 금사슴이 말했다.

"아이고 칠성님, 정녕 그러하면 여기 이 자리에서 당장 내 배를 갈라주오. 일곱 아기 간은 건드리지 말고 내 배를 가르면 새끼 여섯 마리가 들어 있소. 그 간을 내고 내 간까지 내면 일곱이 될 터이니 그걸 내어서 갖다 주고 나와서 뒷문으로 엿보면 자연히 알 도리가 있으리다."

"너는 어떤 짐승이길래 역력히 말을 하며 내 원을 풀어주느냐?"

"나는 나는 다른 짐승이 아니라 지하에서 가장 잃고 자식 잃고 혈혈단신 이내 몸이 애진복진 애타다가 주려 죽은 용녀부인 넋이 금사슴이 되어 왔소. 제발 우리 일곱 아기는 건드리지 마시고 내 배를 갈라서 일곱 간을 내어다가 전해주오."

그때 칠성님이 금사슴을 끌어다가 해당화 꽃밭 속에 매놓고서 집으로 들어가자 일곱 아기들이 우루루 나오면서 말을 했다.

"여보시오 아버지, 문복하러 갔다더니 무어라고 하더이까?"

칠성님이 점친 말을 하자 자식들이 나서면서,

"그러면 그 일이 잘되었습니다. 자식은 또 낳으면 자식이요 어머니는 한번 이별하면 아버지가 만날 길이 없사오니 우리 일곱 간을 내어다가 어머니를 살리소서."

"여봐라. 그러면 애동산으로 올라가자."

칠성님이 일곱 형제를 데리고 애동산에 올라가더니만,

"여봐라, 일곱 아가. 너희들이 액운이 있어 이 지경이 되었으니 이 산 중에서 일곱 달만 고생해라. 그러면 자연히 알 도리가 있으리라."

칠성님은 아기들을 산중에 떼어놓고는 해당화 꽃밭을 찾아가서 금사슴의 배를 갈라 일곱 간을 꺼내다가 후실부인한테 전해주고 뒷문에서 살짝 행실을 엿보았다. 후실부인이 일곱 간을 받아 들고는,

"어허 이제 잘되었다. 내 일은 잘되었어."

간을 하나도 먹지 않고 자리 밑에 쓸어넣고 이리저리 밀다가 잿더미 속에 묻어 넣었다. 새 옷을 갈아입고 나와서 정화수 길어다 놓고 비는 말이,

"천지일월 성신님과 제천제불 보살님. 일곱 형제 간이 어서어서 썩어서 내 뱃속으로 와 태어나도록 점지해주옵소서."

칠성님이 이 말을 듣고서,

"에이, 고약한 년! 너를 사람으로 알았더니 오늘 보니 짝이 없는 요물 이로구나."

초당으로 올라가서 한숨짓고 울었다.

그때에 일곱 형제는 애동산천에서 바람은 차고 눈비는 내리는데 먹

을 것이 없어서 나무뿌리도 캐먹고 풀뿌리도 캐먹으며 세월을 보냈다.

바위 밑에 은신하며 그날그날 지낼 적에 하루는 선관 도사님이 오더니,

"여봐라 일곱 아가. 너희들이 이 산중에 이렇게 있다가는 굶어서도 죽고 얼어서도 죽을 것이다. 지금 후실부인이 잔치를 베풀었으니 거기 가서 물이라도 얻어먹고 목숨 보전을 하여라."

그때에 후실부인이 일곱 형제가 죽었다는 말을 듣고 태평연을 베풀 적에 일곱 형제가 짝을 지어 헌 누더기를 차려입고 잔치에 들어갔다. 저만큼 들어가자 후실부인이 깜짝 놀라서,

"어허 이게 웬일이냐. 저것들이 모두 다 웬 것이냐. 귀신이냐 허깨비냐, 아니면 도깨비냐."

그때 일곱 형제가 한꺼번에 들어가서,

"아이고 어머니, 그간 안녕하십니까. 병환은 어떠하십니까?"

이때 후실부인이 생각하되,

'저것 봐라. 저 애들이 죽은 줄 알았더니 살아나서 잔치에 들어오니 나를 그냥 두지 않으리라.'

그때 일곱 형제가 하는 말이,

"아이고 어머니, 이제는 우리 일곱 형제와 어머니와 의논 있게 사옵시다."

"아니다. 그거 생긴 모양을 보니 나를 죽이고 말지 그냥 말지는 않겠다."

그럴 즈음에 일곱 형제가 장도칼을 하나 내면서,

"여보시오 어머니, 정녕 그러하오면 우리들은 죄 많은 인간이니 장도

칼 날을 물고서 이 자리에 엎드리고 어머니는 죄 없는 분이니 칼자루를 물고 엎드리면 자연히 알 도리가 있을 것입니다."

"옳다. 그러면 잘되었다. 그 일은 그리하자."

일곱 형제는 칼날을 물고 엎드리고 어머니는 칼자루를 물고 엎드릴 때에 일곱 형제가 문 장도칼은 꽃으로 변해서 배꽃 오얏꽃이 만발했다. 후실부인이 문 칼자루는 조화를 부려서 후실부인을 찌르니 후실부인이 그 자리에서 피를 토하고 죽었다. 후실부인 죽은 몸이 한 도막은 실배암이 되어서 산으로 건너가고 한 도막은 끊어져서 땅 두더지가 되어 갔다. 귀는 헐어서 귀십이가 되어서 만인간들에게 싸움을 붙였다.

그때 칠성님이 오시더니,

"여봐라 일곱 아가. 너희들이 그간 고생이 많았다. 고생한 말은 다 그만두고 후생 길을 닦아보자."

그때에 후생 길을 닦는데 큰아들은 동두칠성이 되어 가고, 둘째 아들은 남두칠성, 셋째 아들은 서두칠성, 넷째 아들은 북두칠성이 되며, 다섯째 아들은 중앙칠성이 되어 갔다. 여섯째 아들은 천상 목경에서 만인간들 복도 주고 명도 주는 복록성군이 되어 갔다. 칠성님은 견우성이 되어 가고 용녀부인은 직녀성이 되어서 칠월 칠석날이면 오작교를 건너가서 그간 맺힌 원한을 낱낱이 풀고서 사방의 일곱 형제를 사랑하여 만인간들에게 명도 주고 복도 주게 되었다.

서보익이 구연한 〈칠성풀이〉는 여러 자료 가운데 내용이 특히 자세한 것으로 원문이 매우 길다. 여기서는 사이사이 내용을 줄이면서 정리했다. 이 이야기는 서천서역과 용궁, 천상까지 여러 공간을 넘나들면서 서사가 펼쳐지는 점이 이채로우며, 인물들의 감정을 짙게 표현하고 있는 점이 눈길을 끈다. 구연자 서보익은 뛰어난 이야기꾼이기도 한 화자로서, 이야기의 흐름 외에 장면 묘사와 언어 표현에 남다른 능력을 나타내고 있다. 이야기에서 '홍몽창이'나 '심통맹통', '애진복진', '귀십이' 같은 말은 화자의 표현을 그대로 살린 것들이다.

〈칠성풀이〉의 내용은 자료에 따라 상당한 차이가 있다. 수궁의 용녀부인은 지하의 매화부인이나 옥녀부인이라고도 하며, 천상의 후처는 옥녀부인이나 용예부인, 매화부인으로 불리기도 한다. 칠성님 대신 '칠원성군'이라 한 자료도 있고, 일곱 형제에 첫태선이 이태선이 삼태선이 등과 같은 이름을 부여한 자료도 있다. 내용상의 차이로는 부여 지역 자료(이어인년 구연본, 김태곤 편 《한국무가집》 1 집문당, 1971 수록)에서 아내가 자식을 낳은 뒤 남편의 외면에 한을 품고서 스스로 식음을 전폐하여 죽은 뒤 칠성님이 아이들을 물에 띄워 버리려 했다고 되어 있는 것이 주목할 만한 차이가 된다. 이 자료에서 칠성님은 아이들을 유모한테 맡겨 놓고 천상의 용예부인한테 후실 장가를 가는 것으로 되어 있다. 후처의 병을 고치는 방법이 칠형제가 깊은 산속에 들어가 '애야수'를 구해 와야 한다는 것으로 돼 있는 점도 특이하다(애야수는 의미가 불분명하다).

〈칠성풀이〉에서 인물들이 맡게 되는 신직이 다소 불투명하고 혼란스러운 면이 있다. 이 이야기에서는 일곱째 아들의 신직이 누락되었는데 착오인 듯하다. 아마도 여섯째와 비슷한 신직을 맡았을 것으로 여겨진다. 정읍의 다른 자료인 오판선 구연본에는 첫째에서 넷째가 동두칠성과 남두칠성 서두칠성 북두칠성이 되고, 다섯째에서 일곱째는 삼태성이 됐다고 하여 칠형제가 모두 하늘의 별이 되었다고 말하고 있다. 무신도의 칠성신 그림을 보면 일곱 형제 위에 북두칠성이 그려져 있거니와, 이들 칠형제가 죽어서 북두칠성이 되었다고 볼 가능성도 상존한다. 이렇게 볼 경우 이 칠형제가 곧 '칠성신'이 되는 셈이다. 하지만 이야기는 견우성이 되었다는 아버지를 '칠성님'으로 명시하고 있어, 어느 쪽이 칠성신인지 혼동이 생겨난다. 전승자들은 그것을 굳이 명확히 가르려 했다기보다 별의 신이 된 저 부모와 칠형제를 포괄해서 칠성신으로 인식했다고 볼 수도 있을 것이다.

밤하늘의 밝은 별이 되었다는 저 부모와 자식 형제들은 우리네 인간사를 비춰주는 빛이나 등불과 같은 존재라 할 수 있다. 특히 부모와 자식, 그리고 가족에 얽힌 문제를 극적이면서도 단면적으로 표상하고 있다. 그 신화가 비춰주는 부모 자식과 가족의 모습은 근원적인 엇갈림과 갈등으로 점철되어 있다. 이야기를 따라가다 보면 당황스럽기도 하고 적이 착잡해지기도 하지만, 그 의미를 찬찬히 되새겨보면 고개를 끄덕이게 된다. 그렇다. 이것은 신화가 아니던가.

이 신화는 한 남자와 여자가 만나 부부를 맺는 사연으로 시작한다. 칠성님과 용녀부인이라는 선남과 선녀의 혼례는 휘황할 정도로 화려하게 그려진다. 신랑 신부의 옷차림새와 혼례상 차림까지 그야말로 최고라 할 만한 결혼이었다. 단순한 문학적 수사일 수도 있겠으나, 두 사람의 결혼이 얼마나 화려하고 또 행복한 것이었는지를 잘 보여주는 대목이다. 각기 다른 세상의 주인공이었던 두 사람이 한데 만나서 더 큰 주인공이 되는 일이었으니, 더 부러울 바가 없이 환히 빛나는 모습이다. 따지고 보면 이는 저 두 남녀만이 그러한 것이 아니다. 미래에 대한 부푼 꿈을 안고 짝을 이루는 세상 수많은 신랑 신부 들이 다 저렇게 빛나고 행복한 것이 아니겠는가 말이다. 그날만큼은 그들이 세상에서 제일 아름답게 빛나는 오롯한 주인공이다.

하지만 인생은 장밋빛으로 계속될 수는 없는 법. 해결해야 할 문제가 생긴다. 이 부부에게 그것은 '자식'이었다. 가정의 행복을 완성하고 이어가는 데 필요한 존재인 자식이 없으니 가진 것이 다 퇴색하고 삶은 우울해진다. 이제 관심과 욕망은 오로지 거기 집중된다. 어떻게든 자식을 얻어야 한다는 것. 오래 간절히 바라던 그 일이 마침내 이루어져 아기를 잉태했을 때 저 부부의 인생은 이전보다 더 화사한 장밋빛이 되었을 것이다. 이제 그야말로 부러울 것이 없는 상황이다. 예쁜 아기만 태어나면 된다. 대를 이을 수 있는 아들이라면 더더욱 좋을 것이다. 뿌듯하고 가슴 부푼 기대의 날들이다.

하지만 그 장밋빛 기대와 행복은 한순간에 새까만 암흑으로 바뀌고 만다. 크나큰 기대의 대상이었던 그 '자식'이 원인이었다. 자식에 실망한 남편은 떠나버리며, 남겨진 아내는 절망에 빠져 자식을 포기하려 한다. 고생 끝에 세상에 나온 자식은 한순간 저주가 되며 버리고 싶은 짐이 된다.

이야기를 따라가다 보면 이 상황이 좀 이해가 안 되는 면이 있다. 그렇게 바라던 자식을 일곱이나 얻었다면 크게 기뻐해야 마땅하지 않을까 싶기도 하다. 저 아버지는 왜 자식들한테 실망하여 되돌아 나가버리는 것일까? 이에 대하여 이야기는 아버지 입을 빌어 "징그러워서 못 보 겠다"고 말한다. 이는 무슨 말인가 하면, 저 자식들을 보는 순간 딱 정이 떨어졌다는 말이다. 사람처럼, 자기 자식처럼 보이지 않았다는 말이다. 조금 사실적으로 상상을 해보자면 여기저기 누워 있는 조그만 아기들 의 모습이 일종의 '기형아'처럼 보였던 것인지 모르겠다. 어떻든 그것은 자기가 소망하고 기대했던 자식의 모습이 아니었다. 그러자 저 남자는 '이건 아니다' 하면서 매정하게 돌아서는 것이었다.

어찌 이런 일이 있을까 생각할 수도 있겠으나, 부모가 자식한테 실망 해서 정이 떨어지고 서로 간에 깊은 골이 생겨나는 것은 세상에 흔히 있는 일이다. 태어나는 순간이든, 어린 시절 어느 순간이든, 또는 사춘기 때이든, 또는 성인이 되는 시점이든. 실망감과 화증이 일어나면서 '저게 내 자식이라고!' 하는 생각이 솟구치는 순간, 그러한 마음이 고착화되는 순간, 부모는 미움 속에 자식을 등질 수 있다. 그 순간 부모 자식 관계뿐 만 아니라 온 가정에 암운이 드리운다. 그 가정은 깨어질 수밖에 없다. 외면적으로든 또는 이면적으로든. 칠성님이 자식과 아내를 등지고 떠 나는 모습은 그러한 엇갈림의 서사적 표상이라 할 수 있다.

따지자면 그것은 자식 탓이 아니라 부모의 문제라 할 수 있다. 자식이 자기 마음에 꼭 맞기를 바라는 일방적인 욕망이 문제를 낳고 있는 상황 이다. 자식은 엄연히 자기 자신과 다른 또 하나의 생명이건만, 그를 제 행복을 위한 소유적 부속물로 생각하는 이기적인 욕망이 앞서 있으니 문제가 생길 수밖에 없다. 저 칠성님은 새로운 생명을 낳고 키울 만한 준비가 되어 있지 않았던 철없는 남자라 할 수 있다. '아버지'라고 부를 수 없는 존재다. 이런 아버지의 자식으로 태어난다는 것은 얼마나 비극적인 일인지. 정확히 말하면 절망은 저 아버지의 것이 아니라 자식들의 것이라 할 수 있다.

살펴보면 문제는 저 남자한테만 있는 것이 아니었다. 용녀부인도 오십 보 백 보였다. 그 또한 자신이 아이 일곱을 한꺼번에 낳았다는 사실을 쉽게 받아들이지 못한다. 그 아이들을 소중한 자식으로 품지 못한다. 도저히 키울 자신이 없으니 깊은 강물에 던져버리라고 하는 말이 이러한 태도를 단적으로 나타내준다. 그에게도 저 자식들은 행복이 아니라 불행의 씨앗이 된 짐덩어리 같은 존재였던 것이다. 물론 뒤에 자식들을 거두어서 키우기는 하지만, 남편 없이 자식을 키우는 그 과정에서 우리가 보게 되는 것은 충만한 행복감이 아니라 원한과 우울이다. 자식한테 전염되어 대물림될 수밖에 없는 그런 우울함. 돌아보면 이 이야기에서 자식들의 행보에는 한숨과 눈물이 가득하다.

설움 속에서 지내던 저 아이들은 자기를 버린 아버지를 찾아 나선다. 그것은 또 하나의 이별을 낳는 일이었다. 어머니와 아버지가 남남이 되어 있는 상황에서 아버지라는 뿌리를 찾자니 어머니를 등지게 된다. 이 이야기에서 아이들이 어머니를 놔두고 떠난 것은 경황이 없어 저지른 실수라기보다 필연적인 엇갈림이었다고 할 수 있다. 자식들 입장에서는 악연의 근원을 풀기 위한 선택이 어머니한테는 그나마 갖고 있던 모든 것을 잃는 절망이 되는 상황이니 그야말로 모순이다. 가부장적 혈연 계승 구도가 떠오르기도 하고 이혼 가정 자녀의 부모 선택 문제가 떠오르기도 해서 착잡해지는 장면이거니와, 나로서는 어떻든 부모 자식 관계의 근원적 엇갈림이라는 쪽에서 상황을 이해하고 싶은 쪽이다. 갈라져 있는 아버지와 어머니 사이에서 자식이 한편으로 기울어 움직임으로써 원망을 낳는 상황이나, 절대적인 의지처로 삼아 기대고 집착했던 자식이 훌쩍 떠날 때 부모가 허탈감에 빠지는 상황 같은 것 말이다. 용녀부인의 죽음은 그러한 원망과 허탈감 속에서의 좌절을 표상하는 것이라고 할 수 있다.

어머니의 절망을 뒤로하고 아버지와 힘겹게 만나서 관계를 회복한 저 자식들은 계모라는 또 다른 벽을 만나 고통과 좌절로 내몰린다. 참 냉정하기도 한 이야기 전개이지만, 엇갈린 부모 자식 관계라는 것이 실제로 이렇게 연이어 또 다른 갈등을 낳는 것은 세상사의 실상이기도 하다. 계모 또는 후처의 입장은 일단 논외로 하고 남자의 입장에서 문제를 보자면, 아내와 자식 사이에서 한쪽을 선택해야 하는 상황이란 곧 자신의 욕망과 자식이라는 '타자' 사이의 선택 문제라 할 수 있다. 저 후실부인은 자기가 추구하고 안주해온 욕망을 표상하는 존재라고 볼 수 있기 때문이다.

자식과 '여자' 사이의 선택을 놓고 남자는 고민한다. 이야기는 그가 점쟁이에게 화를 냈다고 말하지만, 상황적 맥락을 살펴보면 그의 선택은 어느 정도 정해져 있었던 것이라 할 수 있다. 제 욕망을 포기할 수 없었던 그의 마음은 자식을 버리는 쪽으로 움직이고 있었던 터다. 그렇게 볼 단서는 꽤 많다. 죽은 아내가 나타나 "그럴 수는 없다"고 외치는 것, 남자가 여자의 눈을 피해 자식들을 깊은 산에 격리하고 오는 것, 아내의 음모를 알아챘음에도 아무 대응도 못하고 무기력하게 손을 놓는 것, 이들 모두가 남자가 여자를 포기하지 못하고 있다는 증거들이다. 그보다 결정적인 부분은 그가 아내의 화신인 금사슴을 죽여서 그의 간과 뱃속에 있던 여섯 새끼의 간을 빼서 여자에게 갖다 주는 대목이다. 이는 그가 자기 욕망을 위해 자식을 버리는 상징적인 '살해'의 장면이라 할 수 있다. 자신의 욕망에 갇혀 있는 한 남자가 진정한 '아버지'가 되는 일은, 자식을 부속물이 아닌 생명적 주체로 받아들이는 일은 그렇게도 어려웠던 것이다.

문제를 해결하는 힘은 결국 어디에서 나오는가 하면 자식들로부터 나왔다. '하늘'의 수호를 받고 인도를 받는 그 존귀한 생명들로부터. 그들이 스스로 희생되어 자기 존재를 지우려 한 것은 답이 아니었다. 오래 맺히고 꼬였던 상황은 저 자식들이 뭇사람들이 다 모인 잔치 자리에서 부모 앞에 당당히 나타나서 "함께 살자"고 외치는 순간에 풀리는 것이었다. 그것을 받아들이면 공생(共生)이 되고, 부정하면 스스로 무너지는 상황이다. 저 후실부인은 끝내 그것을 거부함으로써 스스로 흉측하고 누추하게 무너졌으니, 그가 칼에 찔려서 실뱀이 되고 두더지가 되는 것은 그러한 자멸의 신화적 표상이 된다. 그에 대해 늦게나마 자식의 손을 잡은 저 남자는 이제 비로소 자식을 존재로 인정하는 아버지가 된 것이라 할 수 있다. 그 아집을 버리는 일이 어찌 그리도 어려웠던 것인지.

원한과 실의 속에 속절없이 죽었던 용녀부인이 금사슴으로 환생하여 일곱 아들을 구하는 과정은 자식에 대한 집착이라기보다 자기를 버림으로써 자식을 살리는 거듭남의 과정이라고 읽고 싶다. 자신의 욕망이나 원한이라는 감옥에서 벗어나 자식을 존재로서 인정하고 지켜준 것이라는 해석이다. 서사 속에서 뚜렷한 근거를 찾기는 쉽지 않지만, 마지막 장면에서 부모와 자식의 손잡음을 존재와 존재로서 부모 자식 관계가 온전하게 재구성된 것으로 보고 싶다. 저 어머니와 아버지, 그리고 일곱 형제가 제각기 밤하늘의 빛나는 별이 되었다는 것은 각자가 스스로 반짝이는 존재로서 공존하게 되었다는 사실을 나타내는 것으로 볼 수 있지 않을까?

정리하자면 〈칠성풀이〉는 자기 욕망에 갇힌 철없는 부모와 그 부모 아래서 제 삶을 찾고 세워나가는 씩씩한 자식들의 서사라고 볼 수 있다. 그 씩씩한 자식들이 결국 문제를 해결하는 서사가 된다. 이 신화가 신성한 존재로 삼고 있는 칠성신은 수명과 복록을 주는 신인데, 특히 아이들을 건강하고 씩씩하게 잘 자라도록 보살펴주는 신에 해당한다. 나는 그 신화적 맥락을 이렇게 푼다. 이 칠성신의 서사는 부모들 입장에서 아집을 내려놓고서 자식이라는 존재를 믿고 긍정하도록 하는 이야기라고. "그래. 우리가 아니라 너희들이 주인공이다. 부모라는 권력에 구속되지 말고 씩씩하게 살아서 너희들의 삶을 펼치고 미래를 펼쳐라. 우리는 기꺼이 그 모습을 보면서 안심하고 떠나리라." 이는 자식에게 주는 축복이며 또한 부모에게 주는 축복이라고 생각한다. 왜냐하면 자식을 그 자체로서 '존재'로 받아들이고 어깨를 두드려주는 순간 부모 또한 '자유'를 얻게 되는 것이므로. 이것이 내가 보는 이 신화의 신성이다. 저 하늘의 별처럼 아름답게 빛나는.

막내딸 가믄장아기, 집을 떠나 홀로 서다

여기 또 다른 부모와 자식이 있다. 역시 근원적 엇갈림 속에서 갈등하고
방황하는 이들이다. 제주도의 주요 본풀이 가운데 하나인 〈삼공본풀이〉
신화가 전하는 사연이다. 그 주인공은 가믄장아기.

　　옛날 옛적에 강이영성이서불과 홍운소천구에궁전이 윗마을 웃상실
과 아랫마을 젯상실에 살았는데 가난하기 그지없었다. 하루는 강이영
성이 아랫녘의 시절이 좋다는 말을 듣고 얻어먹으러 내려가고 홍운소
천은 윗녘의 시절이 좋다 하여 얻어먹으러 올라갔다. 길에서 마주친 두
사람은 서로 통성명을 하고 언약이 되어 부부 살림을 이루게 되었다.
　　강이영성과 홍운소천이 가난하기 그지없어 남의 품을 팔면서 그리저
리 살 적에 부부 사이에 아이가 잉태되었다. 아버지 몸에 흰 피 석 달,
어머니 몸에 검은 피 석 달, 살 살고 뼈 살아 아홉 달 열 달을 채워 아기
를 탄생하고 보니 딸이었다. 일가친척이 없고 먹을 쌀 입을 옷이 없으므
로 동네에서 불쌍하다고 은그릇에 가루를 타 먹여서 살려주었다. 그래
서 아이 이름을 은장아기라 했다.
　　은장아기가 한두 살이 넘어갈 적에 둘째 아기가 잉태되었다. 아버지
몸에 흰 피 석 달, 어머니 몸에 검은 피 석 달, 살 살고 뼈 살아 아홉 달
열 달을 채워 아기가 태어나니 이번에도 딸이었다. 동네 사람들이 모여
들어 놋그릇에 가루를 타 먹여 살리므로 아이 이름을 놋장아기라 했다.
　　두 딸을 데리고 살 적에 다시 셋째 아이가 잉태되었다. 아버지 몸에

흰 피 석 달, 어머니 몸에 검은 피 석 달, 살 살고 뼈 살아 아홉 달 열 달을 채워 아기가 태어나니 이번에도 딸이었다. 동네 사람들이 모여들어 나무바가지에 가루를 타 먹여주었으므로 아이 이름을 가믄장아기라 지었다.

은장아기 놋장아기 가믄장아기 삼형제가 생겨나 나이가 들어가자 집 안이 점점 발복해서 논밭이 생겨나고 소와 말이 늘어나 처마 높은 기와집에 풍경을 달아서 천하의 큰 부자가 되었다. 딸 형제를 키우는데 상다락 중다락 하다락을 지어놓고 놀음놀이를 시키며 키웠다.

세월이 무정하게 빨리 흘러서 가믄장아기 나이 열다섯이 되었을 때, 하루는 비가 촉촉 내리는데 강이영성과 홍운소천 부부간에 앉아서 하도 심심하니까 딸아기들하고 문답 놀이를 시작했다.

"큰딸아기 이리 와라. 은장아기 너는 누구 덕에 먹고 입고 잘 사느냐?"

"하늘님도 덕이고 지하님도 덕입니다만, 아버님 덕이고 어머님 덕입니다."

"큰딸아기 기특하다. 어서 네 방으로 가라."

둘째 딸 불러내어,

"둘째 딸아기 이리 와라. 놋장아기 너는 누구 덕에 먹고 입고 잘 사느냐?"

"하늘님도 덕이고 지하님도 덕입니다만, 아버님 덕이고 어머님 덕입니다."

"둘째 딸아기 착실하다. 어서 네 방으로 가라."

다시 막내딸을 부르더니,

"막내딸아기 이리 와라. 가믄장아기 너는 누구 덕에 먹고 입고 잘 사느냐?"

"하늘님도 덕이고 지하님도 덕입니다. 아버님도 덕이고 어머님도 덕입니다만 내 배꼽 아래 선그믓 덕으로 먹고 입고 잘 삽니다."

"이런 불효막심한 여자아이가 어디 있겠느냐. 어서 빨리 나가라."

어머니 눈에 거슬리고 아버지 눈에 밉게 보여 입던 옷을 검은 암소에 실어놓고 먹을 양식 싣고서 집을 나섰다.

"어머님, 잘 사십시오. 아버님, 잘 사십시오."

먼 올레에 나오니 설운 어머니가 부모의 정에 딸자식 보내기가 섭섭하여,

"큰딸아기야 나가봐라. 설운 막내딸아기 식은 밥에 물이라도 말아 먹고 가라고 해라."

큰언니 은장아기가 노둣돌 위에 올라서면서,

"설운 아우야. 빨리 가버려라. 아버지 어머니가 너를 때리러 나오신다."

가믄장아기 말을 하되,

"설운 큰형님, 노둣돌 아래로 내려서면 청지네 몸으로나 환생하십시오."

큰형님이 노둣돌 아래로 내려서더니 청지네 몸으로 환생하여 갔다.

큰딸아기가 나가서 안 들어오자 부모님이 둘째 딸아기 불러놓고,

"저 올레에 나가봐라. 설운 아기 떠나는데 식은 밥에 물이라도 말아

먹고 가라고 해라."

둘째 언니 놋장아기가 올레에 나와 거름 위에 올라서면서,

"아이고, 설운 아우야, 빨리 가버려라. 아버지 어머니가 너를 때리러 나오신다."

가믄장아기가 말을 하되,

"설운 둘째 형님은 거름 아래 내려서면 용달버섯 몸으로나 환생하십시오."

그때 놋장아기가 거름 아래로 내려서더니 용달버섯 몸으로 환생하여 갔다.

강이영성과 홍운소천이 앉아 있다가 큰딸아기 소식 없고 둘째 딸아기도 소식이 없으므로 이게 어떤 일인가 하고서 문밖으로 내닫다가 문 윗지방에 눈이 걸려서 장님이 되고 말았다. 그때부터 강이영성이서불과 홍운소천궁에궁전이 앉은 채로 먹고 입고 쓰기를 시작하니 그 많던 가산이 탕진되어 두 소경이 거지로 나서게 되었다.

가믄장아기가 검은 암소에 식량을 싣고서 이 재 넘고 저 재 넘고 신산만산 깊은 산으로 올라갈 적에 해는 떨어지고 동령東嶺에는 달도 없었다. 산중에 머물 곳을 찾다 보니 수수깡 기둥에 거적문을 단 비초리 초막이 보였다.

"오늘은 여기서 하룻밤 머물고 가자."

먼 올레로 들어서면서 보니 백발노인 할머니 할아버지가 앉아 있었다. 가믄장아기가 암소에 식량 실은 것을 노둣돌에 매어두고 들어가면서 말했다.

"길 가는 행인인데 해는 서산에 저물어 갈 곳이 없으니 하룻밤 머물고 가면 어떻습니까?"

할머니 할아버지가 말을 하되,

"우리 집안에 아들도 삼형제가 있어 누울 만한 빈 방도 없수다."

"방이 없으면 부엌 한구석이라도 좋으니 하룻밤만 묵게 해주십시오."

"그렇거든 그리하구려."

들어가 앉아 있을 적에 와르릉탕 와르릉탕 소리가 바깥에서부터 들려왔다.

"이건 무슨 소리입니까?"

"우리 집 큰마퉁이 마를 파서 돌아오는 소리우다."

조금 있으니 큰마퉁이가 들어오더니만,

"우리 어머니 아버지는 애써서 마를 파다 배부르게 먹였더니 길 넘어가는 계집애를 데려다가 놀음놀이 하는구나."

조금 있으니 또 와릉탕 와릉탕 소리가 들려왔다.

"이건 무슨 소리입니까?"

"우리 집 둘째 마퉁이 마를 파서 돌아오는 소리우다."

둘째 마퉁이가 들어오더니만,

"우리 어머니 아버지는 마를 파서 잘 먹였더니 길 넘어가는 계집애를 머물게 했구나. 우리 집 마당에 소도 안 매었었는데 풍운조화가 들었구나."

조금 있으니 또 와릉탕 와릉탕 소리가 들려왔다.

"이건 무슨 소리입니까?"

"우리 집 작은마퉁이 마를 파서 돌아오는 소리우다."

작은마퉁이는 먼 올레로 들어서며 서른둘 이빨을 허우덩싹 웃으면서,

"하, 이거 우리 집에 난데없이 검은 암소며 사람이며 모두 들어왔으니 하늘에서 돕는 일이 아닌가."

그때 가믄장아기가 가만히 보니까 큰마퉁이는 마를 삶아서,

"어머니 아버지는 먼저 나서 많이 먹었으니 마 모가지나 드십시오."

마 모가지를 꺾어 드리고 자기는 잔등이를 우막우막 먹었다.

또 둘째 마퉁이는 마를 삶아서,

"어머니 아버지는 먼저 나서 많이 먹었으니 마 꼬리나 드십시오."

마 꼬리를 끊어 주었다.

그때 작은마퉁이가 마를 삶더니 양 끝을 꺾어두고 잔등이를 드리면서,

"설운 어머님 아버님, 우리들 낳아 키울 적에 얼마나 공이 들고 이제 살면 몇 해를 살겠습니까?"

가만히 보니 쓸 만한 것은 작은마퉁이밖에 없었다.

그때 가믄장아기가 암소에서 쌀을 내려 찹쌀을 잘 일어서 솥을 빌어 밥을 하고서,

"문전신 모르는 제사 있으며, 주인 모르는 나그네 있습니까?"

상을 차려서 할머니 할아버지한테 들고 가니까 할아버지 대에도 안 먹었던 거라고 먹지 않았다. 큰마퉁이 둘째 마퉁이한테 들고 가니까 조

상 때도 안 먹던 벌레밥 안 먹겠다고 팥죽처럼 화를 냈다. 이때 가믄장 아기가 작은마퉁이한테 밥상을 들고 가니까 서로 통성명을 하고 듬뿍 듬뿍 떠먹었다.

큰마퉁이 둘째 마퉁이가 창문 구멍으로 몰래 보다가 아우가 먹는 걸 보고 부러워서,

"아우야, 우리도 한 숟가락 줘봐라."

"자시라 할 때는 말았다가 어찌 먹으려 합니까."

한가운데 더운밥을 떠서 큰형 둘째 형 손에 놓으니까 뜨거운 밥을 푸 푸 먹어갔다.

밥상을 다 치우고 앉았을 적에, 길에 구르는 돌도 연분이 있다는데 꽃을 본 나비가 되었으니 어찌 그냥 넘어갈까. 가믄장아기가 작은마퉁이와 짝을 이루어 함께 살기로 언약이 되었다. 작은마퉁이를 목욕시키고 새 옷 입혀서 내어놓으니 절세 미남이 분명했다. 두 사람은 백년동거로 한방에서 잠을 잤다.

다음 날 아침에 가믄장아기가 작은마퉁이한테 말을 했다.

"산 속 마 파던 데를 구경 갑시다."

산속에를 함께 들어가서 큰마퉁이가 마 캐던 자리에 누릿누릿한 것이 있어 무엇인가 살펴보니 똥이 물컹물컹 쥐어졌다. 둘째 마퉁이가 마를 캐던 자리를 살펴보니 지네 뱀 짐승들만 가득했다. 작은마퉁이가 마를 캐던 데는 자갈이라 하여 주워 던진 것을 흙을 털고 살펴보니 금덩이 은덩이가 둥글둥글 나왔다. 금덩이 은덩이를 검은 암소에 싣고 돌아오니 소와 말이 생기고 논과 밭이 생겨나 처마 높은 기와집에 풍경을 달고

보란 듯이 잘 살게 되었다.

하루는 가믄장아기가 작은마퉁이한테 말을 했다.

"우리는 이리 잘 살아도 날 낳아준 설운 어머님 설운 아버님이 틀림없이 거지가 되어서 이 올레 저 올레 돌아다닐 것입니다. 아버님 어머님이나 찾아봐야 하겠습니다. 거지 잔치나 하여봅시다."

사방으로 방을 붙여 석 달 열흘 거지 잔치를 열어가니 일천 거지가 모여들고 일만 거지가 모여들었다. 돈 그리운 거지에게 돈을 주고 밥 그리운 거지에게 밥을 주고 물 그리운 거지에게 물을 주어 석 달 열흘 백 일이 다 찰 적에 할머니 거지와 할아버지 거지가 한막대기를 짚고서 들어왔다. 그 모습을 보고 가믄장아기가 일꾼한테 일렀다.

"저기 오는 거지는 위로 앉으면 아래서부터 주어서 떨어버리고, 가운데 앉으면 양 끝으로 먹여서 떨어버려라."

강이영성과 홍운소천이 차례를 기다릴 적에 그릇 소리는 달각달각 나도 먹을 차례가 오지 않았다. 이리 와 앉았다 저리 가 앉았다 하다 보니 다른 거지들은 다 먹어 갔다. 그때 가믄장아기가 하인과 하녀한테 말을 하되,

"저 거지는 가지 못하게 잡아놓았다가 다른 거지 다 가버린 뒤에 안방으로 청해 들여라."

거지들이 다 가버린 뒤에 안방으로 청해 들이고 통영칠반에 귀한 약주 한 상 가득 차려 대접하니 마구 먹어갔다. 그때 가믄장아기가 와서,

"할머니 할아버지, 옛말이나 말해보십시오."

"들은 옛말이 없습니다."

"그러면 들었던 말이나 보았던 말이나 있으면 해보십시오."

"들었던 말 보았던 말도 없습니다."

"그러면 살아온 말이라도 하십시오."

"살아온 말은 할 것이 있습니다. 우리가 은장아기 놋장아기 가믄장아기 세 자매를 낳고 나서 천하 거부로 살다가 막내딸 가믄장아기를 쫓아낸 뒤로 이렇게 소경이 되고 거지가 돼서 한막대기를 짚고 다니게 됐습니다."

그때 가믄장아기가 청감주 단감주를 철철 넘치게 부어 들고서,

"이 술 한잔 드십시오. 천년주입니다. 만년주입니다. 설운 어머님 설운 아버님, 제가 가믄장아기입니다. 내 술 한잔 받으십시오."

"아, 어느 거 가믄장아기!"

들었던 술잔을 탈랑 놓은 것이 설운 아버지 설운 어머니 두 눈이 팔롱하게 밝아져서 개명천지가 되었다. 부모 자식이 그렇게 다시 만나서 흥양하게 잘 살았다.

〈삼공본풀이〉는 제주도 큰굿에서 빠지지 않는 주요 본풀이로서 10여 편의 자료가 보고돼 있는데, 기본 서사 내용에는 큰 차이가 없다. 주인공 이름의 표기가 조금씩 달라서 감은장애기, 가믄장애기, 감은장아기, 가믄장아기 등으로 돼 있는데, 여기서는 기본 자료로 삼은 안사인 구송, 김만보 실연본 〈삼공본풀이〉에 의거하여 '가믄장아기'를 취하였다(현용준 · 현승환 역주, 《제주도 무가》, 고려대학교 민족문화연구소, 1996 수록). 부모의 이름은 강이영성이수불과 홍문소천구애궁전이라고도 하고, 할님수사와

구에궁전녀설부인이라고도 하며, 웃상실과 젯상실이라고도 한다. 은장아기(은장애기)와 놋장아기(놋장애기) 이름은 대다수 자료에서 일치한다.

이 신화에서 서사의 축을 이루는 것은 부모 자식 간의 갈등이다. 또다시 '자식을 쫓아내는 부모'와 만나게 된다. 그것도 애지중지 사랑하면서 함께 잘 살고 있던 딸을 말이다. 그 쫓아냄의 이유는 아주 단순한 것이었다. 자기 뜻에 맞지 않는다는 것. 가믄장아기는 부모의 질문에 그들이 원하던 대답을 하지 않은 죄로 한순간에 집에서 쫓겨나고 만다.

"너는 누구 덕으로 잘 사느냐"는 질문에 "그것은 누가 뭐래도 내 복 때문이다"라고 답하는 딸. 그러자 화가 나서 자식을 쫓아내는 부모. 어찌 보면 좀 황당한 모습이다. 하지만 이치를 따지고 보면 단순하게 웃고 넘어갈 일이 아니다. 그것은 부모와 자식 사이에 실제로 발생하는 흔하고도 심각한 갈등이다. 부모의 뜻에 순종할 것인가, 자기 길을 갈 것인가의 문제다. 기대어 의지하는 삶과 나가서 독립하는 삶의 차이이다. 가믄장아기는 자식이 순종적인 부속물이기를 기대하는 부모의 뜻을 거스르고 "내 삶의 주인은 나다"라고 선언한 존재라 할 수 있다. 우문(愚問)에 대한 현답(賢答)이다.

어찌 보면 당연한 답이라 할 수 있지만, 세상의 부모 자식 들을 보면 그렇지가 않다. 자식이 자기네 욕망에 복종하여 행복의 한 요소가 되기를 원하는 부모들이 많고도 많다. 그리고 그 욕망에 복종해서, 또는 그 가진 것에 의지하여 안주하기를 꾀하는 자식들도 그 못지않게 많다. 자식을 제 울타리에 가두는 부모와 부모라는 울타리를 벗어나기를 회피하는 자식. 그 결과가 무엇인가 하면 존재의 왜곡이고 실종이다. 강이영

성홍운소천이 소경이 되고 은장아기와 놋장아기가 청지네와 용달버섯
이 되는 것은 그 서사적 표상이 된다. 저 부모는 존재의 진실에 눈먼 자
이므로 소경이 되는 것이고, 두 딸은 스스로 제 삶의 주인이기를 포기한
자이므로 기생적 존재가 되는 터다. 이야기는 가믄장아기가 두 언니한
테 청지네가 되고 용달버섯이 되라 했다고 말하지만, 그것은 실상 '신의
뜻'이고 세상의 섭리였다고 할 수 있다.

　가믄장아기는 홀로 집을 나서서 너른 세상으로 나간다. 해는 떨어지
고 달은 뜨지 않은 그 세상은 캄캄하여 길이 보이지 않는다. 하지만 눈에
잘 보이지 않아도 길은 있다. 자신의 삶으로 나아가는 길이. 작은마퉁이
는 그가 너른 세상에 나아가 맺은 새로운 관계의 표상이 된다. 수직적 관
계를 넘어선 수평적 관계이며, 주어진 관계를 넘어서 선택한 관계다. 또
다른 당당한 주체적 존재와 짝을 이룬 그녀, 새로운 삶의 지평이 훌쩍 열
린다. 돌인 줄만 알았던 그 무엇이 금이 되고 은이 된다. 가믄장아기는
그렇게 세상의 빛나는 주인공이 되는바, 그가 큰 부자가 되었다는 것은
'세상을 가졌다'는 것의 다른 말이라고 할 수 있다. 일컬어 신의 길!

　가믄장아기가 간 길이 신의 길이었다면 은장아기와 놋장아기가 간
길은 물(物)의 길이었다. 자신을 물화한 삶이었다. 우리 안에 있는 신성
은 스스로 제 삶의 주인으로 움직일 때만 피어날 수 있다. 종속과 의타
의 삶으로 나아가 자기 자신을 잃을 때 신성의 빛은 시나브로 스러져간
다. 신성이 사라진 상태의 인간이란 하나의 물(物)일 따름이다. 은장아
기와 놋장아기가 각기 동물과 식물로 환생한다는 것은, 그것도 벌레와
버섯 같은 기생적인 존재로 환생한다는 것은 그 신화적 의미 맥락이 너

무나도 정확하게 맞아떨어져서 소름이 끼칠 정도다.

두 딸이 죽은 것과 달리 자식을 쫓아낸 저 부모가 죽지 않고 뒤에 눈까지 뜬 것은 형평에 안 맞는 일일지 모르겠다. 하지만 저 부모는 가믄장아기라는 주인공을 세상에 낸 뿌리 같은 존재라서 큰 허물에도 불구하고 쉽사리 지워질 대상이 아니다. 자식을 쫓아내고 나서 '이게 아닌데' 하는 후회를 가졌던 그들이기도 하다. 모름지기 그것이 부모의 마음일 터이다. 그리하여 저 부모는 어떻게든 다시 되찾아 손잡아야 할 존재가 된다. 부속물이 아닌 당당한 주인이 되어서 말이다. 가믄장아기가 거지 잔치를 열어 부모를 되찾고 그들을 품는 장면, 그리하여 부모로 하여금 '눈'을 뜨게 만드는 것은, 부모와 자식이 서로 어떻게 만나서 공존해야 하는가를 함축적으로 보여주는 대목이라 할 수 있다.

한 가지 궁금한 사항은 이 신화의 서사와 가믄장아기의 신직 사이의 상관관계다. 초공 자지명왕아기씨, 이공 할락궁이에 이은 삼공(三公) 가믄장아기가 어떤 신인가 하면 '전상차지' 신이라 한다. 박봉춘이 구연한 〈삼공본풀이〉(赤松智城·秋葉隆,《朝鮮巫俗の硏究(上)》, 옥호서점, 1937 수록)는 그 '전상'에 대하여 다음과 같이 말하고 있다.

전상은 다름이 아니오라 인간 세상 장사하는 것도 전상이요, 목수일도 전상이요, 술 먹음도 전상이요, 담배 먹음도 전상이요, 노름함도 전상이요, 밥 먹음도 전상이요, 인간 살이 모든 일이 전상입니다.

이 말대로 하면 모든 것이 전상이 되는 셈이니, 그야말로 포괄적인 신직이 된다. 이를테면 '전상(全相)'이라고나 할까? 이 전상에 대해서는 '전생(前生)'으로 보는 해석이 유력하게 받아들여지고 있다. 전생의 신이라면 좀 낯설겠지만, 잘 생각해보면 이치가 닿는 듯도 하다. 사람들은 하나하나 독립된 개체로서 살아가는 방식이 있는 터, 그 '타고난 바'를 의미하는 것이 전상이 아닐는지. 다른 말로 하면 '운명' 비슷한 것이 되겠다. 중요한 것은 이 신화가 그 전생이나 운명을 수동적이거나 결정론적인 관점에서 보는 것이 아니라 '스스로 주체가 되어 풀어내야 하는 것'으로 보고 있다는 사실이다. 세상에 생명으로 태어난 모든 존재는 제 삶의 주인이 되어야 한다는 것이 이 신화가 말하는 바다.

이 신화가 자식 세대에 의해 만들어진, 자식 세대를 위해 베풀어진 신화였는가 하면 그렇지 않다. 이 신화가 연행되는 무속 제의는 기본적으로 '어른'들의 제의였다. 자식을 부모의 소유물로 취급해온 것이 우리의 전통적인 자녀관이었다고들 말하지만, 이 신화는 옛사람들이 그러한 관념에 대한 강력한 반명제를 제기해왔음을 뚜렷이 보여주고 있다. 자식들의 삶은 그들 자신의 것이라는 인식이다. 그것을 부정하고 자식을 제 울타리에 가두는 것은 스스로 눈이 머는 일이고 자식을 물화시키는 일이다.

신화를 통해 이와 같은 인식을 되새길 때 저 의례는 진정한 어른이 되기 위한 일상적 성숙의 통과의례였다고 말할 수 있을 것이다. 문득 이런 생각을 해본다. 이러한 의례는 "이게 다 너희들을 위해서야!" 하고 말하면서 제 자신의 욕망을 자식들한테 끝없이 투사하고 있는 오늘날의 수많은 부모들에게 더 필요한 것이 아닐까 하는.

욕망과 사랑 사이,
신화 속의 남과 여

이 노래를 들은 문도령은
달도 곱긴 곱다마는 초생달이 반달이여.
저 달이 아무리 고운들 자청비만이야 고우랴.
자청비가 이 노래를 들어서
팽나무 위에서 내려와가니까
문도령이 펄쩍 마당으로 나서서
자청비를 확 안아서 방으로 들어가는구나.
그날 밤부터 문도령 방에는
살짝이 자청비가 함께 사는구나.
병풍 뒤에서 사는구나.

— 제주 이달춤 구연 〈세경본풀이〉에서

세상 수많은 관계 가운데 가장 근원적인 것이 부모와 자식의 관계라 하지
만, 그 못지않게 원초적인 것이 남자와 여자의 관계일 것이다. 남자와 여
자가 만나서 짝을 이루어야 자식이 생겨나는 것이고 보면, 남녀 관계가 부
자 관계보다 더 우선이 되는 것이라고 말할 수 있을지도 모르겠다.

  남자와 여자가 서로를 갈구하는 것이 인간존재의 본질적 속성임은
긴 설명이 필요하지 않다. 암과 수가 합쳐져 새로운 생명을 낳는 것은
인간과 짐승, 동물과 식물을 막론한 원초적인 종족 보존의 원리다. 그리

하여 둘은 서로 '한 몸'이 되는 그 순간을 향하여 끝없이 서로에게 다가가는 것인데, 문제는 그 하나 됨의 시간이 영원이 아닌 순간이라는 사실이다. 긴 갈구와 짧은 충족, 그리고 이어지는 긴 갈구. 이래저래 남녀가만나 사랑을 나누고 삶을 함께한다는 것은 간단한 일이 아니다.

부모 자식 관계가 피로 이어진, 근원에서 존재가 닿아 있는 관계라면 남녀 관계는 좀 다르다. 서로 어울려서 하나가 될 때, 그리하여 새로운 생명을 만들어낼 때 그들은 세상에서 가장 가까운 사이이지만, 돌아서면 한순간에 남남이 될 수 있는 사이이기도 하다. 서로 다른 집안, 다른 문화 속에서 자라온 남녀가 하나가 되는 일에는 장애 요소들이 부지기수이다. 서로를 향한 본능적 열정과 그것을 방해하는 수많은 걸림돌들. 남녀 관계에서는 그 두 가지 힘이 서로 맞부딪치게 되거니와, 이런저런 미묘하고도 복잡한 사연이 많을 수밖에 없다. 게다가 세상에 남자와 여자는 단 둘이 아니라 많고도 많다. 부모 자식과 달리 선택이 가능한 것이 남녀의 관계다. 옆을 돌아보면 마음을 잡아끄는 또 다른 남자, 또는 여자. 이래저래 남녀 간에 펼쳐지는 욕망과 열정, 번민과 갈등의 소용돌이는 잦아들 날이 없다.

이와 같은 남녀 간의 일이 신화에 반영되는 것은 당연한 일이다. 그것이 신화의 세계에서 차지하는 자리는 실제의 삶에서 차지하는 자리와 통한다. 이제 욕망하고 사랑하며 갈등하는 남녀가 등장하는, 인간존재와 관계의 원형적 형상이 생생히 깃들어 있는 두 편의 구전 신화와 만나기로 한다. 무척이나 현대적이어서 깜짝 놀랄 만한 이야기들이다.

일문관 바람웃도와 자매 여신 고산국 지산국

고산국의 아버지 나라는 홍톳도이고 어머니 나라는 비웃도로, 고산국은 중국에서 제주도에 들어온 신이다.

처음에 서울 대사의 자식 일문관 바람웃도가 중국으로 유람을 갔는데, 일반 사람의 집으로 갈 수가 없어 대신의 집으로 주인을 정했다. 주인 대신하고 바둑을 두다가 뒤가 마려워서 뒷간에 가다 보니 예쁜 처녀 하나가 눈에 들어왔다. 바람웃도가 일을 보고 방에 들어왔으나 바둑 둘 정신이 사라졌다. 그 처녀가 주인집 딸인데 그 생각만 가득했다.

'대신님한테 딸을 주십시오 하고 청하면 모가지가 떨어지리라.'

대신이 없는 사이에 서신으로 글을 써 바둑판 아래에 찔러두고서 밖으로 나갔다가 사흘 만에 들어와보니 주인 대신이 말을 했다.

"왜 입으로 못 말하고 서신을 썼느냐?"

"일이 엄중해서 입으로 말하지 못했습니다."

그러자 주인 대신이,

"그 일을 허가한다."

혼수를 말짱 차려서 혼례를 시켜주는 것이었다.

혼례를 치르는 날, 신부 된 사람이 너울을 쓰고 얼굴을 감추었다가 그날 밤 야삼경에 너울을 벗고서 누워 잘 적에 보니까 얼굴이 볼품이 없이 박색이었다. 처음 볼 때의 그 얼굴이 아니었다. 신랑이 한자리에 들고서 잠을 잘 수가 없어 책상에 엎드러져서 글만 보았다.

다음 날 날이 새서 하녀가 밥상을 들고 오자 바람웃도가 말했다.

"거기 있어봐라. 이 집에 처녀가 둘이냐?"

"예, 둘입니다."

"내가 결혼한 처녀는 몇째 딸이냐?"

"제일 큰 딸입니다."

그러자 바람웃도가 탄식하면서,

"아뿔싸! 내가 봤던 처녀는 내 부인보다 아래로구나. 언제나 처제의 얼굴을 볼까!"

그러던 중 바람웃도가 기회가 나서 처제를 볼 적에, 서로가 눈이 맞아서 언약이 되었다. 그때 처제가 말을 하되,

"부모님이 이 일을 알면 우리 둘이 목이 없을 테니 도망을 칩시다."

"어디로 도망을 칩니까?"

"당신 있던 고향으로 도망칩시다."

그래서 둘이 고향으로 도망을 치는 것이 제주도로 이르렀다.

다음 날 아침에 큰부인이 세수를 하고 별자리 천기를 보더니만,

"이런 역적이 어디 있으랴. 내 서방이 동생을 유인하고서 도망치고 있구나."

화가 나서 방으로 들어가 여자 옷을 벗어두고 남자 옷 주워 입고 천 근 무쇠 활에 백 근 무쇠 화살을 둘러메고 하늘옥황에 축수祝手하여 남녀가 도망치는 방향을 헤아려보니 제주도 쪽이었다.

이때 큰부인 고산국이 무슨 재주를 가졌는가 하면 축지법 하는 기술이 있었다. 그는 백 리 길을 오 리에 움직이면서 두 사람 뒤를 쫓았다. 둘이 뒤를 바라보니 곧 죽을 지경이었다. 이때 일문관 바람웃도가 무슨

재주를 가졌는가 하면 풍운조화를 부릴 수 있었다. 그가 조화를 부리자 동서남북이 캄캄해지면서 안개가 끼고 비가 왔다.

뒤에 쫓아오던 부인이 동서남북을 몰라서 그 자리에 버티고 앉아 살펴보니 층암절벽 중턱에 죽은 구상나무가 있었다. 그 나무를 끌어내서 썩은 것을 털어내고 본즉 줄기만 남은 것이 닭 모양이 되었다. 고산국이 나무를 처음에 있던 자리에 갖다 놓으니까 목을 들어서 울고 날개를 흔들며 소리를 쳤다. 그러자 안개가 걷히고 저 끝에 둘이 앉아 있는 것이 보였다.

"이 나쁜 역적놈아, 화살을 받아라!"

그러자 둘이서 엎드리면서 한사코 빌기 시작했다. 고산국이 생각을 해보니까 그래도 자기 남편인데 차마 죽일 수가 없었다. 마음이 돌아와 화살 두 개를 분질러놓고서 어디 좌정할 곳을 찾아 몸을 움직였다. 그러자 죽이려던 두 사람도 말을 할 것이 없이 뒤를 쫓아 내려왔다.

고산국이 산중 밖 풀밭에 와서 동서남북을 바라보니까 사람 소리는 커녕 새소리도 안 났다. 이리저리 혈기를 짚어보고는 서귀포 살오름으로 들어가 보니 앞으로 바다도 보였다. 고산국이 거기 자리를 잡고 앉자 동쪽으로는 남편 된 이가 앉고 그 자리 동쪽으로 못된 동생이 앉았다. 그때 고산국이 살펴보니 남쪽에서 한 사람이 개를 데리고 올라왔다.

"네가 인간이면 내 곁으로 와라."

그 사람이 단단히 살펴본즉 살오름에 삼신관 신령들이 앉아 있으므로 엎드려서 세 번 절을 드렸다.

"어떠한 인간이냐? 빨리 오너라."

"어떤 신이십니까?"

"나는 중국에서 들어온 고산국이다. 유람 차로 왔노라."

고산국은 여기까지 온 역사를 부끄러워 말 못하고 그리 둘러대고는,

"어디 좌정할 곳이 있겠느냐? 잘 인도를 하면 살 일을 만들어주마."

그 사람은 김봉태라는 사람인데 사냥을 나간 길이었다. 그는 명령을 받고 고산국을 인도하여 서호리 외돌 앞으로 갔다. 고산국이 주변 마을을 이리저리 살필 적에 아무래도 남편이랑 살 도리가 없었다.

"열 번 백 번 생각해도 당신하고 살 수가 없으니 따로 갈라서 살자. 인간도 가르고 땅도 가르고 물도 가르자."

"알겠습니다. 부인부터 먼저 땅을 가르십시오."

고산국이 활을 쏘아서 땅을 가르면 남편 갈 데가 없을 듯하여 대막대기에 돌을 끼워 뿡개로 후려서 던지자 돌이 흙담으로 가 떨어졌다.

"이 위로는 인간도 내 것이고 땅도 내 것이고 물도 내 것이며 산에 있는 나무도 짐승도 내 것이다. 이제부터는 이곳에 출입을 말아라."

그때 일문관 바람웃도가 화살을 쏘자 서귀포 앞바다 섬에 떨어져 하서귀를 차지했다.

동생이 갈 데가 없어서,

"내 갈 곳을 형님이 가르쳐주십시오."

"너 갈 곳을 나는 모른다."

그때에 동생이 혼사 잘못한 일을 굴복하자 형의 생각에 아우가 불쌍한 마음이 들었다.

"그러면 네가 성을 고쳐라. 그러면 내가 너 갈 길을 가르쳐주마."

"예, 그러면 제가 성을 지池로 하겠습니다."

동생이 이름을 지산국으로 바꾸자 형은 동생한테 동홍리를 차지할 수 있게 했다.

고산국이 지경地境을 갈라놓고서 남편하고 동생한테 말했다.

"너희 차지한 인간은 내가 차지한 인간하고 혼사를 못한다. 너희 인간은 내가 차지한 곳의 나무를 베어다 집도 못 짓는다. 명령을 어기고 나무를 베어 가면 멸망을 시킬 테니 그리 알아라."

그렇게 갈라서고 나서 바람웃도와 지산국이 와서 본즉 사람들이 집이 없어 걱정하고 있었다. 고산국 말을 어기고 산에 가서 나무를 베어다가 집을 짓게 했더니만 도끼질을 하다가 한날한시에 즉사했다. 바람웃도와 지산국이 고산국을 청하여 사과하면서,

"나하고 당신하고 적이 됐지만 분수 모르는 인간이 무슨 죄가 있습니까?"

고산국이 그 말을 듣고 보니 과연 인간은 죄가 없는지라 허가를 해주기로 했다.

"어서 가서 베어 가라. 하지만 나무를 벨 때는 나한테 알리고 베어 가라. 내가 차지한 인간하고 너희 차지한 인간하고는 혼사를 하지 마라."

그 법으로 지금도 서홍리와 동홍리 서귀리는 혼사를 안 하며, 혼사를 해도 잘되는 법이 없다.

내용을 보면 알 수 있듯이 이 신화는 제주도 서귀포 일대 마을 수호신(본향)의 본풀이이다. 바람웃도가 서귀본향당의 신인지라 '서귀본향당

본풀이'로 널리 알려져 있는데, 여기서는 서홍리에서 구연된 자료를 바탕으로 내용을 정리했다. 이는 곧 〈서홍리본향본풀이〉가 된다. 구연자는 김영식 심방이다(진성기, 《제주도무가본풀이사전》, 민속원, 1991 수록).

이 신화는 한 명의 남자와 두 명의 여자 사이의 엇갈린 관계를 기본 서사로 삼고 있다. 그 주인공들은 어찌 보면 인간이고 어찌 보면 신이다. 그들은 멀리 다른 곳에서 와서 제주의 마을신이 된 것으로 이야기된다. 이 자료에서 바람웃도는 서울, 고산국 자매는 중국이 본국이라 하는데 서두에는 홍툿도와 비웃도라는 낯선 근원을 제시하기도 한다. 다른 자료들에서는 나라 이름을 홍토나라와 비우나라라고도 하며, 바람웃도(바람운)는 제주 설매국에서 솟아나고 고산국은 '비오너라 비오천리, 홍토나라 홍토천리'에 살았다고도 한다. 일문관으로 지칭되는 바람웃도는 안개와 비를 부리는 데서 기후 신적 성격을 볼 수 있으며, 달리기와 활쏘기에 능한 고산국에게서는 수렵 신적 면모를 엿볼 수 있다. 지산국의 신적 속성은 상대적으로 불투명한 쪽이다.[*]

신적 상징을 떠나서 남녀 관계의 서사에 초점을 맞추어 볼 때, 이 신화는 욕망에 따른 남녀 관계의 이면을 잘 보여준다고 할 수 있다. 이름에 '바람'이 들어 있기도 한 저 바람웃도는 말 그대로 '바람'의 인간이다. 자기가 보고 반한 여인이 아내가 아닌 다른 여인임을 뒤늦게 깨달았다고 하지만, 그래도 이미 정해진 인연인데 어찌 저리 냉정하게 아내를

----

[*] 지산국의 경우 '미모'가 강조된다는 면에서 문명 신적 요소를 감지할 수 있다. 어쩌면 바람웃도가 고산국을 버리고 지산국을 선택한다는 것에서 수렵 생활로부터 농경 문명 쪽으로 나아가는 문화사적 변모를 읽어낼 가능성도 있을 듯하다. 다만 이는 직관적 추단으로서, 더 깊이 있는 검증이 필요하다.

외면하고 다른 여인에게 다가갈 수 있는지 모른다. 그것도 다름 아닌 아내의 동생한테로 말이다. 냉정하고 무섭기는 제 언니의 남자와 눈이 맞아 야반도주를 하는 저 여인 지산국 또한 마찬가지다. 이들의 형상은 이성에 대한 욕망 앞에서 물불을 가리지 못하는 인간의 이면적 실상을 단면적으로 표상한다고 할 수 있다.

이 이야기는 언니 고산국이 박색이고 동생 지산국은 미녀였다고 한다. 또 처음에 바람웃도가 지산국의 미모에 반한 것이라고 한다. 바람웃도가 지산국과 함께 도망할 명분이 어느 정도 주어져 있는 터다. 하지만 다른 자료(박봉춘본)에서는 바람웃도(바람운)가 본래 고산국의 미모에 취하여 그와 결혼했다가 지산국을 보니까 더 미인이어서 그쪽으로 마음이 돌아간 것이라고 전하고 있다. 개인적으로는 이쪽이 이 이야기의 본래적인 설정이었을 가능성이 크다고 생각한다. 지산국을 보고 마음이 쏠린 상황에서 그 언니의 미모가 빛을 잃어서 박색으로 여겨졌을 것이라는 생각이다. 이렇게 말하면 저 남자가 더 형편없어질지 모르지만, 그것이 사람의 이면적 욕망이란 것을 부정하기 어려운 터다.

제 동생을 꼬여서 멀리 달아나버린 서방. 하늘 끝까지라도 쫓아가서 결딴내고 싶은 것이 당연한 속마음일 것이다. 더군다나 저 남자, 술수를 부려서 길을 막고 자기를 위험에 빠뜨리기까지 한다. 하지만 고산국은 두 사람에게 쏘려던 화살을 뚝뚝 부러뜨린다. 이에 대해 이야기는 두 사람이 엎드려서 마음이 바뀌었다고 전하고 있다. 딴은 그러하다. 이미 마음이 떠나간 사람. 붙잡고 매달리거나 또는 활로 쏘아 죽인다고 해서 되돌아올 리 없다. 일어난 일이 없던 일이 될 수는 없다. 자기만 더욱 한심하고 불쌍한 존재가 될 따름이다. 그 자신 남다른 능력자이기도 한 고산국은 그리하여 저들을 버려둔 채 자기 길로 간다. 한 마을에 터를 잡고 새로운 관계를 시작한다. 자매 관계도 남녀 관계도 아닌 세상 사람들과의 넓고도 신령한 관계. 그것이 그녀가 할 수 있는 최선의 길이었다.

하지만 고산국은 자기를 배반한 두 사람에 대한 분노까지 소거할 수는 없었다. 자기 지경에 둘의 발길이 미치지 못하도록 금한다. 그것은 분노라기보다 '징벌'이라고 보는 것이 옳을 수도 있겠다. 비록 욕망이 시켜서 그리한 것이라 하지만, 저 바람웃도와 지산국의 행실이 정당화될 수는 없다고 하는 인식이다. 고산국은 자기 영역과 저들의 영역 사이에 명확하게 금을 그음으로써 사람들에게 삶에서 지켜야 할 금도(禁道)를 확인시켜준다. 고산국이 좌정한 서홍리 외에 바람웃도의 서귀리, 지산국의 동홍리에 두루 해당되는 금도다. 아니, 그것은 세상 사람 모두에게 해당하는 금도라고 할 수 있다.

이 이야기 말고도 제주도 마을 사이에는 신들의 은원(恩怨) 관계에 따라 마을의 삶이 실제적으로 영향을 받는 경우가 많다. 마을 사람이 무슨 잘못인가 싶기도 하지만, 그것이 또한 세상을 사는 묘미인지도 모른다. 저 마을 사이에 실제로도 혼인이 거의 이루어지지 않는다 했지만, 그 너머 다른 마을에서 얼마든지 짝을 찾을 수 있는 터다. 일가친척 남매 사이에 혼인이 안 되지만 그 너머에서 혼인이 가능한 것처럼.

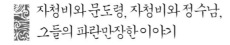
자청비와 문도령, 자청비와 정수남,
그들의 파란만장한 이야기

우리 신화에서 남녀 관계나 사랑을 화두로 할 때 빼놓을 수 없는 이야기가 있다. 단연 그 중심에 놓아 마땅하다고 단언해도 좋을 이야기다. 그 신화는 바로 제주도의 〈세경본풀이〉이다. 주인공의 이름은 자청비. 씩씩하고 맹랑하고 똑똑하고 역력하며 매력적인 여인이다. 그 옆에는 두 명의 남자가 있다. 한 명은 하늘나라의 고귀한 훈남 문도령. 또 한 명은 지상의 미천한 짐승남 정수남. 그리고 자청비와 문도령 곁에는 또 다른 여인들이 있다. 하늘나라 귀한 딸 서수왕아기와 신비의 땅 서천꽃밭의 막내딸아기. 이 청춘 남녀들이 얽혀서 펼쳐내는 사랑과 욕망, 기쁨과 슬픔의 역정은 그야말로 파란만장의 대서사라 할 만하다. 저 옛날에 어떻게 이런 인물 이런 이야기가 생겨났는지 경이로울 정도다.

〈세경본풀이〉에서 '세경'은 농경 신을 일컫는 말이다. 이 이야기의 주인공 자청비는 문도령, 정수남과 더불어 농사의 신이 된다. 이들이 겪는 우여곡절이 지난날 세상 사람들의 생활의 중심이었던 '농사'와 어떻게 연결되는지를 헤아리면서 이야기를 살펴보는 것도 좋겠다. 물론, 군이 그럴 것 없이 이야기 자체를 음미하는 것만으로도 충분하다.

세경할아버지는 천황제석 세경할머니는 지황제석이고, 세경아버지는 짐진국대감 세경어머니는 자지국부인이며, 상세경은 문도령 중세경은 자청비 하세경은 정이으신정수남이다.
옛날 옛적 짐진국대감님과 자지국부인님이 살았는데, 재물과 논밭이 많고 노비를 갖추어 잘 살았으나 스물 서른 마흔 넘어 쉰 살이 가까워도 자식이 없어 한숨으로 탄식을 했다. 하루는 짐진국대감이 심심하기 한이 없어 삼도전거리 팽나무 그늘에 앉아서 바둑 장기를 두면서 놀다 보니까 웬 웃음소리가 들려왔다. 짐진국대감이 웃음소리를 따라갔더니, 거적문 달린 비저리 초막에 사는 거지가 아이를 놓고 앙천대소하고 있었다. 짐진국대감이 집에 와서는,

"돈이 있으면 무엇하고 밭이 있으면 무엇하리. 천하 거부로 살아도 자식 없는 게 원통하다."

사랑방 문을 잠그고 누웠을 적에 아내가 가서 문안을 하자 원통한 일을 털어놓았다. 상을 받으면 웃을 일이 있을까 하여 은단병에 참실 묶어 이리저리 굴려봐도 웃음이 안 났다. 부부가 앉아 탄식할 때에 동개남 상저절에 대사 스님은 부처를 지키고 작은스님이 짐진국 땅에 시주를 받으러 내려왔다. 짐진국 하려 느진덕정하님이 나와서,

"어느 절 대사입니까?"

"어느 절 대사랄 게 있으리까. 동개남 은중절 서개남 금법당 남개남 노강열 북하상상 농궁절에 대사님은 절을 지키고 작은중이 됩니다. 인간 세상에 내려와 권제삼문 받아다가 헌 당도 수리하고 헌 절도 수리해서 인간 세상 자손에 명도 주고 복도 주려고 내려섰습니다."

"어서 들어와서 권제삼문 받아 가십시오."

스님이 시주를 받으면서 하는 말이,

"높이 들어서 낮게 시르르시르르 부으십시오. 한 방울이 떨어지면 명과 복이 떨어지는 법입니다."

권제삼문 받아서 댓돌 아래 내려서려 할 적에 짐진국대감이 말을 하되,

"소사小師야, 남의 쌀을 공으로 먹고 가겠느냐? 우리 집 부부간이 쉰이 가까워도 자식이 없으니 원천강이나 걷어봐라. 자식이 설 듯하냐?"

소사 중이 원천강 사주역을 내놓고 초장 이장 제삼장을 걷어보더니,

"대감님아, 대감님아. 우리 당에 영험이 좋으니 송낙지도 구만 장 가사지도 구만 장, 상백미도 일천 석 중백미도 일천 석 하백미도 일천 석, 백 근 걸량 저울로 달아서 우리 법당에 와 석 달 열흘 백 일까지 수륙 불공을 드리면 남녀 자식 생불이 있을 듯합니다."

짐진국대감이 송낙지 구만 장 가사지 구만 장과 상백미 일천 석 중백미 일천 석 하백미 일천 석을 대추나무 꼬까마귀저울로 착실히 달아 동개남 상저절에서 수륙 불공을 시작했다. 아침엔 아침 수륙, 낮에는 낮 수륙, 저녁엔 저녁 수륙 하루에 삼세번씩 원불 수륙을 드린 것이 석 달 열흘 백 일 되는 날 아침에 대사 스님이 말을 했다.

"대감님아, 대감님아. 백 근 걸량을 법당에 와서 다십시오."

대추나무 꼬까마귀저울로 달았더니 한 근이 부족해서 아흔아홉 근이 되었다.

"대감님아, 대감님아. 백 근이 찼으면 남자 생불이 탄생할 텐데, 백 근이 못 차니 여자식이 탄생하겠습니다. 어서 짐진국 땅에 들어가서 합궁일을 받아 부부간 천정배필을 지으십시오."

법당을 하직하고 짐진국 땅에 내려서서 합궁일을 받아 동침을 했더니 그날부터 태기가 있었다. 아버지 몸에 흰 피, 어머니 몸에 검은 피,

살을 만들고 뼈 만들고 오장육부를 만들어 아홉 달 열 달을 채워 아기를 낳으니 여자아이인데 앞이마에는 해님, 뒷이마엔 달님, 양 어깨에는 샛별이 오송송 박힌 듯했다.

아기씨가 한두 살이 지나 세 살 되는 해에 자지국부인이 말했다.

"이 아기 이름을 무엇이라고 지어두리까?"

"자지국부인님아, 아기 이름은 자청하여 났으므로 자청비로 이름 석자 지으면 어떠합니까?"

"그건 그리하십시오."

아기씨가 아버지 몸에서 어리광하며 한두 살이 지나가고 다섯 여섯 살이 지나갔다. 열다섯 되던 해에 아버지가 상다락 중다락 하다락 별층당을 지어놓고, 상다락에 상단클* 중다락에 중단클 하다락에 하단클, 공단클과 비단클을 걸어주자 자청비가 여름엔 상단클에서 놀고 봄엔 중단클에서 놀고 겨울 석 달은 하단클에서 놀았다.

하루는 자청비 아기씨가 상단클에 앉아서 놀 적에 느진덕정하님 정술데기가 공단클 곁에 와서 선 것을 보니까 손발이 고왔다.

"너는 어떤 일로 손발이 하얗게 고우냐?"

"상전님아, 한 일은 알고 두 일은 모르는 상전님로구나. 주천강 연못에 빨래를 가고 보면 손발이 하얗게 고와집니다."

"그러면 나도 주천강 연못에 빨래를 가마."

자청비 아기씨가 바구니 고리에 한두 살 때 입던 옷, 열다섯까지 입던

----
* 상단 베틀.

옷을 둘러 담고 박씨 같은 발자국으로 주천강 연못으로 가서 빨래를 할 적에 하늘옥황 문곡성 아들 문왕성 문도령이 한 줌 가득한 붓에 일만 장 벼루에 삼천 장 먹을 가지고 아랫녘 거무선생한테 글공부를 하러 내려 왔다. 주천강 연화못에 다다라서 어여쁘고 고운 아기씨가 빨래하는 것을 보고서는,

'어찌 저런 아기씨를 놓아두고 지나가리. 말이나 한번 걸어보고 지나 가자.'

주천강 연못으로 들어가서,

"아기씨 상전님아, 길 가는 사람이 목이 말라 지나갈 수 없으니 물이 나 한 바가지 떠 주면 어떠합니까?"

자청비가 말을 하되,

"어서 그건 그리하십시오."

바가지에 물을 한 가득 떠서 수양버들 잎을 세 번 훑어놓고서 들고 가 니까 문도령이 말했다.

"어쩐 일로 아기씨 얼굴하고 속이 달라서 고운 물에 궂은 티를 놓아 줍니까?"

"한 일은 알고 두 일은 모르는 도령님이구나. 급한 길을 가느라 목이 마르고 애쓴 것 같은데, 물이라 하는 건 목을 놓아서 먹다가 체하면 약 도 없는 법입니다. 물에 티를 놓아드리면 티 구멍으로 빨아먹을 거라서 그리했습니다."

"그 말씀 그럴듯합니다."

"도령님은 어딜 가시는 행차입니까?"

"나는 아랫녘 거무선생 앞으로 글공부 가는 길입니다."

"도령님아, 우리 집에도 꼭 나 같은 오랍동생이 있습니다. 동생도 거무선생한테 글공부 가고자 하는데 같이 갈 선비가 없어서 오늘까지 있으니 함께 가는 것이 어떻습니까?"

"어서 그건 그리하십시오."

자청비 아기씨가 젖은 빨래를 걷어 문도령을 데리고 집으로 가서는 문도령을 먼 올레에 세워두고 느진덕정하님을 불러서 빨래를 널라 하고는 어머니 아버지한테로 들어가서 말을 했다.

"어머님아, 아버님아, 저도 삼천 선비와 글공부 가면 어떻습니까?"

"계집이라 하는 것이 글공부라 하는 게 무엇이냐?"

"늙어서 딸자식 하나 태어나 어머님 아버님이 세상을 떠나면 기일 제사 때 축지방이라도 써 올릴 게 아닙니까?"

"그것도 그럴듯한 말이다. 그러면 어서 글공부해라."

자청비가 부모님 허락을 받고는 방에 들어가서 여자 옷을 벗어두고 남자 옷으로 갈아입더니, 한 아름 가득 책을 안고 한 줌 가득 붓을 들고 부모님께 이별하고 문 밖으로 나섰다. 문도령한테로 가더니만,

"통성명 아룁니다."

"나는 하늘옥황 문왕성 문도령이 됩니다."

"나는 주년국 땅 자청도령이 됩니다. 아랫녘 거무선생한테 글공부 간다니 저도 함께 가기 어떻습니까?"

"어서 그건 그리하십시오."

형제 삼아서 길을 가는 것이었다.

　문도령과 자청도령이 아랫녘 거무선생한테 들어가 한서당에서 글을 읽고 한솥의 밥을 먹고 한이불 속에서 잠을 자면서 하루 이틀 지나는 것이 해가 두 해가 지나갔다. 문도령 눈치에 자청비를 여자 몸으로 알 듯해가니 하루는 자청비가 꾀를 내어 은대야에 물을 떠다 옆에 두고 은젓가락 놋젓가락을 걸쳐놓고 잠을 잤다.

　"너는 어떤 일로 은대야에 물을 떠다 놓고 은젓가락 놋젓가락을 걸쳐놓고 잠을 자느냐?"

　"그런 것이 아니라, 아버님이 글공부 올 때 하신 말씀이 밤에 잠을 잘 때 은대야에다 물을 떠다 놓고 은젓가락 놋젓가락 걸쳐두고 잠을 자되 젓가락이 떨어지게 잠을 자면 글이 둔하다 하시더라."

　"그러면 나도 그리 해봐야겠다."

　문도령도 은대야에 물을 떠다 놓고 은젓가락 놋젓가락 걸쳐놓고서 잠을 잘 적에 젓가락이 떨어질까 근심을 하느라 잠을 못 자니 아침에 삼천 서당에 가면 글공부할 생각은 없고 졸기만 하여갔다. 자청비는 아무 상관도 없이 위아래로 옷을 다 벗어두고는 동서남북으로 돌아누우면서 깊은 잠을 날 밝도록 자놓으니 아침에 서당에 가서 글을 읽는 것이 삼천 선비 가운데 장원이 되어갔다. 문도령이 생각하되,

　'한날한시에 오고 한선생에게 글을 배우고 한솥밥을 먹고 한방 한이불에서 잠을 자는데, 글공부가 떨어지니 이런 분함이 어디 있으리.'

　하루는 자청도령에게 말을 하되,

　"글재주는 네가 좋지만 다른 재주는 나에게 질 것이다."

　"무슨 재주인데 내가 너에게 떨어질 필요가 있겠느냐?"

"그리 말고 우리 오줌 갈기기 내기를 해보는 게 어쩌겠느냐?"

"어서 그건 그리하자."

문도령이 먼저 나서서 여섯 자 반을 내갈기니까 자청도령은 여자의 몸이라 어찌할 수 없어서 미리 왕대 죽순을 잘라다가 바짓골에 담아 넣고 한 번 힘을 써서 오줌을 내갈겼다. 그러자 오줌발이 나가기를 열두 자 반이 나갔다. 문도령이 그 재주까지 지고 보니 무엇이라 할 수 없고 항복을 하여 갔다.

그날 밤 자고 나서 뒷날 아침에 문도령이 마당에 나와 세수를 할 적에 하늘옥황 부엉새가 앞날개에서 편지 한 장을 떨어뜨렸다. 문도령이 주워 보니 하늘옥황 아버님에게서 온 편지였다.

　　문도령아, 연삼 년 글공부하였으니 어서 그만하고 와서 서수왕아기한테 장가가라.

문도령이 편지를 갖고 들어가서,

"자청도령아, 난 글공부 그만하고 집에 가야 하겠다. 아버님한테서 편지 왔다. 글공부 그만하고 서수왕 집에 장가가러 오라신다."

"나도 그러면 글공부 그만하고 갈란다."

삼천 서당 하직하고 일천 선비 하직하고 읽던 책 걷어서 집으로 돌아갈 적에 위아래 물통이 있으므로 자청비가 말을 했다.

"문도령아, 와라. 우리가 연삼 년 글공부를 할 적에 몸에 글때인들 안 올랐으랴. 목욕이나 하고 가자."

"어서 그건 그리하자."

자청비는 윗통으로 들어가고 문도령은 아랫통으로 들어갈 적에 자청비가 가만히 거동을 보니 문도령이 위아래로 활딱 벗어두고 물에 뛰어들어서 왐방참방 목욕을 했다. 자청비는 윗도리만 벗고서 씻는 척 마는 척 물소리만 내다가 버드나무 잎을 끊어서 글을 썼다.

눈치 모른 문도령아, 멍청한 문도령아. 연삼 년 한이불 속 잠을 자도 눈치 모른 문도령아.

글을 써서 아랫통에 띄워두고는 옷을 입고서 휘어지게 집으로 달려갔다. 문도령이 목욕을 하다가 버드나무 잎을 보고 이상히 여겨서 펴 보더니만 어서 바삐 옷을 입는다는 것이 윗도리는 어깨에 걸치고 아래옷은 한 가랑이에 두 다리를 집어넣고 물통 밖으로 내달았다. 이때 자청비가 머리는 까마귀 앞날개처럼 메쪽메쪽, 양 주먹을 불끈 쥐고 뛰어갈 적에 발은 콩알처럼 부풀고 얼굴에는 방울땀이 흘렀다.

자청비가 가면서 생각하되,

'연삼 년 한서당에서 글 읽은 문도령을 그냥 보낼 수 있으랴.'

먼 올레에 서서 보니 문도령이 엎어지며 자빠지며 오는 모양이 가엾어서 마주 내려가 말했다.

"문도령님아, 내가 여자의 몸으로 오늘까지 도령님 눈을 속였을지언정 우리 집 먼 올레에 서 있으면 아버님 어머님께 인사를 드리고서 내 방으로 같이 가 아픈 다리나 쉬었다가 내일 가기 어떻습니까?"

"어서 그건 그리하자."

자청비가 먼저 가서 아버님 어머님께 인사를 드리자 아버님이 말했다.

"연삼 년 글공부에 몸이나 조심히 다녀왔느냐?"

"예, 몸 편안히 왔습니다마는 아버님 어머님께 드릴 말씀이 있습니다. 나하고 한 글청에서 연삼 년 함께 글공부한 선비 하나 저 올레에 서 있는데, 발은 콩알같이 부풀고 해는 서산에 져 갈 수 없으니 나하고 같이 있다가 내일 보내기 어떻습니까?"

"남자냐, 여자냐?"

"남자가 됩니다."

"남자거든 열다섯 위이면 내 방으로 들여놓고 열다섯 아래면 네 방으로 들여놓아라."

"열다섯 십오 세 미만이 됩니다."

"어서 네 방으로 들여놓아라."

자청비는 그 말 끝에 남자 옷을 벗어두고 열두 폭 대홍대단 홑단치마를 둘러 입고 먼 올레에 나아가 문도령을 청했다. 부모님 방을 지날 적에 두 몸이 한 몸 되고 두 발자국이 한 발자국이 되어 문도령을 제 방으로 데리고 들어갔다. 문도령을 병풍 안에 앉혀두고 저녁상을 차려 자기 손으로 들고 가서 저녁밥을 먹어갔다.

밤이 되자 자청비는 한 이불 한 요에 잣베개 챙겨주고는 문도령한테 편히 쉬라 하고서 방 밖으로 나와서 상다락에 올라가 공단클을 놀리기 시작했다. 초경 이경 삼경으로 깊은 밤이 되어도 자청비가 들어오지 않

으므로 문왕성 문도령이 살짝 마당에 나서 보니 상다락 남창문에 불이
어렴풋이 비치는데 자청비가 공단클을 놀리고 있었다. 문도령이 상다
락에 올라서 허우덩싹 웃으며 공단클 옆으로 가니까 자청비가 말했다.

"아이고, 도령님아, 어찌 나옵니까? 아버님 어머님이 알면 청댓잎 흑
댓잎에 목이 갈립니다. 어서 바삐 들어가십시오. 제가 따라 들어가겠습
니다."

그 말 들은 문도령이 개도 쥐도 모르게 누웠던 방 안에 들어가 긴 한
숨 쉬어가며 누웠더니 자청비가 들어오면서 말을 했다.

"도령님아, 어찌 긴 한숨을 쉽니까?"

연삼 년 눈 속이던 사랑을 풀어서 누웠더니만 그 밤이 어찌 지나갔는
지 천황닭이 울어서 날이 새어갔다.

"설운 도령님아, 날이 새게 되었으니 어서 노각성자부줄로 옥황으로
올라가십시오."

서로 갈려 설 때에 문도령이 박씨 한 방울을 내주면서,

"이 박씨를 심어서 박이 열어 따게 될 때 내가 안 오면 죽은 줄 아십
시오."

"어서 그건 그리하십시오."

상동나무 얼레빗을 꺾어서 한짝을 증표로 두더니만 문도령이 자청비
를 이별하고서 노각성자부줄로 하늘옥황에 올라가는 것이었다.

날이 흘러 자청비가 사랑방 뒷창문 앞에 박씨를 심었더니 순이 나고
줄이 뻗어 박이 열어서 다 익어가는데 문도령은 돌아올 줄을 몰랐다.

하루는 자청비가 상다락에 올라서 남창문을 열고서 보니 문도령은

안 오고, 수머슴들이 굴미굴산 아여산 노주봉산 깊은 곳에 들어가 나무를 해 소길마^{소안장} 말길마^{말안장}에 신고서 소머리에 진달래 철쭉을 꼽아놓고 어러렁떠러렁 오는 것이 보기 좋고 구경할 만했다. 올레 밖에 나와 구경하려 하다 보니, 정수남이 배가 불룩하도록 먹고서는 낟가리 밑에 앉아서 입을 비틀면서 주걱 같은 손톱으로 바지허리를 뒤집어 이를 잡아 죽이고 있었다.

"정이으신정수남아, 더럽고 누추하게 비근다리^{두툴상어}처럼 먹어놓고서 일도 없어 바지를 뒤집어놓고서 이 사냥만 하느냐? 다른 집의 수별감 수머슴들은 오늘도 굴미굴산 들어가 나무를 해서는 소머리에 진달래 철쭉 꼽고서 어렁떠렁 오는 거 오죽 보기 좋으냐?"

"상전님아 상전님아, 그러거든 말 아홉 마리 소 아홉 마리와 말길마 소길마 도끼 구쟁이^{소라} 잠방이*를 차려주십시오. 내일 아침 저도 가오리다."

자청비가 하녀를 시켜 다 차려 내놓으니까 뒷날 아침에 정수남이 새벽조반 차려 먹고 점심은 담아서 신고서 마소를 몰아 굴미굴산 아야산 깊은 숲속으로 들어갔다. 다리가 아파져서 동서로 뻗은 가지에 말 아홉 소 아홉을 매어두고 동서남북으로 돌아누우면서 한잠씩 자다 보니 몇 날 며칠을 잤던지 해는 서산에 머물고 소 아홉과 말 아홉은 오뉴월 자작볕에 목이 말라 소곡소곡 죽어갔다.

잠에서 깬 정수남이 땔나무를 오름만큼 쌓아놓고 덩굴에 불을 지펴

---

* 가랑이가 무릎까지 오는 짧은 홑바지.

꽃불을 사르고는 소가죽 말가죽에 도끼로 틈을 낸 뒤 작박^{주걱} 같은 손톱으로 가죽을 벗겨 한 점 끊어서 불에 넣고서 익었는가 한 점 먹고 설었는가 한 점 먹다 보니 소 아홉 말 아홉이 간 곳이 없어졌다.

정수남이 소가죽 아홉 장 말가죽 아홉 장, 이구십팔 열여덟 장을 짊어지고서 도끼를 메고 깊은 곳을 내려오다 보니 못에 오리가 앉아 있는 것이 보였다.

"우리 집 상전님이 고운 것만 주면 좋아하니 저 오리나 잡아다가 상전님을 달래어 저녁밥이라도 얻어먹자."

어깨에 힘을 주어 도끼를 한번 던졌더니 오리는 날아가고 도끼는 물 밑에 가라앉았다. 등에 졌던 가죽을 내리고 잠방이를 벗어놓고서 연못에 뛰어들어 이리저리 팡당팡당 뒤질 적에 도끼는 못 찾고 난데없는 도둑놈이 소가죽 말가죽과 잠방이를 갖고서 도망을 쳤다. 정수남이 물속을 뒤지다가 몸이 지쳐서 물 밖에 나와 보니 가죽도 간 곳 없고 잠방이도 간 곳이 없었다.

정수남이 나뭇잎을 뜯고 덩굴을 걷어다가 흉한 물건을 감추고서 돌아올 적에 큰길로 가려니 남이 웃을 듯하고 소로로 해서 문으로 들어가려니 상전님이 무서웠다. 뒷장독대 뒤로 숨어들어 주저리*를 둘러쓰고 앉았을 적에 정술데기가 저녁밥을 하면서 국에 장을 넣으려고 장독대에 나왔는데 정수남이 숨 쉴 때마다 주저리가 오르락내리락했다. 자청비한테 달려와서,

---
* 볏짚 끝을 모아서 엮은 쐬우개.

"아이고, 아기씨 상전님아, 우리 장독대에 흉험이 들었습니다."

"노망을 하느냐? 그게 무슨 말이냐?"

뒷문을 열어 장독대를 바라보니 아닌 게 아니라 장독대 주저리가 오르락내리락했다. 자청비가 옥추경을 읽으며,

"귀신이냐? 생인이냐? 귀신이면 천당으로 오르고 생인이면 내 눈앞에 가까이 보여라."

정수남이 장독 속에서 말을 하되,

"귀신이 어찌 나올 수가 있습니까? 정수남이 됩니다."

위아래로 벗은 정수남이 주저리를 벗고서 나서니까,

"아이고 누추하고 더러운 놈아, 이게 무슨 꼬라지냐?"

"상전님아, 그리하지 마십시오. 굴미굴산 깊은 곳에 올라갔더니 하늘 옥황 문도령님이 궁녀 시녀를 거느리고 경치 좋은 곳에서 놀음놀이를 하고 있길래 구경하다 보니 말 아홉 소 아홉이 간곳없어졌습니다. 연못에 오리가 하나 앉아 있기에 오리나 잡으려고 도끼를 던졌더니 오리는 날아가고 도끼는 가라앉아 도끼를 찾을 때에 도둑놈이 구젱이 잠방이까지 다 가져가서 이 모양 이 꼴이 되었습니다."

자청비가 그 말을 듣더니만,

"이게 무슨 말이냐? 참말 문도령이 왔더냐? 언제 또 오겠다고 하더냐?"

"모레 낮에 또 오겠다고 합디다."

"그러면 내가 가서 만날 수 있겠느냐?"

"아기씨 상전님이 가면 더구나 좋아할 겁니다."

"말 아홉도 아깝지 않다. 소 아홉도 아깝지 않다."

무명 토목을 전필로 내놓아 은가위로 조심조심 끊어 잠방이를 만들어 정수남을 불러 입혀놓고는,

"정수남아, 점심은 어떻게 하면 좋겠느냐?"

"상전님 먹을 점심은 메밀가루 닷 되에 소금을 다섯 줌을 놓고 나 먹을 점심은 메밀 찌꺼기 닷 말에 소금은 넣는 듯 마는 듯하십시오."

"어서 그것은 그리하자. 말 꼴이나 잘 먹여라."

정수남이 말 꼴을 말 머리에 잡아 던지며,

"이 말아, 저 말아. 이 꼴 잘 먹고서 모레는 상전님 태우고 굴미굴산 들어가서 상전님 촛대 같은 허리나 안아보자."

자청비가 이 말을 듣고서,

"너 지금 무엇이라 말했느냐?"

"아무 말도 안 했습니다. 이 꼴 잘 먹고서 상전님 태워 굴미굴산 올라가 문도령님 만나서 상전님하고 촛대 같은 허리를 안아 만단정화萬端情話 이르는 걸 구경하자고 했습니다."

그러자 자청비가 서른여덟 이빨을 벌려 허우덩싹 웃었다.

모레 아침이 되자 자청비가 정수남이 말한 대로 점심을 차려서 정수남 등에 지우고 몸단장을 하고서 말을 들일 적에 정수남이 말안장 밑에 몰래 소라껍질 하나를 넣어놓았다. 자청비가 말안장 위에 올라타려 하니까 말이 성을 내며 들고 뛰었다.

"상전님아, 상전님아, 오늘은 말이 성이 난 것 같습니다. 상전님은 굴미굴산 가면 문도령님 만나 좋은 영화를 누리건만 말이야 무슨 영화가

있으리까? 애쓴 걸음만 할 것 같으니 성이 난 것 같습니다."

"그러면 성을 안 내게 할 순 없겠느냐?"

"어서 바삐 밥도 아홉 동이 국도 아홉 동이를 차리고 술도 아홉 동이 차려놓고 석 자 다섯 치 말머리수건과 돼지머리를 차려놓아 말머리고 사를 지내십시오."

급하게 다 차려서 고사를 지낼 적에 정수남이 제물을 조금씩 건은 것을 말 귀에 가져다 붓자 말이 도리질을 했다.

"상전님아, 저거 보십시오. 말도 배부르게 많이 먹었노라고 도리질을 합니다. 상전님아, 이 음식은 아무도 안 먹고 마부만 먹습니다."

"어서 네가 몽땅 먹어라."

정수남이 받아서 낟가리 곁에 앉아 하나도 안 남기고 다 먹더니 배가 둥둥 불러서 허우덩싹 웃었다. 그때 낸 법으로 사람이 혼인식을 올릴 때 먼저 말머리수건 석 자 다섯 치 차려놓고 말머리고사를 지내게 되었다. 말머리고사 지낸 음식은 마부 노릇하던 하인만 먹는 법이다.

"상전님아, 이 점심을 지십시오. 내가 말안장을 길들이겠습니다."

"어서 그건 그리하라."

자청비가 점심을 둘러질 적에 정수남이 말 끈을 조르는 척하면서 안장 밑의 소라껍질을 빼어 던져두고 말 위에 올라서 첫 채찍을 놓자 얼음같이 구름같이 십 리 밖으로 달려갔다. 자청비 아기씨가 십 리 길도 못 가 발병이 나고 열두 폭 홑단치마는 가시나무에 인정 걸면서 굴미굴산에 올라가다 보니 정수남이 말을 나뭇가지에 매어두고 그늘 좋은 나무 밑에서 코를 골면서 잠을 자고 있었다.

"이놈아, 저놈아. 인정 없고 사정 없는 놈아, 말 타고 여기 와서 잠만 자는구나."

"상전님아, 그 말씀 마십시오. 말 머리를 여기까지 돌려 왔는데, 뒤로 돌리면 또 성을 낼까 해서 상전님 오실 때를 기다렸습니다."

"정수남아, 난 시장해서 더 걸을 수 없다. 점심이나 먹고 가자."

정수남이 점심을 내놓고서 상전 점심은 놓아두고 자기 점심을 가지고 상전 눈을 피하려 했다.

"이놈아, 어찌 너만 가서 먹으려 하느냐?"

"한 일은 알고 두 일은 모르는 상전님아. 아는 사람이 보면 종하고 상전이라 해도 모르는 사람이 보면 오누이라고도 하고 부부라고도 합니다."

"그것도 듣고 보니 맞는 말이다. 어서 너만 가서 먹어라."

자청비가 메밀범벅 한 쪽을 먹어보니 목이 바싹 말라 먹을 수가 없었다. 정수남을 불러서 그 점심 먹어보자고 하자 정수남이 말했다.

"상전님아, 그게 무슨 말입니까? 상전이 먹다 남은 건 종이 먹고, 종이 먹다 남은 건 개가 먹는 법입니다."

"그럼 이 점심까지 가져다 먹어라."

정수남이 상전 점심까지 가져다가 섞어서 몽땅 먹을 적에 자청비는 짠 음식을 먹어서 목이 바싹 말랐다.

"정수남아, 물 그리워 죽겠으니 물이나 찾아봐라."

"이리로 요리 가다 보면 물이 있습니다."

가다 보니 물이 보이므로 자청비가 달려들어 손으로 떠먹으려 하자 정수남이 말했다.

"상전님아, 그 물 먹지 마십시오. 하늘옥황 문도령님이 궁녀 시녀 데려와 놀다 갈 때 발 씻고 손 씻은 물입니다."

다시 또 가다가 물이 철철 넘치는 곳이 나오자 정수남이 말했다.

"상전님아, 저 물을 먹으십시오. 그러나 저 물은 총각 죽은 물입니다. 아기씨 상전님이 먹자면 옷을 위아래로 전부 벗어 물에 꽁무니를 보여야 먹을 수 있습니다."

"그러면 어찌 물을 먹겠느냐? 또 물이 없겠느냐?"

"딴 물은 없습니다. 나 먹듯 하십시오."

정수남이 위아래로 몽땅 벗어놓고, 기다랗게 늘어진 것을 보이며 엎드려서 소가 물 먹듯 괄락괄락 먹어갔다.

"할 수 없다. 목이 말라놓으니 나도 먹고 가자. 너는 여기 있으면 내가 물을 먹고 오마."

자청비가 위아래로 다 벗어두고 물가에 가서 꽁무니를 물에 비추며 물을 먹으려 할 적에 정수남이 자청비 열두 폭 홑단치마를 들고서 머리 위로 빙빙 돌려가면서 말을 했다.

"상전님아, 물 먹으려 말고 그 아래를 바라보십시오. 물그림자가 아리롱다리롱 보기 좋지 아니합니까? 그게 하늘옥황 문도령님이 궁녀 시녀 거느리고서 놀이하는 그림자입니다."

자청비가 발딱 일어서면서,

'아이고, 내 일이여. 저놈한테 속았구나. 잘못하다 저놈 손등에 죽음 직하다. 아무래도 꾀로나 달래야겠다.'

자청비가 말을 하되,

"정수남아, 어떤 일로 이렇게 하느냐? 너의 소원 말을 일러라."

"상전님아, 상전님아, 이렇게 하십시오. 은길 같은 손이나 만져보게."

"정수남아, 내 손 만지는 것보다 집에 가서 토시 한 짝을 껴봐라. 더욱 좋아진다."

"이렇게 하십시오. 입이나 맞추어보게."

"내 입 맞추는 것보다 내 눕는 방 안의 꿀단지를 혀로 핥아봐라. 더욱 달아진다."

"이렇게 하십시오. 촛대 같은 허리나 안아보게."

"내 허리 안는 것보다 내 눕는 방 안의 베개를 안아봐라. 더욱 좋아진다."

정수남이 동쪽으로도 팔짝 서쪽으로도 팔짝, 팥죽 같은 성을 내어가자 자청비가 말했다.

"정수남아, 그러지 말고 서산에 해가 졌으니 오늘 저녁 밤을 지내게 담을 쌓아서 움막이나 짓자."

정수남이 벌 떼같이 달려들어 동쪽으로 뻗은 나뭇가지를 서쪽으로 섰혀놓고 서쪽으로 뻗은 가지 동쪽으로 젖혀서 움막을 하나 지어놓으니까 담 구멍이 베롱베롱했다.

"정수남아, 저 구멍으로 찬 기운이 들어오면 밤잠을 못 잘 것 같으니 내가 안에서 불을 피우거든 너는 바깥에서 불 비치는 구멍을 막아라."

"어서 그리합시다."

정수남이 풀을 베어서 열 구멍을 막으면 자청비는 안에서 다섯 구멍을 빼서 꽁무니에 깔아 앉았다. 다섯 구멍 막으면 두 구멍을 빼고 그럭저럭하는 것이 먼동이 터 개명천지가 밝아왔다. 정수남이 동서로 펄쩍펄쩍 뛰어가니까 자청비가 말했다.

"정수남아, 그렇게 성내지 말고 내 무릎이나 베고 누어라. 머리의 이나 잡아주마."

말안장을 벗겨다 깔고 자청비의 은길 같은 무릎을 베고 누울 적에, 자청비가 정수남의 멧방석 같은 머리를 헤쳐 보니 흰 모래에 앉았던 개 꽁무니 같았다. 굵은 이는 장수로 놓아두고, 작은 이는 군졸로 살려두고, 어중간한 이를 죽이는 듯 마는 듯 해가니 밤잠 부족한 정수남의 무정 눈에 잠이 들어갔다.

"이놈을 살렸다간 내가 먼저 죽을 테니 이놈부터 먼저 죽이자."

옆에 청미래 덩굴이 있으므로 청미래 꼬챙이로 왼쪽 귀에서 오른쪽 귀로 나오게 잡아 지르자 정수남이 얼음산에 구름 녹듯 죽어갔다.

자청비가 말에 올라타서 채찍을 놓고 아랫녘 마을에 들어서고 보니 삼백관이 마주앉아 바둑 장기를 두고 있다가 말했다.

"저기 가는 저 처녀야. 바람 아래로 지나가라. 부정이 가득하다."

자청비가 말 아래로 내려서면서,

"백관님아, 이게 무슨 말입니까? 처녀가 지나가는데 어찌 조롱을 합니까?"

"자기 죄는 모른다더니. 이 애야, 네 말고삐 앞을 봐라. 무지력 총각 놈이 머리에 청미래 덩굴 꼬챙이 한 대가 꽂혀 유혈이 낭자한 채로 선 줄을 모르느냐?"

"과연 제가 제 죄를 압니다."

자청비가 집에 돌아가 부모님께 문답을 하되,

"종이 아깝습니까? 자식이 아깝습니까?"

"아무리 종이 아까운들 자식보다 더 아깝겠느냐?"

"그러면 아버님 어머님아, 정수남 하는 행실이 고약해서 굴미굴산에 죽여두고 왔습니다."

"이년아, 저년아, 잘나기도 잘났다. 계집이 사람을 죽이다니, 네년은 남의 집에 시집가면 그만이지만 그 종은 살려두면 우리 두 늙은이 먹을 일을 해준다."

"부모님아, 그러면 내가 그 종 하는 일을 다 하오리다."

"어서 그건 그리하라. 어디 보자, 할 수 있는지."

너른 밭에 좁씨 닷 말 닷 되 칠 세오리를 뿌려놓고 자청비한테 다 주워 오라 하므로 자청비가 눈물로 다리를 놓으면서 방울방울 줍는 것이 닷 말 닷 되 칠 세오리에서 좁씨 한 방울이 간 곳 없었다. 이 구석 저 구석 찾다가 못 찾아서 밭을 나와 보니 개미가 좁씨 한 방울을 물고서 가고 있었다.

"말 모르는 벌레야, 너도 내 간장을 태우느냐?"

좁씨 한 방울을 빼앗아 잔등을 밟아버리니, 그때에 낸 법으로 개미 잔등이가 가는 법이다.

아버님께 갖다가 바쳐두고, 여자 의복을 벗어 남자 행색을 차리고는 말을 타고서 눈물로 다리를 놓으면서 길을 나섰다.

자청비가 길을 나서서 이리저리 다니다가 한 마을을 들어서니까 어린아이 셋이 부엉새를 하나 놓고서 싸움을 하고 있었다.

"너희들은 어떤 일로 싸움을 하느냐?"

"그런 게 아니라, 부엉새를 내가 먼저 잡았는데, 저 아이가 잡았다 해서 서로 싸움이 됩니다."

"그리 말고 그 부엉새를 나를 주면 돈 서 푼을 줄 테니 한 푼씩 나눠 갖는 게 어떻겠느냐?"

"어서 그건 그리하십시오."

자청비가 부엉새를 가지고 가다가 아랫마을 황세곤간 서천꽃밭에 던져두고서 문을 두드렸다. 황세곤간이 나와서 보고는,

"어느 도령이 됩니까?"

"그런 것이 아니라 서천꽃밭을 지나다가 부엉새가 날기에 말 위에서 화살 한 대를 쏘았더니 서천꽃밭에 떨어졌습니다. 부엉새 화살이나 찾아가려고 왔습니다."

"아이고, 그게 무슨 말입니까? 우리 집에 밤이 되면 부엉새가 울어서 집안에 흉험을 주고 서천꽃밭에 멸망을 줍니다. 그 부엉새를 잡아주면 우리 집에 사위를 삼으리다."

"어서 그건 그리하십시오."

자청비가 마굿간에 말을 매고 들어갈 때에 말총을 뽑아 말의 혀를 묶어두고 들어갔다. 머슴들이 밀죽을 쑤어 갖다 주어도 말이 혀가 굳어 도리질만 할 적에 자청비가 나와서 말 뺨을 탁 치면서 말했다.

"이 말아, 바깥에 나오면 바깥 행실을 해라. 집에선 은동이에 은옥미죽을 먹었지만 밖에 나가면 바깥 음식을 먹어라."

말 혀를 묶은 말총을 끊으니까 말이 밀죽을 허겁지겁 먹어갔다. 주인과 머슴들이 그 모양을 보고 말했다.

"그럴듯한 집안의 도령이로구나."

그날 저녁 깊은 밤이 되자 자청비가 아무도 모르게 위아래로 옷을 벗고 노둣돌 위에 활개를 펴고 누워서 말했다.

"정수남아, 정수남아, 혼정이 있거든 부엉새 몸으로 환생하여 원 서린 내 젖가슴 위에나 올라앉아 보아라."

조금 있으니까 하늘에서 부엉새가 부엉부엉 날아와 젖가슴 위에 올라앉았다. 자청비는 부엉새 두 다리를 모아서 화살 한 대를 찔러 노둣돌 아래에 놓아두고 누웠던 방 안으로 들어가 잠을 잤다. 날이 밝자 황세곤간이 호통을 하되,

"저 방에 든 손님을 어서 내쫓아라."

"어떤 일입니까?"

"간밤에 부엉새 소리가 났는데 어찌 안 맞혔습니까?"

"그게 무슨 말입니까? 몸이 고단하여 일어나기 싫기에 누운 채로 화살 한 대를 창문 밖에 쏘았습니다. 맞아 떨어졌는지 안 떨어졌는지 노둣돌 아래에 나가 보십시오."

나가고 보니 아닌 게 아니라 노둣돌 아래에 부엉새가 맞아 떨어져 있었다.

"그럴듯한 도령이로구나."

황세곤간은 자청비를 셋째 딸아기의 사위로 삼아갔다.

사위로 삼아 석 달 열흘 백 일이 되어갈 적에 셋째 딸아기가 아버님

어머님에게 가서 말했다.

"아버님아, 어머님아. 어떤 일로 거만한 사위를 하십니까? 석 달 열흘이 지나도 부부간 몸 허락을 안 하니 어찌 그런 사위를 하셨습니까?"

자청비를 불러서 어쩐 일인가 물으니 자청비가 대답했다.

"처부님아, 처모님아. 어찌 그럴 수 있습니까? 모렛날 서울에 과거를 가자니 몸 정성으로 그리하였습니다."

"그러면 그렇지!"

모레가 되는 날 서천꽃밭 구경이나 시켜달라고 청하여 꽃구경을 할 적에 부인이 말했다.

"이건 살오를꽃입니다. 그건 피오를꽃입니다. 저건 죽은 사람 도환생 꽃입니다."

부인이 말하는 대로 다 꺾어서 주머니에 넣어두고는 처부모 처가 식구 이별하고서 과거 보러 간다고 길을 나섰다. 먼 올레에 나와서 말에게 말을 하되,

"이 말아, 저 말아, 너도 살려거든 정수남 죽은 곳이나 찾아가라."

채찍을 놓았더니 굴미굴산 깊은 곳 정수남 죽은 데를 찾아갔다. 풀이 우거져 있으므로 은장도 칼을 내놓고 동서로 베어 젖힌 다음 정수남 몸에 환생꽃을 놓고서 때죽나무 막대기로 세 번을 때렸다. 그러자 정수남이 멧방석 같은 머리를 박박 긁으면서,

"아이고 봄잠이라 오래 잤습니다."

훌쩍 일어나더니만,

"상전님아, 어서 말을 타십시오."

말고삐를 잡고서 전에 하던 행실을 그만두고 집으로 내려갔다. 자청
비가 부모님한테 들어가서,

"자식보다 아까운 종, 살려 왔습니다."

그 말 끝에 부모님이 말을 하되,

"계집년이 잘나기도 잘났다. 사람을 죽이고 살리고 하는 년, 집안 망
칠 년이로다. 어서 바삐 나가라."

자청비가 비옥 같은 뺨에 염주 같은 눈물을 세수하듯 흘리면서 부모
님을 이별하고, 상단클 중단클을 이별하고, 눈물로 다리를 놓아 문 밖에
나서서 해 가는 대로 발 가는 대로 걸어가기 시작했다.

자청비가 한참을 가다 보니 일락서산 해는 지고 어두워져 밤을 지낼
곳이 없었다. 길옆에 앉아 비새같이 울다 보니 난데없는 공단클 소리가
들려왔다. 소리 나는 데를 찾아가 보니 주모 땅 주모할망이 공단을 짜는
소리였다. 자청비가 들어가서 말했다.

"길 넘어가는 아이가 날이 저물어서 밤 지낼 곳을 찾아 들어왔습니
다."

"어찌 어여쁘고 고운 아기씨가 이런 밤길을 가느냐? 들어와 앉아 있
으면 따뜻한 밥이나 해주마."

주모할망이 부엌에 밥하러 간 사이에 자청비가 공단클에 앉아 한 새
두 새 섞어가며 공단을 짜는 것이 할머니 솜씨보다 더욱 좋았다.

"이런 재주 가진 아기씨를 어찌 그냥 내보내리. 나도 자식이 없으니
수양딸로 들기 어떠하냐?"

"어서 그건 그리하십시오."

하루 이틀 되어가자 자청비가 물었다.

"어머님아, 이 비단은 무엇에 쓸 비단입니까?"

"이 비단은 하늘옥황 문왕성 문도령이 서수왕 집에 장가가는데 혼사 비단이 된다."

자청비가 눈물을 다르르 흘리며 비단을 짜다가 맨 끝이 되어가자 이름 석 자를 새겨두었다.

가련하다 가령비, 자청하다 자청비.

"이 비단 갖고 올라가서 누가 짰느냐고 물으면 주년국 땅 자청비가 짰다고만 일러주십시오."

주모할망이 노각성자부줄로 하늘옥황에 올라가 비단을 내놓으니까 문도령이 삼세번 펼쳐보다 물었다.

"이거 누가 짠 비단입니까?"

"주년국 땅 자청비가 짠 비단이 됩니다."

"어떤 일로 자청비가 할머니에게 와 비단을 짰습니까?"

"원아버지 원어머니 눈에 거슬려서 내가 수양딸로 데리고 삽니다."

"그러면 내일 자청비를 만나러 가겠다고 일러주십시오."

주모할망이 노각성자부줄로 내려서 뒷날 아침 새벽부터 돼지를 잡아놓고 점심상을 차릴 적에 자청비가 공단클에 앉아서 보니 겉창 문이 어른어른 하여갔다.

"거기 누가옵디까?"

"하늘옥황 문도령이 된다. 이 문 열라."

자청비가 반갑고 기뻐서,

"겉창 구멍으로 상손가락을 내놓으면 알 도리 있으리라."

상손가락 내어놓자 자청비가 반갑고 기쁜 김에 바늘 끝으로 손가락을 쏙 질렀더니 문도령 하는 말이,

"인간 세상에 사람 다닐 곳이 아니로다. 부정이 많다."

그냥 돌아서서 하늘옥황으로 올라가는 것이었다.

주모할망이 점심상을 차려서 자청비가 있는 사랑방을 들어서자 자청비가 말했다.

"우리 어머님은 노망을 하는구나. 왜 상 하나에 수저를 둘 놓았습니까?"

"아까 하늘옥황 문왕성 문도령 아니 왔더냐?"

"예, 창문 밖에 왔기에 사랑한 마음으로 상손가락 내어놓으라 하여 바늘 끝으로 쏙 찔러서 자줏피가 발끗 나니까 부정이 많다면서 그냥 하늘옥황으로 올라갑디다."

주모할망 하는 말이,

"이렇게 되바라져서 원부모 눈에도 거슬렸구나. 내 눈에도 거슬린다. 어서 나가거라."

욕을 쏟아놓으니 자청비가 갈수록 금강산이었다. 다시 입던 옷을 걸고서 먼 올레에 나설 적에 반달이 월출동령하여 떠오르고 있었다.

"저 달은 곱긴 곱다마는 계수나무 박혔구나."

노래하며 길을 갈 적에, 그날이 사월 초파일이었다. 자청비는 두 무릎

을 꿇고서 머리를 박박 깎고 송낙 쓰고 장삼 입어 백팔염주와 목탁을 손에 잡고 중이 되어 마을마다 시주를 받으러 다녔다.

그렇게 다닐 적에 하루는 삼도전거리에 궁녀 시녀가 앉아 비새같이 울고 있으므로 자청비가 다가가 물었다.

"그대들은 어찌하여 여기 앉아 웁니까?"

"아기씨 상전님아, 우리는 하늘옥황 궁녀로서 문도령님이 인간에 내려서 아랫녁 거무선생한테 글공부하고 올 때에 자청비가 몸 목욕하던 물을 떠 오면 물맛이나 보겠다고 하는데, 어디가 자청비 목욕하던 물인지 못 찾아 비새같이 웁니다."

"설운 아기야, 내가 자청비가 됩니다. 내가 몸 목욕하던 물을 길어주면 그대들과 같이 노각성자부줄로 옥황에 올려주겠습니까?"

"어서 그건 그리하십시오."

자청비가 주천강 연화못에 와서 몸 목욕하던 물을 떠주고 궁녀와 함께 옥황에 올라서니, 날이 저물어서 월출동령에 보름달이 떠올랐다. 자청비가 문도령 집 담장 밖 팽나무 윗가지에 올라앉아서,

"저 달은 곱긴 곱다마는 계수나무 박혔구나. 하늘옥황 문곡성 문도령 얼굴보다 더 고우랴."

노래를 불러갈 적에 노래 들은 문도령이 먼 문 밖에 나와 보니까 자청비가 틀림없었다. 상동나무 머리빗을 증표로 두었던 것을 맞추어보니 똑 들어맞았다.

문도령이 부모님 알까 하여 자청비를 방에 들여놓고서 낮에는 병풍 뒤쪽에 감추고 밤에는 병풍 밖에 내놓아 만단정화 이를 때에 느진덕정

하늬이,

"필유곡절 이상하다. 그 전에는 밥상이 들어가면 위만 걷는 척 마는 척 하던 밥사발이 다 비고, 들어가서 곱게 나오던 세숫물이 궂어지니 필유곡절 이상하다."

하루는 창구멍을 뚫어서 눈을 쏘아 엿보니까 문도령이 머리 박박 깎은 중하고 앉아 만단정화를 이르고 있었다. 이때에 자청비도 그 눈치를 채어 말을 하되,

"문도령님아, 간밤에 부탁하던 말을 부모님한테 가 일러보십시오."

문도령이 자청비가 알려준 대로 부모님한테 가더니만,

"어머님아, 아버님아, 수수께끼나 맞춰보십시오. 새 옷이 따뜻합니까, 묵은 옷이 따뜻합니까?"

"새 옷은 남이 보기는 좋다마는 따뜻함은 묵은 옷만 못한 법이다."

"새 장이 답니까, 묵은 장이 답니까?"

"묵은 장이 달아진다."

"새 사람이 좋습니까, 묵은 사람이 좋습니까?"

"새 사람은 제일 먼저 시댁 오면 밤쥐처럼 이리 휘릭 저리 휘릭 한다마는 길든 사람만 못한다."

"그러면 부모님아, 서수왕아기한테 장가 아니 가오리다. 묵은 사람이 있습니다."

"이놈 저놈 죽일 놈아, 이게 무슨 말이냐?"

호령을 하더니만,

"내 며느리 될 사람은 쉰 자 구덩이 파놓고 숯 쉰 섬을 묻어 불을 살

라놓고 불 위에 칼 선 다리를 놓아서 타 나가고 타 들어와야 내 며느리
자격이 된다."

수별감 수머슴을 불러서 쉰 자 구덩이를 파놓고 숯 쉰 섬에 불을 질러
칼 선 다리를 놓았다. 다리에 올라설 때에 자청비가 올라서려 하면 문
도령이 잡아당기고 문도령이 올라서려 하면 자청비가 잡아당기며 둘이
앉아 대성통곡으로 비새같이 울었다.

"자청비야, 오늘 죽더라도 우리 집안 귀신이 될 것이니 섭섭하게 생
각 마라."

자청비는 비옥 같은 얼굴에 염주 같은 눈물을 세수하듯 하면서 발에
신었던 백능버선 벗어두고 박씨 같은 발로 칼 선 다리 위에 올라섰다.
앞으로 한 자국 뒤로 두 자국, 열 자국을 칼 선 다리 밟아들고서 한 발은
땅에 놓고 한 발은 칼날 위에 있을 적에 살짝 발뒤꿈치가 베어졌다. 자
청비가 땅 아래로 내려서면서 속치마 자락으로 얼른 쓸었더니 속치마
가 더러워졌다.

문도령 부모가 달려들더니만,

"이러한 아기씨가 어디 있으랴. 내 며느리 자격이 넉넉하다. 어떤 일
로 치맛자락 뒤가 더러워졌느냐?"

"어머님아, 아버님아, 나도 인간에서 증표나 마련하오리다."

그때부터 여자식은 열다섯 살이 넘으면 달마다 몸에 구실이 오도록
법도를 마련했다.

그때 서수왕에게 혼사 편지 간 것을 물리러 가자 서수왕따님아기가
열에 받쳐서 혼사 편지를 혹혹 비벼 불에 태워 물에 타 먹고 문을 잠그

고 방 안에 드러누웠다. 석 달 열흘 백 일이 되어 누운 방문을 열고서 보니 서수왕아기가 새 몸이 되어갔다. 머리로 두통새, 눈으로 흘깃새, 코로는 악심새, 입으로 헤말림새가 나왔다. 그때 나온 법으로 부부간 의리 좋던 살림살이도 이 새가 들면 헤말림을 주게 됐다. 그래서 낸 법으로 혼인식에 신부가 상을 받으면 손가락을 들기 전에 신부 상의 음식을 조금씩 걷어 상 아래에 놓게 되었다.

자청비하고 문도령이 짝을 이루어서 살 적에 옥황에 자청비 착하다는 소리가 동서로 났다. 하루는 궁 안에서 문도령을 죽여두고 자청비를 푸대쌈하기로 결정이 되어갔다. 자청비가 문도령한테 말을 하되,

"낭군님아, 내가 아랫마을 서천꽃밭 꽃성인 집 셋째 딸아기에게 장가를 들었으니 나 대신 낭군님이 가십시오. 어찌 얼굴이 전과 같지 못하냐 하거들랑 과거를 하자니 간장 타고 속이 타서 그 전 같지 못하다 하십시오. 그리하고 그곳에 가서 선보름을 살고 나한테 와서는 후보름 살림을 하십시오."

"어서 그건 그리하자."

문도령이 가서 선보름만 살겠다고 한 것이 후보름까지 다 살아가므로 자청비가 새 앞날개에 편지 한 장을 끼워서 보냈다. 문도령이 받아 보고 바짝 겁이 나서 말안장을 지우는 것이 거꾸로 지워놓고, 관을 쓰는 것이 행전行纏*을 둘러쓰고, 두루마기를 입는 것이 한 어깨에만 걸치고 자청비에게 달려들었다. 마침 자청비가 머리를 풀어 빗으려 할 때에 낭

---

* 정강이에 감아 매는 물건.

군님이 먼 올레에 다가오므로 바쁜 김에 헝클어진 머리를 걷어 올려 지푸라기로 묶고서 나갔다.

"낭군님아, 낭군님아, 모든 차림새가 바쁜 행색이 되었습니다. 법이나 마련하십시오."

인간 살아 바쁜 것이 부모가 죽어 초상을 만난 때가 바쁜 때가 되므로 부모 죽어 성복成服 전에는 통두건 쓰게 마련하고, 두루마기는 한 어깨에 걸치는 법을 마련하고, 여상제는 머리 풀어 지푸라기로 머리를 묶는 법을 마련했다.

자청비가 솜을 문도령 가슴에 품기면서 말했다.

"낭군님아, 궁 안에서 낭군님을 죽여두고 날 푸대쌈하려 하고 있습니다. 오늘은 궁 안에서 상을 차려놓고 술을 권하거든 먹는 척하면서 턱 아래로 부으십시오."

아닌 게 아니라 궁 안에서 청하러 와서 가본즉 상을 차려놓고 술을 권했다. 문도령이 술을 먹는 척하면서 턱 아래로 부으니 솜만 젖고 정신은 멀쩡했다. 궁 안에서 그만하면 가다가 길에서 죽을 거라고 내보냈더니만 그냥 집으로 곱게 왔다. 그때 외눈박이 할미가 말 앞에 들어서면서 말했다.

"문도령님아, 이 술 한잔 드십시오. 술값 한 푼만 동정하여 주십시오. 저녁거리가 필요합니다."

그 말 들은 문도령이 말 위에서 술값 한 푼 던져두고 술 한 잔을 먹었더니, 그게 독약이 되어서 말 아래로 툭 떨어져 죽어갔다.

자청비가 이 일을 알고 저문 사이에 문도령을 업어다가 구들에 눕혀

이불을 덮어놓고 등에와 매미와 봉황새를 잡아다가 실오라기로 묶어서
벽에다 걸어두었다. 다음 날 낮이 되니까 푸대쌈을 하려고 벌 떼 같은
군졸들이 몰려왔다. 자청비가 공단클 위에 앉아서 말했다.

"당신네가 나를 푸대쌈하러 왔지마는 우리 낭군 먹는 음식이나 먹으
면 내 먼저 자청하여 가겠습니다."

"어서 그건 그리하라."

함박에 수제비를 가져다 군졸 앞에 놓으니까 한 놈이 수제비를 떠서
씹어 먹으려 해도 무쇠 수제비라서 와글와글 먹을 수 없었다.

"우리 낭군 앉는 방석이나 깔아 앉아보십시오."

선반 위에 놓은 무쇠 방석을 어느 누구도 내릴 수 없어서 못 깔아 앉
았다.

"문도령 힘이 이런 장수로구나."

그때 한 놈이 문도령이 누운 방 문밖에서 귀를 기울여 거동을 보다가
등에와 매미가 내는 소리에 깜짝 놀라 말했다.

"문도령이 죽었는가 했더니 살아서 콧소리를 내며 자는구나."

창문 밖에 선 놈이 손을 치자 궁 안에서 온 군졸들이 겁이 나 도망을
쳤다.

자청비가 아랫녘 서천꽃밭에 다시 들어가 서천꽃밭 도환생꽃을 타다
가 죽은 낭군을 살려두고 나올 적에 그 고을에 방이 붙어 있었다.

세변란이 났으니 세변란 도원수를 막는 자에게 땅 한 쪽 물 한 쪽을
주마.

자청비가 이 말을 듣고 아랫녘 서천꽃밭 수레멸망막심꽃을 꺾어서
천자국 나라에 들어가본즉 아닌 게 아니라 세변란이 일어나서 일만 명
군사와 삼만 명 군사가 칼을 받고 활을 받아 싸우고 있었다. 자청비가
멸망꽃을 동서로 흩뜨리자 일만 명 군사와 삼만 명 군사가 우르르 쓰러
졌다.

   세변란을 막아놓자 천자왕이 땅 한 쪽 물 한 쪽을 내주려 했다. 자청
비가 천자왕에게 말을 하되,

   "오곡과 열두 가지 새 만곡萬穀이나 내주십시오."

   새 만곡을 내주자 자청비가 문도령을 거느리고 칠월 열나흗날 인간
에 내려섰다. 그때 낸 법으로 칠월 열나흗날은 백중날이 되었다.

   자청비가 인간 세상에 내려서고 보니 정수남이 새끼 낳은 개의 허리
모양으로 허웃허웃 걷다가 자청비를 보고서 말했다.

   "상전님아, 이거 어떤 일입니까? 큰상전과 작은상전은 죽어서 저승
에 가고 나는 갈 데 없어 이 모양이 되었습니다. 시장기가 한이 없으니
점심 요기나 해주십시오."

   "그러면 저 밭을 바라봐라. 아홉 소에 아홉 머슴을 거느리고 밭을 갈
고 있으니 거기 가서 점심이나 얻어먹고 와라."

   정수남이 가서 그 말을 이르자 아홉 머슴이 욕을 하면서 말했다.

   "네놈 줄 점심은 없다."

   정수남이 자청비에게 와서 그대로 이르자 자청비가 아홉 머슴한테
급증急症을 불러주고 아홉 소에는 등에를 붙이고, 쟁기에는 열두 풍운
살기를 부어 그 밭에 대흉년을 주었다.

"저 밭을 보아라. 두 늙은이가 호미 농사를 하고 있구나. 저기 가서 점심이나 얻어먹고 와라."

그 밭에 가서 정수남이 말을 하니 선뜻 밥채롱^{밥 채그릇}에 담긴 밥을 내주었다. 자청비가 그 집은 호미 농사를 지어도 말과 소에 줄줄이 실도록 대풍년을 이루게 했다.

그때 오곡 씨를 마련하다 보니 씨 하나가 잊어져서 옥황에 다시 가서 씨를 타 온 것이 메밀 씨였다. 메밀은 파종 때가 늦어져도 다른 가을 농사와 함께 해먹게 되었다.

오곡과 열두 가지 새 만곡을 상세경 문도령과 중세경 자청비가 마련하고, 하세경 정이으신정수남이 칠월 마불림제로 받아먹게 마련하고 목장 머슴을 마련하여 자부일월 삼세경이 되었다. 죽어서 흙을 묻고 감장^{監葬}해도 세경 땅에 감장하니, 자부일월 삼세경 본풀이가 된다.

〈세경본풀이〉는 열 편가량의 자료가 보고되어 있는데, 기본 서사는 비슷하지만 이야기의 색깔에는 자료마다 꽤 차이가 있다. 여기서는 강을생 구연본과 이달춘 구연본, 안사인 구연본을 놓고 고민하다가 안사인 구연본을 선택하여 내용을 정리했다(현용준 · 현승환 역주,《제주도 무가》, 고려대학교 민족문화연구소, 1996 수록). 서사가 안정돼 있을 뿐 아니라 인물들의 캐릭터가 생생하게 살아있고 감정의 동선이 잘 드러난다는 점을 고려한 선택이었다. 이 자료는 거의 내용을 손볼 필요가 없을 정도로 형상화가 잘 이루어져 있다. 직접 만나보지는 못했지만, 안사인 심방은 진정한 예술인이라는 생각을 하게 된다.

자료에 따른 내용상 차이를 간략하게 정리해본다. 먼저 인물의 이름을 보면, 자청비와 문도령, 정수남(정수남이)은 대개 일치한다. 다만 문도령의 경우 '문왕성 문도령'과 '문곡성 문도령' 등으로 세부 이름이 변주되며, 정수남 앞에도 '정이으신'이나 '정이엇신' 같은 호칭이 덧붙곤 한다. 자청비 부모는 짐진국 대신 김진국, 자지국 대신 조진국으로 돼 있기도 하다. 서천꽃밭 딸아기의 아버지 호칭은 사라대왕, 황세곤간, 주인대감 등으로 갈라진다. 주모할망은 청태산 마구할망으로 말해지기도 한다. 내용상으로는 자청비와 정수남이 주인과 종으로 한날한시에 태어났다고 돼 있는 자료가 눈길을 끌며(박봉춘본), 일부 자료에서 이야기 말미에 자청비와 문도령이 화해하지 못한 것처럼 서술되는 것도 주목된다(이달춘본, 강을생본). 하지만 문도령이 상세경, 자청비가 중세경, 정수남이 하세경이 되었다는 결말에는 차이가 없다.

〈세경본풀이〉에는 무척 많은 인물이 등장해서 복잡한 관계를 펼쳐 보인다. 그 핵심은 남녀 관계이며 부분적으로 부자 관계의 문제가 얽혀 있다. 그 여러 관계에서 빠지지 않고 중심축을 이루는 인물이 누구냐면 바로 자청비다. 그는 종횡무진으로 세상을 움직이면서 예기치 못한 수많은 관계와 사건을 펼쳐낸다. 그리하여 마침내 신이 된다. 완연한 주체의 삶이며, 주인공의 삶이다. 신화는 그가 '자청하여 태어나서' 자청비가 되었다고 말하거니와, 그가 세상의 오롯한 주인공임을 이렇게 표현하는 것이라고 생각한다.

이 신화에서 자청비가 맺는 관계의 중심축은 문도령과의 관계라 할 수 있다. 그와 만나고 결연하고 헤어지고 다시 만나 짝을 이루는 가운데

388 ·

그에 따른 시련을 감당하는 일련의 우여곡절이 서사의 기본 줄기를 이룬다. 그 일련의 관계 맺기를 주도하는 존재는 늘 자청비였다. 처음 다가간 것은 문도령이었지만, 그 뒤의 모든 일은 자청비가 이끌어가고 있으니 애정 관계의 완연한 주역이 된다. 한순간에 꾀를 내어 문도령과의 동행을 성사시키고 오줌 누기 시합에서조차 제 사내를 눌러버리는 그 기지가 놀랍다. 첫날밤에 사내를 애달게 하여 뜨거운 사랑을 이루는 솜씨는 또 얼마나 날렵한지 모른다. 구멍으로 내민 문도령 손을 바늘로 찌르는 발칙함, 칼 선 다리를 맨발로 건너기를 무릅쓰는 강인함, 남편을 서천꽃밭 여인에게 보내어 짝을 이루게 하는 대범함, 그리고 자기를 빼앗으려는 음모에 맞서서 남편을 지키는 기지와 믿음까지, 그리고 훌쩍 하늘나라를 떠나서 지상으로 내려오는 결단에 이르기까지 경이로운 모습의 연속이다. 이런 여인과 짝이 될 수 있다는 것은 얼마나 놀라운 일일지!

하지만 자청비가 선택한 저 남자, 문도령은 어떠한지. 과연 그한테 자청비의 짝이 될 자격이 있는지 의문이다. 자청비에게 매혹되어 꿈같은 사랑을 이루고서 굳은 약속을 해놓고는 까맣게 잊어버린 그다. 주모할망 집에서 바늘로 손가락을 찔린 뒤 흠칫 놀라 돌아가는 모습은, 그리고 나서 자청비가 그리워 시녀들한테 그 '목욕하던 물'을 떠 오라는 모습은 어떠한가. 좋게 말해 소심함이며 정확히 말하면 퇴행이고 변덕이다. 그 뒤의 일, 그러니까 서천꽃밭에 가서 막내딸아기한테 빠져 세월을 보낸다거나 하는 일은 어쩌면 예고된 행보였다고 할 수 있을지 모른다. 그는 저 자청비라는 여인을 감당할 만한 사내가 아니었던 것이다. 그런 사내를 지켜보고 간수해야 하는 저 여인의 심정은 어떠했을지. 일부 자료에서 자청비가 문도령에게 실망하여 하늘을 떠나 지상으로 내려온다고 말하는 것이 충분히 이해되고 남을 정도다. 어찌 저 남자만을 바라보며 살 수가 있으랴. 나는 자청비가 씨앗을 가지고 내려와서 농사를 관장하게 되는 행보가 한 남자의 여인이라는 자리를 벗어나 자기 일, 자기 삶을 찾아가는 과정이라고 믿고 있다.

그렇다면, 이 신화 속에 등장하는 또 하나의 남자 정수남(정수남이)은 어떠한가. 이 이야기 속의 정수남은 자청비의 상대로는 턱도 없는 무지막지하고 음흉한 사내처럼 보이기도 한다. 그런데 이야기는 죽은 정수남을 되살려서 자청비와 함께 세경 신(하세경)이 되게 한다. 자청비의 동반자가 되는 셈이다. 그 의미 맥락은 어떻게 이해해야 하는 것일까.

이에 대해 주목하는 것은 박봉춘본 세경본풀이의 내용이다. 이 자료는 정수남의 출생에 대해 흥미로운 사연을 전하고 있다. 자청비 부모가 동개나무 상주사에 시주를 약속했다가 중간에 서개나무 백금사로 시주를 옮기는 바람에 아들이 아닌 딸을 낳게 됐으며, 상주사 부처의 조화로 하녀 정수덕이가 한날한시에 정수남을 낳았다고 한다. 말하자면 두 사람은 태생에서부터 운명이 엇갈린 남녀라 할 수 있다. 하나는 여자로 하나는 남자로. 그리고 하나는 상전으로 하나는 종으로. 정수남이 자청비에 대해서 자꾸 엇나가는 행동을 하는 것은 그러한 운명적 괴리와 관련이 있는 것이라 할 수 있다. 좀 무리하게 해석해본다면, 둘은 본래 한 몸이었으며 그리하여 정수남은 자청비를 욕망하는 것이라 할 수 있다. 그들이 함께 농사의 신이 되는 것 또한 그들이 운명 공동체였음을 뜻하는 것이 아닐지. 이렇게 본다면 자청비와 정수남의 관계는 어쩌면 자청비와 문도령의 관계보다 더 본원적이라고 할 수도 있을 것이다.

박봉춘본에서처럼 자청비와 정수남을 태생적 관계로 설정하지 않는 경우에도 둘의 관계는 여전히 문제적이고 의미심장하다. 상전의 딸을 욕망하는 종의 자식. 그런데 그 여인은 자기를 벌레 보듯 하면서 하늘만 바라본다. 생각하면 정수남 마음속의 억하심정과 원망이 그 얼마였을지 모른다. 저 여인이 자기를 받아주는가 해서 행복한 잠에 빠졌다가 불시에 목숨을 잃은 상황에서 그가 '원혼'(부엉새)이 되는 것은 어찌 보면 당연한 일이라 할 수 있을 것이다. 그 원한은 어떻게 풀리는가 하면 상대가 마음을 받아주어야 풀린다. 자청비가 서천꽃밭에서 가슴을 풀어 헤치고 부엉새를 앉게 만드는 행위는 바로 그러한 '원풀이'의 상징이라고 할 수 있다. 그 과정을 통해 정수남은 죽음에서 생명으로 거듭나서 자청비의 영원한 동반자가 되고 있는 것이다.*

정수남을 벌레나 또는 '짐승'처럼 여겨서 죽였던 자청비가 그를 되살리기까지의 과정에는 하나의 중요한 삽화가 있다. 놓치기 쉬운 그 부분이 무엇인가 하면 자청비 부모가 "그 종이 우리를 먹여 살려준다"고 말하는 대목이다. 세상에, 종이 자기보다 귀하다니! 자청비로선 충격적일 수밖에 없는 말이다. "그까짓 종의 일, 나라고 못하랴!" 이렇게 외치며 좁씨 줍는 일에 나서는 자청비. 하지만 그 일은 그리 만만한 것이 아니었다. 종이 감당해오던 그 일은, 누군가 당연히 하는 것이라 여겼던

---

* 이야기 속에서 자청비가 부엉새를 잡아서 화살을 꽂는 것이 험해 보일지 모르나, 원혼이 죽어야 생명이 돌아올 수 있는 법이라고 할 수 있을 것이다.

그 일은 저절로 이루어지는 것이 아니었다. 나는 이 과정을 자청비가 정수남을 다시 보고 나아가 세상을 재발견하는 각성의 과정이라고 여기고 있다. 무지하고 흉측하게만 여겼던, 그냥 죽여버려도 그만이라고 생각했던 저 종은 실은 우리를 '먹고살게' 만드는 주역이었던 것이다. 이러한 깨달음이야말로 자청비 안에서 정수남이 되살아나고 또 동반자가 되는 핵심적인 과정이었다는 것이 나의 생각이다.

이 신화에서 쉽게 이해하기 어려운 또 다른 관계는 제2, 제3의 여성과 관련이 있다. 서천꽃밭딸아기와 서수왕아기가 그들이다. 왜 자청비는 서천꽃밭딸아기와 인연을 맺어 문도령을 그와 공유하는 것일까. 그리고 자청비한테 문도령을 빼앗기고 죽어서 새가 되는 서수왕아기의 서사는 어떻게 이해해야 하는 것일까.

이 신화에서 서천꽃밭딸아기와의 관계에 얽힌 의미 맥락을 단지 생명 꽃 얻기의 수단으로 볼 수는 없을 것이다. 신화의 서사란 그렇게 단순하거나 수단적·기만적이지 않다. 조금 조심스럽긴 하지만, 이에 얽힌 서사를 '관계의 열림'이라는 측면에서 해석하고 싶은 입장이다. 서천꽃밭딸아기와의 관계를 통해서 자청비-문도령의 관계는 일대일의 닫힌 관계에서 열린 관계로 확장된다는 뜻이다. 요컨대 그것은 타자를 구속하고 또한 자기 자신을 구속하기도 하는 '한 여자만의 남자'라는 틀로부터 자유로움을 구현하는 서사일 수 있다는 것이 나의 생각이다. 헤아려보면 자청비 자신도 정수남과의 관계를 통해 '한 남자만의 여자'라는 틀을 깨고 있는 터이니 이를 '일부다처' 식의 가부장적 사고로 환원시킬 일이 아니다. 개인적으로는 자청비가 서천꽃밭딸아기와의 결연을 통해

'남자-여자'의 틀을 넘어서서 여성들 사이의 수평적 관계 확장을 이루고 있는 것이라고까지 해석할 수 있다고 믿고 있다.

그렇다면 이 신화의 관계망 속에서 서수왕아기가 배제되는 것은 어떻게 보아야 할까. 이야기 흐름을 따라가자면 서수왕아기는 무척이나 억울한 인물이 된다. 엉뚱한 여자가 갑자기 나타나서 자기 정혼자를 빼앗아간 형국이니 말이다. 그리하여 서수왕아기가 원한을 품고 죽어서 세상의 남녀를 괴롭히는 새[邪]가 되었다는 과정에 쉽게 감정이입이 되기도 한다. 하지만, 이에 대하여 나는 그 맥락이 어땠는가를 떠나서 그것은 서수왕아기 자신이 자초한 업보였다고 생각하고 있다. 그는 자청비에 맞서서 문도령을 차지할 자격이 없었던 여인이었던바, 여러 자료에서 그가 '칼 선 다리' 건너기를 포기하고 물러섰다고 말하고 있는 데서 이를 잘 볼 수 있다. 그 일을 못했다는 것은 그가 자청비만큼의 의지나 열정을 못 가졌다는 뜻이다. 그렇다면, 신화적으로 볼 때, 스스로 인정하고 물러서는 것이 마땅한 일이 된다. 그럼에도 그는 그 사실을 받아들이지 못하고 타자를 원망함으로써 결과적으로 자신을 죽이고 말았다. 질투와 집착, 원망과 자기 파괴의 서사다. 이 세상 얼마나 많은 남녀들이 이성과의 관계에서 이와 같은 서사에 함몰하여 스스로를 망가뜨리고 있는지. 남녀가 인연을 맺을 때 '서수왕아기의 새[邪]'를 경계해야 한다고 하는 말은 곧 그들 마음속에 있는 질투와 원망을 경계해야 한다는 말로 바꾸어서 이해할 수 있을 것이다.

일련의 파란만장을 겪은 자청비는, 그리고 정수남과 문도령은 농사의 신이 된다. 자청비는 중세경, 정수남은 하세경, 문도령은 상세경이다. 저 앞에서 잠깐 화두로 제시했던바, 이 신화의 서사는 '농사의 신'이라는 직능과 어떻게 연결되는 것일까. 이제 이 물음에 직면할 때가 되었다.

세 명의 인물 가운데 신직과 가장 쉽고 명확하게 연결되는 인물은 아마도 정수남일 것이다. 하세경 정수남은 자청비의 심부름꾼이면서 특히 '목축'과 관련되는 신이다. '마불림제'를 받아먹고 '목장 머슴'을 마련했다는 것은 그가 동물, 곧 가축을 관장하는 신이 됐음을 뜻한다. 돌아보면 정수남은 말 그대로 '짐승남'이었다고 할 수 있다. 그 자신 짐승처럼 험한 일을 하던 종이었으며, 또한 짐승과 무척 가까운 존재였다. 정수남이 죽은 소와 말의 가죽을 손톱으로 벗기는 장면은 그의 짐승적 속성을 잘 보여주며, 안장 밑에 소라껍질을 넣어서 말을 길들이는 장면은 그의 짐승 다스리는 능력을 보여준다. 그 자신 짐승 같은 대우를 받다가 자청비의 손길에 거듭 태어난 정수남이 짐승을 다스리고 돌보는 신이 되는 것은 자연스럽기 그지없다. 중세경 자청비를 보좌하는 것 또한 가축이 사람을 위해 일하는 것과 같이 지당한 일이 된다.

문제는 문도령이다. 도대체 한 일이라곤 없는 문도령이 중세경도 아닌 상세경이 되는 것은 대체 무슨 일인가 말이다. 모르긴 해도 이 신화가 담고 있는 가장 큰 수수께끼일 것이다. 그런데 알고 보면 이것이 이 신화의 가장 큰 묘리(妙理)이기도 하다. 과연 이는 어떻게 해석해야 하는 것일까.

오랜 의문 끝에 어느 날 문득 깨달은 바는 저 문도령이 바로 '하늘'을 표상한다는 사실이었다. 농사에 있어 하늘이란 어떤 것이던가. 하늘에서 빛과 볕이 내리고 비가 내리지 않으면, 바람이 불어주지 않으면 농사

는 애초에 불가능하다. 농사는 기본적으로 하늘에 달려 있다고 해도 과
언이 아니다. 하늘의 일이 있은 다음에야 사람의 일이 있는 터이니, 저
하늘이 '상세경'이 되는 것은 이치에 합당할 일이라 할 수 있다. 문제는
그 하늘이 우리 뜻대로 쉽게 움직여주지 않는다는 사실이다. 아무리 애
가 타도 기다리는 비를 내려주지 않아 땅을 갈라지게 만드는 것이, 갑자
기 큰 비바람이나 눈서리를 내려서 사람을 절망시키기도 하는 것이 하
늘이다. 저 무심하고 변덕스런 문도령처럼 말이다. 그렇다면 어찌해야
하나. 아무리 원망스러워도 저 하늘을 외면할 수는 없는 일이다. 믿고
의지할 수밖에 없는 일이다. 문도령을 상세경으로 모시는 데는 이와 같
은 자연관이 깃들어 있다고 할 수 있다.

　이제 우리는 농사를 관장하는 실질적이고 핵심적인 신이 누구인지
알 수 있다. 중세경 자청비가 바로 그이다. 위로는 하늘과 손잡고 밑으
로는 땅―하세경 정수남은 '땅'을 상징하는 존재이기도 하다―을 감싸
안은 그 말이다. 그가 나서서 한편으로 하늘을 움직이고 땅을 보살피면
서 천지의 조화를 이루어줘야 농사는, 저 생명의 사업은 제대로 펼쳐질
수 있게 되는 터다.

　이 신화를 살핌에 있어서 늘 의문이 생기는 부분이 있었다. 이야기 안
에 자청비가 죽은 문도령을 살리는 내용이 왜 끼어들어 있는가 하는 점
이었다. 다소 불필요한 군더더기처럼 생각하기도 했다. 하지만 상세경
과 중세경, 하세경의 신화적 상징을 이해하고 나니 비로소 이 서사의 의
미 맥락을 깨달을 수 있었다. 자청비가 죽은 정수남을 살리는 일이 '땅'
을 되살리는 일이라면 죽은 문도령을 살리는 일은 '하늘'을 살리는 일이

된다. 자청비는 그 두 번의 살림을 통해서 땅과 하늘을 움직여 살리는 신격으로서 자격을 갖추게 된 것이었다. 저 거친 땅과 무심한 하늘을 함께 품어서 움직이는 크나큰 모성의 신, 그가 바로 자청비다. 농사의 신으로서 이만한 자격을 가진 이가 어디 또 있을까.

세계적으로 보더라도 여성이 생산 신이 되는 것은 그리 드문 일이 아니다. 살펴보면 다산(多産)의 여성이 생산 신이 되는 경우가 많다. 그런데 저 자청비는 자식을 낳아본 적이 없는 여인이다. '연애'에도 얼마나 성공한 것인지 의문이다. 그럼에도 자청비가 농사의 신이 되는 데서 나는 우리 신화 특유의 사유 방식을 본다. 저 처녀 신 명진국따님애기가 삼승할망이 되었던 것과 같은 이치다. 비록 제 자식을 낳아본 적이 없지만 그만큼 더 큰 애정과 정성으로 아기를 점지하고 돌보는 저 모성의 신 말이다. 자청비가 맡은 것은 아기가 아닌 '농사'다. 그 농사가 무엇인가 하면 수많은 생명을 키워서 발현하는 신성한 일이다. 들판에 한없이 피어난 수많은 곡식의 열매들. 그것은 곧 자청비한테 오롯한 '자식'과 같은 것이 아니었을지. 자청비라는 저 큰 여신에게 하나의 가정(家庭)이란 너무나 작은 울타리가 아니었을지. 그리하여 사람들은 저 자청비로 하여금 드넓은 들판을 마음껏 움직이면서 수만, 수억의 생명들을 피어나게 한 것이 아닐지. 조금 감상적인 해석일 수도 있겠지만 그렇게 믿고 싶은 마음이다.

자청비는 여신이다. 이 땅의 여성들의 표상이다. 규범과 관습의 억압 속에서 집 안에 갇힌 채로 생명의 일을 오롯이 감당해야 했던 이 땅의 여성들. 그들은 저 내면 깊은 곳의 욕망을 저 자청비를 통해서 눈물로 표현해왔던 것인지 모른다. 그렇다. 잊고 있었던 일 한 가지. 저 맹랑하고 씩씩하고 강인한 여성 자청비, 그가 남모르게 비새같이 울면서 눈물로 세수를 한 것이 몇 번인지 모른다. 그 눈물의 의미를 놓쳤다면 이 신화를 제대로 이해한 것이라고 말하기 어려우리라.

우리 신화의 주역은 여성이다

부인이 문을 아니 열어주니
이에 그러면 네 수품을 보라 하고
속적삼을 벗어내어 담 아래로 치뜨리니
부인이 적삼을 받아 들고 이리저리 도련숨을 살펴보니
나의 수품이 분명하건만 땀내가 잠깐 달랐으니
이 사람이 죽이고 입었느냐, 살리고 입었느냐.

— 화성 심복순 구연 〈성주굿〉에서

이야기에 들어가기도 전에 미리 이렇게 말해도 좋으리라. 우리 신화의
주역은 여성이라고. 앞서 당금애기와 바리데기를 보았고 또 청정각시
와 가믄장아기를 보았으니, 그리고 무엇보다도 자청비를 만나보았으니
이미 그것으로 충분할지 모르겠다. 그럼에도 여기 다시 '우리 신화의 주
역은 여성이다'라는 제목을 내건다.

이제 살펴보려고 하는 것은 '부부'에 관한 신화다. 남녀가 하나의 짝
을 이루어 운명 공동체가 된 것이 부부이다. 그렇다면 부부에 대한 이야

기에서는 어느 한쪽이 아니라 남편과 아내가 함께 주역을 이루는 것이 마땅한 일이다. 그래야 온전한 이야기가 될 수 있다. 실제로 이 거리에서 우리가 보게 될 신화들에서 부부는 함께 움직이면서 문제를 풀어나가고 있다. 서사의 초점은 오히려 여성이 아닌 남성에 맞춰져 있다고 할 수 있다. 그럼에도 이 신화들을 음미해나가다 보면 문제를 풀어내는 힘은 여성으로부터 나온다는 사실을 거듭 발견하게 된다.

그 신화들은 〈성주풀이〉와 〈궁상이굿〉이다. 오롯이 부부의 삶에 서사의 초점을 맞추고 있는 이야기들이다. 남녀가 부부가 되어 살아간다면 자식을 낳아서 가족을 이루는 것이 일반적인 일일 터인데, 이 신화들에는 따로 자식이 등장하지 않는다. 한 남자와 한 여자가 어떻게 관계를 이루면서 살아나가는지를 보여줄 따름이다. 정확히 말하면, 한 남자와 한 여자만은 아니다. 그들의 관계를 위협하는 방해자가 어김없이 등장하므로. 그 방해자는 물론 남성이다. 그리고 그 위협은 치명적이다.

〈성주풀이〉의 황우양씨와 막막부인, 그리고 〈궁상이굿〉의 궁상이와 명월각시, 과연 그들은 관계 파탄의 치명적인 위기 속에서 어떻게 움직였을까. 그리고 어떤 신이 되었을까. 이제 그들이 걸어간 위태롭고도 흥미진진한 역정을 함께 따라가보기로 한다. 그 역정의 주인공이 여성인 것처럼 써놓았지만, 그것은 일종의 수사이니 영향을 받을 필요는 없다. 이 신화의 남성들 또한 충분히 주목할 만한 인물들이다. 보이는 대로 보고 느껴지는 대로 느낄 따름이다.

시험에 대처하는 황우양씨와 막막부인의 자세

'성주풀이'라고 하면 그리 낯선 이름이 아닐 것이다. 아마 "낙양성 십리
허(許)에 높고 낮은 저 무덤은……" 하는 민요를 떠올리는 이도 있을 것
이다. 하지만 〈성주풀이〉는 민요 이전에 오랫동안 무가로 전승돼온 노
래다. 그 내용은 주로 터를 닦아 집을 짓는 과정을 자세히 풀어내는 것
으로 되어 있다. 그런데 경기 지역의 일부 〈성주풀이〉(또는 〈성주굿〉, 〈성
주본가〉) 무가는 신들의 내력담을 전하는 본풀이 신화의 면모를 하고 있
다. 이게 우리가 살펴볼 대상이다.

본풀이 신화 〈성주풀이〉는 고양과 안성, 화성 등에서 채록된 자료들
이 보고돼 있다. 여기서는 1973년에 채록된 경기도 화성 심복순 구연
본을 바탕으로 하여 내용을 정리한다(김태곤, 《한국무가집》3, 집문당, 1978
수록). 표현이 풍부하고 인물 특성이 잘 살아있는 자료다. 이 이본에서
남주인공의 이름은 '황에양(황에양씨)'이며 여주인공 이름은 따로 없다.
적대자는 '소진왕'으로 되어 있다. 저본 자료의 이름을 그대로 택하는
것이 원칙이겠으나, 여기서는 남주인공 이름으로 '황우양(황우양씨)'을
택한다. '황우양'은 고양 이성녀본과 화성 김수희본 등에 공통으로 나오
는 명칭이며, 세간에 널리 알려져 있는 신명(神名)이기도 하다(참고로, 안
성 송기철본에는 '하우황'으로 되어 있다). 적대자는 소진왕 외에 소진랑, 소진
항(소진행), 소진앙(소지맹) 등으로도 불리는데, 기본 자료인 심복순본의
소진왕을 따른다.

문제는 이 신화에서 큰 역할을 하는 여주인공의 이름이다. 그 이름이

명시된 유일한 자료는 화성 김수희 구연본이다(김태곤 편,《한국무가집》3,
집문당, 1978 수록). 이 자료에 나오는 황우양 아내의 이름은 '막막부인(계
룡산 막막부인)'이다. 여주인공에게 이름이 있는 것이 마땅할 터, 여기서
는 이 이름을 적용하여 이야기를 정리한다. 화성 지역의 두 자료를 조합
하는 셈인데, 인물명 이외의 서사 내용은 심복순본을 충실히 따름을 밝
혀둔다.

　　성주님 근본이 어디인가 하면 천하국 아니면 지하국이 본이다. 천하
국 천사랑씨와 지하국 지탈부인이 혼인을 맺은 뒤, 지탈부인이 석 달에
피를 모아 다섯 달 반짐 걸어 열 달을 채워서 성주님 황우양씨를 낳았
다. 처음 황우양이 태어날 적에 얼굴은 관옥이고 풍채는 두목지인데 울
음을 울자 용의 울음을 울었다. 몸을 세워 앉을 적에 용상에 앉듯 했으
며, 걸음을 걸을 적에 게 걸음을 걸었다. 세 살 네 살 다섯 여섯 일곱 살
이 되어서 글을 배울 적에 한 자를 가르치면 열 자를 알았다. 나무에도
눈을 뜨고 돌에도 눈을 뜨고 흙에도 눈을 뜨니 장차 크게 될 아이가 분
명했다.
　　황우양씨가 점점 자라 열다섯 넌짓 지나 스물이 되어 가정을 이룰 적
에 계룡산 막막부인과 짝을 이루어서 황상뜰에 살았다. 하루는 황우양
씨가 밤에 꿈을 꾸었는데 꿈자리가 어수선하고 산란했다.
　　"나의 꿈이 이상하다. 옛날 입던 갑옷 투구나 입어보자."
　　동틀 무렵에 옛날에 입던 갑옷 투구를 꺼내 입고 대청마루에 이만하
게 앉는 것이었다.

이때 하늘 천하궁에 큰 소란이 있었다. 난데없는 쇠동풍이 몰아쳐서 일천 난간 다락이 무너져 궁궐이 폐허가 돼버리니 전에 없던 일이었다. 천하국 만조백관이 한데 모여 궁궐 지을 일에 근심 걱정을 하는데 이리 저리 생각해도 대책이 없었다. 그때 서대문에 사는 광처사가 상소를 올려 말을 했다.

"황상뜰 사는 황우양씨 아니면 천하궁 성주를 이룩할 이가 전혀 없습니다."

만조백관이 옳다 하고 키 크고 날랜 차사를 가려서 황우양씨를 잡아오라고 내려보냈다.

천하국 차사가 나올 적에 안올림 벙거지에 일광단日光緞 안을 받쳐 주먹상투 덥푹 달아 보기 좋게 씌워놓고 남쾌자快子* 에 홍띠를 눌러 매고 부채를 손에 들고서 훌쩍 길을 나섰다. 이 뜰 저 뜰 다 지나 황상뜰에 이르러서 황우양씨를 살펴본즉 기운이 엄중해서 잡아낼 도리가 없었다. 다가서지 못하고 길거리를 방황할 때에 조왕할아버지가 다가와서 말했다.

"저기 있는 저 처사야. 무슨 일이 있기에 길거리를 헤매고 있느냐?"

"천하궁 성주를 이룩하려고 황우양씨를 잡으러 왔더니 기운이 엄중해서 못 잡아내고 방황하고 있습니다."

조왕할아버지가 하는 말이,

"그러면 내일 새벽에 황우양씨가 갑옷 투구 벗어놓고 증마마 마중 나가거든 네가 재주껏 잡아가라."

----

* 깃 · 소매 · 앞섶이 없고 등솔기 허리 아래와 양옆 솔기 끝이 트인 남색 겉옷.

"보십시오. 사람을 잡으러 왔으면 만류하련만 잡아가라고 하니 무슨 연고가 있습니까?"

"내가 황우양씨 내외의 죄목을 일러줄 테니 들어봐라. 대장부가 나갔다 들어오면 길목버선을 벗어서 부엌에다 내던지니 그도 아니 괘씸하냐. 그 아내는 식칼을 갈아서 함부로 부뚜막에 얹어놓으니 그도 아니 괘씸하냐."

천하국 차사는 뒷동산에 올라가서 황우양씨 다니는 길가 썩은 고목나무 밑창에 들어가서 하루 저녁을 묵었다. 곧은 나무는 곧게 쓰고 굽은 나무는 굽게 써 하룻밤을 묵고 나서 이튿날 새벽이 되자 아니나 다를까 황우양씨가 갑옷 투구 벗어놓고 증마마 마중을 나왔다. 숨어 있던 차사가 와르르 달려들어서 발을 담싹 안으니 황우양씨는 꼼짝없이 잡힌 몸이 되었다.

"여봐라! 어떤 일로 나를 잡으러 여기를 왔느냐?"

"천하궁 성주를 이룩하려고 그대를 잡으러 왔으니 어서 바삐 가옵시다."

"여봐라. 천하궁은 우리 아버지 땅이고 지하궁은 우리 어머니 땅인데 그 누가 날 잡아가랴."

저 차사가 하는 말이,

"여보시오. 몸이 잡혔으면 잔말 말고 어서 갑시다!"

서리같이 재촉하니 황우양씨가 말을 하되,

"그러면 석 달만 말미를 주구려."

"석 달 말미 불가하오."

"그러면 두 달 말미를 주구려."

"두 달 말미 불가하오."

차사가 말미를 준다는 것이 단 사흘 말미를 주고서 가버렸다.

황우양씨가 사흘 말미를 얻어가지고 집에 들어오더니 밥도 제대로 못 먹고 잠도 제대로 못 자면서 근심 걱정을 하기 시작했다. 아내가 그 모양을 보고서 물었다.

"대감님은 증마마 마중을 나갔다가 오시더니 진지도 달게 아니 잡수시고 잠도 달게 못 이루시니 무슨 근심 걱정이 있습니까?"

"아무리 치마 두른 여자지만 눈치가 없으니 어찌 아니 답답할까. 천하궁에서 성주 이룩하려고 나를 잡으러 왔기에 석 달 말미를 달라 해도 안 주고 두 달 말미를 달라 해도 안 주고 사흘 말미를 주고 갔거늘 옛 쓰던 연장이 끝 부러진 송곳 하나 없는 터에 무엇으로 성주를 이룩하오리까."

"여보시오. 대장부가 그만한 일로 근심 걱정을 하오리까. 어서 진지를 잡수시고 잠을 달게 이루십시오."

황우양씨가 저녁을 먹고 잠이 들자 막막부인은 벼루를 내놓고 유리 연적의 물을 따라 먹을 갈아서 편지를 쓰기 시작했다. 편지 한 장을 써서 천하궁에 올리자 가루쇠 닷 말과 뭉치쇠 닷 말이 이르렀다. 막막부인은 쇠 열 말을 받아 내린 다음 불을 피우고 풀무질을 해서 큰 자귀 작은 자귀와 큰 톱 작은 톱, 큰 끌 작은 끌에 먹통 자를 장만해서 연장 망태에 차곡차곡 넣어놓았다. 그리고 어정청청 걷는 말을 끌어내서 머리도 쏼쏼 등도 쏼쏼 꼬리도 쏼쏼 배도 쏼쏼 빗긴 다음 청굴레 홍굴레 씌워놓고 호랑이 가죽을 얹어놓았다.

막막부인이 황우양씨 잠을 깨울 적에,

"대감님, 어정청청 닭이 울고 동녘에 해가 떴으니 어서 일어나 세수하십시오."

황우양씨가 깜짝 놀라 동창을 바라보니 해가 환히 비치었다. 세수를 깨끗이 하고 새 도포를 입고 밥을 달게 먹고 말 잔등에 올라서 부인을 이별할 적에 부인이 말머리를 잡고서 말했다.

"대감님, 성주 이룩하러 가실 적에 아이가 묻거나 어른이 묻거나 대꾸를 하지 마시고, 천하궁 올라가 성주를 이룩하실 적에 낡은 재목을 괄세하고 새 재목을 탐하지 마십시오."

"여보시오. 대장부가 길 떠날 제 부인이 잔소리하오리까. 어서 바삐 들어가십시오."

황우양씨가 부인을 이별하고 이 뜰 저 뜰 다 지나서 소진뜰을 당도할 적에 소진왕이 지하국에 돌성 쌓으러 갔다가 오는 길에 황우양씨를 보고서 말했다.

"저기 가는 저 군왕님은 앞으로 봐도 군왕이요 뒤로 봐도 군왕이십니다."

삼세번을 말을 걸어도 황우양씨가 알은 척을 하지 않자 소진왕 하는 말이,

"아비 없는 후레자식이 분명하구나!"

황우양씨가 그 소리를 듣더니,

'내가 여자 말을 듣다가는 부모에게 욕을 먹이겠구나.'

말에서 썽그러니 내려서면서,

"여보시오. 아이가 가거나 어른이 가거나 말 묻자 하는 건 아비 없는
후레자식이 아닙니까?"

소진왕이 하는 말이,

"여보시오. 그건 서로 비교가 되었습니다그려. 그러나 지금 어디를
가시오?"

"천하궁에 성주 이룩하러 가는 길이오."

그러자 소진왕이 하는 말이,

"성주 이룩을 하러 가면 사개법을 알고 가십니까? 사개법을 모르고
가면 가는 자취는 있어도 오는 자취는 없소이다."

"어찌하여 그렇단 말이오?"

"여보시오. 나 소진왕이 다루던 나무를 다루면 목살이 퍼지고 내가
다루던 돌을 다루면 석살이 퍼지며 나 다루던 흙을 다루면 토살이 퍼질
테니 가는 자취는 있어도 오는 자취는 없소이다."

"그러면 나한테 사개법을 일러주구려."

"사개법을 일러줄 테니 옷 바꿈을 하고 도 바꿈을 합시다."

황우양씨가 말을 하되,

"여보시오. 나는 옷 바꿈은 해도 도 바꿈은 못하겠소."

옷 바꿈을 할 적에 황우양씨 입었던 새 도포는 소진왕이 입고 소진왕
입었던 지털렝이는 황우양씨가 입었다. 또 황우양씨 탔던 말은 소진왕
이 잡아타고 황우양씨는 소진왕 탔던 비루먹은 당나귀에 좀먹은 안장
을 지어 배창자 끈을 달아서 올라탔다.

"이제는 옷 바꿈을 하였으니 사개법을 일러주구려."

"여보시오. 사개법을 일러주리다. 애우마각에 집을 지으면 우마 대마가 번성치 못할 것이요, 인마각에 집을 지으면 그대가 집을 짓고서 죽을 테니 조심하시오."

서로 작별하고서 황우양씨가 천하궁으로 올라갈 적에 소진왕은 옷바꿈을 한 채로 황우양씨 부인을 차지하려고 황상뜰로 향하였다.

그때 막막부인은 남편을 보내고서 울적한 마음을 못 이겨서 뒷동산에 올라가 꽃놀이 임놀이를 하고 있었다. 버들잎도 훑어서 강물에 띄워 보고 꾀꼬리도 후리훌쩍 날려보고 해당화 꽃도 어루만지면서,

"해당화야 해당화야, 명사십리 해당화야, 꽃 진다고 설워 마라. 너는 내년 춘삼월이면 다시 피련마는 우리 대감님은 천하궁 성주 이룩 가셨으니 어느 시절에 오시려나."

이럭저럭 거닐 적에 난데없이 아래쪽 까마귀가 까옥까옥 울고 위쪽 까마귀가 끼우끼우 울고 갔다.

"아무래도 내 집에 도둑이 드는구나. 옥단춘아 어서 가자."

집으로 급히 내려가서 문을 닫고 물러앉아 있을 적에 소진왕이 황상뜰에 이르러서 부인이 문을 닫고 들어가는 것을 보고 천둥같이 호령을 했다.

"여봐라! 대장부가 나갔다 들어오면 닫은 문도 열어주련마는 열린 문을 닫고 들어가니 이런 일이 어디 있느냐!"

막막부인이 말을 하되,

"우리 대감님은 천하궁에 성주 이룩하러 가신 지 사흘이 됐거니와 음성도 다르고 얼굴도 다르니 어서 바삐 물러가시오."

"여봐라. 내가 천하궁에 성주 이룩할 적에 석 달 열흘 지을 집을 단 사흘에 짓느라고 낮이면 볕을 쬐고 밤이면 찬이슬 맞아 얼굴도 검어지고 음성도 변했거늘 그다지도 몰라보랴. 어서 바삐 문을 열라."

막막부인이 문을 열지 않자 소진왕이 하는 말이,

"그러면 네가 지은 옷을 보라."

입었던 속적삼을 벗어서 담 너머로 던지니 부인이 적삼을 받아 들고 이리저리 살펴보더니만,

"이 옷을 보니 내 솜씨가 분명하건만 땀 냄새가 잠깐 달랐으니 이 사람이 대감님을 죽이고 입었단 말이냐, 살리고 입었단 말이냐."

이리 한참 탄식할 적에 소진왕이 십 리만큼 비켜섰다가 오 리만큼 다가서면서 대문 위에다 글자를 써 붙이자 철통같이 잠근 문이 얼걱절걱 열리었다. 소진왕이 붕어눈을 부릅뜨고 삼각 수염 거느리고 우레 같은 소리를 벽력같이 지르면서,

"이래도 네가 내 말을 아니 들을소냐!"

막막부인이 그물에 걸린 고기 되고 개한테 물린 닭이 되어 임기응변으로 말을 하되,

"여보시오. 우리가 백년기약을 맺자 할 적에 새 정도 좋지만 옛 정조차 잊으리까. 내일 저녁은 시아버지 제사이고 모레 저녁은 시어머니 제사이니 제사를 지내고 나서 백년동락 하옵시다."

"그러면 그리하라."

제사 지낼 때만 기다리고 있을 적에 부인이 제사를 지내는 척하면서 물명주 속곳 폭을 부드득 뜯어내더니 엄지손가락 아드득 깨물어서

피를 내어 글을 썼다.

　　대감님. 살아서 오시면 소진뜰로 오시고, 죽은 혼이 오시면 저승에
서 만납시다.

　이렇게 써서 주춧돌 밑창에 넣어놓고는 이튿날 새벽에 소진왕을 불
러서 말을 했다.

　"여보시오. 내가 시부모님 제사를 보내고 보니 몸에 일곱 가지 귀신
이 붙었습니다. 남자는 처가살이가 살이 되고 여자는 시집살이가 원살
이 되는 법이니 그대 뜰로 내려가 뒷동산에 별당 짓고서 구메밥 석삼년
을 먹여주어 귀신이 떨어지면 그때 백년동락 하옵시다."

　"그러면 그리하라."

　그날로 황상뜰을 파하고 소진뜰로 내려가서 뒷동산에 별당을 짓고
부인을 들여서 구메밥 석삼년을 먹이기 시작했다.

　그때 황우양씨는 천하궁에 올라가서 석 달 열흘 집을 지으려고 서산
에 서장목 베어내고 대산에 대장목 베어내어 중기둥 상기둥 도리* 중방
中枋** 감을 베어서 어기야 더기야 메어다가 곧은 나무는 곧게 다듬고 굽
은 나무는 굽게 다듬어 사개***를 앉힌 후에 집터를 닦고 지경地境을 다지
기 시작했다. 지경을 다 다진 뒤에 금주추 은주추를 여기저기 늘여놓고

----

* 기둥 위에 건너지른 나무.
** 기둥과 기둥 사이 벽으로 가로질러 댄 나무.
*** 모서리에서 여러 갈래의 장부를 끼워 맞추려 만든 것.

상기둥 세우고 중기둥 세우고 도리 중방 끼워놓고 상냥마룻대을 올린 뒤 안벽 치고 바깥벽을 쳐서 덩그러니 천하궁을 세웠다.

황우양씨가 문득 바라보니 짐승 꼬리가 왔다 갔다 하므로, 울적한 마음을 못 이겨서 말을 타고 지상으로 향했다. 해는 서산에 지고 동령에 달이 떴는데 한 주막을 찾아들어 하룻밤을 보낼 적에 초경 녘에 꿈을 꾸니 썼던 갓이 테두리만 남아 보이고, 이경 녘에 꿈을 꾸니 입었던 옷이 깃만 남아 보이고, 삼경 녘에 꿈을 꾸니 먹던 그릇이 깨져 보였다.

황우양씨가 아침에 점쟁이를 찾아가 꿈풀이를 청하자 점쟁이가 이리저리 산통을 흔들어보고 산가지를 뽑아보더니만,

"어허, 이 점 못하겠소. 허튼 산이 지는구려. 벌산이 지는구려."

"여보시오. 묻자고 하는 점이니 나는 대로 일러주오."

점쟁이가 산가지를 다시 뽑아서 이리저리 재보고서 하는 말이,

"초경 녘 꿈에 썼던 갓이 테두리만 남아 보이는 것은 그대 집이 간곳 없고 빈 주춧돌만 여기저기 놓였겠소. 이경 녘 꿈에 입었던 옷이 깃만 남아 보이는 것은 그대 부인이 남을 섬기는 격이 되었구려. 삼경 녘 꿈에 먹던 주발이 깨져 보이는 것은 그대 잡숫던 우물이 간곳없고 올챙이만 우글우글 끓는구려."

황우양씨가 기가 막혀 나는 듯이 말에 올라 채찍질을 해서 황상뜰에 내려오고 보니 산도 옛날 보던 산이고 물도 옛날 보던 물인데 집은 간곳이 없고 빈 주춧돌만 여기 놓이고 저기 놓여 있었다. 황우양씨 기가 막혀 주춧돌을 얼싸안고 이리저리 뒹굴면서 통곡을 할 적에 아래쪽 까마귀가 까옥까옥 울고 위쪽 까마귀가 끼우끼우 울고 갔다.

"까옥까옥 하는 것은 반갑다는 뜻이 되고, 끼우끼우 하는 것은 주춧
돌 밑에 무엇이 끼여 있나 보구나."

주춧돌을 살펴보니까 아니나 다를까 웬 속곳 폭이 있는데 피로 쓴 글
씨가 보였다.

대감님. 살아서 오시면 소진뜰로 오시고, 죽은 혼이 오시면 저승에
서 만납시다.

황우양씨가 그 글을 품에 넣고서 사방을 돌아본즉 무정세월이 덧없
었다. 길 아래 뻗었던 잡초가 어느덧 길 위에 올라서고, 대접 같던 금붕
어가 노닐던 연못이 다 없어지고, 먹던 우물에는 올챙이만 우글우글 끓
었다. 황우양씨는 한숨을 쉬어 동남풍에 보태고 눈물을 흘려 한강에 보
태면서 소진뜰로 향했다. 이 뜰 저 뜰 다 지나 소진뜰에 이르더니만 소
진왕 먹는 우물 옆 버드나무 꼭대기에 떡하니 올라앉아서 부인한테 꿈
을 불어넣기 시작했다.

이때 막막부인이 석삼년 구메밥을 먹다가 문득 꿈을 얻을 적에 초경
녘 꿈에 앵두꽃이 떨어져 보이고, 이경 녘 꿈에 문 위에 허수아비가 달
려 보이고, 삼경 녘 꿈에 보던 거울이 깨져 보였다. 부인이 잠에서 깨어
나서 생각하기를,

"앵두꽃이 떨어졌으니 열매가 열 것이 분명하고, 문 위에 허수아비가
달려 보이니 우리 대감님이 살아서 왔든 죽어서 왔든 가깝게 오셨구나.
보던 거울이 깨져 보이니 새로 사면 예전 보던 얼굴을 다시 보겠구나."

소진왕을 불러내서 하는 말이,

"여보시오. 내가 구메밥 석삼년을 먹다 보니 몸에 일곱 가지 귀신이 떨어졌습니다. 목욕을 하고 와서 백년동락 이루리다."

소진왕이 좋라 하며 옥단춘 단단춘이를 딸려 보내려 하자 부인이 말했다.

"내 뒤에 발자취 소리가 나고 보면 귀신이 용납을 못하게 할 터이니 홀로 나가 목욕을 하고 와서 백년동락 하오리다."

"그러면 그리하라."

부인이 금동이 금바가지를 옆에 끼고 소진왕 먹던 우물로 목욕을 하러 가서 우물물을 한 바가지 헤치고서 뜨니까 난데없는 버들잎이 우수수 떨어졌다. 부인이 깜짝 놀라 버드나무 꼭대기를 쳐다보니 아니나 다를까 황우양씨가 어엿이 앉아 있었다.

"대감님, 살아 오셨거든 웃으며 내려오시고 죽은 혼이 오셨거든 울면서 내려오십시오."

황우양씨가 껄껄 웃으면서 내려와 세류細柳 같은 섬섬옥수를 담싹 쥐면서,

"그동안을 못 참아서 다른 남자를 섬겼구려."

"여자의 말을 가벼이 여겼다가 이런 고통을 받게 되었으니 누구를 원망하리까. 그러나 저러나 우리가 여기서 길게 화답하다가는 두 목숨이 한 칼에 죽을 테니 어서 몸을 변하여서 치마폭에 싸여 들어가 원수 갚고 사옵시다."

황우양씨가 그 말을 듣고서 재주를 삼세번 넘자 몸이 훌쩍 청새 홍새

로 변했다. 아내 치마폭에 싸인 채로 들어가서 대청 큰마루 아래 숨었을 적에 막막부인이 옥단춘 단단춘을 불러서 말했다.

"우리가 백년기약을 맺을진대 술 한 잔이 없을소냐. 술상 들여서 술 부어라."

옥단춘이 술상을 들이고 단단춘이 술을 부어 한 잔 또 한 잔을 소진왕한테 권할 적에 소진왕이 흥취를 못 이겨서 막막부인의 무릎을 베고 이리저리 뒹굴면서 다리도 주물러달라 하고 팔도 주물러달라 했다. 부인이 없는 정도 생기도록 다리도 주물러주고 팔도 주물러서 잠을 잔뜩 들여놓고는 대자귀와 쇠자귀를 내려놓고 황우양씨를 불렀다.

"대감님, 이제 이놈이 잠이 잔뜩 들었으니 어서 원수 갚고 사옵시다."

황우양씨가 다시 삼세번 재주를 넘더니만 어엿한 사람으로 되돌아와서 잠든 소진왕의 정수리를 벗겨 발뒤꿈치에 씌우고 발뒤꿈치를 벗겨 정수리에 씌워놓고는 대뜰 아래로 데굴데굴 굴리면서 호령을 했다.

"이놈! 이제도 네 죄를 모를소냐!"

소진왕이 하는 말이,

"살려주오, 살려주오. 저는 아무 죄도 없사옵고 부인을 모셔다가 별당 짓고 구메밥 석삼년 먹인 죄밖에 없사오니 이내 목숨 살려주오. 내 아내를 데려다가 소첩을 삼으시고 이내 목숨 살려주오."

"네가 마음이 검침한 놈이 되어 당장 너를 죽이려 해도 손에 피 칠을 아니 하리라. 산 채로 장승이나 만들어주마."

어느덧 돌함을 지어다가 함 속에다 소진왕을 넣어서 장승을 만들어 큰 길에 내다 세워놓으니 뭇사람들의 오르락내리락 인사를 받게 되었다. 소진왕 아내는 잡아내어 이 거리 서낭과 저 거리 서낭의 하졸下卒을 만들어서 뭇사람들이 침이나 뱉으면 얻어먹게 마련했다. 소진왕 자식은 잡아내어 노루와 까치, 까마귀와 꿩, 비둘기를 마련하여 높은 산에 흩뜨리니 일등 포수를 만나면 총에 맞아 잡혀가는 신세가 되었다.

이렇게 원수는 다 갚았는데 황우양씨 내외가 하룻밤 유숙할 곳이 전혀 없었다. 두 사람은 갈대밭으로 가더니만 이쪽 줄기를 저쪽으로 매고 저쪽 줄기를 이쪽으로 맨 다음 부인의 치마를 벗겨서 휘장을 치고 속곳을 벗어서 깔아놓고 하룻잠을 유숙했다.

그때 막막부인이 하는 말이,

"대감님, 천하궁에 성주 이룩하러 가실 적에 무슨 재주를 배우셨소?"

"여보시오. 아무 재주 배운 거 없고 석 달 열흘 지을 집을 단 사흘에 지어놓고 창문을 열고 내다보니 짐승 꼬리가 왔다 갔다 하옵디다."

"대감님은 큰 재주를 배우셨거니와 내가 아녀자 몸으로 마흔이 넘도록 일점혈육이 없으니 죽고 나면 누가 상여를 따르며 초하루 보름에 누가 물 한 그릇을 떠주리까."

황우양씨가 하는 말이,

"이제는 할 수 없게 되었으니 우리가 일평생 안락하게 살다가 세상을 아차 하직하거든 나는 성주신이 되고 그대는 지신이 되어 마을마다 다니다가 인연 닿는 가정에 들어가서 좋은 집을 이루어주고 부귀공명과 자손창성을 대대로 이어주면 우리들을 모셔줄 터이니 나는 집 들보에 깃들고 부인은 주춧돌 아래 깃들어서 살아갑시다."

황우양씨와 막막부인이 이렇게 사람들이 사는 집에 성주신과 터주신이 되어 기림을 받게 되었다.

이야기 말미에 명시돼 있듯이 〈성주풀이〉는 가신(家神)의 내력을 풀어낸 신화이다. 특이한 것은 그 가신이 한 명이 아니라 부부라고 하는 사실이다. 부부가 함께 가정에 깃들어서 아내는 집터의 신이 되고 남편은 집의 신이 되어 집안을 수호해주게 된다는 설정이 흥미롭다. 자료에 따라 세부 상황은 차이가 있지만, 이와 같은 서사의 기본 줄기와 부부의 신직 설정에는 차이가 없다. 소진왕(소진랑, 소진항, 소지맹) 일족이 장승이나 서낭이 되고 사냥감이 된다는 것도 대개 통하는데, 내용은 조금씩 다르다. 소진왕은 돌함에 갇히고 그 가족들이 거리서낭이 되었다고도 하고 (고양 이성녀본), 소진왕이 서낭이 되고 아버지가 장승이 되었다고도 하며 (안성 송기철본), 일가족이 다 팔도 서낭이 되었다고도 한다(화성 김수희본).

이 신화를 볼 때 흥미롭게 다가오는 것은 황우양씨 부부의 캐릭터다. 가정의 신이라서 그런지 모르겠지만, 이웃 같은 편안하고 친근한 느낌이 두드러진다. 황우양씨가 차사한테 잡힌 뒤로 끙끙 앓는 모습이나, 그 남편을 달래며 아내가 길 떠날 준비를 하는 모습이 무척 정겹다. 사이사이 황우양씨가 가장 티를 내면서 큰소리를 치는 모습조차도 밉다기보다는 귀여운 쪽이다. 조왕할아버지가 전하는바 그들이 평소에 냄새나는 버선을 벗어 부엌에 팽개치거나 식칼을 갈아서 함부로 부뚜막에 올려놓았다고 하는 데서는 영락없는 보통 사람들의 체취를 느끼게 된다. 부부의 그런 행동에 삐쳐 있다가 천하국 차사에게 황우양씨 잡아갈 방도를 냉큼 알려주는 부엌 신 조왕할아버지(어떤 자료에서는 조왕할머니가 함께 나오기도 한다)의 모습은 또 얼마나 재미있는지! 인간보다 더 인간적인 신의 모습이다.

이 신화의 서사적 맥락은 한 가정의 평화가 심각한 위기에 놓였다가 회복되는 과정을 기본 줄기로 삼고 있다. 막막부인 나이 마흔이 넘었다고 하니 꽤 오래 이어진 평화였음을 알 수 있다. 일하던 연장까지 다 젖혀놓았다고 하는 것을 보면 두 부부가 꽤 정겹고 안온하게 생활했을 것임을 짐작할 수 있다. 하지만 가정의 평화는 아무 바람 일어날 일 없이 영속할 수 있는 바가 아니다. 평화와 행복의 행로에는 어떤 식으로든 시험이 닥쳐오기 마련이다. 내부에서든, 또는 외부에서든. 황우양씨 부부에게 그 시험은 외부로부터 왔다. 황우양씨는 뜻하지 않게 천하궁 성주를 이룩하러 떠나야 하는 상황에 처하게 되거니와, 그것은 언젠가 부닥칠 시험의 상징이라 할 수 있다. 따지고 보면 그 시험은 단순히 외부로부터 온 것이 아니었으니, 버선을 팽개치고 식칼을 소홀히 다루는 등의 안일함이 이 부부가 시험에 들게 되는 원인이 되고 있다고 할 수 있다. 하기야, 전적으로 외부에서 오는 시험이 얼마나 될까.

황우양씨 부부가 부닥치는 시험은 두 가지 측면을 지니고 있다. 하나는 능력의 시험. 하늘나라 궁궐을 짓는 능력을 발휘해야 하는 상황이다. 황우양씨가 한때 훌륭히 가지고 있었으나 현재는 잃어버린 능력이다. 제대로 된 연장 쪼가리 하나 없다는 사실이 능력을 잃어버린 상황을 상징한다. 그 잃어버린 능력은 아내의 노력에 의해 회복된다. 남편이 잠든 사이에 온갖 연장을 마련하고 또 아침 일찍 말을 챙기면서 남편 길 떠날 차비를 하는 막막부인의 모습은 영락없는 한국 여인의 초상이다. 일단 그러한 뒷받침이 되자 무능력해 보이던 황우양씨는 훌쩍 길을 나서서 천하궁을 거뜬히 이룩하는 능력을 발휘한다. 그렇게 이들 부부는 한 가정의 가장과 주부이자 세상의 주인공으로서 자격을 지니고 있음을 증명함으로써 시험을 무난히 통과한다.

하지만 이보다 더 큰 시험은 다른 데 있었다. 불시에 닥친 가정 파괴의 위기를 극복할 수 있는가 하는 것이 그것이다. 서로 의지하면서 안온하게 살아온 부부가 멀리 헤어져야 하니 그간의 평화가 시험에 들게 된 상황이다. 그 상황이 외부에 노출되면 더 큰 문제가 발생할 수 있는바, 아내가 남편한테 아무에게도 말대답을 하지 말라고 당부하는 것은 그 때문이다. 하지만 그 일이 어찌 노출되지 않을 수 있으랴. 소진왕이 황우양씨의 부재를 탐지하고 막막부인 침탈에 나서는 것은 이미 예견된 사건 진행이라 할 수 있다. 그 침탈은 '폭력'이라는 가장 단순하고도 강력한 형태를 취하고 있어 감당하기가 쉽지 않은 상황이었다.

하지만 이야기 진행에서 보듯이 막막부인과 황우양씨 부부는 그 위기를 거뜬히 이겨낸다. 그것은 어느 한쪽의 일방적인 활약에 의한 것이 아니라 둘이 서로 힘과 마음을 합친 결과였다. 막막부인의 남다른 기지와 지조에 의해 문제 해결의 바탕이 마련되었고, 황우양씨의 신속한 대응과 해결력에 의해 문제 해결이 마무리되었다. 그 과정은 '아슬아슬함'을 느끼기 어려울 정도로 순탄하고 거뜬해 보인다. 그것은 그들의 덕성과 능력이, 그리고 서로 간의 믿음이 그만큼 탄탄했음을 말해준다. 이 정도의 위기를 가볍게 헤쳐내는 저 부부한테는 다른 어떤 일들이 닥쳐온다 하더라도 하등 문제가 되지 않을 것으로 생각될 정도다. 그렇다.

한 집안을 지켜주는 가신이라면 이 정도의 품격은 갖추어야 마땅하리
라. 저 부부 신, 얼마나 믿음직스러운지!

　이 부부의 동선에서 무엇보다 마음을 끄는 것은 바로 '믿음'이다. 저
부부는 겉으로 내놓고 말하지 않아도 서로에 대한 깊은 믿음으로 이어
져 있다. 막막부인은 남편이 천하궁을 훌륭히 이룰 것이라는 사실을 믿
으며, 주춧돌 밑에 숨겨둔 편지를 발견하고 자기를 찾아와 구할 것임을
믿는다. 그리고 황우양씨는 아내한테 일이 생겼음을 미리 감지하며, 아
내가 사라지면서 자기에게 무언가 표시를 남겼을 것임을 믿는다. 그리
고 악당한테 잡혀간 아내가 정절을 지켰을 것임을 믿는다. 그가 버드나
무에서 껄껄 웃으며 내려와 아내 손을 잡으면서 '그새를 못 참고 다른
남자를 섬겼느냐'고 말하는 것은 불신에 따른 힐난이 아니라 수사이고
유머일 따름이다. 그는 아내가 그럴 리 없다는 사실을 누구보다 잘 알고
있는 터다. 돌이켜보면 그가 길을 떠날 때 타인한테 말대꾸를 하지 말라
는 아내의 당부에 '잔소리하지 마라'고 타박했던 것도 실은 '괜한 걱정
하지 마라'라는 말의 다른 표현이었다는 것이 나의 생각이다. 그 또한
일종의 간접적 애정 표현이었다는 말이다.

　앞서 〈세경본풀이〉를 보면서 '사랑'을 언급했지만, 우리 신화 속 남녀
간 사랑의 진정한 모습을 여기 황우양씨와 막막부인 사이에서 볼 수 있
는 것이 아닌가 한다. 서로 든든한 믿음으로 이어져 있는 관계. 그리하
여 멀리 떨어져 있어도 서로를 느끼고 함께할 수 있는 존재. 자식이 없
는 것도 그들에게는 문제가 되지 않았으니, 이 너른 세상 속에 깃들어
사람들을 가족과 자식 삼아서 살면 되는 것이었다. 그렇다. 이런저런 다

른 장면 다 없어도 좋다. 저 부부가 들판에서 갈대를 이리저리 엮은 뒤 치마로 휘장을 치고 속곳을 깔아놓고 보낸 저 하룻밤의 장면! 그날 밤, 하늘엔 무수한 별이 찬란히 빛났으리라. 동서고금을 통틀어 이처럼 낭만적이고 아름다운 참사랑의 장면을 어디서 다시 볼 수 있을지. 이것이 우리 신화다. 밑바탕 민초들의 영혼의 풍경이다.

집의 신, 가정의 신이 되는 저 부부는 이 세상 수많은 보통 부부들의 표상이자 롤 모델이다. 돌아보면, 저 부부의 가정에 닥쳤던 시련은 세상 사람들 누구에게나 닥쳐올 수 있는 성질의 것이었다. 가정의 평화에 대한 위협은 언제 어디서든지 불시로 몰아닥치곤 한다. 외부에서, 또는 내부에서. 어찌 보면 한 가정을 이루고 살아간다는 것은 크고 작은 위기와 갈등에 부딪히면서 그것을 감당해나가는 과정이라고 할 수 있다. 사람들은 황우양씨와 막막부인을 가신으로 모심으로써 그 위기와 갈등을 훌륭히 헤쳐나가기를 기원하고 있는 것인데, 이를 그들에 대한 '의탁'으로 이해한다면 그것은 일면적 해석이 될 것이다. 황우양씨 부부의 신성한 내력을 통해 사람들이 경험하는 것은 자성(自省)이고 다짐이라고 보는 것이 옳다. 저 부부가 그랬던 것처럼 언제나 서로 믿고 사랑하는 가운데 힘을 합쳐서 가정을 지켜나가자고 하는 다짐 말이다. 그리하여 나는 다음과 같이 이어지는 축원문을 기원이 아닌 다짐의 말로 듣는다.

위대한 가중은 일 년 열두 달
과년 열석 달이 지나가도
삼재팔난 수다 액운을 천 리 밖에 소멸하고

만사순성 대통운하고

맘먹었던 일일랑은 뜻과 같이 되게 점지하고

성주님이 불안하면 지신님이 안존하고

지신님이 불안하면 성주님이 안위안정하시고

대주님이 불안하면 계주님이 안위안정하시고.

성주님도 가왕이요 지신님도 가왕이요

대주님도 가왕이요 계주님도 가왕이라.

네 가왕이 합이 되어

한 나무 끝이 늘 낙일낙일하고,

이 만신 놀고 간 뒤에는

선 삼 일 복을 주고 후 삼 일은 명을 주어

칠비동산에 만만수 노적을 내리어줍소서.

　　　　　　　－ 이성녀 구연, 〈성주본가〉(《朝鮮巫俗の硏究(上)》, 옥호서점, 1937)에서

　여기서 성주님은 황우양씨이고 지신님은 막막부인이다. 대주님과 계주님이 누구인가 하면 그 집의 가장과 주부를 가리키는 말이다. 때로 성주님 때로는 지신님이, 때로는 대주님 때로는 계주님이 불안할 수도 있을 것이다. 하지만 걱정 없다. 한 명이 불안하면 나머지 하나가, 아니 나머지 셋이 안위안정으로 힘을 내주면 되므로. 대주님 계주님 두 가왕(家王)이 함께 불안하면, 저 검증받은 두 가왕 성주님과 지신님이 훌쩍 뒷받침을 해줄 것이다. 집안의 어떤 문제든 안 풀릴 리가 없다. 그렇게 모두 네 명의 가왕은, 사실은 둘이다. 성주님은 대주님 마음 안에 있고 지

신님은 계주님 마음 안에 있는 터이므로, 저 신성의 이야기가 곧 우리 자신에 대한 이야기임을, 신화란 곧 우리네 삶에 대한 이야기임을 다시 길게 설명할 필요는 없으리라고 믿는다.

끝으로 한 가지, 이 환상적인 상호 신뢰의 부부 신에 대한 신화에 왜 '신화의 주역은 여성이다'라는 제목을 붙였는가 하는 문제다. 어찌 보면 그 또한 수사적인 것이긴 하지만, 그렇게 한 맥락이 있다. 나의 눈에 황우양씨보다 막막부인이 더 크게 들어온 터다. 남편이 잠든 사이에 길 떠날 준비를 홀로 다 하는 것도 그렇지만, 나를 정말 매료시킨 장면은 소진왕이 담 너머로 속적삼을 던졌을 때였다. 당연히 옷을 보고 속을 것이라 예상한 나의 뒤통수를 때린 한마디, "솜씨는 내 솜씨인데 땀 냄새가 잠깐 달랐구나!" 그 말에 그저 고개를 끄덕일 수밖에 없었다. 이것이 아내로구나! 그 뒤에 막막부인이 구메밥 먹기를 자청하면서(다른 자료에서는 개똥밭 토굴 속에 살면서 구메밥을 먹었다고도 한다) 남편을 기다린 일은 이제 더 이상 놀랍지 않았다. 황우양씨가 소진왕을 징벌했다지만, 저 믿음과 기다림이 없었다면 어찌 그것이 백분의 일이라도 가능할 수 있었으랴.

덧붙이면, 황우양씨가 집의 신인 성주신이 되고 막막부인이 집터의 신인 지신이 되는 것도 의미심장한 면이 있다. 겉으로 눈에 보이는 화려함은 당연히 '집'의 몫이다. 하지만 집보다 더 중요한 것이 터다. 터가 좋아야 집이 잘되는 법이다. 집은 허물어져도 터는 영원히 남는다. 눈에 잘 보이지 않는 상태에서 늘 집안의 밑바탕 역할을 하는 존재. 여성에게 '지신'의 신직이 부여된 것은 결코 우연이 아니리라. 사정이 이와 같다면, 이 신화를 이야기하면서 '신화의 주역은 여성이다', 이렇게 말해볼 수 있는 것이 아니겠는가.

대책 없는 남편 궁상이의 달 같은 아내 명월각시

여기 또 다른 남편과 아내가 있다. 막막부인만큼이나 아름답고 현명한 아내에 황우양씨와는 비교가 안 될 정도로 무능하고 대책 없는 남편이다. 그 남편의 행동거지가 어찌나 궁상스러운지 이름부터가 '궁상이(궁상이)'다. 함경도 신화 〈궁상이굿〉(또는, 평안도 신화 〈일월노리푸념〉)이 전하는 사연이다. 아마도 이 신화를 보고 나면 '우리 신화의 주역은 여성이다'라는 말에 십분 공감하게 될 것이다.

　궁상이는 본래 선간(仙間) 사람이었다. 만 가지 재주를 지니고 있었다.
　궁상이가 이 세상에 내려와 살 적에 재산이 아주 많았고 아내는 절색이었다. 그때 배선이가 궁상이를 만나 친구로 삼았다. 궁상이는 어진 사람인데 배선이는 마음이 험하고 험했다. 하지만 궁상이 부인을 탐해서 궁상이한테 친절하게 대했다.
　궁상이와 배선이가 놀 적에 호패 말도 떼어놓고 바둑 말도 떼어놓으면서 한 치 두 치 하면서 밤낮을 놀았다. 그렇게 놀다 보니까 궁상이 재산이 자꾸 술렁술렁 줄어들었다.
　하루는 궁상이 부인이 앉아서 졸다 꿈을 꾸는데, 궁상이 식기 대접이

녹이 슬고 금봉채鳳釵*가 부러져 보였다.

"여보시오, 여자 말이지만 한번 여쭙니다. 안 좋은 꿈을 꾸었습니다."

"꿈 같은 애길랑은 하지도 마오."

들을 생각도 안 하고 또다시 배선이하고 노름을 시작했다. 재산을 걸어야 하는데 그 많던 재산이 어느새 다 넘어가서 걸 것이 없었다. 배선이가 하는 말이,

"그러면 여자를 가지고 여자 내기를 하자. 지면 여자를 주기로 하자."

아내를 걸고서 노름을 하는데 한 치 두 치 앉아서 떼고 보니 궁상이가 또 지고 말았다. 궁상이가 맥이 풀려져 집에 들어와 삼 년 묵은 방 안에 들어가 불도 때지 않은 데서 낙심하고 있자 부인이 물었다.

"무슨 일입니까? 좋은 일이나 궂은일이나 얘기를 해야지 밤낮 그렇게만 있으면 어찌합니까?"

"그게 그런 게 아닙니다. 배선이랑 바둑놀이 고패놀이 하고 나니까 내 재산이 다 들어갔습니다. 다 들어가니까 배선이 말이 부인 내기를 하자고 해서 했더니 결국 내가 또 졌습니다. 한다고 말을 해놓고서 안 할수 없으니 어찌합니까?"

부인이 하는 말이,

"그 일은 내가 맡겠습니다. 그래, 어느 날에 온다고 했습니까?"

"이레 만에 오겠답니다."

그때 궁상이 집의 하녀가 인물이 아주 예뻤다. 부인이 말을 하되,

----

* 봉황 모양을 머리 부분에 새긴 큰 비녀.

"이 하녀를 갖다가 내 옷을 입혀 단장해서 꽃방석에 앉혀놓고 나는 헌 옷을 입고 세수도 하지 않고 얼굴에 거미줄을 이리저리 쓰고서 물을 긷고 있으면 돌아갈 겁니다."

그 말대로 하고 기다릴 적에 배선이가 슬렁슬렁 들어서서 두 여자 맵시를 보더니 말을 했다.

"여보시오. 아무리 내기를 했지만 어찌 남의 부인을 데려가겠는가? 저 물 긷는 종이나 나를 주시오."

궁상이가 이럴 수도 저럴 수도 없어서 당황할 적에 부인이 나서서 말했다.

"여보시오. 그러는 것이 아닙니다. 남의 부인을 데려가자면 어떻게 이렇게 데려갑니까. 백 년 천 년 살던 정리精理를 버리고 간다는 말이 무슨 말입니까. 내가 가긴 가겠지만 석 달 열흘만 참아주시오. 석 달 열흘만 참았다가 오면 그때는 내가 가겠습니다."

"그건 그리하오."

배선이가 돌아가자 궁상이 부인이 남편한테 말했다.

"억대같이 커다란 소 한 마리만 사다 주오."

"소를 한 마리 사주면 어쩌려고 그러오?"

"그저 소 한 마리만 사주면 내가 다 하겠습니다."

그래서 소 한 마리를 사주니까 자기 손으로 고기를 점점이 떠가지고 밤낮을 앉아서 포육을 떴다. 포육을 떠서 내다 말리고 말리고 하니 소 한 마리가 솜이 되었다. 솜처럼 되니까 남편의 옷에다가 솜을 삼아서 집어넣었다. 또 여기저기 주머니를 열두 개 지어서 주머니 안에 낚시를 넣고 낚싯대를 후려 넣었다.

석 달 열흘이 차서 배선이가 부인을 데리러 오므로 아니 가자 해도 안 갈 수가 없었다. 부인은 첫날 입었던 나삼 족두리 다 걷어서 함에다 넣고 또 물명주 한 필을 넣고서 길을 나서면서 배선이한테 말했다.

"불쌍한 궁상이를 저렇게 두고 가겠습니까. 우리가 데려다가 마당 뜰이라도 쓸게 합시다."

배선이는 여자 말에 혹해서 궁상이를 데리고 길을 나섰다. 길을 갈 적에 궁상이를 데리고 가봐야 좋은 일이 없을 듯하므로 바다에다 집어넣겠다고 했다.

"어찌 그럴 수 있습니까. 사람인데 데리고 가서 마당 뜰도 쓸게 하고 종처럼 부립시다."

"안 된다. 절대 안 된다."

부인이 할 수 없어 하는 말이,

"그럼 뱃조각 하나 떼어서 알아서 띄워 보냅시다. 갈밭에 걸리든지 어디 걸리든지 걸리면 고기밥이라도 되게 합시다."

그러더니 자리에서 일어서서 물명주 한 필을 척 들어 공중으로 던지면서 말했다.

"하느님, 오늘날 궁상이는 이 배에서 떨어져 이 물 깊은 바닥에 들어가서 고기밥이 되니 이것을 알아주십시오. 이렇게 이별하고 가는 길입니다. 이제 불쌍한 궁상이는 고기밥이 됩니다."

그때 물명주를 가지고 뱃조각을 궁상이 허리에 동동 감아서 물에다 집어넣으니까 궁상이가 두둥실 떠내려갔다.

배선이가 궁상이 부인을 데리고 자기 집에 가고 보니 여자는 그날부터 밤낮 속이 아프다고 그저 매감조감 속앓이를 했다. 그때 배선이는 밤낮 노략질이 일인지라 먼저 데려다놓은 여자가 하나 있었다. 궁상이 부인을 곳간에다 가두고 쇠를 덜컥 채워놓고는 여자한테 열쇠를 주면서 소변이나 보겠다면 몰라도 절대 열어주지 말라고 했다.

그 여자가 궁상이 부인을 지키다가 말을 하되,

"아가씨, 아가씨. 아가씨는 어떻게 하다 붙잡히셨소?"

"내가 이리저리 해서 여기에 왔습니다."

"내가 주인이 들어오면 말할 테니 나 하라는 대로 신을 신고서 그저 빨리 가시오. 시간이 얼마 없으니 빨리 가시오."

여자가 문을 열어주자 궁상이 부인은 배선이 집을 나와서 짚신을 신고 산으로 허지방 지지방 달아났다. 달아나다가 배선이가 따라오면 잡힐 듯하므로 우물가에 짚신 두 짝을 가지런히 벗어놓고서 하염없이 길을 갔다.

그때 배선이가 집에 왔다가 부인이 간 데가 없자 깜짝 놀라 말했다.

"이 여자가 어디를 갔느냐?"

"그런 것이 아니라 대변 소변 보겠다고 해서 열어줬더니 들어오겠다고 하고선 어디로 갔는지 없습니다."

배선이가 범의 머리처럼 해가지고 달려와서 우물을 바라보더니 동네 사람을 다 불러서 우물물을 퍼내라고 했다. 물을 퍼낼 적에 물이 창수※ ※ 바다처럼 자꾸 나오고 나오고 해서 점점 올라오므로 물을 퍼낼 수가 없었다. 그렇게 야단을 할 적에 궁상이 부인은 산중 깊은 곳 절간에 들

어가서 몸을 숨겼다. 이때부터 여자가 홀로 되면 절에 들어가 숨는 법이
생겼다.

궁상이 부인이 절에 들어가 석삼년을 머물 적에 궁상이는 어찌 되었
던가. 거북이 한 마리가 궁상이 실은 배 쪽을 실어 업고서 너울너울 헤
엄쳐 가더니만 궁상이를 갈밭 참대밭에 내려놓았다. 궁상이가 눈을 떠
보니 배는 고프고 쓸쓸한데 참대는 우거져서 시름시름 우는 소리를 내
어 마음이 슬펐다. 배는 고픈데 먹을 것이 아무것도 없어서 저고리 섶을
입에 물고 질근질근 씹었다. 맛이 돋아나서 떼어 먹어보니까 옷 속에 든
것이 솜이 아니라 포육이었다.

궁상이가 갈대로 퉁소를 만들어서 불다가 옷자락을 살펴보니 주머니
속에 낚시와 낚싯대가 들어 있었다. 궁상이는 대에 낚시를 매서 물에다
집어넣고 고기를 잡기 시작했다. 고기를 잡고 또 잡고 하다 보니까 학
한 마리가 날아와서 목을 길게 뺐다가 짧게 뺐다가 했다.

"야, 너는 무슨 일로 나한테 와서 목을 길게 뺐다 짧게 뺐다 하느냐?"

그때 학이 한 곳을 가리키는데 새끼 다섯 마리가 먹을 게 없어서 지쳐
있었다.

"새끼 다섯을 쳐서 먹을 게 없으니까 고기 잡은 거 달라고 그러는구
나."

궁상이가 물고기 잡은 것을 나누어주자 새들이 고기를 먹고서 기력
을 차렸다. 학이 머리를 조아리며 궁상이를 바라보자 궁상이가 말했다.

"내가 소원이 하나 있다. 내 아내가 저 강 너머에 있으니 강을 넘어가
게 해주면 그게 내 소원이로다."

그러자 암컷 수컷 학 두 마리가 나란히 서서 등을 내밀어 궁상이한테 올라타 날개를 붙잡게 하고는 가는 두 다리로 궁상이 다리를 하나씩 메고 날아올라 강을 건너기 시작했다. 두 다리를 딱 맞추어서 궁상이 다리를 떠메니 이때부터 학의 다리에 장기뼈가 생기게 되었다.

그때 궁상이 부인은 절에 앉아서 빌고 또 빌었다.

"궁상이만 보게 해주오. 궁상이만 보게 해주오."

그러나 궁상이를 어디 가서 볼까. 오히려 배선이 앞에 다시 붙잡혀 들어오니 배선이가 어서 자리 갖춤을 하자고 재촉했다.

"자리 갖춤이라는 건 함부로 못합니다. 자식을 낳고 백년해로를 하려면 남에게 널리 알려야지 그러지 않고 남의 부인을 데려다 살면 둘이 다 못 살고 이내 죽는 법입니다. 석 달 열흘 거지 잔치를 해야 합니다. 거지 잔치를 해야 사람들이 알아줍니다."

그때 배선이가 할 수 없이 거지 잔치를 베푸는데, 자기 재산 많은 것을 감추어두고 남의 소를 노략질해다가 잔치를 했다. 석 달 열흘 거지 잔치에 궁상이 부인이 상을 차려놓고 남편을 기다릴 적에 세상 거지가 다 오도록 궁상이는 오지 않았다.

"죽기는 죽은 게로구나."

그러더니 석 달이 지나가고 열흘이 남았을 때 궁상이가 비척비척 들어왔다. 부인이 사람을 시켜 일부러 궁상이 앉은 곳에 상이 가지 못하게 했다. 궁상이가 위 끝에 앉으면 상이 아래서부터 와서 못 받고 아래 끝에 앉으면 위에서부터 상이 와서 받지 못했다. 가운데 앉으면 양 끝에서부터 상이 와서 받지를 못했다. 며칠이 되도록 상을 받지 못하자 궁상이

가 서러워서 나가 울기 시작했다. 그러자 부인이 나서서 말하기를,

"우리가 석 달 열흘 거지 잔치를 베푸는데 한 거지를 울려서 보내야 되겠느냐. 그 거지를 들어오라고 해라. 들어오게 해서 내 상에 한 상 주어라."

한 상을 차려주니까 배고픈 김이라서 배불리 먹고서 한 짐을 지고 떠나갔다. 다른 거지들이 그 모양을 보더니만,

"우리는 한 상만 받았는데 너는 잔뜩 먹고서 또 한 짐을 지고 가느냐?"

서로 빼앗아 먹으며 치고받고 다투었다. 그렇게 싸움이 나서 한데 모일 적에 부인이 나가서 말했다.

"우리가 석 달 열흘 거지 잔치를 챙긴 것은 이렇게 싸움이 나라고 한 일이 아닙니다. 이리할 것이 아니라 나한테 의문이 가는 일이 있으니 그 일을 해보십시다."

"의문은 무슨 의문이오?"

"내가 구슬 옷을 지어서 두었는데, 구슬 옷을 깃을 잡아서 입는 사람은 누가 되든 나의 남편이 됩니다."

함 안에서 구슬 옷을 내놓고 깃을 잡아서 입으라고 하니 마음이 급한 배선이가 달려들었다. 옷을 들어서 입으려 하나 어디가 팔이고 어디가 목인지 깃을 집어 입을 수 없었다. 또 거지들이 차례로 옷을 드는데 아무도 깃을 잡아 입지를 못했다. 그때 궁상이가 옷을 척 쥐더니만,

"어, 보던 옷이구나. 입던 옷이구나."

깃을 잡아서 척척 입으니 몸에 꼭 맞았다.

그때 부인이 나서면서,

"이 사람이 내 남편입니다."

그렇게 선언을 하고 보니 틀림이 없는 일이었다.

궁상이 부인은 그렇게 남편을 되찾고는 함께 배를 타고서 예전에 살던 곳으로 건너왔다. 건너와서 살자고 하니 궁상이는 신선 같은 양반이 밤낮 앉아서 무엇을 할지를 몰랐다. 부인이 답답해서 돈을 모아 주면서 밖에 나가서 놀라고 해도 놀 줄을 몰랐다. 아무거나 사다가 장사를 하라고 내보내니까 장에 나가서 빙빙 돌다가 저물녘에 사 온다는 것이 고양이를 한 마리 사 왔다.

부인이 기가 막혀 아무 말도 않고 있다가,

"그거 잘 사 왔습니다. 좋습니다."

다음 장에 다시 내보내서 무엇이라도 사 오라고 했더니 이번에는 강아지 한 마리를 사 왔다. 부인 일하는 방에다 강아지를 내려놓으니 부인이 기가 막혀서 아무 말도 하지 못했다.

그 고양이와 강아지가 둘이 사이좋게 자라서 삼 년이 됐을 적에 하루는 고양이가 강아지한테 말했다.

"강아지야 강아지야, 우리가 이렇게 자라서 신세를 안 갚으면 어쩌겠느냐. 저 건너 장자 집에 팔방야광주가 있다니 우리가 건너가서 가지고 오자. 나는 물에 못 들어가니까 네가 가서 가지고 오너라."

"그러면 네가 내 잔등에 업히어서 함께 갔다 오자."

고양이하고 강아지가 장자 집에 가서 팔방야광주를 물어 오고 보니, 자고 나면 쌀이 채워지고 자고 나면 돈이 채워져서 큰 부자가 되었다.

나라에서 그 소문을 듣고 팔방야광주를 바치라 해서 두니까 밤이면 썩은 등걸만 채워지고 채워지고 했다. 야광주를 궁상이한테 돌려줬으면 다시 재산이 불어서 크게 됐을 텐데, 그대로 불에 태워서 없애버렸다. 그래서 인간이 살아서 죽으면 다시 돌아오지 못하는 법이다.

　궁상이 내외는 그렇게 둘이서 한 세월을 살다가 세상을 떠나 하늘로 올라갔다. 죄 지은 것을 벗고서 다시 선간으로 올라갔다.

　이상은 함흥 출신 무녀 이고분이 1966년에 망묵굿에서 구연한 〈궁상이굿〉의 내용을 정리한 것이다(김태곤 편, 《한국무가집》 3, 집문당, 1978 수록). 뜻이 조금 불투명한 부분이 있고 중복되는 표현도 있어서 말을 조금 간추리면서 내용을 가다듬었다. 이 자료에는 이야기 끝 부분에 '개와 고양이의 구슬 다툼' 유형의 삽화가 덧붙어 있는 것이 독특한데, 그 내용은 간략하게 실었다. 이 자료를 저본으로 선택한 것은 전체적으로 인물의 캐릭터가 잘 살아있고 표현이 풍부하다는 점을 고려한 것이다.

　이 신화에 대해서는 같은 유형 자료인 〈일월노리푸넘〉의 내용을 함께 소개하는 것이 좋을 듯하다.* 앞의 〈궁상이굿〉에 비해 내용은 소략하지만 신화적 의미 맥락이 잘 살아있어서 주목된다. 내용을 간추려서 정리한다.

----

* 이 자료는 1933년에 평안도 강계 무당 전명수가 구연한 것으로, 손진태 선생이 《청구학총》 제28호에 소개했다. 1940년에 간행된 《문장》 제2권 제7호에도 실려 있다. 그리고, 서대석 · 박경신 역주, 《서사무가》 I , 고려대학교 민족문화연구소, 1996에 주해본이 실려 있다.

궁산선비가 명월각시 해당금이한테 장가를 갈 적에 말을 붙인 지 삼년 만에 혼인을 맺었다. 궁산이가 장가를 갈 적에 집이 가난해서 서낭당 비단으로 예장禮狀을 싸고 신발 상자로 예단 함을 만들어서 말 대신 수탉에 싣고서 갔다. 그렇게 장가를 간 뒤로 궁산이는 명월각시가 너무 어여뻐서 한시도 색시를 떠나지 못했다. 밥을 굶게 되어 나무를 해 오라 해도 각시를 두고 떠날 수 없다며 나가지 않았다.

명월각시가 자기 화상을 그려주자 궁산이가 화상을 들고 산에 가서 나무를 하는데 바람이 불어서 화상을 아랫녘으로 날려 보냈다. 아랫녘 배선비가 화상을 보고는 명월각시한테 반해서 배에다 생금을 싣고 궁산이를 찾아가서 내기 장기를 청했다. 궁산이가 걸 게 없다고 하자 각시를 걸라고 했다. 그래서 내기를 할 적에 궁산이가 삼세판을 져서 각시를 빼앗기게 되었다. 궁산이가 걱정에 빠져 식음을 전폐하고 울음을 울자 명월각시가 하녀를 자기 차림새로 꾸며서 보내면 될 거라고 했다. 하지만 배선비는 명월각시와 하녀가 바뀐 것을 눈치 채고는 헌 치마를 입고서 다리를 절며 물을 긷고 있는 각시를 데려가겠노라고 했다.

어쩔 수 없이 붙잡혀가게 된 명월각시는 배선비한테 닷새간 말미를 청한 뒤 소를 한 마리 잡아서 포육을 만들어 궁산이 바지저고리 속에 넣어두었다. 그리고 명주실꾸리와 바늘 한 쌈을 옷깃에 이어주었다. 닷새 뒤 배선비가 오자 명월각시는 궁산이를 데리고 가다가 섬 가운데 버려두자고 말했다. 배선비가 그 말대로 궁산이를 섬 가운데 내려놓으니 먹을 것이 없어 굶어죽을 지경이 되었다. 그때 궁산이가 옷을 뜯어 보니까 쇠고기 포육이 들어 있었다. 궁산이는 포육을 먹고 난 뒤 옷깃의 바늘을 휘어서 낚시를 만들고 명주실꾸리로 낚싯줄을 만들어 고기를 낚아 먹었다. 그때 어미를 잃은 새끼 학이 죽어가는 것을 본 궁산이는 물고기를 주어서 학을 살렸다. 그러자 어미 학이 은혜를 갚느라고 궁산이를 태워서 육지로 건네주었다.

그때 배선비 집에 잡혀간 명월각시는 말도 하지 않고 한 번도 웃지를 않았다. 배선비가 어떻게든 말을 시켜보려고 하자 사흘 동안 거지 잔치를 해주면 말을 하겠다고 했다. 배선비가 거지 잔치를 베풀자 궁산이가 찾아왔는데, 계속 상이 딴 곳으로만 돌아서 얻어먹지를 못했다. 궁산이가 한탄을 하자 명월각시가 따로 불러서 상을 받아서 먹게 했다. 그때 명월각시가 사람들 앞에 구슬 옷을 던지면서 "이 옷 깃을 잡아서 고대*를 들춰 입으면 거지라도 내 낭군이다" 하고 말했다. 거지들이 다 못 입을 적에 궁산이가 깃고대를 들춰서 옷을 입더니 하늘로 훨훨 날아올랐다가 도로 훌쩍 내려왔다. 이때 배선비가 급히 나서서 구슬 옷을 입고서 하늘로 올랐는데, 벗는 재주를 몰라서 내려오지 못했다. 배선비는 그대로 죽어서 솔개가 되었다. 궁산이와 명월각시는 다시 모여 살다가 죽어서 해와 달을 지키는 일월신이 되었다.

내용이 좀 소략하다고 했지만, 인물의 기본 성격과 서사의 맥락은 명료하다. 우선 궁산이(궁산선비)와 배선비 외에 여주인공의 이름이 '명월각시 해당금이'로 명시된 것이 눈길을 끈다. '명월각시'라는 이름은 나중

---

* 옷깃의 뒷부분.

에 궁산이 부부가 '일월신'이 되었다고 하는 마무리와도 일정하게 연결된다. 궁산이가 구슬 옷을 입음으로써 아내를 되찾는 내용도 앞의 〈궁상이굿〉에서는 좀 불투명했는데, 여기 〈일월노리푸념〉에서는 배선비가 하늘에 올랐다가 내려오지 못하고 새가 됐다고 함으로써 서사의 맥락을 더 뚜렷하게 인지할 수 있다. 궁산이가 구슬 옷을 입고 하늘을 오르내린다는 내용 또한 일월신이라는 신격과 무관하지 않을 것이다. 요컨대 우리는 이 자료를 통해 이 신화 주인공들의 캐릭터 특성과 의미에 더하여서 신화적 맥락을 이해할 수 있는 단서들을 볼 수 있다.

이 신화의 남자 주인공 궁상이(궁산이)는 그야말로 대책 없는 남편이다. 일할 생각도 없으면서 각시만 바라보고 있는 것도 그렇거니와, 이길 턱도 없으면서 아내를 덜컥 내기에 거는 모습은 기가 막힐 정도다. 마음이 어질기 짝이 없다고 하지만 그 어짊이란 함께 사는 사람으로 하여금 가슴이 터지게 하는 바였으니, 덕이 아니라 오히려 죄라고 해야 마땅하다. 자기 자신을 간수하지 못하는 것은 그렇다 치고 계속 문제를 일으켜서 함께 사는 사람까지 함정과 나락으로 떨어뜨리는 남자. 세상에 어찌 이런 사람이 있을까 싶지만, 신화적 과장을 조금 걷고서 본다면 그것은 세상 수많은 남자들의 숨겨진 실상이라고 해도 좋을 것이다. 적어도 이 신화를 만들고 전승해온 이들—특히 여성들—에게는 세상 남자의 모습이 이렇게 투영되었던 것이라 할 수 있다.

그 짐을 홀로 다 짊어져야 하는 아내였다. 아내(이제 여주인공 이름은 그냥 '명월각시'로 일컫는다)는 나름대로 이런저런 수단을 내보지만, 배선이(배선비)로 상징되는 세상의 횡포는 호락호락하지가 않다. 호의를 베푸

는 듯이 '하녀나 데려가겠다'고 하는 양두구육(羊頭狗肉)의 말은 얼마
나 음습한지. 그가 숨겼던 본색을 드러낼 때 궁상이(궁산이)한테 남은 것
은 배신자를 위해 세상에서 사라져주어야 하는 일뿐이었다. 서방의 그
런 운명을 진작에 간파하고 있었을 명월각시는 왜 저 사람더러 남편을
데리고 가자고 해서 그의 불운을 재촉했던 것인지. 혹시라도 그를 구렁
텅이로 밀어 넣어보자는 심정이었을까? 아니, 아마도 무언가 믿는 바가
있었던 게다. 설마 하늘이 무심치는 않으리라는 사실을. 물명주를 하늘
에 던지며 부르짖는 절박한 기원 속에 그러한 마음자리가 담겨 있다. 하
지만 그것은 굳은 신념이라기보다는 지푸라기를 잡는 것과 비슷한 부
류의 슬픈 갈망이 아니었을까 싶다. 뒤에 '죽기는 죽은 게로구나' 하고
말하기도 하는 것을 보면 말이다.

　하늘은 과연 저 사내를 죽게 내버려두지 않았다. 그냥 생명을 거두어
가기에는 아직 천상의 죄가 남았던 것일까. "배는 고프고 쓸쓸한데 참
대는 우거져서 시름시름 우는 소리를 내니 마음이 슬펐다." 이보다 더
처량한 인간의 모습을 다시 볼 수 있을지 의문이다. 망망대해 같은 거
친 세상에 홀로 내던져진 인간의 실존이다. 그래도 살아있는 몸이니 움
직여본다. 무어라도 먹어보겠다고 옷섶이라도 씹어본다. 그 슬픈 초상!
그런데 그 옷섶에 든 것이 음식이었다니 그건 그토록 반가워 차라리 처
량하다. 그 순간 무언가로 옷을 짓던 아내의 모습을 떠올리는 저 사내의
심정은 어땠을까. 그 눈물 나는 궁상!

　어떻든 그 궁상의 끝자락에서 그는 제 몸을 건져냈다. 낚싯대를 찾아
서 물고기를 낚아 올리는 궁상이는 아무것도 할 줄 모르던 예전의 그

모습이 아니다. 더군다나 그 물고기로 다른 생명(학)을 살리는 데 이르르니! 지금 그는 받기만 하고 쓰기만 하던 존재에서 다른 생명을 돌보고 키워줄 수 있는 존재로 다시 태어나는 중이다. 아직 찌든 궁상에 처량한 거지일 뿐이지만 말이다. 하지만 만약 아내를 되찾기만 한다면!

그렇다. 아내가 그의 생명이었다. 소 한 마리를 점점이 포육으로 떠서 옷을 지은 것도, 주머니에 낚싯대를 챙겨 넣은 것도, 하늘을 향해 남편의 죽음을 알리며 호소한 것도 그녀였다. 한 줄기 희망을 끝내 놓지 않고 구슬 옷을 깊이깊이 간직했던 그녀. 그 성스러운 여인을 어느 누가 감히 빼앗고 소유할 수 있을까. 지극히 커서 품에 안기는커녕 거기 안기기에도 벅찬 이 모성의 여인을 말이다.

마침내 다시 만나 결합한 저 여자와 사내. 이제 둘이 행복하게 잘 살다가 하늘로 올라갔다고 마무리해도 될 텐데 이야기는 좀 엉뚱하게 개와 고양이 이야기로 이어진다. 하지만 이 이야기에서 핵심은 개와 고양이의 활약이 아니다. 저 사내가 세상에 나가서 무언가를 찾아 왔다는 사실이고, 그로부터 가치를 일구어냈다는 사실이다. 어쩌면 값나가는 보화 대신 고양이와 강아지를 데려온 그 선택이야말로 궁상이다운 모습이었을지 모른다. 돌아보면 그는 생존의 끝자락에서 죽어가는 학을 살려낸 사람이었다. 그가 고양이와 강아지를 챙겨서 키우는 것은 곧 생명을 살리는 일이었던 터, 다른 어떤 재물에 비할 바 없는 최고의 선업(善業)이었다고 할 수 있다. 그 표상이 곧 '팔방야광주'가 된다. 궁상이는 그 야광주의 참주인이었으니, 야광주가 나라에 넘어가자 빛을 잃었다는 데서 이를 알 수 있다. 어떻든 저 사내가 야광주를 얻어서 존재의 빛을 드러내 보일 적에 막히는 가슴을 누르며 살아온 명월각시가 비로소 환히 웃었으리라는 사실을 생각하면 마음이 활짝 풀리기도 한다. 그렇다. 그것은 무엇보다도 옆에서 저 사람을 믿고 지켜오고 북돋아온 한 여인이 있었기 때문에 가능한 일이었다.

〈궁상이굿〉은 저 사내가 본래 선간 사람으로 죄를 벗고서 선간으로 돌아갔다고 한다. '궁상'과 '신선'. 그 극적인 부조화 속에 세상을 보는 하나의 철학이 있다. 이 세상의 찌든 궁상이 전생 또는 후생의 선간풍류(仙間風流)와 짝이라는 것. 궁상과 가난에 찌들어 살아가는 이에게 그런 상념이야 허튼 사치일 뿐이겠지만, 그렇게 한평생을 살다가 아득히 먼 길 떠나는 이한테 이런 사치마저 없다면 그건 무척 서러운 일일 것이다. 그렇다. 궁상이굿은 죽은 사람의 혼을 저승에 보내는 망묵굿 의례에서 구송되는 신가(神歌)다. 사람들은 설운 세상 살고 떠나는 이들에게 "그래, 힘든 세상 잘 살았어. 수고했어!" 하면서 위로를 보내고 있는 중이다.

〈일월노리푸넘〉은 저 찌든 궁상의 삶을 '해'와 연결시킨다. 어쩌면 신선보다 더 엉뚱한 연결이다. 대체 저 궁산이는 어떤 미덕으로 태양을 표상하는 신이 된 것인지. 내가 떠올릴 수 있는 해석이란 그가 세상 사람들의 삶을 밝게 비추는 거울과 같은 존재라는 것 정도다. 어쩌면, 극한의 상황에서도 내려놓지 않은 휴머니티—궁산이가 새끼 학을 살리는 것은 흥보가 새끼 제비를 살리는 모습과 흡사하여 흥미롭다—에서 세상을 비추는 밝은 빛을 찾아볼 수도 있기는 하겠다. 어떻든 그는 그렇게 가치 있는 사람이었던 것이다.

저 궁산이에 비하면 명월각시가 일월신이 되는 것은, 밝은 달[明月]의 신이 되는 것은 맥락이 극히 명료하고도 합당하다. 그는 그야말로 어두운 밤에 홀로 빛나는, 어두운 세상을 은은히 밝혀주는 달과 같은 존재였다. 과학적으로 보면 달보다 해가 더욱 밝다고 할지 모르지만, 어둔 밤에 뜨는 달이야말로 하늘의 진짜 주인공일지 모른다. 달이 있어서 해가 더 밝은 법. 나아가 나는 이렇게 말한다. 해보다 달이 더 밝다고. 적어도 이 신화에서는. 이 갸륵한 신화가 비춰주는 삶의 풍경 속에서는.

사내들의 서사,
영웅 신화의 숨결

강림이 봉황 눈을 부릅뜨고 삼각수를 거느리고
청동 같은 팔뚝을 걷어 동곳 같은 팔주먹을 내어놓고
우레 같은 소리를 벽력같이 지르면서
한 번을 펄쩍 뛰며 메어치니 삼만관속이 간데없고
두 번을 메어치니 육방하인이 간데없고
가마채를 잡아 흔들며 가마 문을 열어 보니
염라왕이 양주먹 쥐고 앉아 박박 떨고 있다.

— 제주 안사인 구연 〈차사본풀이〉에서

신화의 꽃은 무엇일까? 흔히 사랑의 신화와 영웅의 신화를 일컬어 신화
의 정수라 한다. 사랑, 그리고 영웅. 인간의 보편적 욕망을 집약적으로
응축하고 있는 원초적인 화두이면서 다른 한편으로 문명적 색채를 짙
게 지니고 있는 화두이기도 하다. 그 화두를 통해 우리는 신화의 철학과
문화적 정체성을 읽어낼 수 있다.

이제 사랑에 이은 우리의 화두는 영웅이다. 지금까지 살펴본 한국의
민간 신화들 속에도 여러 영웅이 있었다. 화살로 해와 달을 쏘아 없앤

대업을 이룬 대별왕과 소별왕은 우리 신화 속 영웅 형상의 원초형이 된다. 저승에서 약수를 구해 와 아버지를 살린 바리도 우리 신화가 그려낸 지고지순의 영웅일지 모른다. 어쩌면 오늘이나 할락궁이까지도, 그리고 깜깜한 토굴 속에서 생명을 피워내어 키워낸 저 당금애기도.

그 영웅의 색채가 어떠한 느낌으로 다가왔을지 궁금하다. 그것은 혹시 웅장함이나 화려함보다는 시련과 고통이 두드러져 보이는 형상은 아니었는지. 아버지 없이도 씩씩했던 대별왕과 소별왕은 그렇다 치더라도 바리나 오늘이, 할락궁이와 원강아미, 당금애기 같은 주인공들이 환기하는 것은 존재의 고독이거나 인생살이의 한이었고 거기 맞서 분투하는 인간의 모습이었다. 그로부터 피어나는 비장적 숭고미는 한국 민간 신화의 두드러진 특성이라고 해도 좋을 만한 것이었다.

하지만 그것이 전부일 리 없다. 그와는 또 다른 색깔의 신화들이 있다. 씩씩함과 용맹함으로 신명과 흥분을 불러일으키는 남성적인 신화들 말이다. 이제 그와 같은 체취를 풍기는 우리의 영웅들을 만나보기로 한다. 저 무섭고 험하다는 저승으로 훌쩍 건너가서 염라대왕과 맞장을 떴던, 생각만 해도 웃음이 절로 피어나게 만드는 거침없는 용사 강림도령이 그 첫 번째 주인공이다. 그리고 푸르른 바다와 거친 대륙을 거침없이 누볐던 제주의 아들, 소천국과 백주또의 아들 궤네깃또가 두 번째 주인공이다.

🪨 염라왕을 잡으러 저승으로 간 용사 강림

이름에서부터 범상치 않은 기운이 느껴지는 강림도령은 사람의 혼을 저승으로 데려가는 저승차사다. 본래 이승의 차사였는데 능력을 인정받아 저승의 차사가 되었다. 그 사연을 전하는 신화는 제주도의 본풀이 무가 〈차사본풀이〉이다. 〈차사본풀이〉는 열 편가량의 자료가 보고돼 있는데, 앞서 최고의 예술가라 일컬은 바 있는 안사인 심방이 구연한 자료가 선본으로 생각된다. 서사가 흥미롭고 풍부할 뿐 아니라 표현이 섬세하고 생생하다. 제주도와 내륙을 통틀어 민간 신화의 명편 가운데 하나로 꼽을 만한 자료다(현용준 · 현승환 역주, 《제주도 무가》, 한국고전문학전집 29, 고려대학교 민족문화연구소, 1996 수록).*

〈차사본풀이〉는 호흡이 무척 길고 사연이 파란만장한 신화다. 주인공인 강림도령이 나타나기 전의 사연만 해도 한 권의 이야기책이 될 정도다. 바야흐로 이야기가 마무리되는가 할 무렵에 길고 흥미로운 후일담이 뒤따르기도 한다. 차 한잔 마시면서 호흡을 가다듬고 편안하고 여유로운 마음 상태에서 이야기 속으로 걸어 들어가기를 권한다.

  옛날 옛적 동경국에 버무왕이 살았다. 커다란 기와집에 풍경을 달고 논밭과 유기 재물이 좋고 노비들을 거느려 잘 살 적에 아들이 태어난 것

---

* 주요 제주도 무가의 원본과 해석본을 동시 수록한 이 책은 최고의 민간 신화 자료집이라 해도 좋다. 이 책이 절판된 것은 무척 슬픈 일이다. 이 책에 수록된 주요 자료의 원본은 현용준, 《제주도무속자료사전》, 신구문화사, 1980에도 수록되어 있다.

이 하나 둘 일곱 칠형제가 태어났다. 위로 네 형제는 원천강 사주팔자가 좋아 혼인해서 잘 살았는데 아래 삼형제는 원천강 사주팔자가 궂어서 정해진 수명이 열다섯밖에 되지 않았다.

그때에 동개남 은중절 서개남 금백당 남개남 노강절 북하상상 용궁절 대사 스님이 나이 일흔 지나 여든이 가까워져서 백발이 펄펄했다. 대사님이 원천강 사주역을 걷어보니 여든이 정명定命이라 곧 저승 명왕冥王으로 들어설 듯했다. 작은스님 소사중을 불러 말을 하되,

"소사중아, 소사중아. 나는 내일 모레 한낮에 인간을 하직할 테니 내가 죽거든 나무를 천 바리 들여 화장시켜 서개남 금백당에 왕생극락 시켜주고, 너는 동경국을 내려가면 버무왕 아들 칠형제가 있는데 아래 삼형제가 사주팔자가 나빠 정해진 수명이 열다섯이니 삼형제를 우리 법당에 데려다가 공양을 시켜 명과 복을 이어준 뒤 너는 대사가 되고 삼형제는 소사를 삼아 우리 법당을 공양하라."

"그건 그리하옵소서."

과연 모레 한낮에 대사 스님이 죽으니 소사중이 나무 천 바리로 화장하여 금백당에 왕생극락 시키었다. 그러고는 대사 스님 현몽을 받고서 굴송낙*에 굴장삼을 둘러 입고 백팔염주와 목탁을 손에 쥐고 바랑을 둘러메어 동경국을 향해 소곡소곡 내려왔다. 동경국에 이르러서 네거리를 지나다가 버무왕 아들 삼형제가 팽나무 그늘에서 바둑 장기를 두고 있는 것을 보고서 가는 길을 멈추고 말을 하되,

----

* 송라를 엮어 만든 우산 모양의 모자.

"애야, 너희 삼형제가 바둑 장기를 두며 놀이를 한다마는, 얼굴을 관상하니 열다섯 십오 세에 세상을 떠나겠구나."

그렇게 일러두고 동북쪽으로 소곡소곡 나아가니 삼형제가 두던 바둑을 그만두고 아버님 어머님한테 달려들어서 말했다.

"아버님아, 어머님아. 어찌 우리 삼형제는 명과 복을 짧게 나셨습니까?"

"그게 무슨 말이냐?"

"그런 것이 아니라, 우리 삼형제가 바둑 장기를 두면서 노는데 어느 절 스님이 지나가다 말을 하되, 우리들 삼형제 상을 보니 열다섯 십오 세에 세상을 떠나리라 하고서 동북쪽으로 갔습니다."

그 말끝에 버무왕이 말을 하되,

"수별감아, 수머슴아. 저 올레에 나가서 그 스님 모셔 오너라!"

소사중을 불러오니 소사중이 올레에 정주목 하마석^{노둣돌} 아래로 몸을 굽혀 인사를 했다. 버무왕이 소사중에게 좋은 쌀로 권제삼문 시주를 주고서 말했다.

"소사중아. 남의 쌀을 공짜로 먹고 가겠느냐? 원천강 사주역을 가졌느냐? 우리 집에 아들 칠형제가 있으니 원천강 사주팔자나 가려보아라."

"어서 그건 그리하십시오."

단수육갑 오행팔괘를 점쳐보더니만,

"위로 네 형제는 사주팔자가 좋아 혼인해서 잘 사는 듯하되 아래 삼형제는 원천강 사주가 궂어 열다섯 십오 세에 명을 마칠 듯합니다."

"소사중아. 너는 남의 자식 명과 복이 떨어진 줄만 알고 명과 복을 이을 수는 없겠느냐?"

"예, 이을 수 있습니다. 이 아이들 삼형제가 중의 행색을 차려서 우리 법당에 와 연삼 년 동안 법당 공양을 하면 명과 복이 이어질 듯합니다."

"이게 무슨 말이냐? 양반의 집에 사당 공사가 나는구나. 그러나 저러나 죽음과 삶이 맞서랴. 설운 아기 명과 복이나 이어보자."

대공단고칼로 삼형제 머리를 박박 깎아놓고 중의 행색을 차려 마당에 내어놓으니 중의 행색이 넉넉했다. 아버지가 물명주 세 필과 강명주 세 필, 백비단 세 필, 삼삼은 구 아홉 필을 내어주고 은그릇 놋그릇을 내어주자 삼형제가 염주 같은 눈물을 연새지듯 흘리면서 말했다.

"아버님아, 어머님아. 무슨 날에 우리 삼형제를 낳아서 명과 복을 짧게 났습니까? 아버님아, 계십시오. 어머님아, 편안히 계십시오."

부모 형제간을 이별하고 삼형제가 소사중 뒤를 따라 동개남 상주절로 소곡소곡 올라갔다.

삼형제가 가는 날부터 부처님께 인사드리고 수륙 불공을 드리는 것이 날과 달이 지나고 한 해 두 해가 지나 연삼 년 되어갔다. 어느 날 삼형제가 법당 밖에 나와 단풍놀이를 할 적에 난데없이 아버지 어머니가 생각나고 형제간 생각이 간절했다. 대성통곡으로 울다가 큰형이 말을 하되,

"설운 동생들아. 이렇게 앉아 울어본들 무슨 소용이 있겠느냐. 법당에 들어가 대사님께 일러두고 아버지 어머니를 찾아보는 것이 어떻겠느냐?"

"어서 그건 그리하십시오."

법당에 들어가 대사님께 이르자 대사님이 말했다.

"설운 아기들아. 어서 가기는 가라마는 과양 땅을 명심하여 지나가라. 명심 않고 가다가는 법당에 와서 연삼 년 공양한 것이 다 허사가 된다."

"어서 그건 그리하십시오."

대사님이 삼형제가 가지고 온 물명주 강명주 백비단과 은그릇 놋그릇을 내어 주므로 삼형제가 등에 지고서 동경국을 향하여 소곡소곡 내려왔다.

삼형제가 동경국을 내려가다가 과양 땅을 들어서자 난데없는 시장기가 한이 없어 앞으로 한 발자국 가면 뒤로 두 발자국이 물러나져 갈 수가 없었다. 삼형제가 길가에 앉아서 울 때에 작은아우가 말했다.

"설운 형님들. 우리 등에 진 물건을 아무한테 주어도 물에 만 식은 밥이라도 줄 듯합니다. 저기 커다란 기와집이 부자인 것 같으니 식은 밥이나 얻어먹고 가기 어떠합니까?"

"어서 그건 그리하자."

설운 큰형님이 제일 먼저 과양생이 집의 먼 문간을 들어서면서 주인을 부르자 과양생이 각시가 이마에 팔을 걸쳐 누웠다가 와들랑 일어나서 욕을 했다.

"이 중 저 중 괘씸한 중이로구나. 양반의 집을 모르고 왔구나. 수별감아 수머슴아. 어서 나가 이 중 귀를 잡고 엎질러서 마당에 놓고 멍석걸이나 해라."

큰형님이 욕을 보고 나오더니, 다음에 둘째 형님이 들어가서 또 욕을 보고 나왔다. 마지막으로 작은아우가 들어가자 과양생이 각시가 말을 했다.

　"야, 이거 될 일인가 안 될 일인가. 하루에 중이 셋씩이나 온다는 게 무슨 말인가."

　"주인님아, 그리 마옵소서. 우리도 본래 중이 아닙니다. 아버지 나라가 동경국으로서 동개남 상주절에서 명과 복을 잇고 오는 길에 시장기가 한이 없어 물에 만 식은 밥이라도 얻어먹고자 들었습니다."

　그 말끝에 과양생이 각시가 부엌에 들어가더니 개가 먹던 바가지에다 물에 만 식은 밥을 내주었다. 삼형제가 부엌문 앞에서 그 밥을 세 술씩 아홉 술을 나누어 먹자 눈이 말똥해지면서 산도 넘고 물도 넘을 듯했다.

　이때 큰형님이 말을 하되,

　"남의 음식을 공짜로 먹으면 목 걸리고 등 걸리는 법이다. 등에 진 물명주 강명주 백비단을 삼삼은 구 아홉 자만 끊어서 물에 만 식은 밥 값을 드리고 가기 어떠하냐?"

　"어서 그건 그리하십시오."

　삼형제가 비단을 석 자씩 아홉 자를 끊어서 과양생이 각시에게 가져가자 각시가 아무 말 없이 안으로 들어갔다가 청너울을 둘러쓰고 나와서 말했다.

　"마음 좋고 뜻 좋은 도련님아, 어서어서 들어오십시오. 안사랑도 좋으니 아픈 다리 쉬었다가 내일 가십시오."

　이 말 들은 삼형제가 몸도 피곤해서 다리나 쉬어 가려고 사랑방에 들어가 앉았더니 과양생이 각시가 통영칠반에 귀한 약주와 고기 안주를 차려 내와서 권하면서 말했다.

"이 술 한잔 드십시오. 한 잔을 먹으면 천 년을 살고, 두 잔을 먹으면 만 년을 살고, 석 잔을 먹으면 구만 년을 삽니다."

명과 복이 이어진다고 하므로 삼형제가 석 잔씩 아홉 잔을 나누어 먹었더니만 빈속에 마신지라 술이 담뿍 취하여 동으로도 빗씩 서로도 빗씩 쓰러져갔다. 삼형제가 머리 간 데 발 가고 발 간 데 머리가 가 동서로 자빠져갔다. 과양생이 각시가 곳간에서 삼 년 묵은 참기름을 부어다가 청동화로 숯불에 오송오송 졸이더니만 삼형제 왼 귀로부터 오른 귀로 소로록 부어가니 삼형제가 구름산에 얼음 녹듯 속절없이 죽어갔다.

"안 보던 재물이여. 안 보던 물건이여!"

물명주 강명주 백비단 은그릇 놋그릇을 청동 궤짝에 담아놓더니만 밤이 깊어 개 고양이 잠잘 때에 과양생이는 두 어깨에 하나씩 둘을 둘러메고 각시는 하나를 둘러메어 버무왕 아들 삼형제 죽은 시체를 주천강 연내못에 텀벙 빠뜨렸다.

하루 이틀 이레가 지나간 뒤 과양생이 각시가 거동이나 보자고 주천강 연내못에 빨래를 가고 보니 난데없는 삼색 꽃이 피어 있는데, 앞에 오는 꽃은 벙실벙실 웃고 가운데 오는 꽃은 비새같이 울고 맨 끝에 오는 꽃은 팥죽처럼 화를 냈다.

"이 꽃아, 저 꽃아, 나한테 속한 꽃이거든 내 앞으로 어서 와라."

물막개로 물을 앞으로 당겨 가니 삼색 꽃이 과양생이 각시 앞으로 들어왔다. 오독독 꺾어다가 집으로 가져와서 앞문에 하나 걸고 뒷문에 하나 걸고 큰 기둥에 하나 걸었더니, 앞문에 건 꽃은 과양생이가 마당으로 나올 때마다 앞뒤 살을 박박 긁고, 뒷문에 건 꽃은 과양생이 각시가 장독대에 드나들 때 앞뒤 살을 박박 긁고, 큰 기둥에 건 꽃은 과양생이가 밥상을 받을 때마다 앞뒤 살을 박박 긁었다.

"이 꽃 저 꽃이 곱기는 곱다마는 행실이 괘씸한 꽃이여!"

과양생이 각시가 꽃을 손바닥에 놓고 복복 비벼서 청동화로 숯불에 잡아넣으니까 얼음산에 구름 녹듯 바스슥 타버렸다. 조금 있다가 뒷집의 청태국 마구할망이 불을 가지러 와서 청동화로를 헤쳐보니까 불은 없고 삼색 구슬이 오골오골 나왔다.

"과양생이 각시야, 불은 없고 삼색 구슬만 영롱하다."

"아이고, 그거 내 구슬이우다."

과양생이 각시가 박하게 빼앗더니만, 마구할망이 집으로 돌아가자 구슬을 장판에 놓고서 이리 굴리고 저리 굴리면서 놀았다. 구슬을 이리저리 굴리다가 입에 물고서 이리 도골 저리 도골 놀다 보니 삼색 구슬이 얼음산 구름 녹듯 목 아래로 소로록 내려갔다.

하루 이틀 지내는 것이 석 달이 되어가자 과양생이 각시한테 아기가 들어섰다. 열 달을 채울 적에 하루는 과양생이 각시가 방구들 네 구석을 팽팽 돌면서,

"아야 배여! 아야 배여!"

죽을 사경에 이르러갔다.

과양생이가 청태국 마구할망을 데리고 와서 과양생이 각시 허리를 내리 쓸어보니 아기 머리는 벌써 돌고 자궁이 열렸다. 각시가 한 번 힘

을 쓰니까 한 아들이 태어나고 두 번 힘을 쓰니까 둘째 아들이 태어나고 세 번 힘을 쓰니까 작은아들이 태어나 하루에 아들 삼형제가 솟아났다. 과양생이가 반가운 나머지 나라에 보고를 해놓고 좋은 상이 내려올까 바랐더니 자식을 셋씩 낳는 삼신은 개 삼신이라 하여 한 달에 겨 석 섬 씩을 내려주었다.

과양생이 아들 삼형제가 일곱 살 나던 해에 서당에 보냈더니만 선생 님이 '하늘 천' 하면 '따 지' 해서 명문장이 되어갔다. 열다섯 되던 해에 과거에 올라가니 삼천 선비는 낙방되고 삼형제가 과거에 당당히 급제 해서 높게 뜬 것은 청일산이고 낮게 뜬 것은 흑일산이었다. 삼형제가 어 사화 비사화에 삼만관속 육방하인을 거느려 사또에게 현신하고 남문 밖으로 치달았다.

그날 아침 과양생이 각시가 베치마를 둘러 입고 북쪽을 살피다가 과 거 깃발이 둥둥 떠 있는 것을 보더니만,

"아따, 어떤 놈의 집안은 산천이 좋아서 과거를 해서 오는고. 우리 집 아들들은 어디 가서 남의 손에나 죽었는가 발에나 죽었는가. 저기 과거 해서 오는 것들은 내 앞에서 목숨이 끊어져 모가지가 세 도막으로 부러 져라."

욕이 미처 떨어지기 전에 더벅머리 총각이 과양생이 집 안으로 달려 들면서 말했다.

"과거 기별입니다."

과양생이 부부가 좋아라고,

"얼씨구 좋다. 절씨구 좋다. 설운 아기들 과거해서 오는데 아니 놀아

무엇하리. 설운 아기들 문전에 고사 지내고 산에 염불하고 이레 잔치를 베풀기 어떠할까."

삼형제를 문전으로 향하게 해서 세 번 절을 시켰더니, 한 번 두 번 세 번 고개를 숙이더니만 머리를 들지 않았다. 과양생이 부부가 어느제나 과거해서 온 아기한테 알현을 받아보나 생각하면서 앉아서 바라고 기다려도 머리를 들지 않았다.

"이게 어떤 일일러냐?"

과양생이가 달려들어 큰아들 머리를 들어보니 눈동자가 저승으로 돌았고, 둘째 아들 고개를 들어 보니 입에 거품을 물고 콧구멍이 검어졌다. 작은아들 고개를 들어보니 손톱 발톱에 검은 피가 서렸다. 삼형제가 한날한시에 태어나고 한날한시에 과거를 하더니 한날한시에 죽어갔다.

"내 일이여! 내 일이여!"

대성통곡 울음을 울다가,

"죽은 자식 과거를 하면 무엇하리, 청일산도 돌아가고 백일산도 돌아가라."

다 돌려보내두고 앞밭에 임시로 묻어둔 뒤 과양생이 각시가 김칫고을 김치원님한테 신원伸冤을 갔다. 각시가 아침이면 아침소지所志 낮에는 낮소지 저녁에는 저녁소지를 하루에 세 번씩 석 달 열흘을 들여놓으니, 아홉 상자 반이 넘어갔다. 원님이 이 소지 처리를 어찌할까 근심하고 있을 때에 하루 아침은 과양생이 각시가 동헌 마당에 나와서 소리를 쳤다.

"개 같은 김치원아, 개 같은 김치원아, 이 고을을 파직하고 어서 나가

라. 다른 원님 놓아서 우리 아들 죽은 소지 처리나 하겠다."

김치원님의 부인이 그 말을 듣더니만,

"설운 원님아, 이 욕을 들어 어찌 사오리까? 소지 처리나 해보는 것이 어떠합니까?"

"이 소지 처리를 어떻게 하리까?"

"원님아, 그리 말고 원님한테 속한 관장이 누가 있습니까?"

"나한테 속한 관장은 열다섯 살에 사령방에 들어와 열여덟 나는 해에 관장 패를 등에 지어 문 안에도 아홉 각시 문 밖에도 아홉 각시 열여덟 각시를 데리고 사는 똑똑하고 역력한 강림이가 있습니다."

"그렇거든 내일 아침부터 사발통지를 돌려 동헌 마당 문을 열고 이레 동안 열 관장 입참을 시켜보십시오. 어느 관장 하나가 떨어져도 떨어질 때가 있을 테니 그때 죽일 판으로 돌리면서 저승 염라왕을 잡아올 테냐 이승에서 목숨을 바칠 테냐 하고 물으면 염라왕을 잡아오겠다고 할 것입니다."

부인님 의견이 그럴듯하므로 김치원님은 열 관장에게 통지를 돌려 아침에 동헌 마당에 입참을 시켰다. 첫날 열 관장이 틀림없이 입참하고, 이튿날도 틀림이 없고, 사흘 나흘 닷새 엿새까지 틀림이 없더니만 이렛날 입참에 강림이 하나가 뒤떨어졌다. 남문 바깥 열여덟 기생첩에 반하여 잠을 자다가 날이 새는 줄 몰라 입참을 못했다.

동헌 마당에서 원님이 박파도를 시켜 강림이 빠졌음을 크게 세 번을 외칠 적에 강림이가 번쩍 눈을 떠 보니까 창문 바깥이 훤하게 밝아 있었다. 강림이 동헌 마당으로 달려들어 바라보니 앞뒤로 패가 걸려 있었

다. 원님이 호령하되,

"앞밭에 작두를 걸어라, 뒷밭에 형틀을 걸어라."

자객을 불러 칼춤을 추게 하고 강림의 목에는 큰 칼을 씌웠다. 강림이 슬피 울면서 말을 하되,

"원님아, 원님아. 강림이는 죽을 목에 들었습니다만 살 도리는 없습니까?"

"그러거든 저승 가서 염라왕을 잡아올 테냐? 이승에서 목숨을 바칠 테냐?"

"저승 가서 염라왕을 잡아오리다."

그러자 강림이 목에서 큰 칼이 벗겨졌다. 원님이 저승 가는 증표를 주는 것이 흰 종이에 검은 글을 써서 내어주었다.

"내 이를 어찌하면 좋으리."

탄식하며 동헌을 나설 적에 강림의 눈에 눈물이 한강수가 되어갔다. 이구 십팔 열여덟 첩한테 가도 누구 하나 살려주겠다고 하는 첩이 없었다. 강림이 남문 밖 동산에 앉아 곰곰이 생각하더니만,

"세 갈래 머리 땋아서 시집올 때 보고서 아니 본 큰부인 박대한 죄목이나 될까. 큰부인 집에나 찾아가자."

큰부인 집을 찾아갈 적에 큰부인이 절구에 보리방아를 찧다가 강림이가 먼 올레로 들어오는 것을 보고서 말을 했다.

"이여 방아, 이여 방아! 매정하고 매정한 설운 낭군님아. 오늘은 저 올레에 문이 열어 있습디까? 가시나무도 걸어 있습디까? 정낭도 치워 있습디까? 어떤 일로 옵니까?"

강림이 아무 대답 없이 사랑방에 들어가 문을 잠그고 머리 위에 이불을 덮어쓰고 누웠으니까 강림의 큰부인이 옛정도 정이라고

"내 집 안에 든 손님을 어찌 박대하여 보내리."

진짓상을 차려서 강림이 누운 방으로 들어가려 했더니 문을 튼튼히 잠그고 누워 있다.

"이 문 여십시오. 남자 대장부가 여자의 소견으로 그리 한 말에 노해서 문을 잠그고 누웠습니까?"

아무리 해도 문을 아니 열어주므로 억지로 문을 뜯고서 들어가 보니까 강림이 눈물은 한강수가 되고 한이 없이 가련하게 되어 있다.

"이게 어떤 일입니까? 죽을 일이나 살 일이나 한 마디만 일러주십시오."

그 말끝에 강림이가 말을 하되,

"그런 것이 아니라 동헌 마당에 입참을 못한 죄로 저승 가서 염라왕을 잡아 올 테냐 이승에서 목숨을 바칠 테냐 하기에 겁결에 대답한 것이 염라왕을 잡아 오겠다고 일렀습니다."

"아이고, 설운 낭군님아, 그만한 소지 처리를 못해서 탄식을 합니까? 그 소지 처리는 내 할 테니 염려 말고 진짓상을 받으십시오."

그러자 강림이 서른여덟 이빨을 내보이고 허우덩싹 웃으면서 진짓상을 받아갔다.

강림의 큰부인이 그날부터 광에서 나주 은옥미 쌀을 내어 얼음같이 구름같이 씻어놓고 물을 섞어 불려서 절구방아에 빻으니 가루가 부풀어갔다. 부푼 가루를 체로 치니 체 아래 가루가 자잘하기도 자잘했다.

강남에서 들어온 시루를 가져다 놓고 첫 층은 문전시루, 둘째 층은 조왕시루, 셋째 층은 강림이 저승 가면서 먹을 시루를 쪄놓았다. 몸단장 정히 하고 옷을 갈아입은 뒤 부엌에 들어가서 조왕할머니에게 축원을 드리되,

"강림이 저승 가는 길이나 인도하여주십시오."

주야장천 축원을 하는 것이 이레째 되는 날 저녁에 몸이 고단하여 고개를 숙여 무릎에 대고 깜빡 잠이 들었는데 조왕할머니가 현몽을 했다.

"강림의 큰부인아. 어찌 무정 눈에 잠을 자느냐? 어서 바삐 고개를 들어 나가봐라. 천황닭이 자지반반 울고 있으니 저승 행차 길이 바빠 있다. 빨리 강림이를 저승으로 내어놓아라."

강림 큰부인이 벌떡 고개를 들고서 강림이 누운 방으로 달려들면서 말했다.

"낭군님아, 어서 잠을 깨십시오. 오늘 저승 행차 길이 이르렀습니다."

그러자 강림이 눈을 뜰 사이도 없이 울어가면서,

"이게 무슨 말이러냐? 저승을 어떻게 가며 어디로 가면 좋으리!"

"염려 말고 일어나서 은대야에 세수나 하십시오."

세수를 마친 뒤 금동상자 열어 의복을 내어서 입히자 저승 차림이 완연했다. 남방사주 붕에바지*, 백방사주 저고리, 자주명주 통행전筒行纏**, 백릉버선, 섭송메 미투리, 한산모시 두루마기에 남수화주 적쾌자, 운문

---

* 솜바지를 뜻하는 제주 말.
** 정강이에 감아 매는 통이 넓은 물건.

대단雲紋大緞 안을 받치고 흑두 전립에 허울 상모에 밀화 패영* 늘어뜨리고 관장 패를 등에 지고, 앞에는 날랠 용 자 뒤에는 임금 왕 자, 홍사줄은 옆에 차고 적패지牌旨는 옷고름에 채워서 문 앞으로 썩 나섰다.

"낭군님아, 동헌 마당에서 원님이 저승에 가는 증표나 주었습니까?"

"저승 증표를 주었습니다."

저승 증표 내놓는 걸 본즉 흰 종이에 검은 글을 썼으므로 강림 큰부인이 우레같이 동헌 마당 원님에게 달려들어서 말했다.

"원님아, 강림이 저승으로 염라왕을 잡으러 가는데 저승 증표가 어찌 이리 됩니까? 산 사람의 소지는 흰 종이에 검은 글이지만 저승 글이야 어찌 이리 됩니까? 붉은 종이에 흰 글을 써 주십시오."

"옳다. 내가 실수했구나."

붉은 종이에 흰 글을 써 내어주니, 그때 낸 법으로 사람이 죽어 명정銘旌을 쓸 때 붉은 바탕에 흰 글을 쓰게 되었다.

강림의 큰부인이 집으로 돌아와 명주 전대 허리띠를 낭군의 허리에 핑핑 감으면서,

"저승 초군문 가기 전에 급한 때를 당하거든 이 전대 허리띠를 세 번 떨어 흔들면 알 도리가 있습니다."

또 남모르게 증표로 귀가 없는 바늘 한 쌈을 관대 섶에 깊숙이 찔러두고서,

"설운 낭군님아, 어서 가십시오."

----
* 밀랍 빛의 호박인 밀화를 꿰어서 만든 갓끈.

강림이 부모님께 이별을 할 적에 아버님이 울면서 자식 저승 가는데 무엇으로 다리를 놓을까 했더니 어머니가 속곳을 벗어 다리를 놓았다. 큰부인은 낭군이 저승 가는데 무엇으로 다리를 놓을까 했더니 버선으로 다리를 놓고 행전과 대님과 신으로 다리를 놓았다. 그때 낸 법으로 열 자식을 낳아도 보람이 없는 것이 부부간의 법이다. 저승 갈 때 신이나 버선을 신고 갈 적에는 좋아도 갔다 와서 벗어버리면 신었던 것 같지 아니한 것이 부부간의 법이다.

강림이 사령방에 들어가서 작별하고 인정을 많이 받아 나온 뒤에 큰부인이 남문 밖 동산까지 전송하고 집에 들어올 때에 의복 앞섶이 이리저리 흩어졌다. 큰부인이 눈물을 흘리면서,

"정든 낭군님과 서로 이별하니 옷섶이 이리저리 흩어지는구나. 옷섶을 모으자꾸나."

그날부터 강림 큰부인은 진실하게 마음을 먹고 기다림을 시작했다.

그때 강림이가 남문 밖 동산에 올라서서 어느 것이 저승 가는 길인지 알지 못해 슬피 울다가 우연히 앞을 보니 청태산 마구할망이 불붙던 행주치마를 둘러 입고 오그랑 막대기를 둘러 짚어 강림의 앞길을 허울허울 걸어갔다.

'남자 대장부 행차 길에 여자가 어찌 앞을 지나가는고? 저 할머니를 따라가서 한쪽 옆에 서시라 하자꾸나.'

양 주먹을 부르쥐고 할머니를 뒤따라가니 할머님도 양 주먹을 쥐고서 휘어지게 앞으로 나갔다. 강림이가 미치지 못하고 몸이 지쳐갈 때 할머니도 곤하여 길옆에 긴 숨을 쉬면서 앉았다.

"저 할머니가 필연 생인이 아니로구나."

강림이가 들어가며 할머니한테 넙죽 절을 하자 할머니가 말을 했다.

"어찌 젊은 도령이 늙은 노인에게 절을 합니까?"

"할머님, 그게 무슨 말씀입니까? 우리 집에도 늙은 부모 조상이 있습니다."

"어디로 가는 도령이우까?"

"나는 저승 염라왕을 잡으러 가는 길입니다."

"멀고 먼 길 가는데 점심이나 나누어 먹기 어떠합니까?"

"어서 그건 그리하십시오."

할머니도 점심을 내놓고 강림이도 내놓을 적에 강림이 떡 점심 한 쪽을 끊어 먹으면서 말했다.

"할머님, 어떤 일로 내 점심하고 할머님 점심이 한솜씨 한맛이 됩니까?"

할머님이 성을 내면서,

"이놈아, 저놈아, 나를 모르겠느냐? 너 하는 일은 괘씸하나 너의 큰부인 지극정성이 기특하여 너 저승 가는 길을 인도하러 왔노라. 강림이야, 나는 너의 큰각시 집의 조왕할머니가 된다. 강림이야, 이리로 이렇게 가다가 일흔여덟 갈림길에 다다를 적에 갈림길에 앉아 있으면 늙은 할아버님이 이를 것이다. 할아버님한테 아까같이 인사를 드리면 알 도리 있으리라."

강림이가 고맙다면서 고개를 숙일 적에 할머니가 홀연 온데간데없었다.

강림이가 할머님 이른 대로 가다 보니 일흔여덟 갈림길에 이르렀다. 강림이 어느 길로 들어갈지 알 수 없어 방황할 적에 하늘과 가지런한 늙은 할아버지가 눈앞에 나타났다. 강림이 훌쩍 일어나면서 넙죽 절을 하자 할아버지가 말했다.

"어떤 일로 젊은 도령이 늙은 노인에게 절을 합니까?"

"할아버님, 그런 말씀 마십시오. 저의 집에도 늙은 부모 조상이 있습니다."

"어디로 가는 도령이 됩니까?"

"나는 저승 염라왕을 잡으러 갑니다."

"멀고 먼 길 가는데 점심이나 나누어 먹기 어떻습니까?"

"어서 그리하십시오."

강림이도 점심을 내놓고 할아버지도 내어놓을 적에 강림이가 떡 점심 한 귀퉁이를 끊어 먹으면서 말했다.

"어떤 일로 할아버님 점심하고 제 점심하고 한솜씨 한맛이 됩니까?"

"이놈아, 저놈아, 나를 모르겠느냐? 너 하는 일은 괘씸하나 큰부인 지극정성이 기특하여 저승 가는 길을 인도하고자 왔노라. 나는 너의 큰부인 집 일문전_{앞문 신}이 된다."

그때 나온 법으로 집안에 궂은일이 있을 때 문전 조왕에 축원하면 집안의 궂은 일이 면해지는 법이다.

"강림이야, 이게 일흔여덟 갈림길이다. 이 길을 다 알아야 저승길을 가는 법이다. 이 길을 하나씩 세거든 알아보아라."

"예."

그때에 일문전이 일흔여덟 갈림길을 차례차례 세어갔다. 일흔여덟 갈림길을 세어 올렸다.

천지혼합시 들어간 길, 천지개벽시 들어간 길, 인왕도업시 들어간 길, 천지천왕 들어간 길, 천지지왕 들어간 길, 천지인왕 들어간 길, 산 배포 들어간 길, 물 배포 들어간 길, 원 배포 들어간 길, 신 배포 들어간 길, 왕 배포 들어간 길, 국 배포 들어간 길, 제청奬廳 도업시 들어간 길, 올라 산신대왕 들어간 길, 산신백관 들어간 길, 다섯 용궁 들어간 길, 서산대사 들어간 길, 사명당도 들어간 길, 육관대사 들어간 길, 일간불도 할마님 들어간 길, 혼납천자 들어간 길, 날궁전 들어간 길, 달궁전 들어간 길, 월궁전 들어간 길, 일궁전 들어간 길, 삼대상공 들어간 길, 천제석궁 들어간 길, 스님 초공 들어간 길, 이공 서천 들어간 길, 삼공 주년국 들어간 길, 원앙감사 들어간 길, 원앙도사 들어간 길, 시왕감사 들어간 길, 시왕도사 들어간 길, 진병사 들어간 길, 원병사 들어간 길, 전일월 전병사 들어간 길, 신일월 신병사 들어간 길, 김치 염라태산왕 들어간 길, 버물지어 사천왕 들어간 길, 제일에 진광왕 들어간 길, 제이 초강왕 들어간 길, 제삼 송제왕 들어간 길, 제사 오관왕 들어간 길, 제오 염라왕 들어간 길, 제육 번성왕 들어간 길, 제칠 태산왕 들어간 길, 제팔 평등왕 들어간 길, 제구 도시왕 들어간 길, 제십 십전왕 들어간 길, 십일 지장왕 들어간 길, 십이 생불왕 들어간 길, 십삼 좌두왕 들어간 길, 십사 우두왕 들어간 길, 십오 동자판관 들어간 길, 십육 사자 들어간 길, 천황차사 월직사자 들어간 길, 지황차사 일직사자 들어간 길, 인황차사 어금부도사 나장 들어간 길, 옥황 금부도사 들어간 길, 저승 이원사자 들어간 길, 물로 용왕국 대방황수 들어간 길, 단물 용궁차사 들어간 길, 나무에 결항 차사 들어간 길, 물에 엄사차사 들어간 길, 대로 객사차사 들어간 길, 비 명차사 들어간 길, 노불법 노차사 들어간 길, 맹도맹감 삼차사 들어간 길, 화덕차사 들어간 길, 싱금차사 들어간 길, 발금차사 들어간 길, 모람 차사 들어간 길, 적차사 들어간 길, 이승 강림이 들어간 길 작고 작아 개 미 왼 뿔 한 조각만큼 길이 났구나.

"강림이야, 어주리저주리 풍설 덮인 산딸기 가시덤불 돌무더기 길 을 헤치면서 가다 보면 질토래비* 길나장이**가 돌다리를 놓아 석 자 깊 이 다섯 자 넓이 길을 닦다가 시장기에 몰려서 햇빛에 앉아 졸고 있으리 라. 네 전대의 떡을 꺼내어 길나장이 눈앞에 놓으면 배고픈 김에 삼세번 을 끊어 먹을 것이다. 그리하면 알 도리가 있으리라."

"어서 그리하십시오."

강림이 머리를 숙일 적에 할아버지가 온데간데없었다.

강림이가 청동 같은 팔뚝에 동곳*** 같은 주먹을 걷어잡고서 험한 길 을 헤쳐 가다 보니, 과연 질토래비 길나장이가 길옆에 앉아서 소닥소닥 졸고 있었다. 강림이 전대의 떡을 내어서 길나장이 눈앞에 놓으니까 시 장한 바람에 떡을 삼세번 끊어 먹더니만 눈이 말똥 힘이 솟아나 산도 넘 을 듯하고 물도 넘을 듯했다. 뒤를 바라본즉 무섭고 건장한 관장이 서 있으므로 화들짝 일어서면서 말했다.

"어디 관장이 됩니까?"

----

* 길 닦는 사람. ** 길을 인도하는 사령.
*** 상투가 풀어지지 않게 꽂는 반구형 대가리에 끝이 뾰족한 물건.

"나는 이승 김치원님에 속한 강림이 강파도가 됩니다. 저승 염라왕 잡으러 갑니다."

"아이고, 이승 동관님아. 이게 무슨 말입니까? 저승을 어떻게 갈 수 있습니까? 저승이 가지는지 검은 머리가 백발이 되도록 걸어보십시오. 못 가는 법입니다."

"저승 동관님아, 나의 갈 길 저승길을 인도나 시켜주십시오."

애원할 적에 이원사자가 생각해보니 남의 음식을 공으로 먹으면 목 걸리는 법이었다.

"이승 동관님아, 저의 저승길 인도대로 저승을 가보십시오. 땀적삼 있습니까?"

"예, 있습니다."

"삼혼을 불러들이거든 혼정魂精으로나 저승 초군문을 가보십시오. 모레 한낮에 염라왕이 아랫녘 말잿 자부장자집 외딸아기가 신병이 들어 전새남굿을 받으러 내려설 테니 초군문에 적패지를 붙였다가 한두 번세 번 네 번 다섯 번째 가마가 이르거든 염라왕을 잡아보십시오. 저승 초군문에 가기 전에 헹기못에 이르면 연못가에 인간에서 제 명에 못 죽어 남의 명에 가던 사람들이 저승도 못 가고 이승도 못 와서 비새같이 울 것입니다. '나도 데려가십시오. 나도 데려가십시오' 하면서 동관님 옷섶을 잡을 터이니, 그때 전대의 떡을 자잘하게 부수어서 동서로 뿌리고 보면 저승 초군문에 이를 것입니다."

그러면서 하는 말이,

"동관님아, 저승 증표나 갖고 있습니까?"

"아이고, 못 가졌습니다."

"이게 무슨 말입니까? 저승 증표가 없으면 저승을 가도 돌아올 수 없습니다."

강림이가 손바닥을 두드리면서 탄식하다가 가만히 생각해보니까 큰부인 이별할 적에 저승 초군문 가기 전 급한 때를 당하면 명주 전대를 털어보라고 한 일이 떠올랐다.

"이것이 급한 대목이로구나."

전대 허리띠를 삼세번 털어뜨리자 동심결同心結 불삽 운삽黻翣 雲翣*이 다르륵 떨어졌다.

"이게 저승 증표입니다."

그때 낸 법으로 우리 인간 사람도 죽으면 동심결 불삽 운삽을 하여 품기는 법이다.

이때 저승 이원사자가 강림의 땀적삼을 벗겨서,

"강림이 보오, 강림이 보오."

삼혼을 부르니까 강림의 삼혼이 저승 포도리청 호안성을 지나가서 헹기못에 이르렀다. 연못가에 앉은 사람들이 강림의 옷섶을 붙잡으면서,

"오라버님, 날 데려가십시오."

"형님, 날 데려가십시오."

"조카 동생아, 나도 데려가라. 나도 데려가라."

우루루 매달릴 적에 강림이 전대의 떡을 꺼내 자잘하게 끊어서 동서

---

* 널조각에 긴 자루가 달린 상여 앞뒤로 세우고 가는 제구.

로 흩뿌리자 저승 못 간 사람들이 배고픈 길에 떡을 주워 먹고자 옷섶을 놓았다. 강림이 눈을 질끈 감으면서 헹기못에 빠지고 보니 저승 연추문에 이르러졌다.

강림이 적패지를 연추문 언저리에 붙여두고 연추문 기둥 밑에서 망건을 벗어 머리에 베고 누웠을 적에, 모렛날 한낮이 되자 연추문 안에서 천하가 요동하는 소리가 났다. 강림이 훌쩍 일어나서 보니까 앞에는 영기, 뒤에는 몸기가 펄럭이며 삼만관속 육방하인이 소리를 치면서 연추문 밖으로 나왔다. 첫째 가마 지나가고 둘째 셋째 넷째 가마가 넘어가더니 다섯째 가마가 멈칫 서면서 호령을 했다.

"통인아, 어서 저기를 봐라. 연추문에 붙은 적패지가 어떤 적패지냐?"

이원사자가 보고서 말을 하되,

"이승 강림이가 저승 염라왕을 잡으러 온 적패지입니다."

염라왕이 호령을 지르기를,

"어떤 놈이 나를 잡겠느냐?"

그때 강림이 봉의 눈을 부릅뜨고 삼각 수염 거느리고 청동 같은 팔뚝을 걸어 동곳 같은 팔주먹을 내놓고 우레 같은 소리를 벽력같이 지르면서 한 번을 펄쩍 뛰어 메어치니 삼만관속이 순식간에 사라지고, 두 번을 메어치니 육방하인이 사라졌다. 세 번째로 가마채를 잡아 흔들면서 문을 열어 보니 염라왕이 두 주먹을 쥐고 앉아 발발 떨었다. 눈 깜짝하는 사이에 염라왕 손에 오랏줄을 묶고 발에 족쇄를 채워 한 번을 잡아 밟으니 염라왕이 놀라서 말했다.

"강림이야, 강림이야, 한 고만 늦춰주어라. 인정을 많이 걸어주마."

강림이 인정을 많이 받고서 한 고를 늦추었다. 그때에 낸 법으로, 인간 사람도 죽어서 이 차사가 밧줄로 결박하여 갈 적에 인정을 많이 걸면 집안 혼백도 이 밧줄 결박을 풀어주게 되었다.

이때 염라왕이 말을 하되,

"강림이야, 성을 내지 말고 나하고 같이 아랫녘 자부장자집 전새남굿을 받아먹고 이승에 가는 것이 어떠냐?"

"어서 그건 그리하십시오."

자부장자집 먼 올레에 가고 보니, 심방이 홍포 관대에 조심띠를 하고 시왕맞이 청신을 하고 있었다. 심방이 '모든 신주는 다 살리옵소서' 하면서 강림이는 '살리옵소서' 소리를 아니 하므로 강림이 심방을 오라로 결박하여 굿자리에서 파릇파릇 죽어갔다.

이때 똑똑하고 역력한 제석궁 심방이 대령상을 내놓으면서,

"산 차사도 차사입니다. 우리 인간 강림차사도 저승을 가서 염라왕과 같이 신 지퍼 오는 듯합니다. 강림차사도 오십시오."

그러자 죽어가던 심방이 파릇파릇 살아났다. 그때에 낸 법으로 시왕 당클 아래 사자상을 차려 큰 시루떡을 쪄 올리는 법이다.

이때 강림이가 한두 잔 권하는 술에 만족해서 사자상 아래 쓰러져 자다 보니 염라왕이 온데간데없었다. 강림이 비새같이 울면서 먼 올레에 나설 적에 조왕할머님이 손을 치며 말을 했다.

"강림이야, 염라왕은 새의 몸에 환생하여 큰 대 꼭대기에 앉았으니 대톱으로 큰 대를 자르면 알 도리가 있으리라."

강림이 달려들어 큰 대를 자르려 하자 염라왕이 강림의 손목을 잡으면서 말했다.

"강림의 눈은 속일 수 없구나. 강림이야, 시왕맞이가 끝나게 되었으니 어서 인간에 가 있으라. 모렛날 한낮이 되면 동헌 마당으로 내려서리라."

"그러면 증거로 어인御印을 찍어주십시오."

강림의 땀적삼에 저승 글 석 자를 써주자 강림이 말했다.

"염라대왕님아, 올 때는 내 마음대로 왔으나 갈 때에는 마음대로 갈 수 없으니 저승길을 인도시켜주십시오."

염라대왕이 백강아지 하나를 내주고 도래떡 셋을 강림의 어깨에 채워주면서 말했다.

"이 떡을 조금씩 주어 달래면서 강아지 가는 데를 따라가면 알 도리가 있으리라."

강림이 겨드랑이에 품긴 떡을 끊어 주면서 백강아지를 따라가다 보니 행기못에 이르러졌다. 백강아지가 달려들어 강림의 목을 물고 행기못으로 팡당 빠질 적에 강림이 생사람이 자다가 꿈을 깨듯이 눈을 번뜩 뜨고서 보니까 이승이었다. 이때에 낸 법으로 인간 사람이 죽으면 떡을 겨드랑이에 품기는 법이다. 또 백강아지가 강림의 목을 물었기 때문에 남자는 여자와 달리 목에 뼈가 튀어나오는 법이다.

강림이 이승을 오고 보니 마을 지경을 알 수 없었다. 멀리 북쪽에 인간처 불빛이 비치기에 찾아가 보았더니 강림의 큰부인 집이었다. 큰부

인은 강림이 저승 가서 삼년상 첫제사가 돌아온지라 걸명*을 하러 문 밖에 나와서,

"설운 낭군님, 살았으면 하루 바삐 돌아오고 죽었거든 기일 제사를 많이 받아 가십시오."

문을 잠그고 들어갈 때에 강림이 다가서면서 말했다.

"길 넘어가는 사람인데 하룻밤 묵게 해주십시오."

"오늘 밤은 손님을 받을 수 없습니다. 우리 집 낭군님이 저승 가 삼년상 첫제사가 됩니다."

"내가 강림이 됩니다."

"우리 낭군님 강림이 살아올 턱이 없습니다. 뒷집 김서방이거든 내일 아침에 오면 제사 음식을 많이 드리리다."

"아니, 내가 강림이 됩니다."

"그렇거든 문구멍으로 관대 섶 한쪽을 내놓으십시오. 알 도리가 있습니다."

관대 섶 한쪽을 문구멍으로 내어놓으므로 살펴보니 저승 갈 때 증표로 귀 없는 바늘 한 쌈을 꽂은 것이 삭아서 오도독 부러졌다.

"설운 낭군님이 적실하구나."

문을 열고서 두 손을 잡아 낭군님을 데리고 침방으로 들어가니 강림이 말했다.

"이건 어떤 일입니까?"

----
* 고수레의 제주 말.

"설운 낭군님이 저승 간 뒤 삼년상을 지내고 첫제사가 됩니다."

"나는 저승 가서 사흘을 살았는데 이승은 삼 년이 되었구나."

삼년상 첫제사 음식을 음복한 뒤 강림이 아버지한테 말을 하되,

"아버님아, 나 없으니 어떤 생각이 났습니까?"

"설운 아기 없어지니 마디마디 생각이 나더라."

"설운 아버님 돌아가시면 왕대를 상장喪杖대를 삼아서 왕대 마디마다 아버님을 생각하겠습니다. 아버님이 자식 생각하는 마음으로 아래를 풀었으니 아래 푼 상복을 두르고 삼 년간 공을 갚아드리겠습니다."

또 어머님한테 묻는 말이,

"어머님은 나 없으니 어떤 생각이 났습니까?"

"설운 아기 없어지니 먹먹해지더라. 저 올레를 걷다가도 자주자주 생각나더라."

"어머님 돌아가시면 동으로 뻗은 머귀나무로 상장대로 짚어 가지마다 자주자주 생각하겠습니다. 어머님이 자식 생각하는 마음으로 아래를 감추었으니 아래를 감친 상복을 입어 공을 갚아드리겠습니다."

형님들을 돌아보며,

"설운 형님들은 어떤 생각이 났습니까?"

"설운 형제간 없어지니 열두 달까지 생각나다가 열두 달이 넘어가니 차차 잊었구나."

그리하여 형제간은 열두 달 소기小春까지만 상복 입도록 마련했다.

"먼 친척 가까운 친척은 어떤 생각이 났습니까?"

"설운 친척 없어지니 큰일 때만 생각납니다."

그리하여 친척이 죽으면 떡을 만들어 부조하는 법을 마련했다.

"문 안 문 밖의 열여덟 첩들은 나 없으니 어떤 생각이 나더냐?"

"저 올레에 걷다가 목이 긴 사람 보면 생각납디다."

"이년 저년들 쓸 곳 없는 년이로구나."

동서로 전부 살림을 갈라버렸다.

"큰부인은 나 없으니 어떤 생각이 납디까?"

"설운 낭군 없어지니 초하루 보름 삭망을 넘겨 개가하라는 남의 말 듣고서 가자 할 적에 살아온 정리를 생각하다 보니 열두 달 소기小朞까지 않았습니다. 소기 지나서 남의 말 듣고 개가하려다가 정리를 생각하여 기다리니 스물네 달 대기大朞까지 않았습니다. 대기 지나서 남의 말 듣고 개가하려다가 삼년상 첫제사까지 않고 보니 설운 낭군님이 왔습니다."

설운 큰부인은 산 수절을 지켜서 앉았으므로 열녀법을 마련했다. 인간에서 예문禮文 예장禮狀만 드리면 저승에서는 남매가 되는 법이다.

그날 밤 강림이 사랑을 풀어 큰부인하고 누웠을 적에 강림 큰부인이 삼년상 첫제사 지나면 혼인하여 살아보려던 뒷집 김서방이 뒷날 아침에 와서 보니까 망건과 관대가 벗어 걸어져 있었다. 김서방이 원님 앞으로 달려들면서,

"강림이 저승 가서 염라왕을 잡아오겠다고 해두고서 낮에는 병풍 뒤에 숨어서 살림하고 밤이면 병풍 밖에서 부부간 살림을 살았습니다."

원님이 날랜 박파도를 시켜서 강림이를 어서 입참시키라 하니 박파도가 강림이를 데리고 동헌 마당에 들어섰다. 원님이 강림한테 호령을

하되,

"어느 게 염라왕이냐?"

"무엇이라 하였는지 내 등을 보옵소서."

강림의 등을 보니 저승 어인이 있으므로 명을 내리되,

"모렛날 한낮에 염라왕이 올 때까지 강림이를 하옥시켜두어라."

강림을 옥에 가두어두었을 적에, 모렛날 한낮이 되자 동서로 뭉게구름이 떠오고 무지개가 동헌 마당에 서거더니 좁은 목에 벼락 치듯이 염라왕이 동헌 마당에 들어섰다. 김치원님이 달아날 길을 잃어서 공주 기둥 뒤에 숨을 때에 염라왕이 보니까 동헌 마당에 아무도 없고 옥 안에 강림이가 앉아 있었다.

"원님은 어디 갔느냐?"

"모르겠습니다."

"이 집은 누가 세웠느냐?"

"강태공이 지었습니다."

염라왕이 강태공을 불러오라고 하더니만,

"이 집 기둥을 몇 개를 세웠느냐? 네 솜씨 아니 든 기둥은 대톱 소톱으로 잘라 올려라."

"공주 기둥은 제 솜씨 아니 든 기둥입니다."

강태공이 대톱으로 공주 기둥을 자르려 할 적에 붉은 피가 불끗 나면서 원님이 양 주먹을 쥐고 발발 떨며 댓돌 아래로 내려섰다. 염라왕이 소리를 높여서,

"어떤 일로 나를 청하였느냐?"

원님이 대답을 할 수 없어 주먹을 쥐고 떨어가니까 원님 대신 강림이가 나서서 말했다.

"염라왕님아, 어찌 그리 욕을 합니까? 저승왕도 왕이고 이승왕도 왕인데 왕끼리 못 청할 바 있으리까?"

염라왕이 그 말을 듣더니만,

"강림이 똑똑하고 역력하다. 이승왕아, 어떤 일로 나를 청했습니까?"

"그런 것이 아니라 과양 땅 과양생이 아들 삼형제가 한날한시에 태어나고 한날한시에 과거 급제하고, 한날한시에 죽은 소지를 처리하려고 염라왕을 청하였습니다."

"나도 저승에서 그런 줄 알고 왔습니다. 과양생이 부부간을 동헌 마당에 데려오십시오."

염라왕이 과양생이 부부간을 동헌 마당에 불러다 놓고 말을 하되,

"너는 아들이 죽어서 어디다가 묻었느냐?"

"앞밭에 묻고 담을 둘렀습니다."

"아무도 돕지 말고 부부간 손으로만 거기를 헤쳐 보아라."

묻은 데를 헤쳐 보니까 아무것도 없고 칠성판만 있었다.

"어느 게 너의 아들 삼형제냐?"

그때 염라왕이 금부채로 주천강 연못을 삼세번 후려치자 연못이 바싹 말라서 마른 먼지가 생겨났다. 버무왕 아들 죽은 시체가 뼈만 앙상한 것을 도리도리 모아놓고 금부채로 세 번을 때리니까 삼형제가 눈을 뜨고 일어났다.

"아이고, 봄잠이라 늦게 잤습니다."

염라왕이 과양생이 부부간을 불러다가 물었다.

"이게 너의 아들 삼형제냐?"

"예, 우리 아들 삼형제하고 꼭 같습니다."

이때 버무왕 아들 삼형제가 활 받아라, 칼 받아라, 죽일 판으로 덤벼들자 염라왕이 말했다.

"원수는 내가 갚아주마. 아버지 어머니를 어서 찾아가라."

삼형제를 아버지 나라로 보내놓더니 과양생이 부부간 팔 다리 아홉에 소를 묶은 뒤 동서로 몰아가라 했다. 과양생이 부부 몸이 아홉 조각으로 찢어질 적에 찢어지다 남은 것을 방아에 넣고 독독 빻아 바람에 날리니 산 때도 남의 피만 빨아먹자 하던 과양생이 부부는 죽어도 남의 피를 빨아먹고자 각다귀와 모기 몸으로 환생을 했다.

염라왕이 원님한테 말을 하되,

"김치원님아, 강림이를 조금만 빌려주시오. 저승에 가서 일을 시키다가 보내리다."

"안 됩니다."

"그러면 우리 반쪽씩 갈라 가집시다. 몸을 갖겠습니까 넋을 갖겠습니까?"

어리석은 김치원님이 말을 하되,

"몸을 갖겠습니다."

염라왕이 강림의 삼혼三魂을 빼내서 저승으로 돌아갈 때에, 강림은 동헌 마당을 걷다가 우두커니 멈춰 섰다. 김치원님이 술을 먹다가,

"강림이야, 이 술 한잔 먹고서 저승 갔다 온 말이나 해봐라."

강림이 잠잠하니까 김치원님이,

"저놈 봐라. 염라왕 잡아왔다고 너무 큰 체하여 말대답도 안 한다."

능장대로 툭 건드리니까 뎅강 자빠진 것이 입에 거품을 물고 콧구멍이 검어져서 죽어갔다. 강림 큰부인이 동헌 마당에 달려들면서,

"원님아, 우리 낭군이 무엇 잘못한 일이 있습디까?"

원님 앞에 달려들어 긁어 뜯는 것이 원님도 죽어갔다. 이리하여 옛날에는 사람이 죽으면 대신 죽이는 법이 있었다.

강림의 큰부인은 섭섭하기가 초염습, 대염습, 성복, 일포, 동관을 하여도 섭섭하고, 마흔여덟 상두꾼을 모아 상여를 내어서 소리를 해도 섭섭했다. 군왕지지에 감장하고 초우, 재우, 삼우와 초하루 보름 삭망제, 소기, 대기를 지나도 섭섭하므로 일 년에 한두 번 잊어버리지 말려고 명절 기일 제사법을 마련하였다.

그때 강림이는 저승에 갔는데 염라대왕이 말하되,

"인간 사람 여자는 일흔, 남자는 여든 정명으로 차례차례 저승에 와라."

이렇게 적패지를 붙여두라고 분부를 했다. 강림이 적패지를 가지고 인간에 나올 적에 길이 벅차서 옆에 앉아 있었더니 까마귀라는 짐승이 까옥까옥하면서 말했다.

"형님아, 그 적패지를 내 앞날개에 붙여주십시오. 인간에 가서 붙여두고 오겠습니다."

까마귀가 적패지를 받아 앞날개에 달고서 인간 세상으로 날아오다가 보니 말 죽은 밭에서 말을 잡고 있었다. 까마귀가 말 피 한 점을 얻어먹

고 가려고 까옥까옥 울다 보니까 말 잡던 백정이 말발굽을 끊어서 잡아
던졌다. 까마귀가 놀라서 앞날개를 벌리는 바람에 적패지가 도로록 떨
어질 적에 담구멍에 있던 백구렁이가 적패지를 옴짝 먹어버렸다. 그때
난 법으로 뱀은 죽는 법이 없어 아홉 번 죽어도 열 번 환생하게 되었다.

까마귀가 옆에 보니까 솔개가 앉아 있으므로,

"내 적패지 다오. 까옥."

"아니 보았다. 삥고로록."

그때 나온 법으로 지금도 까마귀와 솔개는 만나면 서로 원수지간이
되어 싸우는 법이다.

까마귀가 인간 세상으로 날아오더니만,

"아이 갈 데 어른 가십시오. 어른 갈 데 아이 가십시오. 부모 갈 데 자
식 가십시오. 자손 갈 데 조상 가십시오. 조상 갈 데 자손 가십시오."

차례 없이 멋대로 말해주었다. 까마귀가 궂게 울면 나쁜 법이니, 아
침 까마귀는 아이 죽을 까마귀, 낮 까마귀는 젊은 사람 죽을 까마귀, 오
후의 까마귀는 늙은 사람 죽을 까마귀다. 동쪽에 앉아 우는 까마귀는 양
식 없는 손님 들 까마귀, 서쪽에 앉아 우는 까마귀는 소문 기별 올 까마
귀이고, 초저녁 까마귀는 화재 날 까마귀, 밤중 까마귀는 역적 도모하여
살인 날 까마귀다.

저승 초군문이 어른 아이 할 것 없이 가득하니 최판관이 화를 내어,

"어찌하여 차례차례 오라 했더니 아이 어른을 다 오라 했느냐?"

강림이에게 문초를 하니 강림이는 까마귀를 잡아 문초를 했다. 말 죽
은 밭에서 적패지를 잃어버렸다고 하니까 보릿대 형틀에 묶어 밀대로

아랫도리를 때렸다. 이때 낸 법으로 까마귀는 간 밭을 걷는 모양으로 바로 아장아장 걷게 되었다.

이때 염라왕이 강림이에게 분부하되,

"동방삭이를 잡자 할 적에 아이 차사가 가서 어른이 되고 어른 차사가 가서 아이가 되어도 잡아오지를 못하니 어떤 일인고? 네가 동방삭이 있는 데를 가서 동방삭을 잡아오면 한 달을 놓아주마."

"어서 그건 그리하십시오."

강림이가 그 마을에 내려서서 시냇물에서 검은 숯을 발강발강 씻고 있으니까 동방삭이 넘어가다가 보고서 물었다.

"넌 어떤 일로 앉아 숯을 씻느냐?"

"그런 것이 아니라, 검은 숯을 백일만 씻고 있으면 하얀 숯이 되어 백가지 약이 된다고 해서 씻고 있습니다."

"이놈아, 저놈아. 내가 삼천 년을 살아도 그런 말 들어본 바가 없노라."

강림이가 방긋 웃으면서 옆에 찼던 홍사줄을 내놓고 동방삭이 몸을 결박하니까 동방삭이 하는 말이,

"어떤 차사가 와도 나를 잡을 차사가 없더라만 삼천 년을 살다 보니 강림의 손에 잡히는구나. 어서 저승으로 가자."

염라왕에게 바치자 염라왕이 말했다.

"강림이 똑똑하고 역력하니 사람 잡는 차사로 들어서라."

그리하여 강림은 사람을 저승으로 잡아가는 차사가 되었다.

〈차사본풀이〉는 무척 길게 이어지는 이야기인 만큼, 자료에 따른 차이도 많은 편이다. 먼저 인물의 이름을 보면, 주인공 강림은 자료에 따라 강파도라고도 불리며,* 버물왕은 버무왕, 과양생이는 과양선이나 과양성이(과양생이)라고도 불린다. 버물왕 삼형제는 이 자료와 달리 위로 삼형제 아래로 삼형제가 죽어 가운데 셋만 남아 있었다고 돼 있는 경우가 많다. 그들은 삼 년 공부를 미처 못 채우고 집에 오다가 과양생이 각시한테 살해를 당하곤 한다. 강림과 큰각시의 사연을 보자면, 이 이야기에서 강림이 꽤나 의존적이고 눈물이 헤픈 모습을 보이는 데 비해 다른 자료에서는 좀 더 씩씩하고 정중한 모습을 보이기도 한다. 어떤 자료에서는 큰각시가 혼자 문제를 해결하는 대신 첩들을 다 불러 모아서 함께 떡을 빚었다고 하기도 한다.

강림이 저승으로 들어감에 있어 연못(헹기못)에 뛰어드는 내용은 다른 자료에서 안 보이는 안사인본 특유의 설정이 된다. 강림이 염라왕과 함께 굿을 보러 간 곳은 흔히 옥황 원복장이 집이었다고 하며, 아기업개의 도움으로 사라진 염라왕을 찾아냈다고 한다. 이승으로 돌아온 강림이 큰각시 외에 부모 형제와 친척을 만났고 그로부터 다양한 장례 풍속이 비롯되었다는 것, 그리고 뒤에 강림 큰각시의 손에 의해 김치원님이 죽어갔다는 것, 저승에 간 강림이 동방삭을 잡아왔다는 것 등은 다른 자료에서 잘 보이지 않는 안사인본의 특별한 내용들이다. 까마귀 때문에 인간 수명에 문제가 생겼다는 내용은 공통적인 것인데, 어떤 자료

---

* 이때 '파도'는 패두(牌頭)를 이르는 말일 가능성이 커서, 강림을 이름으로 보는 것이 합당해 보인다.

에서는 강림이 아닌 염라왕이 까마귀에게 적패지를 주었다고 되어 있기도 하다.

자료에 따라 캐릭터의 색깔과 서사의 흐름에 다소간의 차이가 있지만, 〈차사본풀이〉의 기본적인 서사적 초점과 의미는 대체로 뚜렷하다고 할 수 있다. 이 신화를 관통하는 기본 요소가 무엇인가 하면 바로 삶과 죽음의 문제이다. 죽을 운명을 탐지하고 그것을 회피하려다가 결국은 운명에 맞닥뜨리는 버물왕 삼형제의 역정이 그러하며 억울한 죽음이 원수의 자식으로의 환생과 재죽음으로 이어지는 서사도 그러하다. 과양생이 각시가 김치원에게 요구한 것도 생사 문제의 해명이었으며, 강림이 염라왕을 찾아 저승길을 넘나드는 것 역시 생사의 경계를 오간 자취에 해당한다. 기나긴 서사의 귀결이 버물왕 삼형제의 재생과 강림의 저승행 및 저승차사 신직으로 이어진 것 또한 삶과 죽음의 문제가 이 신화의 핵심 화두가 되고 있음을 잘 보여준다.

이 신화에서 버물왕 삼형제가 거치는 인생행로는 무척이나 인상적이다. 억울한 죽음을 당한 뒤 꽃으로 환생하고 구슬을 거쳐 사람으로 태어난다는 설정과 십여 년에 걸친 복수라는 긴 호흡, 원수의 행복을 극도로 끌어올리다가 한순간에 그것을 절망으로 뒤엎는 반전이 두루 눈길을 끈다. 하필이면 원수의 '자식'으로 태어나서 원수로 하여금 자식을 잃는 고통을 느끼게 한다는 설정은 과연 어떠한지. 남의 자식을 죽여 피눈물을 흘리게 했으니 자기도 같은 고통을 맛보아야 한다는 응보의 논리이겠거니와, 부모와 자식 사이의 근원적 엇갈림을 떠올리는 설정이기도 하다. '자식이 원수다' 하는 말을 심심치 않게 듣게 되는 터, 부모와 자식 사이의 인연에 어떤 태생적이고 운명적인 관계가 깃들어 있는가를 반추하도록 하는 내용이다. 만약 그 관계가 '악연'이라면 우리는 어떻게 해야 하는 것인지. 이 신화는 그 악연의 고리란 끊어져야 하는 것임을 말하는 듯하면서, 다른 한편으로는 그 또한 운명이니 감당해야 한다고 말하는 것 같기도 하다.

죽을 운명을 탐지한 뒤 거기서 벗어나기 위해 정든 부모님 곁을 떠나 새로운 삶을 살았던 버물왕 삼형제는 필사의 노력에도 불구하고 그 운명에서 벗어나지 못한다. 오히려 그 행로는 '과양 땅'으로 표상되는 죽음의 공간으로 이끌려 들어가는 함정의 길이었다는 느낌마저도 받게 된다. 어찌 보면 이치에 안 맞는 진행일지 모르지만, 이 신화는 그것이 곧 인생이라고 말하고 있다. 운명에서 벗어나고자 발버둥 쳐보지만 자기도 모르는 새 운명을 향해 걸어가고 있는 것이 곧 인간의 살아가는 일이라는 말이다. 어찌 그럴 수 있겠느냐 할지 모르지만, 그 운명이 '죽음'이라는 것을 생각하면 그 사실을 인정하지 않을 도리가 없다. 어떻든 사람들은 죽음을 향하여 다가가게 되는 터이니 말이다.

그렇다면 그 죽음이란 극복할 수 없는 운명이 되는 셈인데, 이 신화는 이 지점에서 다른 답을 전해준다. 죽음에 직면하여 그것을 감당하고 나면 새로운 삶이 열린다는 것이다. 저 삼형제는 속절없이 스러져 죽어갔으나 그것은 끝이 아니었다. 그들은 꽃으로, 구슬로, 원수의 자식으로 거듭 태어나면서 죽음의 운명과 투쟁하며, 마침내 재생(再生)을 통해 죽음 너머의 새로운 삶에 이른다. 죽음 너머에 새 삶이 있다는 것. 죽음을 통해 죽음을 넘어설 수 있다는 것. 버물왕 삼형제의 서사에는 이러한 존재론적 역설이 깃들어 있다고 할 수 있다.

그런데 이 일련의 서사에서 세계관적 측면에 못지않게 주목하게 되는 것은 한 인물의 강렬한 캐릭터다. 그가 누군가 하면 바로 과양생이 각시다. 마치 블랙홀처럼 삼형제를 빨아들여 죽음을 선사하는 그녀는 그 자체 죽음의 사자처럼 보이기도 한다. 이를테면, 신들의 승인을 받지 않은 저승사자라고나 할까. 일련의 동선을 살펴보자면 과양생이 각시는 한 명의 사이코패스적인 인물이다. 아무렇지 않게 삼형제를 죽이고서 깔깔거리는 모습이나 과거 보고 오는 선비들에게 악담을 퍼붓는 모습, 김치원님에게 발악을 하는 모습 등 사이코패스적 요소는 거듭 확인된다. 흥미로운 것은 그녀가 팜므 파탈적인 유인력을 가진 인물이기도 하다는 점이다. 삼형제가 한 걸음 나아가면 두 발자국 물러섰다고 하는 것은 그녀의 강력한 유인력을 표상한다. 그리고 삼형제가 개 밥그릇에 식은 밥을 먹는 모욕을 당하고도 과양생이 각시한테 이끌려 들어가 얼음 녹듯 죽어갔다는 것은 그녀가 치명적인 여인이었음을 잘 보여준다. 그 남편 과양생이가 그녀의 몸짓에 따라 그림자처럼 움직이는 것이나, 김치원님이 그녀의 원정(怨情)을 이겨내지 못하고 쩔쩔매는 것 또한 그녀가 지닌 치명적 유인력에 의한 것으로 볼 수 있을 것이다. 사지를 찢기는 모진 처벌을 당하고서도 모기 각다귀가 되어 세상으로 흩어졌다는 그녀. 그 '검은 욕망'이 펼쳐내는 강력하고도 끈질긴 에너지는 그저 놀라울 따름이다. 그 치명적인 죽음의 함정을 이겨낼 이가 과연 얼마나 있을지. 만약 강림이 그녀와 일대일의 대결을 펼친다면 어떤 결과가 나오게 될지 궁금해진다. 신들의 공인을 받게 되는 저 죽음의 사자는, 여자를 열여덟이나 거느렸다는 저 '영웅'은 과연 제 힘으로 저 사이코 팜므 파탈 사귀(死鬼)를 이겨낼 수 있었을까?

이제 우리 이야기는 자연스럽게 강림에게로 넘어간다. 방금 '영웅'이라 불렀거니와, 과연 강림이라는 인물의 캐릭터는 어떠한지. 처음 이야기에 등장할 때 강림의 모습은 영웅이라고 일컫기에 부족해도 많이 부족하다. 허우대와 용맹은 어떨지 몰라도, 수많은 첩을 거느리는 기세는 어떨지 몰라도, 그 행실이 허술함을 넘어서 한심할 정도다. 첩들을 챙기다가 공무에 늦는 것도 그러하지만, 제 손으로 소박 놨던 아내를 찾아가서 눈물을 질질 짜면서 응석을 부리는 모습은 속된 말로 '찌질남'에 가깝다. 그보다는 오히려 오랜 독수공방의 원망을 뒤로 한 채 강림의 저승길 채비를 차려주는 아내가 열 배, 백 배 더 커 보인다.

하지만 안에서 한없이 찌질했던 저 강림은 그리 만만한 존재가 아니었다. 일단 저승길에 나서자 그는 내재해 있던 능력을 훌쩍 펼쳐 보인다. 아내의 말을 받들어 노인들을 공대하는 순박한 모습에서부터 그의 진가는 드러나기 시작한다. 행기못 연못에 거침없이 몸을 던지는 씩씩함과 저승 문 앞에서 낮잠을 퍼질러 자는 느긋함은 그야말로 일품이다. 저승 군사를 단숨에 때려눕히고 염라대왕의 가마채를 뒤흔드는 모습은 상상만 해도 즐겁다. 자부장자 집 심방을 압박해서 대접을 받아내는 능력 또한 인상적이다. 마침내 저승의 왕 염라왕을 이승에 행차하게 하는 저 사람. 이만한 기백과 능력이라면 '용사'를 넘어서 '영웅'이라고 불러도 가히 손색이 없을 것이다. 어떤 영웅인가 하면, 친근하고도 인간적인 영웅!

강림이 나타내 보이는 안팎에서의 극적인 대비 속에는 이 신화 전승자들의 인간관 내지 현실관이 반영돼 있다. 안에서 한없이 무능하고 찌질한 저 남자, 무시하고 억누르면 말 그대로 무능한 존재가 된다. 하지만 저 사내, 바깥 세상에 나가면 다른 사람이 된다. 펄펄 날아다니면서 제 몫을 훌륭히 감당한다. 그것은 세상 수많은 남성들의 양면을 반영한 형상이면서, 남성들에 대한 여성의 기대 내지 믿음을 반영한 형상이라 할 수 있다. 옆에서 보는 남편이 한심하기 그지없지만, 그래도 믿고 뒷받침을 해주면 제 몫을 할 것이라는 믿음이다. 거꾸로 그러한 믿음이 세상의 남자들이 '영웅'이 되도록 하는 동력이 되는 것이라고도 말할 수 있을 것이다. 설령 저 남자가 영웅과 거리가 멀다고 해도, 어쩌겠는가. 그래도 믿고서 밀어주는 수밖에. 그것이 이 신화 전승자로서 여성들이 체화하고 있던 세계관이었던 터다. 한편으로 아름답고 한편으로 슬픈.

　강림의 일련의 행보에서 특별히 눈길을 끄는 요소는 '저승으로 가는 길'의 형상이다. 우선 강림이 행기못에 훌쩍 뛰어듦으로써 저승에 이르렀다는 대목이 주목된다. 이승과 저승의 경계에 물이 가로놓인다는 것은 한국의 보편적인 관념이었거니와, 행기못 화소는 저승으로의 이동이 일종의 '차원 이동'이라는 사실을 아주 인상적으로 구체화한 형상에 해당한다. 이야기는 그 물가에 저승에 가지 못하고 방황하는 수많은 혼령들이 있다고 하거니와, 그들은 길을 몰라서라기보다 떨쳐내지 못한 미련이나 원한 때문에 저 세계로 넘어가지 못하는 것이라고 보는 것이 합당할 것이다. 강림은 산 사람의 몸으로서 그 미련을 훌쩍 던졌던 것이니, 그가 물에 뛰어드는 순간은 '생사를 초월하는 순간'이 된다고 할 수 있다. 그가 염라대왕을 붙잡을 수 있었던 힘도 바로 거기에서 나온 것이었을 터이다. 그가 생과 사를 함께 지닌 존재임으로 해서 저승 군사나 염라대왕이 가히 그를 감당할 수 없었다는 것이다.

하지만 개인적으로 행기못보다 더 인상적이고 놀라운 화소는 바로 일흔여덟 갈림길이다. 서넛도 아니고 열이나 스물도 아닌 일흔여덟 갈림길! 그 형상을 떠올리는 것만으로 경이에 빠져들게 되거니와, 그 갈림길이 상징하는 바를 헤아리면 그야말로 매혹되지 않을 수 없다. 천지혼합시 들어가고 천지개벽시 들어갔으며 초공 이공 삼공 수많은 신들이 들어갔다는 그 길. 모름지기 그 길들이란 신들이 열어낸 길이자 신들의 세상으로 가는 길이라 할 수 있다. 일컬어 신들의 세상으로의 무한 통로! 그 갈림길에서 길만 잘 찾으면 수많은 신들의 길을 찾아서 갖가지 신성한 세상으로 나아갈 수 있는 것이니 이 어찌 놀라운 일이 아닐까. 그 갈림길이 어디 있는가 하면 존재를 초탈하는 순간 훌쩍 눈앞에 나타나는 바다. 강림은 자기를 버리고 신과 접속하는 행보를 통하여 그 길에 직면했던 것이라 할 수 있다.

저 신화는 강림이 나아갈 길을 '개미 왼 뿔 한 조각'만 한 길이라고 한다. 또 '어주리저주리 풍설 덮인 산딸기 가시덤불 돌무더기 길'이라고 한다. 이는 무슨 말인가 하면, 그것이 아직 '길이 아니었던 상태'였다는 말이다. 단지 길의 가능성만 있었던 상태다. 강림이 거기를 찾아서 나아감으로써 그것은 비로소 하나의 길이 된다고 할 수 있다. 일흔일곱 갈림길이 이제 일흔여덟 갈림길이 되는 순간이다(어떤 자료는 강림이 일흔일곱 갈림길을 만났다고 말하고 있다). 이렇게 새로운 신의 길, 신화의 길이 만들어지는 것이니 저 많은 길들이 다 그렇게 만들어진 터다. 하여 그것은 단지 '일흔여덟'로 한정될 리 없다. 그것은 일흔아홉 갈림길이 되고, 아흔아홉 갈림길이 되며, 구백아흔아홉 갈림길이 될 수 있다. 세상에 수많은 신화가 있지만, 환상 세계에 대한 통로로 이보다 더 멋진 것을 본 기억이 없다.

저승에 가서 염라왕을 데려온 강림. 그는 뒤에 저승차사가 된다. 이승과 저승을 넘나든 행적에 비춰볼 때 자연스런 귀결이라 할 수 있거니와, 역시 우리는 그 캐릭터에 주목하게 된다. 왠지 냉혹하기보다는 무언가 친근하여 한번 말을 걸어서 인정을 구해볼 만할 것 같은 캐릭터 말이다. 저 앞의 〈맹감본〉이나 〈장자풀이〉에서 저승사자들이 인정에 약한 모습을 보였거니와, 이 〈차사본풀이〉는 그러한 저승사자 캐릭터의 내력을 푸는 서사가 된다고 할 수 있다.

이야기는 저승사자가 알고 보면 허술하고 엉뚱한 면이 있음을 저 '까마귀 적패지' 삽화를 통해 새삼 확인시켜주거니와, 이러한 설정에는 죽음에 대한 옛사람들의 인식이 단적으로 투영되어 있다고 할 수 있다. 죽음을 고정불변의 질곡으로 보기보다 변화 가능하며 어쩌면 극복 가능한 무엇으로 보는 인식이다. 그렇다. 설사 그 죽음이 어쩔 수 없는 무엇이라고 하더라도, 저 험한 저승길을 동행하게 될 사자가 내면에 눈물과 인정도 가지고 있는 '착한 영웅'이라는 사실 자체만으로도 큰 위로가 된다고 할 수 있다. 먼 길 떠나야 하는 사람들에게. 그리고 먼 길 떠나보내야 하는 사람들에게.

어찌 보면 유머의 요소가 배어 있기도 한 이 〈차사본풀이〉는 그냥 웃고 즐기기 위한 서사가 아니다. 앞서도 말했지만 그것은 삶과 죽음의 운명에 대한 원형적인 서사다. 이 신화 속에 장례 풍속의 내력에 관한 언술이 곳곳에 들어 있는 것은 우연이 아니다. 이 신화가 말하는 장례와 제사의 예법에 대한 언술은 단순한 수사가 아니다. 그 속에는 삶과 죽음에 대한 옛사람의 철학이 깃들어 있다. 앞서 버물왕 삼형제가 환생과 재생의 과정을 거쳐 죽음을 넘어서는 과정을 전하고 있다 했거니와, 강림이 헹기못을 통해 삶과 죽음을 넘나드는 것이나 죽은 혼이 저승차사가 되어 이승을 왕래하게 되는 것 또한 죽음이 삶의 최종적 단절이나 마감이 아님을 말해준다. 따지고 보면 염라대왕이 있고 저승사자가 있어서 사람의 죽은 혼을 저세상으로 데려간다고 하는 것 자체가 죽음이 새로운 시작임을 말해주는 것이라 할 수 있다. 그렇다. 우리 신화는 저 창세 신화에서부터 능력자 대별왕을 저승으로 보내지 않았던가. 그리하여 나는 말한다. 저 저승의 용사 강림의 신화는 죽음을 말함으로써 죽음을 넘어서는 '반(反)죽음'의 신화라고.

 바다와 대륙을 평정한 거침없는 영웅 궤네깃또

여기 또 한 명의 영웅이 있다. 강림보다 더 직선적이고 더 행동적인 그 주인공의 이름은 궤네깃또다. 한국 신화의 원형적 영웅상을 보여준다고 말해지곤 하는 인물이다. 강림의 무대가 이승과 저승이었다면, 궤네깃또의 무대는 섬과 바다, 그리고 대륙을 넘나든다. 제주도 본풀이 신화

〈궤네깃당본풀이〉의 사연이다.

소천국은 제주 땅 알송당 고부니마루에서 솟아나고 백주또는 강남천
자국 백모래밭에서 솟아났다. 백주또가 세상에 탄생해서 천기를 짚어보
니 자기 천상배필이 될 짝이 제주 땅 송당리에서 탄생하여 사는 듯했다.
백주는 제주에 들어와 송당리를 찾아가 소천국을 만나 부부가 되었다.

둘이 결혼하여 아들 오형제를 탄생하고 또 여섯째가 뱃속에 있을 때
백주또가 소천국한테 말했다.

"소천국님아, 아이는 이렇게 많이 낳는데 놀고서 살 수 있습니까? 아
이들을 어찌하여 기릅니까. 농사를 지어보십시오."

소천국이 주변 땅 오봉이굴왓을 둘러본즉 볍씨도 아홉 섬지기, 파씨
도 아홉 섬지기가 되어 보였다. 소천국은 소를 몰고 쟁기를 지워 밭을
갈러 나갔다. 백주또가 점심을 차릴 적에 밥 아홉 동이 국 아홉 동이, 이
구 십팔 열여덟 동이를 밭 가는 데로 가지고 갔다. 소천국이 하는 말이,

"점심은 소길마를 덮어두고 내려가십시오."

백주님이 돌아오고 소천국이 밭을 갈 적에 태산절 중이 지나다가가
다가오더니만,

"밭 가는 선관님아. 잡수던 점심이나 있으면 한술 주시어 시장기를
면하게 해주십시오."

소천국이 먹은들 얼마나 먹으랴 하고서,

"그렇거든 소길마를 들어서 보구려."

태산절 중이 소길마를 들어 보더니만 국 아홉 동이와 밥 아홉 동이를

다 들어먹고서 달아나버렸다.

소천국이 밭을 갈다가 배가 고파서 점심이나 먹자고 보니 몽땅 먹고 달아나버려서 한 술도 없었다. 소천국이 시장하여놓으니 할 수 없이 밭 갈던 소를 때려잡아가지고 찔레나무 적꼬치에 고기를 꿰어서 구워 먹기 시작했다. 소 한 마리를 다 먹고도 허기가 안 가시자 묵은 띠밭에서 검은 암소가 기고 있는 것을 붙잡아다가 먹어서 배를 채웠다.

소천국이 소 머리 두 개와 소가죽 두 개를 놓고서 배때기로 밭을 갈고 있을 적에 백주또가 와서 보더니만,

"소천국님아, 어찌하여 배때기로 밭을 갑니까?"

"그런 것이 아니고 태산절 중이 넘어가다가 국 아홉 동이와 밥 아홉 동이를 다 먹고 달아난지라 할 수 없이 밭 갈던 소를 잡아먹고 남의 소까지 잡아먹고서 허기를 채웠습니다."

백주또가 그 말을 듣더니만,

"당신 소를 잡아먹은 건 떳떳한 일이나 남의 소 잡아먹었으니 소도둑놈 아닙니까? 오늘부터 살림을 분산합시다."

백주또는 바람 위로 올라서서 당오름에 좌정하고 소천국은 바람 아래 내려서서 알송당 고부니마루에 자리를 잡았다. 소천국은 배운 것이 사냥질이라서 산천에 올라가 공작 노루 사슴 큰 돼지 작은 돼지를 많이 잡아서 해낭곳굴왓 사는 정동칼 집의 딸을 소첩을 삼아 고기를 삶아 먹고 살았다.

백주또가 뱃속에 있던 아기를 낳아서 세 살이 되자 아기를 업고서 소천국을 찾아나섰다. 해낭골굴왓에 가 봤더니 움막 속에서 연기가 나는

데 그 안에 소천국이 앉아 있었다. 백주또가 소천국한테 아기를 부려놓자 아기가 아버지 수염을 잡아당기면서 가슴을 두드렸다.

"이 자식 밴 때에도 일이 어긋나 살림을 분산하더니 태어나서도 이런 행동을 하니 죽일 수는 없고 동해 바다에 띄워 버려라."

소천국이 무쇠 석갑에 세 살 난 아들을 담고서 자물쇠를 덜컥 잠가 동해 바다로 훌쩍 띄워 버렸다.

무쇠 석갑이 용왕국으로 들어가서 산호수 윗가지에 걸어지자 석갑에서 풍운조화가 일어나 드는 변※ 나는 변이 세어졌다. 용왕국 대왕이 큰딸을 불러서 말을 하되,

"큰딸아기 나가 봐라. 드는 변 나는 변이 왜 세어지느냐."

큰딸아기가 나가 보더니,

"아무것도 없습니다."

"둘째 딸아기 나가 봐라. 드는 변 나는 변이 왜 세어지느냐."

"아무것도 없습니다."

"막내딸아기 나가 봐라. 드는 변 나는 변이 왜 세어지느냐."

막내딸아기가 나가 보더니,

"산호수 윗가지에 무쇠 석갑이 걸어졌습니다."

큰딸더러 내리라 해도 못 내리고 둘째 딸도 못 내리는데 막내딸더러 내리라 하니까 번쩍 들어서 내려놓았다. 큰딸더러 열어보라 해도 못 열고 둘째 딸도 못 여는데 막내딸이 꽃당혜 신은 발로 삼세번을 돌아가면서 들어서 차니까 석갑이 절로 설강 열어졌다. 석함 안에는 옥 같은 도령님이 책을 한 상 가득 받고 앉아 있었다.

용왕국대왕이 말씀하되,

"어느 나라에 사느냐?"

"조선 남방국 제주도에 삽니다."

"어찌하여 왔느냐?"

"강남천자국에 국난이 났다 하기에 변란을 막으러 가다가 풍파에 쫓겨서 용왕국을 들어왔습니다."

용왕이 천하명장인 줄을 알고서 큰딸 방으로 들라 해도 대답이 없고 둘째 딸 방으로 들라 해도 대답이 전혀 없었다. 막내딸 방으로 들라고 하자 방으로 홀쩍 들어갔다.

막내딸이 상을 차릴 적에 칠첩반상을 차려서 들어가 드렸으나 눈을 거들떠 바라보지를 않았다.

"조선국 장수님아, 무엇을 잡수십니까?"

"내 나라는 작은 나라지만 돼지도 전 마리를 먹고 소도 전 마리를 먹습니다."

막내딸이 그 말을 전하자 용왕국대왕이 하는 말이,

"우리 기구를 가지고 사위 손님 하나 못 대접하겠느냐."

날마다 돼지를 잡고 소를 잡아가니 동서의 창고가 다 비어갔다. 용왕국에서 생각하니 사위 손님을 두었다가는 용왕국이 망할 것 같았다.

"여자라는 것은 출가외인이니 남편을 따라가거라."

아이를 밴 딸을 남편과 함께 오누이같이 무쇠 석갑에 들여놓고서 물 바깥으로 내띄웠다.

무쇠 석갑이 흘러서 강남천자국 백모래밭에 걸어지자 나라에 풍운조화가 일어나기 시작했다. 밤에는 촛불이 환하게 밝혀지고 낮에는 글 읽는 소리가 하늘에 퍼졌다. 천자가 어찌 된 일인지 해변을 살펴보고 오라고 했더니 돌아와 말을 하되,

"백모래밭에 무쇠 석갑이 올랐습니다. 이 무쇠 석갑 속에서 풍운조화가 일어납니다."

천자가 봉사를 시켜서 점을 쳤더니 석갑 문을 열려면 천자가 의관을 차려입고 향을 피운 뒤 북방으로 네 번 절을 드려야 한다고 했다. 천자가 할 수 없이 예를 갖추고 네 번 절을 올리자 무쇠 문이 열리며 옥 같은 도령과 아기씨가 나타났다.

"어느 나라에 삽니까?"

"남방국 제주도에 삽니다."

"어찌하여 오셨습니까?"

"남북의 도적을 쳐서 변란을 막으려고 왔습니다."

그때 마침 북쪽 오랑캐가 강성해서 천자국을 치려고 하는 중이었다. 천자가 소천국 아들 손목을 잡고 궁 안으로 들인 뒤 무쇠 투구 갑옷에 언월도 비수금 나무 활 보레 활 기치창검을 내어주고 대군을 내어주었다. 소천국 아들이 처음에 들어가서 머리 둘 돋은 장수를 죽이고, 두 번째 들어가서 머리 셋 달린 장수를 죽이고, 세 번째 들어가서 머리 넷 달린 장수를 죽이니 다시는 대항할 장수가 없어 변란을 막았다. 천자가 크게 기뻐하면서 말했다.

"이러한 장수는 천하에 없는 장수로다. 땅 한 쪽 물 한 쪽을 베어줄 테니 땅세 국세 받아먹고 사십시오."

"그도 싫소이다."

"천금상에 만호후를 봉하리라."

"그도 싫소이다. 소장은 본국으로 가겠습니다."

소나무를 베어서 전선 한 척을 짓고서 양식을 한 배 가득 싣고는 백만 군사를 대동하여 조선국으로 나왔다. 경상도 칠십칠 관 전라도 오십삼 관으로 거제도 남해도 진도 강화도 완도로 하여 제주도로 들어왔다. 제주 바다에 배를 놓을 적에 마침 밀물이 떨어지고 썰물을 만나서 소섬 진질깍으로 배를 댔더니 작은 배들이 나와서 그 배를 끌어다가 소섬 모살내기로 끌어올렸다. 소천국 아들 궤네깃또가 소섬을 살펴본즉 말과 소만 가둬 먹일 데라서 뭍섬으로 들어갔다. 제주 섬으로 우뚝 올라서서 하늘과 땅이 요동하게 방포 일성을 지르자 소천국과 백주또가 하녀한테 물었다.

"어찌 이렇게 방포 일성이 크게 나느냐?"

"세 살 때에 죽으라고 무쇠 석갑에 띄운 아드님이 아버지 나라를 치려고 들어옵니다."

"그사이에 무쇠 석갑이 다 녹아 없어졌을 텐데 여섯째 아들이 살아오기가 만무하다."

그때 방포 일성을 지르며 여섯째 아들이 들어오자 아버지가 무서워 알송당 고부니마루에 가 죽어 당신이 되고 어머니도 겁이 나 달아나다가 웃송당 당오름에서 죽어 좌정하여 정월 열사흗날 제사를 받아먹게 되었다.

소천국 아들은 아버지가 생전에 사냥질을 잘하고 사냥 고기를 좋아

한 일을 생각하고 마을 사냥꾼들을 다 불러 사냥을 해서 공작 노루 사슴과 큰 돼지 작은 돼지를 많이 잡아서 아버지 제사를 지내주었다. 이어서 백만 군사를 다 흩어서 본국으로 돌려보내고는 한라 영산에 올라 이곳 저곳을 둘러본 뒤 바람 위쪽으로 김녕리를 찾아갔다. 웃궤네기로 들어간즉 위로 든 바람 아래로 나가고 아래로 든 바람 위로 나가며 알궤네기를 굽어본즉 별이 솜솜 달이 솜솜하여 좌정할 만했다. 좌정할 곳을 정하고 마을을 둘러보니 과연 사람이 살 만한 곳이었다.

소천국 여섯째 아들 궤네깃또가 김녕리 마을을 둘러본 뒤 자리를 잡고 앉았는데 사흘이 가고 이레가 지나도록 누구 하나 대접하는 이가 없었다. 궤네깃또가 마을 곳곳에 열두 풍운조화를 일으키자 사람들이 까닭을 몰라 방황하다가 심방을 불러서 점을 쳤다.

"소천국 여섯째 아들이 하늘의 명령을 받아 김녕리 신당으로 모심을 받으려고 주는 풍운조화입니다."

사람들이 소천국 여섯째 아들한테 찾아와 물었다.

"그러면 어디로 좌정하겠습니까. 좌정지를 말씀하십시오."

"나는 알궤네기로 좌정하겠다."

"무엇을 잡수십니까?"

"소도 전 마리를 먹고 돼지도 전 마리를 먹는다."

사람들이 말을 하되,

"가난한 백성이 어찌 소를 잡아서 위할 수 있겠습니까? 가가호호에서 돼지를 잡아 위하겠습니다."

"그것은 그리하라."

그리하여 사람들은 알궤네기에 자리를 고르고 제청祭廳을 잘 차려서 일 년에 한 번 큰 돼지 검은 돼지 흰 돼지를 잡아 백 근 저울에 달아 수육으로 삶아서 소천국 아들 궤네깃또를 당신으로 모시게 되었다.

이 이야기는 한 마을의 신화이지만, 내용이 인상적이고 서사가 잘 짜여 있어 꽤 널리 알려져 있다. 채록 보고된 자료도 다섯 편 이상 된다. 여기서는 제주시 이달춘 구연본을 바탕으로 내용을 정리했다(현용준·현승환 역주,《제주도 무가》, 한국고전문학전집 29, 고려대학교 민족문화연구소, 1996 수록). 주인공은 자료에 따라 궤네깃또 외에 궤네기한집이나 괴뇌깃또(괴노깃또)로 불리기도 한다. 그 이름은 주인공이 좌정한 궤네기(괴뇌기, 괴노기)에 신을 뜻하는 '또(都)'가 합쳐진 말이 된다. 구체적인 이름 대신 신명을 '태자님'이라 부르는 경우도 있다. 내용상으로는 일부 자료에서 소천국이 아닌 궤네깃또 자신이 소를 잡아서 구워 먹은 뒤 석갑(석함)에 갇혀 바다에 띄워졌다고 하기도 한다. 용왕국을 거쳐 천자국에서 변란을 제압하고 제주도로 돌아온다고 하는 기본 사연은 자료에 따라 큰 차이가 없다.

이 신화와 관련해서는 궤네깃또에 대해 말하기 전에 먼저 소천국(또는 소로소천국)과 백주또(또는 금백주)에 대해 말하는 것이 순서일 것이다. 소천국과 백주또는 제주도의 대표적인 신부(神父)와 신모(神母)에 해당하는 존재다. 제주도 마을신(본향신) 가운데 상당수가 그들의 자손에 해당한다. 흔히 제주도에 일만팔천 신들이 있다고 하거니와, 그 중요한 조상이 되는 신이 소천국과 백주또여서 그들의 거처인 송당 마을을 제주 일만팔천 신들의 고향이라고 일컫기도 한다. 그들은 그야말로 다산의 신이거니와, 어떤 자료에서는 그들 부부가 '아들아기 열여덟, 딸아기 스물여덟, 손주 자식 일흔여덟, 조카 소생 삼백일흔여덟'로서 '제주 천하 아래에 거리가 뿌리궁'이라고 말하고 있기도 하다(김명월 구연 〈괴뇌깃당 본풀이〉, 진성기, 《제주도무가본풀이사전》, 민속원, 1991 수록). 궤네깃또의 본풀이는 소천국과 백주또가 낳은 여러 자식의 내력을 전하는 신화 가운데 하나라고 보면 된다.

하늘이 정한 배필이라고 하는 소천국과 백주또 부부는 신적 속성 면에서 흥미로운 양상을 보인다. 그들은 둘 다 세상에서 솟아난 신령스러운 존재이지만 상징하는 전형에는 큰 차이가 있다. 소천국이 제주도 땅에서 태어나 자라난 데 비해 백주또는 이국땅 바닷가에서 태어나 망망대해를 건너온 존재다. 곧, 토착 신과 이주 신의 결합이라 할 수 있다. 이보다 더 의미심장한 것은 삶의 방식 내지 문화의 차이이다. 그 차이는 소를 둘러싼 태도에서 단적으로 나타난다.

백주또에게 있어 소는 농사일에 필수적인 생활 도구인 데 비해 소천국에게는 좋은 먹잇감으로 받아들여진다. 농사라고 하는 (들판의) 문명적 생활 방식과 사냥이라고 하는 (산간의) 원시적 생활 방식의 거리다. 소천국이 소를 잡아먹은 뒤 백주또와 살림을 분산하게 되는 것은 그러한 문화적 차이를 넘어서는 공생이 쉽지 않은 일이었음을 잘 보여준다. 소를 잡아먹고서 배때기(제주 말로는 '벳부기'이다. 모름지기 그것은 '성기'의 다른 표현일 터이다)로 밭을 갈면서 소천국이 지었을, 또한 그 모습을 발견한 백주또가 지었을 황당하고 복잡한 표정이 눈에 선하다. 어떻든 뒤에

다시 백주또는 자식을 안고 소천국에게로 향하거니와, 그들의 동선에
는 이질적 생활 방식의 공존을 모색해온 문화사적 자취가 깃들어 있다
고 볼 수 있을 것이다.

신화적 상징 면에서 보면 궤네깃또는 아버지와 어머니의 정체성을
함께 지니면서 양자를 매개하고 연결하는 존재라고 할 만하다. 그의 탄
생은 서로 다른 두 문화의 차이를 드러내어 갈등을 일으키는 계기가 되
지만, 결과적으로 그는 부모의 정체성을 통합하면서 새로운 문화적 정
체성을 펼쳐냈다고 할 수 있다. 돼지와 소를 통째로 먹는 대식성이 아버
지에게서 받은 것이라면, 수많은 책을 읽는 문명성은 어머니에게서 받
은 것이라 할 수 있다. 원시적 힘과 문명적 세례는 그에게 있어 이렇게
둘이 아닌 하나의 존재로 수렴되어 있는바, 그가 아버지와 어머니의 죽
음을 딛고 세상의 주인공이 되는 순간은 곧 문화의 새 장이 열리는 순
간이라고 말할 수 있다. 이렇게 볼 때 이야기에서 여섯째 아들이 돌아오
자 소천국과 백주또가 물러나 죽는 것은 신화적 상징의 면에서 앞뒤 맥
락이 맞는 설정이라 할 수 있다. 그들이 본래 살던 곳을 떠나 죽음을 맞
는 것은 지난 세상이 종말을 고하고 새로운 세상이 시작됨을 알리는 상
징으로 읽을 수 있다. 그리하여 그들의 죽음은, 조금 우스꽝스럽게 그려
지고 있음에도 불구하고(이는 아마도 그것이 비통한 일이 아니기 때문일 것이
다), 그 또한 신성한 역사의 일부가 된다고 할 수 있다. 그들이 궤네깃또
와 더불어 제주인들의 신으로 모셔지고 있는 것은 당연하고 마땅한 일
이 된다. 전체적으로, 이 신화의 서사적 맥락과 의미는 도덕적 관념에
침윤되지 않은 원시적 진솔성 때문에 원형적 생명력이 더욱 잘 살아나

고 있다고 할 수 있다.

　신화적 의미 맥락과 함께 이 이야기에서 우리가 특별히 주목할 것은 주인공 궤네깃또가 현시하는 영웅적 면모다. 그의 동선과 활약은 그야 말로 대단한 것이었다. 그는 용왕의 딸을 아내로 맞고 용왕국을 헤집어 놓았으니 바다를 평정한 셈이고, 강남천자국에 들어가 천자의 절을 받 고 오랑캐를 물리쳤으니 대륙을 평정한 셈이다. 바다와 대륙을 동시에 평정한 존재였으니 그야말로 '영웅'이라는 이름이 부족하지 않다. 어떤 조바심이나 좌고우면(左顧右眄)도 감지할 수 없는 거칠 것 없는 당당함 과 행동력에서 '남자다운 영웅'의 진면목을 보게 된다. 우리 민간 신화 에서 흔히 볼 수 없는 형상이다. 돌아보면 앞의 강림도령이나 저 앞의 소별왕 대별왕 등에게는 소심함이나 고뇌 같은 요소가 깃들어 있었던 터인데, 궤네깃또에게서는 그러한 면모를 찾아보기 어렵다. 그야말로 거침없는 직진의 영웅, 투명한 영웅이라 할 수 있다.

　그 거침없는 큰 영웅이 맡은 신직이 무엇인가 하면 김녕리라는 한 작 은 마을의 수호신(당신)이다. 대륙과 대양을 두루 관장하는 신이 되어도 좋을 것 같은데 섬 가운데 있는 한 마을의 신이라니 그 결과가 약한 것 처럼 여겨질 수도 있겠다. 하지만 그러한 서사에는 이 신화를 만들어낸 사람들의 자의식 내지 자부심이 깃들어 있다. 비록 작은 한 마을에 속해 있지만 그들의 상상력은, 그들의 정신은 자기네들이 모시는 저 영웅 신 과 더불어 가없는 바다와 광대한 대륙을 휘저으면서 온 세상을 접수하 고 있었던 터다. 헤아려보면 과연 그러하다. 비록 한 작은 마을이라 하 지만, 거기 사는 사람들의 삶의 무게가 어찌 하나의 큰 도시나 나라만 못하다고 할 수 있으랴. 그 자체가 하나의 우주라고 말하는 것이 합당하다. 사람들은 이와 같은 신화를 통하여 자신이 사는 마을을, 그 마을 속에 살고 있는 자신을 우주의 중심으로 삼았다고 할 수 있다. 그렇다. 지금 내가 있는 곳을 세상의 중심으로 만드는 것. 그것이 바로 신화다.

백두와
한라의 영웅들

삼태자는 싸울 준비를 갖추고 더욱 높이 하늘 우로 날아올랐다.
가운데 선 둘째가 방향을 가리키고 맏이는 뒤에서 방석을 몰고
셋째는 활과 전대를 메고 장검을 비껴들고 섰다.
땅에서 바라보니 하늘 위에서 번갯불이 번쩍이고 우레 소리 요란했다.
셋째가 장검을 휘두르니 번개 불빛이요
흑룡 두 마리가 삼태자를 보고 으르렁거리며 사납게 덮쳐드니 우레 소리였다.

— 김명한 정리 〈삼태성〉에서

◆

우리나라에서 신화가 가장 다양하고 활발하게 전해오는 지역은 어디일
까? 앞의 여러 신화들을 유심히 봐온 독자라면 아마도 답을 알고 있을
것이다. 그 답은 바로 '제주도'이다. 앞 거리의 강림도령과 궤네깃또 이
야기를 포함해서 지금까지 소개한 신화들 중 태반이 제주도에서 구전
돼온 것들이다. 제주도 본풀이 신화가 워낙 양적으로나 질적으로 두드
러지다 보니 자연스레 그 이야기들을 수록하게 된 터다.

한 가지 특별한 사실은 제주도에 각 마을마다 따로 모시는 신이 있으

며, 때로는 특정 집안에서 모시는 신도 있다는 것이다. 세경 신 자청비나 이공신 할락궁이, 저승차사 강림도령 등은 제주도 전역에서 공통적으로 모시는 신으로, 여러 마을에 걸쳐 비슷한 신화가 전해온다. 이에 비해 '본향'이라고 불리는 마을 수호신들에 대한 본풀이는 각 마을마다 주인공과 내용이 다르다. 송당본향당본풀이는 송당 마을의 신화이며, 세화본향당본풀이는 세화 마을, 토산본향당본풀이는 토산 마을의 신화가 된다. 각 마을마다 크고 작은 본풀이 신화가 있는 터라 신화의 숫자가 확 늘어난다. 거기 더해서 특정 집안에서 모시는 신에 대한 본풀이도 적지 않으니 과연 '신화의 섬'이라는 이름이 무색하지 않다.

제주도에 신화 전승이 활발한 것은 지역적 특성과 연관이 깊다. 문화적 변화에 민감한 내륙 지역에서 신화의 자취가 일찍 사라진 데 비해 제주도는 바다 건너 변방으로서 옛 문화를 오롯이 지켜가기에 좋은 조건이었다고 할 수 있다. 중심 지역이 아닌 변방 지역에서 고형의 문화가 나타나는 것은 자연스러운 현상이 된다. 이와 함께 제주도의 자연조건이나 생활환경이 척박하고 힘들었다는 사실도 주목할 만하다. 물이 귀한 화산섬에서 한쪽으로는 높은 산을 두고 한쪽으로는 거친 바다와 접하며 살아야 했던 것이 제주인의 삶이었다. 본토에서 차별과 억압을 받던 유형의 땅이었다는 역사적 사실 또한 제주인들이 신화에 기대면서 살아가도록 하는 배경이 되었다고 할 수 있다. '제주의 삶'이 짙게 투영된 본향당본풀이나 조상신본풀이에는 특히 영웅적 주인공에 대한 신화가 많거니와, 열악한 삶의 여건과 맞서 살아온 삶의 자취가 그렇게 반영된 것이라고 볼 수 있다.

　　머나먼 변방에서 혹독한 삶의 조건과 맞서 싸워온 것은 제주도만의 일이 아닐 것이다. 그렇다면 또 다른 변방에서도 그와 비슷한 신화적 자취와 만날 수 있는 것이 아닐까? 아닌 게 아니라, 또 다른 변방이었던 동해안 지역이나 함경도 지역을 보면 민간에서 신화가 꽤 풍부하게 전해온 편이다. 그리고 또 한 곳, 저 남방 한라산과 더불어 민족의 대표적 성산(聖山)인 백두산 지역이 있다. 비록 의례와 결합된 본풀이 무가는 찾아보기 어렵지만, 사람들이 구비 전승으로 전하는 이야기들 속에서 이 지역 신화의 다양한 자취와 만날 수 있다. 이 지역의 신화적 전승에서도 특히 두드러진 것은 주인공들의 영웅적 활약이거니와, 이 또한 열악한 생활 조건을 헤치며 살아온 역사가 반영된 것이라고 볼 수 있을 것이다.

　　이제 백두산과 한라산 인근 지역에서 구전돼온 대표적인 신화적 전승 몇 편을 만나보기로 한다. 그 기본 화두는 '영웅'이다. 한편으로 대자연과 부대끼고 또 한편으로 역사적 질곡과 맞서면서 살아온 삶의 자취가 담긴 이야기들이다. 지역적 삶에 뿌리를 둔 신화지만, 그 상상력은 시원적이면서도 보편적인 면이 있다. 때로는 말 그대로 '우주적'이기도 하다. 한 예로 백두산 신화에 특징적으로 등장하는 '흑룡'이 나타내보이는 우주적 상징과 만나는 순간 누구라도 놀라지 않을 수 없을 것이다.

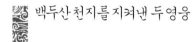

백두산 천지를 지켜낸 두 영웅

백두산 하면 무엇이 먼저 떠오를까? 아마도 많은 이들이 천지를 떠올릴 것이다. 저 높고 신령한 산꼭대기에 펼쳐진 드넓고도 푸른 물은 그야말로 신비와 경이의 존재다. 그 이름마저도 신성하여 '하늘 못[天池]'이다. 그런 곳에 신령한 이야기들이 얽혀 있지 않다면 그것이 오히려 이상한 일일 터이다.

백두산 천지에 얽힌 이야기들 가운데 무엇보다 눈길을 끄는 것은 그 탄생에 얽힌 사연이다. 이야기는 천지의 푸른 물이 어느 청년과 여인이 불굴의 투쟁을 통해 찾아내고 지켜낸 것이라 말하고 있다. 그 상대는 바로 흑룡. 거대한 불의 칼을 휘두르는 무시무시한 존재다.

밭에선 오곡이 무르녹고 강에선 고기 떼가 헤엄치고 산에선 새와 짐승들이 득실거렸다. 옛날에 이렇듯 풍요롭고 살기 좋은 곳이 있었으니 그 고장이 바로 백두산 일대에 자리 잡은 오붓한 마을들이었다.

그런데 세상일이란 길흉이 서로 다투기 마련이어서 평화롭던 이곳에 일대 재난이 덮쳐들었다. 하늘에 심술 사나운 흑룡이 나타난 것이다. 검은 구름을 타고 동에 번쩍 서에 번쩍하는 흑룡은 불 칼을 휘둘러 이 골 저 골의 물골을 지져놓았다. 물이 마르자 곡식들이 노랗게 말라들고 나뭇잎이 쪼글쪼글해졌다. 밭이란 밭은 다 갈라져서 거미줄을 늘인 것 같았다.

사람들은 백씨 성을 가진 젊은이를 장수로 모시고 가뭄과 싸웠다. 샘물줄기를 찾느라고 숱한 사람들이 떨쳐나섰다. 괭이 소리와 삽질 소리, 메질 소리가 낮과 밤을 이어서 울려 퍼졌다. 그러기를 얼마나 했던지, 지성이면 감천이라고 마침내 사람들은 샘물줄기를 찾아냈다. 콸콸 솟구쳐 오르는 샘물을 보고 사람들은 기뻐서 덩실덩실 춤을 추었다.

그들이 막 헤어져 집으로 돌아갔을 때였다. 청청하게 푸르던 하늘에 먹장구름이 덮이더니 번쩍번쩍 번개 치고 우릉우릉 우레가 울면서 쏴쏴 광풍이 휘몰아쳤다. 그때 샘물줄기를 찾아놓은 뒷산 벼랑이 갑자기 무너져 내렸다. 광풍은 집채 같은 바윗돌들을 가랑잎 날리듯 무너뜨려서 샘물줄기를 까뭇 덮어버렸다. 날이 개자 달려 나온 남녀노소는 햇볕에 등을 그을리면서 애써 파놓은 샘물터가 눈 깜짝할 사이에 돌산으로 변한 것을 보고 긴 한숨을 내쉬었다. 여기저기서 실망에 찬 한탄 소리가 터져 나왔다.

"아이유, 못살 때를 만났구려!"

"기가 딱 막히오. 흑룡의 조화를 무슨 수로 막는단 말이오!"

그때 바윗돌에 걸터앉은 한 사람만은 입을 꾹 다물고 있었다. 몸집이 구유처럼 우람찬 그는 키가 구 척이나 됐다. 그는 울분을 토하며 자리에서 일어나더니 앞에 있는 바윗돌을 툭 걷어찼다. 그러자 커다란 돌이 고무공처럼 튕겨 나갔다.

"백장수님!"

부르는 소리를 듣고 돌아서니 사람들이 가산家産을 등에 짊어지고 서 있었다.

"아무리 생각해도 살길을 찾아 다른 곳으로 떠나야겠소이다."

백장수는 그들의 손을 잡고 눈물을 글썽이면서 말했다.

"좋을 대로 하십시오. 내가 이렇듯 맥을 못 추니 더 이상 만류할 수가 없습니다."

사람들은 하나 둘 떠나가기 시작하였다. 어느새 돌아보니 자기 혼자 뿐이었다. 백장수는 바위에 털썩 주저앉으면서 머리를 감싸 쥐었다. 그 때 그 앞에 웬 아리따운 여인이 나타났다. 여인을 본 백장수가 깜짝 놀라 절을 하면서 말했다.

"공주님께서 어이하여 이 위험한 곳으로 오셨나이까? 어서 피하소 서."

공주는 봄바람처럼 부드러운 목소리로 말하였다.

"그대가 물을 찾자고 싸우는 일편단심이 하늘을 감동시켰습니다. 작 은 힘이라도 보태려고 이렇게 찾아왔나이다."

그러면서 공주는 지난밤에 꿈을 꾼 이야기를 하였다.

"지난밤에 금방 잠이 들었는데 하늘에서 일곱 빛깔 무지개를 정원에 드리우더니 하얀 옷을 입은 노인이 금막대기를 짚고 내려왔습니다. 제 가 인사를 드렸더니 하는 말이, '난 하늘의 신선으로서 그대에게 전할 일이 있어서 왔노라. 지금 흑룡이 백두산 일대의 물줄기를 지져놓아서 왕가뭄이 들었다. 백장수가 백성들을 거느리고 우물을 파며 물줄기를 찾는데 그의 힘이 아직 흑룡을 당하지 못한다. 그가 흑룡을 이기려면 백 두산 옥장천의 샘물을 석 달 열흘 마셔야 한다. 네가 가서 알리기를 바 라노라.' 하였나이다. 깜짝 놀라 깨어 보니 꿈이었지요. 그래서 이렇게 장군님을 찾아왔습니다."

"공주님, 고맙습니다. 저한테 옥장천이 어디에 있는지 알려주십시 오."

"저를 따라오십시오."

백장수는 공주를 따라 옥장천으로 향했다. 공주는 책이나 보고 거문고나 뜯는 아씨가 아니었다. 길을 가다가 깊은 계곡을 만나면 훌훌 건너뛰었다. 백장수는 공주의 재간에 탄복하면서 그를 따라 사흘 동안 걷고 걸었다. 그렇게 수많은 산을 넘고 강을 건넌 뒤에 공주는 깎아지른 벼랑 앞에서 걸음을 멈추었다. 벼랑 밑에서는 옥 같은 샘물이 볼롱볼롱 솟아오르고 있었다.

"이 샘물이 옥장천입니다."

백장수는 옥장천이라는 말을 듣자 샘물가에 엎드려서 꿀꺽꿀꺽 물을 들이켰다. 물을 한껏 마시고 일어서자 공주는 석 달 열흘이 차는 날 다시 오겠다면서 표연히 사라졌다.

공주가 떠나가자 백장수는 벼랑 가에 작은 막을 치고 쉴 새 없이 샘물을 마셨다. 그렇게 석 달 아흐레를 마시고 나니 힘이 솟구쳤다. 집채 같은 바윗돌도 공깃돌처럼 다룰 수 있었고 하늘 찌르는 늙은 소나무도 밭고랑 넘듯 뛰어넘었다. 그날 저녁에 말과 같이 공주가 왔다. 백장수는 너무도 반가워서 공주의 손을 덥석 잡았다.

이튿날까지 석 달 열흘 동안 옥장천의 샘물을 마신 백장수는 백두산 마루에 올라가서 삽으로 땅을 파헤치기 시작했다. 그 삽이 얼마나 컸던지 한 삽을 파내서 던질 때마다 산봉우리가 우뚝우뚝 일어섰다. 그가 열여섯 삽을 떠서 동서남북으로 버리자 열여덟 기봉奇峰이 생겨났다. 그때, 움푹하게 파인 밑바닥에서 지하수가 강물처럼 콸콸 솟구쳐 올라왔다. 백장수와 공주는 너무도 기뻐서 부끄러운 줄도 모르고 서로를 얼싸안았다.

그때였다. 갑자기 광풍이 일며 먹장구름이 삽시간에 하늘을 덮었다. 동해에 나가서 용왕의 딸을 희롱하던 흑룡이 백두산에 큰물이 솟았다는 소식을 듣고 부랴부랴 날아왔던 것이다. 흑룡은 불 칼을 휘두르며 땅이 들썩하게 울부짖었다.

　"웬 놈이 거기서 물줄기를 틔웠느냐? 당장 내 칼을 받아라!"

　백장수는 추호의 겁도 없이 흰 구름을 잡아타고 만근 칼을 휘두르며 흑룡과 맞서 싸웠다. 흰 구름과 검은 구름이 마주치자 뇌성이 울부짖고 하늘이 진동했다. 공주가 그들의 싸움을 쳐다보자니 불 칼을 휘두르는 흑룡은 하나의 은 덩어리 같았다.

　백장수와 흑룡은 아무리 싸워도 좀처럼 승부가 나지 않았다. 그때 공주가 둘이 싸움에 여념이 없는 틈을 타서 흑룡을 향해 연속으로 단검을 뿌렸다. 단검들은 꼬리를 물고 유성처럼 흑룡을 향해 날아갔다. 그렇지 않아도 백장수를 당하기 어렵겠다고 여기던 흑룡은 단검이 연속으로 날아들자 당황하기 시작했다. 백장수는 그 기회를 놓치지 않고 만근 칼로 흑룡의 불 칼을 힘껏 내리쳤다. 쨍그랑 소리와 함께 불 칼이 뭉청 끊어져서 땅에 떨어졌다. 더는 버틸 수 없게 된 흑룡은 꼬리를 빼서 동해 바다로 도망치고 말았다.

　흑룡과 싸워 이긴 백장수와 공주가 백두산에서 다시 만났을 때에는 거대한 구덩이에 많은 물이 꽉 차서 넘실거렸다. 백두산 천지가 그렇게 생겨난 것이었다. 백장수와 공주는 흑룡이 다시는 백두산에 와서 물줄기를 지져놓지 못하도록 하기 위해 천지 속에 수정궁을 지어놓고 살게 되었다.

이 이야기는 중국의 조선족들 사이에서 채록 정리된 자료를 옮긴 것이다. 원전은《백두산 전설》(연변인민출판사, 1989)에 〈천지〉라는 이름으로 실려 있다.* 중국이나 북한의 설화 자료는 채록자가 내용과 표현을 일정하게 가다듬는 것이 특징이다. 이 자료도 구술된 그대로가 아니라 정리자가 내용을 일정하게 가필한 것인데, 어색해 보이는 부분을 조금씩 가다듬어서 재정리했다. 무리한 수정은 또 다른 왜곡을 가져올 수도 있으므로 자료집에 담긴 내용을 가급적 존중하고자 했다. 이와 비슷한 이야기로는 중국문예연구회 연변분회 편《민간문학자료집》3권에 실린 〈천지수〉도 있는데, 앞의 〈천지〉가 표현상의 가필이 적다고 생각되어 이를 선택했다. 다만 이 자료 〈천지〉는 백장수가 옥장천 물을 마신 뒤 흑룡과 싸워 물리치는 과정이 조금 단조롭고 싱거운 면이 있어 아쉬움이 있다. 이에 대해 〈천지수〉는 백장수가 흑룡에게 당하여 죽었다가 살아나는 우여곡절을 전하고 있는데, 원래 이야기에 이와 비슷한 화소가 있었던 것이 아닐까 여겨진다. 그 내용을 소개하면 다음과 같다.

옥장천을 발견한 백장군은 매일같이 그 물을 마셨다. 이렇게 석 달을 마시고 나니 산더미 같은 돌도 훌쩍 들어 던질 수 있었고 한번 몸을 날리면 수십 길 되는 고목도 날아 넘을 수 있게 되었다. 이렇게 되자 백장군은 그날 밤부터 흙을 다시 파젖히기 시작했다. 그가 삽질을 하면 한 삽에 하나의 산봉우리가 생겨났다. 그렇게 한 밤을 파젖히자 땅속 깊은

---

* 이 자료는 국내에서 출간된 책들에 재수록되어 있다. 여기서는 정재호 외,《백두산 설화 연구》(고려대학교 민족문화연구소, 1992) 수록분을 참고하였다.

곳에서 낭랑한 물소리가 들렸다. 백장군은 더욱 힘을 모아 또 한 삽을 푹 파젖혔다. 그러자 이번에는 밑으로부터 불 칼이 쭉 올라왔다. 백장군 은 칼을 들어 그 불 칼을 탁 찍었다. 그러나 불 칼은 움찍도 안했다. 그 가 다시 칼을 드는 순간 그 불 칼은 좌우로 요동을 치더니 그의 앞가슴 을 쿡 찔렀다. 바로 이때 공주가 달려와 보니 백장군은 만근 칼을 잡은 채 쓰러져 있고 가슴에서 피가 샘솟듯 솟구치고 있었다. 공주가 너무나 애통해서 백장군 몸에 쓰러져 통곡을 하는데, 눈물이 옷자락을 적시고 넘쳐 구덩이에 흘러들었다. 눈물이 구덩이를 가득 채우고 둘의 몸에 넘 치자 백장군은 간신히 눈을 뜨고서 공주를 보며 자기가 너무 일찍 경솔 하게 손을 쓴 것을 자책하면서 용서를 빌었다. 백장군이 소생한 것을 본 공주는 그 길로 옥장천으로 달려가서 물을 길어다 백장군 몸을 보살피 고 힘을 기르도록 했다. 백장군은 몸이 완쾌되고 힘이 더 불어나자 공주 와 함께 다시 흙을 파젖혔다. 마침내 샘구멍이 터지고 물이 점점 불어올 라 천지 못을 이루게 되었다.

〈천지수〉는 주인공을 '백장수' 대신 '백장군'이라 표현하고 있다. 백 장군은 석 달 열흘이라는 기한을 어기고 서둘러 물을 찾다가 흑룡의 불 칼에 당하여 쓰러지는 것으로 되어 있다. 그 죽음을 극복한 것은 공주의 사랑의 눈물이었다. 공주의 눈물이 넘쳐서 백장군을 구했다는 내용은 소설적 윤색의 요소가 짙으나, 백장군이 금기를 어겨 쓰러졌다가 힘들 게 되살아났다고 하는 내용은 이야기 흐름상 자연스럽고 설득력이 있 다. 흑룡과의 싸움이 그리 쉽고 단순한 것이 아니었을지니 이런 우여곡절 정도는 있어야 격에 맞을 터이다.

이 이야기는 전설의 형태로 전해지고 있지만, 내용상으로 보면 한편의 영웅 신화로서 손색이 없어 보인다. 주인공이 신이 되었다고 명시되어 있지 않고 그들을 받드는 제의가 확인되지 않지만, 저 백장수와 공주가 함께 천지(天池)의 신으로 받들어졌을 가능성은 매우 크다. 그들이 물속 수정궁에 살면서 흑룡에 맞서 천지를 지키게 되었다는 것은 그들이 천지의 수호신이 되었다는 것과 같은 말이다. 백두산을 삶의 터전으로 삼고 있는 사람들에게 저들은 웬만한 신 이상의 신성한 존재였을 것이다.

이 이야기에서 특히 우리의 눈길을 끄는 것은 대자연에 얽힌 놀라운 상상력이다. 이 이야기에 담긴 상상은 씩씩하고 거침없으며 장엄한 데가 있다. 하늘 닿은 큰 산에서 물길을 찾아내기 위한 사람들의 사투, 불 칼을 휘둘러 단숨에 물길을 막아버리는 무서운 흑룡, 그에 끝내 굴하지 않고 산꼭대기를 삽으로 파서 만들어낸 거대한 연못, 흰 구름과 검은 구름이 맞부딪치는 한판의 불꽃 튀는 승부……. 쉽게 만나기 어려운 경이로운 상황의 연속이다. 대륙적 상상력이라 할 만한 요소들이다.

이야기 속의 백장수와 공주는 거친 대자연 속에서 삶의 길을 찾아내려고 분투하는 사람들의 신화적 표상이라 할 수 있다. 문제는 그들이 맞서 싸우는 흑룡이다. 시도 때도 없이 불 칼을 휘둘러서 물길을 막아버리고 사람들을 좌절시키는 흑룡. 과연 저 흑룡이 표상하는 바가 무엇일까 궁금해지지 않을 수 없다.

이 이야기 속의 흑룡은 자연재해의 상징이라고 할 수 있다. 예고 없이 불쑥 찾아와 사람들의 삶을 뒤흔드는 모습이 가뭄이나 홍수, 태풍과 같은 자연재해와 딱 들어맞는다. 문제는 저 흑룡이 구체적으로 어떤 자연재해를 표상하는가 하는 것인데, 해석이 그리 만만치 않다. 용은 일반적으로 '물'과 깊은 관련이 있으니 폭풍우나 홍수의 상징이 되어야 할 텐데 이야기 속의 흑룡은 오히려 물길을 뒤덮어 막는 존재라서 앞뒤가 맞지 않는다. 불 칼을 휘두르는 흑룡의 모습은 오히려 '가뭄'과 연결되는 것처럼 보이는 면이 있다. 하지만 저 흑룡은 그 형상이나 동선에 있어 태양이나 햇볕과 연결시키기에는 통 어울리지 않으니 이 또한 여의치가 않다.

흑룡의 상징에 대하여 정곡을 얻은 해석은 그것이 곧 '화산(火山)'을 나타낸다고 하는 것이다. 이는 서대석 선생이 제시한 해석으로(서대석, 〈백두산과 민족신화〉,《백두산 설화 연구》, 고려대학교 민족문화연구소, 1992), 흑룡에 얽힌 서사적 문제를 한꺼번에 풀어내는 놀라운 발상이었다고 할 수 있다. 화산은 거센 힘과 함께 용암과 화산재가 솟구쳐 세상을 뒤흔드는 일이니 그 형상과 속성이 '흑룡'과 자연스럽게 연결된다. 하늘로 솟구치는 검은 연기의 모습이 '검은 용'과 연결되며, 용암이 물처럼 흐른다는 사실이 수신(水神)적 존재로서의 용의 상징과 부합한다. 그 용암이 지표면을 덮은 채로 굳으면 물길이 다 막혀버리는 터이니 흑룡이 거대한 불 칼을 휘둘러 물길을 막는다는 이야기 내용과 놀랍도록 들어맞는다. 덧붙이면, 불 칼이라는 화소 자체가 화산의 속성과 잘 연결된다고 할 수 있다. 〈천지수〉에서 땅속에서 불 칼이 솟구쳐 올랐다는 것은 더욱 그러하다. 아울러, 무엇보다 중요한 사실 한 가지. 백두산이 실제로 화산이라고 하는 사실이다. 그리 오래지 않은 지난날까지 살아서 활동해온.

흑룡이 표상하는 것이 화산이라고 할 때 이 이야기가 전해주는 느낌과 의미 맥락은 완연히 달라진다. 그것은 흑룡이라는 상상적 악귀에 얽힌 판타지와 차원을 달리하는 현실적이고 장엄한 대역사의 서사가 된다. 단숨에 세상을 뒤흔드는 무서운 화산에 맞서 삶의 터전을 지키고 개척해온 투쟁의 역사다. 사정 모르는 사람들은 천지를 바라보며 대자연의 조화에 놀라겠지만 백두산 사람들은 거기서 인간의 위대한 힘을 찾았던 터다. 그곳이 바로 자신의 삶의 터전이므로. 천지에 깃들어 있다는 백장수 부부와 그네들은 서로 둘이 아닌 하나라고 할 수 있다. 백두산에 사람들이 사는 한 백장수와 공주 또한 영원히 거기 살게 될 것이다.

 해를 삼킨 흑룡과 삼태성 삼형제

백두산 설화에 등장하는 흑룡이 화산의 표상일 것이라 했다. 혹시라도 그러한 해석이 무리한 것이라고 여겨졌다면 다음 이야기 속의 흑룡을 유심히 살펴보기를 권한다. 역시 백두산 인근 지역에서 전해오는 이야기로, 여기에도 흑룡이 나온다. 〈천지〉의 흑룡이 불 칼을 휘둘렀다면 이 이야기 속의 흑룡은 태양을 삼켜버린다. 그러자 세상은 암흑천지가 된다. 그러자 사람들은 어찌했을까.

밤하늘을 올려다보면 유난히 빛나는 삼형제별이 동쪽 하늘에서 서쪽 하늘로 천천히 흘러가는데 이 별을 민간에서는 삼태성이라고 부른다. 예로부터 이 별을 두고 사람들 사이에 아름다운 이야기가 전해져왔다.

까마득한 옛날, 세상 한 곳에 흑룡담이라는 큰 늪이 있었다. 늪가의 둔덕 아래 햇볕 잘 드는 곳에 오붓한 마을이 있었는데, 이 마을의 한 어머니에게 유복자로 태어난 쌍둥이 삼형제가 있었다. 삼태자의 어머니는 매우 엄하고도 훌륭한 분이었다. 어머니는 삼형제가 여덟 살 되던 해에 이들을 이 세상에서 쓸모 있는 사람으로 키우려고 십 년을 기약하고 집을 내보냈다.

삼형제는 세상에 나간 뒤 스스로 스승을 찾아 십 년을 하루같이 학문을 닦고 재간을 배워 돌아왔다. 맏이의 재간을 보면, 교묘하고 아름다운 방석에 앉아 손바닥을 한 번 탁 치면 구만리를 눈 깜짝할 새에 갈 수 있었다. 둘째는 한쪽 눈만 감으면 다른 한쪽 눈으로 구만리 안을 손금처럼 환히 내다볼 수 있었다. 셋째는 각종 무예를 닦았는데, 보검을 휘두르면 번갯불이 이는 듯하고 활을 쏘면 날아가는 새의 눈을 백발백중으로 맞추었다. 이렇듯 학문과 재간을 배우고 돌아온 삼태자는 어머니를 모시고 농사를 짓는 한편으로 의로운 일에 자기 일처럼 발 벗고 나섰다. 마을 사람치고 누구라도 이들을 칭찬하지 않는 사람이 없었다.

그러던 어느 해 여름이었다. 맑고 청청한 하늘에 갑자기 광풍이 휘몰아치며 어디서 나타났는지 커다란 먹구름이 온 하늘을 뒤덮더니만 하늘땅이 캄캄해지면서 번개가 번쩍이고 우레가 울고 비가 퍼붓듯이 쏟아졌다. 광풍은 갈수록 세차져서 천지가 뒤집힌 듯하고 하늘땅은 어찌도 캄캄한지 눈앞조차 분간할 수 없었다. 모두들 난생처음 보는 살풍경이라 당황해서 어쩔 줄을 몰랐다. 마침내 광풍과 폭우가 멎은 뒤 사람들이 문밖에 나서서 동정을 살펴보니 하늘에 있어야 할 해가 어디로 갔는지 보이지 않았다. 하늘은 온통 먹빛이었다.

마을의 노인들은 하늘 개가 해를 삼켰으니 얼마가 지나면 꼭 해가 나타날 것이라고 했다. 그러나 아무리 기다려도 해는 나타나지 않았다. 사람들 사이에서는 의견이 구구했다. 하늘 개가 해를 삼키면 뜨거워서 토해내는 법인데 이처럼 오래도록 나타나지 않는 것을 보면 필시 무슨 변고가 있다고들 했다.

해는 하루가 지나고 이틀이 지나도 다시 나타나지 않았다. 사람들은 근심과 공포에 싸여 우울해졌으며 수풀도 고요해지고 새도 노래를 멈추었다. 오로지 맹수들만이 때를 만났다고 마을로 기어들며 탐욕스러운 울음을 울어댔다.

사흘째 되는 날 어머니는 삼태자를 불러 앉히고서 말했다.

"내가 너희들에게 재간을 배우게 한 것은 세상을 위해 쓸모 있는 사람으로 만들려는 뜻이었다. 이제 정작 큰일에 부딪쳐서 아무 일도 못하고 가만히 있어서야 되겠느냐. 어서 가서 해를 찾아오너라. 해를 찾기 전에는 아예 집으로 돌아오지 마라."

"예, 알겠습니다!"

삼형제는 머리를 숙여 인사한 뒤 어머니와 작별하고서 해를 찾아 떠났다. 삼형제는 맏이의 재간으로 새로 만든 방석을 타고서 세상 어디라도 샅샅이 찾았으나 해는 보이지 않았다. 이렇게 되자 맏이는 무턱대고 찾아서는 석삼년을 돌아다녀도 못 찾을 것 같으니 다른 방도를 세워야겠다고 말했다. 그러자 둘째와 셋째가 자기들을 가르친 스승들을 찾아가서 가르침을 받는 게 좋겠다고 했다.

삼형제가 세 스승을 찾아갔으나 스승들도 답을 알지 못했다. 스승과 제자까지 여섯이 한자리에 모여 공론해봐도 해가 어디로 갔는지 아무도 몰랐다. 이때 맏이의 스승이 말했다.

"우리의 학문과 재간으로는 이 일을 알 수 없으니 다른 가르침을 받아야 할 것 같소. 우리 스승께서 향산 기슭에 살고 계신데 거기 가서 가르침을 받는 게 좋겠습니다."

여섯 사람은 선뜻 걸음을 옮겨서 향산 기슭으로 노스승을 찾아 나섰다. 노스승은 은발 수염이 석 자나 되는 정정한 노인이었다. 여섯 사람을 맞이한 노스승이 세상 만물에 대해 하나씩 일깨워주자 제자들은 눈앞이 환해지는 것 같았다. 노스승은 해가 없어진 연유를 자세히 말해주었다.

"흑룡담에 암수 두 마리의 흑룡이 사는데 몸의 길이가 십 리이고 허리통이 삼백예순 자나 되는 괴물이다. 그들은 어찌나 포악스럽고 날파람이 있는지 한번 훌쩍 요동을 치면 구만리 창공을 주름잡아 내달린다. 이 흑룡들은 몇 백 년이나 몇 천 년에 한 번씩 밤하늘에 날아올라가 행패를 부린다. 이번에 하늘에 기어들어 광풍과 폭우를 휘몰아 행패를 부리던 끝에 암룡이 해를 삼켜서 하늘 끝에 올라갔으며 수룡도 따라 올라가 하늘 위에서 놀고 있다. 누군가 뛰어난 용사가 나타나지 않는다면 세상은 영영 암흑 속에서 벗어나지 못할 것이다."

삼형제는 노스승 앞에 무릎을 꿇고서 자기들이 어머니의 분부를 받은 사연을 아뢰고 꼭 해를 찾아오겠다고 의지를 다졌다. 그런 삼형제를 따라 세 스승도 함께 마을로 들어왔다. 이튿날 흑룡담 기슭에서는 어머니와 세 스승 그리고 마을 사람들이 하늘로 싸움을 떠나는 삼형제를 배웅했다. 삼형제는 사람들의 격려에 반드시 해를 찾아오겠다고 다짐하며 길을 나섰다.

삼형제는 맏이의 방석에 올라앉아 하늘 위로 날아올랐다. 방석이 구만리 장천에 솟아오르자 둘째가 한쪽 눈을 지그시 감으면서 하늘가를 살폈다. 그의 눈에 일만팔천 리 위에 도사린 흑룡 두 마리가 들어왔다. 삼형제는 흑룡과 싸울 태세를 갖추고 더 높이 하늘 위로 날아올랐다. 둘째가 가운데에서 방향을 가리키고 맏이는 뒤에서 방석을 몰고 셋째는 활과 전대를 메고 장검을 비껴들고서 맨 앞에 우뚝 섰다.

그때 땅에서 바라보니 하늘 위에서 번갯불이 번쩍이고 우레 소리가 요란했다. 셋째가 장검을 휘두르면 번개 불빛이 일고, 흑룡 두 마리가 삼형제에게 덮쳐들면서 으르렁거리면 우레 소리가 퍼졌다. 그 싸움은 무척이나 치열했다. 이쪽에서 저쪽으로 번갯불이 하늘을 갈기갈기 찢고 온 하늘에 우레 소리가 쩌렁쩌렁 울렸다.

흑룡은 사나웠지만 삼형제는 더 용맹했다. 마침내 흑룡 두 마리는 삼형제를 당해내지 못하고 이쪽 끝에서 저쪽 끝으로 피해 달아나기 시작했다. 흑룡 두 마리가 서로 앞다투어 달릴 적에 셋째가 활시위를 잡아당기자 화살이 유성처럼 하늘 복판을 가르며 날아가 해를 삼킨 암룡의 허리에 박혔다. 화살의 힘이 워낙 세다 보니 암룡은 아픔을 못 이기고 허리를 구부렸다 펴면서 하늘이 무너지는 큰 소리와 함께 해를 탁 토해버렸다. 그러자 삽시간에 하늘 중천에 해가 나타나고 대명천지 밝은 날이 되돌아왔다. 땅에서 지켜보던 사람들 사이에 환성이 진동하며 온 세상이 기쁨으로 들끓었다.

그때 둘째의 스승이 한 눈을 지그시 감고서 하늘을 올려다보다가 입을 열었다.

"흑룡이 해를 토했지만 아직 죽지 않았소. 지금 제자들이 내려오며 싸우고 있소. 우리 늙은이들도 제자들을 도와 싸워야 하겠습니다."

그 말과 함께 세 스승도 하늘로 날아올라 삼형제와 합세했다. 스승과 제자들이 함께 뒤쫓으며 공격하자 흑룡의 몸뚱이 곳곳에 칼자국이 나면서 피가 흘렀다. 흑룡 두 마리는 더 이상 달려들 엄두를 못 내고 죽기 내기로 흑룡담으로 도망을 쳤다. 먼저 흑룡 한 마리가 하늘로부터 흑룡담에 곧추 내리는 순간 하늘을 째는 듯한 소리와 함께 화살이 용의 목덜미에 들어가 박혔다. 용은 땅이 꺼지는 듯한 무서운 소리를 지르며 흑룡담으로 들어가버렸다. 얼마 뒤에 또 다른 흑룡이 흑룡담 상공에 나타나자 삼태자와 세 스승이 일제히 공격을 했다. 흑룡은 급한 길에 흑룡담으로 뛰어내린다는 것이 그만 늪 기슭에 떨어졌다. 그 용은 늪으로 기어들려고 기를 쓰다가 두 눈을 뚝 부릅뜬 채 죽어버렸다.

삼형제가 큰 공을 세우고 개선하자 마을에는 환성이 진동했다. 사람들은 서로 얼싸안고 기쁨의 눈물을 흘렸다. 그때 삼형제의 어머니가 기뻐하는 자식들에게 말했다.

"애들아, 흑룡 한 마리는 저렇게 죽었다지만 물속으로 들어간 흑룡은 죽었느냐 살았느냐?"

"그놈은 원체 대단한 괴물이라서 화살을 맞고서 죽지는 않았을 겁니다."

그러자 어머니는 깜짝 놀라서 말했다.

"그렇다면 그놈이 언제 또 해를 삼키려고 들지 누가 알겠느냐?"

삼형제가 서로 바라보며 아무 대답도 못하자 어머니가 말했다.

"애들아, 내 걱정은 하지 말거라. 마을 사람들이 있으니 얼마든지 살아갈 수 있다. 그러니 너희들은 오늘부터 하늘에 올라가 영원히 해를 지키거라."

삼형제는 어머니 말에 고개를 끄덕이고 하늘로 올라갈 차비를 했다. 마침내 밤이 되자 삼형제는 어머니와 세 스승, 마을 사람들과 작별하고 다시 밤하늘로 날아올랐다. 땅에서 바라보니 밤하늘로 날아오른 삼형제는 마치 하늘 복판에서 나란히 반짝이는 세 별 같았다. 이때로부터 하늘에는 전에 없던 삼형제별이 생겨났는데, 사람들은 그것이 밤이면 밤마다 하늘을 지키고 서 있는 쌍둥이 삼형제라고 하여 삼태성三台星이라고 부르게 되었다.

연변 지역에서 전승돼온 설화 〈삼태성〉의 사연이다. 비슷한 이야기가 〈세쌍둥이 별〉이라는 이름으로도 전해오는데, 윤색이 상대적으로 적다고 여겨지는 〈삼태성〉 이야기를 선택했다(김명한,《민담집 삼태성》, 연변인민출판사, 1983 수록). 원자료에는 삼형제 모자가 윤리적 결단을 내리는 장면 등이 더 길게 묘사돼 있는데 표현을 조금 간추렸다.

이야기 내용을 보면, 이 또한 전형적인 영웅 서사의 성격을 띠고 있으며 신화적 체취가 짙다. 태양을 삼킨 악룡과 대결해서 태양을 되찾는 영웅이라니, 영웅 가운데도 경이롭고 숭엄한 경우라 할 수 있다. 두 개씩 떠 있는 해와 달을 화살로 쏘아 부수어버린 대별왕 소별왕의 모습에 비견될 만한 모습이다. 저 삼형제는 태양을 찾는 데 그치지 않고 그것을 영원히 지키기 위해 하늘의 별이 되었으니, 곧 신이 된 것이라 할 수 있다. 태양의 수호신이며 세상의 수호신이다. 섬김을 받아 마땅한 신성한 존재이다.

태양은 우주 만물 가운데도 특히 존귀한 존재다. 그로부터 모든 생명체가 살아가는 힘이 나온다. 그 태양이 사라진다는 건 최대의 재앙이다. 우리는 종종 한낮에 해가 까맣게 가려졌다가 다시 나타나는 것을 보게 되거니와 다름 아닌 일식(日蝕)이다. 옛사람들은 이를 두고 하늘 개가 해를 삼켰다가 뱉는 것이라 여겼다고 한다. 이 이야기에도 그런 내용이 나온다. 하지만 흑룡이 해를 삼키는 것은 일시적인 일식과는 다른 현상이었다. 한참 동안이나 해가 없이 암흑의 세상이 이어졌다 하니 대재앙이 된다. 구체적으로 어떠한 재앙인가 하면, 앞에서 언급했던바 화산을 다시금 떠올리게 된다.

이야기는 흑룡이 늪 속에 살고 있다가 몇 백 년이나 몇 천 년에 한 번 솟아올라 태양을 삼킨다고 말한다. 그 늪은 곧 분화구에 해당한다. 흑룡이 솟아오른다는 것은 곧 화산이 폭발하는 상황이 된다. 폭발과 함께 하늘이 까맣게 뒤덮여 암흑천지가 되면서 광풍과 폭우가 몰아닥친다. 마침내 비바람이 잦아져도 하늘을 뒤덮은 검은 분진은 걷히지 않아서 한낮이 되어도 해가 없이 온 세상이 깜깜하다. 이야기 속에서 흑룡이 해를 삼켜 세상이 밤낮으로 암흑천지가 된 것과 꼭 맞는 상황이다. 요컨대 이이야기를 통해 우리는 흑룡과 화산의 긴밀한 관련성을 다시금 확인할수 있다. 사람들은 화산의 분출로 대재앙이 닥쳤던 상황에 대한 경험을이렇게 이야기로 기억하면서 길이 되새기고 있다는 말이다. 하나의 대역사로서.

이 이야기 속의 흑룡이 실제로 분출하는 화산의 표상이라면, 그에 맞선 삼형제의 싸움이란 얼마나 장렬한 것인지 이루 헤아리기 어렵다. 저앞의 백장수의 싸움이 물길을 찾고 지키기 위한 것이었던 데 비해 삼형제의 싸움은 하늘의 태양을 되찾기 위한 것이니 더욱 크고 어려운 것이었다고 말할 수 있다. 이야기는 삼형제가 흑룡을 공격해서 흑룡담 속으로 쫓았다고 하는바, 이는 화산의 분출물을 분화구 속으로 집어넣어봉인하는 일에 해당한다. 그건 과연 어떤 일일지 가히 상상하기조차 어려운 모습이다. 삶의 터전을 지키기 위한 인류적 투쟁의 치열함과 장엄함이 이와 같다. 시간이 가면 해결될 일이라고 생각할지 모르나 그렇지않다. 온몸을 던져서 부딪쳐 싸워야만 삶의 터전을 지켜낼 수 있는 것이다.

앞서 〈천지〉 이야기에서 남녀 영웅을 말했는데 여기서는 삼형제를 말한다. 그 옆에는 어머니와 스승들도 있다. 이는 저 싸움이 어느 한 사람의 힘에 의해 완수될 수 있는 것이 아니고 서로 힘을 합쳐서 움직여야함을 나타내는 것이 아닐까 생각해본다. 좀 더 구체적으로 삼형제의 능력이 의미하는 바를 살펴본다면, 방석에 앉아 구만리를 가는 일이란 세상을 널리 부지런히 돌아다니는 활동력을 뜻하고, 한쪽 눈으로 구만리를 손금처럼 보는 일은 천기와 지리를 꿰뚫어보는 통찰력을 뜻한다고 할 수 있다. 셋째의 칼 쓰고 활 쏘는 능력이란 말 그대로 투쟁력에 해당한다. 이러한 능력을 갖춘 채 서로 힘을 합쳐 움직임으로써 저들은 그 아득한 대재앙의 어둠 속에서 마침내 빛을 찾아내고 말았던 것이었다. 가슴을 뛰게 하는 신성한 역사. 이것이 신화가 아니고 무엇일까.

백두폭포에 깃든 저항의 기백

백두산 지역의 전승 가운데는 대자연에 얽힌 삶의 사연을 담은 것들이 많다. 특히 앞의 두 이야기처럼 자연의 재앙과 맞서 싸우는 투쟁의 사연을 전하는 것들이 많다. 《백두산 전설》에 실린 이야기들 중 천지에 발생한 홍수를 제어한 사연을 전하는 〈천지를 기운 돌바늘〉, 아버지를 죽인 용에 대한 복수의 항전을 내용으로 한 〈소천지〉, 요귀로 변한 불여우를 퇴치한 사연을 전하는 〈구두령과 구룡담〉 등을 대표적인 예로 들 수 있다.

　하지만 백두산 지역 사람들의 항쟁은 자연에 대한 것으로 한정되지 않는다. 사람과의 싸움도 하나의 중요한 축을 이룬다. 특히 수시로 이 지역을 침탈하여 사람들을 괴롭힌 외적에 대한 영웅적 항쟁을 전하는 사연들이 눈에 띈다. 그 가운데는 신화적 파토스를 느끼게 하는 이야기들이 있으니, 다음의 이야기는 그 좋은 예가 된다.

　백두산 깊은 산속에 삼대를 이은 명포수 용암이란 총각이 살고 있었다. 어느 날 용암이 산속에서 사냥감을 찾고 있을 때 한 여인의 애처로운 비명이 들려왔다. 용암이 놀라서 달려가 보니 호랑이 한 마리가 웬 처녀의 머리를 이리저리 뛰어넘으며 사람의 넋을 빼고 있었다. 처녀는 정신이 어릿해져서 휘청거리고 있었다.

　용암이 생각하기에 그대로 활을 쏘면 호랑이가 처녀를 해칠 것 같았다. 그는 몸을 날려 높은 낙엽송 위로 올라가서 호랑이를 향해 화살을 받으라고 고함을 쳤다. 그러자 호랑이가 용암을 향해 입을 쫙 벌리며 벽력같은 소리를 질렀다. 그때 용암이 호랑이한테 독을 바른 화살을 날리자 호랑이가 맞아서 울부짖다가 데굴데굴 굴렀다. 용암이 호랑이 심장을 향해 화살을 두어 개 더 날리자 호랑이는 화살에 맞고서 몸을 떨다가 뻗어버렸다.

　용암이 정신을 잃고 쓰러진 처녀를 정성껏 구완하자 정신을 차린 처녀는 생명의 은인에게 깊은 감사를 올렸다. 그 처녀는 백두총장의 딸로 이름은 백화라 했다. 숲속으로 봄 구경을 나와 꽃과 새를 쫓아다니며 놀다가 길을 잃고 호랑이한테 붙잡혔다고 했다.

　용암이 백화를 부축하고 숲을 헤치고 나갈 적에 백두총장 집에서는 큰 법석이 나 있었다. 총장의 귀한 딸이 없어져 사방으로 찾아 헤매고 있는 중이었다. 밤을 새서라도 딸을 찾아내라는 엄명을 받고서 숲속을 헤집고 다니던 신하들은 숲속에서 불빛을 발견하고 달려들었다. 용암과 백화가 피워놓은 불빛이었다. 신하들은 다짜고짜 덤벼들어서 용암을 거꾸러뜨렸다. 그때 신하들을 알아본 백화가 그들을 제지하면서 그 사람이 자기 생명의 은인임을 알렸다.

딸을 찾은 백두총장은 큰 잔치를 베풀었다. 그가 용암에게 재주를 보여달라고 청하자 용암은 화살을 날려 하늘을 나는 솔개를 떨어뜨리고 또 그림 같은 칼 솜씨를 선보였다. 용암이 마음에 든 백두총장이 자기 사위가 되어줄 것을 청하자 용암은 기꺼이 응하여 백화를 아내로 삼았다.

그들이 결혼 잔치를 준비할 무렵 변경에서 급보가 날아들었다. 외적들이 큰 무리를 이루어 쳐들어오고 있다는 소식이었다. 용암은 자청하여 적과 싸우러 나섰다. 용암은 숫자가 많은 적을 산속 험한 곳으로 유인한 뒤 화살을 날려 수많은 적을 쓰러뜨렸다. 하지만 용암은 화살을 가져오는 백화를 맞으러 달려가다가 그만 가슴에 적의 화살을 맞고 말았다. 백화가 치맛자락을 찢어 상처를 동여맸으나 용암은 맥이 떨어지며 정신이 흐려졌다.

"나는 틀렸습니다. 어서 자리를 피하소서."

"아닙니다. 살아도 같이 살고 죽어도 같이 죽겠습니다."

이때 적들이 그들을 잡으려고 달려들었다. 자리에서 벌떡 일어난 용암은 백화의 부축을 받으며 적과 맞섰다. 적장은 항복을 권하면서 용암과 백화한테로 다가섰다. 벼랑 위에 선 두 사람은 더 이상 물러날 곳이 없었다. 막 적들이 두 사람을 붙잡으려고 달려들 찰나,

"적들에게 날벼락을!"

커다란 고함과 함께 용암과 백화는 천 길 벼랑으로 훌쩍 뛰어내렸다. 둘의 외침 소리에 절벽이 쩍쩍 갈라지면서 적들한테로 돌사태가 쏟아져 내렸다. 그 서슬에 적들은 아무 소리도 못 하고 몰살하고 말았다.

그때 둘의 외침을 들은 천지가 사납게 물결을 뒤집더니 허물어진 바위 사이로 우르르 쏟아져 내렸다. 용암과 백화가 떨어진 곳까지 흘러온 물은 두 줄기 폭포가 되어 쏟아지면서 도망치는 적들을 삼켜버렸다.

지금도 콸콸 쏟아져 내리는 백두폭포는 이렇게 하여 세상에 생겨났다. 폭포가 뿌리는 물보라에는 일곱 빛깔 무지개가 어리는데, 이는 용암과 백화의 장렬한 기백과 고매한 넋이 피어오른 것이다.

《백두산 전설》에 실린 〈백두폭포〉가 전하는 사연이다. 책에 실린 이야기는 용암과 백화의 사랑에 대한 소설적 가필이 꽤 포함돼 있는데, 여기서는 전설의 일반적 성격에 맞추어 스토리 중심으로 간추려 실었다.

이 설화는 폭포가 생긴 유래에 관한 이야기로서 전형적인 지명 유래 전설의 틀을 갖추고 있다. 주인공의 비장한 죽음 또한 전설에 잘 어울리는 특징이다. 하지만 폭포의 물줄기로 거듭난 저 남녀의 장렬한 죽음 속에는 비장을 넘어선 숭고함이 깃들어 있다. 특히 외침(外侵)에 의해 큰 괴로움을 겪은 지역민들에게 있어 저 사연은 심상한 것일 수 없다. 죽으면서까지 외적을 물리친 저들의 기백은 성스러운 것으로 여겨졌을 것이다. 앞의 백장수나 삼태성 삼형제처럼 이들 또한 지역의 신성한 수호신으로 받아들여졌을 가능성이 크다.

이 이야기에서 다시금 확인하는 것은 지역민의 역사적 상상력이다. 유람객들의 입장에서는 아름다운 풍경으로 보일 저 폭포의 모습에서 외적에 떠밀리면서 장렬하게 낙하하는 선조들의 모습을 보는 그 상상력 말이다. 그것은 저 깊은 산자락에 깃들어 사는 사람들의 가슴을 흔들어 뜨거운 무엇인가를 솟구치게 하였을 터, 저 전설 속에서 구전 신화의 자취를 읽어내는 것은 그리 무리한 일만은 아닐 것이다. 하기야, 저 이야기가 전설인가 신화인가 하는 것이 무에 그리 중요한 일일까. 중요한 것은 그 속에 빛나는 삶의 자취가 오롯이 새겨져 있다는 사실일 것이다.

 ## 백조애기와 금상, 신은 한라로 깃들다

이제 시선을 저 멀리 백두에서 한라로 옮겨보자. 성산 한라산을 품고 있는 제주도를 일러 '신화의 섬'이라 할 만하다고 했다. 마을마다 수호신이 있고 그에 얽힌 본풀이 신화가 있다는 것은 특별한 일이라 할 수 있다.

제주의 여러 마을을 지켜주는 신들에는 누가 있을까. 하늘에 가면 하늘의 소임을 맡고 지하에 가면 지하의 소임을 맡는다는 세화당 천자또는 한라산 백록담에서 솟아났다. 그의 외손녀 임정승따님애기 백조애기는 서울 남산 대밭에서 솟아나 용왕국을 거쳐 한라산에 깃들었다. 볼통당의 본향신은 하늘에서 귀양 온 옥황상제 막내딸 불도삼승또이며, 칠머릿당의 신은 용왕국에서 시집온 용왕해신부인이다. 함덕 본향당신은 서울 난노물에서 솟아난 급서황하늘과 용왕국따님애기 서물한집 부부가 맡고 있다. 알송당 본향 소로소천국은 절해고도 제주 땅에서 솟아났으며 그 아내 백주또는 강남천자국 백모래밭에서 태어났다. 김녕 궤네깃당의 궤네깃또는 그들의 여섯째 아들이 된다. 김녕 큰당은 강남천자국에서 솟아난 세 자매 조천관 압선도 정중부인과 관세전부인, 맹호

부인이 지켜주고 있다. 토산 일뤳당의 바라못도는 소천국과 백주또의
막내아들로, 큰부인은 서당팟 일뤠중저이고 작은부인은 용왕황제국 막
내딸아기가 된다. 토산 여드렛당의 신은 나주 영산 금성산에서 솟아난
선녀 같은 아기씨가 맡고 있다. 서귀포 본향당은 일문관 바람웃도와 중
국에서 건너온 지산국이 차지하고 있으며, 그 옆 서홍마을의 수호신은
지산국의 언니 고산국이 맡고 있다.

　제주 땅은 변방의 유배지였던 곳이다. 돌도 많고 바람도 많고 한도 많
은 곳이다. 이곳에 수많은 신이 솟아나고 또 수많은 신들이 건너왔다.
왜 신들은 이 작은 땅을 찾아서 모여드는 것일까. 그들에게 한라는 무엇
이었던가.

　천자또는 한라 영산의 지질게 백록담에서 솟아났다. 일곱 살이 되어
서 갖은 학문을 다 섭렵한 뒤에 열다섯이 되자 한 아름 넘는 책과 한 줌
넘는 붓에 삼천 장 먹을 갈아서 옥황에 가면 옥황의 소임을 맡고 지하에
가면 지하 소임을 맡아서 했다. 옥황의 명을 받아 상세화리 손드랑마루
에 내려서서 여덟 간이나 되는 큰 집을 짓고 본향신으로 좌정했다. 천자
또는 백메 백돌래*에 청감주와 계란 안주를 받아서 잡수었다.

　그때 서울 남산 가는대밭에서 임정국 따님으로 백조애기가 태어나니
천자또의 외손녀였다. 태어난 지 일곱 해 만에 아버지 눈에 거슬리고 어
머니 눈에 거슬려 집에서 쫓겨난 백조애기는 용왕국으로 일곱 외삼촌

----
*　흰쌀로 만든 떡.

을 찾아 들어갔다. 일곱 외삼촌은 백조애기한테 일곱 가지 부적 도술을 가르쳐주고 청가루에 청주머니 백가루에 백주머니와, 적주머니 흑주머니 황주머니 녹주머니를 주고 주황당사 매듭을 내주었다.

용궁에서 청명 삼월 초여드렛날에 용왕 문을 열고 내보내자 백조애기는 부모를 찾아가 지난 잘못을 사죄했다. 하지만 부모님은 저 가고 싶은 데로 나가라며 딸을 그대로 내쫓았다. 백조애기가 눈물로 세수하면서 부모를 하직하고 하녀를 앞세워 나오면서 천기를 짚어본즉 외조부님이 제주 한라산에 살고 계셨다. 백조애기가 외할아버지를 찾아 남방국으로 길을 나서서 떡전거리 밥전거리 모시전거리 푸나무전거리를 지나 장성 갈재를 넘고 보니 일천 선비가 놀음놀이를 하고 있었다. 백조애기가 하녀한테 말하되,

"소리 좋은 옥장고나 거문고나 해금 옥퉁소를 빌려 와라."

하녀가 일천 선비한테 찾아가 거문고를 빌려달라 하자 일천 선비가 말했다.

"여인은 꿈에만 보여도 부정을 타는 법인데 이게 무슨 소리냐!"

이렇게 호통을 치니 그 말을 전해 들은 백조애기가 청가루 청주머니를 내놓고 청부채로 부치었다.

"아야 눈이여!"

"아야 귀여!"

선비들이 갑자기 눈과 귀가 아파가고 가슴이 아파서 모조리 죽을 지경이 되었다. 유식한 선비 하나가 급히 거문고를 가지고 백조애기한테 가서 사죄하되,

"청하는 것을 다 드릴 테니 과연 목숨 살려주십시오."

그 말을 듣고 백조애기가 부적술을 거두자 일천 선비가 살아났다. 백조애기가 거문고를 빌려 부모 이별할 때 눈물로 세수한 내력으로 간장을 풀어내자 일천 선비가 모두 눈물을 흘렸다.

백조애기가 일천 선비와 작별하고 남해 바다에 이르러 제주도를 가려 하니 사공들이 고개를 저었다.

"제주 여인은 밖에를 못 가고 뭍의 여인은 제주를 못 가는 법이므로 배를 빌려줄 수 없습니다."

백조애기가 청부채를 내어 동쪽으로 간들간들 서쪽으로 간들간들 바람을 내자 온 바다에 짙은 안개가 끼고 풍랑이 일어 배를 띄울 수가 없었다. 사공들이 점을 쳐보니 백조애기를 태워 가야 안개가 걷히고 바다를 건너갈 수 있다고 했다. 사공들이 할 수 없이 백조애기를 싣고 길을 나서자 비로소 안개가 걷혔다.

백조애기는 제주에 다다르자 조천 새역코지에 배를 붙여 내린 뒤 조천관 앞선도에 좌정해 있던 정중부인한테 가서 인사를 드렸다.

"저는 서울 서대문 밖 가는대밭에서 솟아난 임정국 따님 백조입니다."

"어찌하여 왔느냐?"

"한라산 백록담에 사시는 천자또님이 외조부님 되시어 찾아가는 길입니다. 길 인도를 해주십시오."

정중부인이 장귀동산 일렛도를 불러서 길 인도를 시키니 백조애기가 그를 따라서 묵은뱅디왓 새뱅디왓 진마루동산 알눈미금산털 눈미 당오름을 지나 안다리를 건너서 샛다리 냇가로 나아갔다.

그때 어떤 아기씨가 지나가자 백조애기가 말을 걸었다.

"너는 어떤 아기씨냐?"

"저는 허선장따님아기가 됩니다."

"그러면 너희 집에 방이 있느냐? 오늘 저녁 머물고 가겠다."

"저희 집에 방이 있습니다. 어서 오십시오."

백조애기를 좌정하여 앉히더니만,

"무슨 음식을 잡수십니까?"

"나는 손으로 벤 음식은 손 냄새가 나서 못 먹고, 칼로 벤 음식은 쇠 냄새가 나서 못 먹고, 실로 밀어 끊은 정과와 말 발톱 같은 백돌래와 얼음 같은 백시루와 놋그릇의 멧밥과 청감주 청근채 계란 안주를 먹는다."

그러자 허선장따님애기는 백돌래 백시루에 청감주와 계란 안주를 정성껏 대접했다. 그날 밤을 머물고 나올 적에 백조애기가 주머니 하나를 끌러 주면서 말했다.

"급한 지경에 당하면 이 주머니를 내놓고 나를 생각하면 한 번 두 번 세 번까지 살려주마. 이 집을 단골로 맺고 가니 없는 명을 이어주고 없는 복을 이어주마."

백조애기가 그 집을 나서서 알송당 윗송당 개미목으로 하여 백록담에 올라섰으나 외조부님 행방을 알 수가 없었다. 천기를 짚어보니 동북쪽으로 가신 듯하여 동북쪽으로 내려올 적에 때마침 멩동소천국이 포수 차림으로 반둥개를 이끌고 길을 지나가는 것을 보았다.

"저리 가는 포수님아, 말씀 잠깐 묻겠습니다. 천자또님이 어디쯤 계십니까?"

"예, 제가 천자님 거행집사 됩니다. 저를 따라오면 인도하여 드리리다."

멍동소천국이 포수 옷을 벗어두고는 남방사주藍紡紗紬 바지에 백방사주白紡絲紬 저고리를 입고 삼승버선 꽃당혜唐鞋를 신고 외올망건 겹상투에 공작 깃 갓을 쓰고 서울 양반처럼 차리고 나와서 길을 안내했다. 백조애기가 그를 따라서 들어가다가 보니, 사냥한 짐승 뼈와 소뼈가 가득하고 노린내 기름내가 하늘을 찔렀다. 백조애기가 말도둑놈 소도둑놈이 있는 곳을 속아서 왔는가 생각하고 돌아 나오는데 멍동소천국이 백조애기의 손목을 덜컥 잡았다. 백조애기가 화룡 장도를 품에서 썩 꺼내더니,

"얼굴은 보니 양반인데 행실은 짐승만도 못하구나. 더러운 놈 잡았던 손목을 그냥 두어 무엇하리."

팔목을 싹둑 깎아 던져두고 명주 전대로 감싸고서 상세화리 올라가 손드랑마루로 찾아가서 천자또님을 뵈었다.

"너는 어디 사는 아기씨냐?"

"서울 서대문 밖 가는대밭에서 솟아난 임정국 따님 백조애기입니다. 천자또님이 외할아버지가 되신다 하여 벼룻물이나 떠놓고 얻어먹으려고 왔습니다."

"너는 무슨 음식을 먹느냐?"

"실로 밀어 끊은 정과와 말 발톱 같은 백돌래와 얼음 같은 백시루떡

과 놋그릇의 흰밥에 청감주와 청근채 계란 안주를 먹습니다."

"나와 함께 좌정할 만하다. 재주는 무엇을 배웠느냐?"

"용왕국에 들어가서 일곱 삼촌한테 일곱 주술 주머니와 부적술을 배웠습니다."

"들어오너라."

방안에 턱 앉히고 나니 피 냄새가 코를 찔렀다. 어찌하여 피 냄새가 나느냐고 묻자 백조애기가 말했다.

"멍동소천국한테 길을 인도해달라고 했더니 손목을 덥석 잡으므로 화룡 장도를 꺼내서 깎아두고 왔습니다."

"그런 괘씸한 놈이 있느냐? 내 자손이 오는데 산 도적이냐 물 도적이냐. 그냥 둘 수 없다."

마흔여덟 상단골과 서른여덟 중단골, 스물여덟 하단골을 다 불러 모으고서 천자또가 말을 하되,

"내 자손이 오는데 겁탈하려 했으니 괘씸하다. 땅 가르고 물 갈라라. 물도 같은 물을 먹지 말고 마을 길도 같은 길을 걷지 말아라. 사돈도 맺지 말아라. 세화리 땅에 다니는 자손은 간마리 땅에 다니지 말고, 간마리 땅에 다니는 자손은 세화리 땅에 오지 말아라."

그렇게 마을을 가르고는 백조애기로 하여금 세화리 여러 단골들에게 일곱 주머니 풍운조화를 불어주게 하여 본향으로 섬김을 받도록 마련했다. 그로부터 백조님은 이월 열이튿날에 영등손맞이 제사를 받고 칠월 열이튿날에 마불림 제사를 받고 시월 열이튿날에는 시만곡 제사를 받게 되었다.

이는 제주시 구좌읍 세화리 본향신의 내력을 전하는 〈세화본향당본풀이〉 중 천자또와 백조애기(백주또) 내력에 해당하는 내용을 정리한 것이다. 본향당본풀이로는 꽤 유명해서 여러 자료가 보고돼 있는데, 제주의 큰심방 중 하나인 이달춘 구연본을 저본으로 삼았다(현용준 · 현승환 역주, 《제주도 무가》, 한국고전문학전집 29, 고려대학교 민족문화연구소, 1996 수록). 이 신화에서 여주인공은 '백주또(백주애기, 백주님)'로도 불리고 '백조애기(백조님)'로도 불린다. 저본으로 삼은 이달춘본에는 '백주또(백주, 백주님)'라는 이름으로 되어 있는데, 〈송당본풀이〉나 〈궤네깃당본풀이〉의 백주또와 혼동을 일으키는 면이 있어서 조산옥 구연본(진성기,《제주도무가본풀이사전》, 민속원, 1991 수록)의 '백조애기'라는 이름을 선택했다.

신화의 내용을 보면 한라산에서 솟아났다는 천자또는 무척이나 크고 귀한 신으로 다가온다. 하늘에 가면 하늘의 소임을 맡고 지하에 가면 지하의 소임을 맡는다는 것은 아무에게나 할 수 있는 범상한 표현이 아니다. 천지를 함께 움직이는 힘을 가지고 있다는 뜻이니 말이다. 하늘과 맞닿아 있는 신령한 땅 한라산에서 솟아난 신다운 능력이다.

한라의 신 천자또의 영향력은 한라나 제주에 머물지 않고 세상에 드넓게 뻗쳐 있다. 용왕국에 일곱 아들이 있고 바다 건너 내륙 땅의 도읍지에도 딸이 머물러 살고 있다. 그 도읍지에서 태어난 남다른 자손 백조애기가 용왕국에서 재주를 배운 뒤 조상인 천자또를 찾아서 한라산으로 건너왔다는 데는 제주인들의 자존 의식이 담겨 있다고 할 수 있다. 한라산이 이 땅의 아버지와도 같은 크나큰 발원처라고 하는 의식이다. 그곳을 하찮은 변방의 땅으로 여기는 통념에 정면으로 맞서는 주체적이고 도전적인 사고다.

천자또와 그의 자손 백조애기의 남다른 고귀함은 신비한 풍운조화를 일으킬 수 있는 능력에서도 볼 수 있지만, 무엇보다도 그들의 '문화'를 통해 뚜렷이 제시된다. 조금이라도 궂은 음식은 입에도 대지 않고 맑고 정갈한 음식만을 먹는 그들이다. 또한 정조를 목숨처럼 여기는 그들이다. 한라를 마치 미개의 땅인 듯 생각하는 사람들을 놀라게 하는 문화적 고결함이다. 일천 선비가 감히 제주의 여인을 무시한 것은 사정을 모르는 터무니없는 일이었다.

세상은 거꾸로 된 것을 바로 보는 이들의 것이라 할 수 있다. 중심과 주변, 문명과 미개, 남자와 여자, 잘난 자식과 못난 자식 등등. 그 근거 없는 차별 의식을 깨뜨리고 존재하는 것의 가치를 바로 보아야 한다. 천자또와 백조애기를 신으로 섬기는 사람들에게 있어, 그들을 자신의 표상으로 받아들이는 사람들에게 있어, 그러한 차별적 통념은 이미 그들의 것이 아니다. 우리가 있는 이곳이 우주의 중심이라는 것. 그러한 서사적 설정 속에는 이 신화를 만들고 지켜온 사람들의 자존의 철학이 깃들어 있다.

이 신화에서 또 한 가지 관심을 끄는 것은 신과 인간 사이의 관계다. 이야기는 상단골 중단골 하단골 등 수많은 단골들에 대해 언급한다. 그 단골이 누구인가 하면 신을 받들어 모셔서 보호를 받는 사람들을 말한다. 어떻게 단골이 되느냐면 저 앞의 허정승따님애기처럼 신을 알아보고 정성껏 그를 대접할 때 본향과 단골의 관계가 형성된다. 그러면 신은 자기가 가지고 있는 능력을 기꺼이 베풀어서 단골을 지켜주고 명과 복을 전해주게 된다. 신과 인간이 일종의 '커플'이 되어 함께 살아가는 모습이다. 그 동행은 일시적인 데 그치지 않고 평생토록 이어지며 자식에게로까지 대물림되는 것이 상례다. 단골들에게 있어 신은 말 그대로 '또 하나의 나'였다고 할 수 있다.

또 한 가지 주목되는 것은 어떤 신을 모시는가를 준거로 하여 마을과 마을 사이의 관계가 규정된다는 사실이다. 이 신화에서 세화리 본향신이 되는 백조애기와 간마리의 신 멍동소천국은 첨예한 대립 관계를 나타낸다. 표면상으로는 멍동소천국이 백조애기를 범하려 한 것이 갈등의 원인이었지만, 그 바탕에는 문화적 차이가 있다. 백조애기가 채식 지향의 농경적 존재라면 멍동소천국은 육식 지향의 수렵적 존재이다. 마을의 문화적 특성을 일정하게 반영하고 있는 서로 다른 존재적 정체성이다. 이웃 마을 사이에 이렇게 서로 갈라설 것이 무엇인가 생각할 수도 있겠으나, 각 마을마다 자기 나름의 개성 내지 정체성을 지키며 주체적으로 살아가는 모습을 보여주는 것이라고 설명해볼 수 있다. 아울러 우리는 이와 같은 사례를 통해 신화가 단순한 상상적 이야기를 넘어서 삶을 실질적으로 움직이는 강력한 힘을 가진 이야기였다는 사실을 새삼 확인할 수 있기도 하다.

신들의 서로 다른 정체성은 꼭 대립과 반목으로 이어지는 것은 아니다. 서로 공존과 통합으로 이어지기도 한다. 천자또와 백주또의 내력에 이은 〈세화본향당본풀이〉의 세 번째 마당인 '금상님본풀이'에서 이를 잘 볼 수 있다.

무위이화 금상은 서울 남산 아양동출에서 솟아났다. 그 아버지는 하늘이고 어머니는 땅이었다. 금상은 키가 구척장신에 얼굴은 숯먹을 갈아서 칠한 듯하고 봉황의 눈에 수염은 삼각수三角鬚*였다. 무쇠 투구 무쇠 갑옷을 입고 무쇠 신을 신고 언월도 비수검을 비껴 차니 천하의 명장이었다.

금상이 남산을 올라서서 봉황의 눈을 부릅뜨고 궁궐 안을 굽어보며 밤낮으로 연화㷊火를 일으키자 궁궐이 근심으로 가득 찼다. 임금이 만조대신을 모아놓고 태사관을 불러 별자리를 보게 하니 뜻밖의 점괘가 나왔다.

"남산봉에 역적이 될 만한 천하 명장이 났습니다."

"어떻게 이 장군을 잡겠느냐?"

만조대신이 의논해서 조선 팔도에 방을 붙이기를 남산봉에 있는 이름 모를 장수를 잡는 자에게 천금 상과 큰 벼슬을 내리겠다고 하자 팔도에서 장수와 군사들이 다 몰려들었다. 팔도 장수가 임금의 명을 받아 수만 군사를 거느리고 남산을 에워싸 쳐들어가자 금상이 남산에 앉아 있다가 말을 했다.

"너 같은 장수들이 수억만 명이 들어와도 칼을 휘두르면 한 번에 다 죽이겠다마는, 너희 장수들 상이나 받게 앉아 있으마."

그러고서 가만히 앉아 있으니 수많은 군사가 한꺼번에 달려들어 금상한테 무쇠 철망을 씌우고 수레에 가둬서 도성으로 들어가 궁전 앞으

* 양쪽 뺨과 턱에 세 갈래로 난 수염.

로 끌고 갔다. 임금이 금상한테 묻기를,

"너는 어떠한 장수냐?"

"소장은 무위이화 금상입니다. 아버지는 하늘이요 어머니는 땅입니다."

"장수가 되려거든 임금의 명을 받아야 하는데 명령을 안 받았으니 역적이 아니냐? 죽어도 한이 없다는 다짐을 써라. 다짐을 쓰되 손가락을 깨물어 혈서로 써라."

금상이 다짐을 써 올리자 임금은 군사들을 시켜 금상을 죽이라고 했다. 하지만 발로 밟아도 안 죽고 돌로 쳐도 죽지 않아서 죽일 방법이 없었다.

"저 장수를 어떻게 하면 죽이겠느냐?"

"저 장수를 죽이려면 무쇠로 집을 짓고 무쇠 방을 만들어서 그 속에 앉힌 뒤 숯 천 석을 내어서 석 달 열흘간 불을 때고 있으면 됩니다."

그 말대로 무쇠 집을 짓고 무쇠 방을 만들어 숯 천 석을 들여놓고 석 달 열흘 백 일 동안 불을 땔 적에 금상이 술책을 써서 얼음 빙＊ 눈 설雪 두 글자를 써서 발바닥 아래 놓고서 깔고 앉았다. 석 달 열흘 불을 때어 무쇠가 얼랑얼랑할 적에 무쇠 문을 열자 금상이 호령을 했다.

"네 이놈들아 추워서 살 수가 있느냐? 삼각수 수염에 서리가 맺히고 추워서 살 수가 없다."

그 서슬에 깜짝 놀란 군사들이 무쇠 문을 덜컥 닫을 적에 금상이 화가 벌컥 나서 무쇠 신 신은 발로 무쇠 문을 살랑 살랑 살랑 세 번을 치자 무쇠 문이 속절없이 부서졌다.

"내가 이곳이 아니면 살 곳이 없으랴."

금상이 서울 한강 동작나루에 이르고 보니 전선 한 척이 있으므로 혼
자서 배를 내린 뒤 양식을 한 배 가득 싣고서 저를 따르는 군사들을 거
느리고 피난길을 나섰다. 그가 향한 곳은 열두 바다 건너 한라산 우뚝
솟은 제주 섬이었다. 금상이 소섬 우묵개에 잠시 머물렀다가 상세화리
를 향하여 들어가려고 할 때에 천자또가 나서서 보고 외국 장수가 들어
오는 듯하므로 '푸우' 하고 입으로 불어버리자 여우가 달아나듯 배가 밀
려 나갔다. 금상은 다시 바람을 만나 세화리 앞으로 와서 돛대를 접은
뒤 종선從船을 갈아타고 세화리 땅에 내려서 손드랑마루에 올라 천자또
에게 문안을 올렸다.

"어디 사는 장수냐?"

"소장은 서울 남산 아양동출에서 솟아난 무위이화 금상으로 아버지
는 하늘이요 어머니는 땅입니다."

"어찌하여 왔느냐?"

"천기를 짚어 살펴보니 소장과 백조애기가 천정배필이 될 듯하여 찾
아왔습니다."

"그러면 너는 무슨 음식을 먹느냐?"

"술도 한없이 먹고 떡도 한없이 먹습니다. 밥도 한없이 먹고 돼지도
통으로 먹습니다."

천자또가 낯을 찌푸리면서,

"더럽도다. 어서 나가거라. 우리와 같이 좌정하지 못하겠다."

금상이 할 수 없이 뒷머리를 손으로 쓸면서 나갈 적에 백조애기가 앉

았다가 말을 했다.

"저기 가는 저 장수, 나하고 천정배필이면 먹던 음식을 참고서 배필을 맺어보십시오."

금상이 그럴듯하게 생각해서 천자또한테로 들어가더니만,

"소장이 오늘부터는 그간 먹던 음식을 참겠습니다."

"팥죽을 쑤어 목을 씻어라. 소주로 목욕하고 청주로 목욕하고 청감주로 입을 씻어라."

금상은 그 말대로 해서 백조애기와 부부간 인연을 맺었다. 부부를 맺고 석 달 열흘이 지나가는데 먹던 음식을 못 먹어 뼈와 거죽이 달라붙을 지경이 되었다. 백조애기가 민망하여 천자또에게 말씀하되,

"할아버지 천자님아, 깊이 생각하십시오. 소녀 하나로 해서 천하 명장을 굶주려 죽일 수 있습니까?"

"그러면 어떻게 하면 그 장수를 살릴 수 있겠느냐?"

"소녀 생각으로는 할아버지와 제가 함께 상을 받고 금상또는 따로 상을 차려서 돼지 제사법을 행하면 살릴 듯합니다."

천자또가 그럴듯하게 여겨 허락을 내렸다.

백조애기가 세화리 자게동산 김좌수 집을 본즉 뒷간 딜팡*밑에 큰 돼지 흰 돼지 검은 돼지가 있으므로 조화를 부려 큰딸아기에게 흉험을 주어 숨을 못 쉬게 하여갔다. 김좌수가 심방을 불러 점을 쳤더니 심방이 하는 말이,

* 디딤돌의 제주 말.

"이 집에 큰 돼지가 있는 걸 보고 금상또가 돝제를 받고자 합니다."

"그러면 내가 돝제를 치르겠노라."

김좌수가 돼지머리에 물을 떠서 끼얹고 왼쪽 귀를 끊은 뒤 그 돼지를 잡아서 제사를 지냈다. 금상이 밥과 떡을 많이 먹고 술과 돼지고기를 먹자 몸이 포동포동 살아났다.

그로부터 금상이 백조애기와 함께 천자또를 모시고 살면서 상세화리 본향 구실을 할 적에, 천자또와 백조애기는 먼저 한 상을 차려 정과와 백돌래 백시루떡에 놋그릇 흰밥과 청감주 계란 안주로 상을 받고, 금상님에게는 따로 상을 차려 술도 잔뜩 차리고 밥과 떡을 잔뜩 차리고 돼지를 잡아 털과 피와 발톱을 바치고 수육으로 삶아 열두 그릇에 빠짐없이 올려 제를 지내게 되었다. 제를 마치고 나면 금상은 소주로 목욕하고 청주로 목욕하고 청감주로 입을 씻고 난 뒤 천자또 백조애기와 함께 좌정을 했다.

앞의 천자또와 백주또 본풀이에 이어 이달춘 구연 자료를 재정리한 것이다. 앞에서와 마찬가지로 백주(백주또) 대신 백조애기라는 이름을 택했다. 금상은 금상또, 금상님, 금상장수 등의 여러 호칭으로 불리거니와, 이 가운데 '금상또'는 마을신으로 들어선 뒤에 불리는 호칭이 된다.

서울 남산 아양동출에서 솟아났다는 금상은 영웅 중의 영웅이다. 서울 도성을 아래로 굽어보며 흔들었다 놨다고 하니, 또 팔도의 여러 장수와 수만 군사가 덤벼들어도 한칼에 쓸어버릴 수 있었다 하니 그만한 장수를 다시 찾기 어렵다. 벌겋게 달궈진 무쇠 방 안에서 수염에 서리를 매달고 앉아 있는 모습은 또 얼마나 놀라운지 모른다. 세상을 단숨에 휘어잡을 만한 엄청난 능력이다.

하지만 그러한 영웅성은 포용되지 못한다. 조선이라는 나라는 저 금상을 끌어안기에는 편협하고 뒤틀린 곳이었다. 그를 불온하고 위험한 존재로 규정하여 어떻게든 말살하기에 급급할 따름이었다. 금상이 미련 없이 도성을 떠난 것은 아쉽거나 두려워서가 아니라 그곳이 자기 머물기에 어울리지 않는 작고 부조리한 곳이라 여겼기 때문일 것이다. 그리하여 그가 찾아간 희망의 땅이 어디인가 하면 바로 제주 한라산이다. 수많은 신들이 그네들을 알아주는 인간들과 어울려 뜨겁게 살아가는 곳. 아니나 다를까, 그곳에 이르자 제주의 신과 인간들은 저 영웅을 알아봐주고 받아들여준다. 그렇게 그는 제주의 신이 된다.

금상이 제주에 받아들여져 신이 되는 과정은 쉽지만은 않았다. 음식으로 표상되는 문화적 정체성 차이 때문이었다. 맑은 음식을 취하는 존재와 거친 육식에 익숙해진 존재 사이의 거리. '냄새'로 표현되는 그 이질적 거리감은 쉽게 극복하기 어려운 것이었다. 금상은 자기가 먹어오던 음식을 버리고 천자또와 백조애기에게 맞춤으로써 문화적 동화를 추구하지만, 그것은 억지로 되는 일이 아니었다. 이때 나온 해법이 절묘하다. 각자 자기 먹던 음식을 먹되 '냄새'가 나지 않게끔 깨끗이 씻는다는 것. 서로 다르다고 하는 사실을 받아들여 존중하면서 원만한 조화를 이루는 공생의 지혜다. 그러한 공생을 통해 문화가 넓어지고 다양해지는 것이니 그것은 미봉책이 아니라 발전적 진화의 과정이라 할 수 있다. 한라의 땅 제주는 한편으로 자기 정체성을 지키면서도 이와 같은 포용의 힘을 발휘함으로써 물리적으로는 작을지 몰라도 정신적·문화적으로는 결코 작지 않은 역동적인 생명의 땅이 되었던 것이라 할 수 있다.

서울에서 용납되지 못하고 제주로 들어가 신이 된 영웅 금상. 그 모습에는 제주 섬의 역사가 단면적으로 투영되어 있다. 제주가 어떤 곳인가 하면 육지에서 용납되지 못했던 큰 학자와 영웅 들이 보내졌던 유형의 땅이었다. 추사 김정희 같은 당대 최고의 인물이 대표적인 사례가 된다. 저 한라의 섬은 그러한 유배자들을 받아들여 삶의 힘으로 삼았던 터이니, 이 신화에서 금상을 받아들여 지역의 수호신으로 삼은 일은 그와 평행을 이루는 자연스러운 선택이 된다. 모름지기 내륙에서 밀려났던 영웅들은 그 한스러움 때문이라도 저 한라의 땅을 더 사랑하면서 그곳 사람들을 지켜주었을 것이다.

돌이켜서 금상의 행적을 살펴보면 놀라운 능력을 가진 영웅이었지만 세상에서 이룬 별다른 업적이 없지 않나 하는 생각도 하게 된다. 자기를 죽이려고 하는 자들에 맞서 신이한 능력을 발현했다고 하지만 다분히 방어적인 행위에 그친 면이 있다. 그 상태로 제주로 피신했으니 어찌 보면 소극적 패배의 동선이었다고 볼 여지도 있다. 하지만 그러한 옮김은 일의 끝이 아니라 출발일 뿐이라는 사실을 알아야 한다. 그의 영웅적 활약은, 아니 신적 활약은 이제 비로소 시작이다. 미처 만분의 일도 풀어내지 못했던 자신의 능력을 그는 한라산 아래 저 마을을 위해 맘껏 펼치게 되었다는 뜻이다.

한라에서 솟아난 천자또와 동해용궁에서 신술을 배워 온 백조애기에 더하여 천하 명장 금상까지 수호신으로 깃들어 있는 마을. '세화(細花)'

라는 이름이 무척 인상적인 그곳은 참으로 축복받은 땅이 아닐 수 없다. 잘 모르기는 해도 평안하고 행복한 마을일 것이다. 제주도와 한라산을 여행하게 된다면 이름난 관광지만 훑어볼 것이 아니라 이런 곳에 들러서 그 삶의 풍경에 젖어들어보아도 좋을 것이다.

압제받는 이들의 신, 양이목사와 고대장

내륙 땅에서 포용되지 못하고 절해고도 제주로 떠나갔던 금상의 형상에 제주의 역사가 함축돼 있다고 했다. 바람 타는 섬 제주. 그곳은 보살핌 대신 빼앗김에 더 익숙했던 서글픈 땅이었다. 남다른 물산이 많아 오히려 고통받던 곳. 그 뼈저린 역사는 수많은 저항의 영웅을 낳았거니와 그들이 그 땅의 수호신으로 좌정한 것은 자연스러운 일이었다. 변방 민중의 삶의 역정과 맞닿아 있는 역사적 영웅의 신화들. 그 가운데서도 특히 인상적인 양이목사 이야기를 먼저 만나보자. 〈양이목사본풀이〉의 사연이다.

옛날 제주 탐라국 시절에 제주성 삼문 안에 살던 양씨 성 가진 장수가 조정의 명으로 제주목사가 되자 사람들이 그를 양이목사라 불렀다. 그 시절, 제주에서는 일 년에 한 번씩 백마 백 필을 한양에 진상했는데, 어느 목사를 막론하고 예외가 없었다. 양이목사가 한 번 두 번 세 번까지 백마를 진상하더니 네 번째 백마 백 필을 진상하려다가 다른 생각이 나 조정에 글을 올렸다.

"백마 백 필을 진상 올리면 제주 백성들이 곤경에 빠져 탄식과 근심을 그치지 못합니다."

이렇게 진정을 올려두고는 마부를 불러서 말을 했다.

"여태까지 마부들 손으로 진상을 바쳤다마는 이번부터는 내가 직접 갖다가 바치리라."

백마를 진상하자면 어느 때라도 조정에서 단번에 백 필을 받지 않고 눈에 궂은 것은 퇴짜를 놓는지라 마부들이 말을 새로 채우는 것이 큰 근심이었다. 양이목사가 진상을 가겠노라고 하니 마부들이 이제는 살았다고 기뻐하면서 말했다.

"어서 그건 그리하십시오."

마부들과 백성들이 배를 내어서 백마 백 필을 실어주자 양이목사가 진상을 떠나서 영암 덕진다리에 배를 붙인 뒤 한양고을에 이르렀다. 양이목사는 한양고을 곳곳을 다니면서 백마 백 필을 다 팔고서 그 돈으로 물품을 사서 배에 가득 싣고 제주로 돌아와 내다 팔았다.

조정에서 아무리 기다려도 백마 진상이 오지 않아 독촉했지만 양이목사는 두 번 세 번 다 어기고 몽땅 자기 재물로 삼았다. 조정에서 사람을 보내 조사해서 사실을 알아본즉 양이목사가 괘씸하기 짝이 없었다. 조정에서는 금부도사 자객을 제주로 보내어 양이목사 목을 베어 오라고 시켰다. 양이목사는 그 눈치를 벌써 채고 섬 안에서 제일 좋다는 고동지 영감의 배를 얻어 타고 바다로 나와 해남 울돌목으로 나아갔다. 그때 낯선 배 한 척이 다가와 고사공의 배에 고물을 갖다 붙이는데 금부도

사와 자객이 탄 배였다. 금부도사가 묻기를,

"어디로 가는 배인가?"

고사공이 먼저 대답을 하되,

"제주 양이목사가 유람 가는 배요."

양이목사가 얼굴에 방울땀을 흘릴 적에 금부도사가 양이목사 탄 배로 펄쩍 뛰어오르며 물었다.

"누가 양이목사냐?"

양이목사가 얼른 일어서면서,

"내가 양이목사다."

그때에 금부도사가 창검을 내어 들고 자객 또한 칼을 들어 양이목사한테로 범같이 덤벼들 적에 양이목사가 한 손으로 받아치자 자객이 쥐고 있던 칼이 눈 깜짝할 사이에 양이목사 손에 쥐어졌다. 양이목사가 하늘에서 번개 치듯 칼을 한 번 휘두르자 자객의 머리가 간 곳 없고 몸뚱이만 물결 속에 떨어졌다. 다시 금부도사가 창검을 들고 벽력같은 소리를 지르며 달려들었지만 양이목사한테 어찌할 줄을 몰랐다. 어느 결에 두 손목이 묶인 것처럼 몸이 잦아져 양이목사 앞에 두 무릎을 꿇고 목숨을 비는 신세가 되었다.

양이목사가 금부도사한테 호령하되,

"내 이럴 줄 알았다. 금부도사 들어라. 우리나라 조정 대신들은 백성들에게 좋은 세상을 만들어 잘 살리겠다고 하고 백성은 임금을 모시며 한마음 한뜻 한식구처럼 살아보려고 하는 중에 특히 불쌍한 것이 제주 백성이라. 일 년에 한 번씩 백마 백 필을 진상하라 하니 임금의 배가 얼마나 크기에 백마를 백 필이나 먹어치운단 말이냐. 임금이 먹는 백마 진상 나도 한번 먹어보려 했더니 불쌍한 제주 백성 생각에 고기가 목에 걸려 넘어가지를 않더라. 하다 하다가 백마 백 필을 육지 백성한테 나누어주고 귀중한 물품을 얻어 제주 백성을 도와준 사람이 바로 나다. 내 한목숨을 바친들 하느님인들 무심할 수 있겠느냐. 부디 이 말을 용상에 앉은 임금에게 잘 여쭈어 올려라!"

두 무릎을 꿇고서 말을 듣던 금부도사가 팔짝 뛰어 양이목사 상투를 잡고 감태 줄같이 흐트러진 머리를 돛대 줄에 꽁꽁 매고서 고사공한테 줄을 잡아당기라 명령하니 고사공이 떨리는 손으로 돛대 줄을 잡았다. 양이목사가 어느새 돛대에 매달린 몸이 되어 금부도사에게 말을 했다.

"창검으로 어서 내 목을 베라."

금부도사가 비처럼 눈물을 흘리면서 창검을 한 번 휘두르자 양이목사 한 몸이 두 개가 되었다.

양이목사 몸뚱이가 배 아래로 떨어져 물속으로 들자 어느새 청룡 황룡 백룡으로 몸이 변하여 깊은 물속 용왕국으로 들어갔다. 고사공이 양이목사 머리를 끌어안아 피를 닦고 가다듬어 배 위에 올려놓자 몸뚱이 없이 머리만 남은 양이목사가 입을 열어 고사공에게 마지막 소원을 말했다.

"고향으로 돌아가거든 자손만대 대대손손으로 이 내 역사를 풀어내주면 내가 우리 자손들을 만만대대로 지켜주리라."

금부도사가 조정으로 돌아가 임금에게 양이목사 목을 바치고 모든 사실을 아뢰니 양이목사 한 몸 희생으로 제주 사람들이 해마다 백마 백 필을 진상하는 일을 면하게 되었다. 고사공이 고향으로 돌아가 사연을 전하자 양씨 집안에서 큰굿을 베풀어 조상의 넋을 위로했다. 이후 양이목사는 집안의 신이 되어 자손을 번성시키고 길이길이 지켜주게 되었다.

이 〈양이목사본풀이〉는 안사인 심방이 구연한 바를 정리한 것이다(김헌선 · 현용준 · 강정식,《제주도 조상신본풀이 연구》, 보고사, 2006 수록). 이 본풀이 신화는 일반신본풀이나 본향당본풀이가 아니고 한 집안에서 전승돼 온 것으로 '조상신본풀이'에 해당한다. 저 양이목사는 제주도 탐라 양씨 집안에 조상신으로 모셔지게 된 존재이다. 특정 집안에서 조상신을 모시고 그에 대한 본풀이 신화까지 전승하는 것은 다른 곳에서 보기 힘든 제주도의 문화 전통이 된다. 제주도의 조상신본풀이는 세간에 알려져 자료가 채록된 것만 해도 20종 이상이 된다.

신화의 내용을 보면, 조상신본풀이 서사가 갖는 의의는 단지 한 집안의 역사로 그치지 않는다. 거기에는 제주 사람들의 한스럽고 갸륵한 삶이 생생히 깃들어 있다. 저 양이목사의 사연만 하더라도 제주도 사람들의 고통스러운 역사를 생생히 담지하고 있다. 앞서 말했던바 빼앗김에 익숙했던 삶의 풍경이 생생히 반영되어 있다.

어떤가 하면, 이 이야기는 핍박받는 자들의 설움과 원통이 생생히 새겨진, 격정의 파토스가 넘치는 신화다. 저 양이목사의 죽음에서는 비장하고도 숭고한 '순교'를 떠올리게 된다. 먼 옛날 이차돈의 죽음을 다시 보는 듯한 모습이다. 얼핏 보면 이 신화는 역사적 전설에 가깝게 여겨지기도 하지만, 다른 어떤 신화 이상으로 생생한 신성성을 갖추어 지니고 있다는 것이 나의 생각이다. 남의 것일 리 없는 저항과 자존의 몸짓을 온몸으로 풀어낸 양이목사는 제주 민중의 신성한 영웅이라 할 수 있다. 이야기는 사람들로 하여금 그한테 자기를 맡기고 그를 통해 일어서도록 하는 성스러운 힘을 현시하고 있다. 보라, 임금을 향해 내뱉는 저 피 끓는 외침을! 몸뚱이를 잃은 머리가 토해내는 피 흐르는 유언을! 터럭만 한 타협도 없고 주저함도 없는, 부릅뜬 눈으로 격정을 토로하는 양이목사의 모습은 우리 신화에서 만날 수 있는 강렬한 남성성의 한 극점을 보여준다. 그렇다. 그는 단지 제주도 사람만의 신으로 그치지 않는다. 그는 이 세상의 모든 압제받는 이들의 신으로서 자격이 충분하다.

20종이 넘는 많은 조상신본풀이가 알려져 있다고 했다. 그중 '한라의 영웅'이라 일컬을 만한 또 다른 주인공의 사연을 하나 더 본다. 그 이름은 고만호 고대장이다. 직업은 심방, 곧 무당이다.

옛날 숙종대왕 시절 나라가 태평으로 떵떵거릴 때 영천 이형상이 제주목사가 되어 도임을 했다. 영천 이목사는 한라산 앞뒤를 찾아다니면서 신당을 오백 개 불사르고 절 또한 오백 개를 파괴했다. 그때 제주 삼문 안 남문 밖 만년 팽나무 아래에 옥황상제 막내딸아기가 귀양 내려와 좌정하여 인간 자손들을 도와 기르고 있었는데, 영천목사가 이 당을 없애려고 마음먹고 영을 내렸다.

"삼문 안에 신을 받들고 있는 심방이 있다니 불러들여라."

그때에 무근성 사는 고만호 고대장이 팔자가 굿어 큰심방이 되어 다닐 적에 눈을 감으면 저승이 되고 눈을 뜨면 이승이 되어 위로 천문을 통하고 아래로 지리를 통했다. 영천목사가 동헌에 고대장을 불러들여 엎드리게 해놓고서 물었다.

"네가 신을 모시는 심방이면 당에 영험함이 있느냐?"

"예, 영험함이 있습니다."

"그러면 아무 날 아무 시에 영험을 보여라."

영천목사는 이리저리 궁리하다가 남문 밖 각시당에 병마기兵馬旗를 꽂아놓은 것을 발견하고 고대장을 불러서 명을 내렸다.

"저 병마기가 관덕정 동헌까지 걸어오게끔 굿을 해라."

"저 혼자 기도를 드릴 수 없으니 이레만 시간을 주십시오."

"그건 그리하라."

고대장 심방은 집으로 돌아온 뒤 면공원 면향수와 도공원 도향수를 불러 모아 이레째 되는 날 동헌 마당에서 악기를 울려 굿을 시작했다. 삼천 군병을 달래고 술을 담은 병을 관덕정 지붕 밖으로 넘겨 옥황문과 불도문을 열고 신당문과 본당문을 열어 각시당 신을 동헌에 청해 들이기 시작했다. 심방이 오른팔에 본향 팔찌를 묶어 매고 각시당 신에게 신청궤*를 지내자 병마기가 동헌 마당까지 걸어오지는 않았지만 삽시간에 천지가 요동하고 팽나무가 광풍을 만난 듯 나뭇가지와 이파리에서 회오리바람 소리가 나면서 병마기가 하늘과 땅 사이에서 와드드 떨기 시작했다.

---

* 하늘에서 내려온 신을 마중하는 과정.

영천목사가 깜짝 놀라서 말했다.

"삼문 밖 신당을 내 손으로 불질렀다만 삼문 안 신당들이 과연 영험이 있구나."

그리하여 영천목사는 끝내 삼문 안 신당을 파괴하지 못하고 섬을 떠났다. 그때 낸 법으로 오늘날까지도 삼문 안의 각시당과 광양당, 서문밖의 내왓당과 본당한집, 동문 밖 운주당과 고스락당, 산지의 용궁 칠머릿당들이 그대로 남아 만대유전을 하게 되었다.

또 이런 일도 있었다.

제주도에 칠 년 가뭄과 구 년 흉년이 들어 갖은 기우제를 지내고 축원을 지내도 소용없이 백성들이 죽어갈 적에 고대장이 술집에 앉아 혼잣말을 하기를, 자기가 기우제를 지내면 비가 올 거라고 했다. 그 말이 관가에 들어가자 사또가 고대장을 불러서 기우제를 지내 비가 내리게 하라고 명을 내렸다.

명을 받은 고대장은 도공원 도향수와 면공원 면향수 여러 사람들을 모아서 용소 머리에 있는 당 밭에 천막을 쳐놓고 생짚으로 쉰댓 발 되는 용을 만들어 머리와 몸은 사당에 추켜올리고 꼬리는 용소에 담근 뒤 천상천하의 신들을 초감제初監祭*로 청하였다. 이레간 굿을 하며 기도를 하는데도 하늘은 청청하고 언제 비가 올지 짐작할 수 없었다. 고대장이 신들을 돌려보내는 굿을 하면서 한탄하기를,

"신들은 상을 받고서 고이 돌아서는데 이 심방은 오늘 동헌에 들어

----

* 제주 큰굿의 첫째 과정.

가면 목이 잘려 죽게 됩니다. 명천 같은 하느님은 어찌 이리 무심합니까?"

눈물을 흘리면서 축원의 말씀을 올렸더니 홀연 사라봉 상상봉으로부터 먹장 같은 구름이 솟아올라 화창하던 하늘을 뒤덮더니만 굵은 빗방울 가는 빗방울이 떨어져 수천 리 가득 큰비가 내렸다. 사람들은 쉰댓 발 용의 몸뚱아리를 어깨에 둘러메고 무악기를 울리면서 동헌 마당까지 행진해 들어간 뒤 악기를 둥둥 울리면서 관장과 관원들로 하여금 용에게 네 번씩 절을 하게 했다. 그런 뒤에 사람들은 고대장 심방을 쌍가마에 태우고 집집을 돌아다니며 시주를 모아 큰 잔치를 열었다. 사람들은 비가 끝날 때까지 동헌 마당에서 함께 잔치를 지냈다.

몇 시간 안에 내린 비가 온 고을을 가득 채우자 다음 날 아침에 집집마다 농부들이 소를 끌고 밭에 나가 씨 뿌리는 타령 소리가 가득했다. 그해부터 칠월 열나흘 백중 때가 되면 심방들이 곡식을 모아다가 백중대제 제사를 지내는 법이 생기게 되었다.

안사인 심방이 구연한 〈고대장본풀이〉의 내용을 조금 간추려 옮긴 것이다. 고대장은 제주 삼도동 고만호 댁에서 조상으로 모시는 신이다. 앞의 〈양이목사본풀이〉와 같이 한 집안의 본풀이 신화이지만 이 또한 제주민들의 삶과 역사를 함축하고 있는 오롯한 제주의 신화라 할 만하다.

이 신화에는 신과 인간이 어울려 살아온 제주의 오랜 삶의 풍경이 오롯이 깃들어 있다. 다른 지역 사람들한테는 무당이라고 하면 낯설고 특수한 존재일지 모르지만 제주 사람들한테는 그렇지 않다. '신의 형방(刑

房)'이라고도 풀이되는 심방은 신과 인간을 이어주며 삶을 지켜온 고맙고 귀한 사제들이다. 저 버림받은 척박한 유형의 땅에 자기의 온몸을 던져 삶을 지켜주는 심방이 없었다면 사람들의 삶은 그만큼 더 모질고 고단했을 것이다. 그런데 외부에서 온 권력자들은 그 사실을 알지 못한다. 굿을 미신으로 여겨 척결하는 것을 대단한 일로 여긴다. 심대한 문화적 폭력이다. 저 고대장은 목숨을 내놓고 그 폭력에 맞서서 제주의 삶과 문화를 지킨 존재이니 '한라의 영웅'이라 일컬어도 무리가 아닐 것이다.

이 신화가 전하는 사연들을 어디까지 역사적 사실로 볼 수 있을지는 가늠하기 어렵다. 역사의 관점에서 보자면 다소간의 과장도 있을 것이다. 하지만 신화의 관점에서 보면 저 사연은 엄연한 진실이 된다. 인간이 신을 믿고 진심을 다하면 신은 거기 응답하게 돼 있다는 것. 이것을 일컬어 누가 허튼 믿음이라 할 수 있겠는가. 추상적 논리가 아니라 밑바닥의 삶의 경험에서 우러나온 저 인생철학을.

나주 기민창을 지키다 제주로 들어간 조천의 안씨 조상, 나주 김씨 집안 조상 구실할망, 남원 양씨 댁 선조의 양씨아미 아기씨, 명도암 고씨 김씨 댁 조상 고전적, 조천 윤씨 댁 조상 윤대장, 조천 성주 이씨 댁 조상 이만경, 동김녕 송씨 댁 집안 신 광청아기……. 양이목사와 고대장 말고도 제주 섬 여러 집안에 깃들어 있는 신들은 무척 많다. 사람들이 어디서든 신을 발견하여 모시는 섬, 신들이 사랑하고 지켜주지 않을 수 없는 섬, 그곳이 바로 제주도이다.

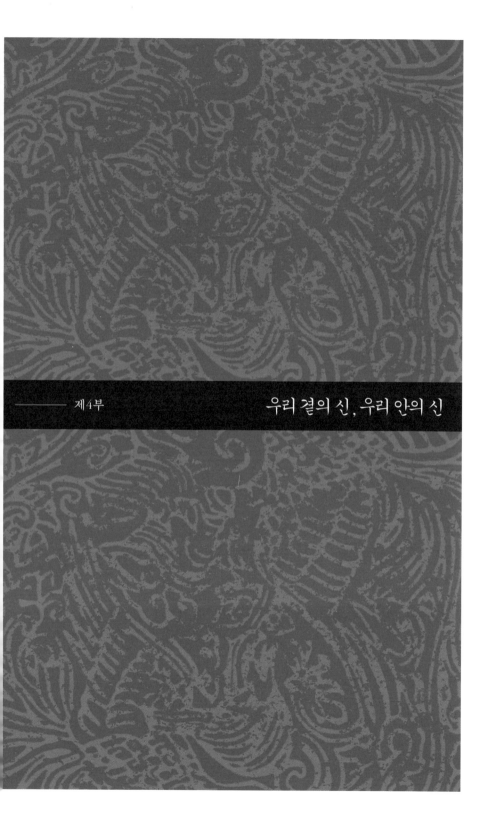

제4부   우리 곁의 신, 우리 안의 신

신은 어디에도, 어둠 속에도 있다

"그러니까 영감님이 제일 좋은 일이 이것입니까?" 하니까
"난, 이 다릴 먹는 사람이 제일 좋아" 하였습니다.
그렇게 하니까, 또 "그러면 제일 궂어하는 건 뭣입니까?" 하니까
"싫어하는 건 날달걀과 동에로 뻗은 버드나무 가지와
무쇳덩어리가 제일 궂어" 하니까
"왜 그건 궂어하고 있습니까?"
"그건 차차 알아진다."

— 제주이춘자 구연 〈삼두우미본〉에서

신화는 인간과 삶의 문제를 보편적으로 함축하는 원형적인 이야기이지
만, 한편으로 무척 현실적인 이야기이기도 하다. 신령한 의례 속에서 구
연되는 신화는 사람들이 겪고 있는 실제적 문제를 해결해주는 힘을 지
닌 것으로 여겨져왔다. 아기를 점지하고 보살펴주거나, 농사가 풍년을
이룰 수 있도록 해주거나, 병든 사람을 고쳐주거나 하는 등으로. 신화가
이런 힘을 발휘할 수 있는 것은 무한 능력의 존재인 신을 움직이는 이
야기이기 때문이다.

굿에서 구연돼온 우리 민간 신화에도 현실적이고 실제적인 면이 있다. 우리 신화는 현실적인 삶의 국면을 관장하는 신들에 관한 이야기가 활발하게 전승되어왔다. 대표적인 민간 신화로 손꼽히는 〈당금애기〉와 〈바리데기〉, 〈칠성풀이〉, 〈장자풀이〉 등은 사람들의 명과 복, 부귀 등 현실적 문제와 관련이 깊은 신들의 내력담에 해당한다. 사람들은 평생의 삶을 살아가는 데 있어 좋은 의지가 되어줄 명신(明神)들을 우선적으로 찾으면서 그들에 대한 믿음과 기대를 신화로 담아냈던 것이라 할 수 있다.

하지만 이 세상에 깃든 신들 가운데 사람들의 빛을 이루는 양지의 존재만 있을 리 없다. 모든 일에는 빛과 그림자가 있는 터, 어둠 속에 험하고 흉한 신들이 깃들어 있는 것이 자연스러운 일이다. 흔히 잡귀나 잡신이라는 이름으로 불리는 이들 존재는 불길한 기피의 대상으로 취급되어왔다. 신화에 등장하는 경우에도 적대자 위치에 머물러 있다가 제치(除置)를 당하는 것이 상례다. 비주류라고 칭할 만한 이들 존재가 신화 속에서 의미 있는 신직을 받는 사례는 그리 많지 않다. 〈삼승할망본풀이〉의 동해용궁따님애기가 '저승할망'으로 좌정한 것이 눈에 띄는 정도다. 〈천지왕본풀이〉의 수명장자나 〈칠성풀이〉의 후실부인, 〈차사본풀이〉의 과양생이 각시 등은 모두 징치를 당하여 존재가 지워진다.

하지만 우리 민간 신화가 비주류에 해당하는 신들을 늘 소외시키거나 배제하는 것은 아니다. 그들이 주인공이나 그에 준하는 서사적 역할을 하는 데 이어 일정한 신격을 부여받는 사례들을 종종 찾아볼 수 있다. 특히 양적으로나 질적으로 신화 전승의 원형이 잘 남아 있는 제주도 지역에서 이런 모습과 만나볼 수 있다. 구체적으로 어떤 신들인가 하면,

머리 셋에 꼬리가 아홉 달린 땅귀 삼두구미, 뒷간의 신인 측도부인(측신부인) 노일저대, 동에 번쩍 서에 번쩍 사람들을 홀리는 도깨비신 영감, 사람들의 앞길을 가로막고 훼방을 놓는 지장 등이 그들이다.

　이러한 흉한 존재들이 신으로 모셔지고 본풀이가 전해지는 데는 그럴 만한 이유가 있을 것이다. 어쩌면 우리는 거기서 주류에 해당하는 신들에서 보지 못한 또 다른 원형적인 신적 형상과 만날 수 있을지도 모른다. 아니, 십중팔구 그러할 것이다. 이들 또한 범상한 이야기가 아니라 엄연한 신화이므로.

땅귀 삼두구미, 또는 타나토스

앞에서 〈허궁애기본〉과 〈세민황제본〉 같은 특수본풀이 신화를 소개하면서 원시적 체취가 짙게 느껴진다고 했다. 이제 소개하려는 〈삼두구미본〉(이춘자 구연, 진성기, 《제주도무가본풀이사전》, 민속원, 1991 수록)도 제주도의 특수본풀이 신화로서 낯설고 놀라운 느낌을 전해주는 이야기다. 주인공 삼두구미는 사람을 잡아먹기를 일삼는 위협적인 존재인데, 그 행위의 의미 맥락이 불투명하다. 하지만 그 정체를 헤아려나가다 보면 놀라운 신화적 상징과 만나게 된다. 머리 셋에 꼬리가 아홉, 삼두구미의 정체는 과연 무엇일까.

　터주나라 터줏골에 삼두구미라고 하는, 사람도 아니고 귀신도 아닌 백발노인이 살았다. 삼두구미는 각시가 죽어버리자 후처를 장만할 궁리를 했다. 하루는 삼두구미가 신산곶을 올라 보니 어떤 나무꾼이 삭정이를 모으고 있었다. 그 나무꾼은 딸만 셋을 데리고 사는데 살림이 아주 보잘것없었다.

삼두구미가 나무꾼한테 가서 호령을 했다.

"어떠한 사람이 허락도 없이 나무를 하느냐?"

"제가 딸 삼형제를 데리고 사는데 살림살이가 어려워서 입에 풀칠을 하려고 그랬습니다."

삼두구미가 하는 말이,

"그렇다면 내가 중매를 해주겠으니 딸을 부잣집에 파는 게 어떠하냐?"

"그것도 좋은 일입니다."

나무꾼은 삼두구미를 집으로 모시고 와서 금전을 많이 받고 큰딸을 팔았다. 삼두구미는 나무꾼의 큰딸을 부인으로 데리고 자기 사는 산중으로 갔다. 큰딸이 가서 보니까 깊은 산중이라도 고대광실 높은 집에 잘 사는 집 같았다.

삼두구미는 큰딸을 사랑으로 데리고 들어가더니만 자기 두 다리를 쑥 뽑아 주면서 이렇게 말을 했다.

"내가 마을을 다녀오는 사이에 이거를 다 먹어야 한다."

나무꾼의 큰딸은 깜짝 놀라고 후회가 되었지만 어찌할 수가 없었다. 아무래도 다리를 먹을 수가 없어 그럭저럭 시간만 보내다 보니 마을 갔던 삼두구미가 돌아올 때가 되어갔다. 큰딸은 마루 널판을 들고서 그 속에다 두 다리를 숨겼다. 그러고 나자 남편이 들어오면서 물었다.

"내 다리를 다 먹었느냐?"

"예, 모두 먹었습니다."

"진짜인지 내가 시험해보겠다."

삼두구미가 큰 소리로 '내 다리야!' 하고 부르니까 마루 널판 아래에서 '예!' 하는 대답 소리가 났다. 그러자 삼두구미는 삽시간에 변신을 해서 머리가 셋에 꼬리가 아홉 달린 짐승으로 변하더니만,

"이 망할 년, 누굴 속이려고 하느냐?"

인정사정없이 나무꾼의 큰딸을 때려서 죽여버렸다.

큰딸을 죽인 삼두구미는 다시 백발노인으로 변신을 하고 나무꾼의 집으로 가서 둘째 딸을 꾀어다가 자기 집으로 데리고 왔다. 집에 들어가자 삼두구미는 먼젓번처럼 두 다리를 빼 주면서 자기가 돌아오기 전에다 먹으라고 했다. 둘째 딸도 다리를 먹지 않고 숨겼다가 들통이 나서 삼두구미 손에 죽고 말았다.

삼두구미는 다시 나무꾼 집에 가더니 이번에는 셋째 딸을 꾀었다.

"네 언니들은 부잣집으로 시집가서 잘 사는데 내일 모레에 친정에 인사 문안을 오려고 하는 중이다. 가져올 물품이 많아서 힘드니까 같이 가서 도와줘라."

셋째 딸은 그 말을 믿고 삼두구미를 따라서 길을 나섰다. 산속으로 한참을 걸어가자 어떤 대궐 같은 집 안으로 인도를 하는데, 속으로 무서운 생각이 들었지만 애써 참으면서 안으로 들어갔다. 집 안에 들어가도 사람이 보이지 않자 셋째 딸이 말했다.

"우리 언니들은 어디 있습니까?"

그러자 삼두구미 하는 말이,

"어지럽다. 쓸데없는 소리 하지 마라."

야단을 쳤다. 셋째 딸은 그때에야 속은 줄을 알고서,

'내가 이놈을 잘 달래야 하겠구나.'

이렇게 생각하고 삼두구미한테 말했다.

"제가 할 일이 어떤 일입니까? 말해보십시오. 하는 말이야 안 듣겠습니까?"

그러자 삼두구미는 자기 양쪽 다릴 뽑아서 주면서,

"내가 아흐레 동안 마을 갔다 올 것이니 그사이에 이걸 모두 먹어라."

"네. 알겠습니다. 그러니까 영감님이 제일 좋은 일이 이것입니까?"

"그래. 나는 이 다리를 먹는 사람이 제일 좋다."

"그러면 제일 궂어하는 건 무엇입니까?"

"내가 궂어하는 건 날달걀과 동으로 뻗은 버드나무 가지와 무쇳덩어리가 제일 궂다."

"왜 그건 궂어하고 있습니까?"

"그건 차차 알아질 것이다."

그렇게 하여 삼두구미가 마을로 가버리자 혼자 집에 남은 셋째 딸은 울음으로 날을 샜다. 다리를 어떻게 할까 고민하던 셋째 딸은 장작불을 크게 피우고 두 다리를 모두 불태워버렸다. 다리가 불타고 살이 손바닥만큼 남자 셋째 딸은 그것을 전대에 똘똘 말아서 배에 대어 감아두었다. 그리고 날달걀이랑 버드나무 가지, 무쇳덩어리를 구해다가 몰래 숨

거두었다.

열흘째 되는 날 해 뜰 무렵에 삼두구미가 돌아오자 셋째 딸이 반가이
맞으면서 말했다.

"영감님 오시기를 내내 기다렸습니다."

"그래 내 다리는 어떻게 했느냐?"

"예, 다리는 다 먹었습니다."

그때 삼두구미가 확인 차로 '내 다리야!' 하고 소리를 지르자 셋째 딸
배에서 '예!' 하는 소리가 울려 나왔다. 그러자 삼두구미는 셋째 딸이 자
기 다리를 모두 먹은 줄로 알고 안심하면서 칭찬을 했다.

"너는 내 아내가 틀림없다."

그때 셋째 딸이 삼두구미한테 물었다.

"그러니까 영감님 이름은 무엇입니까?"

"나는 삼두구미라는 땅귀이다."

"그러면 왜 달걀과 버드나무 가지와 무쇳덩어리가 무섭습니까?"

"천귀天鬼가 나한테 땅 일을 물어올 때 내가 다른 것들은 다 휘어잡을
수 있어도 달걀과 버드나무 가지와 무쇠는 되질 않는다. 달걀은 '나는
눈도 코도 입도 귀도 없으니까 모르겠다'고 목을 좌우로 흔들고, 동으로
뻗은 버드나무 가지는 빳빳해서 그것으로 한번 맞으면 사지가 칭칭 저
려서 운신을 못한다. 무쇳덩어리는 불에 넣어도 타지 않고 변동이 없어
내가 조화를 부릴 수 없어서 굿어진다."

"또 궂은 것은 없습니까?"

"달걀을 얼굴에 쏘아버려서 모두 칠해지면 앞을 보지 못해 굿어지고

무쇳덩어리로 쏘아버리면 가슴이 먹먹하니 굳어지는 것 아니냐."

셋째 딸은 그 말을 듣더니만,

"영감님 머리에 이나 잡아드리겠습니다."

이를 잡는 것처럼 하다가 얼른 숨겼던 버드나무 가지와 달걀과 무쇳덩어리를 내어놓으면서 말했다.

"영감님, 이게 무엇입니까?"

그러자 삼두구미가 겁을 내면서 머리 셋에 꼬리가 아홉인 괴물로 변신해서 땀을 줄줄 흘렸다.

"이이구, 이거 치워버려라. 이거 빨리 치워버려라."

손을 가로저으면서 뒤로 주저앉아 움직이지를 못했다.

"이게 무슨 말입니까? 내가 이것으로 영감님 말씀이 참말인지 거짓말인지를 알아보겠습니다."

버드나무 가지로 착착 때려서 삼두구미가 동쪽으로 달아나니까 그 얼굴에 달걀을 쏘고 무쇳덩어리로 가슴을 다락다락 쏘았다. 그러자 삼두구미는 힘없이 축 처져서 죽어갔다. 셋째 딸은 먹을 갈아 붓으로 달걀에 '천평지평天平地平' 글자를 쓴 다음 삼두구미 겨드랑이에 끼워두었다.

그때 셋째 딸이 이리저리 방문을 열면서,

"애달픈 형님아, 어디 있습니까. 원수 갚았으니 어서 나오십시오."

"나 이 방에 있다."

언니 목소리가 들려서 안방 문을 열어 보니까 두 언니가 독한 놈한테 죽어서 뼈만 앙상했다. 셋째 딸은 치맛자락에 뼈를 모두 주워 담아서 집으로 돌아와 집골목 밖에 모셔두고 아버지한테 들어가 사실을 고했다.

"아이고, 애달픈 내 아기야, 가난이 죄로구나."

칠성판을 장만하고 뼈들을 차근차근 주워놓아서 시신을 매장해둔 뒤 버드나무 가지를 한 아름 가득 준비하고 산중으로 올라갔다. 가서 보니까 삼두구미가 죽어가다가 막 살아나려고 하고 있었다. 셋째 딸과 아버지는 버드나무 가지로 삼두구미를 백 대를 때려서 죽인 다음 방아확에 넣고 빻아서 가루를 내어 허풍바람에 날려버렸다.

그때 나온 법으로 지금 세상에 묘를 이장할 때는 시신을 백 보 바깥에 가서 놓아서 성복제成服祭를 한 다음 이묘 자리에 달걀 세 개와 무쇠덩어리 셋을 묻고 버드나무 가지를 꽂아서 삼두구미 땅귀를 방지하게 되었다.

좀 새롭고 낯선 느낌의 이야기다. 신화라는 이름이 어울리지 않는 이야기처럼 보이기도 한다. 내력 풀이의 대상인 삼두구미가 흉측한 괴물인데다가 징치까지 당하게 되니 이야기 속에 존숭의 대상이 없는 셈이다. 삼두구미를 물리치는 셋째 딸을 신적인 존재로 볼 만한 가능성도 크지는 않다. 그녀는 무척 지혜롭고 용기 있는 모습을 보이지만 그 이상은 아니다. 그는 삼두구미로부터 도피하는 인물에 가깝다. 그가 신격을 얻었다고 하는 자취는 찾아볼 수 없다.

이 이야기에서 서사의 관심은 결말 부분에 이르기까지 삼두구미에 집중된다. 그래서 본풀이 명칭이 '삼두구미본'이기도 하다. 궁금한 것은 그 삼두구미의 정체다. 백발노인의 모습 속에 머리가 셋이고 꼬리가 아홉인 괴물의 모습을 숨기고 있는 저 이물의 존재적 실체가 무엇인가 하는 문제다. 그는 대체 누구이길래 자기 두 다리를 뽑아서 여자들한테 먹으라 하는 것일까. 무시무시한 힘을 가진 존재이면서 왜 하필이면 달걀과 버드나무 가지, 무쇳덩어리를 무서워하는 것일까.

이야기는 삼두구미를 '땅귀'라고 일컫는다. 일종의 지신일 터인데, 형상이나 행동이 흉측하다 보니 '신(神)' 대신 '귀(鬼)'로 불리는 것이라 할 수 있다. 땅귀 삼두구미는 특히 묏자리와 관련이 있는 존재로 말해지고 있다. 묏자리를 쓰거나 옮길 때 삼두구미를 잘 다스려서 흉사를 방지해야 한다고 한다. 이는 삼두구미가 시신을 훼손할 수 있다고 하는 말로 이해된다. 삼두구미가 두 다리를 빼어서 먹으라고 하는 내용과도 연결되어서, 삼두구미가 시신을 뜯어 먹는 모습을 연상하게 된다. 아홉 개의 꼬리를 흔들면서 세 개의 머리로 시신을 먹는 모습이라니 생각만 해도 끔찍하다.

이렇게 보면 삼두구미는 그야말로 흉하디 흉한 잡귀라 할 수 있다. 수명장자나 과양생이 각시와 비교해도 흉측함이 더하다. 본풀이 속에서 그가 제치의 대상이 되는 것이 아주 자연스러운 일로 생각된다. 하지만, 여기서 남는 의문이 있다. 저 삼두구미는 어떻게 본풀이의 엄연한 주인공이 되었는가 하는 것이다. 과연 그는 흉한 땅귀일 뿐인 것일까. 그리고 또 이어지는 의문이 있다. 삼두구미가 정말로 죽었는가 하는 것이다. 셋째 딸이 아버지와 함께 삼두구미를 죽여서 가루를 냈다고 하지만, 사람들은 여전히 삼두구미를 방비하는 의례를 한다. 이는 삼두구미의 불멸성을 암시하는 것이 아닐지.

이와 관련하여 이야기 내용 가운데 등장하는 '천귀' 부분에 주목하게 된다. 삼두구미는 천귀가 내려와서 자기한테 땅 일을 묻는다고 말한다.

이때 천귀는 곧 천신일 것이다. 그렇다면 삼두구미는 거기 짝을 이루는 지신이 된다고 하는 것이 자연스러운 연상이 된다. 천신이 하늘의 신이 자 밝음의 신이라면 삼두구미는 땅의 신이자 어둠의 신이 되어야 제격이다.

이와 같은 일련의 연상 끝에 퍼뜩 영감이 떠오르는 바가 있었다. 지금은 기피 대상이 되어 있는 잊혀진 신, 저 삼두구미가 바로 '타나토스(Tanatos)'가 아니겠는가 하는 것이었다. 밝음과 생명과 창조의 맞은편에 존재하는 또 하나의 원형적인 신성으로서의 어둠과 죽음과 파괴의 신 말이다. 저 삼두구미는 시체를 파먹는 흉한 잡귀가 아니라 그 자체로 죽음과 파괴를 표상하는 하나의 크나큰 신일 수 있다는 것이다.

이야기 내용을 되짚어보면 삼두구미의 일련의 동선은 죽음이나 파괴와 깊은 연관을 지닌다. 자기 두 다리를 쑥 빼어서 먹으라는 것도 그렇고, 두 딸을 사정없이 죽여버린 것도 그러하다. 그가 백발노인의 모습을 하고 있다가 흉측한 괴물로 변하여 덤벼드는 것은 정체를 감춘 채 도사리고 있다가 불쑥 사람을 덮치는 죽음을 연상시킨다. 머리가 셋에 꼬리가 아홉이라는 것은 죽음의 촉수가 사방팔방으로 뻗쳐 있다는 것으로 해석된다. 그가 두 다리를 빼어놓은 채로 마을을 돌아다니는 것은 발도 없이 세상을 두루 휘젓고 다니는 죽음의 기운을 떠올리게 한다.

그렇다면 삼두구미는 왜 나무꾼의 딸에게 자기 다리를 빼 주면서 먹으라고 하는 것일까. 그것은 죽음의 신이 사람들에게 기꺼이 죽음을 받아들이라고 하는 모습으로 이해된다. 하지만 사람들에게 죽음은 근원적 기피의 대상이니 그것은 받아들일 수 없는 모순적 요구가 된다. 나무꾼의 딸들이 그것을 기피하는 것은 자연스러운 본능이다. 그러자 저 죽음의 신은 자신을 거부하는 인간에게 화를 내면서 타의 죽음을 부여한다. 너희가 어찌 나를 피할 수 있으랴, 하면서. 죽음을 기꺼이 받아들이는 몸짓을 한 셋째 딸만이 그러한 타의적 죽음의 공포를 면할 수 있었으니 묘한 역설이 된다.

삼두구미는 셋째 딸의 뱃속에서 자기 다리의 흔적을 확인한 뒤 그가 자기와 하나가 되었다고 믿고 비밀을 노출한다. 그한테 무서운 것 세 가지는 달걀과 버드나무 가지와 무쇳덩어리였다. 그리 특별할 것 없는 이 세 가지가 왜 무서운 것일까? 여기 삼두구미를 타나토스의 표상으로 볼 수 있는 명확한 근거가 있다. 이 세 가지 사물의 공통점이 무엇인가 하면 모두 죽음 내지 파괴의 맞은편에 있는 존재라는 것이다. 불에 넣어도 파괴되지 않는 무쇳덩어리가 죽음의 적이라는 사실은 쉽게 이해될 것이다. 달걀은 어떠한가 하면, 이는 그 안에 생명력을 내포하면서도 아직 생명으로 발현되지 않은 '원생명'이라 할 수 있다. 죽음을 가하려 해도 그리할 수 없으니 궂은 존재가 된다. 동쪽으로 뻗은 버드나무 가지는 어떠한가? 버드나무는 봄에 다른 나무보다 먼저 싹을 내보내는 생명의 존재이다. 버드나무는 가지를 잘라서 거꾸로 꽂아도 새로 자라난다고 알려져 있다. 잘라내면 생명이 더 널리 퍼지는 터이니 죽음의 입장에서 보면 무서운 적이 된다.

삼두구미는 죽음의 신이며 땅의 신이다. 지상이 아닌 지하의 신. 사람은 죽으면 지하에 묻히는 터이니, 저 깊은 땅속의 세계가 죽음으로 연결되는 것은 자연스러운 일이다. 죽음이나 지하는 모두 어둠[陰]으로 서로 통하는 것이기도 하다. 우리 신화에서 지하의 신에 대한 서사는 거의 찾아보기 어렵다. 신화의 체계가 기본적으로 하늘의 신 중심으로 구성된 상황이다. 우리 신화에서 죽음은 황천수(유수강) 너머 저승에 관한 서사로 집약된다. 그 저승은 하늘 신의 아들인 대별왕이 질서를 잡았다고 한다. 사정이 이러하다 보니 지하라는 크나큰 세계는 우리 신화 속에서 자리를 잃은 형국이 되었다. 삼두구미가 큰 신으로 존숭받는 대신 흉측한 귀물로 격하된 것은 이러한 맥락에서 설명될 수 있을 것이다.

만약 이와 같은 가설이 성립된다면 〈삼두구미본〉은 무척 중요한 본풀이 신화가 된다. 지금은 퇴색한 신화의 한 원형을 재구해볼 수 있는 단서를 전해주기 때문이다. 죽음으로 표상되는 삶의 어두운 국면을 신성한 대상으로 받아들여 그에 대한 외경을 표하는 한편으로, 그 어둠의 힘으로부터 자유로워지기 위해 분투했던 옛사람들의 삶의 자취가 이 신화 속에 담겨 있다는 말이다. 다만 이는 아직 하나의 불확실한 가설이다. 더 신중하게 검토해보아야 할 사안이다.

조왕신 여산부인과 측간신 노일저대

제주도의 주요 신화 가운데 〈문전본풀이〉가 있다. 문전신은 문을 지키는 신, 곧 문신(門神)인데 신화의 내용을 보면 문신 외에 정낭신과 조왕신, 측간신 등 여러 가신의 내력을 함께 전하고 있다. 정낭신이 되는 존재는 남선비이고, 조왕신은 여산부인(토조부인, 조정승따님애기)이며, 측간

신은 노일저대(노일제대귀일의 딸, 노일국따님애기)다. 여산부인은 남선비의 본처이며 노일저대는 첩에 해당한다. 문신은 남선비와 여산부인 사이에서 태어난 아들들이 맡고 있다고 한다.

〈문전본풀이〉는 서사의 기본 맥락이 앞에서 살펴본 바 있는 〈칠성풀이〉와 통한다. 이 신화 속의 남선비는 칠성님과 대응되며 여산부인은 용녀부인(매화부인), 노일저대는 후실부인(옥녀부인, 용예부인)과 대응된다. 하지만 〈문전본풀이〉는 이야기의 색깔이나 맥락이 〈칠성풀이〉와 꽤 다른 면이 있다. 〈칠성풀이〉에서 부모와 자식의 관계가 기본 축을 이루는 데 비해 〈문전본풀이〉에서는 남편과 아내, 그리고 첩 사이의 관계가 주요 갈등 요소를 이룬다. 이 신화에서 남선비의 작은부인인 노일저대의 서사적 역할은 각별히 주목되는 바가 있다. 직접 전처를 공격하는 적극성은 〈칠성풀이〉의 후실부인에서 볼 수 없었던 바다. 그 노일저대에게는 하나의 신격이 부여되기도 한다. 어떤 신인가 하면 측간(뒷간)의 신. 이제 그 범상치 않은 신에 얽힌 사연과 만나보기로 한다.

옛날에 남선고을 남선비와 여산고을 여산부인이 살아갈 적에 집안은 가난한데 아들이 일곱 형제가 태어났다. 하루는 여산부인이 남선비에게 말했다.

"우리가 이리해서는 자식들도 많고 살 수가 없으니 무곡 장사나 해보는 것이 어떻습니까?"

"어서 그건 그리합시다."

남선비는 배에다가 곡식을 싣고서 아내와 어린 자식들을 이별하여 바람 부는 듯 물결 이는 듯 흘러가서 오동나라 오동고을로 들어갔다. 이 때 오동고을 노일저대가 남선비가 무곡 장사를 왔다는 소식을 듣고 선 창가에 가 보니 과연 남선비가 배를 타고 이르러 있었다. 노일저대가 없는 아양을 사뭇 떨면서,

"남선비야 남선비야, 가서 우리 심심풀이로 바둑 장기나 두면서 놀이 를 하여봅시다."

"어서 그건 그리하십시오."

남선비가 바둑 장기를 벌여놓고 이리 두고 저리 두면서 놀다 보니 배 에 실은 곡식을 다 팔아먹고 노일저대와 함께 거적문 달린 수수깡 초막 에 앉아 꾸벅꾸벅 졸면서 개를 쫓는 신세가 되었다.

그때 여산부인이 연삼 년을 기다려도 남선비 소식이 없자 아들 일곱 형제를 불러놓고 말했다.

"너희 아버지가 무곡 장사를 갔는데 여태 안 오는 것을 보니 필유곡 절 이상하다. 굴미굴산 올라가 곧은 나무를 베어다가 배를 만들어주면 너희 아버지를 찾아 오마."

일곱 형제가 어머니 말씀대로 굴미굴산에 올라가 나무를 베어다가 배를 만들어놓자 여산부인이 일곱 형제를 이별하고 남선고을을 하직하 여 바람 부는 듯 물결 이는 듯 떠나가서 오동나라에 이르렀다. 여산부인 이 배를 내려 마을에 들어갈 적에 아이들이 기장밭에 새를 쫓으며 말을 하되,

"이 새 저 새 너무 약은 체 말아라. 남선비 약은 깐에도 노일저대 홀 림에 들어서 배를 다 팔아먹고 비초리 초막에 앉아서 겨죽 단지를 옆에

놓고 '이 개 저 개, 주어 저 개!' 개를 쫓고 있더라. 이 새 저 새, 주어 저 새!"

여산부인이 그 말을 듣고 새 쫓는 아이에게 말했다.

"지금 너희들 한 말이 무슨 말이냐. 지금 한 말을 다시 일러주면 영초댕기를 하여주마."

"이 새 저 새 너무 약은 체 말아라. 남선비 약은 깐에도 노일저대 홀림에 들어서 배를 다 팔아먹고 비초리 초막에 앉아서 겨죽 단지를 옆에 놓고 '이 개 저 개, 주어 저 개!' 쫓고 있더라 하고 말했습니다."

"설운 아기야. 남선비는 어디 사느냐? 남선비 있는 데를 가르쳐다오."

"이 재를 넘어가고 저 재를 넘어가십시오. 이 재 넘고 저 재 넘어서 가다 보면 거적문에 나무 돌쩌귀 단 비초리 초막에 삽니다."

여산부인이 새 쫓는 아이한테 영초댕기를 달아주고 이 재 저 재를 넘어서 가다 보니 남선비 사는 집이 나타났다. 여산부인이 들어가면서 말을 하되,

"길 가는 사람이 날이 다 저물어서 하룻밤 묵어가면 어떻습니까?"

남선비가 말을 하되,

"설운 부인님아, 우리 집은 집 안도 좁고 손님 머물 데가 없습니다."

"그게 무슨 말입니까. 사람이 밖에 나가면서 집을 지고 다닙니까? 정짓간이라도 빌려주십시오."

남선비가 허락하자 여산부인은 정짓간으로 들어가 솥을 열어 봤다. 솥에는 겨죽이 바짝 눌어서 말라붙어 있었다. 부인이 솥을 삼세번 닦은

다음 나주영산 은옥미를 놓아 저녁밥을 지어서 내가니 남선비가 첫술을 들면서 눈물을 다르륵 흘렸다.

"설운 부인님아, 이게 어떤 일입니까? 나도 옛날에는 이런 밥 먹었습니다. 나는 본래 남선고을 남선비가 됩니다. 무곡 장사를 왔다가 노일저대 홀림에 들어 한 척 배를 팔아먹고 죽지도 살지도 못하여 이 지경이 되었습니다."

그러자 여산부인이 말했다.

"설운 남선비님아, 나를 모릅니까? 내가 여산부인이 됩니다."

남선비가 여산부인 손목을 부여잡고 만단정화를 이를 적에 노일저대가 어디 가서 품을 팔아 치맛자락에 겨 한 되를 싸서 먼 올레로 들어서다가 그 모양을 보고 욕을 했다.

"이놈 저놈 죽일 놈아. 나는 어디 가서 죽듯 살듯 겨 한 되라도 빌어다가 죽을 써서 배불리 먹여놓으면 길 넘어가는 년들 맞아놓고 만단정화를 이르는구나."

"설운 부인님아, 그리 욕하지 말고 들어와봐라. 여산고을 큰부인이 나를 찾아왔구나."

그러자 노일저대가 말을 하되,

"아이고, 설운 형님아. 오뉴월 한더위에 우리를 찾아오자 한 것이 얼마나 고생을 했습니까. 우리 시원하게 목욕이나 하고 와서 저녁밥을 지어 먹고 노는 것이 어떠합니까?"

"어서 그것은 그렇게 하자."

여산부인이 주천강 연못으로 목욕을 같이 가자 노일저대가 말했다.

"설운 형님아, 옷을 벗으십시오. 등에 물이나 놔드리겠습니다."

여산부인이 옷을 벗고 몸을 굽히자 노일저대는 물을 한 줌 놔서 등을 미는 척하다가 앞으로 힘껏 밀어버렸다. 여산부인은 감태같은 머리를 흩어놓고 주천강 연못에 빠져서 죽고 말았다.

노일저대가 여산부인 옷을 입고 남선비한테로 가더니만,

"설운 낭군님아, 노일저대의 행실이 괘씸하기에 주천강 연못에 죽여두고 왔습니다."

"아하 그년 잘 죽었다. 내 원수 갚았구나. 어서 우리 고향으로 돌아갑시다."

두 사람이 배를 잡아타고 오동나라를 하직하여 남선고을로 돌아올 적에 남선비 일곱 형제가 부모님 오신다고 선창가에 마중을 나왔다. 큰 아들은 망건을 벗어 다리를 놓고, 둘째는 두루마기 벗어 다리를 놓고, 셋째는 적삼 벗어 다리 놓고, 넷째는 잠방이 벗어 다리 놓고, 다섯째는 행전 벗어 다리 놓고, 여섯째는 버선 벗어 다리를 놓는데, 똑똑하고 역력한 일곱째 아들 녹디생인은 칼 선 다리를 놓았다.

"너는 어떤 일로 부모님 오시는데 칼 선 다리를 놨느냐?"

"설운 형님아, 아버님은 우리 아버님이지만 어머님은 우리 어머님이 아닌 듯합니다."

"어떻게 하면 알아지겠느냐?"

"어머님이 우리 어머님이 맞는지 알려면 배에서 내려서 집을 찾아가는 것을 보면 알 도리가 있습니다."

부모님이 선창가에 내려서서 부모 자식 간에 고생한 일로 만단정화

를 이를 적에 녹디생인이 나서면서,

"아버님 어머님아, 어서 집으로 걸으십시오."

집을 찾아가는 것이 노일저대는 이리저리 방황하여 이 골목에도 들어가고 저 골목에도 들어섰다. 또 집에 들어가 밥상을 차려놓는데 아버지 앞에 가던 상이 자식한테로 가고 자식이 받던 상은 아버지 앞으로 갔다. 일곱 형제가 자기 어머니 아닌 것을 알아차리고서,

"우리 어머니는 어느 고을에 가셨는고?"

형제가 어머니 그리워 눈물로 세월을 보낼 적에, 하루는 사도전거리에 나가서 비새같이 울음을 울었다. 그때 노일저대가 갑자기 배 아픈 병을 이루어서 구들장 네 구석을 팽팽 돌면서 배를 움켜쥐고 죽는 지경을 하여가니 남선비가 깜짝 놀라 어찌할 줄을 몰랐다. 그 모양을 보고서 노일저대가 말했다.

"설운 낭군님아. 나를 살리려면 이 아래 길 위에서 먹서리를 쓰고 앉은 점쟁이한테 점이나 쳐다 주십시오."

남선비가 문밖으로 나설 때에 노일저대가 지름길로 먼저 가서 먹서리를 쓰고 앉았다. 그때 남선비가 찾아와서는,

"점이나 한번 쳐주십시오."

"어떤 점이 됩니까?"

"우리 아내가 삽시간에 병이 들어 죽을 지경이 되었으니 어느 신명한테 죄가 되었는지 점을 쳐주십시오."

그때 노일저대가 손가락을 꼬부렸다 폈다 하더니만,

"남선비님아, 아들 일곱 형제가 있습니까?"

"예, 있습니다."

"일곱 형제 간을 내어 먹어야 병이 낫겠습니다."

남선비가 집에 돌아오자 노일저대가 지름길로 먼저 와서 배를 움켜쥐고 누워 있다가 말했다.

"점을 치니 무엇이라 합디까?"

"일곱 형제 간을 내어 먹어야 병이 낫겠다고 합디다."

"설운 낭군님아. 그러하면 일곱 형제 간을 내어주면 내가 살아나서 한 배에 셋씩 세 번만 나면 아홉 형제가 될 게 아닙니까?"

남선비가 옳게 여겨 은장도를 실금실금 갈고 있을 적에 뒷집 사는 청태산 마구할망이 불 담으러 왔다가 물었다.

"남선비야, 어떤 일로 칼을 가느냐?"

"부인님이 갑자기 병이 나서 죽을 지경에 이르기에 점을 쳤더니 일곱 형제 간을 내어 먹어야 한다기에 간을 꺼내려고 칼을 갈고 있습니다."

청태산 마구할망이 사도전거리에 가서 일곱 형제한테 이 말을 전하자 형제들이 더욱 대성통곡을 했다. 그때 똑똑한 녹디생인이 나서면서,

"설운 형님들아, 그렇게 울지 말고 여기 서 있으면 내가 아버님 가는 칼을 어떻게 해서든 빼앗아 오리다."

형님들을 사도전거리에 세워두고서 집으로 찾아 들어가더니만,

"아버님아 아버님아, 어떤 일로 칼을 갑니까?"

"그런 것이 아니라 네 어머니 병이 나서 죽을 지경이 되기에 어디 가서 점을 쳤더니 일곱 형제 간을 내어 먹여야 한다기에 이렇게 칼을 간다."

"아버님아, 그거 좋은 일입니다. 그러나 아버님 손으로 우리 형제의

간을 내면 우리 몸에 흙 한 삼태기씩이라도 끼었으려면 일곱 삼태기 아닙니까. 그 칼을 나를 주시면 설운 형님들을 굴미굴산 깊은 곳에 데려가서 여섯 형님 간을 꺼내오겠습니다. 어머님께 먹여보고 효력이 있으면 나 하나는 아버님 손으로 간을 내십시오."

"어서 그것은 그리해라."

녹디생인이 칼을 받아서 형님들을 데리고 굴미굴산 올라가는 길에 양지 바른 곳에서 잠깐 쉬며 졸다 보니 저승 가던 어머님이 꿈에 나타나서 말을 했다.

"설운 아기들아, 어서 바삐 눈을 떠 바라보아라. 산중에서 노루 한 마리가 내려오고 있다. 그 노루를 잡아서 죽일 판으로 겁을 주면 알 도리가 있으리라."

일곱 형제가 눈을 떠서 바라보니 아닌 게 아니라 노루 한 마리가 내려오고 있었다. 그 노루를 잡아서 죽일 판으로 겁을 주니까 노루가 말했다.

"설운 도령들아. 나를 죽이지 말고 내 뒤에 산돼지 일곱이 내려오고 있으니 어미는 씨를 보존하게 놔두고 새끼 여섯의 간을 내어 가십시오."

"그게 거짓말 아니냐?"

일곱 형제가 다짐을 받을 양으로 노루 꼬리를 끊고 백지 한 조각을 내어 노루 꽁무니에 붙이니 이때 낸 법으로 노루 몸뚱이가 아리롱다리롱하고 꼬리는 짧아지게 되었다. 그때 산에서 맷돼지 일곱 마리가 내려오므로 형제들이 어미 돼지는 씨받이로 놓아두고 새끼 여섯 마리의 간을 내어 싸고서 사도전거리로 내려왔다.

"설운 형님들아, 동서남북 중앙으로 벌려 서십시오. 내가 큰 소리를 내면 동서로 달려드십시오."

녹디생인이 형님들을 벌려놓고 간 여섯을 가지고 들어가서 노일저대한테 주면서,

"어머님아, 이것을 잡숴보십시오."

"설운 아기야, 중병 든 데 약 먹는 것을 안 보는 법이다. 나가 있어라."

녹디생인이 바깥으로 나와서 손가락에 침을 발라 구멍을 내고 거동을 살펴보니 노일저대가 간 여섯을 먹는 척하면서 앉은 자리 밑으로 슬쩍 감추고 입술에 피를 바르는 시늉을 했다. 그때 녹디생인이 방으로 들어와서 묻기를,

"어머님아, 약을 다 먹었습니까? 병은 어떠합니까?"

"조금 나아 보인다만, 하나만 더 먹으면 아주 활짝 좋아질 듯하다."

그러자 녹디생인이 화를 발딱 내면서 노일저대의 머리를 좌우로 감싸 한편으로 엎질러두고 한쪽 손에 세 개씩 간 여섯 개를 쥐고 지붕 꼭대기 상마루에 올라가서 소리쳤다.

"동네 어른들아, 의붓어미 의붓자식 있는 사람들아, 나를 보고 반성하십시오. 설운 형님들아 동서로 달려드십시오."

형제들이 동서로 와라치라 달려들자 남선비는 달아날 길을 잃어 먼 올레에 내닫다가 정낭에 목이 걸려 죽고, 노일저대는 벽을 긁어 뚫고서 뒷간에 들어가 발판에 쉰댓 자 머리를 매어 죽었다. 일곱 형제가 달려들어 원수를 갚으려고 노일저대 두 다리를 뜯어 발판을 만들고, 머리는 끊어서 돼지 먹이통을 만들었다. 머리털을 끊어서 던지니 바다의 패^패초가

되고, 입을 끊어 던지니 솔치가 되고, 손톱 발톱은 쇠굼벗* 돌굼벗이 되고, 배꼽은 굼벵이가 되고, 하문下門은 대전복 소전복이 되었다. 몸을 독독 빻아서 바람에 날려버리니 모기 각다귀 몸으로 환생을 했다.

일곱 형제는 서천꽃밭에 올라가 황세곤간을 달래어 도환생꽃을 얻어다가 주천강 연못으로 가서 하늘을 보며 말했다.

"명천 같은 하늘님아, 주천강 연못을 마르게 하여주십시오. 어머님 신체나 찾겠습니다."

주천강 연못이 삽시에 잦아지니 어머님 죽은 뼈가 고스란히 나타났다. 형제들이 뼈를 순서대로 모아놓고서 도환생꽃을 놓고 금부채로 때리자 어머니가 감태같은 머리를 긁으며 일어나 앉았다.

"아이고, 봄잠이라 늦게 잤구나."

이때 일곱 형제가 어머니 누웠던 흙을 모아놓고 돌아가면서 손 주먹으로 한 번씩 찍자 여섯 구멍이 터지고 녹디생인이 발뒤꿈치로 한 번을 찍자 가운데 구멍이 터졌다. 그때 낸 법으로 시루 구멍이 일곱 개가 되었다.

일곱 형제가 어머니를 살려내어 집으로 돌아와서,

"어머님은 춘하추동 사시절을 물에만 살려 하니 몸인들 안 시립니까? 하루 종일 삼세번 더운 불을 쪼이면서 삼덕조왕으로 얻어먹도록 하십시오."

어머니를 조왕할머니로 들어서게 하고 차례로 신직을 정하였다.

---

* 쇠군부 또는 쇠딱지조개.

"아버님은 정낭에 걸려 죽었으니 올레 주목 정살지신으로 들어서고, 큰형님 둘째 형님은 동방청대장군과 남방적대장군, 셋째 넷째 형님은 남방적대장군과 북방흑대장군, 다섯째 형님은 중앙황대장군으로 들어서십시오. 여섯째 형님은 뒷문전으로 들어서십시오."

그러고서 녹디생인은 일문전 앞문전으로 들어섰다. 그때 낸 법으로 삼명절 기일 제사 때 문전제를 지내고 나면 윗제반은 지붕 위에 올리고 아랫제반은 어머니 삼덕조왕한테 올리게 되었다.

노일저대는 뒷간에 가서 죽었으니 측도부인으로 마련했다. 그때 낸 법으로 뒷간과 부엌이 마주서면 좋지 못한 법이며, 부엌의 것은 뒷간으로 못 가고 뒷간의 것은 조왕으로 못 가는 법이다.

〈문전본풀이〉는 제주도의 대표적인 본풀이 중 하나로 다수 자료가 보고되어 있는데 여기서는 안사인 구연본을 바탕으로 내용을 정리했다(현용준·현승환 역주,《제주도 무가》, 한국고전문학전집 29, 고려대학교 민족문화연구소, 1996 수록). 이 자료에는 남선비가 오동고을에서 만난 첩의 이름이 '노일제대귀일의 딸'로 돼 있는데, 호칭이 번다하고 불투명한 면이 있어 다른 이본들(이춘아 구연본, 신명옥 구연본 등)에 흔히 나오는 '노일저대'를 이름으로 취하였다. 다른 인물들의 이름과 서사 내용은 안사인 구연본을 그대로 따랐다.

앞서 미리 말했듯이 이 신화는 큰 흐름이 〈칠성풀이〉와 통하면서도 내용에 일정한 차이가 있다. 〈칠성풀이〉에서 칠형제의 출산과 성장에 이은 아버지와의 재결합 과정이 중요한 서사 축을 이루는 데 비해 〈문전본풀이〉에는 그러한 내용이 없다. 〈칠성본풀이〉에서 더욱 부각되는 것은 여산부인과 노일저대 사이의 갈등이다. 첩, 또는 후처에 해당하는 노일저대가 본처 여산부인과 직접 상면하며 자기 손으로 여산부인을 죽인다는 것은, 그리고 옷을 바꿔 입고서 스스로 여산부인 행세를 한다는 것은 〈칠성풀이〉에서 볼 수 없었던 독특한 설정이다. 자식들이 노일저대를 징치한 뒤 서천꽃밭 환생꽃으로 죽은 어머니를 되살린다는 내용도 〈문전본풀이〉만의 특징이 된다. 나중에 여산부인과 노일저대가 각각 조왕신과 측간신이 되어 대립적 공존 관계를 지속해나간다고 하는 내용도 새롭고 독특한 설정이다. 전체적으로 인물 간의 대립 관계가 매우 극적으로 부각돼 있는 것이 이 신화의 특징이 된다.

이 이야기에서 특히 관심을 끄는 인물은 노일저대이다. 처음 남선비를 유혹하는 데서부터 시작하여 계속 심각한 문제를 일으키는 여인이 바로 노일저대다. 그가 나타내 보이는 적극성은 남성이 아닌 여성이라서 더욱 눈길을 끌거니와, 잘 살펴보면 그 동선이 다소 특이하고 정체가 불투명한 면이 있다. 남선비의 전 재산을 털어먹은 일을 보면 전형적인 사기녀 같은데 빈털터리 거지가 된 남선비와 함께 오두막에서 살면서 동냥까지 해 오는 것을 보면 그렇지만도 않다. 남자의 본처를 죽이는 것은 그렇다 하더라도 엉뚱하게 변장을 통하여 본부인 행세를 시도하는 것은 또 무슨 맥락인지 궁금해진다. 스스로 어미 행세를 자처한 상태에서 일곱 자식을 죽이고자 한 것도 이해하기 쉬운 부분은 아니다.

남선비를 유혹해서 망가뜨리는 노일저대의 모습을 보면서 직감적으로 떠오른 존재는 바로 '팜므 파탈'이었다. 남성을 유혹해 죽음이나 고통 같은 극한 상황으로 치닫게 하는 치명적인 여인. 오동나라로 넘어간 남선비는 노일저대의 홀림에 넘어가 모든 것을 잃고 바닥에 굴러떨어졌으니 과연 치명적이라 할 만하다. 그녀가 얼마나 위험한가 하면 남자의 눈이 완전히 멀어서 자기 본부인을 까맣게 잊어버리고 지워버리게 할 정도였다. 저 위험한 여인은 필시 남다른 여성적 매력으로 저 남자를 까뭇 눈멀게 하였을 것이다.

팜므 파탈 노일저대가 펼쳐내는 치명적인 유혹에는 남선비의 자식들 또한 자유롭지 못했던 것이 아닌가 한다. 위로 여섯 형제가 남선고을로 들어오는 노일저대를 위해 망건과 두루마기, 적삼과 잠방이, 행전과 버선을 벗어서 다리를 놓았다는 것은 그들이 그녀의 마력 앞에 속수무책으로 빠져들었음을 보여주는 요소로 생각되는 면이 있다. 그녀를 친어머니로 여겼다는 것은 그들이 미망에 사로잡혀 분별력을 잃었음을 암시한다. 그들이 미혹에서 깨어나 정신을 차릴 수 있었던 것은 끝까지 정신을 놓지 않았던 한 사람 녹디생인이 있었기 때문이었다. 모르긴 해도 그것은 힘겹게 지켜낸 이성이었을 터이다.

아버지에 이어 아들까지 뭇 남성들을 휘저어 흔드는 팜므 파탈. 위험한 유혹의 존재로서의 노일저대가 표상하는 바를 좀 더 추상화하고 보편화해서 말하면 '성적 욕망' 내지 '배설 욕구'라고 할 수가 있다. 인간이라면 그 누구도 자유로울 수 없는 본능적 욕망 말이다. 남선비는 그 치명적인 성적 욕망의 함정에 빠짐으로써 모든 것을 잃어버리고 비루한 알몸뚱이의 존재가 되었던 것이라 할 수 있다. 그 함정은 한번 빠지면 얼마나 무서운지 모른다. 그 앞에는 다른 아무것도 눈에 보이지 않는다. 제 아내의 죽음을 방치(방조)하는 것으로 모자라서 제 자식들의 간을 다 빼내서라도 노일저대를 지키고자 하는 남선비의 모습은 본능적 욕망에 사로잡힌 이의 내면 풍경이 어떠한 것인지를 단적으로 보여준다.

노일저대가 본능적 욕망을 표상하는 존재라고 할 때 앞서 제시했던 의문, 곧 왜 노일저대가 남선비를 떠나지 않고 끝까지 곁에 머물면서 본부인 행세를 하는가 하는 의문도 자연스럽게 풀릴 수 있다. 남선비는 모든 것을 잃고 알몸이 된 상황 속에서도 여전히 자신을 그렇게 만든 욕망의 함정에 사로잡혀 있었던 것이라 할 수 있다. 여산부인이 찾아옴으로써 자기의 본래적 삶을 회복할 기회가 온 상황에서도 남선비는 그것을 저버린 채 기꺼이 욕망과의 동반이라는 길을 택한다. 결국 끝내 자기 자리를 되찾지 못한 채 집 밖으로 내닫다가 정낭에 목이 걸려 죽고 마는 저 사람. 어찌 저렇게 한심할 수가 있느냐고 할지 모르지만 그것이 남자이고 또 인간이다.

녹디생인을 비롯한 자식들은 노일저대를 죽여서 갈기갈기 해체한다. 욕망을 찢어서 흩는 몸짓이다. 하지만 노일저대는 마침내 사라지지 않고 한구석에 자리를 잡는다. 어디인가 하면 바로 뒷간에! 노일저대가 '배설'의 장소인 뒷간의 신이 된다는 것은 너무나 정확히 들어맞아서 오히려 놀랍다. 그렇다. 배설에 대한 본능적 욕구란 인간의 삶에서 사라질 수 없는 요소이다. 배설하기 때문에 인간이다. 그리고 그 배설을 통해 생명이 자라나는 것이기도 하다.[*] 그것은 인간의 어둡고 추한 부분이지

----

[*] 제주도의 측간에서 배설물을 먹고 돼지가 자란다는 것은 무척이나 상징적이다.

만, 또한 그를 위한 자리가 필요하다. 노일저대에게 측도부인이라는 신 직이 부여되는 것은 이러한 삶의 이치가 신화적으로 반영된 것이라 할 수 있다.

흥미로운 것은 이 신화가 나타내 보이는 균형 감각이다. 노일저대를 포함한 열 사람에게 부여된 신직이 무척이나 그럴듯하다. 이야기는 여 산부인이 부엌의 신이 되고 노일저대는 뒷간의 신이 되어 서로 마주보 지 않게 했다고 한다. 얼핏 보면 '반목'을 뜻하는 것 같지만, 그보다는 분 별과 경계를 뜻한다고 보는 것이 더 합당할 듯하다. 사람들의 가정사에 서 욕망과 배설의 자리는 분명 인정돼야 하지만 그것이 삶의 기본 틀을 침범해 흔들어서는 곤란하다. 뒷간은 살짝 다녀와야 하는 곳이고 문이 닫혀 있어야 하는 곳이다. 인간의 욕망과 배설 또한 그와 꼭 같다. 한편, 남선비와 칠형제가 받는 신직도 심상하지 않다. 집 안 곳곳에 깃들어 신 이 된 그들은 사람들이 일상의 삶을 살아가면서 지키고 경계해야 할 것 을 환기하는 역할을 한다고 할 수 있다. 집 안과 바깥의 경계를 이루는 정낭의 신이 된 남선비는 사람들로 하여금 바깥에 나갈 때마다 욕망의 함정에 빠지는 일을 경계하는 구실을 하며, 다섯 방위의 신이 되고 앞문 전과 뒷문전의 신이 된 칠형제는 사람들로 하여금 나날의 일상을 살아 가면서 분별력을 잃지 않고 자기 자신을 지키면서 살아가도록 하는 거 울이 되어주는 것이라 할 수 있다.

멋지고 아름다우며 강력한 힘을 가진 신, 인간과 전혀 다른 차원의 전 능한 신을 상상하는 것은 어려운 일이 아니다. 그런 신들이 우월한 능력 으로 인간의 삶을 지켜준다면 참 고맙고 편안한 일일 것이다. 그런데 우리 민간 신화는 왜 이렇게 굳이 남선비와 노일저대 같은 누추하고 험한 존재들을 신으로 삼는 것일까. 이는 그것이 인간 본연의 삶의 모습이기 때문일 것이다. 신성이 다른 데 있지 않고 그 안에 있기 때문일 것이다. 그렇다. 나 자신이 바로 남선비다. 한 옆에는 여산부인이 있고 한 옆에는 노일저대가 있는.

소수자 도깨비신들의 초상

무서우면서도 왠지 친근함이 느껴지는 우리의 오랜 친구, 바로 도깨비다. 우리 옛이야기의 영원한 주인공인 도깨비가 신으로 모셔지기도 한다는 사실은 모르는 이가 더 많을 것이다. 일부 어촌 지역에서는 도깨비를 신으로 삼고서 고기를 많이 몰아다 달라는 뜻으로 고사를 지내는 풍습이 이어져왔다. 뱃고사를 지내면서 "물 위에 참봉, 물 아래 참봉, 고기 많이 잡게 해주옵소서" 하고 기원을 하는데 이때 '참봉'이 곧 도깨비를 뜻한다. 그런가 하면 도깨비가 화재나 역질을 일으킨다고 인식하여 이를 방지하는 의례를 전승해온 지역도 있다. 남해 일부 마을에서는 남성들을 배제한 채로 여성들이 밤새 도깨비와 어울려 노닐면서 액을 방지하는 의례를 베풀었다고도 한다. 그리고 신화의 섬 제주도에서는 도깨비를 '영감'이라고 하여 신으로 모시는 가운데 〈영감놀이〉라는 의례와 〈영감본풀이〉라는 신화를 전승해왔다. 신화 속의 도깨비, 그는 과연 어떤 존재일까?

영감의 근본은 서울 남대문 바깥에서 솟아난 김치백의 아들 삼형제였다. 삼형제가 나이 열다섯이 되자 마을 어른들을 박대하고 마을 처녀들 헛소문을 내므로 그대로 두었다가는 마을이 끝장날 듯해서 만주 들은돌까지로 귀양을 보냈다.

　삼형제가 송영감 집으로 들어가서 방을 얻어 묵던 중에 하루는 이상한 말을 했다.

　"영감님 집이 이토록 가난하지만 우리는 잘 먹으면 잘 먹은 값을 하고 못 먹으면 못 먹은 값을 합니다."

　"무엇을 좋아합니까?"

　"소를 잡아도 전 마리를 먹고 돼지를 잡아도 전 마리를 먹습니다. 닭 잡으면 홍문연 대잔치요 수수떡 수수밥과 제육 안주에 소주를 좋아합니다. 우리를 잘 대접하면 부귀영화를 시켜두고 가겠습니다."

　"어서 그건 그리하십시오."

　하루는 송영감이 돼지를 통째로 잡아 수수떡 수수밭에 홍문연 대잔치를 드렸더니 김영감 아들 삼형제가 하는 말이,

　"영감님네는 세경 땅에 농사를 많이 지으십시오."

　그 말대로 농사를 많이 지었더니 삽시간에 부자가 되어갔다. 한번은 또 송영감이 소를 통째로 잡아서 큰잔치를 드렸더니 하는 말이,

　"돈을 많이 빌려서 만주 장판으로 들어가서 우마 장사를 하여보십시오."

　송영감이 우마 장사를 했더니 삽시에 천하 거부가 되어갔다. 그때 동네 사람이 말하기를,

"송영감이 그 전에는 가난하게 살다가 삽시에 청년 셋이 와서 산 뒤로 큰 부자가 되었는데, 그게 분명 사람이 아니고 생도깨비가 완연하다. 그 생도깨비를 예방을 시켜서 내보내지 않으면 살아날 길이 없이 집안이 다 망할 것이다."

이렇게 생도깨비가 분명하다고 수군수군하여가니까 송영감네가 그들을 사람인 줄로만 알았다가 뒤늦게 눈치를 채서 생도깨비라는 것을 알고 쫓아낼 핑곗거리를 찾았다.

"영감님네 기술이 좋으시니 경상도 안동 땅을 우리 문 밖으로 떼어다 주십시오. 그러면 내내 데리고 살 것이고, 그렇지 못하면 내 집 밖으로 떠나야 합니다."

그러자 도깨비 김영감네들이 말했다.

"어서 그건 그리하십시오. 풀무 대장장이한테로 가서 쇠꼬챙이 일흔 아홉 개를 만들어오면 경상도 안동 땅을 문밖으로 떼어다 놓으리다."

"어서 그건 그리하십시오."

삼형제가 쇠꼬챙이 아흔아홉 개를 가지고 경상도 안동으로 가서 땅을 떼어내려 했으나 석 달 열흘 백 일이 되어도 떼어낼 수가 없었다. 안동 땅을 떼어 오지 못하고 돌아오자 송영감은 그 핑계를 대어 김영감 삼형제를 집골목 나무에 달아맸다. 송영감이 언월도 장검으로 삼형제를 세 도막 네 도막 내자 삼형제가 아홉 형제 열두 형제로 벌려 섰다. 생도깨비가 이제 죽은 도깨비가 되어서 골목으로 나섰다.

이때 송영감이 다시 도깨비가 들어오지 못하도록 예방을 하는데, 백마를 잡아서 말가죽을 골목 입구에 걸쳐놓고 말 피를 울안에 뿌려놓고 말고기를 문 앞마다 걸어놓았다. 김영감 도깨비들이 송영감 집으로 들어갈 수가 없어 어디를 갈까 방황하다가 위로 삼형제는 서양 각국으로 들어가고 가운데 삼형제는 일본 사당과 철공소로 들어가고, 아래 삼형제는 서울로 들어가고, 맨 아래 삼형제는 강경으로 들어가 벼락바위에 앉았다.

삼형제가 벼락바위에 앉았다가 천기를 짚어본즉 제주도가 좋은지라 제주도에 들어가고자 했다. 마침 제주 동복리 장선주와 김녕리 차동지가 무곡 장사 차 강경 벼락바위에 이르므로 김영감 삼형제가 물었다.

"어디 사는 어른이며 무엇하러 옵니까?"

"살기는 제주 섬에 살며 무곡 장사 차로 옵니다."

"그러하면 우리 삼형제를 뱃삯 받지 않고 제주 섬에 실어다 주면 부귀영화를 점지해주겠습니다."

"어서 그건 그리하십시오."

배를 띄워 제주로 들어올 적에 물결이 잔잔하고 순풍이 불어서 언뜻 제주 섬에 이르렀다.

"어느 포구가 좋습니까?"

"김녕 일곱마들 포구가 좋습니다."

"그러면 김녕 포구로 배를 붙입시다."

김영감 삼형제가 제주 땅에 내려서 놀음을 놀 적에 목관, 정의, 대정에서 놀고 또 제주성내로 들어가서 돼지도 전 마리를 먹고 소도 전 마리를 먹으면서 놀았다. 한 가지를 갈라서 소섬 동어귀직이로 들어가고, 또 큰장오리와 작은장오리와 오백장군에 가서 놀았다. 그때 어떤 사냥꾼이 총을 메고서 청삽사리 흑삽사리 황삽사리를 거느리고 올라와 큰 노루 작은 노루를 잡아서 노루 가죽 더운 피에 제육 안주와 소주가 좋아지니 한 가지를 갈라서 사냥꾼 집의 산신일월 하군졸로 들어섰다. 또 한 가지를 갈라서 한경면 낙천리 오일본향으로 좌정해서 잘 먹으면 잘 먹은 값을 하고 못 먹으면 못 먹은 값을 했다. 한 가지는 갈라서 청수리 연화동 가시밭에 오일본향으로 좌정하고, 대정읍 신평리 노랑골에 좌정하고, 대정 영락리 노랑골에 좌정하고, 한경 고산리 칠전동 노랑골에 좌정하고, 굴할망 굴할아방으로 고사를 받아먹고, 안덕 덕수리 김씨 댁 뒷할아방 오일본향에 놀음 놀고, 덕수리 동풀무 서풀무에 놀음을 놀았다. 또 한 가지 갈라다가 한경면 고산리 당산 수월봉에 놀음 놀고, 한경 두모리 살래마루 하군졸로 놀음 놀고, 한림읍 금릉리 소왕마들 술일당에 좌정하여 잘 먹으면 잘 먹은 값을 하고 못 먹으면 못 먹은 값을 하고 놀았다.

열한 형제 열두 동무, 아홉 형제 일곱 동무, 여러 영감들이 놀음을 놀적에 테만 붙은 망건 쓰고, 뼈만 붙은 쾌자에 깃만 붙은 도포를 입고, 목만 붙은 길목버선과 단만 붙은 행전에 깃만 붙은 신을 신었다. 반달같이 들메를 메고 한 뼘도 안 되는 곰방대를 들고 앞으로는 청사초롱 밝히고 뒤로는 흑사초롱을 밝혔다. 언뜻하면 천 리 가고 언뜻하면 만 리 가면서, 바람을 의지 삼고 구름을 벗을 삼아 천리만리를 다니면서 잘 먹으면 잘 먹은 값을 하고 못 먹으면 못 먹은 값을 하는 영감참봉 신령님들이다.

〈영감본풀이〉는 진성기 선생이 엮은 《제주도무가본풀이사전》(민속원,

1991)의 '특수본풀이' 항목에 4편의 자료가 수록돼 있다. 여기서는 그 중 내용이 가장 풍부한 조술생 구연본을 바탕으로 사연을 정리했다. 자료에 따라서는 처음에 삼형제가 아닌 칠형제나 구형제가 태어났다고도 하며, 서울이 아닌 진도 완도 섬이나 강경 벼락바위에서 태어났다고도 한다. 그 형제들이 각지로 흩어졌는데 놀기를 특히 좋아하던 일부 형제가 제주도로 들어와 자리를 잡았다는 내용은 대체로 일치한다.*

우리 민간 전승에서 도깨비는 꽤나 '잡스런' 존재로 이야기된다. 놀라운 재주도 많고 장난을 무척 좋아하는데, 기분이 상하면 사납게 해코지를 하기 때문에 다루기가 영 쉽지 않은 존재다. 이러한 특징은 이 신화 속의 영감네들한테도 일정하게 반영되어 있다. 김치백 삼형제가 어릴 적에 마을 어른들을 박대하고 동네 처녀 헛소문을 냈다는 데서 그들의 '놀부 심술'을 읽어낼 수 있다. 그들이 일흔아홉 쇠꼬챙이로 안동 땅을 떼어내려 하는 모습 또한 장난기가 제대로 분출된 모습이라 할 수 있다. 배를 타고 제주도로 들어간 삼형제가 이곳저곳으로 흩어져 마음껏 놀음을 노는 것에서 저 도깨비신들의 못 말리는 신명은 마음껏 발휘된다. 그들의 차림새는 또 어찌나 우스꽝스러운지!

집안에서 이단아로 찍혀서 멀리 만주로 귀양 보내졌던 저 삼형제는 자신을 받아들여준 송첨지에게 응분의 보답을 해준다. 자기네 말대로 돼지와 소를 통째로 잡아주자 송첨지 집이 큰 부자가 되도록 해준다. 그런데 그들은 어느 순간 마을 사람들에 의해 생도깨비로 규정되면서 기

----

* 이 이야기에서 영감신들이 갈라져 좌정한 곳의 지명은 진성기 선생의 주석을 참고하여 대체적인 사항을 적은 것으로서 완전하지는 않다.

피의 대상이 된다. 송첨지는 그들이 자기를 도와준 일을 아랑곳하지 않고 교묘한 술수로 그들을 떼어낸다. 아니, 떼어내는 데 그치지 않고 그들의 몸을 가른다. 그리고 혹시라도 후환이 미칠까 하여 백마의 피로 단단히 방비한다.

도깨비란 본래 흉한 존재이니 이렇게 냉정하고도 확실하게 떼어내는 것이 현명한 처사라 할 수도 있을 것이다. 하지만 한편으로 저 삼형제가 안됐다는 생각을 하게 된다. 보통 사람들과 다른 낯선 존재. 그리하여 기피와 배제의 대상이 되는 존재. 이로부터 떠올리게 되는 것은 세상으로부터 소외된 '소수자'의 처량한 모습이다. 말 피 냄새로 표상되는 사람들의 혐오감 앞에 노출되었을 때 저 악의 없는 장난꾼들은 얼마나 초라하고 스산했을까.

주목할 사실은 그들이 사람들의 기피나 배제에 의해 죽어 없어지지 않았다는 사실이다. 송첨지는 칼로 그들을 세 토막 네 토막을 내지만, 그들은 귀신으로 되살아나 아홉 형제가 되고 열두 형제가 되어 세상으로 퍼진다. 그들이 찾아간 곳이 어디냐면 서양 각국이고 일본국이고 서울이고 제주 섬이었다. 말 그대로 온 세상으로 퍼진 상황이다. 그 가운데도 그들이 가장 신이 나서 움직인 곳이 바로 제주였다. 막내 삼형제가 자청하여 찾아간 제주 섬은 과연 그들이 깃들 만한 곳이었다. 그 자신 작은 섬의 소외된 주민들이었던 제주 사람들은 영감네들을 신으로 받아들여 돼지를 통째로 바치고 소를 통째로 바치며 기꺼이 홍문연 대잔치를 벌여준다. 그러자 신이 난 영감네들은 갈라지고 또 갈라져 이 마을 저 마을로 들어가 마음껏 노닌다. 잘 먹으면 잘 먹은 값을 하고 못 먹으면 못 먹은 값을 하면서.

사람들에게 기꺼이 받아들여진 저 도깨비신들은 더 이상 흉측한 기피의 대상이 아니다. 액운을 막아주고 풍요를 가져다주는 귀한 신이다. 신들이 다 그런 역할을 한다고 하지만, 저 도깨비신은 특별한 면이 있다. 우스꽝스런 옷을 차려입고서 맘껏 노니는 도깨비신은 유달리 친근하고 즐거운 존재가 된다. 그들에게 제사를 바치고 놀이(영감놀이)를 하면서 즐길 적에 사람들 또한 그들 안에 담겨 있는 유쾌한 신명을 한껏 펼쳐내는 것이니, 그야말로 좋은 일이 아닐 수 없다. 이것이야말로 참다운 신성이 아니고 무엇일까.

사족 하나. 저 삼형제를 쫓아낸 김치백 집안은, 또는 송첨지 집안은 그 뒤에 잘되었을까? 이야기는 이에 대해 무어라 말하고 있지 않다. 하지만 저 하늘은 그 답을 알고 있다.

 불운의 신 지장, 그 또한 신이다

흉한 모습의 땅귀, 악독하고 추한 뒷간 귀신, 그리고 우스꽝스런 도깨비까지도 신으로 포용한 사람들. 이제 다음 순서는 '지장'이다. 이름만 보면 '지장보살'을 떠올리게 되지만, 이 신은 '지장이 많다' 할 때의 지장에 가까운 존재다. 살(煞)이 끼었다거나 사(邪)가 들렸다 할 때의 부정한 그 무엇이 지장이다. 당연히 기피의 대상이지만, 사람들은 이를 또한 신적 존재로 여겨서 그에 대한 본풀이를 전해왔다. 역시 제주도의 일이다.

그 신화의 제목은 〈지장본풀이〉. 큰굿 제차에 당당히 포함되어 있는 중요한 본풀이 신화다.

지장의 본이 어디인가 하면 남산국이 본이고 여산국이 본이다. 남산과 여산이 아기가 없어 한탄하다가 동개남 삼동절에 수륙재를 드리자 생불꽃이 내리고 딸이 태어났다.

지장이 한 살 되는 해에 어머니 무릎에서 어리광을 부리고 두 살 되는 해에 아버지 무릎에서 어리광을 부렸다. 세 살 되는 해에 할머니 무릎에서 어리광을 부리고 네 살 되는 해에는 할아버지 무릎에서 어리광을 부렸다. 하지만 다섯 살 되는 해에 설운 어머니가 죽고 여섯 살 되는 해에 설운 아버지가 죽었으며 일곱 살 되는 해에 설운 할아버지 할머니가 죽었다. 갈 곳이 없어 외삼촌 댁으로 들어갔더니 개 먹던 접시와 중이 먹던 접시에 한술 밥을 주었다. 죽으라고 삼도전거리에 내던져 버렸다. 그때 옥황에서 부엉새가 내려서 한 날개는 깔아주고 한 날개는 덮어주었다.

지장이 나이 열다섯이 되어가니까 착하다는 소문이 동서로 났다. 그러자 서수왕 남편 될 문수의 집에서 혼사를 청해 왔다. 팔자 사주 가려 보고 좋아서 시집을 갔더니 열일곱 되는 해에 설운 시어머니가 죽고, 열여덟 되는 해에 설운 시아버지가 죽고, 열아홉 되는 해에 시할아버지 시할머니가 죽고, 갓 스물 되는 해에 설운 낭군이 죽었다.

"내 년의 팔자여, 내 년의 사주여. 어디로 가리오."

시누이 방으로 들어갔더니 죽일 말을 하고 잡을 말을 했다. 벼룩이 닷 되가 나고 이가 닷 되가 생겨났다. 지장이 어디를 갈까 하다 삼도전거리로 나서고 보니 동쪽에서 대사가 오고 서쪽에서 심방이 왔다.

"내 팔자 알려주십시오. 내 사주 알려주십시오."

대사 심방이 원천강 팔자 사주 가려 보더니만,

"초년 운수는 좋아도 중년 운수는 궂습니다. 중년 운수는 궂어도 말년 운수는 좋습니다. 강명주 물명주를 일천 동 하십시오. 시어머니 시아버지 친어머니 친아버지 설운 낭군님 초새남 이새남 삼새남 굿을 하십시오. 천정판에 영가를 붙이십시오."

지장이 누에씨를 청해서 누에씨를 가져다가 고이 잠을 재우고 밥을 먹이자 누에가 고치를 지었다. 고치를 따다가 실을 뽑아서 명주 비단을 짰더니 하루 이틀 열두 날 보름 사이에 강명주 일천 동에 물명주 일천 동이 되었다. 시어머니 시아버지와 친어머니 친아버지와 설운 낭군님 초새남굿을 하고 이새남굿 삼새남굿을 했다. 천정판에 영가를 붙여 환생 길을 알아봤더니 지장이 좋은 일 하고서 새 몸으로 환생을 했다.

천왕새 쫓자, 지왕새 쫓자, 인왕새 쫓자. 열두시만곡에 흉험을 주는 새 쫓자, 집안 한가운데 흉험 조화를 주는 새를 낱낱이 쫓자. 서수왕 딸아기가 문도령의 집에 시집을 못 가니까 문을 걸고 방 안에 들어앉아서 잦아져 죽었구나. 자청비한테 시샘을 해서 눈으로 나는 건 공방새 나고, 코로 나는 건 코주리새 나고, 입으로 나는 건 악심새가 났구나. 열두시만곡 흉험을 주는 새는 낱낱이 쫓자.

이 〈지장본풀이〉는 중문 지역 박남하 심방이 구연한 자료를 바탕으로 내용을 정리한 것이다(진성기,《제주도무가본풀이사전》, 민속원, 1991 수록).

내용을 보면 〈지장본풀이〉는 전체적으로 이야기 맥락이 다소 불투명한 면이 있다. 지장(지장의 아기, 지장의 아기씨)이 죽어서 무엇으로 환생하는지, 또 그녀와 서수왕 딸아기의 관계는 어떻게 되는지 가닥을 잡기가 쉽지 않다. 여러 자료 가운데 박남하 구연본이 그런 대로 서사 맥락이 잘 보이는 편이어서 이 자료를 선택한 터다.

이 신화의 주인공인 지장은 어렵게 얻은 귀한 자식이었지만 무척 불길한 운수를 타고난 존재였다. 서너 살까지는 조부모와 부모의 사랑을 받으며 잘 컸지만 그 후로 어머니 아버지와 할머니 할아버지가 다 죽어 고아가 되고 만다. 이어진 외삼촌 댁 더부살이는 배고픔과 구박을 피할 수 없는 서러움의 연속이었다. 그녀는 하늘의 도움으로 겨우 살아나 좋은 집안에 시집을 가지만 불행은 다시 또 고개를 든다. 시부모와 시조부모가 다 돌아가고 남편까지 죽어버리니 다시 오갈 곳이 없는 한심한 신세가 되었다. 시누이와 함께 살아볼까 했지만 허튼 일이었다. 돌아오는 건 원망과 저주이고 생겨나는 건 이와 벼룩으로 상징되는 번뇌였다. 그야말로 되는 것이 없는 극단적인 불운의 삶이다.

갈 곳 없이 길거리에 던져진 지장은 답답한 마음에 대사와 심방에게 사주팔자 풀이를 청한다. 그리고 자신한테 얽힌 불운을 풀기 위해 지극 정성을 다한다. 누에를 직접 키워 강명주 물명주 일천 동을 짜서 삼세번이나 새남굿을 올려 죽은 이들의 넋을 달랜다. 그런데 그 결과는 새 몸으로 환생한 것이었다. 그 새는 곧 사(邪)일 터인즉 그녀는 끝내 불운을 벗어나지 못한 셈이 된다. 갖은 정성을 다하고도 액운을 못 면했다니 다소 뜻밖의 일이다. 사주팔자 풀이에서 '말년 운수는 좋다'고 한 것과도 어긋나는 결과라서 의아스럽기도 하다. 무엇이 어떻게 된 일일까.

지장의 액운과 관련해서 주목할 부분은 서수왕 딸아기의 일이다. 이 야기에 의하면 지장은 서수왕아기(서수왕 딸아기)의 남편 될 이의 청혼을 받아들여 혼인을 했다고 한다. 기억할지 모르겠지만, 서수왕아기는 앞에서 살펴본 〈세경본풀이〉의 등장인물이다. 문도령과의 혼인을 앞두고 있다가 문도령이 자청비에게 가버리자 문을 걸어 잠근 채 식음을 전폐하고 죽어서 온갖 흉험을 일으키는 새[邪]가 됐다는 여인이다. 문제는 서수왕아기와 지장, 또는 자청비와의 관계다. 지장이 문수(문도령?)와 결혼했다고 하는 것을 보면 지장과 서수왕아기는 동일인으로 볼 수 없다. 그렇다고 해서 지장이 자청비와 동일인인가 하면 그렇게 보기도 어렵다. 두 사람의 서사는 달라도 아주 많이 다르다. 그렇다면 이들의 관계는 어떻게 보는 것이 좋을까. 이에 대한 나의 생각은 지장의 삶에 서수왕아기라는 새[邪]가 들었다고 하는 것이다. 서수왕아기는 특히 남녀 간 사이를 해치는 존재라 하거니와, 지장은 서수왕아기 새가 보아둔 어느 남자와 인연을 맺었다가 그 훼살에 당한 존재로 생각된다. 혼인을 함에 있어 그 새[邪]를 제대로 방비하여 쫓아내지 못한 탓일 것이다. 작은 소홀함이 빚어낸 큰 불운이라고나 할까.

이 신화에서 지장의 마지막은 여전히 불투명하다. 환생해서 '새 몸'에 났다고 하는 것은 '새로운 몸'으로 났다는 것으로 읽고 싶기도 하지만 아무래도 '새[邪]'로 났다는 쪽이 문맥상 맞을 것이다.* 이렇게 본다

---

* '좋은 일을 해서 새 몸에 났다'는 말을 말 그대로 풀면 새로운 몸으로 환생한 것으로 볼 가능성이 있다. 하지만, 아직 이렇게 보는 학자들은 없는 상황이다.

면, 한번 잘못 든 나쁜 새가 그 삶을 흔들어서 죽게 하고 난 다음에도 여전히 떨어지지 않았다는 말이 되니 꽤나 무서운 일이 된다. 새를 쫓는 일이 그만큼 중요한 일이 되는 것이기도 하다. 이 본풀이의 마지막에서 흉악한 새를 쫓는 주사(呪辭)를 힘껏 풀어내고 있는 것은 이런 맥락에서 볼 때 자연스러운 일로 받아들여진다. 세상 누구라도 다시 저렇게 불운한 존재가 되어서는 안 될 터이니 말이다.

빛 속의 신과 그늘 속의 신을 갈라본다면 지장은 당연히 후자에 속한다. 그늘 가운데도 가장 어둡고 차가운 쪽에 자리 잡은 신이 될 것이다. 그러한 존재를 관심의 대상으로 여기고 신령한 의례의 대상으로 삼아서 한 편의 덩그런 신화를 전승해온 것이 지난 시절의 민중들이었다. 현재 자료가 전해지는 것은 제주도뿐이지만 더 거슬러 올라가면 그것은 아마도 이 땅 전역의 일반적인 삶의 모습이었을 것이다. 이러한 신화들을 통해 우리는 옛사람들의 신관을, 그리고 우주론을 만나게 된다. 이 신화들은 이렇게 말한다.

"신은 어디에든 있다. 세상 만유에 신성하지 않은 것은 없다."

신성은
어디서 어떻게 오는가

나는 허정승의 따님으로 총각머리 등에 진 처녀이건만
광청고을 안 처녀의 몸으로서 장차 부모의 명령대로 혼인을 하여야 할 몸이고
이러하니 앞으로 혼인을 하자 하면 내가 그 행동을 한번 하고 싶으오니
서로 반대로 나의 입성은 영감이 입고 영감의 입성은 내가 입어
남도 자는 야밤에 단둘이서 이날이 새도록이라도 새각시놀이를 하기가 어찌하오리까.

— 제주안사인 구연 〈광청아기본풀이〉에서

신화는 신성(神聖)의 이야기라고 했다. 우리 삶을 본원적으로 일깨우고 실현시켜주는 소중한 힘과 가치, 그 가운데도 특히 맑고 깊은 정수(精髓)에 해당하는 것이 신성이다. 신성은 보편적인 것이지만, 유일한 것은 아니다. 세상 곳곳에 신성이 있다. 그리고 그 신성은 시대나 지역에 따라, 또는 사람에 따라 색깔과 느낌을 달리한다.

　지금까지 살펴본 우리 민간 신화가 전해준 색깔이나 느낌은 어떠한 것이었는지 궁금하다. 만약 그 이야기들에서 무지갯빛 오색찬란한 그 무엇을 기대했다면 낯설고 실망스러웠을지도 모르겠다. 전체적으로 이야기가 어둡고 칙칙하다는 느낌이 들었을 수 있을 것이다. 하지만 신성의 빛이라는 것이 어찌 밝고 높으며 화려한 곳에만 있는 것일까. 깊은 어둠 속에 깃들어 있는 작은 빛이 더 가륵하고 소중한 것일 수 있다.

외국 신화, 예컨대 그리스 로마 신화와 비교해볼 한국 신화가 갖는 차별적 특징이 무엇인가 하는 질문을 자주 받는다. 이 질문에 대한 나의 대답은 이렇다. 그리스 로마 신화가 잘 가꾸어진 정원과 같은 이야기라면 우리 민간 신화는 거친 들판의 야생화 같은 이야기라는 것이다. 권력자나 문인 지식인의 보살핌을 받지 않는 상태에서, 그들의 멸시와 배제와 억압에 노출된 상태에서 자생적으로 생명력을 이어온 야생의 신화가 바로 우리 민간 신화다. 추우면 추운 대로 더우면 더운 대로 오직 제 힘으로 서서 온몸으로 비바람을 맞으면서 마침내 고운 꽃을 피워내는 들판의 야생화들. 눈에 잘 뜨이지 않고 보잘것없어 보일지 모르지만 그 생명력과 아름다움이야말로 '진짜'라고 하는 것이 나의 생각이다. 이는 곧 우리 신화에 대한 나의 시각이기도 하다.

내가 정말 좋아하는 영화에 〈밀양(密陽)〉이 있다. 그 영화의 마지막 장면을 잊을 수 없다. 사랑하는 자식을 잃고 절망에 신음하던 여인이 무심히 앉아 있던 마당 한구석 누추한 시궁에 문득 한 줄기 따사로운 햇살이 찾아든다. 그 햇살을 비추는 것으로 영화는 끝이 난다. 하지만 우리는 알고 있다. 알고 보면 언제나 있었던 그 빛이 마침내 저 여인을 훌쩍 구원할 것임을. 나는 우리 신화의 신성이 그 빛과 같은 것이라고 여기고 있다.

여기 어둠 속의 빛처럼 다가오는 몇 가지 사연들이 있다. 신성이란 과연 무엇이며, 어디서 어떻게 피어나는가를 곱씹어보도록 하는 이야기들이다. 섣부르지만 미리 이렇게 말하고 싶다. 이들이 바로 한국의 신화라고.

황토섬을 방황하던 안심국이 신이 된 내력

우리나라에서는 전통적으로 집을 지켜주는 신을 '성주신'이라 했다. 그에 대한 신화로 황우양씨와 막막부인 부부가 등장하는 〈성주풀이〉를 본 바 있다. 그런데 성주신에 관한 신화는 이와 내용이 전혀 다른 것이 또 있다. '성조씨'에 관한 신화이니 성주 신화가 분명한데, 그 이름은 황우양씨가 아니라 안심국이다. 그 아내의 이름은 계화씨. 황우양씨 막막부인과 달리 처음부터 심각한 불화를 겪는 한 쌍이다. 그것은 무엇보다도 안심국의 탓이었다. 그럼에도 집안의 신이 되는 저 남자, 그는 어떻게 신이 된 것일까.

　성조成造의 본이 어디인가. 중원국도 조선국도 아니고 서천국이 본국이다. 부친은 천궁대왕 모친은 옥진부인, 조부는 국반왕씨 조모는 월명부인, 외조부는 정반왕씨 외조모는 마야부인이고 성조님 실내부인은 계화부인이다.

　성조 부친 천궁대왕이 옥진부인과 부부를 이루어 살 적에 대왕 나이 서른일곱, 부인 나이 서른아홉이 되도록 무릎 아래에 자식이 없었다. 매일 부부가 한탄할 때에 하루는 점을 쳤더니 점쟁이가 말했다.

"서른 전 자식은 팔자로 두지만 마흔 전 자식은 선한 마음으로 부처님 앞에 정성을 드리면 아들을 낳아 부귀를 이룰 수 있습니다."

부인이 그 말을 듣고 공을 드릴 적에, 갖은 공을 다 드렸다. 높은 산 송죽을 베어 하늘에 기도하고, 금은 비단 갖추어서 명산대천 영신당과 제불보살 미륵님 앞에 지성으로 발원하며, 칠성불공 나한불공 백일산제 제석불공에 큰 바다마다 용왕제요 천제당에 천제를 드렸다. 거지 마중 집을 짓고 길거리 송장 초상을 치르고 가난한 사람 해산할 때 미역 양식을 시주하며 조왕님과 후토신령 당산 처용 지신제를 지극정성으로 빌었다.

이렇게 정성을 드리니 공든 탑이 무너지고 심은 나무가 꺾어질까. 하루는 대왕과 부인이 좋은 날을 가려 동방화촉으로 잠잘 때에 초경에 꿈을 꾸니 검은 새 두 마리가 푸른 벌레를 문 채 베개 양쪽에 앉아 있고 국화꽃 세 송이가 베개 위에 피어났다. 이경에 꿈을 꾸니 자미성紫微星이 부인한테 내려와 금쟁반에 붉은 구슬 세 개를 굴렸다. 삼경에 꿈을 꾸니 방 안에 오색구름이 모여들고 선관이 노란 학을 탄 채 구름에 싸여 다가와 말했다.

"부인은 놀라지 마십시오. 나는 도솔천의 왕인데 부인의 정성과 공덕이 지극한지라 하늘이 감동하고 여러 부처님이 지시하시어 자식을 주러 왔나이다."

일월성신의 정기를 받아서 어린 동자를 마련하여 부인에게 주면서,

"아이 이름은 안심국이라 지으시고 별호는 성조씨라 하십시오."

부인이 그 달부터 잉태를 해서 한두 달에 이슬 맺고 서너 달에 사람 모습이 생겨 다섯 달에 반짐 싣고 여섯 달에 육부가 생겨 일곱 달에 뼈와 살을 맺고 여덟아홉 달에 남녀 분별하여 삼만팔천네 개의 핏줄과 사지 수족과 지혜 총명을 마련하여 열 달이 되자 아이가 나오게 되었다. 명덕왕은 복을 주고 복덕왕은 복을 주고 분접왕은 가랑이를 들고 금탄왕은 열쇠 들고 자궁 문을 고이 열어 아기를 낳으니 딸이라도 반가운데 옥 같은 귀동자였다. 부인이 매우 기뻐 관상쟁이를 불러 아이 관상을 보라 하니 이렇게 말을 했다.

"이 아이가 천정이 높으니 소년공명할 것이고 준두가 높으니 부귀공명이 함께 하겠습니다. 하지만 양미간이 깊으니 전처를 소박하겠고 일월각이 낮으니 스무 살 전 십팔 세에 산도 없고 사람도 없는 황토섬에 삼 년 귀양을 가겠습니다."

부인이 그 말을 듣고서 간장이 끊어지도록 하염없이 슬피 울었다.

"들인 공이 가깝구나. 이럴 줄 알았으면 생기지나 말았을 것을. 지극히 공을 들여 너를 얻을 적에 부귀영화 바랐더니 십팔 세에 삼 년 귀양을 간단 말이냐. 보살님도 야속하고 삼신님도 야속하다. 누구를 원망하며 허물한들 무엇하리."

시녀들과 산파가 눈물을 흘리면서 한편으로 부인을 달래어 좋은 말로 위로하니 부인이 애통하다가 꿈꾼 일을 생각하고 눈물을 그치며 아이 이름을 안심국이라 짓고 별호를 성조라 하였다.

성조가 병 없이 자라날 적에 두 살 먹어 걸음을 걸으니 못 가는 곳이 없고, 세 살이 되어 말을 하니 소진蘇秦 장의張儀의 구변口辯 같고, 네 살이 되어 예를 행하니 효제충신을 다하고, 다섯 살이 되어 서당에 들어가니 총명하기 그지없었다. 세월이 물처럼 흘러 어느덧 장성하여 나이 열다섯이 되니 만 권 서책을 읽어 통하지 않는 것이 없었다.

하루는 성조가 세상에 무슨 공을 세워 빛나는 이름을 길이 남길까 고민하던 차에 세상을 살펴보니 그 모양이 볼 만했다. 새와 짐승이 말을 하고 까막까치가 벼슬을 하며 나무와 돌이 걸어 다니는데, 옷나무에 옷이 열리고 밥나무에 밥이 열리고 국수나무에 국수가 열리고 온갖 열매 다 열려서 세상 사람들이 궁박할 이가 없었다. 이토록 먹고살기는 풍족하나 사람들이 집이 없어 수풀에 의지하며 여름 한더위와 겨울 설한풍에 고생을 하고 있었다.

'내가 지하국에 내려가서 빈산의 나무를 베어다가 세상에 집을 지어서 추위와 더위를 피하게 하고 사람의 도리를 가르치면 성조의 빛나는 이름을 수만 년 전하리라.'

성조가 부모 허락을 받아 지하국에 내려가서 사방을 바라본즉 온갖 나무가 다 있는데, 한 나무는 산신이 좌정하여 못 쓰겠고, 또 한 나무는 당산堂山 지킨 나무라서 못 쓰겠고, 어떤 나무는 까막까치 집을 지어 못 쓰겠고 한 그루도 쓸 나무가 없었다. 성조가 나무 없는 사정을 역력히 기록해서 천상에 높이 올라 옥황 전에 상소하니 옥황님이 기특히 여겨 제석궁에 명하여 솔씨 서 말 닷 되 칠 홉 반을 내려주었다. 성조는 솔씨를 받아 아래 세상으로 내려와서 무주공산에 다다라 여기저기 심어놓았다.

어느덧 삼 년이 흘러 성조 나이 열여덟이 되자 천궁대왕 옥진부인이 신하들을 모아놓고 나랏일을 의논한 후 성조의 신부를 간택하도록 했다. 이때 좌정승이 엎드려 아뢰기를 황휘궁에 한 공주가 있는데 자질이 아름답고 숙녀 기상이 되니 그곳에 청혼하라 했다. 대왕이 옳게 여겨 황휘궁에 청혼하니 황휘궁에서 승낙하여 혼사가 맺어졌다. 혼인날이 되자 성조는 금관 조복 정히 입고 사모관대 높이 쓰고 옥가마에 오른 채 황휘궁에 들어가서 전안奠雁*의 예를 행하고 금실로 인연을 맺어 황휘궁 공주 계화씨를 평생의 짝으로 맞이했다.

성조가 신방에 들어 서로 술잔을 나눈 후 화촉을 밝히고 첫날밤을 보낼 적에 천정天定이 불리하고 연분이 부족했던지 아내 소박을 시작하여 날이 갈수록 박대가 심했다. 성조가 주색에 방탕하여 나랏일을 팽개친 채로 네댓 달이 지나가자 그를 시기하던 신하들이 나서서 이 일을 고하였다. 대왕이 법전을 살펴본즉 부모 불효하는 자와 현처 소박하는 자, 이웃과 불화하고 친척 간에 반목하는 자는 낱낱이 사실을 살펴서 산도 없고 사람도 없는 황토섬에 삼 년간 귀양을 보내라고 되어 있었다. 대왕이 정신이 아득했지만 국법을 시행하여 성조를 불러 삼 년 귀양을 명했다. 성조가 하릴없이 어머니한테 나아가 하직할 적에 모자가 서로 울며 한탄을 했다.

"국아 국아 안심국아, 너의 팔자 용렬하고 네 복이 그뿐인가. 무슨 죄가 그리 중하기로 어린 것을 인적도 없는 곳에 삼 년 귀양이 웬 말이냐.

* 신랑이 기러기를 들고 신부 집에 가서 상 위에 놓은 후 절하는 것.

너 대신 삼 년 귀양을 내가 살고 돌아오마."

"부모 대신 자식이 가는 법은 예로부터 있지만 자식 대신 부모가 귀양 가는 법은 천추에 없사오니 어머니는 옥체를 탈 없이 보존하옵소서."

눈물로 하직하고 궁궐 밖으로 나아가니 모든 신하와 친척 일가가 잘 가라고 하직하고 삼천궁녀 나인들도 잘 가라고 하직했다. 그때에 무사들이 성조를 모셔내어 수레 위에 높이 싣고 행색 없이 떠나가 강변에 이른 뒤에 성조를 배 한 척에 실어놓고는 양식과 의복을 실은 다음 양 돛을 갈라 달고 닻을 감아 배를 띄웠다. 성조가 고물에 높이 앉아 좌우 산천을 살펴보며 이리 지적 저리 지적 범범중류 떠가는데 서천국은 점점 멀어가고 황토섬이 가까워왔다.

"무정하다 동남풍아 배 가는 길 재촉 마라. 산도 예 보던 산이 아니고 물도 예 보던 물이 아니구나. 날짐승 길짐승 가득하고 사람 자취는 없는 곳에 삼 년 귀양을 누구를 바라며 살아날꼬."

마침내 황토섬에 다다라 삼 년 먹을 양식과 의복을 섬 가운데에 내리고서 선인들을 눈물로 떠나보내니 무인지경 황토섬에 속절없이 혼자였다.

성조가 눈물을 친구 삼고 새 짐승을 벗을 삼아 하루 이틀 한 달 두 달 지내다 보니까 어느 결에 한 해가 가고 이태가 가고 삼 년이 다가왔다. 성조가 오늘이나 소식 올까 내일이나 귀양이 풀릴까 고국을 생각하고 부왕의 소식을 기다리자니 일각이 삼추三秋 같았다. 답답한 마음 가운데 하루하루를 지낼 때에 삼 년이 지나가고 사 년이 다 되도록 소식이 끊어졌다. 성조가 의복이 부족하여 소슬한 찬바람과 휘날리는 눈보라에 추위서 살 수 없고, 삼 년 양식이 떨어져서 한 끼 굶고 두 끼 굶어 배고파 살 수가 없었다. 모진 목숨 죽지는 않아 산에 올라가서 소나무 껍질 벗겨 먹고 바다로 내려가서 해초 나물을 캐어 먹어 목숨은 이었으되 여러 날 여러 달을 날음식만 먹다 보니 온몸에 털이 나서 짐승인지 사람인지 분간할 수 없게 되었다.

세월이 다시 흘러 갑자년 춘삼월이 되자 불탄 속잎 다시 나고 온갖 화초가 만발한데 촉나라 두견새와 농산 앵무새, 까막까치 원앙새 제비 백학이 날아들었다. 성조가 고국을 생각하고서,

"슬피 우는 두견새야, 나도 이곳에서 죽으면 저런 넋이 아니 될까?"

홀로 탄식하고 통곡할 적에 문득 바라보니 고향 사람한테 편지를 전하던 청조靑鳥가 성조 앞에서 우짖었다. 성조가 청조를 바라보고서,

"반갑다 청조 새야, 어디 갔다 이제 왔나. 인적도 없는 곳에 봄빛 따라 너 왔거든 편지 한 장 가져다가 서천국 돌아가서 명월각에 전해다오. 명월각 계화부인이 나와 백 년 임이로다."

이때 성조가 편지를 쓰자 하나 종이도 없고 붓도 없는지라 떨어진 관대 자락을 뜯어서 앞에 놓고 손가락을 깨물어 피를 내서 혈서를 쓸 적에 내용이 이러했다.

*

두 분께서는 옥체 무양無恙하옵시며, 부인은 서로 이별한 지 수년에 부모님 모시옵고 귀체貴體 안녕하십니까. 이 남편은 황토섬 귀양 뒤로 곤란이 막심한 가운데 삼 년 먹을 양식과 의복이 앞뒤로 다 떨어지니 그 춥고 배고픈 일을 어찌 다 기록할까…….

갖은 곡절을 설움으로 적어서 쓰기를 마친 뒤에 청조한테 부탁하자 청조가 편지를 덥석 물고 두 날개를 훨훨 치며 둥둥 떠 날아갔다. 청조가 서천국을 바라보고 높이 날아 만경창파 섭적 건너 장안 큰길로 날아들어 명월각에 훨훨 날아 들어갔다.

그때 계화부인이 봉황루에 높이 올라 봄빛을 구경할 적에 나무나무 속잎 나고 가지마다 봄빛이며 홍련화 월계화와 단명화 해당화에 도리화 모란화와 두견화가 만발한 가운데로 벌 나비가 짝을 지어 날아들었다. 또 한쪽을 바라보니 원앙새가 짝을 지어 노닐고 호반새 뻐꾹새와 제비들이 훨훨 날아들었다. 계화부인이 남편 생각에 눈물지으면서,

"지난 가을 이별하던 저 제비 봄빛 따라 다시 와서 옛 주인을 찾건마는, 슬프다 성조님은 황토섬 귀양 간 지 사 년이 지나도록 명월각에 못 오시는고? 새야 청조 새야, 유정한 청조 새야. 세상 천하 다니다가 황토섬 들어가서 나의 낭군 성조님이 죽었는지 살았는지 생사라도 알아다가 나한테 전해주렴."

말을 채 마치기 전에 청조 새가 입에 물고 있던 편지를 계화부인 무릎에 떨어뜨리고 날아갔다. 계화부인이 이상히 여겨 편지를 받아 열어 보니 낭군의 필적이 분명하나 눈물이 어지러이 흘러 글발을 살피기 어려웠다. 겨우 읽기를 그친 후에 편지를 들고 남별궁으로 들어갈 적에 옥진부인은 아들 생각에 시름이 병이 되어 자리에 누워 일어나지를 못했다. 계화부인이 편지를 들고 부인 곁에 앉으면서,

"어머님은 정신을 차리셔서 태자님 서간을 살펴보옵소서."

뜻밖의 말에 옥진부인이 벌떡 일어나 앉아 꿈인가 생시인가 하며 편

지를 받아 열어 보니 한가득 쓰인 글이 글자마다 설움이었다. 옥진부인 이 통곡하며,

"대왕님도 무정하고 조정 신하도 무정하다. 우리 태자 성조가 귀양 간 수삼 년에 그만할 줄을 모르시고. 의복 없는 저 인생이 엄동설한 찬바람에 추워 어찌 살았으며 양식이 떨어지니 삼사월 긴긴 해에 배가 고파 어찌한고. 참혹하고 참혹하다."

이렇게 설리 우니 삼천궁녀가 다 같이 울음을 울어 곡성이 분분했다. 그때 천궁대왕이 용상에 앉아 나랏일을 의논하다가 난데없는 울음소리 를 듣고서 어찌 된 곡성인지 묻자 늙은 신하가 엎드려 아뢰었다.

"황토섬에 귀양 가신 태자의 서간이 왔나이다."

대왕이 듣고서 급히 편지를 올리라 하여 사연을 살펴보니 글자마다 설움이었다. 대왕이 마음이 쓰리려 눈물 흘려 후회하며 금부도사를 불 러 명령을 했다.

"좌우 승상 모시고 황토섬 태자의 귀양을 풀어 대령하라."

금부도사가 명을 듣고 일등 목수 불러들여 소나무를 베어다가 아홉 칸 배를 지어 순금 비단 돛을 달고 스물네 명 선인들과 도사공을 재촉하 여 길을 나섰다.

"황토섬이 어디냐? 어서 빨리 행선하라."

도사공이 명을 듣고서 짐대 끝에 나라 깃발을 달고 선인들을 독촉하 여 황토섬을 찾아갈 적에 바람도 순하게 불고 물결도 잠잠하니 만경창 파 너른 바다로 범범중류 떠나갔다. 그때 태자 성조씨는 청조에게 편지 를 전한 뒤로 계화부인의 답장이 오기를 아침저녁으로 바라더니 난데

없는 배 하나가 나라 깃발을 높이 달고 물 위에 둥둥 떠서 어딘가를 향하였다. 성조가 바라보고,

"어허 그 배 반갑구나. 지나가는 배인지 장사하는 배인지, 시절이 요란하여 군량 싣고 가는 배인지 어떤 배인지 알기가 어렵구나. 저 배가 어느 배냐. 저기 가는 선인들한테 고국 부탁을 전해볼까?"

상상봉에 높이 올라 소리를 크게 내어서,

"저기 가는 선인들아. 배고픔과 추위가 심하여 죽게 된 이 인생을 구원하고 돌아가소."

선인들이 바라보니 음성은 사람인데 모양은 짐승이었다.

"네가 짐승이냐 사람이냐?"

"나는 다른 사람이 아니라 서천국 태자 성조이니 귀양 온 지 수삼 년에 화식火食을 못한 고로 온몸에 털이 나서 알아볼 수 없지마는 틀림없는 사람이로다."

금부도사가 그 말을 듣고 황급하여 좌우 승상은 예를 차리고 스물네 명 선인들은 서둘러 황토섬에 배를 대어 성조를 모셔다가 높은 자리에 앉게 했다. 성조가 아득한 정신을 차려서 승상을 돌아보며 나라의 흥망과 부모의 존망과 여러 신하의 안부를 낱낱이 물었다. 이때 사람들이 인삼 녹용과 고량진미로 날마다 성조를 봉양하자 온몸에 났던 털이 다 빠졌다. 성조가 정화수에 목욕하고 의복을 갖추어 입으니 남아 중의 호걸이 분명했다. 머리에 꽃을 꽂고 배 가운데 앉으니 선관이 분명했다.

이때 도사공이 온갖 제수를 갖추어서 정성껏 고사를 올린 뒤 배를 띄워 고국으로 돌아올 때에 그때가 어느 때인가 하면 칠월 보름이었다. 달

빛은 명랑하고 흰 갈매기 왕래할 제 맑은 바람이 천천히 불고 물결은 잔 잔했다. 수궁 경치를 다 본 뒤에 며칠 동안 배를 저어 서천국에 다다르 니 고국산천이 반가웠다. 성조가 대궐 안으로 들어가서 부왕 앞으로 나 아가 절을 올리자 대왕이 한편으로 슬프고 한편으로 기뻐 기특히 여기 시며 감옥에 갇힌 죄인과 귀양 간 죄인들을 모두 석방하게 하고 큰 잔치 를 베풀었다. 옥진부인이 성조 귀양 푼다는 말을 듣고 수삼 년 깊은 병 이 완쾌하여 아들이 들어오기를 고대하더니 성조씨가 남별궁에 들어오 자 급히 내려가 손을 잡고 수삼 년 고생을 만 번이나 위로했다.

이날 밤 삼경에 성조가 명월각에 찾아들어 계화부인 삼사 년 못 보던 애정을 낱낱이 풀어 말할 때에 그 정이야 오죽할까. 술과 안주로 잔을 나누고 정담을 주고받으며 원앙베개 비취이불에 음양을 희롱하여 만 가지 정회를 풀어내면서 그 밤을 지낼 적에 도솔천궁 신령님이 성조씨 부부한테 열 명의 자식을 마련해주었다.

세월이 흘러서 성조씨 계화부인이 자식을 낳을 적에 아들 다섯이 태 어나고 딸자식이 태어나 남녀 간 열 자식이 일취월장으로 충실하게 자 라났다. 그때에 성조님이 일흔 백발이 되어 지난 일을 생각한즉 천지간 의 하루살이인 듯 창해의 좁쌀인 듯 허무한 인생사였다.

"서산에 지는 해는 아침이면 다시 돋건만 바다로 흐른 물은 다시 오 기 어려워라. 홍안이 백발 되니 다시 젊어지지 못하리라. 내가 소년 시 절에 천상궁에 올라가서 솔씨를 얻어 심은 지가 햇수를 세어보니 사십 구 년이 되었구나. 그사이에 어떤 나무들이 숲이 되었는지 구경 차 내려 가서 집이나 지어볼까."

성조님이 아들 다섯, 딸 다섯 열 자식을 거느리고 지하궁에 내려와서 종남산 높은 산의 나무들을 살펴보니 갖가지 나무들이 장성해서 숲을 이루고 서 있었다. 성조가 열 자식을 거느리고 시냇가에 내려가 왼손에 함박 들고 오른손에 쪽박 들고 쇠를 일기 시작하는데 첫 철은 사철絲鐵이라 못 쓰고 두 번째로 다시 일어 좋은 쇠 닷 말, 중간 쇠 닷 말, 거친 쇠 닷 말을 얻어낸 다음 대풀무와 중풀무, 소풀무 세 채 차려놓고 온갖 연장을 장만했다. 큰 도끼 작은 도끼, 큰 자귀 작은 자귀, 큰 톱 작은 톱, 큰 집게 작은 집게, 큰 끌 작은 끌, 큰 칼 작은 칼, 큰 대패 작은 대패, 큰 송곳 작은 송곳, 큰 자 작은 자와 괭이, 호미, 낫과 큰 못 작은 못까지 온갖 연장을 마련한 후 목수를 골라서 집짓기를 마련했다. 서른세 명 목수들이 도끼를 메고 산에 올라 대목 중목 소목 갖은 나무를 베어 집 지을 재목을 삼고서 제물을 갖추어 천지신명한테 제사를 올린 뒤 나라 궁궐과 관가를 짓고 남은 나무를 골라서 빈부귀천 백성들의 집을 지어서 맡기었다.

집을 다 지어 맡기고서 입춘서를 붙인 뒤에 성조님 안심국은 입주 성조신이 되고 그 아내 계화부인은 몸주 성조신이 되며 아들 다섯은 오토지신이 되고 딸 다섯은 오방부인으로 마련했다. 성조님 어진 덕과 신령한 명감明鑑으로 인간에 내리어서 억조창생에게 집을 지어 맡기니 바다와 같은 덕이고 태산과 같은 공이다.

이 이야기는 〈성조푸리〉 또는 〈성조신가(成造神歌)〉라는 이름으로 경남 동래에서 전승돼온 신화로, 손진태의 《조선신가유편》(향토문화사, 1930)에 원문이 실려 있다. 제보자는 경상남도 맹인조합장으로 있던 최

608 ·

순도라는 분이다. 비슷한 내용을 다른 곳에서 찾아보기 어려운 희귀한 이야기이다. 원자료는 이보다 더 길고 자세한데, 번다해 보이는 대목을 다소 간추리면서 내용을 정리하였다.

'가신유래가(家神由來歌)'라는 부제가 붙어 있기도 한 이 신화의 주인공 성조씨 안심국은 가신으로 좌정하는 존재다. 이야기를 보면 안심국은 '입주 성조신'이 되고 계화부인은 '몸주성조신'이 되었다고 한다. 부부가 짝을 이루어서 가정 신 역할을 하는 셈이다. 경기 지역 〈성주풀이〉에서 황우양씨와 막막부인 부부가 함께 가정 신이 되는 것과 비슷해서 관심을 끈다. 하지만 두 신화의 색깔은 아주 다르다. 〈성주풀이〉가 부부가 함께 움직이는 사랑 이야기라면 〈성조푸리〉는 안심국이라는 사내의 고난담에 가까운 성격을 지닌다.

성조씨 안심국이 '집의 신'이 되는 단서는 이야기 속에서 어렵지 않게 찾을 수 있다. 황우양씨와 마찬가지로 그는 '집'과 긴밀한 연관이 있는 존재다. 황우양씨가 최고 목수로서 하늘 궁궐을 지은 데 대하여 성조씨는 세상 만인들에게 최초로 집을 갖도록 해준다. 직접 나무를 심어서 키우고 그 나무로 억조창생에게 집을 만들어주었으니, 세상에 베푼 공덕이 더욱 크다고 할 만하다. 사람들이 그를 집의 신으로 모시는 것은 아주 당연한 일이다. 신화에는 성조씨 안심국이 자식들과 함께 갖은 연장을 만든 뒤 목수들을 이끌고 집을 짓는 장면이 무척 길고 멋들어지게 서술돼 있거니와 가신의 기품을 잘 보여주는 내용이 된다.

문제는 이 신화의 전체적인 서사 맥락이다. 이 신화에서 성조씨 안심국이 나무를 심어 키우고 집을 짓는 내용은 서사의 핵심 요소라 하기 어렵다. 이 신화에서 핵심이 되는 서사 상황은 안심국이 결혼 초부터 신부를 소박하고 밖으로 떠돌며 방탕하다가 벌을 받아 황토섬으로 귀양을 간 후 기나긴 외로움과 배고픔의 날을 지내다가 고국으로 돌아와 가족과 재회했다고 하는 것이다. 그 내용을 보자면 집을 지켜주는 가신의 내력으로서 선뜻 이해가 되지 않는 면이 있다. 아내를 소박한 죄를 저질렀던 남편이, 스스로 가정을 깨뜨리는 화를 초래했던 사내가 가정의 신이 된다는 것은 무언가 모순처럼 보이기도 한다. 가정에 충실한 수많은 사람들을 제쳐두고 어찌 가정에 소홀했던 저 사람이 가신이 된단 말인가.

얼핏 보면 앞뒤가 안 맞는 일처럼 보이지만, 그간 우리가 살펴왔던 민간 신화의 논리상으로 보면 이는 모순이 아니다. 이치에 꼭 맞는 일이 된다. 오히려 모순처럼 보이는 그 상황 속에 신성이 깃들어 있다고 말할 수 있다. 신화는 이렇게 말하고 있는 중이다. 그것이 인간이라고.

이야기는 성조씨 안심국이 하늘이 낸 특별한 존재였다고 말하고 있다. 간절한 바람 속에 천지신명에게 큰 정성을 올려서 얻은 옥 같은 아이. 그의 능력은 또 얼마나 대단했는지 모른다. 세상의 온갖 기림을 다 받는 기린아. 게다가 마음 씀이 또한 남달라서 세상 사람들이 집 없이 고생하는 것을 두고 보지 못하고 대책을 찾아서 움직였으니 그야말로 인물 중의 인물이라 할 수 있다. 보통 사람하고는 질적으로 다른 완벽남으로 보이는 이 사람은 그러나 우리네와 같은 평범하고 불완전한 사람이었다. 어느 날 갑자기 그의 삶은 홱 꼬이면서 흐트러져버린다. 계화씨라는 여인하고 혼인을 맺는 지점이 전락의 시작점이었다. 아내와 화합하지 못하고 밖으로 방탕하게 나돌면서 안심국은 하루아침에 기린아에서 문제아로 떨어져버리고 만다.

계화씨는 최고의 아내로 선택된 여인이었다. 황휘궁이라는 화려한 이름의 공주라는 것은 신분보다 그 속성을 나타내는 말일 것이다. 누구나 다 최고의 짝이라고 생각했던 그 혼인은 안심국 스스로도 거부했던 자취를 볼 수 없다. 아마도 그 자신 누구보다 큰 기대와 흥분 속에 혼례를 맞이했을 것이다. 그런데 뜻밖의 상황이 벌어진다. 안심국은 마음의 문을 꾹 닫고서 저 여인한테서 돌아선 채로 방황을 시작하게 되는 것이다.

갑자기 문제가 생긴 이유는 과연 무엇이었을까? 이야기는 이에 대해 "천정(天定)이 불리하고 연분이 부족했던지"라고 표현하고 있다. 말하자면 그것은 무어라고 설명하기 힘든 태생적 엇갈림 같은 것이었다는 말이다. 흔히 말하는바 '궁합'이 안 맞았던 것이라고 표현하면 될까? 여기서 한 가지 또 상기할 사항은 처음에 안심국이 태어날 때 그 관상에 이미 전처를 소박해서 삼 년 귀양 갈 운세가 나왔었다는 사실이다. 안심국과 계화씨의 불화가 운명적인 것이었음을 보여주는 요소가 된다.

아내와의 불화와 방황까지가 처음부터 천정의 운명으로 정해져 있었다는 것. 온전한 운명론의 서사로 다가온다. 하지만 저 앞에서 살펴본 당금애기의 서사가 그랬던 것처럼 이면적인 맥락에서 이와 다른 해석이 가능하다. 당금애기가 딸로부터 '여자'로 나아가는 과정에서 시련을 겪었다면, 여기 안심국의 방황과 고난은 아들에서 '남자'가 되는 과정에서 발생한 것으로 볼 수 있다. 한 명의 성인으로서 이성과의 새로운 삶을 이루는 과정에서 발생한 모종의 문제라는 것이다.

사람이 성장하면서 서로 남남으로 살아온 누군가의 짝이 되어 부부를 이룬다는 것은 그리 간단한 일이 아니다. 각자 다른 환경과 문화 속에서 살아온 터이니 서로 안 맞는 부분이 있을 수밖에 없다. 그것을 이해하고 감당하지 못할 때, 지금까지의 방식을 내려놓고 새로운 관계에 적응하지 못할 때 실망과 방황이 필연적으로 따르게 된다. 이야기 속에서 안심국이 집 밖으로 나돌며 방황하는 이유도 아마 이와 관련이 깊을 것이다. 그는 부부라고 하는, '가정'이라고 하는 새로운 관계로 나아가는 대신에 여전히 그동안 익숙했던 대로 자기만의 존재로서 움직이려 했다는 것이다. 그가 청루를 전전하며 방탕한 생활을 했다는 것은 감당해야 할 '책임'을 내려놓은 채 자기만의 욕망을 쫓는 모습을 잘 보여준다.

성조씨 안심국은 아내를 소박하고 방탕한 삶을 한 죄로 무인지경 황토섬에 삼 년간 귀양을 간다. 얼핏 보면 의외라 할 정도로 가혹한 형벌인 것 같지만 잘 따져보면 그렇지가 않다. 사람 사이의 불화에서 모든 분란과 불행이 시작되는 터이즉 손잡고 함께 나아가야 할 아내를 외면한 허물은 작은 것이라 할 수 없다. 그렇더라도 안심국을 아무도 없는 황량한 황토섬으로 보낸 것은 심하지 않은가 생각해볼 여지는 여전히 남는다. 그게 잘못된 일이라면 아내가 있고 가족이 있는 곳으로 돌아오게 하는 것이 옳은 일이지 더 먼 곳으로 떼어놓는 것은 무슨 일인가 하는 의문이다.

이에 대한 나의 해석은 안심국이 무인도 황토섬으로 유배된 것은, 거기서 온몸에 털이 나 짐승 같은 존재가 된 것은, 다른 누가 그렇게 만든 것이 아니라 스스로 그리한 일이라는 것이다. 안심국 자신이 스스로를 황토섬에 내던졌다는 것이다. 무인도 황토섬이 어찌 바다 건너 저 멀리에 있는 것일까. 손잡아야 할 사람을 버리고 밖으로 나도는 순간, 사람들의 기대를 배반하고 스스로를 허물어뜨리는 순간, 그가 있는 곳은 바로 황량한 황토섬이 된다. 손쉽게 욕망을 충족할 길을 찾아 방황하는 순간, 그는 이미 온몸에 털이 나 서성이는 한 마리 짐승과 같은 존재가 된다. 무인도 황토섬에서 안심국이 겪은 외로움과 배고픔이란 황폐화된 그의 내면 풍경을 보여주는 신화적 대상물이라는 것이 나의 해석이다.

　그 외롭고 배고픈 유배는 어떻게 해야 해결될 수 있는가. 답은 명확하다. 벌판에 홀로 선 자신을 깨닫고, 어느새 한 마리 짐승이 된 자신을 깨닫고 저 있을 곳을 향하여 움직일 때 비로소 돌아옴은 시작이 된다. 안심국이 그리움과 사랑의 편지를 써서 청조를 통해 보내는 행위가 곧 그것이다. 신화는 안심국이 부모님이 아닌 아내에게 편지를 썼다고 말한다. 어찌 보면 이상한 일처럼 보이지만, 사실은 꼭 맞는 일이다. 부모의 품이 아닌 아내의 곁으로 돌아가는 것이, 아내와의 불화를 넘어서 평화롭고 복된 관계를 이룩하는 것이 새로운 삶으로 나아가는 길이 된다.

　이야기는 안심국이 본래 예정되었던 3년이 지나 4년이 다 되도록 귀양에서 풀려나지 못했다고 한다. 이 또한 이면적 맥락에서 보면 당연한 일이 된다. 3년이 아니라 30년, 300년이 지난다 하더라도 스스로 돌아옴의 몸짓을 하지 않는 한 귀환은 이루어질 수 없다. 거꾸로 스스로 몸과 마음을 돌이키면 30일이나 3일 만에라도 돌아옴은 시작된다. 생각하면 참 간단한 일이지만, 그 일은 왜 그리 힘들었는지 모른다. 입을 의복이 있고 먹을 양식이 있는 동안 안심국은 어떤 돌아옴의 몸짓조차 하지 않았던 것이다. 더 갈 곳이 없는 밑바닥에 떨어져야만 비로소 스스로를 아프게 돌아보는 존재. 그렇다. 그것이 인간이다.

안심국은 마침내 기나긴 유형을 마감하고 본국으로 돌아와 가족과 재회한다. 그리고 아내에게로 나아간다. 그렇게 손을 맞잡은 두 사람. 드디어 가정의 참다운 평화와 행복은 시작된다. 부부가 아들 다섯을 낳고 또 딸 다섯을 낳았다는 것은 이 가정에 깃든 가없는 복락을 표상한다. 그 가족이 함께 나서서 정성껏 지어주는 집. 그것은 단순한 몸이 깃들어 사는 집이 아니다. 사랑과 행복이 넘치는 삶의 터전이다. 저들이 함께 가신(家神)이 되는 것은 당연한 일이 된다.

신화에서 중요한 것은 결과가 아닌 과정이다. 능력이 아닌 사연이다. 안심국이 결국 가정의 행복을 이룬 결과도 중요하지만, 그가 아내를 소박하고서 방황하다가 무인지경 황토섬으로 던져져 짐승처럼 헤매이면서 외로움과 배고픔의 날을 거쳐온 과정이 그 이상으로 중요하다. 단지 그러한 고난이 있었기에 뒷날의 행복이 있었다고 하는 차원에서만 하는 말이 아니다. 거기 우리네 보통 사람들의 삶의 풍경이 오롯이 깃들어 있다는 사실을 놓칠 수 없다. 우리 인간은 세상에 태어나 살아감에 있어, 한 가정의 일원으로 태어나 삶을 영위하고 또 새로운 가정을 이루어서 삶을 살아감에 있어 갖가지 불화와 방황을 피할 수 없다. 황토섬으로 떠나가 헤매는 안심국이나 홀로 남겨진 채 눈물짓는 계화씨는 바로 우리 자신의 표상이 된다. 그리하여 마침내 그들이 서로 손잡고 화해를 이룰 때, 우리 자신도 화해로 나아가게 된다. 그것이 곧 이 이야기의 신성이라 할 수 있다.

돌아보면 부부 가운데 특별히 남편에게 책임을 지우고 그를 귀양 보낸 이 신화의 서사는 좀 각별한 데가 있다. 우리 삶에 있어 부부간 화목의 열쇠를 쥔 것은 뭐니 뭐니 해도 남성이었다. 낯모르는 남녀의 결혼과 첫날밤, 거기 불화는 또 오죽이나 많았을까. 모르긴 해도 제 뜻에 맞는 짝을 만나기보다 그러지 못한 경우가 더 많았을 터이다. 그래도 서로를 받아들이고 어우러져 사랑을 찾아내며 살아야 하는 운명이다. 여성은 어쩔 수 없이 그 숙명을 받아들이며 낯선 시집에서의 험난한 삶을 온몸으로 감수하는 것인데, 이와 달리 밖으로 겉돌 수 있었던, 겉돌곤 하던 존재가 남성이었다. 그가 아내를 팽개치고 나가 짐승이 되어 떠돌 때, 가정이라는 배는 검은 안개 속에서 암초에 걸리게 된다. 아내를 박대하는 죄란 이렇게 무겁다는 것, 그것이 안심국 귀양에 얽힌 하나의 신성한 의미가 된다. 툭하면 아내를 내치고 새 여자를 얻는 내용 일쑤인 가부장적·통속적 서사에 비하면 이 서사는 얼마나 신령한 것인지 모른다.

이 〈성조푸리〉 신화와 처음 만났을 때, 무언가 어색하고 가짜 같다는 생각을 했다. 소설을 모방해서 그럴싸하게 포장한 이야기 같다는 인상이 짙었다. 그리하여 꽤 오랫동안 일종의 편견 속에 이 신화를 대해왔다. 하지만 그것은 말 그대로 편견이었다. 어느 날 우연치 않게 들여다보게 된 이 신화의 이면은 적실하고도 쓰라린 것이었다. 그 속에 다름 아닌 나 자신의 모습이 있었다. 험한 짐승이 되어 무인지경 황토섬을 서성이는 나. 그런 나에게 누군가 따뜻하게 손을 내밀어준다. 평화로운 미소를 띤 채로 사랑하는 아내와 나란히 서 있는 저 사람, 아니 신! 우리 신화는 이렇게 문득 구원의 손길을 건네준다. 시궁에 스며든 따사로운 빛처럼.

광청아기의 슬픈 신성

제주도의 조상신본풀이 신화들을 살피던 중 내 가슴을 아리게 한 슬픈 주인공이 있었다. 꽃다운 나이에 처녀의 몸으로 세상을 떠난 주인공, 그 이름은 광청아기다. 광청아기는 제주 김녕 마을 송씨 집안에서 조상으로 모시는 신이다. 이제 한 명의 슬픈 처녀가 한 집안의 신이 된 그 애틋한 사연과 만나보기로 한다. 〈광청아기본풀이〉가 전하는 사연이다.

제주 동김녕 마을 송씨 댁에 송동지 영감 송선주가 살았다. 섣달그믐이 되자 송동지는 사또의 명을 받아 서울로 진상을 바치러 길을 떠났다. 산에서 나는 버섯과 바다에서 나는 우무 청각 미역 오징어 진상을 바쳐두고 고향으로 돌아오는 길에 송동지는 광청고을에 들어가 허정승 댁에 머물게 되었다.

저녁상을 받은 뒤에 날은 먹장같이 어두워지고 창밖을 바라보니 다들 고이 잠이 들었는데 송동지는 이상하게 초경 이경이 지나고 삼경이 가까워오도록 잠이 찾아오지 않았다. 갑갑하게 앉았다가 마당에 나와 동서 사방을 둘레둘레 바라보는데 이상하게도 문밖 사랑방에 희미한 불빛이 비치었다. 송동지가 발자국 소리를 죽이고 숨소리를 낮추어가며 문가에 천천히 몸을 붙여서 방 안을 들여다보니까 어여쁜 아기씨 하나가 총각머리를 풀어놓고 무엇을 생각하는 듯 마주 창문 밖을 내다보았다. 송동지가 아기씨 모르게 뒤돌아서자 하는데 창문을 열면서 아기씨가 말을 했다.

"제주 송동지 영감님, 드릴 말씀이 있으니 어서 바삐 문 안으로 들어
오십시오."

송동지가 어찌할 수 없어, 마음이 충천하고 가슴이 뛰어서 온몸을 달
달 떨면서 가던 몸을 돌려 아기씨 방 안으로 들어가 몸을 움츠려 앉았다.

"겁내지 말고 편히 앉으십시오."

올 줄을 미리 안 듯이 술상을 차려놨다가 얼른 내어놓더니만,

"내가 이 밤중까지 혹시라도 영감님이 나올까 하여 창문 밖을 살피던
차에 영감님이 나랑 뜻이 맞은 듯이 오셨으니, 오죽이나 심심하면 여기
까지 왔습니까? 잠도 안 오고 하니 이 술 한잔을 드시고 내 뜻대로 심심
풀이나 하면 어떠합니까?"

"어서 그건 그리합시다."

술잔을 거푸 마셔 술이 족한 듯하자 아기씨가 말을 했다.

"나는 허정승의 따님으로 총각머리를 등에 진 처녀이건만 광청고을
안 처녀의 몸으로서 장차 부모의 명대로 혼인을 해야 할 몸입니다. 장차
혼인을 하자 하면 어떻게 하는지 그 행동을 내가 해보고 싶으니, 서로
반대로 나의 옷은 영감님이 입고 영감님 옷은 내가 입어 남들 자는 야밤
에 단둘이서 날이 새도록 새각시놀이를 하면 어떠합니까?"

술에 만족한 송동지 영감이 '예, 예' 대답만 하다 보니 어느새 놀음이
시작됐다. 송동지가 어느새 몸이 변색이 되어 연분홍 저고리와 대홍대
단 연분홍 치마에 구슬족두리 꽃족두리를 머리에 얹은 채로 앞을 보니
넓은 갓에 백도포를 둘러입고 부채를 든 아기씨가 앞을 막아섰다. 서로
눈을 바라보니 인연이 똑 들어맞은 듯하여졌다.

이때에 이르러서 송동지도 정신이 없고 아기씨도 바른 정신이 간 곳 없었다. 물명주 한삼을 붙잡고서 얼음 같은 손길을 마주 잡자 이마의 족두리가 벗겨지고 연분홍 다홍치마가 벗겨지며 아기씨의 넓은 갓이 벗겨지고 백도포가 벗겨졌다. 꿈결같이 지나는 것이 송동지도 세상이 내 세상이고 광청아기도 제 세상이 되어 송동지의 신원과 원정을 다 들어주었다.

먼동이 터올 때에 송동지가 개도 모르고 쥐도 모르게 제 방 이불 속으로 돌아와 누우면서,

'장차 이 일이 어찌 될 일인고.'

아침 밥상이 들어오고 허정승을 이별하여 문 밖에 나서서 영암 덕진 다리 배진고달또 포구 안까지 오도록 자꾸자꾸 생각해도 꿈인지 생시인지 알 수가 없었다.

송동지는 배진고달또에 배를 놓아 고향에 돌아왔다가 다시 두 번째 서울 진상을 가게 되었다. 진상을 바쳐두고 내려올 때 광청고을 허정승 댁에 다시 주인을 두어 머물면서 한시바삐 날이 저물기만 기다렸다. 이윽고 해가 져서 어두워지자 송동지는 광청아기 사랑방으로 달려들었다.

사랑방에 달려들자 아기씨가 옥 같은 얼굴에 서산에 비 내리듯 눈물을 흘리면서,

"이 일을 어찌하면 좋으리까?"

그때 아기씨 흰 얼굴은 검은 얼굴이 되고 배는 큰 항아리같이 부풀어 있었다. 아기씨가 송동지 베 도포 자락을 붙잡고서 놓을 줄을 모른 채 울음을 우는데 초경 이경이 가까워졌다.

　그때 시절, 육지 여자는 제주에 못 가고 제주 여자는 육지에 못 갈 때였다. 송동지 영감은 아기씨가 도포 자락을 놓은 틈을 얼른 타서 창문 밖으로 내달아 아무 말 없이 영암 배진고달또로 내려와 배 밑에 들어가 앉았다. 광청아기는 이날 밤이 지나면 아버지 손에 죽을 생각을 해서 흰 비단 홑저고리에 대홍대단 홑단치마를 둘러입고 대바구니를 옆에 차고서 배가 불룩 나온 채로 영암 덕진다리 배진고달또로 내려왔다. 송동지 영감의 배를 찾아서 이물사공에게 말을 하되,

　"송동지를 만나러 가는 길이니 발판 다리나 놓아주면 어떻습니까?"

　이물사공이 얼른 발판을 놓아서 아기씨가 조심조심 무거운 몸을 이끌고 다리에 올라가노라니 사공이 발판다리를 안으로 들어 당겨버렸다. 광청아기는 대바구니를 옆에 찬 채로 감태같은 머리를 산산이 흩어놓고서 물에 텀벙 빠져 이삼사월에 박순 버리는 외침과 함께 얼음산에 구름 녹듯 녹아졌다.

　물때가 좋아지고 바다에 실바람이 나자 송동지 영감이 하는 말이,

　"이물사공 고물사공, 닻줄을 걷어 배를 놓아라."

　이물 닻 고물 닻을 당기고 깃발을 둥둥 올려 깊은 바다로 배를 놓았는데, 문득 살펴보니 총각머리를 등에 진 아기씨가 이물 끝에서 배 발판을 밟고 올라오다가 물에 떨어지는 듯한 모습이 눈에 아른거렸다.

　'필유곡절 이상한 일이로다.'

　고향으로 돌아와 동김녕 포구에 배를 들여 맬 적에 송동지 영감 막내 딸아기가 뱃머리에서 아버지를 마중해서 돌아가려고 기다리다가 난데 없이 허파에 바람이 든 듯 감태같은 머리를 풀어헤쳐놓고 부모 형제간

도 몰라보고 동김녕 포구 안 살대 같은 물결로 달려들었다. 송동지가 달려들어 막내딸아기 허리를 붙잡고서,

"이거 웬일이냐?"

아기씨 대답하는 말이,

"나는 광청고을 광청아기 궁녀로다. 시녀로다. 어야디야, 살강깃소리 긴 바다 긴 소리로 어서 놀자."

송동지가 광청아기 혼령이 막내딸아기에 의탁했음을 알고 그제야 잘못을 뉘우치면서,

"청춘의 원혼이나 풀어주자. 심방을 불러 굿을 하자."

심방을 불러다가 용왕국으로부터 광청아기의 혼을 초혼 이혼 삼혼을 건져낸 뒤 송동지 영감 셋째 아들을 양자로 세워 축문을 올리고 아기씨 맺힌 간장 서린 간장 일천 간장을 원성 기도 제맞이 굿으로 낱낱이 풀어주었다.

그런 뒤로 송동지 집이 삽시에 부자가 되고 축문을 올린 셋째 아들이 서울에 올라가 무과에 급제했다. 동김녕 송씨 댁에 줄이 뻗고 발이 뻗어 광청아기 광청일월을 만대유전을 시켜주었다. 이렇게 가지가지 벌어지던 자손들이 조상의 간장을 풀어주면 좋은 벼슬도 시켜주고 없는 재물도 있게 하고 짧은 명과 짧은 복도 이어주는 법이다.

이상은 안사인 심방이 구연한 〈광청아기본풀이〉를 정리한 것이다(현용준·현승환 역주, 《제주도 무가》, 고려대학교 민족문화연구소, 1996 수록). 이 본풀이는 안사인 심방 외에 이중춘 심방과 양창보 심방이 구연한 것도 있

는데 내용이 꽤 다르다. 광청아기를 '허정승따님애기'가 아닌 '김동지따님애기'나 '여동지따님애기'라 하며, 두 사람이 정분을 맺는 과정도 많이 다르게 서술하고 있다. 여기서는 굳이 이런 차이를 따지지 않고 앞에 정리한 안사인 구연본에 초점을 맞춰 의미 맥락을 짚어본다.

광청아기, 또는 허정승따님애기. 나이가 몇이라고 나와 있지는 않지만 무척이나 맹랑한 처녀다. 한밤중에 외간 남자를, 그것도 '영감'이라 불리는 나이 많은 남자를 방 안에 끌어들여 술잔을 따라주고 범람한 놀이를 벌이는 그 심사란 과연 무엇인지. 그 범람하고 불온한 선택의 결과는 원치 않은 임신이고 또 죽음이었으니 허망하고 안타까운 일이다. 누구를 원망하기 힘든 자업자득의 결과였다.

놀라운 것은 저 여인이 신으로 모셔진다는 사실이다. 한 집안의 일이라고는 하지만 어떻든 예사로운 일은 아니다. 처녀의 몸으로 외간 남자와 정을 통하여 아기를 잉태한 후 버림받고 죽은 신이라니 말이다. 이 정도라면 신이라기보다 방비하여 쫓아내야 할 흉한 귀(鬼)가 아닐지. 한편, 송동지의 일도 상식으로 이해하기 어려운 면이 있다. 광청아기가 그를 방에 이끌어 들였다고 하지만, 다 큰 자식들까지 둔 마당에 송동지가 한 행위는 죄를 면하기 어려운 일이었다. 달래주고 지켜줘야 마땅한 저 처녀를 품어서 환락을 누리고 나중에 무책임하게 죽음으로까지 몰아넣었으니 크고도 중한 죄업이다. 그런데 저 사람, 그 일의 끝에 집안이 부자가 되고 자식의 앞길이 트인다. 이건 또 어떻게 된 일인지.

어떤가 하면, 그것이 신화가 말하는 인생의 진실이다. 저 광청아기로 말하면, 그는 단순한 한 여인이 아니다. 감당 못할 욕망을 품은 채 신음하고 있는 그녀는 이 세상 슬픈 청춘들의 표상이다. 그 욕망이란 인간에 의해 금지된 불온한 것이었지만 인간 이전에 신이 내린 것이었다. 남자 옷 여자 옷을 바꿔 입고 벌이는 그 변태로운 사랑 놀음마저 말이다. 신에게서 받은 욕망이 참 유난하기도 하여 마침내 제 마음의 불꽃에 의하여 까맣게 타버리고 만 광청아기. 그 마음의 불은 차가운 바닷물 속에서도 꺼지지 않고 남아 모진 한이 되었거니와, 그것을 어찌 쫓아버려야 할 해살이라 하겠는가. 그것은 품어 안아야 할 신성이다. 아프고도 갸륵한 우리 자신의 초상이다.

송동지 또한 마찬가지다. 그가 벌인 행실이란 한없이 그릇되고 못난 것이었지만, 또한 그것이 인간이다. 나이가 들면 점잖게 위신을 지켜야 한다지만, 그렇게 억눌린 속에 욕망이 깃들어 있음이 또한 감출 수 없는 진실이다. 그 욕망을 이겨내지 못한 것은, 그리고 그 결과로부터 도망하려 한 것은 명백한 허물이고 죄이지만 저 사람은 뒤늦게나마 그 부끄럽고 무참한 일을 스스로 드러내고 뉘우친다. 그가 굿을 베풀어 광청아기의 넋을 건져 올려 아픈 한을 솜솜이 풀어주는 과정은 곧 참회와 속죄의 과정이기도 했다. 그러자 그 한은 신성이 된다. 화를 복으로 뒤바꾸는 신령한 힘이 된다. 광청아기를 조상신으로 품은 송씨 집안에 큰 복이 내리는 것은 엉뚱한 반전이 아니라 필연적 응보가 된다.

송동지를 조상으로 두고 있는, 또한 광청아기를 조상신으로 모시고 있는 저 집안에 있어 이 신화란 어떤 이야기인 것일까. 다른 집안에서 알지 못하게 숨겨야 할 부끄러운 이야기? 집안이 흥하게 된 내력을 전하는 자랑스러운 이야기? 또는, 마음속에 깃든 욕망에 정당성을 부여하며 행동의 자유를 열어주는 이야기? 아니, 그것은 이러한 이야기일 리 없다. 모름지기 그것은 그네들 자신의 삶을 이윽히 비춰보도록 하는 거울과 같은 이야기일 것이다. 그들은 저 밝은 거울에 자신을 비춰보면서 삶의 정도를 찾으려 하고 세상의 아픔에 손을 내밀려 했을 터이니 이것이야말로 저 집안을 지켜준 큰 힘이었다고 해도 좋을 것이다.

　저 남쪽 바다 한가운데 제주 섬의 어느 마을, 잘 알지도 못하는 어느 집안에서 내려온 신화이니 특수한 것이라고 할 수 있겠으나 그렇지 않다. 이 신화는 한 집안의 신화 그 이상이다. 그것은 마음속에 아픈 욕망과 회한을 숨겨두고 있는 세상 모든 사람들의 신화다. 그것은 바로 나 자신의 신화. 이 신성한 이야기를 되새기면서 나의 흐리던 마음은 어느덧 말갛게 씻기고 환한 무지개가 피어오른다.

거북이와 남생이 형제의 금빛 발걸음

여기, 온몸으로 빛을 펼쳐내고 있는 또 다른 신성의 화신이 있다. 이름도 천한 거북이와 남생이 형제다. 어둠 속에 주저앉아 울고 있던 그들은 어떻게 신이 되었을까.

　옛적에 숙영선비와 앵연각시가 살았다. 숙영선비가 열다섯 소년이 되고 앵연각시가 열네 살 청춘이 되자 숙영선비 집에서 혼사를 청했다. 첫 번째 청혼을 거절당하고 두 번째도 거절당하고 세 번째로 청혼을 넣자 반허락이 났다. 두 집 사이 고개를 두고 이쪽에 핀 꽃이 저쪽으로 수그러지고 저쪽에 핀 꽃이 이쪽으로 수그러지자 비로소 참허락이 났다.

두 집에서 혼인 날짜를 받으니 납채納采는 삼월 삼짇날, 장가는 사월 초여드렛날, 시집은 유월 유두날이었다. 집안의 재산을 맘껏 써서 혼수를 차리니 살아있는 호랑이 눈썹까지 부족한 것이 없었다. 납채를 바칠 적에 중국에서 나온 자주 비단과 밤에 짠 월광단 낮에 짠 일광단이 다섯 짐은 신부 몫이고 석 짐은 예물이었다.

두 사람이 천생배필을 이루어서 살 적에 부족할 것이 없는데 석삼년이 흐르고 스무 해가 흘러 부부 나이 마흔 줄에 들도록 자식이 없어 걱정이었다. 어느 날은 날씨가 좋아 숙영이 시종을 앞세우고 앞산으로 소풍을 떠나 사방 경개를 살펴보니 진달래 철쭉꽃과 봉선화가 만발했는데 강남 갔던 제비들이 앞뒤에 새끼들을 이끌고 나와서 구지구지 노래하면서 석양 숲으로 날아들었다. 숙영이 바라보니 삼 년 묵은 둥지 안에 새끼들을 앉혀놓고 벌레를 물어다가 너 먹어라 나 먹는다 하면서 노닐었다. 그 모습을 본 숙영은 처량한 마음으로 집으로 돌아와 자리에 누워 밥도 아니 먹고 마음을 썼다.

"서방님, 꽃구경 나비 구경 갔다 와서 어찌 눈물을 흘리십니까?"

"부인님하고 나하고는 어찌하여 남들이 다 낳는 자식을 못 낳아 어머니 아버지 소리 한번 못 듣습니까. 날아가는 새 짐승도 새끼들을 앞세우고 뒤세워서 구지구지 하며 가는 것이 부럽기만 합니다."

"서방님 들으십시오. 내가 이 집으로 올 때에 들으니 저 건너 아랫녘에 용한 점쟁이가 있다 하더이다. 거기 가서 사주팔자나 물어보십시오."

숙영이 생금 한 봉지를 들고서 말을 타고 아랫녘 점쟁이를 찾아가 팔자를 물으니 점쟁이가 말했다.

"덕을 쌓고 공을 들여야만 자식을 볼 수 있습니다. 두 분이서 윗논의 물을 아랫논에 대고 아랫논의 물을 윗논에 대어 그날로 벼를 심고 그날로 키워 그날로 베고 그날로 찧되 백미 서 말 서 되를 찧으십시오. 노란 초 닷 근과 흰 초 닷 근 큰 초 닷 근 열다섯 근과 노란 종이 닷 근 흰 종이 닷 근 큰 종이 닷 근 열다섯 근을 함께 갖추어 안애산 금상사를 찾아가 인왕부처와 금강부처, 인간 점지하는 생불성인生佛聖人에게 석 달 열흘을 기도하십시오."

숙영과 앵연이 그 말대로 안애산 금상사를 찾아가 기도를 마치고 돌아와서 방 안에 인물 병풍 화초 병풍을 둘러놓고 비단이불에 원앙베개를 돋워 베고 청룡 황룡이 얼크러지듯한 기운을 같이 품어 두 몸이 한 몸이 되자 과연 그 달부터 태기가 있었다. 앵연부인이 나이 마흔에 잉태한 지 석 달 만에 밥에서 겨 냄새가 나고 떡에서는 가루 냄새, 장에서는 누룩 냄새가 나며 천 가지 만 가지가 다 먹고 싶어졌다.

뱃속의 아이가 다섯 달에 반짐 지나 여덟 달에 찬 짐이고 아홉 달에 문을 닫아 열 달 만에 탄생하니 발그레한 남자아이였다. 잘나기도 잘나고 귀하기도 귀해서 한쪽에는 해가 돋고 한쪽에는 달이 돋은 것 같았다. 그런데 아기가 사흘이 되어도 눈을 안 뜨고, 첫 이레가 되어도 눈을 아니 뜨며 세 이레가 되어도 눈을 아니 뜨고 석 달이 되어도 눈을 아니 떴다. 그때에 숙영과 앵연이 빗질 같은 손길로 땅땅 치면서,

"산천도 무정하고 성인도 사랑 없구나. 인간 영화를 보렸더니 앞 못

보는 소경 자식을 무엇에 쓸까."

아기 이름을 거북이라고 하고 유모를 불러 아기를 주었다.

거북이 나이 세 살이 되었을 때 숙영대감과 앵연부인이 또 한 기운을 같이 품으니 다시 태기가 있었다. 석 달이 되자 밥에서 겨 냄새, 떡에서 가루 냄새, 장에서 누룩 냄새가 나며 천 가지 만 가지가 다 먹고 싶어 깊은 산골짜기 신 배 돌배까지 들여서 먹었다. 다섯 달에 반짐 지나 여덟 달에 찬짐이요 아홉 달에 문을 닫아 열 달 만에 아기를 낳으니 이번에도 남자아이였다. 잘나기도 잘나고 귀하기도 귀했다. 숙영과 앵연이 첫째 아이한테 혼이 나서 눈부터 살펴보니까 샛별 같은 두 눈이 똘똘 굴러다녔다. 그러나 사흘 만에 아기를 향 물에 목욕을 시키려고 등을 만져보니 곱사등이요 다리를 만져보니 한쪽 다리가 짧은 앉은뱅이였다. 숙영과 앵연이 심사를 부리다가 유모를 불러 아기를 줄 적에 이름을 남생이라고 했다.

그 집에 재산이 억십만인데 숙영과 앵연은 그만 화병이 들어서 세상을 떠나고 말았다. 부모 잃은 두 아이가 앉아서 놓고 먹고 놓고 쓰다 보니 그 많던 재산이 어느새 사라지고 빈털터리 가난뱅이가 되었다. 거북이와 남생이가 할 수 없이 손목을 붙들고 밥을 빌러 나갔으나 사람들이 병신 둘을 어찌 그냥 먹이느냐며 다시는 오지 말라고 박대를 했다. 남생이와 거북이는 대문 밖에 나앉아서 붙잡고 울음을 울 뿐이었다.

그때 곱사등이 남생이가 거북이한테 말을 하되,

"우리를 생기게 한 안애산 금상사를 가서 인왕부처 금강부처 생불성인을 찾아가봅시다."

"나는 앞이 어두워 어찌 거기를 갈까?"

"나는 또 앉은뱅이니 어찌 걸어가겠소."

그때 남생이가 하는 말이,

"형이 나를 업으시오. 형의 지팡이를 내가 쥐고 앞길을 짚으며 똑똑 소리를 낼 테니 그리로 가면 됩니다."

소경이 곱사등이를 업고서 길을 나설 때에 그 모습이야 오죽할까. 하염없이 걸어서 세 갈래 길에 이르니 하늘에서 무지개가 뻗쳤는데 동쪽은 청대로에 푸른 길, 남쪽은 적대로에 붉은 길, 서쪽은 백대로에 하얀 길이었다. 거북이와 남생이가 길을 찾아 절 어귀에 들어갈 적에 살펴보니 연꽃 늪 위에 솥뚜껑 같은 생금이 둥둥 떠다니고 있었다. 남생이가 그걸 보고서,

"형님, 이 연못에 솥뚜껑 같은 생금이 있으니 건집시다."

"우리가 무슨 복이 있어서 그것을 건지면 쓸 수나 있겠나. 본 척 말고 들어가자꾸나."

거북이와 남생이가 절에 들어가자 불목하니가 들어가서 부처님께 그 일을 아뢰었다.

"그 아이들이 생기느라 우리 절에 생금 탑을 쌓고 했으니 남쪽 초당에 들여앉히고 글공부를 시켜라. 하루에 흰 밥을 세 번씩 지어 먹여라."

그 말대로 아이들을 맞아들였으나 불목하니가 일이 많아 화가 나서 부처 몰래 아이들을 두들겨 패주었다. 아이들이 하는 말이,

"우리가 올 적에 늪에 생금이 있었으니 그것을 건져 가지십시오."

삼천 스님이 달려 나가 살펴보니까 생금이 금구렁이가 되어서 한쪽

은 하늘에 붙고 한쪽은 땅에 붙어 있었다. 다시 더 두들겨 맞은 아이들
이 나가서 살펴보니 틀림없는 생금이었다. 생금을 안고서 법당에 들어
와 부처님 앞에 내려놓자 절이 저절로 움슬움슬 춤을 추었다. 그 금으로
부처님을 감싸고 절을 감싸자 부처님이 말을 했다.

"거북아, 네 눈을 띄어주마. 남생아, 네 몸을 펴주마."

말이 끝나자마자 감겼던 거북이의 눈이 환히 밝아졌다. 남생이 굽은
등이 곧게 펴지고 웅크렸던 다리가 활짝 펴졌다.

두 사람은 그 후 끔찍이 잘 살다가 여든한 살까지 장수를 누리고 죽어
혼수성인으로 사람들의 섬김을 받게 되었다.

함경도의 구전 신화 〈숙영랑 앵연랑 신가〉의 사연이다. 이 신화는
1926년에 함흥의 큰무당 김쌍돌이가 구연한 것으로, 손진태의 《조선
신가유편》(향토문화사, 1930)에 원문이 수록돼 있다. 설명에 의하면 이는
아이들이 병에 걸렸을 때 혼시성인(혼수성인)에게 올리던 신가라고 한
다. 제목이 '숙영랑 앵연랑 신가'로 돼 있으나 내용으로 보면 '혼수성인
본풀이'나 '거북이 남생이 신가'가 더 어울릴 것 같기도 하다. 거북이 남
생이 형제가 완연한 주인공이다.

자신을 낳아준 부모한테 거둠을 얻지 못하고 오히려 그들을 절망과
죽음으로 내몬 존재. 스스로 자신의 복에 대하여 아무런 기대도 하지 못
하는 존재. 그것이 거북이와 남생이 형제였다. 그런 그들을 향해 모진
매질을 하는 세상은 얼마나 가혹한지. 참담하지만, 그것이 세상살이의
현실이다. 그것이 신성에 대한 거역이었음을 어리석은 인간들이 어찌

알았으랴. 그 어리석은 인간들에게는 빛나는 생금조차도 한낱 징그러운 구렁이일 따름이었다. 왜냐하면 그들이 뒤쫓은 것은 단지 욕망일 뿐이었으므로.

저 앞에서 〈칠성풀이〉의 칠성님과 용녀부인을 철없는 부모라 했었거니와, 여기 숙영선비와 앵연각시 또한 그러하다. 하늘이 내려준 귀하디귀한 제 자식을 눈이 멀고 등이 굽었다고 해서 마음으로 저버릴 때 그들은 자기 자신을 버린 것이었다. 애써 낳은 자식이 소경이고 앉은뱅이라는 것은 얼마나 기막힌 일일까마는, 사람이 살아감에 만사가 제 뜻대로 될 수는 없는 법이다. 감당하기 힘든 일을 감당할 때 진짜 삶은 열리는 법이다. 그 일을 지레 포기했으니 실상 저 부부야말로 소경이고 앉은뱅이였다고 할 수 있다. 그러한 허물이 자식들한테 대물림되었던 것이다.

속절없이 부모가 떠나간 뒤 험한 세상에 의지가지없이 남겨진 저 형제는 무거운 짐과 같은 존재였다. 세상 아무에게도 작은 의미조차 되지 않는 존재. 서로 붙들고 앉아서 울음을 우는 그들에게 삶이란 깜깜한 암흑일 따름이었다. 만약 그 자리에서 그렇게 주저앉아 스러졌다면 그들의 삶은 스쳐 지나간 바람과 같은 것이 되었으리라. 하지만 그들은 절망의 순간에 힘없이 쓰러지는 대신 힘을 내서 일어난다. 존재 안쪽에 깃들어 있던 신성의 힘이었다. 그들이 안애산 금상사를 찾아 나섰다는 것은 곧 자기 존재의 근원을 찾아 나섰다는 말이다. 아마도 그들은 생불성인 부처님에게 이렇게 물었을 것이다. "도대체 우리는 누구지요? 왜 세상에 태어난 거지요? 우리 존재란 이렇게 짐처럼 누추한 것일 수밖에 없나요?"

이야기는 그들이 부처님을 만나기도 전에 질문에 대한 응답을 전해 준다. 연꽃이 피어난 늪에 떠 있는 생금을 통하여. "보아라, 이 연꽃을. 그리고 생금을. 세상의 아름다움을. 그리고 존재의 빛을." 그렇다. 절망 속에서 훌쩍 일어서서 감긴 눈으로 앞을 보고 굽은 다리로 걸음을 디며 나아온 그들의 걸음걸음은 무상한 몸짓이 아니었다. 그것은 금빛 찬란 한 신성의 발자국이었다. 그들은 이미 그렇게 신이었다.

살펴보면 고통과 방황은 누구에게든 있다. 눈이 멀고 등이 굽은 자 세 상천지 많고도 많다. 때로는 가혹하여 자신을 팽개치고 싶기까지 한 그 업보는, 신의 뜻이다. 신이 아니면 누가 그리했을까. 그것을 받아들여 감 내하기를 시작할 때, 내 한 몸으로 맞이하여 싸우기를 시작할 때, 신성 의 빛은 피어난다. 그렇게 신성과 하나 되어 한 발자국 한 발자국 걸어 나갈 때, 징그러운 뱀이 생금으로 화하여 존재를 찬찬히 물들이는 그 순 간은, 온다. 우리가 미처 느끼기도 전에.

신성은 어디서 오는가. 그것은 선택받은 고귀한 존재들한테서 오지 않는다. 버림받은 이들에게서, 박해받는 이들에게서 온다. 화려한 영광 이 아니라, 뼈아픈 시련과 고통에서 온다. 그것은 저만큼 높은 곳이 아 니라 이만큼 낮은 곳에 있다. 여기 아프게 서 있는 너와 나, 우리가 바로 신성의 주인공이다. 한국의 민간 신화가, 민중 신화가 구현해낸 신성에 대한 반역이다.

우리 가는 길 신화가 되리

1

이 책에서 소개한 여러 이야기들은 언제 어떻게 만들어진 것일까? 답은
'알 수 없다'이다. 이들은 책에 기록되어 남은 이야기들이 아니라 입에
서 입으로 전해진 것들이다. 이들이 문자로 옮겨지기 시작한 것은 20세
기에 들어온 다음의 일이다. 그 이전의 자취들은 아득한 망각 속으로 흩
어져 사라진 상태다.

하지만 우리는 안다. 이 이야기들 속에 천 년 만 년의 삶의 자취가 담
겨 있다는 사실을. 이 신령한 이야기들을 이루는 화소와 서사 맥락 속에
는 삶의 원형적 상징과 의미 요소들이 살아 숨 쉬고 있다. 예컨대 〈창세
가〉나 〈천지왕본풀이〉 같은 창세 신화에는 인간과 세상에 대한 태초의
원초적 사유가 오롯이 깃들어 있다. 채록된 지 불과 100년이 안 된 이
야기 속에서 중세와 고대를 넘어 원시의 사유를 읽는다는 것이 가당치
않아 보일지 모르지만, 그것은 '구전의 힘'을 모르고 하는 말이다. 구비
전승에 있어 이런저런 정보들은 쉽게 혼동되거나 망각되지만 스토리

형태로 구조화된 이야기는 그렇지 않다. 제대로 짜인 이야기는 수백 수천 년의 시간 간격을 훌쩍 뛰어넘는 전승력을 지닌다. 나는 저 창세 신화들이 건국 신화가 만들어지기 훨씬 이전부터 입에서 입으로 전해져 온 것이라고 믿고 있다.

흔히 이야기의 원형성이라 하면 얼마나 일찍 만들어졌는가를 생각하는데, 나의 생각은 좀 다르다. 생겨난 시기보다 더 중요한 바는 이야기 속에 인간과 세계의 존재적 진실이 얼마나 오롯이 담겨 있는가 하는 것이다. 존재의 근원적 본질과 가치를 꿰뚫는 이야기라면 생겨난 지 얼마 되지 않았더라도 얼마든지 원형적일 수 있다. 내가 보는 우리 신화들은 거의 예외 없이 그러한 이야기들이다. 예컨대 〈이공본풀이〉나 〈삼공본풀이〉, 〈원천강본풀이〉 같은 신화들은 소설이나 민담 같은 데 바탕을 둔 이야기로서 연원이 몇 백 년 이상으로 올라가기 어렵지만, 이들이 신화로서 지니는 서사적 원형성은 수천 년 역사를 지닌 이야기들에 못지않다.

내가 우리 민간 신화들을 '원형적 신화'라고 일컫는 것은 그 신화적 구조나 상징이 탄탄하고 심원하다는 사실을 두고서 하는 말은 아니다. 내가 신화에서 무엇보다 중시하는 것은 우리를 일깨우고 이끌어주는 감발력과 감화력이다. 신화는 나 자신과 저만큼 떨어뜨려놓은 상태에서 웃고 즐기는 이야기가 아니다. 남이 아닌 나의 일로서 깊고 뜨겁게 느끼는 이야기가 신화다. 나의 마음을 흔드는 가운데 존재의 가치를 일깨우고 실현시켜주는 힘을 지니고 있어야 진짜 신화가 된다.

책의 제목을 '살아있는 우리 신화'라 했고, 다시 '살아있는 한국 신화'

라 했다. 그렇게 이름을 붙인 이유는 명백하다. 이들이 나에게 있어 말 그대로 살아있는 신화들이기 때문이다. 처음에는 낯설었던 그 이야기들은 어느 순간부터 마음에 깊이 파고 들어와 나를 흔들어 일깨웠다. 그 이야기들은, 예컨대 〈바리데기〉는, 완전한 내 인생의 이야기가 되었다. 나의 삶의 길을 밝혀주는 등불 같은 이야기. 지금 이 순간을 영원으로 이어주는 이야기. 그 일깨움과 일으킴은 지금 이 시간에도 계속되고 있다.

2

몇 년 전 봄날, 나는 남도의 길 위에 있었다. 연구년을 맞아 배낭을 짊어지고 훌쩍 남도로 떠났다. 모든 일상을 다 털어내기로 마음먹고서 떠난 길이었다. 잠적을 예고하는 나한테 사람들은 어디 해외라도 나가느냐고 묻곤 했다. 그러면 나는 '우주여행'을 떠날 거라고 답했다. 그렇다. 그것은 우주를 찾아서 떠난 여행이었다. 내 안의 우주와 내 밖의 우주를 찾아서.

그리고 그 여행은, '바리'와 함께 떠난 여행이었다. 바리와 더불어서 하염없이 걷겠노라고 마음먹었다. 바리가 떠났던 그 멀고도 깊었던 자기 발견의 발걸음을 흉내 내어 따르다 보면 무언가가 보일 것이라고 믿었다.

어디로 가든 상관없는 일이었으나 부러 먼 곳으로 길을 잡았다. 버스를 타고 해남 터미널에 도착한 뒤 무턱대고 걷기를 시작했다. 고천암의 아득한 갈대밭을 따라 한나절을 걸은 뒤 땅끝마을로 이동하고, 이어서 보길도로 들어갔다. 보길도에서 며칠을 머문 뒤 청산도로 들어가 아름다운 들길과 산길을 거닐고, 완도와 강진을 지나 구례에서 하동을 오가는 섬진강 꽃길을 걸었다. 남해도로 들어가 금산을 오르고 마을길을 이리저리 걸었다. 다시 섬진강과 지리산을 거쳐 내 고향 내포 땅으로 향하여, 옛 추억이 서려 있는 고향의 들길을 걷고 또 태안의 바닷길을 걸었다.

여러 날에 걸친 꽤 긴 여행이었으나, 애초의 생각과 달리 바리와 더불어 많은 시간을 함께하지는 못했다. 그러기에는 '나'가 너무 많았다. 홀로 들길을 걷고 산길을 걸으며 확인한 나의 자화상은 단연 '잡념의 존재'였다. 걷는 걸음걸음 갖가지 잡념이 떠나지를 않았다. 짐짓 마음을 비워보자고 다짐해보기도 했으나, 불과 몇 분 만에 잡념은 다시 나의 발걸음을 훌쩍 접수하곤 했다. 마음을 비우고 근원으로 돌아간다는 것은 말은 쉽되 실제로는 그리 어려운 일이었다. 어떤 길에서는 몇 시간 동안 사람을 한 명도 못 만나기도 했지만, 나는 혼자가 아니었다. 내려놓지 못한 '나'가 나를 붙잡고서 이리저리 흔들었다.

얼마나 많이 걸을 수 있는지 시험이라도 하듯 부지런히 걸음을 옮기던 어느 날, 의식적으로 천천히 걸어보기로 했다. 발자국을 한 걸음 한 걸음씩 느리게 느리게 떼어놓으며 움직이니까 마음이 저윽이 비워지는 느낌이었다. 그 전까지 안 들리던 새소리가 들려오고, 길바닥에 흩어져 있는 잎사귀들이나 나뭇가지, 돌부리 같은 것들이 살갑게 다가오기 시작했다. 그리고 몸과 마음이 한결 평온해졌다. 그때 바리가 찾아왔다.

바리의 길……. 모든 것 내려놓고 떠난 길이라 하지만, 저 깊은 곳의 제 자신을 찾아 떠난 길이라 하지만, 그 길에 어찌 복잡한 상념이 없었을까. 지난날의 온갖 모습이 뒤섞여 떠오르고, 앞날의 일에 대한 갖가지

상념들이 간단없이 이어졌을 것이다. 그 상념들 사이사이에 희로애락과 애오욕의 갖은 감정들이 바람처럼 또는 물결처럼 일렁였을 것이다. 하여 바리의 여행길은 내면에 흐르는 갖은 번뇌와 맞서는 길고도 치열한 다툼의 길이었을 것이다. 무겁고 또 무거우며, 멀고 또 멀어 끝이 없는…… 그 멀고 기약 없는 길을 마침내 감당하게 한 것은 분주한 걸음이 아니라 느린 걸음이었을 터였다. 마음이 급해지고 몸이 바빠질수록 길은 자꾸 멀어진다. 어디로 가는지조차 잊고서 천천히 한 걸음 한 걸음을 떼어놓을 때 비로소 길은 가까워지고 마침내 거기 이를 수 있다. 처음에 무척이나 급하게 걸으며 또 뛰기도 했을 바리는, 어느 순간부터 천천히 움직이기 시작했고 그리하여 마침내 머나먼 그곳에 훌쩍 가 닿을 수 있었을 터였다.

생각이 이렇게 미치니까 저승에서 바리가 했던 일에 얽힌 의미 맥락이 새롭게 다가왔다. 아버지에게 약수를 가져갈 일이 그렇게 급했을 텐데도 바리는 저승의 사내 곁에 여러 해를 머물면서 물을 긷고 불을 때고 자식을 낳아준다. 그 시간 얼마나 조급하고 답답했을까 생각했던 터였다. 하지만 그건 아버지로부터, 본향으로부터 멀어지는 길이 아니었다. 마음을 비운 느린 길. 그리하여 그것은 본향으로 온전히 나아가도록 하는 길이었다. 본향이 온전한 나의 세상이 되도록 하는 길이었다. 그렇다. 가장 느린 것이 가장 빠른 것이다…….

이러한 헤아림과 깨우침도 잠시, 나의 발걸음은 어느새 다시 빨라지곤 했다. 그리하여 길은 더 멀어지곤 했다. 그렇게 걷고 또 걷던 어느 날, 남해 금산에서 내려와 홀로 바닷길을 걸어서 숙소를 향하던 나는 모처럼 반가운 지인과 전화 통화를 하게 되었다. 이야기에 취했었는지 아주 한참을 지나가고 나서야 길을 잘못 들었음을 깨달았다. 되돌아가서 원래의 길과 만나고 보니 날이 저물기 시작했다. 버스를 탈까 잠깐 고민했으나 애초의 계획대로 호젓한 산길을 잡아서 걷는 쪽을 택했다. 밤길을 홀로 걷는 일은 자신이 있었다. 잘하면 아주 그윽하고 충만한 시간이 될 거라고 하는 기대감도 있었다.

길은 생각보다 멀었다. 그리고 날은 생각보다 빨리 어두워졌다. 한 방울씩 내리던 빗방울이 궂은비가 되어 추적추적 흘러내렸다. 어느새 사방은 깜깜해지고 몸은 오슬오슬 떨려오는데, 산길은 끝나지 않고 숙소에 언제나 도착할지 아득했다. 그러자 조금 전까지의 자신감이나 기대감 같은 것은 훌쩍 사라지고 무거운 피로감과 아뜩한 고립감이 밀려왔다. 초조하고 불안한 가운데 문득 무섭다는 생각이 찾아들기도 했다. 빨리 숙소에 도착해서 쉬고 싶은 마음만이 간절했다. 나의 발걸음은 몹시 분주해졌고, 몸보다 더 바쁜 마음을 따라가느라 연신 흐트러졌다. 몸은 추워서 덜덜 떨리는데 등에는 축축하게 땀이 배었다.

그때 바리가 다시 찾아왔다. 아픈 깨우침과 함께.

언젠가부터 나는 바리의 저승 여행에 대해 설명하면서, 그 길은 혼자만의 길이 아니었다고 말하곤 했다. 자기 자신과 함께한 길이며, 갸륵한 세상 만물과 함께한 길이라 했다. 걸음걸음에 스치는 수많은 풀들과 나무들, 새나 나비 같은 것, 돌멩이와 흙, 구름과 바람까지 무엇 하나 심상했을 리 없다고 했다. 그러한 우주의 존재들과 만나고 대화하며 나아가는 걸음걸음은 가볍고도 충만한 빛의 길이었을 거라고 했다.

어둡고 낯설고 추운 길에서 불안한 발걸음을 옮기다가 만난 바리는 나를 부끄럽게 했다. 그의 가벼운 발견의 걸음에 대한 나의 설명이란 얼마나 비현실적이고 사치스러운 것인지 몰랐다. 바리가 간 그 길에는 물론 그처럼 가볍고 행복한, 빛나는 시간들이 있었으리라. 하지만 어찌 그런 시간의 연속이었을까. 그러한 즐거움이란 잠깐의 일. 아마도 십중팔구는 어둡거나 춥거나 피곤하여 쓰러질 듯한 고독과 고통의 시간이었을 것이다.

바리가 총총 걸음으로 길을 갈 적에 날이 저물면 가랑잎 속에서 자고도 가고, 바위틈에 끼여 앉아 졸고서도 갔다. 가다가 배고프면 나무 열매를 따먹고 솔잎을 끊어서 씹어 먹었다.

가도 가도 사람은 보이지 않고 날은 어두워만 지는데, 쉴 곳은 없다. 되는 대로 가랑잎 속에서도 자고 바위틈에서도 잔다. 거기 바람이라도 세차게 불고 궂은비라도 철철 쏟아진다면……. 지금 나, 조만간 나오게 될 편안한 숙소가 저 앞에 있음에도 불과 한두 시간의 방황 속에서 이렇게 정신없이 휘청대고 있는데, 그런데 바리는……. 잠시 머물 곳조차 없는 가없는 길 위의 바리는…….

그 순간 나의 가슴을 쿵 울리며 한 가지 깨달음이 다가왔다. 그 전까지 잘 이해가 되지 않았던 팔봉사 관련 삽화의 의미 맥락이 마음속에서 환하게 풀어졌다.

바리가 바위틈에 앉아 꾸벅꾸벅 졸다가 소나무 가지 사이로 건너다 보니 멀리 작은 불빛이 아른아른 비쳐 보였다. 바리가 소나무 가지 밑으로 기어서 그곳을 찾아가는데, 거리가 훤칠하게 멀었다. 나뭇가지 밑으로 가다가 미끄러져 자빠지기도 하고 가시밭에 채여서 엎어지기도 했다. 얼마나 고생을 했는지 아래 가랑이가 삽살개 털처럼 해지고 고운 손발이 긁히고 찔려서 형편없이 되었다.

자기를 찾아 홀로 떠난 길, 뭐가 아쉬워 저렇게 죽어라고 불빛을 찾아 달려가는가 싶었다. 가서 종을 뎅뎅 두드리는 것은 또 무언가 싶었었다. 이제 다시 되짚어 생각하니 눈물이 났다. 아, 그는 사람이 얼마나 그리웠던 것일까. 따뜻한 밥 한 술과 몸을 뉘일 잠자리가 얼마나 간절했던 것일까. "여봐요! 여기 내가 있어요, 여기 바리가 왔어요!" 종을 치면서 그렇게 마음으로 외쳤을 그 마음자리가 나의 가슴을 마구 흔들었다. 그렇다. 외로워 보아야 외로움을 아는 법이다.

내가 이 책의 일곱째 거리 '바리의 신화'에서 풀어낸 팔봉사 관련 해석은 이때 이 여행의 시간에서 얻은 바였다. 바리가 그렇게 찾아간 절에서 만난 스님들, 자기를 혼내고 때려줄 '타자'인 것처럼 보였지만, 사실은 자기를 위해 기도하고 있던 이들이었다. 엎드려 절하면서 바리의 여행길을 축원해주는 저 사람들. 그렇다. 바리는 그 힘으로 저승까지 훌쩍 도달할 수 있던 것이었다. 죽음을 생명으로 바꾸는 약수를 구할 수 있었던 것이었다.

나는 지금도 옛이야기에 대한 강연을 할 기회가 있으면 〈바리데기〉의

이 대목을 언급하면서 이렇게 말하곤 한다. "저 바리한테 그랬던 것처럼, 세상에는 내가 모르는 사이에 나를 위해 기도하는 수많은 사람들이 있기 마련이지요. 그 힘으로 우리가 이렇게 움직여가는 거라는 생각을 합니다." 말 그대로다. 이제 나는 안다. 지금 이 순간도 어디에선가 나를 위해 기도하는 이들이 있다는 사실을. 나는 혼자가 아니라는 사실을.

그렇게 걷고 또 걷는 길. 보길도나 청산도처럼 관광지로 열린 곳에서 길을 걷는 것은 그리 어렵지 않은 일이었다. 무엇보다도 마음이 편했다. 왜냐하면 거기서는 그렇게 걷는 것이 아주 자연스러운 일이었으므로. 그리고 그 길은 가다 보면 거의 어김없이 이렇게 저렇게 서로 연결이 되어 있기 마련이었다. 아무 길이든 잡아서 걸어가다 보면 내가 가야 할 곳에 다다라 있곤 했다. 하지만 관광지가 아닌 일반 마을의 길은 좀 달랐다. 큰길이야 쭉쭉 이어지겠지만, 내가 원하는 작은 길은 가다가 갑자기 뚝 끊어지곤 했다. 그리고 그 길 위의 나는 자꾸 이상한 사람이 되곤 했다.

남해도의 한 들길을 걸을 때였다. 찻길을 따라 걷는 게 싫어서 기회만 되면 샛길로 빠지는 중이었다. 길이 끊겨서 돌아 나온 적이 몇 번. 하지만 이번에 접어든 길에 대해서는 확신이 있었다. 콘크리트 포장이 번듯하게 되어 있는 충분히 넓은 길이었다. 무엇보다 길이 향하는 쪽으로 수십 호 되는 마을이 건너다 보였다. 이 길은 분명히 마을로 연결될 터였다. 그리하여 편안한 마음으로 발걸음을 옮겼던 것인데, 한참을 가다 보니 갑자기 포장 부분이 끝나며 길이 사라져버렸다. 조금 당황했지만 그래도 별 걱정은 없었다. 밭둑을 따라서 어느 정도 걸어가면 건너편 마을로 접어들 수 있는 터였으므로.

그때 갑자기 건너편 마을에서 한 아낙이 나를 향하여 소리를 쳤다. "거기 왜 온 거예요? 길 없어요! 온 길로 돌아 나가요!" 그 소리에 당황스럽기보다 좀 황당했다. 나는 농작물을 심은 곳을 밟거나 하는 중이 아니고 밭둑길을 걷는 중이었고 조금만 더 가면 마을길로 나갈 수 있는 상황이었다. 그런데 저 먼 길을 다시 돌아서 나가라니! 내가 원래 소심한 사람이지만, 거기서 그냥 돌아나가는 건 아무래도 많이 억울했다. 나는 조금 우물쭈물하면서 계속 걸음을 떼어서 마을길로 나섰다. 그러자 한 사내가 앞을 막아섰다.

"우엔 일입니꺼?"

"네, 여행 중인데 길을 잘못 들어서요……."

"거기 길 아입니더! 사유집니더!"

"아 네, 죄송합니다……."

그렇게 겨우겨우 상황을 모면하고서 마을길을 밟아 나가면서, 속으로 혀를 찼다. '참 냉정하기 짝이 없구나.' 또 이렇게 흥을 잡았다. '소유에 구속돼서 오히려 불행해진 사람들 같으니! 쯧쯧…….'

그때 예기치 않게 바리가 찾아왔다. 바리가 무인지경을 한없이 나아가다 만났던 두 사람, 밭 갈던 할아버지와 빨래하던 할머니의 모습이 불현듯 떠오르면서 마을 아낙과 사내의 모습과 겹쳐졌다. 저 할아버지와 할머니는 반갑게 다가가 길을 묻는 바리에게 어떻게 했던가.

"야야 내가 너르나 너른 밭을 갈기도 바쁜데 너한테 서천서역 길을 가르쳐줄 시간이 어디 있나."

"내가 이 빨래를 하기도 바쁜데 언제 길을 가르쳐주겠나. 빨래하기가 바빠서 못 가르쳐준다."

귀찮다는 마음을 숨기지 않고서 도움의 손길을 그렇게 냉정히 뿌리친 그들이었다. 아무리 그래도 그렇지, 어찌 저럴 수가 있나! 저 머나먼 길을 그리 힘들게 헤쳐 온 저 아이를, 그토록 반가워서 얼굴 한가득 빛을 내며 구김 없이 다가오는 저 아이를 저리 매정히 내치다니!

이야기 텍스트에 있어 이 장면은 신들이 짐짓 바리데기를 시험해보는 것으로 되어 있다. 나 또한 당연히 그들의 행위를 '짐짓 그렇게 시늉해본 것'으로 이해해왔었다. 하지만 저 남해도의 마을길에서 나는 그들의 행위가 단순한 시늉이 아니었음을, 엄중한 진실이고 현실이었음을 깨닫고 말았다. 남들이야 어떤 사정에 있건, 남들이야 죽어가든 말든 그저 눈앞의 일에 매달리며 제 욕망에 몰두하는 것. 그게 껍데기를 벗어버린 세상인심의 숨김없는 단면인 터였다. 그리하여 저 할아버지와 할머니는 그러한 세상 사람들의 모습을 전형적으로 대변하는 존재가 된다. 저의 욕망과 합치되지 않을 때 타인이란 무의미한 존재, 귀찮은 존재일 뿐! 그것이 바리가 길에서 직면한, 우리가 삶에서 무수히 직면하게 될 그런 현실인 터였다.

생각하면 속상하고 억울하고 눈물도 날 만한 상황. 그런데 그때 바리는 어떻게 했던가.

"할아버지요, 그러면 그 밭을 제가 갈아드리겠습니다."

"할머니요, 동지섣달에 얼음을 깨고 빨래를 하시니 손이 시려워 어찌 합니까. 제가 대신 해드리겠습니다."

바리는 그렇게 기꺼이 다가가 쟁기를 선뜻 손에 잡고, 빨랫감을 훌쩍 집어 든다. 그뿐이 아니다. 잠든 노파의 머리에 기어 다니는 이를 잡아 주고 서캐를 훑어준다. 시키지도 않은 일을. 그 뒤의 일은 다 잘 아는 대로다. 저 할아버지와 할머니는 언제 그렇게 냉정했었느냐는 듯 밝은 얼굴로 바리의 손을 잡아준다. 그리고 그 나아갈 길을 열어준다. 잠깐 숨기고 있었던 본 모습, 자애로운 신의 모습으로 돌아와서.

하지만 나는 이제 이 장면을 다르게 읽는다. 저 할아버지와 할머니의 냉정한 모습은 바리를 시험하기 위한 잠깐의 가상이었던 것이 아니다. 그것은 그들의, 세상 사람들의 엄연한 본모습이었다. 우리가 직면하고 감당해야 하는. 바리는 그 상황에 직면하여 그것을 '감당했던' 것이고, 그리하여 그 대상을 바꾸어놓았던 터였다.

어쩌나 완고한지 끼어들 틈이 보이지 않는 엄한 차가운 표정과 공격적인 말. 나를 쫓아내려고 하고 또 길을 막아서던 그 아낙과 사내는 바로 밭 갈던 할아버지와 빨래하던 할머니였다. 한편으로 당황하고 한편으로 마음 상한 채 그 상황을 대충 모면한 나는 저 할아버지 할머니에게 마음 상하여 눈을 찌푸리고 울먹이며 그냥 지나간 존재였다. 만약 내가 아닌 바리였다면 이때 어찌했을까. 필경 그는 얼굴에 미소를 띠며 다가가 말을 걸었으리라. "밭이 참 넓고 좋으네요. 보니까 나물도 많이 났어요. 저 밭에 무얼 심으시나요? 일은 언제쯤 시작하세요? 아하, 집도 참 잘 지으셨네요……." 그리하여 마침내 그 아낙과 사내의 엄한 표정은 어느새 슬그머니 기쁨과 자랑으로 바뀌면서, 급기야 이렇게 말했을지 모른다. "어디서 왔습니꺼? 와 이리 힘들게 걷습니꺼? 짐도 무거운 거 같은데 들어가서 차 한잔 안 할랍니꺼?" 그들 자신도 예기치 않았던 상태에서, 그들 마음속 어딘가에 어김없이 깃들어 있을 신성은 이렇게 훌쩍 피어났을지 모른다. 저 할머니와 할아버지가 그러했던 것처럼.

신화는 바리가 걷고 걸어 도달한 그 먼 길의 끝에 죽은 목숨을 살리는 생명수가 있었음을 말하고 있다. 하지만 이제 나는 깨닫는다. 생명수가 거기 있었던 것이 아니라, 바리의 손이 닿음으로 해서 그것이 생명수가 되었던 것이라는 사실을. 바리의 저 걸음걸음이 죽음을 생명으로 바꾸는 구원의 길이었다는 사실을. 바리의 손이 닿은 물 생명의 물이 되고, 바리의 손이 닿은 꽃 생명의 꽃이 된다. 바리의 손이 닿은 영혼, 영원한 생명의 존재가 된다—앞서 '바리의 신화' 대목에서 풀어냈던 이 해석은 남해 섬 작은 마을의 그때 그 장면에서 깨우친 바였다.

생각하면 아득하기만 한 바리와 나 사이의 거리다. 하지만 이 작은 깨달음들이 나를 바꾸어가고 있음을 느낀다. 어쩌면 티끌만큼. 어쩌면 태산만큼. 돌아보면 긴 여행길 가운데도 바리의 손길을 느꼈던 그 시간들 속에 내가 진정으로 살아있었던 것임을 깨닫는다. 그리하여 나는 이렇게 말한다. 그것이 신화라고. 살아있는 신화.

3

나와 바리와의 만남은, 또 다른 신화와의 만남은 이렇게 이어지고 있다.

나는 그 뒤에 바리와 산신령의 대화가 대자연 속에서 펼쳐진 '또 다른 나'와의 대화임을 불현듯 깨달았으며, 그에 이어서 '하늘이 아버지고 땅이 어머니다'라는 말이 존재적 진실임을 깨달았다. 〈원천강본풀이〉에서 매일과 장상이 '순간'과 '영원'이며 둘은 오늘이라는 이름의 '현재'에 함께 만나 의미를 발하는 것이라는 사실을 깨달았다. 신화에서 만나는 그 하나하나의 깨달음은 나를 빛나게 한다. 그것은 나에게 가히 '신성한' 것이다.

우리 신화에서 발견하는 이러한 신성한 의미는 단지 나 하나만의 것이 아니리라고 믿는다. 저 갸륵한 이야기들 속에서 누구라도 자기 자신의 참모습과 만날 수 있게 될 것이라고 믿는다. 우리 존재를 가두고 있는 어둠을 훌쩍 걷어내고 빛으로 나아갈 수 있는 힘을 저 신령한 이야기들에서 찾을 수 있게 될 것이라고 기대한다.

《살아있는 우리 신화》 책을 들고 와서 사인을 해달라는 사람이 있으면 나는 이렇게 쓰곤 한다.

"그대 가슴속 신성의 빛!"
"그대 가는 길 신화가 되리!"

그렇다. 우리 마음속에는 신성의 빛이 있다. 그 빛을 찾아서 펼쳐내면 우리는 이 세상의 신성한 주인공이 된다. 그렇게 나아가는 우리의 삶, 하나의 신화가 된다.

수천만이 만들어내는 수천만의 신화, 수십억이 만들어내는 수십억의 신화. 신화로 충만한 세상은 올 수 있을까? 마음속에서 바리가 대답한다. "그럼! 그렇고말고!" 그렇다. 우리에게는 길이 있다. 저 갸륵한 신들이 펼쳐낸 일흔여덟 무한한 길이. 저기 보이는 개미 오른 뿔 허리만 한 길, 그리 나아가면 된다. 믿고 나아가면 그 길 신화가 된다.

— 우리 가는 길 신화가 되리!

한국 민간 신화의 주요 신

창세 신 미륵

태초에 서로 맞붙어 있던 하늘과 땅을 갈라서 세상을 창조한 거인 신. 하늘과 땅을 가른 뒤 그 사이에 거대한 구리기둥을 세워 서로 붙지 못하게 했다고 하며 두 개이던 해와 달을 하나씩 부수어서 수많은 별들을 만들었다고 한다. 하늘과 땅 사이에 베틀을 걸고 최초의 옷을 짜낸 것과 물과 불의 근본을 찾아낸 것도 그가 한 일이다. 미륵은 태초의 세상을 주재하다가 부정한 방법으로 도전해 온 석가에게 세상을 넘겼다고 한다. 미륵이라는 이름은 불교의 영향을 받아 후대에 붙은 것이라 할 수 있다. 미륵의 창조에 얽힌 사연은 함흥 무가 〈창세가〉에 담겨 있다.

도수문장 : 내륙과 달리 제주도에서는 하늘과 땅을 가른 신이 '도수문장'이었다고 한다. 그는 혼합되어 있던 하늘과 땅을 갈라 새로운 세상을 이룩하며, 땅에서 솟아난 청의동자 (또는 반고)의 머리에 달린 네 개의 눈을 뽑아 던져서 하늘에 두 개의 해와 달이 뜨게 했다고 한다. 그에 관한 이야기는 제주도 무가 〈초감제〉에 실려 있다.

하늘 신 옥황상제

한국 민간 신화에서 최고 신으로 인식되는 하늘 주재 신. '옥황(玉皇)'은 하늘나라를 뜻하는 말이다. 민간 신화 속의 옥황상제는 하늘에 머물면서 세상사를 관장하는 여러 신들을 주재하고 조정하는 역할을 한다. 이야기 속에서 그가 하늘의 여러 신들 외에 지부왕이나 사해용왕 등에게 명을 내리는 모습을 볼 수 있으며, 종종 인간에게 신직을 부여하는 장면과도 만날 수 있다. 간혹 인간 세상의 문제에 직접 관여하여 일정한 해법을 제시하기도 한다. 명진국따님애기를 불러 삼승할망 신직을 맡긴 일이나 청정각시의 울음소리를 듣고 도랑선비와 만날 길을 열어 준 일이 그 예가 된다. 하지만 옥황상제가 인

옥황상제

를 잉태시키며, 훗날 그들이 찾아오자 무쇠
활을 내려 해와 달을 조정하고 이승과 저승
을 맡게 한다.

저승 심판

간사에 직접 개입하는 것은 그리 흔한 일이
아니다. 인간 세상의 여러 문제는 구체적인
신직을 지닌 여러 신들이 재량껏 주관하는
것이 상례다.

천지왕 : 제주도 창세 신화에서 옥황상제에
해당하는 신. '천주왕'이라 칭해지기도 한다.
'옥황상제 천지왕'이라는 표현을 볼 수 있어
옥황상제와 동일한 신으로 여겨지지만, 자료
에 따라서는 서로 구별되는 존재인 양 서술
된 경우도 있어 확실치는 않다. 천지왕은 제
주도 창세 신화 〈초감제〉와 〈천지왕본풀이〉
에 주요 신으로 등장한다. 수명장자(쉬멩이)
를 징치하기 위해 지상에 내려왔다가 박이왕
(총명부인)과 결합하여 대별왕 소별왕 형제

지상 신 박이왕(총명부인)

인간 세상에 내려온 천상 신 천지왕과 결연
하여 쌍둥이 형제를 낳은 여인. 이름이 총명
부인(총맹부인)으로 돼 있는 경우가 많으며
처녀적 이름을 총명아기라고도 한다. 천지
왕이 하늘로 돌아가면서 그한테 "박이왕이
되어 지상을 맡으라" 하거니와, 박이왕은 천
상의 아버지 신 천지왕과 짝을 이루는 지상
의 어머니 신이라고 할 수 있다. 박이왕은 이
름보다는 신직을 나타내는 말일 가능성이
크다.

저승 신 대별왕

천지왕과 박이왕 사이에서 큰아들로 태어나 저승을 주재하는 신이 되는 인물. 아버지가 천지왕이라는 말을 듣고 동생과 함께 박덩굴을 타고 하늘로 올라가 천지왕을 만난 뒤 무쇠 활로 해를 쏘아 두 개의 해 가운데 하나를 부수어서 동쪽 하늘의 수많은 별로 만든다. 이승 신 자리를 놓고 펼친 동생 소별왕과의 시합에서 더 뛰어난 능력을 나타내지만 부정한 방법을 사용한 소별왕에게 이승을 넘기고 저승을 맡는다. 저승으로 떠난 뒤의 행적은 찾아보기 힘들다. 다만 저승으로 떠나면서 "저승의 법은 밝은 법이 될 것"이라고 말하는 대목이 있어서, 대별왕이 저승의 기본 질서 체계를 세운 것으로 이해된다. 제주도의 〈초감제〉와 〈천지왕본풀이〉에 사연이 전한다.

벼락장군

이승 신 소별왕

천지왕과 박이왕 사이에서 작은아들로 태어나 이승을 주재하는 신이 되는 인물. 대별왕과 함께 하늘에 오른 뒤 천지왕한테서 받은 활로 달을 하나 쏘아 없애 서쪽 하늘의 별들을 만든다. 대별왕과 벌인 이승 차지 경쟁에서 꽃을 바꿔치기 한 뒤 승리를 주장하여 이승을 맡는다. 그가 이승의 선악을 분별한 뒤 악당 수명장자를 능지처참하여 몸을 공중에 뿌리자 수명장자 몸이 모기와 파리, 각다귀 따위로 환생했다고 한다. 이는 소별왕이 세운 이승의 법도가 불완전했던 것임을 나타낸다.

천상의 여러 신들

옥황으로 일컬어지는 천상 세계에는 다양한 신들이 깃들어 있는 것으로 이야기된다. 〈천지왕본풀이〉는 옥황상제 천지왕이 지상에 내려올 때 번개장군과 벼락장군, 화덕진군, 풍우도사와 수만 군사를 대동했다고 한다. 번개장군과 벼락장군은 번개와 벼락의 신이고 화덕진군은 불의 신, 풍우도사는 비바람의 신이다. 하늘의 놀라운 조화를 여러 신들이 나누어 맡은 형국이다. 천상의 문관 신으로는 문곡성 문도령의 아버지 문선왕과 문도령의 장인이 될 뻔한 서수왕의 존재가 확인된다. 〈바리공주〉에 나오는 천하궁 다지박사와 〈성주풀이〉에 등장하는 천사랑씨(천대목신), 〈차사본풀이〉의 원복장이 같은 이름도 눈길을 끈다. 옥황상제의 명을 받는 차사들과 시녀들의 존재도 볼 수 있다. 바리데기

지옥

양설지옥, 제팔 평등대왕이 탐심지옥, 제구 도시대왕이 철상지옥, 제십 전륜대왕이 흑암지옥을 맡고 있다고 한다. 시왕의 유래와 관련하여 〈바리공주〉(말미)에서 바리공주와 무장승이 낳은 일곱 아들(또는 열 명의 아들)이 시왕이 되었다고 말하고 있기도 하다.

염라대왕 : 저승 시왕 가운데 다섯 번째에 해당하는 신. 민간신앙과 신화에서 시왕을 대표하는 존재로 인식되고 있다. 수명이 다 되었거나 부정한 일을 행한 사람을 저승으로 붙잡아 오도록 명령하고 죄에 대한 응보를 내리는 역할을 주도하는 모습을 볼 수 있다. 염라왕이 인간의 수명을 직접 걷어 가는 것은 아니며 그것은 저승차사(저승사자)들의 몫이 된다. 다만 〈차사본풀이〉에서는 염라대왕이 이승의 부름에 응하여 인간 세상에 나선 뒤 억울한 죽음에 얽힌 비밀을 밝히고 악인의 목숨을 거두어 가는 내용이 들어 있어 눈길을 끈다.

와 결연하여 아들을 낳은 동수자와 〈원천강본풀이〉의 장상도령도 본래 하늘 사람이었다고 말해지고 있다. 하늘이 넓고 큰 세상인 만큼 이외에도 더 많은 신들이 있을 것이다.

저승 시왕

저승에서 죽은 사람을 심판하고 열 지옥을 다스리는 열 명의 신. 우리말로 풀어서 '열대왕'이라고도 한다. 시왕은 이승에서 죄를 지은 이들에게 무서운 형벌을 내리며, 덕을 쌓고 정성껏 공을 들인 영혼들은 극락으로 보낸다. 열 명의 시왕과 지옥의 연결은 자료에 따라 약간의 차이가 있다. 경기도 시흥의 무가 〈죽음의 말〉에 의하면, 제일 진광대왕이 도산지옥을 맡고, 제이 초관대왕이 화탕지옥, 제삼 송제대왕이 한빙지옥, 제사 오관대왕이 거해지옥, 제오 염라대왕이 비시지옥, 제육 번성대왕이 독사지옥, 제칠 태산대왕이

시왕(가운데 줄 중앙이 염라대왕)

저승 지부왕(지부사천왕)

저승사자를 시켜 수명이 다한 인간을 잡아 오게 하여 다스리는 신. 지부사천왕이라고 일컬어지기도 한다. 염라대왕의 신직과 겹치는 면이 있는데, 염라왕과 저승차사 사이에서 실무적 역할을 하는 것이 아닌가 한다. 일부 신화에서는 옥황상제 곁에서 지상을 살피면서 거기에서 발생하는 문제를 보고하는 역할을 하는 것으로 이야기되기도 한다. 지부왕(地府王)이라는 이름만 보면 지하 세상의 왕처럼 생각되기도 하나 신화에서 그러한 모습을 구체적으로 확인하기는 어렵다.

저승 삼차사

저승과 이승을 왕래하며 사람의 목숨을 거두어 가는 신. 흔히 저승사자나 저승차사라 일컬어지는 신인데, 세 명이 함께 다니는 터라서 삼차사라고 불린다. 삼차사는 천황차사와 지황차사, 인황차사라고도 하고 일직사자와 월직사자, 이원사자라고도 한다. 세 명에게 각기 해원맥과 이덕춘, 강림도령이라는 이름이 붙기도 한다. 인간의 목숨을 거두는 막중한 임무를 맡은 삼차사는 냉엄하고 사나운 신이지만 의외로 인정에 약한 면도 있는 것으로 이야기된다. 〈장자풀이〉나 〈맹감본〉, 〈황천혼쉬〉 같은 신화는 삼차사를 잘 대접해서 죽음을 면한 사람들의 사연을 전하고 있다.

강림도령 : 이승차사였다가 염라대왕에 의해 저승차사로 발탁된 인물. 저승 삼차사 가운데 강림사자(또는 이원사자)가 이에 해당한다. 그 이름은 '강림' 대신 '강임'이라고 부르기도 한다. 때로 '강파도'라고 말해지기도 하는데 파도는 '패두'를 뜻하는 호칭으로 생각

된다. 강림은 과단성 있고 용맹한 인물인데 삼천갑자 동방삭을 잡는 모습에서는 놀라운 지혜도 볼 수 있다. 하지만 다른 한편으로는 인정에 약한 모습을 보이며, 삶과 죽음의 질서를 담은 적패지를 잃어버리는 큰 실수를 범하기도 한다. 한마디로 무척이나 인간적인 신이라 할 수 있다.

극락의 신들

저승의 한 축을 이루는 극락은 선한 삶으로 덕을 쌓은 영혼들이 안식하는 곳이다. 신화 속의 극락은 〈죽음의 말〉 같은 신가에서 그 모습을 단적으로 볼 수 있다. 아미타불과 지

용왕

장보살을 필두로 수많은 부처와 보살들이 깃들어 있는 모습을 볼 수 있으며, 여러 신선과 선녀, 선동들이 자유롭게 노니는 모습과도 만날 수 있다.

바다 신 용왕

사해를 비롯한 바다에 깃들어 수중 세계를 주관하는 용신(龍神). 곳곳의 바다마다 용왕이 깃들어 왕국을 이루고 있는바, '사해용왕'이나 '다섯 용궁' 같은 표현을 볼 수 있다. 용왕의 아내는 용궁부인이며 그들의 아들딸은 용자와 용녀이다. 바다는 풍요로운 물산을 제공하는 한편으로 예고 없는 거친 풍랑으로 인명을 휩쓸어 가기도 하는바, 신화 속 용왕의 형상 속에는 이러한 양면적 특성이 반영된다. 동해용왕이 사위로 들인 궤네깃또한테 풍성한 음식을 제공하다가 하루아침에 바다 밖으로 내친 데서 용왕의 변덕스러운 면모를 단적으로 볼 수 있다. 용왕이나 용자들은 그렇게 높은 신으로 여겨지지는 않는 듯하거니와, 이들이 용이라는 동물적 속성을 지닌 것과 무관하지 않다고 생각된다.

화산 신 흑룡

하늘로 솟아올라 물길을 덮고 재앙을 가져오는 용신. 백두산 지역의 신화적 전승에 등장하는 흑룡은 태양을 삼키거나 물길을 뒤덮는 횡포를 부리거나와, 인간을 괴롭히는 자연재해와 관련되는 존재로 이해된다. 이에 대해서는 흑룡이 곧 화산(火山)을 나타낸다고 하는 해석이 유력하게 제시되어 있다. 용암과 화산재가 솟구쳐 천지를 뒤덮는 속성은 신화 속 흑룡의 모습과 자연스럽게 연결된다. 땅

흑룡

에 깃든 놀라운 힘을 표상하는 신적 존재가 바로 흑룡이라 할 수 있다.

땅귀 삼두구미

머리가 셋에 꼬리가 아홉 달린 모습으로 인간의 생명을 위협하는 신. 〈삼두구미본풀이〉는 삼두구미를 '땅귀'라 칭하거니와, 달리 표현하면 지신(地神)이 된다. 삼두구미는 무덤이나 죽음과 깊은 연관이 있는 존재로 이해되는바, 죽음과 파괴의 신으로서 타나토스에 해당하는 신으로 볼 여지가 있다. 세 개의 머리와 아홉 개의 꼬리를 지닌 그의 요괴적 형상은 사방으로 뻗쳐 있는 죽음의 촉수를 연상시킨다.

삼신 당금애기

아기를 잉태시키고 돌봐주는 신. 흔히 '삼신할머니'라고 일컫는 신이다. 동해안 지역 〈당금애기〉(또는 〈제석본풀이〉) 신화에 의하면

부처(시준님, 석가세존, 제석님)와 결연하여 세쌍둥이를 낳은 당금애기(당금아기, 당곰애기, 당금각시)가 뒤에 삼신이 되었다고 한다. 당금애기는 다른 지역에서 서장애기나 시준애기, 제석님딸애기, 상남아기, 자지명애기 등으로도 불린다. 당금애기는 가족의 사랑을 차지하던 고명딸에서 하루아침에 부정한 딸로 전락하여 무참하게 쫓겨나지만 토굴(돌구명) 속에서 홀로 세쌍둥이를 출산하고 훌륭하게 키워서 뒷날 제석신이 되도록 하는 큰 공업을 이룬다. 일종의 미혼모로서 어머니 신이 된 존재가 당금애기라고 할 수 있다.

삼승할망 명진국따님애기

제주도에서 삼신으로 받들어지는 신. '삼승할망'은 '삼신할머니'의 제주도식 호칭이다. 생불왕이나 인간할망으로도 일컬어지는 삼승할망 직은 동해용궁따님애기와의 경쟁을 거쳐 인간 세상 처녀 명진국따님애기가 맡게 되었다고 한다. 아기를 낳아본 적이 없는 처녀 신이 삼신이 된다는 사실이 눈길을 끈다. 어떤 자료는 삼승할망이 안팎 성을 둘러놓고 8층 집 위에서 앉아서 삼천리를 내다보면서 업게할망, 구덕할망, 걸레할망 등 문안에 60명 문밖에 60명의 업저지를 거느리고 일을 보고 있다고 전하고 있거니와, 맡은 신직이 크고 중요한 것임을 알 수 있다.

저승할망 동해용궁따님애기

아이들에게 병이나 문제를 일으켜 저승으로 붙잡아 가는 신. 〈삼승할망본풀이〉에 의하면, 본래 삼승할망이 되고자 했던 사나운 처

삼불제석

녀 동해용궁따님애기가 명진국따님애기한테 밀려 저승할망이 되었다고 전한다. 그 화(禍)를 면하기 위해서는 삼신에게 인정을 걸 때 저승할망의 몫도 챙겨야 한다고 한다. 어린아이들은 죽으면 서천꽃밭에 가서 꽃에 물을 준다 하거니와, 저승할망은 서천꽃밭 한 구석에 머무는 가운데 이승을 살피면서 데려갈 아이들을 고르는 것이 아닐까 생각된다. 저승 삼차사 대신 저승할망이 직접 아이들 목숨을 빼앗는지는 불확실하다.

삼불제석 삼형제

사람들에게 수명과 복록을 전해주는 신. 제석신이라고도 한다. 부처(시준님, 석가세존)와 당금애기 사이에서 태어난 세쌍둥이가 곧

삼불제석으로, 불교적 색채가 짙은 신이다. 그 어머니인 당금애기는 삼신에 해당하는바, 삼불제석은 본래 '삼신제석'이었다고 보는 이들도 있다. 삼불제석 삼형제는 아비 없이 성장하는 동안에 죽음을 생명으로 바꾸는 놀라운 신통력을 갖추게 된 것으로 말해진다. 일부 자료에서는 삼형제에게 형불·재불·삼불이나 태산·평택·한강 같은 이름을 부여하기도 한다.

질병 신 대별상과 명신손님

아이들에게 손님마마(천연두)를 얹히는 신. 한국 민간 신화 속의 대표적인 질병 신이다. 이 신의 일반적인 명칭은 '별상' 또는 '별성'인데, 제주도의 〈마누라본풀이〉에서는 이를 대별상이라고 칭하며 '어전또'라는 이름을 전하기도 한다. 내륙 지방에서는 별상을 흔히 '명신손님'이나 '손님네'라고 일컫는다. 명신손님은 중국에 살면서 한국 땅을 찾는데 모두 쉰세 명이 있다고 한다. 〈손님굿〉은 문신손님과 호반손님(또는 제석손님), 각시손님 등 세 명의 손님네가 이 땅을 찾아온 사연을 전하고 있다. 손님네는 화가 나면 매우 무서운 신이지만 정성껏 잘 모시면 큰 복을 가져다주기도 한다.

바리공주

혼수성인 거북이와 남생이(혼시성인 삼형제)

아이들을 보호하고 병을 고쳐주는 신. '혼시성인'이라고도 한다. 함경도 무가 〈숙영랑 앵연랑 신가〉는 장님과 앉은뱅이로 태어난 거북이와 남생이 형제가 절을 찾아가 생금을 공양한 뒤 눈이 뜨이고 발이 펴지면서 혼수성인이 된 사연을 전한다. 이와 달리 〈황천혼시〉는 송림동이와 우수동이(또는, 이동이), 사마동이 삼형제가 저승사자에게 인정을 잘 걸어 죽음을 면한 뒤 천수를 누리고서 혼시성인이 되었다고 한다. 고난이나 죽음을 극복한 힘으로 아이들을 돌보는 신력을 가지게 된 것이라고 할 수 있다.

오구신 바리공주(바리데기)

죽은 사람의 넋을 수호하여 저승으로 인도하는 신. 바리공주와 바리데기라는 두 이름으로 널리 알려져 있으며, 베리데기와 비리데기, 버리덕이 등으로도 불린다. 태어나자마자 딸이라는 이유로 무참히 버림받지만, 뒷날 부모(아버지)가 죽을병에 걸린 사실을 알고 홀로 저승(서천서역)으로 떠난 뒤 길고 힘든 역정을 거쳐 약수를 구해 와 죽은 부모를 살린다. 그 후 그는 영혼을 천도하는 오구신이 된다. 일부 자료는 바리공주가 만신들의 몸주신, 곧 무조 신(巫祖神)이 되었다고 말하기도 한다. 바리공주가 낳은 자식들이 저승 시왕이 되었다고 전하는 자료도 있다. 바리공주가 죽은 넋들의 운명을 책임지는 존재임을 강조하기 위한 설정이라 할 수 있다. 바리공주(바리데기)는 한국 신화가 낳은 대표적인 구원의 여신으로서 오늘날에도 동화와 소설, 소리극, 뮤지컬 등 다양한 문학 예술 장르에 인물과 서사가 적용되고 있다.

초공신 삼형제
제주도에서 중의 세쌍둥이 아들로 태어나 무당의 조상이 되는 신. 〈초공본풀이〉에 의하면 양반집 고명딸인 자지명왕아기씨가 부모가 없는 사이에 화주승과 결연하여 낳은 본명두와 신명두, 삼명두 등 세쌍둥이 아들이 과거에 급제했음에도 불구하고 중의 자식이라는 이유로 합격이 취소되자 심방(무당)이 되었으며, 이후 자신들을 차별한 양반들을 벌했다고 한다. 제주도에서는 이 삼형제를 무조 신으로 섬기고 있다. 이야기 내용은 〈당금애기〉와 유사하고 주인공의 신직은 〈바리공주〉와 통하는 것이 특징이다.

이공신 꽃감관 할락궁이
인간사 생사고락을 좌우하는 서천꽃밭의 꽃들을 주관하는 신. 자료에 따라 이름이 '한락궁이'로도 표기되며, '신산만산할락궁이'라고도 한다. 할락궁이의 아버지는 사라도령(원강도령)이고 어머니는 원강아미(원강암이, 원앙부인)이다. 할락궁이는 사라도령이 꽃감관이 되어 떠난 상태에서 유복자로 태어나 갖은 고생을 한 끝에 서천꽃밭을 찾아가 아버지와 상봉한 뒤 웃음꽃과 불붙을꽃, 환생꽃 등을 가지고 돌아와 악인 천년장자(자현장자)를 징치하고 죽은 어머니를 살린다. 그 후 서천꽃밭으로 가서 아버지에 이어 꽃감관이 된다. 사라도령은 저승아방이 되고 원강아미는 저승어멍이 되었으며 천년장자 막내딸은 하녀 심부름꾼이 되었다고 한다. 할락궁이는 어린 나이에 세상을 떠난 아이들을 돌보면서 꽃밭에 물을 주는 일을 맡긴다고 한다. 〈이공본풀이〉에 자세한 사연이 전한다.

삼공신 가믄장아기
집을 떠나 홀로서기에 성공한 뒤 거지가 된 부모를 거두는 신. 제주도 신화 〈삼공본풀이〉의 주인공으로, 이름이 '감은장아기(감은장애기)'로도 표기된다. 가믄장아기는 '전상의 신'이라 하는데, 이때 전상은 '전생(前生)'과 관련되는 것으로 이해되고 있다. 스스로의 복에 의해 운명을 개척한다고 하는 서사 내용에 비추어볼 때 가믄장아기는 운명의 신 내지 복록의 신의 성격을 지니는 것으로 여겨진다.

시간의 신 오늘이
사계절이 모여 있는 원천강을 다녀온 뒤 옥황 신녀가 되는 신. 제주도 신화 〈원천강본풀이〉의 주인공이다. 오늘이는 본래 적막한 들에서 이름도 없이 홀로 자라난 외로운 소녀였는데, 긴 여행을 거쳐 원천강에 당도한 뒤 세상 만유의 비밀을 깨우쳐 신이 된다. 이야기는 그가 옥황 신녀가 되어 원천강을 등사하는 일을 맡게 되었다고 하거니와, 원천강이 사계절의 원천에 해당하는 곳임을 고려할 때 오늘이는 사계절의 신, 곧 시간의 신이 된 것이라고 해석할 수 있다. '오늘이'라는 이름도 시간의 신의 속성을 나타내는 요소가 된다.

삼세경 문도령과 자청비, 정수남

농사와 풍요를 관장하는 세 명의 세경 신. 제주도 본풀이 신화 〈세경본풀이〉에 등장하는 신들이다. '세경'은 농경 신을 뜻하는 말이다. 문도령은 상세경, 자청비는 중세경, 정수남(정수남이)는 하세경으로, 셋을 한데 묶어서 삼세경이라고 한다. 신화에 의하면 이들 세 명의 신은 일종의 삼각관계에 있는 청춘남녀였던 것으로 이야기된다. 자청비와 정수남은 같은 집에서 주인과 하인으로 태어난 사이로 정수남이 자청비를 욕망하는 관계에 있었으며, 문도령은 하늘에서 내려온 존재로 자청비와 삼 년간 서당 공부를 함께한 끝에 서로 사랑을 나누는 사이가 된다. 자청비는 하늘에 찾아 올라가 칼 선 다리를 건너는 시험을 거친 끝에 문도령과 결혼하며, 이후 하늘에서 여러 곡식의 씨앗을 가지고 내려온 뒤 정수남을 거느리고 세경 신이 된다. 신화에서 상세경 문도령은 '하늘의 조화'를 상징하는 존재이며, 목축 신에 해당하는 하세경 정수남은 '짐승/땅'의 속성을 표상하는 존재로 이해된다. 중세경 자청비는 하늘과 땅을 아우르면서 농사를 돌보는 역할을 하는 존재로서 세경 신의 실질적 중심이 된다.

성주신 황우양씨와 터주신 막막부인

사람들의 집에 깃들어 가정사를 돌보는 부부 신. 서울·경기 지역 서사무가 〈성주풀이(성주본가)〉에 등장하는 신이다. 황우양씨(황에양씨, 하우황)는 천상의 천사랑씨와 지하국 지탈부인 사이에서 태어난 인물로 집 짓는 일에 남다른 재주가 있었다. 지상에 내려와 살다가 쇠동풍에 무너진 하늘 천하궁을 다시 세우는 공업을 이룬다. 황우양씨의 아내는 지상의 여인인데, '계룡산 막막부인'이라는 이름을 볼 수 있다. 길 떠나는 남편을 위해 집 지을 도구를 장만해주며, 남편이 떠난 사이에 악당 소진왕(소진랑, 소지맹)의 침탈을 지혜롭게 모면하여 남편과의 재결합에 성공한다. 이 부부는 서로 힘을 합쳐 가정에 닥친 위기를 훌륭히 극복하는 능력을 보임으로써 가정을 지키는 신이 된 것이라 할 수 있다. 아내가 터주신이 되고 남편이 가옥의 신이 되는 점이 독특하다.

성조신 안심국과 계화부인

동래 지역 서사무가 〈성조푸리〉에 등장하는 가신. 신화가 주로 전하는 것은 성조씨라는 별칭을 지닌 안심국에 얽힌 사연이다. 그는 세상의 촉망을 받는 왕자였으나, 계화씨와 결혼한 뒤 그를 소박한 죄로 황토섬에 유배되어 짐승 같은 생활을 한다. 이후 힘들게 본국으로 귀환한 안심국은 아내와 화락하여 여러 자식을 낳으며, 세상 만민에게 집을 지어주고 가신(家神)이 된다. 안심국은 입주 성조신이 되고 그 아내 계화부인은 몸주 성조신이 되었다고 한다. 〈성주풀이〉와 마찬가지로 부부가 함께 가신이 되는 점이 주목된다. 덧붙여 〈성조푸리〉는 안심국 부부의 아들 다섯이 오토지신이 되고 딸 다섯은 오방부인이 되었다고 한다. 일가족이 함께 가정의 신이 된 셈이다.

정살지신과 문신, 조왕신, 측간신

제주도 본풀이 무가 〈문전본풀이〉에 등장하는 가신들. 일가족이 함께 집 안 곳곳에 깃들어 다양한 신이 된다. 아버지인 남선비는 올레 정살지신이 되고 어머니 여산부인은 조왕신이 되며, 아들 칠형제 중 다섯은 오방신이 되고 여섯째와 일곱째(녹디생인, 녹두생이)는 뒷문전과 앞문전 신이 된다. 남선비의 첩 노일저대(노일제대귀일의 딸)는 측간신 측도부인이 된다. 〈문전본풀이〉는 가정의 분란과 위기에 관한 서사라 할 수 있는데, 집안의 가난과 더불어 가장 남선비의 무능력과 성적 욕망에 의해 여러 문제가 발생한다. 남선비를 유혹하여 망가뜨린 뒤 여산부인을 죽이기까지 하는 악첩 노일저대에 의해 가정이 파탄지경에 이른 상황에서 막내아들 녹디생인이 분별력과 기지를 발휘하여 노일저대를 쫓아내고 여산부인을 되살려 가정을 회복했다고 한다. 문제 해결에 주도적 역할을 하는 막내아들 녹디생인이 맡은 앞문전 신은 제주도에서 매우 중요한 신으로 여겨지고 있다. 밖으로 나돌던 남선비가 집 안밖의 경계에 해당하는 정살지신(집안 출입구의 신)이 된다는 설정도 시사적이다. 서로 앙숙 관계인 여산부인과 노일저대는 각기 조왕신(부엌신)과 측간신이 되거니와, 집 안에서 부엌과 측간이 서로 마주하지 않는다는 것과 절묘하게 연결된다. 노일저대가 배제되지 않고 측간신으로 포용되는 것은 사람의 삶에 있어 부엌의 몫과 측간의 몫이 함께 있음을 나타내는 것이라 할 수 있다. '먹는 일'과 '배설하는 일'이 서로 짝을 이룬다고 하는 사고이다.

일월신 궁산선비와 명월각시

해와 달을 지킨다고 전해지는 부부 신. 평안도 본풀이 신화 〈일월노리푸념〉에 등장하는 신이다. 함경도의 〈궁상이굿〉에서는 남자의 이름이 '궁상이'로 되어 있다. 명월각시는 '해당금이'라고 일컬어지기도 한다. '일월노리푸념'이라는 이름이나 '명월각시'라는 이름에서 이들 부부가 각기 해와 달과 관련되는 존재임을 알 수 있다. 이야기 말미에서 이들이 해와 달을 지키는 신이 되었다고 명시하고 있기도 하다. 하지만 이 부부가 펼쳐내는 서사와 신직 사이의 연관은 불투명한 면이 있다. 남편과 아내가 각기 해와 달에 비견되는 존재라고 하는 생각이 반영된 것으로 여겨지나, 명월각시 외에 궁산선비의 행적을 '해'와 연결시키는 것이 그리 쉽지는 않다.

칠성신 칠형제

자신을 저버린 아버지를 되찾고 하늘의 별이 된 칠형제 신. 칠성님과 용녀부인(매화부인) 사이에서 태어난 일곱 쌍둥이는 아버지한테 버림받고 어머니를 잃는 시련을 겪으며 뒤에 다시 계모 후실부인(옥녀부인, 용예부인)의 모략에 의해 살해당할 위기에 처한다. 이들은 이 모든 어려움을 이겨낸 뒤 하늘에 올라 일곱 별의 신 칠성신이 된다. 어떤 자료는 그들이 동두칠성과 남두칠성 서두칠성 북두칠성, 그리고 삼태성이 됐다고 전하기도 한다. 무신도의 칠성신 그림을 보면 일곱 형제 위에 북두칠성이 그려져 있거니와 이들 칠형제가 죽어서 북두칠성이 된 것으로 보는 것이 정석이다. 견우성이 되었다는 아버지 이름이 '칠성님'으로 되어 있어 혼동의 요소가 있으나

칠성신

논리적으로 볼 때 칠형제를 칠성신으로 보는 것이 합당하다. 이들에 얽힌 사연은 전라도와 충청도에서 활발히 전승된 〈칠성풀이〉 신화에 담겨 있다.

별에 얽힌 신들

하늘에 올라 별이 되었거나 별을 주재하는 신들. 도교 쪽에서 하늘의 수많은 별들을 신선들과 연결시키는 데 비하여 한국 민간 신화에서 별과 신격이 구체적으로 연결되는 사례가 그리 흔지는 않다. 〈칠성풀이〉는 칠형제가 북두칠성이 되었다는 것 외에 칠성님과 용녀부인 부부가 견우성과 직녀성이 되었다는 사연을 전하고 있다. 이외에 〈바리공주〉에도 어비대왕과 길대부인 부부가 각기 견우와 직녀가

되었다고 말하는 자료가 있다. 삼태성의 유래에 대한 이야기도 있는데, 〈칠성풀이〉보다 백두산 인근 지역에서 전해지는 사연이 인상적이다. 해를 삼킨 흑룡을 힘겹게 물리친 삼형제가 삼태성이 되어 흑룡으로부터 하늘을 지키게 되었다는 내용이 그것이다.

도깨비신 영감

재주 많고 놀기 좋아하는 도깨비신. 제주도에서는 도깨비를 '영감'으로 모시면서 〈영감놀이〉라는 의례와 〈영감본풀이〉라는 신화를 전승해왔다. 이 도깨비신들은 본래 서울에서 출생했다가 만주로 쫓겨났는데 거기서도 배척을 받아 사방으로 흩어지는 와중에 일부가 제주도로 들어갔다고 한다. 제주도에서 이들을 신으로 받아들이자 몸을 나누어 여러 마을에 널리 자리 잡게 된다. 볼품없고 우스꽝스러운 모습을 한 가운데 신명나게 놀기를 좋아하는 것이 도깨비 영감신의 특징이다.

불운의 신 지장

불행한 삶을 산 여인이 변해서 새[邪]가 된 신. 제주도 〈지장본풀이〉에 등장하는 신이다. 지장은 어려서 부모와 조부모를 잃고 힘든 더부살이 끝에 결혼하지만 다시 시부모와 낭군을 차례로 잃고서 죽어서 새가 된다. 새가 들면 안 좋은 일이 생기게 되므로 세심하게 방비해야 하는 대상이 된다.

제주도의 주요 마을신

신화의 섬이라 일컬어지는 제주도에는 일만 팔천의 신들이 있다고 한다. 그들 중 대다수는 각 마을에 자리 잡고 있는 마을신(본향)들

이다. 마을신 가운데 부모 격으로 일컬어지는 존재는 송당리 본향 소천국과 백주또이다. 제주 땅에서 태어난 소천국과 강남천자국 백모래밭에서 태어난 백주또는 배필을 맺어 수많은 자녀를 낳았으며 이들이 여러 마을로 퍼져 본향신이 되었다고 한다. 어려서 버림받았다가 용궁을 휘젓고 대륙을 평정한 뒤 김녕 궤네기에 좌정한 궤네깃또가 대표적인 사례가 된다. 이외에도 제주도 마을신의 내력은 매우 다양하다. 구좌면 세화리에는 한라산 백록담에서 솟아난 천자또와 그의 외손녀로 동해용궁을 거쳐 제주로 건너온 백조애기(백주)와 서울 남산에서 솟아나 제주로 들어온 명장 금상이 본향신으로 자리잡고 있다. 일문관 바람웃도와 고산국, 지산국 자매는 삼각관계를 이루는 신들인데 서귀포 지역의 하서귀와 동홍리, 서홍리의 본향이 된다. 하늘에서 귀양 온 불도삼승또와 용왕국에서 시집온 용왕해신부인, 서울 난노물에서 솟아난 급서황하늘과 강남천자국에서 건너온 정중부인과 맹호부인, 한라산 기슭에서 솟아난 아홉 형제 울레마을하로산, 제석천한하로산, 고병삿도하로산, 고산국하로산, 삼시벳관또하로산, 동백자하로산, 제석천은하로산, 남판돌판상태자하로산, 제석천왕하로산 등 수많은 신들이 제주도 여러 마을에 신으로 자리 잡고 있다.

제주도의 주요 조상신

제주도에는 특정 집안에서 신들을 모시는 관습이 남아 있는데 그 신들을 조상신이라 일컫는다. 그중 신화적 사연이 전해지는 주요 조상신으로 탐라 양씨 집안의 조상신 양이목사와 제주시 고만호 댁 조상 고대장, 김녕리

홍아위(제주 내왓당)

송씨 집안의 조상신 광청아기, 나주 기민창을 지키다 제주로 들어간 조천의 안씨 조상, 나주 김씨 집안 조상 구실할망, 남원 양씨 댁 선조의 양씨아미 아기씨, 명도암 고씨 김씨 댁 조상 고전적, 조천 윤씨 댁 조상 윤대장, 조천 성주 이씨 댁 조상 이만경 등을 들 수 있다. 뛰어난 능력을 발휘한 존재도 있지만 비운의 삶을 살았던 이들도 있다. 그 신들 가운데는 한 집안이나 제주라는 지역적 경계를 넘어서 보편적 공감의 힘을 발휘하는 신들도 많이 포함돼 있다.

참고한 책들

강등학 · 강진옥 외,《한국 구비문학의 이해》, 월인, 2002.

고정옥,《조선 구전문학 연구》, 과학원출판사, 1962.

고혜경,《태초에 할망이 있었다》, 한겨레출판, 2010.

김명한,《민담집 삼태성》, 연변인민출판사, 1983.

김익두 · 허정주,《한국 신화 이야기》, 지식산업사, 2012.

김정숙,《자청비 · 가믄장아기 · 백주또》, 각, 2002.

김진영 · 홍태한,《바리공주전집》 1-4, 민속원, 1997-2004.

김진영 · 김준기 · 홍태한,《당금애기전집》 1-2, 민속원, 1999.

김태곤 편,《한국무가집》 1-4, 집문당, 1971-1980.

김태곤,《한국의 무속신화》, 집문당, 1985.

김헌선,《한국의 창세신화》, 길벗, 1994.

김헌선 · 현용준 · 강정식,《제주도 조상신본풀이 연구》, 보고사, 2006.

리천록 · 최룡관 수집정리,《백두산 전설》, 연변인민출판사, 1989.

박경신,《울산지방무가자료집》, 울산대학교 인문과학연구소, 1993.

박경신,《한국의 별신굿 무가》 1-12, 국학자료원, 1999.

박종성,《한국창세서사시연구》, 태학사, 1999.

서대석,《한국신화의 연구》, 집문당, 2001.

서대석,《한국의 신화》, 집문당, 1997.

서대석 · 박경신,《안성무가》, 집문당, 1990.

서대석 · 박경신 역주,《서사무가》 I , 고려대학교 민족문화연구소, 1996.

서대석 · 박경신 역주,《서사무가》 II , 고려대학교 민족문화연구소, 2006.

서정오,《우리가 정말 알아야 할 우리신화》, 현암사, 2003.

손진태,《조선신가유편(朝鮮神歌遺篇)》, 동경 : 향토문화사, 1930.

신동흔,《바리데기 : 야야 내 딸이야 내가 버린 내 딸이야》, 휴머니스트, 2013.

신동흔,《삶을 일깨우는 옛이야기의 힘》, 우리교육, 2012.

유동식,《한국무교의 역사와 구조》, 연세대학교출판부, 1975.

임석재,《줄포무악》, 문화재관리국, 1970.

임석재 · 장주근,《관북지방무가》, 문화재관리국, 1965.

임석재 · 장주근,《관서지방무가》, 문화재관리국, 1966.

장덕순 · 조동일 · 서대석 · 조희웅,《구비문학개설》, 일조각, 1971.

장주근,《제주도 무속과 서사무가》, 역락, 2001.

장주근,《풀어쓴 한국의 신화》, 집문당, 2000.

정재호 외,《백두산 설화 연구》, 고려대학교 민족문화연구소, 1992.

제주대학교 한국학협동과정,《이용옥 심방 본풀이》, 제주대학교 탐라문화연구소, 2009.

제주대학교 한국학협동과정,《양창보 심방 본풀이》, 제주대학교 탐라문화연구소, 2010.

제주대학교 한국학협동과정,《고순안 심방 본풀이》, 제주대학교 탐라문화연구소, 2013.

조동일,《동아시아 구비서사시의 양상과 변천》, 문학과지성사, 1997.

조현설,《우리 신화의 수수께끼》, 한겨레출판, 2006.

조현설,《마고할미 신화 연구》, 민속원, 2013.

진성기,《제주도무가본풀이사전》, 민속원, 1991.

최원오,《동아시아 비교서사시학》, 월인, 2001.

최정여 · 서대석,《동해안무가》, 형설출판사, 1974.

한국정신문화연구원 편,《한국구비문학대계》(전82권), 1980-1987.

현용준,《제주도무속 연구》, 집문당, 1986.

현용준,《제주도무속자료사전》, 신구문화사, 1980.

현용준,《제주도 전설》, 서문당, 1976.

현용준 · 현승환 역주,《제주도 무가》, 고려대학교 민족문화연구소, 1996.

홍태한,《서사무가 바리공주 연구》, 민속원, 1998.

홍태한,《서사무가 당금애기 연구》, 민속원, 2000.

황루시,《황루시의 우리 무당 이야기》, 풀빛, 2001.

赤松智城 · 秋葉隆,《朝鮮巫俗の硏究(上)》, 오사카 : 옥호서점, 1937.

살아있는 한국 신화

© 신동흔 2014

초판 1쇄 발행 2004년 9월 25일
초판 17쇄 발행 2013년 9월 12일
개정판 1쇄 발행 2014년 3월 20일
개정판 8쇄 발행 2024년 2월 19일

지은이 | 신동흔
펴낸이 | 이상훈
인문사회팀 | 최진우 김경훈
마케팅 | 김한성 조재성 박신영 김효진 김애린 오민정

펴낸곳 | (주)한겨레엔 www.hanibook.co.kr
등록 | 2006년 1월 4일 제313-2006-00003호
주소 | 서울시 마포구 창전로70(신수동) 화수목빌딩 5층
전화 | 02-6383-1602~3 팩스 | 02-6383-1610
대표메일 | book@hanien.co.kr

ISBN 978-89-8431-792-5 03380